U0498921

财政学
名著 □
丛书 □
□ □ □

中国关税沿革史:1843—1938

China's Struggle for Tariff Autonomy:1843-1938

〔英〕莱特 著

姚曾廙 译

商务印书馆
创于1897
The Commercial Press

Stanley F. Wright

CHINA'S STRUGGLE FOR TARIFF AUTONOMY:1843 – 1938

Kelly and Walsh Limited,1938

根据上海别发书局 1938 年版译出

专家委员会

杨志勇

范建鏋　范子英　贾俊雪

吕冰洋　李　明　刘　晔

毛　捷　邢　丽　石绍宾

中译本序言

　　中国近代关税问题是与中国近代社会半殖民地半封建地位相终始的。关税自主权的丧失过程正是中国陷入半殖民地半封建过程的重要标志。帝国主义在第一次鸦片战争以后，以不平等条约胁迫清政府接受协定税则，接着又在第二次鸦片战争中侵夺了中国海关的统治权。从此海关这一国家经济大门的钥匙，就落在帝国主义的袋子里。他们利用了它为外国资本家的推销商品、掠夺原料取得特权和便利，也为中国带来连续多年的对外贸易逆差和财富外流。并且他们凭借对海关的控制，进而侵占中国的沿海船运和内河航运，操纵中国的财政金融，包揽事权，干预政治。这种情形是半殖民地半封建社会的特征，也是造成这个社会生产萎缩、经济落后、民穷财尽、主权削弱的一个重要因素。

　　因此研究中国近代史，绝不能忽略旧中国关税制度的沿革，绝不能忽略外国侵略者控制把持中国海关的经过。可是有关中国海关问题的资料与中国的海关一样，解放以前长期把持在外国人手里，而且大部分文件是英文的，外界人士固然无从参考，就连海关内部的中国员工也难以看到。资料的贫乏使研究近代史的人们，尤其是经济史和财政史的人们，还需要参考一些外国人的有关著作，特别是那些曾在旧中国海关占居高级职位的外籍人员的著作。

英国人莱特(Stanley F. Wright，他在中国所用的名字是魏尔特)所著的《中国关税沿革史》就是这样的一本书。它是根据海关档案，并且参考了英国外交部的档案写成的，收集了不少原始资料。书内前半部关于早期关税问题各章中所征引的文件，大部分是国内不容易找到的。作为一本资料书而论，它还有一定的参考价值，为此将它译成中文，供研究中国近代关税问题的人们使用。

但是在这里必须指出，由于原书作者的立场和观点，他的议论固然是反动的，所用的史料也不可避免地带有局限性和片面性。书内不可能提到中国近代工商业被外国商品的倾销扼杀了发展生机的重要事实，也不可能反映中国人民要求关税自主的真正呼声。尽管作者对于旧中国反动政府的关税政策说了许多装点门面的话，对于帝国主义的那些极端横暴办法也表示不完全赞成，可是他的基本论点脱离不了为外国资本家和商人说话，是为帝国主义辩护的。

认清了这一点，可以有助于我们使用这本书。原书各章大部分是关于关税税则的资料，也可以说是中华人民共和国成立以前旧中国政府屡次试图修改税则而始终失败的历史。帝国主义自然要使中国广大市场的门户永远洞开，而不愿中国的关税提高。从小的问题如关于免税货名表的交涉，到大的问题如华盛顿会议关于门户开放、机会均等的讨论，英、美、日等国阻挠中国收回关税自主权的态度是一贯而又一致的。不但如此，他们还要取得洋货在内地自由运销的权利。关于子口税、三联单、保税关栈等的谈判，和用条约协定方式规定出的有关制度，都只为了要达到减轻洋商的税负，增加他们的利润这一目的。总而言之，帝国主义所企求的，是想在对华贸易中维持不等价交易的优势，以遂其剥削中国人民的大欲。原书作者自然不会这样讲。明明是被帝国主义劫夺去了的主权，在作者的笔下却变成"友好国家"的"条约权利"，中国有必须忠实履行的义务。这种论调是与帝国主义的官方代言人一个鼻孔出气的。但是正因为如此，他的反映就可以提供一些线索和资料，帮助我们了解中国近代关税问题演变过程所受的外力影响。他所述有关帝国主义控制下的海关的种种活动和章则制度大半是他的亲身经历，他对于在华外国官吏和商人的情况，所知也比较真切。这些材料对于我们今日研究海关问题都可以有用。

原书内有不少地方提到与财政有关的关税税收问题。关税收入早在第二次鸦片战争中就与赔款发生了关系。以后甲午战争中为对日赔款而举借的外债和庚子赔款，又都指定以关税来担保和支付，这许多苛重的负担，整整地压在中国人民身上六十年之久。关税的征收机关竟成为帝国主义向中国人民敲骨吸髓的工具。另一方面帝国主义惯于利用他们所控制的税收来支持、勾结地主买办阶级中那些肯听命于他们的人。第二章所记1853年海关外国税务司制度产生的经过，实际是英、美、法三国驻上海领事，趁小刀会起义的机会，以答应命令他们本国的商人向清方照缴关税作为交换条件，从迫切需要军饷的清朝官吏手中取得指派外籍人员管理海关的权利。第六章内北京关税会议席上各国代表的外交辞令，以及北洋政府代表关于所谓收回关税自主权的发言，说来说去，不过是如何在不妨碍帝国主义利益的前提下，使反动政府能够从关税收入中取得维持统治的财力而已。关税收入与外债的关系，和关税在政府财政收入中所占的巨大比重，一方面使国内外反动势力常利用关于关税收入的谈判，达成政治上的妥协勾结；另一方面也决定了旧中国的历次进出口税则都只能是财政税则而不能成为保护税则。英国曾经表示不愿中国的关税税课过高,但也不愿它太低。这话乍看似乎矛盾,如从关税收入的分赃关系来观察,是自有它的道理的。作者是英国人,又是旧中国海关税务司职员,这种身份也决定了他在这问题上的看法,书内无论是提到关税税则或海关行政,都单纯从税收观点来考虑。中国近代协定关税对于国内生产究竟起了什么作用,对于人民经济生活究竟有什么影响,他是避而不提的。

最后我们还应当留心作者在使用史料时所采的一些手法。断章取义,牵强附会,掩饰真相和有意歪曲自然是避免不了的事。书内关于鸦片进口贸易合法化的叙述就是一个例子。事实是英国的忠实工具,第一任总税务司李泰国在 1858 年的《中英天津条约》谈判中,把鸦片称为"洋药",公然当作商品列入进口税率表,强制清政府代表签字接受了。作者虽然在夹缝里提到这件事实,却偏要遮遮掩掩,再三申辩说英国政府并无意作公开的要求,并且曾训令它的代表:"不要用一种会造成误解的方法,致使中国全权大臣认为女王陛下政府企图使用任何强制"。作者的一番做作,徒然使这件丑事欲盖弥彰罢了。

我们提出以上各点的目的是在提醒读者们用批判的态度来使用这本资料。阅读这样一本为帝国主义辩护,为旧中国政府关税政策粉饰的书,去伪存真,由表及里,仔细分析辨别是十分必要的。

陈泽宪

1958 年 5 月

目　　录

序　言

　　如果任何人翻开这本书,想从里面看到讲述中国海关那个独特机构的故事的一番尝试,他会是失望的。在这本书里,除去顺便提到的而外,他不会看到如何由海关经手组织大清邮政以及它在公益事业方面广为散布的活动;或是如何组织海事部以及它那种在中国海岸线和可通航河流上差不多每一处危险地点都设有灯塔、无线电信号站、浮桩和浮标等助航设备的规范制度;或是如何组织今天在效率和设备方面胜过其他大多数国家里同类机构的那个编纂和印行中国贸易统计的造册处。他也不会看到那些曾经以海关为主导力量的许许多多的其他活动,诸如:假借同文馆来帮助兴建高等教育;帮助建立和维持中国外交领事工作;改进港口和疏浚工程;在没有地方或中央检疫和港口卫生机构时期,监督这类的措施;为许多国际展览会搜集和组织中国艺术和工业展览品;以及近年来监管以关税收入为担保的内外债还本付息事宜等等。但在另一方面,他会看到海关起源的详尽叙述,这样一项叙述对于了解中国关税史是非常重要的,因为海关的得以成立,显然是为了在这种内战、陆地和海洋上的无法无天情形、商人的蔑视权威,以及商人和官吏双方的腐败积习等已经使得税则和条约所制定的海关手续"受破坏比受尊重的情形还多"的时候,厉行贯彻中国协定税则的秉公实施。

　　中国关税自主斗争的故事，是触及中国对外关系许多方面的一个故事。关税自主，可以说在不知不觉之中因一个战胜者所强加的一个条约而被断送，直到差不多 90 年之后，不是由一个而是由一系列的条约才予以挽回，这一系列的条约乃是从中国民族复兴精神和它过去的开拓者的那种试图恢复的精神中产生出来的。这 90 个年头充满着一些比中国悠久历史中以前的任何一个世纪里发生的变动都要更加重大的政治、经济和社会方面的变动，而在这些变动中，这个硬性的协定税则和凭以征得的税款，以及特别是维持该项税则的种种条件，都起过重要的作用。协定税则本打算作为一种方法，用以改善令人觉得是难以忍受的贸易条件的那些事物，可是随着时间的推移，已经变成为一种政策的象征表现了。外国人为寻求贸易而来到中国；他们主要的要求就是为他们的制造品寻找出路，可是因为不了解实际情况，他们竟认为在中国已经找到了一个不可限量的市场。既然破门而入，并且熟悉了里面的实情，他们就决定为了他们的贸易利益，不但要坚守一个低水准的税则，而且要坚持它必须附带有通过贸易的优惠课征和外国人不受通商所在地法律管辖的特权保护。因此，为求充分了解起见，自从《南京条约》以来直到晚近各条约为止这一段期间的中国关税自主斗争的故事，应该不仅包括有关税协定税则的起源和构成的一些枯燥乏味的事实，而且要包括下列各种事项的叙述：即如何迫于内乱的形势，税则的实施竟落到一个外国关税管理委员会的监督之下；如何因政治情况的动荡不宁，协定税则竟得以适用于外国船只的土货沿海运输；如何对于往来内地的货物征收半正税以作为子口税一事和各省政府征收贸易的利益互相冲突，并成为外国公使及领事和中国地方及中央间的一个无尽无休的争论的根源；如何将居于中国沿海一个自由贸易港地位的香港变成为一个走私的温床和中国税收权的经常威胁；如何有一些拟议的税则修订不能实行，而另一些付诸实施的总归是给予中国以真正最低限度的税收，而给予外国谈判人员以最大限度的贸易利益；如何在世界大战以及继之而来的凡尔赛和华盛顿会议中为中国摆脱外国在订定税则方面的宰制，铺平道路，以及如何通过北京会议及其附加税的萌蘖和通过民族独立精神的复苏，那种宰制的摆脱得终以实现。这个故事只不过是中国历史上的一段插曲，但这段插曲尽管是那样的无关宏旨，却是为和平和为心意善良人们的利益计，最好不要忘记的一段。

以整整一章的篇幅来专门叙列 1925—1926 年的北京关税会议，著者殊无歉意。无疑，这是令人深感乏味的一章，这一大篇枯燥的事实、数字和意见，会使一个认真其事的读者瞠目结舌，疲惫不堪。但是节节注视着那次会议上逐日开展的逞才竭智的战斗，对于清楚而充分地了解中外双方观点是有实质上的帮助的。那次会议的确是中国关税史上一个显著的界碑，掌握那次会议中所讨论和所发生的一切事物的知识，对于正确评价此后关税的发展是非常重要的。在那次会议举行以前，中国处于关税被束缚的情况下，已经有八十多年。打破那些桎梏的决议是在那次会议上加盖的印信，并且在会议结束后不到两年的工夫，中国就已经恢复了它的自由。

将来的情形怎样呢？虽然进行预言，并不是本书宗旨的一部分,但是中国关税自由却又到了存亡所系的关头。它是否注定了要得而复失呢?果真如此,这是否会造成经济冲突日甚一日的新情况呢?或目前的局面会不会仅仅是那终于有一天要导向经济国际主义的演化过程中的一个阶段呢?"这只不过是有待时间揭示的一个秘密。"

承蒙已故安格联爵士和他的继任者梅乐和爵士的允准,得以利用海关总税务司大量的档案,并承英国外交部当局欣然惠允参考他们的公文和政府报告书的珍贵收藏,谨此致谢。

史丹雷·莱特

1938 年 4 月 26 日于上海

第一章　值百抽五协定关税的起源

一

在《南京条约》(1842年)以前,中国享有完全的关税自主。自从它最初和别国通商时起,远溯到周朝蒙昧混沌时代,当我们初次听说对外贸易征税的时候(约公元前990年),中国对于它的输入和输出,就像对于它的国内贸易一样,决定应课何税的主权,从来就没有被有关外商的政府非难或干扰过。这类关税中的最古老者的确切详情,虽然早就湮没,但是在各省的省志中,也还可以见到许多早先关税的详细情形,其中有一些已经保存了几世纪之久,而直到晚近,虽在某些场合下做了些形式上的修正,却仍实施于全国各处的所谓内地常关——这种内地常关,应该记清,构成了条约时代以前(事实上直到1854年)中国对国内外贸易实行管辖的唯一关税组织。举例来说,在宋朝的宁波和广州就都有关税征收人员。税是按货物价值的十分之一征收,但对粗货却只征收十五分之一。在13世纪末叶,不但广州和宁波设有税关,而且上海、杭州、温州和厦门等地也都设有税关。马可波罗对当时大汗领域内负责稽征的税关,详细记述了一些使人感兴趣的事物。写到成都府(即今成都)的桥上的税关时,他告诉我们:在那里每天所征的税为纯金千锭(Pieces)*1,并且每年往来于扬子江上游的 20 万艘船也都征税。据说,当时征自食盐的税收每年可得黄金 80"秃满"2,照戈尔迭氏估计,这些约等于 2,633,333 英镑的价值。"一切香料都从价完税百分之三又三分之一;一切商货也同样完税百分之三又三分之一;来自印度和其他远方国家的海产品则课征百分之十。米酒的利润很大,煤炭的产量也很多;我曾经向你们讲过的那 12 种手工艺者行会,连同它们各业的 1.2 万户店肆也都如此;它们所制造的每件物品都要缴税。至于丝绸,既是如此大量生产,自然获利极厚。丝绸,你们必须知道,要完税百分之十,许多其他的物品也都完税百分之十。并且你们必须知道,记录这一切情形的马可波罗阁下,曾数度奉大汗之命前往稽查他的关税额和这蛮子3 第九部的财政收入,并且他还查出,除我们已经提到过的盐税收入不计

---

* 本书的注释次序符号原注用①②③……,译者注用 123……,译者注次序仅分章。——编者

1 按《马可波罗行纪》只列出数字,而没有说明本位名称;沙海昂(A. J. H. Charignon)注释本于此原标有"注五"字样,但注文付阙。冯承钧译本作"精金千量"。参看冯译,《马可波罗行纪》,中华书局 1954 年 10 月重版,卷 2,113 章,440 页。

2 "Tonan"一字应系"Toman"之误,兹改译为"秃满"。据冯承钧译《马可波罗行纪》,卷 2,152 章,注①,沙海昂考证称,"诸本皆著录有此 80'秃满'之总额,'秃满'犹言万,则合为 80 万,特未言其本位如何,仅言其为金而已"。前书,594 页。

又据《英汉双解韦氏大学字典》注解:"波斯金币,额面值银十 Krans(现价约值美金一元七角八分)。"惟参证该字典对"色干"一词的注解,则知于文意不可通。参看本章译者注 4。

3 蛮子是指宋的旧疆域。据冯译前书,卷 2,105 章,注②,沙海昂考证,"契丹、蛮子之称,盖指金、宋旧境。据金代地图,两国境界,西起秦岭之巅,达洮水之源,在南沿申水,经丹水之南,横断汉江,在南阳、襄阳中间东行,自淮水源而达于海"。冯译前书,422 页。

外,税收总额是黄金 210'秃满',等于 14,700,000 金'色干'[4];这确是素所听到的最大财政收入之一。"谈到刺桐,或许就是现代的泉州,他指陈:"大汗从这个城市和港口所缴纳的税款中得到一笔很大的财政收入;因为你们必须知道,在所有输入的商货上,包括宝石和珍珠在内,他都课以百分之十的税,也就是说每种东西都是十取其一。"[①]在 14 世纪之初,细货是按值百抽二十的从价标准课税,粗货则大约按值百抽十三的标准。在明朝末叶,社会和政治情况都很紊乱,商人们在和税关接触时,违法的情形非常普遍,特别是在货运的陈报和查验方面,于是便试行一种按船舶的容积分等征税的办法,实际上就是和西班牙殖民时代的"帕米欧"(Palmeo)相类似的一种税。在将近 17 世纪末叶康熙年代时,广州、福州、宁波和上海四处的海关实行过一种划一关税,将货物分为布匹、食品、器皿及杂货四类。这和现代的思想恰好相反:当时所制定的关税政策是鼓励进口而阻挫出口,因为对前者的税率是百分之四,对后者的税率是百分之十六。以船舶容积为基础的船钞也征收得很重。当雍正皇帝在位时,每年外国船舶奉准办理进出港手续的期

4　按 Saggi 一字,其他版本或作 Se Quir。据冯译前书,卷 2,152 章,注②,沙海昂考证称,"以现在货币合之,每银一两合 8 弗郎 227 生丁(玉耳本第二册,217 页),则波罗时代之金一两合 82 弗郎 27 生丁,而其 80'秃满'共值金币 65,816,000 矣。波罗又云此种收入值掳齐亚城之色干 560 万。颇节(G. Pauthier)本(511 页)计算每'色干'值 11 弗郎 11 生丁。则共有 6,552 万弗郎,与吾人前此计算之数相近,并证明诸古文中 560 万之数,较优于剌木学(Ramusio)本 640 万之数"。冯译前书,595 页。

①　戈尔迭(H. Cordier)本《马可波罗书》(The Book of Ser Marco Polo, The Venetian, Concerning the Kingdoms and Marvels of the East),亨利·玉耳爵士(Colonel Sir Henry Yule, R. E.; C. B.; K. C. S. I.)译注,第三版,戈尔迭修订本。两卷装,伦敦,1903 年,卷 2,37、170、215—218 和 235 页。

间，都规定得非常详细，货运的请准装载也是如此。在这一朝，外
国商人为购买中国货物而输入的现钱，税官也规定百分之十的
征课——这是对出口贸易的又一种阻挫。在乾隆皇帝元年，曾
经降谕各海关监督，凡税则上没有列举而事实上已由各监督比
照列举的类似货品厘定税率的进口货物，应开具品名呈报政府
核准。乾隆十八年（1753 年）颁行的《征税则例》，计分：（甲）
1687 年的进口税则，（乙）凡甲项未列举但已比照前项税则定明
税率的货物的增订进口税则，以及（丙）出口和复出口的税率。
四年之后当有些外国船舶阑入宁波附近的定海时，闽浙总督建
议政府将现行关税率增加一倍，以便警戒这些未奉核准的商人
们再行擅入。在这同一个皇帝在位的时候，曾有过一度整饬；凡
海关各机构中的官吏为贴补其既无定额又很菲薄的薪俸而征收
的各种规费和额外课征，都一律划归为政府的库收；但这种如意
的改革，经证明时机并未成熟。这便是驻在中国的欧洲商人于
17 和 18 世纪最初所习见的关税，这些关税当时虽经清政府核
准，但是却由那些名义上执行政府政令的地方及各省海关当局
予以解释和实施。一般地说，照现在所知道的对于这些和其类似
的关税[①]的一切来判断，我们可以稳当地说，清政府所核准的税率
本身并不苛重；如果这种税率是严格而公允地奉行，那么清朝在
这最重要的税则和关税行政问题上与外国的关系，很可能会走

---

① 关于在 1901 年总税务司接管时，各通商口岸常关机构中现行有效的一些现代
中文本的这类旧税则，参看海关文件第 73 号第 6 组（总署编号第 5 号），1—6 编：上海，
1902—1903 年。

上另一条迥然不同的途径。外国商人对于他们被迫接收的贸易
条件所以怨声载道的主要原因之一，就是地方海关当局对税则
的解释和实施。这些海关官吏都知道他们官运亨通的时日是很
短的——因为不几年负责人就有一次更动，接着便是僚属的调
换——所以必须在他们的短暂任期内，尽量利用一切能够抓住
的机会：首先是要使他能以弥补为了钻营该官缺所使用的必要花
费；其次是筹措足够的款项用来保住那些值得和将会值得仰仗的
高级官员们的照拂；再次是应付清朝国库的定额解缴；最后就是为
他们自己的私囊，以防来日不幸的年月于万一。凡是外国商船曾
经闯入过的中国沿海各口岸，诸如厦门、福州、宁波、舟山等处，情
形都是如此，而以广州的情形为尤甚。在十八世纪中叶的时候，所
有外国对华贸易已经只限于广州一个口岸，而在这里的贸易却又
受到更进一步的束缚和限制，买卖只准通过公行进行——所谓公
行①，就是一批商人，一向不超过 14 家，经常是 13 家，由政府给以
执照，目的在于承保外商对各种捐税的缴纳，并作为这些外商和当
地官吏间的唯一的桥梁。一些外商认为关税的这种征收方式缺乏
确定性，并认为清政府海关官吏常常违法渎职。在 1830 年 12 月
24 日侨华英商呈下议院的请愿书中，具呈人声称②："从一艘外国

---

　　①　这种制度约自 1720 年起即已存在，直至《南京条约》签字时方被废除，其间时
盛时衰，景况不一。参看英国国会档："有关中国的通讯及文件汇编"，1840 年，279—
285 页。
　　②　英国国会档："英国旅华侨民为请英王陛下的代表一人常驻北京以保护其臣民
利益的请求书"，1833 年，3 页。

船到达时起，它的业务就受到海关低级官吏们为了勒索非法征课而起的借故留难；进口货运的税课概由下流无品的人员以专断的方式征收，居然公开索贿；正是由于税额的不确定，再加上那些超过了清政府税则所规定的税率（规定得一般虽似适中，但实际并不被遵守）好多倍的地方征敛，所以除去少数的物品而外，很难举出确定的税课。"此外，在 1834 年 12 月 9 日草拟的广东英侨上英王书①中，签署人等诉说："在管理办法妥当的通商制度下所可获致的利益，结果因目前贸易所受的限制以及种种专断不法的征敛，而大受削减，这些专断不法的征敛，或者是直接公然行使，或者是通过极少数与外国人交往的特许商人的媒介而间接行使，可是后一种方式的害处也并不较轻。"驻华英侨商务监督查理·义律大佐（Captain Charles Elliot）的中文秘书兼翻译官马礼逊君（J. R. Morrison）的陈述更是明显。他在 1834 年写道："无法从清政府取得任何确定的关税税则，乃是多年来广州商务制度上最显著的弊害之———切党派、各级政府、各行商人及士绅等的政策就是要将外国人置于这样的境地，使他们对于对外贸易征税的方式和税率一无所知。"在多数场合下，"非法和额外课征都在真正关税的四倍以上，而对于一项极重要的货品（棉花）竟公然提高到十倍"。② 在奈皮尔勋爵（Lord Napier）想要和清政府做直接官方交换

---

① 英国国会档："有关中国的通讯及文件汇编"，1840 年，69 页。又载在《中国丛报》（*The Chinese Repository*），1835 年，卷 8，358 页。

② 马礼逊（J. R. Morrison）：《中国贸易指南附中国对外贸易细则辑要》（*A Chinese Commercial Guide Consisting of a Collection of details respecting foreign trade in China*），广州，1834 年。引证自《中国丛报》，广州，1835 年，424 页。

意见的试探失败之后,从 1834 年颁行的上谕中,就可以证实这些弊害的存在[①],清政府并不是盲目无知的,但是在那道上谕中,为禁止亏欠外商债款和征敛私税而向官吏和行商所提出的告诫,与其说是激发于字面上的那种愿望,还不如说是激发于为渴望避免决裂的那种担心,因为决裂就不免要造成令人不愉快的税收的减少,更不如说是激发于官方有昭告全世界的那种必要,俾借以表明清政府对于它作为一个统治者的道义责任,并非漠不关心。

<h1 style="text-align:center">二</h1>

结束 1839—1842 年中英战争的《南京条约》,把中国和外国商人间的商务关系[②],放在了一种新基础上。它开放了广州、厦门、

---

① 英国国会档:"有关中国的通讯及文件汇编",1840 年,77 页。

② 在中美、中法的第一次条约谈判许多个月以前,于 1843 年 7 月间清政府就已经以正式公告承认,将把《南京条约》的权益推及于所有商人,而不问其国籍。《中国丛报》,卷 12,1843 年,443 页。并没有充分证据证明英国在《南京条约》谈判时,曾经试图或希望为英国臣民取得在华贸易权益的垄断权。几世纪来,中国人在贸易方面,对所有外国人向来都是一视同仁的,自然没有理由臆测他们只是因为和英国签订了一项条约,便改变了他们对其他国家的态度。在《南京条约》中,没有任何事物表示出据以获得的利益,将是英国臣民所专有的,1843 年 10 月签订的《中英虎门续约》(在《中美条约》签订前九个月)第八款的规定,就是和这种垄断的观念迥然不同的。可是,丹涅特(Tyler Dennett)指称[丹涅特,《美国人在东亚》(*American in East Asia*),纽约,1922 年版,108—109 页。另参看福斯特(John W. Eorster),《美国远东外交史》(*American Diplomacy in the Orient*),波士顿和纽约,1903 年版,75—96 页],清政府的这种"门户开放"宣言,是因为美国驻东印度舰队司令加尼(Commodore Lawrence Kearny)提出了抗议方才发布的。这种强词夺理的说法,如果意在隐指英国人企求垄断性的权益的话,则义律(C. Elliot)在 1840 年谈判广州、厦门和舟山的开放时,对琦善的声明

福州、宁波和上海等五个口岸，准许英国人寄居和贸易通商（第二款）。它废除了公行，准许商人随便和他愿意交往的人进行贸易

（接上页）便予以否定了："应予说明的是，凡上述各该口岸的贸易权益，并不要求为英国船舶和商人所专有。但是今后无论清政府对任何外国船舶和商人开放任何一个或几个口岸，应准许英国商人和船舶在各该口岸以平等地位进行贸易。"[英国外交部档17/47；1840年12月12日义律致琦善照会，附于1841年1月5日义律致巴麦尊（Lord Palmerston）第一号公函中]从《南京条约》之前几年来英国当局所颁行的正式训令和声明中，也得不出这样一个结论。下述的各段引证当可使这一点了然。"女王陛下政府并不想为英国臣民取得任何专有的贸易权益，而不同等地推及于其他各国的人民。"（1840年2月20日巴麦尊子爵致海军少将埃利奥特（Rear-Admiral G. Elliot）及海军大佐函，见马士（H. B. Morse），《中华帝国对外关系史》（*The International Relations of the Chinese Empire*），三卷装，伦敦，1910—1918年版，卷1，630页）。"全权公使应尽先声明女王陛下政府从来不曾为英国船舶和商人的利益，在中国寻求垄断性的权益，而只是尽它的责任把英国国旗的保护给予那些往来于女王陛下领土的外国臣民、公民和船舶。"（1841年1月20日海军大佐的声明。见《中国丛报》，卷10，1841年，63页）"我们所希望的只不过是一种稳当的和管理得宜的贸易；你一定要记住，我们并不企求排他性的利益，也不要求我们所不愿意看到其他各国臣民享有的那种事物。"[英国外交部档17/51；1841年11月4日阿伯丁（Aberdeen）致朴鼎查（Pottinger）第30号函]"女王陛下并无意于领土的取得，也不想为她的本国臣民取得任何不为他国平等享有的利益；女王陛下武装力量的一切努力，都是务求达成这些目标，但也止于是这些目标而已。"[1841年12月31日史丹雷勋爵（Lord Stanley）致监督委员会主席函。见英国国会档："在华军事行动有关文件汇编"，1843年，23页]当《南京条约》和税则的谈判进行期间，中国各全权大臣提出，凡所给予的权益应仅限于英国人，对于这一点，朴鼎查称："英国政府在对华贸易和未来交往方面所要求的任何权益或利益，没有一件会是它不高兴看到同样给予别国的。"（英国外交部档：15/57；1842年9月3日朴鼎查致中国各全权大臣函，附于1842年9月3日朴鼎查致阿伯丁第38号函）关于中国"门户开放"政策的第一次声明究应谁居首功的问题，中国人声称，"关于以最惠国待遇给予所有各国作为中国一切外交政策的基础一事，其首功"应归之于耆英和伊里布这两位钦差大臣，参看《中国社会政治科学评论》，卷15，第3号，422—444页，以及卷16，第1号，75—109页。关于清政府所发表的"门户开放"宣言英译本，参看附录甲。

（第五款）；商定了派设领事、管事等官员驻扎通商口岸，"专理商贾事宜，与各该地方官公文往来，令英人按照下条开叙之例，清楚交纳货税钞饷等费"（第二款）[①]；确定了两国官员在文书来往时所用的仪文（第十一款）；而尤其重要的是规定了"应纳进口出口货税饷费，均宜秉公议定则例"，并在依条约开放的所有各通商口岸，公布周知（第十款）。这个税则经于 1843 年 7 月 22 日在香港地区公布[②]，分为出口货及进口货两表，前者包括 61 个项目，后者包括 48 个项目。这两种表的制订意味着征课率的确定，所以英国全权公使亨利·朴鼎查爵士（Sir Henry Pottinger）为了这个目的，不独和奉命商定条约款项的两位中国钦差大臣进行谈判，而且还要求在华贸易的英国商人们也予以协助。英国全权公使建议两位钦差大臣"应将五口奉准实施的税则及关税汇集比较，并将全部关税扯平计算而采取一个平均数"。他向两位钦差大臣保证说，"在进出口税以及子口税的问题上，他唯一关心的事就是如何履行一个中英两国间公平裁判员的职责"，并且，他不愿意"看到税课过高，以致鼓励或助长走私，或者过低，以致在支付定额薪俸等项开支之后

[①] 英国商人对于这一条颇为愤慨，因为在《中美》《中法》条约中都没有加进这类相应的条款。1851 年 5 月间，英国政府片面予以废止，理由是中国皇帝自己的臣仆既认为没有必要这样做，则为中国皇帝防止其正当税课的偷漏自不再是女王陛下各领事的职责。1851 年 8 月上海道台颁布的海关章程第 6 号，规定嗣后海关银号制发的正杂各税的号收应直接送交海关，不用通过领事。见 1851 年 8 月 23 日《北华捷报》第 56 号。参看本书，第二章第二节。1853 年 9 月三合会占领上海，再度导致领事的干预其事，就如同 1928 年间所谓"华盛顿附加税"的课征情形一样。

[②] 《中国丛报》，卷 12，1843 年，391 页。英国国会档："在华贸易有关章则法令汇编"，1847 年，5—6 页。

不能成为一个公平合法的帝国税源"①5。两位钦差大臣承认五口
的现行税则互不一致②；但认为正税税则原系奉旨实施于广州，应
由北京户部重加审议，并应据为标准，凭以制定新税则。他们也指
出，任何非正规的税课都不会为户部容许，但正税税款的收入既须
拨解帝国国库，那就势必要另筹经费以维持海关各机构的开支。对
于这一点，全权公使答称："不论税捐的数额多寡，不论是属于进口、
出口或子口税，都必须明确厘定，不得留有些许余地，听由地方官吏
专擅或任意处理。"他指出这曾经是广州的大弊病，引起了无数的交
涉和不满，并且极力主张："一切事务员、书记及其他高级或低级官
吏的必要薪俸，都必须列入关税的尺度中计算，俾使商人明确知道
他们对于他们的商货，无论是在进口或出口上，将要支付些什么。"③
当时为了保障一切迄尚有赖于粤海关保障的各种利益起见，钦差大
臣命令"河泊"（Hoppo）亦即粤海关监督，"指示从事对外贸易的行商
编制一个包括各种课征及规费在内的完备报告书"，并要求全权公
使"指派若干富有经验并习知商务的官员，查明英国商人对于他们
输入和输出的各种货物实际缴纳的课征数额"④，以便将得自双方

---

① 1842 年 9 月 5 日朴鼎查爵士致各钦差大臣照会，见《中国丛报》，卷 12，1843年，37 页。

5 "税则者，国家自主之权，非他国所得把持而搀越者也。泰西诸国，虽弱小如瑞士、丹马、比利时，至弱至小如塞尔维亚、门的内哥之类，苟尚能守其社稷，则税则之或轻或重，无不由国君自主之。……中国道光之间，勉强行成，情形隔膜，误将税则载入约章……授人以柄。"陈炽，《庸书》，税则条。

② 英国外交部档 228/18：朴鼎查致阿伯丁第 38 号函，附件第 21 号。

③ 1842 年 9 月 17 日朴鼎查爵士致各钦差大臣照会，《中国丛报》，卷 12，1843年，39 页。

④ 1843 年 1 月 23 日各钦差大臣致朴鼎查爵士照会，同前，96 页。

的必要材料咨送户部,据以制订一个公平合理的税则。同时朴鼎查在 1842 年 11 月 14 日发布一项公告,禁止英国商船在税则和关税等级未确定之前,驶往依条约将予开放的任何口岸,唯广州除外①。12 月 28 日全权公使亲往澳门,本来想邀集英商举行一次会议,讨论税则问题;但后来再一考虑,还是决定征求他们的书面意见。在征求意见的时候,他要求他们"记清一点,如果我们希望并祈求一件驾乎其他一切之上的商约中的种种利益能够保持久远的话,那么这些利益就必须尽可能是互惠的;并且你们也应该想到,现在所将要决定的要点,越能接近并迁就中国现有的情形,那么整个制度就越简单,我们也就越能希望它顺利可行"②。英国商人在这种呼吁之下,起初对于供给所需的资料一事,并不表示热烈的赞助,却宁愿等待由清政府方面先提供帝国税则及其他有关文件。可是在 1842 年的最后一天举行的一次集会中,他们指定了一个五人委员会,"起草有关税则的变更以及其他看来会有益于英国利益的商务事宜的各种建议",并作为与全权公使沟通意见的机关③。全权公使敦促他们根据他们对华贸易的悠久经验,提呈一件报告书,表明他们希望在现行制度上有一些什么改变,以及愿意对于将来的关税和其他征课提一些什么建议。全权公使也指出,倘若商人报告书中的建议与北京户部的裁定在实质上能相符合,那么税则就立即可以决定,不致羁延或者另生枝节,但如果其中有

---

① 英国外交部档 17/57,288/20;1842 年 12 月 10 日朴鼎查致阿伯丁第 70 号函。
② 同上,1842 年 12 月 31 日朴鼎查致阿伯丁第 76 号函。
③ 《中国丛报》,卷 12,1843 年,41 页。

重大分歧,那么他势必要力促对清政府方面的建议重做考虑①。对于这一点,商人们答称:新税则既然要以帝国正税为依据,他们对于这种关税又无从查考,所以他们认为编造拟议的这样一项报告书实在没有用处。于是要求全权公使为他们向广州当局索取一份帝国税则,并希望能够将公行正式废除后,为广州方面贸易的进行所要做的安排,有以见告②。因此朴鼎查爵士便加以严正和应得的谴责,商人们这才改变了他们不协调的态度,对贸易的若干主要品目的征课率进行了局部的调查;特别指出茶叶的帝国出口正税虽然每担不到纹银二两,可是实征额每担竟达到六两之多;并且提出这样一项建议,略称"清政府如果愿意指明他们认为根据当前的贸易估计数字,应该征收作为帝国关税的数额究竟是多少",那么商人"当不难编制一项税则,将各项税额分配给几种贸易品目"。③ 他们之所以不能提供再详尽一些的细节的另一项理由,据他们的说法,是因为:"对于外商,广州向来有一种一成不变的例规,即必须以包括一切税捐在内的价格购买出口货,而以不包括这些项目在内的价格出售进口货。"

但是要想准备好"应纳进口出口货税饷费,均宜秉公议定则

---

① 英国外交部档 17/66,288/23:1843 年 1 月 12 日朴鼎查致阿伯丁第 3 号函,附件第 6 号。《中国丛报》,卷 12,1843 年,42 页。
② 同上。
③ 同上,98—99 页。1843 年 2 月 8 日商人委员会致朴鼎查爵士函;英国外交部档 17/66:1843 年 21 日朴鼎查致阿伯丁第 12 号函,附件第 2 号。

例"这件事,那就不能单靠些一鳞半爪的材料和单纯的建议,而必须要有一些更可靠、更完备的东西。利害关系最切身的商人们,经营了几世代贸易之后,竟还不能提供这类的材料,这正足以说明,只要有钱可赚,他们就没有迫切必要,去用尽心机搜求他们所叫苦的那些非法关税课征的详情细节。对于这一点,朴鼎查并不是不懂得。当他写信给阿伯丁伯爵(Lord Aberdeen),谈到英国商人那种不肯出力的态度时,就说:"我现在想,固然有一些人的行为,与其说是存心想要阻挠我,还不如说因其对于讨论中的各种问题真正一无所知,而又怕暴露他们自己的那种无知的情形。可是另有一些人,据我看,却是单单受前一种动机的影响,并且近年来,他们所赖以进行贸易的方式,据我所知是在任何其他国家断然没有的,而他们采取这种方式所能用的唯一借口,就是说这种方式是通行的,任何人要是撇开不用,就一定会被他的那些无所顾忌的商业竞争者致于失败和破产之境。事实上,每个人都已经惯于通过行商、通事和其他一切类似的人们,为他们自己和他们的雇主,尽可能地做最有利的讨价还价,人人都是贿赂公行,随时准备用最为有害的整批走私方法逃漏清政府的正当税课,而且从上到下的全体地方官员也都佯作不见,并分润这笔非法利得。结果自然是没有一个商人能说得出(即使他愿意这样做),他实际上以关税的形式究竟付出了多少。"①尽管有公行的存在,尽管他们理所当然地不愿意

---

①　英国外交部档 288/23;1843 年 2 月 6 日朴鼎查致阿伯丁第 7 号函。朴鼎查认为当时在华贸易的英国并不是值得夸奖的。在 1843 年 1 月 19 日写信给阿伯丁勋爵时,他说:"我不得不无可奈何地承认,我相信还有另一些人,由于自私自利的动机,对于已经获致的和平,和正安放在一个对所有从事贸易的臣民一致有利的持久基础上的事物的

让外商知道官方所要征收的贸易税实际上究竟是些什么，可是外商只要略具技巧和耐性，本来也可以取得那种材料，如果他们决心要得到的话。对于英国全权公使来说，最重要的就是必须取得这种材料，并且为保证能够掌握足够的可靠材料起见，他在 1843 年 1 月委派马礼逊(J. R. Morrison)和罗伯聃两先生前往广州，进行必要的调查，并为《南京条约》所规定的新关税办法的实施，做好准备①。公行希望由后来任上海领事的巴富尔海军大佐(Captain G. Balfour)协助下的这两位代表，在公所下榻，并在那里和行商及中国官吏进行商谈，但是马礼逊，由于他接受这样一项邀请的话会被认为颇存戒心，因此聪明地婉谢了②。在商谈的最初阶段中，携有帝国税则副本和地方征课细目，并处在切身利益受到威胁的人们压力下的那些中国官员们，提交给罗伯聃先生一件备忘录，建议把所有进出口货物的品目——列举，并在各品目项下分别填明下述三栏：(甲)帝国关税，(乙)官方认可的课征和(丙)一切其他规费和课征。原提案人建议，将前两栏保留不动，第三栏分成为十部分，并将这十部分中的大多数部分予以保留，以便支应

(接上页)展望，表示遗憾和不满。"英国外交部档 288/23：第 6 号函。他又于同年 2 月 6 日写道："我从一些(英国商人)方面所体验到的，除去强词夺理的争辩，和对于我所殷切希望能借以把贸易安放在一持久及自由基础上的那些办法的间接反对而外，别无他物。"英国外交部档 288/23：第 7 号函。在 7 月 19 日，当税则谈判已经实际竣事的时候，他在卷上写道："我只能再重复一遍，作为一个团体来讲，商人们并没有给过我任何的帮助。"英国外交部档 288/24：第 85 号函。

　　①　英国外交部档 17/66，228/23：1843 年 2 月 6 日朴鼎查致阿伯丁第 7 号函，附件第 14 号，1843 年 1 月 21 日朴鼎查致伊里布照会。

　　②　《中国丛报》，卷 12，1843 年，94 页。英国外交部档 17/66：1843 年 2 月 6 日朴鼎查致阿伯丁第 6 号函。

海关的一切经常费用,余外则予以取消。因此这整部税则可以表示出(一)正税,也就是上述(甲)(乙)两项的总合和(二)用以维持海关机构的官方认可的征课①。英国代表们不接受这项建议,但是却把编制成表的材料都接受了。这次税则谈判的最后结果,全都包括在罗伯聃先生所拟具的一系列的报表中,这些报表为税则进出口两表所列举的一切品目,都分别开列出(甲)帝国旧税则所核准的关税和课征,(乙)粤海关当局实征的关税和课征,(丙)拟议的关税,(丁)每年进出口平均量,(戊)平均价格,(己)每年进出口总值,(庚)以这种估价为根据的拟议关税的百分率和(辛)根据拟议中的税率每年实征关税的估计额②。在这些审慎编制的报表之外,还有一些说明,指出:(甲)依照新旧两种办法对船舶课征的比较估计,(乙)照新办法,在棉制品、毛制品和船舶方面对帝国国库的显著损失如何预先设法弥补,(丙)照旧办法,中国对外贸易征收总额的毛估及其分配办法,以及(丁)根据新办法,中国对外贸易征收总额的毛估及其可能的分配方法。在六月中旬,分别开列所拟税率的新税则进出口两表,已经编制竣事,提请朴鼎查爵士决定。他认为非常满意,但是从他所掌握的其他资料来判断,却又认为在进口表方面——"所拟的尺度……对于进口商,竟比商人们本身所敢于提出的,还要更加有利一些。"他的唯一顾虑,就是怕清政府可能因为它对外国进口商过分有利,而加以反对。出口表的情形也

---

① 英国外交部档 228/23;1843 年 3 月 25 日朴鼎查致阿伯丁第 24 号函,附件第 24 号。

② 英国国会档:"对华贸易等事宜报告书",1844 年。

是一样，因此他授权英国代表，在清政府以所定税率太低而对任何一表提出异议时，得允许做合理的提高①。7月10日，中国交涉人员已经表示他们赞成所拟的税率[6]，但同时，坚持必须将税则奏呈皇上请旨，这是根据两层理由：一则据条约规定，税则必须由户部布告周知，再则税则如未明奉上谕批准，恐怕单凭交涉人员发出的通知，新辟通商口岸的各关监督也会拒不遵行②。可是鉴于有不下三十艘的英国船舶正在等待卸货，但税则和新的通商章程还没有公布，又不愿意进港，所以耆英应允了朴鼎查的紧急建议，宣布自1843年7月27日起，准广州口岸按照新定办法开放。可是其他四口，在没有接到北京方面的训令以前，仍不开放。③中英交涉人员当时所同意的新税则上的税率，是以旧税则的正税税率为标准，并不包括地方课征和规费在内。这种税率，无论是就出口货或进口货来说，在大多数情形下，都比以往施行的要低得多。例如，在出口货中，八角、樟脑、藤黄、大黄、土丝和硃砂的税率，减了百分之五十左右；三籁、土珠、夏布和冰糖的税率，约减百分之六十五；

---

① 英国外交部档288/24：1843年7月19日朴鼎查致阿伯丁第85号函，附件第21及第22号。

6 "是年（按即道光二十二年）12月16日，余至广东省城，……内民与外人为仇，募勇数万，结队横行，骄悍难制，余窃忧之。私谓伊公曰：'粤患未已，不在外而在内也。'伊公曰：'内外何以和辑？'余曰：'徇外人则民谤，徇内民则外嗔，此地议抚，难于金陵十倍矣。'伊公曰：'且徐图之。'……尝书二语遗余曰：'洋务只可粗枝大叶去画，不必细针密缕去缝。'余心韪其言。"这是黄恩彤对于伊里布、耆英等违抗民意，媚外议约的供认。见黄恩彤，《抚远纪略》，粤东复市第四。

② 同上，附件第6、第8及第13号。

③ 英国外交部档17/68，228/24：1843年7月19日朴鼎查致阿伯丁第85号函，附件第15号。

草席、南京棉布(紫花布)和黄白糖的税率,约减百分之七十五;还
有土茯苓、铜器和黄姜,约减百分之八十。仅有的两项具有重要性
的出口货,被认为是应该提供比较大的财政收入的,那就是绸缎和
银器金器,前者的税率增加了差不多百分之五十,而银器和金器的
税率则提高到三倍以上。所有出口货中最重要的茶的税率,定为
每担二两半银子,这是比帝国和地方课征并在一起的旧税率还要
高出百分之二十五的一个税率。在进口货中,上等人参的关税减
了百分之十六;阿魏、中等燕窝、白洋布、牛黄、铅、钢、锡和洋青等
的税率,约减百分之五十;原色斜纹布、儿茶、铁、豆蔻、胡椒、木香、
藤等的税率,约减百分之六十六;白袈裟布、槟榔膏和檀香等的税
率,约减百分之七十五;上等燕窝、丁香等的税率约减百分之八十;
苏木的税率约减百分之八十七;荷兰羽缎的税率则约减百分之九
十。有三项进口品目的关税提高了,那就是呀吆米、麻布和水银。
第一种品目提高到两倍以上,后两种差不多是原来的两倍①。其
中并没有任何事物,表示出这些新税率是依据值百抽五的从价标
准拟订的,虽然税则附加的注释中注明,凡未列举的品目,不论出
口货或进口货,一律按照值百抽五的税率计税。相反地,在税则进
口表中,明文规定,凡未列举的树胶、五金和木料,都按值百抽十的
从价税率完纳关税,这一件事实明显地表示出,一体通用的固定不
变的值百抽五的从价税率,在当时并不是一件像后来那样当作金
科玉律的事物。而且我们从英国驻广州领事在 1844 年 12 月 31
日以前那一年里提呈的那些广州商业报告书中,还可以找到另一

①　《中国丛报》,卷 12,1843 年,393—397 页。

项证明[①]。我们根据其中对各项进出口品目的总量所开列的价值,并假设这些价值和前一年中的市价并没有根本差异,那我们就可以把新协定关税率应用到各项品目的总量上,再把按固定值百抽五课征所算出的得数和按税则税率实征的总额做一比照。这样一种比照,可以使我们大体正确地计算出新关税率在当时通行价值上的百分比。用这种鉴别方法,我们可以找到确凿的证据,证明第一个协定税则并不是在一种一成不变的值百抽五税率的基础上制订的。在进口货中,唯一泥守值百抽五税率的品目,就是羽纱,而对大呢的税率,实际上竟低到百分之四,这或许是故意的,以便鼓励这类货物的贸易。在另一方面,对于小呢的税率则高达百分之七点五。对于呀吨米、原色洋布、斜纹布和硝石,税率约为百分之五点五;对于槟榔、白洋布和棉纱,税率是百分之六;棉花,百分之六点五;纱手帕,略高于百分之七;鱼翅,百分之八;檀香和锡,略高于百分之八;藤,百分之九;人参,以全部进口都作为次等货计算,约为百分之十;印花布,百分之十;胡椒和熟铁,百分之十一点五;而铅的税率是百分之十三,为一切品目中最高的税率。出口货的税率,差不多都定在百分之五的水平以下,目的或许是要刺激出口贸易,以期有助于遏制为支付当时大量鸦片走私进口所造成的令人不快的白银外流。对于纸扇,税率低到百分之一点五;夏布,百分之一又四分之三;漆器和丝织品,百分之二点五;丝带,百分之二又四分之三;南京棉布和瓷器,略低于百

---

① 英国国会档:"女王陛下驻华全权公使 1844 年广州、厦门及上海等三口贸易报告书",伦敦,1845 年,24—25 页。

分之三；大黄，略高于百分之三；天蚕丝，百分之三点五；席和土丝，
不到百分之四；桂皮和桂皮油，不到百分之五；可是对于桂子，所制
定的税率为百分之十点五；八角油和纸，税率为百分之五点五；糖，
百分之六；冰糖，百分之六点五；矾石和八角，百分之八；土茯苓，百
分之八点五；而对于茶叶，所有出口品中最重要的一项，百分之十
又四分之三——这一种税率说明了当时中国在这项品目上所享有
的垄断，与目前的免税待遇恰成一对照，这种免税待遇乃是由于中
国因不足或不能应付其他产茶国的竞争并丧失了在这种贸易上的
领导地位所造成的[①]。上述的从价百分比，必须注意，和罗伯聃先
生在进行拟订税率表时所制成的百分比，在某些地方相去很远。
根据他编制各表所采用的价值，这种进口货价值上的最低关税百
分比，是燕窝的百分之零点二五，最高是上等人参的百分之八。在
这两种税率之间，有各种不同的百分率：真金银线百分之零点六
六；假金银线百分之零点七五；豆蔻花百分之一又三分之一；海参
百分之二；鱼肚、铜、水银、豆蔻和鱼翅百分之四；羽绸和法兰绒从
百分之四点五到百分之四又四分之三；蜜蜡和许多从价征收的货
物，诸如钟、表、光学用品、梳妆盒、刀剑、香水、柳条布、颜色布、剪
绒、丝棉布、毛棉布、装饰品、玻璃及水晶器皿、生铜、酒、啤酒和酒
精、哆啰呢、冲毛呢、羽布和绒线等，都是百分之五；棉花、原色洋
布、斜纹布、棉纱、棉线、皮和皮毛以及各色毛毯等，百分之五又三
分之一；麻布、海珠壳、马口铁、硝石和英国羽纱，百分之六；呀吧

---

① 在另一方面，我们必须想到，在《南京条约》签字时，输入英国的茶叶进口税率，
是从价征收自百分之二百至百分之三百五不等。

米、白洋布、牝牡牛皮和荷兰羽缎，百分之六点五到百分之六又四分之三；樟脑百分之七；帆布、黄水牛角和毛哔叽，百分之八；槟榔、安息香胶、水牛和阉牛角、锌、藤、苏合油、黄豆、柴鱼、海马牙和苏木，百分之九；下等丁香和锡，百分之九点五；上等丁香、玛瑙珠、手帕、熟铁、生钢、木香和乌木等，百分之十；象牙、洋青和檀香，百分之十点五；胡椒百分之十一；阿魏、牛黄、儿茶和生铁，百分之十三；火石百分之十四；乳香百分之十六；下等人参百分之五十。对于出口货，根据罗伯聘先生的估价所计算出的关税率是：牛骨角器、鞋、靴和檀香器百分之一；铜器、锡器、白镴器、扇子、各式家具、麝香、银器和金器百分之一点五，锡箔和皮箱百分之一至百分之二，漆器、纸扇和藤器百分之一至百分之三，瓷器和成衣百分之一至百分之五，竹器、海珠壳器和画工百分之五，黄铜箔和玳瑁器百分之二点五，夏布和象牙器百分之二至百分之三，玻璃和玻璃器、白铅和铅丹、南京棉布、棉布、大黄和烟草百分之三，丝、丝线和丝带百分之三点五，竹席、草席、南京生丝和绸缎百分之四，桂皮油、珊瑚和土珠百分之四点五，花竹响爆等、假珠、糖果食品、广州粗土丝和硍朱百分之五，藤黄和八角油百分之五点五，手铞、手杖、三簾、鱼胶、雄黄、各色纸张、广州细土丝和冰糖百分之六点五，小伞百分之七，樟脑百分之八，八角、信石和黄白糖百分之八点五，矾石、良姜、豉油和黄姜百分之九，荜澄茄百分之十，云石片百分之十点五，桂子百分之十一，桂皮和各种茶叶则都是百分之十二[①]。无论是采取领事报告书中那种或许比较正确一些的估价，还是采取罗伯聘先

---

① 英国国会档："对华贸易等事宜报告书"，1844 年。

生的那种估价,却都不会影响到我们所得出的下述一项结论,即南京协定税则并不是基于硬性值百抽五的标准的。甚至当时已经确定的税率,也不被认为是一成不变的,英国驻香港商务监督约翰·德庇时爵士就曾经在 1845 年和耆英商谈过陶器税的减轻,又曾经在 1847 年商请将糙木料的关税从值百抽十降低到值百抽五。[①]在 1845 年,当时正任驻厦门领事的巴夏礼(Parkes),争取到把樟脑的出口税从每担一千五百两银子减至一千两银子。可是,降低税率的申请,并不总是成功的。早于 1855 年,上海商人通过他们的领事向道台申诉,说中国商人总是用米汤混合物浸渍的办法,加重他们丝织品的分量,从而增加了百分之十到百分之四十的重量。申诉人请求把这类货物的关税率比例减少的要求[②],起初是被拒绝了,但是,后来,在 1856 年 2 月,答应给予不到关税百分之十的补贴。同时,道台应许将粗天蚕丝的关税,降低到从价值百抽五[③],并且在一个月之后,鉴于印花布价值的降低,便也予以同样的待遇[④]。赵道台,当他在上海的时候,已经把染色纱手帕的关税,从每块零点一两银子减到值百抽五。我们必须注意,这些影响着协定关税率的决定,都是照例由地方上的清政府海关官员做出的,所以在其他口岸如果没有各该地方有关官员的同意,就不认为是有效的。这虽然合乎以往的中国办事手续,却与协定关税的目

---

① 德庇时,《战争时期及缔和以来的中国》(*China During the War and Since the Peace*),伦敦,两卷装,1852 年版,卷 1,88、89 页。英国国会档:"1847 和 1848 年中国各口贸易报告书",19、57 页。

② 《北华捷报》,第 244 号,1855 年 3 月 31 日。

③ 上海海关通告,1856 年 2 月 26 日。

④ 同上。

的不相符合，协定关税的目的，乃是要保证把同样的税率适用到一切通商口岸。可是，商人和海关官员间的自由而简便的协议在一切口岸都很通行，所以我们可以放心地说，绝对没有一个商人曾经因为在他所进行贸易以外的另一个口岸实施了降低的关税率而受到不公平的待遇。甚至在《天津条约》谈商之后，照约采行了划一的海关制度，并设立了总理衙门以作为最高集中的海关当局，可是地方海关当局那种不经总理衙门许可就变动税率的风气，却依然持续不变。直到1866年，这种流弊百出的习惯，方才最后革除①。

四

关于南京协定关税率并不是以严格值百抽五从价标准为依据这一点，在有关子口税条约条款（第十款）中更进一步地表示了出来，在这一款中，对于中国商人运往内地的英国货物的应征税率，一律未加列举。早于1843年当朴鼎查爵士要求给他准备一份"阐明现行制度、揭示各省核定税额的简明节略"时，他就向钦差大臣们指出确定这种子口税的必要性，同时还指出，"不论在各海口的进出口贸易上表面采行一些什么样的便利，可是就帝国的大部分地域来说，如果对通过内地的货物所抽收的苛重子口税，竟达到了寓禁于征的程度，那就一定会使上述那些便利全部化为乌有"②。

---

① 海关档：总税务司通令，第12号。

② 《中国丛报》，卷12，1843年，46页。英国外交部档17/66：1843年2月6日朴鼎查致阿伯丁第7号函。

虽然成为中国国内贸易上财政障碍的厘金,是太平天国的产物,当时还不存在,但是在大商业中心和在国内通商大道冲要地点上的那些内地常关却已经执行职务达几世纪之久,在这些关卡上,一切货物都必须完纳通过税。当时正是为了要防止对外贸易在这些内地常关有被扼杀之虞,所以把子口税条款订入条约,才觉得有必要。可是,由于对这些内地常关实际施行的税率一无所知,因而在决定什么税应该同意作为向英国商货抽收的通过税这一点上,遇到严重困难,实际上,朴鼎查爵士对当时所征税率,能得到的唯一可靠材料,就是掌管税收的户部①颁行的官方税则的译本,其中列举出三个内地常关核定的税率,这三个常关就是江西梅岭关关口的赣州关,广东的太平关和杭州附近的北星关。把新协定税则所确定的税率和这三个内地常关核定的税率比较一下,我们发现:在这三个机构的出口表上所开列的 72 种从量税率中,只有五种是在协定税则为同样品目所定税率的半数以上,有四种是实际上高出协定税则的相应税率全数以上的。在这三个机构的进口表上所开列的 89 种从量税率中,13 种是在协定税则税率的一半以上,24 种是高出协定税则的相应税率全数以上的。所有其余的税率——出口货 63 种和进口货 52 种——都是在协定关税率的半数以下。既然 1843 年 6 月 26 日为补充对这个问题的条约规定而作的有关子口税的声明②,明确约定"路所经过关税,不得加重税例,只可照估价则例若干,每两加税不过某分",显而易

---

① 英国国会档:"对华贸易等事宜报告书",1844 年,13 页。

② 在香港地区交换 1842 年《南京条约》批准书的日期。

见，把子口税确定在值百抽二点五基础上，甚至确定在业经采纳的协定关税税率的半数基础上的这种观念，在当时并不是这类课征的指导原则。

五

鸦片和鸦片走私曾经是 1839—1842 年战争的直接近因，人们本来以为在恢复和平及建立新贸易关系的条约中，这个问题一定是会讨论到的。恰恰相反，在这些文件中，凡是可以提到这个鸦片走私问题的地方，一概有意避开不谈，虽然《南京条约》第四款中定明应以 600 万元偿付英国，作为在广州所呈缴鸦片的代价。就英国方面来说，有两条建设性的道路是洞开着的，一条是根本禁绝英属印度的鸦片贸易，这是一条印度政府所不欢迎的道路，它生怕丧失与此相关联的丰富税收，并且也担心印度各土邦会给予鸦片贸易以控制，而不听任其自由发展。根绝英属印度中的鸦片贸易，在英国政府眼中，无异是唯心主义的一种空想，英国政府认为这样会因为把鸦片贸易放在更无所顾忌的人们手中，为害更大。此外的一条道路就是把中国的鸦片贸易合法化，照当时执政的英国政府看来，这是最符合其利益的道路。可是这种贸易的合法化，是要因势利诱而不能强求的，关于这一点，义律和朴鼎查都奉有明白的指示。巴麦尊子爵在 1841 年 2 月 26 日写信给前者时指出："在把这件事提向中国全权大臣的时候，你要声明，请准以鸦片作为合法贸易的一种品目输入中国一节，并不是你奉命向清政府提出的要求之一；你也不要用一种会造成误解的方法进行对这个问题的讨论，

致使中国全权大臣认为女王陛下政府企图要在这件事情上使用任
何胁迫手段。……显而易见，不论清政府如何努力，它也绝不能制
止中国沿海的这种贸易，因为它对于购买者和销售者双方的诱惑，
比他们害怕扣押和处罚的心情所能起的反作用，更加强烈。并且，
同样明显的是，要想防止把鸦片运往中国，那完全是英国政府力所
不能及的，因为即使在英国领土的任何部分中都不出产丝毫的鸦
片，也还是有大量鸦片会生产在其他各国，那么冒险犯难的英国人
或其他国人就会把它运往中国。"[1]三个月之后，朴鼎查也奉到了
同样明晰的训令："关于这件事女王陛下政府并不做任何要求，因
为他们无权这样做。清政府完全有权禁止鸦片的输入，如果它愿
意的话；并且从事于违禁品贸易的英国臣民，必须自行承担其后
果。但所希望的是你能够利用一切有利的机会，以你所能想到的
一切论据，力求给予中国全权大臣，并通过该大臣给予清政府以一
种印象，使他们领会改变一下对这件事的中国法律，并以一种正常
关税把他们所不能禁止的一项贸易合法化，对清政府本身该是多
么有利。"[2]朴鼎查也使马礼逊和罗伯聃两位先生理解了这个观
点，以便中国交涉人员提出这项问题时可以应付；并且补充说："如
果清政府要求不得将鸦片输入帝国的内洋，我准备为此发布一项
公告，号召所有英国臣民服从清政府的要求，并警告他们在置若罔
闻时会发生导致船货充公的危险。可是，这显然有赖于中国方面
执行的力量。我们不能在中国海面或港口越俎代庖，至于在公海

---

[1]　英国国会档："1842—1856 年在华鸦片贸易有关文件汇编"，1857 年，1 页。

[2]　同上，2 页。

上,船舶本可载运它所愿意装载的货物。"①当交涉正在进行时,统率英国驻华舰队的海军司令伯驾爵士(Sir William Parker)曾经把舟山鸦片贸易显著增加的情形报告朴鼎查,于是全权公使在复文中阐明了英国政府的态度,并且说,他曾经根据训令劝请中国钦差大臣用鸦片贸易合法化的办法来取得对该项贸易的控制,同时英国政府也愿意"核准一切合法步骤,帮同清政府遏制这种贸易,或至少把它放在一种比现在危险性和不透明情形略好一些的基础上"②。在这一方面,他迄未获得成功,钦差大臣们认定,"只要皇上不允准这种贸易,他们也就无计可施,顶多是答应不特意去调查什么船携带或什么船不携带鸦片,并把他们应做的事只限于保证中国兵民不购买和食用这种毒品为止。"③全权公使指出,悬挂其他国家国旗的船只也都从事这种贸易,倘仅把一国排斥于这种贸易之外,那只是便宜了其他一切从事这种贸易的国家而已。厉行取缔,他辩称,是要中国人去做的。英国人自不能随便在中国海面上帮同查获和没收鸦片,而"这件事实和中国各级官吏对鸦片贸易的纵容",正是"一切所能筹划的方案的不可克服的大困难"。可是中国交涉人员有了一个方案。马礼逊曾经建议把鸦片贸易合法化,但是主张把毒品的进口限制于当时这种贸易最旺盛的两个地方,那就是南澳和泉州。他估计平均进口达 3000 箱,以每箱 50 元

---

① 英国外交部档 228/23:1843 年 2 月 6 日朴鼎查致阿伯丁第 7 号函,附件第 25号。英国国会档:"1842—1856 年在华鸦片贸易有关文件汇编",3 页。

② 英国外交部档 228/23:1843 年 4 月 12 日朴鼎查致阿伯丁第 33 号函。

③ 英国外交部档 17/67,228/23:1843 年 4 月 12 日朴鼎查致阿伯丁第 33 号函。

的关税计,每年可望为帝国国库产生 150 万元的税收。在复文中,耆英声称他愿意冒险以下述条陈奏明皇上,即由英国全权公使作为全体商民的保证人,保证从鸦片进口中每年必可获得 300 万元的税收并设法照数预付五年;而且自新贸易办法实施之日起,对这种缴付办法作为期十年的担保,不论有无鸦片进口,都必须照数缴纳。如果全权公使情愿同意这项建议,耆英当即奏闻;如不愿意,他就放弃这项计划①。朴鼎查自然把这项建议评为"完全不切合实际的"。同时他通知耆英,英国政府愿意禁止鸦片输入香港地区,甚至输入香港海面;但是,据他的看法,"这样一种禁令将只能增加当前局势的流弊,而迫使从印度和其他远方国家运来鸦片的那些船只,立即都满载着它们的货运,驶入中国港口和内海。"如果清政府能把这些船只,不论是不是英国人的,一齐逐出港口和内海,那么香港的禁运鸦片当然有好处,但是中国既然不能防止他们的臣民购买和消费鸦片,那么香港的禁止鸦片输入也就利少而害多了②。这种论调表面上似乎有理,但却是不能令人信服的。如果这种实验曾经试行过,香港一定会贫困得多了,但是它的名誉也要比较清白些。因此,这种贸易依然是违法的;但是为使对这个问题不要存有任何疑问起见,朴鼎查爵士在 1843 年 8 月 1 日发布了一项公告,警告英国商人不要把鸦片认作一种未列举的应税品目,

---

①　英国外交部档 228/24;1843 年 7 月 19 日朴鼎查致阿伯丁第 85 号函,附件第 2 号。英国国会档:"1842 年—1856 年在华鸦片贸易有关文件汇编",9 页。

②　英国外交部档 17/68;1843 年 7 月 25 日朴鼎查致阿伯丁第 87 号函。英国国会档:"1842—1856 年在 1 华鸦片贸易有关文件汇编",9 页。

可以按值百抽五的标准进口，并且说，任何商人凭着这种想法去做，应自行负责，并不会得到女王陛下的领事和其他官员的支持和保护[①]。这自然并没有使这件事就此了结。这种贸易反而获得了新的生命，它以成千累万受害者的贫穷、疾病和愁苦作代价，为肆行不法之徒创造着财富。香港很快地变成了首屈一指的鸦片贮藏所，以香港为大本营的那些鸦片双桅船、单桅船和轻快帆船等，不但继续不断地把它们的货载运到旧有的各站，诸如南澳、金星门、泉州和金门等处，而且还运到各通商口岸的边缘。外国鸦片商在那里都设有趸船[②]，上面并且妥备武装，以防护他们的珍贵货载不受海盗的袭击。从这些船上把毒品卖给中国商人，然后再由他们用快船把货运送到通商口岸上的目的地，到了那里，货便进入了道台管辖的而不是领事管辖的区域。有一次，厦门和福州的一些趸船所有主，为怕海盗掠劫，竟厚颜无耻地要求准许他们的船只停泊在港口以内，这项要求当然立刻遭到拒绝[③]。不管是不是合乎时宜，德庇时和朴鼎查一样，总是力请这种贸易的合法化，既然官吏们不愿意或是不能够雷厉风行地实行严格取缔，那么也就唯有用合法化的方法，才能把那些和这种走私贸易分不开的弊端置于控制之下了[④]。可是最后之所以造成《天津条约》附黏税则中列入鸦片一项，以及《通商章程善后条约》第五款予鸦片贸

---

①　《中国丛报》，卷 12，1843 年 8 月号，446 页。参看附录（乙）。

②　英国外交部档 228/65；1847 年 2 月 20 日德庇时致巴麦尊第 23 号函，及 1847 年 4 月 1 日第 52 号函。

③　英国外交部档 228/67；1847 年 5 月 1 日德庇时致巴麦尊第 70 号函。

④　同上。

易以合法化，与其说意在除弊，还不如说是为了镇压太平军需款的缘故[①]。

　　既然研究了税则税率，那么对于用以表示这种税率和如何用以缴纳关税的通货就不得不有所决定。在那时候，中国不能说是有一种标准的国币。诚然，制钱是在全帝国通用的——据说这种制钱含有百分之六十的铜和百分之四十的锌、铅、锡合金，但是这些钱，在质量上各有不同，而且无论是对随远洋贸易而来的外国银元，或是对用以进行一切主要商业交易的各色中国银两，交换价值都是不统一的。每一个大商业中心都各有本地公认的银两，其中没有两种在分量上和纯度上完全一致。当时在应行开放的五口中，每处都有一种地方银两，用以供作批发贸易的筹码，并且通常制成每块约重五十两的"马蹄"形银锭，在市面流通。因为这些"马蹄银"不但分量不同，而且纯度也各异，所以它们从铸造者的铸模中出来之后，在能进入流通之前，必须经由公估局鉴定，以便在每块"马蹄银"上刻上它的正确分量和纯度。在广州，这时关税是按银两征收，而实际是以银锭或外国银元按分量完纳，这种银锭和银元都是照它们的实际含银量收受的。作这种缴付之用的现行银两，就是在 18 世纪 70 年代东印度公司大班和公行间所议定的那

---

　　① 参看费正清(J. K. Fairbank)，《1858 年条约以前鸦片贸易的合法化》(*The Legaligation of the Opium Trade before the Treaties of 1858*)，《中国社会政治科学评论》，卷 17，1933 年 7 月号。

种银两。这据说是等于纯银 579.84[①] 喱的一种重量，所以比库平（或国库）两高出四喱，库平两是一种据称纯度一千，名义上重575.8 喱的计账货币。应解缴中央政府的四成税收在拨解北京之前，必须把这些银两和银元熔解去杂，以便得出理论上的纯银或纹银，再重铸成特定重量的银块或马蹄银，解往北京。其余经中央政府允许留作本省之用的六成，名义上也是经过熔解的。总而言之，对纳税人一律抽征一笔为抵补这项熔解费用的规费，可是因为这种规费看来像是那些要和帝国关税一并负担的不得人心的附加之一，所以保留它作为一种公认的规费是为人所反对的[②]。虽然如

---

①　"纹银：重量、价值、试验"，海关文件第 47 号，上海，1896 年，2、30、35 页。

②　在 19 世纪 40 年代所订定的一切条约和章程中，都没有加进任何要求裁撤这项倾熔银两的条款。这种裁撤倾熔银两的规定是初次见于《中英》和《中法》《通商章程善后条约》（第九款）中的。朴鼎查爵士的默认这种倾镕银两，可以用 1843 年 12 月 3 日他给驻厦门领事亨利·记里布（Henry Gribbe）的信来证明。这封信写道：

"敬启者：

顷接上月 13 日第 3 号函，内呈报厦门货币调查的结果，并陈明据该处各种铸币质量化验的情形，计平均较广州少一两七钱；但为深切盼望厦门标准能与广州所制定的标准划一起见，已与中国方面地方官商定在厦门采行后一项标准，唯须每百两纹银贴给一两五钱作为倾熔费，其分配情形如下：

	钱		
木炭	6		
两个人的薪工	5		
硝石等	3		
房屋开支	1		
	15		
依照这种协议则	两	钱	分	厘
卢比重	109	7	9	0
秘鲁银元重	111	4	5	5
墨西哥银元重	111	9	0	0
玻利维亚银元重	112	1	5	0
智利银元重	112	5	2	0
盖印戳的银元重	113	2	0	7

此,钦差大臣指出,这种规费的征收只不过使政府能够收足它所该收的钱,也就是说,纯银若干两,可是既没有一种铸币或银两锭在实际货币上能满足这项需要,那么建立一种标准,使政府依照这种标准得到它依法应得之款,也就是至关重要的了[1]。结局是建立了一种新标准——凭以在所有五口征收关税的一种记账银两,以及与地方银两和外国银元建有明确比价的纯银价值。目前,根据商业上的一般惯例,一百中国斤久已被算作为一百三十三又三分之一常衡磅的等量了[2],既然十六两或十六个中国盎司等于一斤,十六常衡盎司等于一磅,所以一两在重量上等于一又三分之一常衡盎司,而一常衡盎司则等于 583.2 金衡喱。这便是为新记账通货关平两或海关两所规定的重量,同时关税既然应按纯银完纳给政府,所以海关银号收受这类税款时,在技术上必须要求每两为纯度一千的银子 583.2 喱。这只是理论,在实际施行上却是有分歧的。据《议定广州、福州、厦门、宁波、上海五港通商章程》的规定,

---

(接上页)上开数字视为等于纹银一百两的重量,凡以上开任何种铸币缴纳关税时,应一体遵照办理。

查广州倾熔费是每百两纹银一两二钱,不过其间的差额既然有限,我当迅即核准你的协议。

本函应公布周知。

亨利・朴鼎查"

见英国国会档:"在华贸易有关章则法令汇编",1847 年,23 页。英国外交部档228/31:1844 年 3 月 9 日记里布致朴鼎查第 25 号函,报告为关税完纳事宜与当局商定的协议。

[1]　《五港通商章程》第八款规定:"均准用洋钱输征,惟此等洋钱,色有不足,即应随时随地,由该口英官及海关议定,某类洋钱应加纳补水若干,公商妥办。"《中法黄埔条约》第十八款也有同样规定。

[2]　这种设施直到 1858 年《通商章程善后条约》公布后,方才得到条约的确认;参看第四款。

"嗣后各口……兑银之砝码……均须按粤海关向用之式，制造数副，镌刻图印为凭，每口……发交二副，以一副交海关，以一副交英国管事官查收，以便按查轻重……计银遵例输税"。根据这项规定，应将经过慎重铸造和鉴定的成副铜砝码分送各口案，如把这种砝码与外国金融机构所有的金衡制砝码一相比较，便可以看出这种海关两约相当于金衡 581.47 到 589 喱不等①。但不管实际的砝码是什么，各口岸却必须接受广州分发的海关两砝码为标准砝码，据以衡量支付关税的税银。关于缴纳关税所用银两的重量和纯度问题既经得到一个结论——明确到足供实用的地步，从而建立了一个能据以衡量缴税时所用各种不同地方银两的标准，钦差大臣和英国交涉人员便把他们的注意力转向于决定哪些外国银元在缴清关税时可以接受，以及拟制标度，订明这些不同的银元与纯银的关系等问题。那时，印度卢比、秘鲁、墨西哥、玻利维亚和智利的净光银元以及各种盖印银元等，在完纳关税时，海关银号都按重量收受，并须另加贴水补成"足色纹银"。在实际上，这种贴水是随着市场上银元的供应而变动的，至于这种供应，则不但受商业需求而且受省库需要的影响。西班牙加罗拉（Carolus）银元和斐迪南（Ferdinand）银元在流通之中，享有一种特权地位，而这种地位乃是基于人民的成见，并非基于它们的真正银价值，因此它们似乎都

---

① "纹银：重量、价值、试验"，海关文件第 47 号，上海，1896 年，22—23 页。

"关金制及各通商口岸地方货币报告书"，海关文件第 12 号，上海，1879 年，100 页。

"中国的货币及衡度"，海关文件第 84 号，1906 年，49 页。

据不同时间和不同口岸所进行的海两砝码实际重量的测验，每海关两计合英、美度量衡制的金权单位如下：581.47,581.55,581.83,582.93,586.13,587.66 和 589 喱。

已被保留去作缴付关税以外的其他开支之用，至少在广州情形是如此。为可靠地建立各种不同银元与海关两者间的关系起见，在英国代表面前举行一次分析试验是有必要的。这种试验于1843年7月13日由广亨银行（Kwang Heng Bank）在西班牙商馆中进行，当时先分别将卢比和秘鲁、墨西哥、玻利维亚、智利以及盖印银元等各种定量铸币，一一加以衡量，然后分别熔化，除去杂质，再以炼成的纯银铸成足色纹银锭，这样每个银锭自是代表各该种货币的定量中所含的纯银。然后把每种纯银锭的重量确定，再据以计算（甲）各种货币百两重的价值，（乙）百两重货币与足色纹银间的差额，以及（丙）为求与百两足色纹银相等，在每个铸币的重量上所应补出的数额①。凭着这次分析试验的结果，并凭着广州所分发的鉴定准的砝码，各口岸的海关银号已足能够，如果他们愿意这样做的话，在收受关税上保持一个大体划一的标准。至于这种标准砝码在各海关银号是否始终如一地被使用，以及广州试验所定出的这种银元与银两间的比价究竟被这些银号奉行到什么样程度，却是另一回事情。可是，各口岸的英国领事却向当地的商人

---

① 那天在西班牙商馆［特纳洋行（Messrs. Turner & Co's Hong)］在下述人员的面前，由钱商或本地银号（广亨）对洋钱所做的验定。

注意：（一）这些钱都是用钱商的砝码秤量的，而"河泊"的砝码每百两高出四钱五分，或百分之零点五。

（二）除上表所仅仅开列的钱与纯银间的差额外，还有熔解、再熔解等规费，计每百两一两二钱，或百分之一又五分之一。

道光二十三年六月十六日（1843年7月13日）。

在场的有钦差大臣耆英的随员，五品官员和粤海关监督文丰的司库。

海军大佐乔治·巴富尔。

女王陛下驻华总司令的翻译官兼秘书罗伯聃。

验定程序	二十块新户比的验定 两钱分厘	五块新秘鲁银元的验定 两钱分厘	五块新墨西哥银元的验定 两钱分厘	五块新玻利维亚银元的验定 两钱分厘	五块新智利银元的验定 两钱分厘	五块盖印西藏银元的验定 两钱分厘
熔解前秤定	6.2.0.3	3.6.0.0	3.5.7.5	3.6.0.0	3.5.9.5	3.6.0.0
熔解再熔解并铸成马蹄银后秤定	5.6.5.0	3.2.3.0	3.1.9.5	3.2.1.0	3.1.9.5	3.1.8.0
重量上的折损	0.5.5.3	0.3.7.0	0.3.8.0	0.3.9.0	0.4.0.0	0.4.2.0
每种铸币一百两重的价值	91.0.8.5	87.7.2.2½	89.3.7.1	89.1.6.7	88.8.7.0	88.3.3.4
一百两重的铸币和纹银的差额	8.9.1.5	10.2.7.7½	10.6.2.9	10.8.3.3	11.1.3.0	11.6.6.6
等于纯纹银一百两所应付的铸币量	109.7.9.9	111.4.5.5	111.9.0.0	112.1.5.0	112.5.2.0	113.2.0.7

们说得非常清楚:广州所验定的比率是有拘束力的。在福州,据领事阿利国于 1845 年 4 月 26 日颁布的地方贸易章程第四条规定,"商民可以用足色纹银,或是按照广州业经定出的比率用铸币缴纳关税"[①]。1844 年 10 月间公布的厦门章程第八条,也同样地规定应将广州试验的结果付诸实行[②],同时曾经亲身参加过试验的宁波[③]和上海[④]两地领事罗伯聃和乔治·巴富尔海军大佐都极力使英国商人和海关银号一致遵守那次试验的结果。就历史上的事实而论,我们知道这种试验的结果并未被遵守,因此在 1858 年谈判《天津条约》的时候,额尔金伯爵和他的顾问们——其中有些人对于海关银号及其习常的做法都有亲身的见闻——认为列进下述一款,即第三十三款,是合适的,据该款的规定:"税课银两由英商交官设银号或纹银或洋钱,按照道光二十三年(即 1843 年 7 月 13 日)在广东所定各样成色交纳"[⑤]。可是,分量与成色问题与供应

---

① 英国国会档:"在华贸易有关章则法令汇编",1847 年,43 页。

② 同上,35 页。

③ 1844 年 1 月 13 日宁波英领事第 8 号通告,内称:"凡以纯纹银缴纳关税,照海关砝码以九八成色计算,另外按广州办法,每百两加征一两二钱为再倾镕费;如以洋钱缴纳,则该项洋钱应经过严格提炼后,仅按其所得纯银计算,此外也按上项办法,每百两另征再倾镕费一两二钱。"

④ 英国外交部档 228/43:1844 年 12 月 26 日上海第 87 号函,附 1844 年 12 月 25 日英国领事第 35 号通告,内称:"查广州和厦门两地,凡清政府应征正杂各税,每百两加征倾镕费一两二钱的现行章程,现已在本口定为成案。"

⑤ 此外也还时常做一些分析试验。1855 年在上海进行过一次试验,关于应付出多少重量的筹币,方等于一百两纹银,其所得结果如下:墨西哥银元 112 两 1 钱 1 分;秘鲁银元 111 两 9 钱 5 分 7 厘;玻利维亚银元 111 两 2 钱 5 分 5 厘;加罗拉银元 110 两 6 钱 2 分 2 厘;卢比 110 两 7 钱 2 分;以及法国五佛郎币 113 两 1 钱 5 分。见《中国商业指南》,第五版,176 页。据 1872 年 3 月 13 日在广州对新墨西哥银元进行第二次分析试验的结果,宣布它的纯度为 90,并指明 153.6366 元合纹银 100 两。见海关档,总税务司通令,1875 年第 48 号(中文附件第 3 号)。

问题以及银号和验估人员的投机取巧问题并不相干,因此商人们不久就发觉,为购买用以完纳关税的纹银,必须付出一笔伸水。例如广州,在 1845 年时,这笔伸水是从百分之三到百分之六,1846年从百分之八到百分之九,1848 年从百分之七到百分之十;而上海在 1874 年时,平均伸水是百分之三又二分之一[①]。银元也常有伸水或扣水,这不只是由于当地的市场情况,而且也由于公众对某一种铸币的一时好恶。例如在广州,在 19 世纪 40 年代时,加罗拉银元往往超出墨西哥银元的兑价百分之十二[②],虽然重量和含银的纯度都以后者为优[③]:在 50 年代初期,为强使人们承认共和国银元(Republican Dollars)和墨西哥银元的等价以消除银根的紧迫,爆发了一次激烈的风潮,因而在 1853 年 10 月 12 日,叶总督于答复丝商及其他商人们的紧急抗议时,谕令"在缴纳关税、盐课和国家税收的各种项目上,准新银元和旧银元等价使用"[④]。同年,上海英商证明了在这一年中,墨西哥银元的折扣是在百分之十八至二十五之间[⑤],而在 1857 年,当上海的贸易货币从银元改为银

[①]　英国国会档,"1847 和 1848 年中国各口贸易报告书",1849 年,18、39、81 各页。

[②]　卫三畏(S. Wells Williams),《中国商业指南》(*The Chinese Commercial Guide*)第五版,1863 年,268 页。

[③]　英国外交部档 228/23;1843 年 5 月 6 日朴鼎查致阿伯丁第 45 号函。该函附件第 2 号中陈明 1842 年 11 月 17 日在孟买所进行的一次分析试验的结果,指出一百块新墨西哥(或共和国)银元计得纯银 207.397"托拉"(按:系印度的一种重量单位,经英国政府定为 180 喱或 11,664 克),而 100 块西班牙银元则为 206.3571"托拉",并指出按公司的卢比计算,前者值 221.727,后者值 220.604。

[④]　"关于照广州中国高级当局的命令准共和国银元与西班牙银元等价流通的公文",广州,1853 年,17 页。

[⑤]　英国外交部档 228/162;1853 年 12 月 28 日阿利国致文翰第 102 号函。

两的时候,墨西哥银元对加罗拉银元的伸水竟高达百分之四十以上①。同年,在福州,道台拒绝接受以墨西哥银元缴税,因而美国领事准许美国船只不凭海关火印结关。道台终于同意按百分之二的折扣以墨西哥银元缴税,这样,船上英美两国商民托运货物所未缴纳的税款,才照数完清②。闽浙总督上给皇帝一件奏折,请准于缴纳关税时,收受墨西哥银元,曾钦奉御批照准③。可是,纹银和银元上的火耗及伸水,并不是纳税人在早期条约签订后,所必须争执的唯一可厌事物。在有些口岸上,并无官方的验估人员可供利用,因此缴税时所提出的纹银就能够被说成是成色不足,要求照补。在另一些地方,海关银号所用的砝码并不完全与条约规定相符,或许那些天平也有一些问题。当时在一切公库和银号所实行的收付率之间,也参差不齐,自百分之零点二五至百分之零点五不等。显然,骰子里仍旧装着铅,它还是专出不利于纳税人的点子的。

七

　　虽然亨利爵士"对于在中国香港或在其他任何地方建立一个英国租借地,并没有偏好",军事上的必要却使他变更了他的

---

①　卫三畏,《中国商业指南》,第五版,1863年,198页。
②　英国外交部228/245:1858年1月20日包吟致柯勒拉得恩第18号函,及1858年2月12日第38号函。英国外交部档17/277:1857年12月26日额尔金致柯勒拉得恩第101号函。
③　英国外交部档288/245:1858年2月8日包吟致柯勒拉得恩第29号函。

见解,并且表示:"我们必须至少保留一处这样的地方在我们的国旗和独立权威之下"①。可是把香港租借给英国作为"修船及存守所用物料"②的地方,却引起了一个问题,这问题经后来的事实证明对中国是极其重要的,问题是:既然英国当局已经以1841年6月7日的通告③宣布该地为自由港,中国方面应采取何种措施来保护它的税收。当时的英国商务总监督兼全权公使查理·义律海军大佐已经预见到这种困难,因而在他和钦差大臣琦善订定的那件未经批准的1841年1月的《穿鼻条约》④中,曾同意"凡在该处(即在被租借的香港)经营商业,应向(中华)帝国照章缴纳一切正当关税饷银,一如黄埔之例"。又为了向中国商人再行保证他们无须为英国国主的利益而承担贸易课征起见,义律曾以1841年2月1日的公告⑤,进一步声明:"兹奉英国女王之命,凡往来香港通商的中国船只和商人,准一律免缴英国政府的任何课征或关税"。可是,这项协定被皇上饬驳了,并且钦差大臣因曾经以该项协定同意租借中国领土而被革职⑥。然而在还没有知道该项协定不能获得批准之前,英国人已经在1841年1月

　　① 英国外交部档 228/18:1842 年 5 月 20 日朴鼎查致巴麦尊第 8 号函。

　　② 《南京条约》第三款。

　　③ 《中国丛报》,卷 10,1841 年,350 页。

　　④ 英国外交部档 17/47:1841 年 1 月 21 日义律致巴麦尊第 5 号函。《中国丛报》,卷 10,1841 年,63、119 页。

　　⑤ 英国外交部档 17/47:1841 年 2 月 13 日义律致巴麦尊第 7 号函。《中国丛报》,卷 10,1841 年,64 页。

　　⑥ 参看《道光朝筹办夷务始末》,卷 23:215 页,广东巡抚怡良奏及谕军机大臣等;另参看英国国会档:"在华军事行动有关通讯汇编",1843 年,14 页。

29 日①正式占领香港,并且已经立即着手把它发展成为一个居住及未来贸易的场所和进一步军事行动的基地。那年 2 月间敌对行动的重新开始,使得人们更加重视这个地方的价值,而且英国国内当局听到该地的取得和占有,对于义律在这方面的行动,虽加指责②,但并未饬驳不准,照理而论,他们无异暂时默认了这个行动,纵然租借尚未经皇帝批准③。可是,英国商业社会因为对于贸易的需要,所以绝不允许在该地建立一个征收海关税课的机构。因此在那件未经批准的《穿鼻条约》中,其针对这一类措施的条款,很快就变成了具文。随即有了义律在 1841 年 6 月 7 日的通告,宣布香港为自由港,在港内,英国政府对于进出口货物不抽征任何捐税,至于应向中国完纳的"正当征课和关税",却只字未提。这样一项声明实已把中国置于一个最不利的地位,就是巴麦尊子爵对于这一点也几乎是直认不讳,他的顽强祖英态度自是没有人能够怀疑的。这无异是对中国税收权的一种公开挑衅,因为在那个商业海盗行为的时代里,人人都知道,虽然英国政府不能,也不会支持走

---

①　英国外交部档 17/47;1841 年 1 月 21 日义律致巴麦尊第 5 号函。爱德华·拜尔秋男士(Sir Edward Belcher),《世界环行记,内附 1840 年 12 月至 1842 年 11 月对华海军行动详形》(*Narrative of a Voyage round the World Performed in H. M. S. Sulphur during 1836 - 1842,including details of the Naval Operations in China from December 1840 to November 1842*),两卷装,伦敦 1843 年版,卷 2,147—148 页。

②　英国外交部档 288/18;1841 年 5 月 14 日巴麦尊致义律第 9 号函。

③　"女王陛下政府认为香港应该保留。"1841 年 6 月 5 日巴麦尊子爵致朴鼎查男士函,见马士,前引,卷 1,661 页。在 1840 年 2 月训令义律时,巴麦尊子爵曾指出占领中国沿海一处或几处岛屿的适当,并经叙明英国政府准备接受一项保证商业安全与自由的条约,以代替这样一处岛屿的占领。马士,前引,卷 1,628 和 638 页。

私贸易,可是在紧靠大商业中心的中国本土的海岸上,擅自开辟一个自由港,无异替那些存心想逃漏中国课征和关税的人们开了一个方便之门。巴麦尊清楚地了解这种局势,因为他虽然严厉指责义律没有贯彻命令①,可是当他颁给那位被遴选来接替义律职务的朴鼎查爵士的训令时,他唤起这位行将离国的使节对欧洲特殊事例的注意,在欧洲曾经有过这样的惯例,一国允许另一国的官吏在它的领土内为该另一国的政府征收关税,并且他也承认,就香港的情形而论,"如果货物一经在香港起岸,便可从那里运往中国任何口岸而不需再另缴关税,英国贸易是会大受鼓励的;而且在香港的中国海关官吏,也不至于像其他口岸的中国官吏那样,试图征收其他的税课"②。这个问题的最后解决,虽交由全权公使处理,可是附有一项条件,即不论最后做出的协议是什么,却必须载入中国皇帝依式批准的条约中。在这时候,全权公使发布了1842年2月16日的通告,声称:香港和舟山将被视为自由港,唯尚待女王陛下的核示③。可是朴鼎查爵士立即发觉:当地英国商人间的情绪和见解却反对以任何协定准许中国海关官员在香港执行职务,为中国向前往新辟通商口岸贸易的外国船舶征收税课和关税④。他们

---

　　① 英国外交部档 228/18:1841 年 5 月 3 日巴麦尊致义律第 9 号函;1841 年 5 月 14 日第 9 号函。

　　② 英国外交部档 17/51:1841 年 5 月 31 日巴麦尊致朴鼎查第 16 号函,引证自马士,前引,卷 1,658 页。

　　③ 英国外交部档 228/18:1842 年 9 月 3 日朴鼎查致巴麦尊第 38 号函。《香港公报》(Hongkong Gazette),卷 1,第 10 号,1842 年 2 月 26 日。

　　④ 英国国会档:"香港有关文件汇编",1857 年,36 页。

认为,在帮助中国取缔英国船舶走私方面所做的事,已经足够了:
(一)英国政府已经在这些口岸各设有领事一人,"凡系英国在各港口来往贸易之商人,加以约束,四面查察,以杜弊端",并严令各领事,倘若有偷漏走私案件,立刻通报中国地方官;并且(二)英国公使已经发有通告,严禁英国商民,在公平合理的税则既经实施之后,再稍有走私偷漏①。可是因为香港以自由港,以一个免税货物大贮藏所的地位出现,自会给予一些商人以无限制非法贸易的机会,特别是鸦片贸易,所以英国方面承认为公平计,应该做出一些协议,使清政府能保护它的税收权,并使英国人免遭物议,避免被指责为保留香港作自由港,是有意为中国商人和船舶所有者们冒渎其本国政府和进行走私贸易,大开方便之门。因此,在《虎门条约》(即《善后事宜清册附粘和约》)中规定:(一)凡在通商口岸和香港间贸易的中国船舶,必须具备一个仅一次有效的特别通行证,应由船舶结关赴港的口岸海关当局颁发;(二)在香港指派英国官员一人,检查所有中国船舶的登记证和通行证;(三)一经发现任何无通行证或登记证的中国船舶,即认为是一艘未经核准或走私的船舶,应不准贸易,并应报告中国当局;(四)各口海关应将发给前往香港的中国船舶的牌照张数,连同载货详情,制成报告,按月送给粤海关,再由粤海关按月汇送香港英国该管官员,该香港英国官员也必须将一切往返香港的中国船舶,连同载货详情,每月照式具报

---

① 《虎门条约》(1843年),第12款。《中国丛报》,卷12,1843年,224页。

粤海关，再由粤海关通行各海关[1]。重要的是，在这项《虎门条约》第十三条中文原文的末尾有一句英文原本所没有的话，据规定："其余各省及粤、闽、江、浙四省内如乍浦等处均非互市之处，不准华商擅请牌照，往来香港，仍责成九龙巡检会同英官，随时稽查通报。"这一句话之所以不见于英文本，明白表示出，那时中国当局的本意，是连中国船舶也不准在香港与未辟埠通商各口岸间，享有往来贸易的权益的[2]。海关的外国税务司制度尚未建立，也没有事权集中和相互协调的海关组织能使各通商口岸的海关官吏试求这种协定发生实效。中国当局不愿本国船只在刺刀尖下开放的这些新通商口岸和用武力从他们那夺去的这个沿中国海岸线的自由港间往来贸易，也是理所必然的。有力的证据证明，他们曾经用向条约所规定的那种通行证征收重费的方法来阻碍贸易。但香港的官吏和商业社会也都是眼光短浅。尽管缺少中国当局方面的鼓励，可是中国船只在通商口岸和香港间的贸易，还是滋长起来，倘使能

---

[1]　《虎门条约》(1843年)，第十三款、第十四款和第十六款。"据我看，只有第十三、第十四和第十六款这几条条约条款是需要略加解释的。前一款显然是钦差大臣为了制止走私的目的而列进的，并且我也非常高兴于同意任何这类做法的计划。我认为同意其他两条款(第十四和第十六款)的规定，比准许清政府派遣领事之类的任何官吏驻扎香港(至少是暂时的)总要好一些，而派驻官吏的办法乃是除去我用以应付钦差大臣的愿望的那项办法以外我所想到的唯一的一个选择。这些条款所规定的义务，据我想，由一个中国通事就可以轻而易举地予以履行，而不会有什么困难和太大麻烦，这位中国通事作为我们的一个职员，受将来委派的香港内外商务报告员和海洋税征收员的调度与监督，在这样一位官吏应委派到香港以前，我想把调度与监督的责任委托给港务长室。"见英国外交部档17/70；1843年11月3日朴鼎查致阿伯丁第143号函。

[2]　德庇时爵士认为中文本的这一个条款，"无异是中国交涉人员的一种欺骗行为。"见英国外交部档228/67；1847年8月11日德庇时致巴麦尊第142号函。可是德庇时对于这种一笔抹杀的说法，并没有提出任何证明。

获得一个公平的机会，或许已经随着香港的发展而长成和繁荣了。然它竟暂时被扼杀，这固然是由于中国当局的态度，可是那些坚持不赞同利用香港港警来保护中国税收的英国商人们的坚决反对，那些警员和鸦片种植者的代理人的勒索，以及香港第二任总督约翰·德庇时爵士的搜刮财政政策，也都是促成的原因，德庇时所相信的那种以取缔税、拍卖税和包税专利等方法筹措财政收入的政策无疑是有效抑制本地船舶贸易的一种政策①。当 1847 年春季英国下院专门委员会开会的时候，这种中国船舶的通行证制度，早已经就废置不用了。

八

在 1842 年中英《南京条约》和 1844 年中美《望厦条约》之间颇有一些重要分歧②，例如后者中就载有比较明白规定的领事裁判权条款（第二十一款和第二十五款），和规定下列事项的各条款：凡船舶未经开舱在四十八小时内离去者，不征收船钞（第十款）；船舶不及一百五十吨者，每吨纳钞银一钱（第六款）；船舶载同它们进口货物的未售完部分从一个通商口岸前往另一口岸，毋庸重纳船钞（第六款）；业经在一口完税的进口货，得免税运往他口（第二十款）；以及合众国人民贩卖鸦片或其他任何违禁品者，听清政府办

---

①　英国国会档："对华商务关系专门委员会报告书"，1847 年，159、161、203、250—252、385 和 451 页。

②　关于美国交涉人员本身对于这些分歧所作的研究，参看顾盛为陈送条约寄致美国国务卿的公函，载于《中国丛报》，卷 14，1845 年，555—557 页。

理治罪,合众国政府不得稍有袒护(第三十三款),等等。可是这些分歧中,没有一点涉及关税税率。事实上,《中美条约》的关税税则,单就税率来说,除去铅的进口税率①从《中英条约》的每担 0.4 两银子减到每担 0.28 两银子唯一的一项例外而外,完全是《中英条约》的翻版,虽然它和后者也有下述的不同点:(甲)依照中国办法把贸易品目组成适当的类别,(乙)订明每担进口的西洋参,应视为由五分之一的上等货和五分之四的次等货所构成,以及(丙)确切指明鸦片为违禁品。子口税率也是和《中英条约》所同意的那些一样,关于这项问题的条款订明:"其进口货物,由中国商人转贩内地者,经过各关,均照旧例纳税,不得另有加增。"②附于 1844 年《中法黄埔条约》的关税税则,就出口税率来说,也是忠实仿效《中英条约》的税率表的,不过对于品目的列举,却是照中、美税率表中的方式处理。可是在进口税率中却有一些特殊的分歧。丁香分为三种品质而不是两种,上等的税率和中、英及中、美税率表中的相同,而中等的税率是每担一两银子,下等品质的则是每担二钱五分银子。帆布的税率定为每匹一钱而不是五钱银子,并且酒的税率减到中、英和中、美税率表中所定税率的整整五分之一。凭着最惠国条款,中、美和中、法两表中的这些减低了的税率,也都适用于有关品目

---

① 这种为衬托茶叶箱之用的物品的进口,实际上是美国商人手中的一种专利。美国全权公使顾盛认为每担四钱是一种过苛的税率。见蒙格马利・马尔丁(R. Montgomery Martin),《向女王陛下政府正式报告书论中国政治、商业和社会》(*China Political, Commercial, and Social, in an Official Report to Her Majesty's Government*),两卷装,伦敦 1847 年版,卷 1,427 页。

② 1844 年《中美望厦条约》第 13 款。见《中外条约汇编》(*Treaties, Conventions, etc, between China and Foreign States*),海关印行,第二版,上海,1917 年,682 页。

的英国进口货①。《中法条约》中的子口税率和《中英》与《中美》两约所采用的那些税率完全相同，但是法国交涉人员认为加进一项规定这些税课以后毋庸加增的但书是明智的②，这项但书在其他两件条约中却都不存在。这也就非常清楚地看出，中国和英、美、法三件早期条约所认可的税则，并不是建筑在严格的值百抽五从价基础上，而是从官方核准的税则演化出来的，这项官方核准的税则原本是中国当局自行制定，并且是在新税则行将拟妥的时候，实际上正在施行之中。

九

如前所述，在中、英早期条约中，有一个显著的漏洞。举世皆知，酿成那次为对外贸易开辟了最初五个通商口岸的 1839 至 1842 年战争的至关重要的因素，就是鸦片违禁贸易。尽管上谕绝对禁止毒品的进口，尽管自 18 世纪中叶直至《南京条约》签订时为止对外贸易只准许在广州一口进行，可是那些在多数情形下海盗成分比商人成分还要多的不法之徒，已经一直闯到中国沿海——甚至远达辽东半岛③——在任何条件有利的地方，都进行着活跃的走私贸易，大多数从事于鸦片，但也从事于外国匹头和杂货以及

---

① 1843 年《中英虎门续约》第十三款，见前引，卷 1,393 页。

② "按今税则，是有准绳，以后毋庸加增"，1844 年《中法黄埔条约》第七款见前引，卷 1,774 页。

③ 奥贝尔，前引,359—361 页。德庇时，前引，卷 1,116—117 页。《中国丛报》，卷 3,1834 年 2 月号,474 页。

土产品的走私。除了对当时命令销毁的鸦片索取一笔赔偿而外，这种鸦片违禁贸易在《南京条约》和《虎门条约》中都没有提到，这就使许多中国人惊愕不已。亨利·朴鼎查爵士，如上文所述，用通告把这点说得明明白白，依照中国法律，这种贸易仍然是非法的，任何英国人在中国从事于该项贸易，将在这方面得不到英国政府的保护①。关于合法品目的走私贸易，他也不稍涉含混。关于这项问题，他发布了两件通告，一件是在 1843 年 4 月 15 日②，另一件是在同年 7 月 22 日声明缔结《虎门条约》的时候。在前项通告中，他斥责"这种无耻的不名誉的整批走私的体系——这一种体系，果真竟被忽视和许可，那不独要迅速削弱和摧毁一切合法贸易的现有基础，而且会使一切为把这种合法贸易置于一坚固、正规和庄严基础上所可能做的，或可能试图做的努力和部署，都全然归于无效"。他当时又说，在消灭这种非法贸易方面，清政府可以期待他在条约规定范围内的帮助，并且走私者和他们的船只将不会在香港港口内得到保护——参照日后的发展，读起来殊为可异的一件声明。在第二项通告中，当他宣布了条约已经缔结并且号召了所有英国商民服从它的规定之后，就进而声明："他决定用他所可使用的各种方法，以求一切愿于将来从事对华贸易的人们履行商约

---

① 《中国丛报》，卷 12，1843 年，446 页。据《中美望厦条约》第三十三款的规定，美国的鸦片贸易，听中国地方官自行办理治罪，合众国官民均不得稍有袒护。《中美条约》《中法条约》附列的进口税则，都特别举出鸦片为违禁品，而《中英条约》附列的税率表，却未予提及。

② 英国外交部档 228/23：1843 年 4 月 17 日朴鼎查致阿伯丁第 34 号函，附件第 2 号。《中国丛报》，卷 12，1843 年，224 页。

的规定；并且无论何时，如果他从女王陛下的领事或清政府方面收
到有确实根据的陈述，指出商约的这种规定已经被规避（或曾经试
图予以规避），他将采取最紧急和坚决的措施，以对付各该违约方，
即使凭他现有的权力，他所认为合适的那些措施可能会不完全在
他的受权和奉准范围以内，可是他谨肃相信，对于他在一次紧急事
件中所采取的那些措施，而这一紧急事件又直接有损英国在清政
府评价中和其他一切国家看法中的国家荣誉、尊严和信义，英国立
法机关是会予以宽恕的。"①《南京条约》和《虎门条约》很清楚地揭
示出这种走私贸易的存在，并拟定了一些办法。一些英国商人最
讨厌的，就是这些办法将不由清政府单独执行。根据《南京条约》
第二款——如上文所述，无论在《中美望厦条约》或《中法黄埔条
约》中都无此类似规定的一款——和根据作为《虎门续约》组成部
分的《五口通商章程》第十五款的规定，英国领事已负有责任，务
"令英人按照下条开叙之例，清楚交纳货税钞饷等费"，而且"进口
船货，即由英官担保"。但应加以详细阐明的，则是《虎门条约》的
第十二条。据该条表示，希望过去已经盛行的那种往往获有海关
官吏的默许和串通的走私将会终止。据通告："英国公使曾有告示
发出，严禁英商不许稍有偷漏，并严饬所属受事官等，将凡系英国
在各港口来往贸易之商人，加意约束，四面查察，以杜弊端。倘访
闻有偷漏走私之案，该受事官即时通报中华地方官，以便本地方官
捉拿其偷漏之货，无论价值品类，全数查抄入官，并将偷漏之商船，

---

① 英国国会档："在华贸易有关章则法令汇编"，1847 年，6 页，另引自《中国丛
报》，卷 12，1843 年，391 页。

或不许贸易,或俟其账目清后,即严行驱逐,均不稍为袒护。"对于这项条款认真其事的情形,可以从英国全权公使在1843年7月委派李太郭为驻广州领事时所给他的训令中得到证明。在那时,亨利·朴鼎查爵士写道:"如果你得到确凿而不可争辩的证据,证明省河内有任何英国商船曾经或正在从事走私,或逃避税则和通商章程中所制定的清政府正当税课的缴纳,你就要采取及时的步骤,把所知道的情形通知中国海关高级官吏,以便他们可以斟酌情形,拦截这样船只再行卸货或装货,如果他们认为适当的话;同时你也要把你所曾采取的步骤通知这艘船的船主、所有主或货物受托人,并且要晓示他们,凡拟进行走私行为,或拟以武力进行任何违反中国当局意愿和方针的贸易等一切企图,都会使我不得不要这类船只驶出省河以外"[①]。"因地制宜"的类似训令也颁发给派驻其他四个通商口岸的领事。我们将在下文看到,这些训令的奉行,造成若干英国领事和他们本国人民的尖锐冲突,并且经过十年的考验之后,终于使得这种领事管制贸易的制度完全归于失败,只得另行筹划管理方法,而这种管理方法便自然而然地蜕变成为新关制度了。

十

除去英国领事对于保证其本国人民完纳一切应征货税钞饷和

---

① 英国外交部档228/24:1843年7月26日朴鼎查致阿伯丁第88号函附件第5号;英国国会档:"在华贸易有关章则法令汇编",1847年,8页;另引《中国丛报》,卷13,1843年,393页。

保证他们不从事于走私行为这种直接的领事居间干涉,并除去《虎门条约》中关于管理中国沙船在香港和通商五口之间往来贸易的那些特殊规定而外,早期各条约所核定的防范措施,可撮要如下:

(一)由中国委派妥实的海关员役,前往到口的各船,以防偷漏税收。(《中英五口通商章程》第二款;《中美望厦条约》第九款)

(二)船主在进口二十四小时内将船牌等件交与本国领事收贮。如有不遵办的情形,应由领事代中国课以罚金二百元。〔《中英五口通商章程》第三款;《中英虎门条约》第三款;《中美望厦条约》第十款(四十八小时,无罚金);《中法黄埔条约》第十三款(四十八小时:滞纳每天罚款五十元,至最高二百元为止)〕

(三)船主呈送舱口单。如呈送假舱单,应由领事代中国课以罚金五百元。〔《中英五口通商章程》第三款;《中英虎门条约》第三款;《中美望厦条约》第十款(无罚金)〕①

(四)船主或货主向海关领取牌照起货。未领牌照之先擅自开舱者,由领事代中国课处罚金五百元并将擅卸货物没收入官。(《中英五口通商章程》第三款;《中英虎门条约》第三款;《中美望厦条约》第十款;《中法黄埔条约》第十三款)

(五)未经许可不得驳运货物。对非法驳运货物的处罚,没收入官。(《中英五口通商章程》第十一款;《中美望厦条约》第十四

---

① 在《天津条约》签字几年之后,还不到1863年的时候,美国政府就同意了对假舱口单处以罚金的办法。在那一年10月22日美国各领事接奉他们公使馆的通知,在向华盛顿请示期间,凡假舱口单事件,美国各领事一律按照《中英条约》规定办理。国务卿西华德(Seward)以1864年2月29日函,批准了这项措施。海关档,总税务司通令,1867年第10号和1868年第24号。

款;《中法黄埔条约》第二十款)

(六)船舶不得在未经条约开放的地方通商;违犯此款的处罚,船货一并没收。[《中英虎门条约》第四款;《中美望厦条约》第三款;《中法黄埔条约》第二款(只没收货物,美国人违犯此款者,并应依照中国法律究办);《中美望厦条约》第三十三款]

(七)在通商口岸走私。处罚,货物的没收;禁止株连的船只再行贸易。(《中英虎门条约》第十二款;《中法黄埔条约》第八款)

(八)关于从一个通商口岸复出口到另一口岸的已税进口货的欺诈行为。处罚,货物没收入官。(《中美望厦条约》第二十款;《中法黄埔条约》第十七款)

(九)违禁品的贸易。处罚;违者依照中国法律究办。(《中美望厦条约》第三十三款)

慎勿以为这种协定缉私法——如果可以作这样好听的称呼的话——之所以产生,是因为当时中国缺少这样的法律。事实上并不缺少。第一,沿海和沿内地河流的海关,都是在现代外国商人到来之前,就已经执行职务达几世纪之久,在每一处海关里,都日积月累地形成了一大部章规、禁令、罚则等的法律,以应付地方情况和需要,其中有些是基于上谕、户部和工部的训令以及省高级当局的指示,但其中大多数是汇集当地道台或海关监督所做的裁定而成的。这是例案法,并且也只要求作为例案法,作为发布公告当局所辖范围内的一种章规来实施。但是,第二,在这种地方海关法之外,还有清政府颁布并实施于帝国全境内的国法。在早期各条约签订的时候,现行国法就是原本顺治皇帝在他当朝的第三年,1647年,颁行的那部法律的增订本,通称为《大清律例》,或《清代刑法》。

在这部法典中,关涉财政法的第三编(按即户律)第五卷全卷,是专论税课和关税问题的。在第五卷所包括的八节中,有三节关涉盐务,为防止这项物品的走私贸易所应采取的措施,以及对于因未经核准擅自制造、转运或销售食盐而触犯法律的所应施加的惩处。另一节关涉茶的私销,又一节关涉明矾的非法制造和销售。再下一节便是关于偷漏关税和一般走私的,在这一节里,我们看到,违者得处以杖五十和课以走私货物价值半数的罚金,这项罚金的十分之三给予通风报信者作为奖金,但没有任何报酬发给海关官吏,如果私货是他在正式值班时查获的话。当作这一点的一个注释来看,我们可以注意到,对于财政犯罪的处罚,在事实上往往比法典上实际开列的那些要重得多。百倍于关税的罚款,并不是前所未闻的,而查有实据的一艘走私船的没收和拆毁,也不是一种不常有的处罚。再下一节则是责令商船所有主和船主必须以一份船上所载货物的完备信实舱口单呈递海关,以便估定应缴的税款。如果商人未呈送舱口单,或呈送虚假或不完全的舱口单,则应课以杖一百和没收全部未陈报货物的处罚。收受未陈报的货物者,也应同样受处罚,似乎是杖责。在捏造舱口单的案件中,通风报信者的奖金是二十两银子。第五卷的最后一节涉及税款的拖欠,所有拖欠部分,应于到期一年内缴清。无力缴清者得课以杖责,按过失的轻重,自最少四十板至最多八十板不等。亏空海关公款的监督,也要受惩处,但是在他们这种案件中,杖数是从五十到一百。海关胥役犯伪造账目罪的,按盗用公款律治罪[①]。正是因为治外法权条款

[①] 关于这部刑律的英译本,参看斯道敦,"大清律例:中国刑法的根本法及补充条例辑要",伦敦 1810 年版。

订入早期各条约中,才使得那些散见于《大清律例》和各关现行章规、细则中的中国缉私法的规定不能适用于享有这种治外法权地位的外国船舶和外国商人。也正是因为这些治外法权条款的存在,才不得不把我们所谓的协定缉私法的那些规定,载在条约之中。如果外国商人和他们的船舶都撤出中国的管辖,那么根据常识和正义的要求,除非要他们所进行的贸易都成为不受法律制约的而外,就有必要做特殊的协定,据以对该项贸易加以管制。这种道理的不容怀疑,不久就成为显而易见的了。各条约的签订并没有能够制止走私。相反地,如下文所述,在 1843 到 1854 年期间,也就是从各条约签订时起到上海海关外国税务司制度建立时止,走私贸易,特别是鸦片走私,却像一棵绿色月桂树般地欣欣向荣起来。

十一

若说中国全权大臣们在签订《中英南京条约》的时候,并未完全认清其中的干系,似乎并不是过甚其辞。他们好像完全没有体会到,他们正在签订断送中国关税自主权的证书,从而为他们的国家招致了无穷后患。关于这件事,在英国交涉人员方面也没有任何处心积虑的阴谋,想要在当时情况所需要的措施而外侵犯中国的主权。条约中所包含的税则和贸易协定"并不是作为制约清政府财政政策的一种阴险手段,而只是当作一种方法,以期应付和补救已经成为中国和列强关系上发生摩擦之原因的那种情况,这种情况,就是由于现行税则下税率和征税方法方面的不确定情形产生的"①。关税自主,在那时代,甚至在欧洲,还不是像今天这个国家主义时代里含有那种同样意义的一个原则。在中国,像这样一种原则,当时就是被想到的话,也是极其模糊的。税则自然要由政府来决定,但往往基于省当局的建议,并由省当局解释和应用。税则之所以存在,是为了替帝国国库和省库筹措资金。它们并不是任何确定的国际贸易政策或任何保护中国国内工业的空泛或明确计划的一种表现。虽说这些工业是凭靠以货物供应国内市场而繁荣的,可是他们如能多少有一些剩余产品输出国外,总归是对商人和政府双方都有裨益的。但是中国传统的闭关自守,在当时依然不独是地理上的和心理上的,而且还是商业上的,因此对外贸易在全国的一般商业生活中,也只占一个不很重要的地位。那时存在的对外贸易,与国内生产相形之下,是微乎其微的,同时凡中国实际上售给外国人的东西,并不是它自行出口的,都是消极地等待外面的人前来购买。进口货的情形也是一样;外面的人必须要大力推销②。照中国政治家们的看法,这种对外贸易,不论对于那些面临着种种挫折而坚持不懈的各该外商的本国如何,对于他们自己国家的利益却是无关重要的。在这种情形下,现代意义的互惠关税从来没有想到。一方面是战胜者们,强以种种条件,在税则上要

---

①　美国国务卿凯洛格 1925 年 9 月 2 日在底特律美国律师公会的演讲,引自 1925 年 9 月 3 日伦敦《泰晤士报》。

②　"他们绝不会找外国人通商,除非外国人硬把生意送上门。外国人必须提供联络帝国各地的交通方法,并且他们还必须要在某种程度上,以一种把他们所要推销的货物求售和'介绍'给顾主的方法,来创造顾主们的需要。各处的商业,都必须经过大力推动,才能有所成就,在中国的外国制造品贸易的情形,尤其如此。"见"上海总商会代表扬子江上游贸易报告书",上海,1869 年,50 页。

求税课确定和税率适中,在其他事务上要求平等;而另一方面却是战败者,它诚然承认互惠是他们的往圣先贤所称赏的一个哲学观念,但是因为还不急于要培育对外贸易,也就不觉得有借重互惠原则的必要,对税则斤斤计较了。所以,当这些贪得无厌的外国商人们,在刺刀尖下,要求将来对于对外贸易必须有一个明白规定税率的现代税则时,或许照清朝全权大臣们看来,这只是一件并不太重要的事情,只要这项税则上的税率还能保证满意的税收,只要这项税则的适用和税收的征课还依旧保持在清政府手里的话,那么答应这项要求,无论就关税自主方面,或是就互惠关税待遇方面来说,他们也就不是牺牲他们国家的利益了。把这种协定税则强加于中国,可能是不公平的,但是就税收的观点而论,它的实施,无论如何,直到太平天国时期为止,获得了大量税收。我们有《京报》为证,据记载,五个口岸所征税收的实额,虽是在废弛的行政之下,竟还使得清政府吃了一惊。在 1847 年,据该报所载,五处海关的收入已增加了如此之多,不独结清余欠,而且还有了一百二十万到一百四十万两银子的盈余。记者进而指出,清政府以前并没有给予这项税收以充分的注意,这是极其明显的。"法律废弛而又不切当;走私和其他弊端使收入大为减少,因而改革是绝对必要的。"①可是又过了半世纪之后,甲午中日战争所造成的财政紧急情形,才终于使清政府幡然领悟到《南京条约》的协定税则第一次加给他们

---

① 英国外交部档 228/67:1847 年 8 月 7 日德庇时致巴麦尊第 140 号函,附《京报》摘译。

的财政桎梏。在中国能够重新收回它的全权大臣们于 1842 年那样不知不觉断送掉的财政自由之前，三十个年头已经匆匆过去了，在这期间，中国和整个文明世界都体验到种种惊涛骇浪般的经历，这种种经历根本地改变着一切国际关系和人们对于这种关系的观念。

十　二

除去取消了未经核准的对货物的征课之外，新协定税则也清除了对每艘船征课的那种人尽皆知的丈量费（按即船料）[1]（从对小船的六百五十元直到对一千三百吨左右大船的三千元不等），以及其他一切在船税名目下附着的无数不胜负担的勒索，诸如入口银、放关银、粮道放关银、海关验货员银、"河泊规礼"、征收员银和其他至少九种类似性质的征课。在 19 世纪 30 年代，这些正规船钞以外的非正规课征，已经合并成为一种 1,950 两银子的固定课征，实际上对每艘船都要抽征，并且成为它的受害者们做反复无益的抗议的主题[2]。这些正规与非正规船税合计起来的苛重，可以从下述事实来估量：在《南京条约》批准前很多年，这种船税平均已达到每登记吨六两银子以上的数目，人们一想到航行港口以及船

---

① 《中国丛报》，卷 2，1833 年 11 月号，302—303 页；维廉·亨德(Wm. C. Hunter)，《广州番鬼录》(The Fan kwae at Canton)，第二版，上海，1911 年，99—100 页。

② 奥贝尔，《中国的政府、法律及政策大纲》(China: An Cutline of its Government, Laws and Policy etc.)，伦敦 1834 年版，148、162、163、166—168、174、202 和 319 各页。

坞等设备，样样都不备办的情形，就觉得这确实是一种取之过当的课征。朴鼎查爵士在1843年1月间写信给中国钦差大臣时，就注意到这一点，经指出："在税则和进出口税确定之后，对碰泊税或港口捐应有所解决，并且我认为处理这件事的最简单方法，就是举出每只进口船舶登记载重量每吨的定额金数。在考虑碰泊税和港口捐时，应该注意到，清政府从前向来没有在建筑灯塔、安置浮标或系船具以及建立灯标等方面，做过任何事情来便利通商，因此，这种捐税就应该特别从轻，并且也应该像关税一样地订定清楚。"①在航运税这件事情上的彻底改革，已经明白地表示出来了，并终于协议予以改革，办法是废除一切丈量费、入口银、放关银和其他当时有效的规费，而代之以一种划一的每登记吨五钱银子的课征，所谓登记吨，即视为与一百二十斗的立方容积相等，也就是作为与英制吨相等的一种单位②。因此在1843年7月，经当时在广州的四位中国最高官宪——钦差大臣、两广总督、广东巡抚和海关监督，颁布了一项通告，废除对外国船旧有的丈量制，按照该制度，一艘船的容积是根据它的丈数测定，丈数则是以船前后桅间的长度乘船腹部的宽度，再除以十而计算出的③。在《虎门续约》中，采纳了一项修正（第十七款），据规定，凡往来于香港、广州和澳门间一百五十登记吨以下的小船，如未载运应税物品，一律豁免船钞，但如

---

① 英国外交部档17/66；1843年2月6日朴鼎查致阿伯丁第7号函。1843年1月21日亨利·朴鼎查爵士致钦差大臣备忘录；《中国丛报》，卷12，1843年，45页。

② 海关档，总税务司通令，1870年第16号和1870年第18号。

③ 这种船舶丈量制度，直到最近，在某些内地常关机构，对沙船税的计算，依然有效。

载有应税物品,则应每次航程每吨征税银一钱,最低征课定为七两半银子,最高为十五两。任何船舶超过一百五十吨的,一概照五钱银子的税率完纳。类似规定也载在《中美望厦条约》中(第六和第七款),并附有新增条款,略谓:船只在通商五口中的任何一口已完纳船钞,而需要转往上述口岸中的其他口岸售清货物者,不须再输纳船钞,以免重征。《中法黄埔条约》也重复一遍这些规定(第十五款),但明白指出,凡船舶每次从外国驶到中国,只须纳船钞一次①,这是在《中英》《中美》两约的条款中,只有借推论才能明确的一点。死于1843年3月4日的伊里布②为保存中国的行商提出过一项辩护,对于这项辩护,朴鼎查答称,如果承认他们没有官方的地位,如果不限定他们的数目以免构成一种垄断,如果不责令任何国家的货物和船舶将来再受这个或那个行商的管理,而听由英国商人完全自由选择他们做生意的对象,那么他并无异议③。作为官方机构的行商从此不复存在了,它的成员则继续作为私经纪人而维持下去。

十 三

这些解放贸易的条约及其所附的税则,并没有立刻证明出条约制定者和外国商人们所期待它们证明的事务,并没有立刻证明

---

① "凡佛兰西船从外国进中国只需纳船钞一次",1844年《中法条约》第十五款。见中外条约汇编,卷1,787页。

② 英国外交部档17/66:1843年3月10日朴鼎查致阿伯丁第14号函。

③ 英国外交部档17/66:1843年2月6日朴鼎查致阿伯丁第7号函。

其为进入无限贸易机会的奇境的一道"开门符"。在我们姑从宽假
定其为不假思索的热情洋溢的一个时会中，朴鼎查爵士曾经告诉
曼彻斯特的商人们说，他已经为他们的贸易开辟了一个如此广阔
的新天地，"就是兰开郡全部工厂的产品也不足供应它的一个省份
的需要。"①但这只是一场随即惊醒的恼人春梦罢了。梦想家门似
乎忘记了中国人民的强烈的保守主义，忘记了他们的极其有限的
购买力，并且忘记了中国几世纪来就是一个由本国产品供应的市
场，以及外国进口货——其中有些是颇不适合地方需要的——势
必要和该国广大而历史悠久的国内工业的本国产品相竞争。在紧
接着条约签订后的三年之内，英国对华出口贸易的过分发达，造成
了中国市场上外国进口货的充斥，中国的消纳能力极其有限，当反
作用发生时，对于英国商人的后果，自然是极其不幸的。关于这一
点，从提向 1847 年 3 至 7 月举行的下院专门委员会的那些大量证
据中，可以得到确凿的证明②，那些证据极明显地揭示出这种局势
中的种种突出的事实。那时的对华贸易主要是以货易货，购买力
则由两项外国人多半需要的产品来代表，那就是茶和丝，这两项货
物主要是用来交换英美的棉、毛制品和印度的鸦片，因而凡是由鸦
片大量的和日益增加的进口造成的任何贸易差额，都必须以实际
的现银出口来抵补。事实上，在那时势将劫夺其他外国货在华市

----

①　英国国会档："1857—1859 年额尔金伯爵奉专命出使中国及日本有关通讯汇
编"，244 页。英国外交部档 17/286：1858 年 3 月 31 日额尔金致柯勒拉得恩第 69 号函
附件。

②　英国国会档："对华商务关系专门委员会报告书"，1847 年。

场的主要因素,正是这种未经核准而欣欣向荣的鸦片贸易。委员会中所想到的补救办法就是采取一些步骤,鼓励中国方面较大量的茶的出口,可是这一点却有赖于英国进口税的减低,那时英国通常品级茶叶的进口税是百分之二百,次等品级的则在百分之三百五十以上①。这也是身临其境的英国官员们所指出的补救办法。驻广州领事在 1847 年 2 月间写信时,曾说过:"中国人对于这种贵金属相继不断的外流(已达二百万镑)究竟能支持多久,虽然无法断定,但是事实现在既然已经非常明确,对英的茶叶出口,在现行关税制度下,绝不可能增长,那么也就不难想见,除非为中国出口货在我国市场上找到一个比较大量消费的新机会,我们在中国的进口货的渐次缩减,将是势所必然的,这不是数量上的缩减,便是价格上的缩减,直等达到一适当的水平为止。"②委员会又认为,紧邻产丝区的上海的开放,将会有助于丝贸易的发展,当时这种品目的出口正在稳步增加。可是所有被咨询以这项问题的证人们,都一致承认中国在协定税则下所征关税的轻微,并且委员会在声明英国茶叶进口税的切实减低对于一个健全扩展的贸易诚属事关重要的时候,也指出:"现在的问题并不在中国方面,因为他们对我国货物所征的税是这样轻,而我们加诸他们的负担却是这样重。"③从上述各点,当然可以确信,关于中国对外贸易的衰颓,不论当时

---

　　① 同上,5 页。1846 年茶叶在英国关栈交货的平均价格是每磅一先令四便士,而进口税是每磅二先令二又四分之一便士。

　　② 英国国会档:"1846 年中国各口贸易报告书",36 页。

　　③ 英国国会档:"专门委员会报告书",1847 年,5 页。

还有什么其他原因可以指出，但进出口征税的繁重却绝不是原因之一。

十四

　　在委员会进行调查时已达于最低潮的贸易萧条，是渡过去了，在 19 世纪 50 年代初期，趋势已有了转变。在 1843 到 1847 年这五年中，中国对所有各国的茶叶出口，平均每年约为 6,600 万镑；在随后 1848 到 1852 年这五年中，则已增加到每年约 8,600 万镑；当再后 1853 到 1857 年这五年中，竟增高到每年 10,900 万镑。同样，丝的出口从广州和上海两口岸在 1848 到 1852 年间的平均每年 11,750 百五十包，增高到上海一口在 1833 到 1837 年间（疑是"1853 到 1857 年间"之误。——译者）的平均每年 61,590 包。出口中现在开始发现有发展前途的其他品目，计有桂皮、夏布、糖和水糖，虽然这种食糖贸易的发达大体是埠际性质的，并且主要是作为把资金投放在上海的一种手段而培植起来的。虽然如此，这种发展却并不是造成棉、毛织品进口大量增加的那一种发展，而只是对于鸦片贸易有所裨益，鸦片在 1853 到 1857 年这五年期间的每年平均进口，实际上已比 1843 到 1847 年期间的进口增加了一倍，尽管那时中国人自己正在中国大规模生产着这种毒品，情形竟然还是如此。事实上，在这 19 世纪 50 年代，当中国的购买力因茶、丝出口贸易的发达而迅速增长的时候，这种好机会并无所补益于英国制造商，主要是便宜了印度鸦片商，所以前者已发觉他们自己竟处于必须以现金银的装运来抵补他们贸易逆差的局面，这正是几年前他们所处的局面的整个倒转。可是,在贸易推广以外的一些其他因素,现在也正在潜滋暗长之中,这些因素久而久之不但根本地影响到关税税率,而且也影响到关税行政。像历史上常有的情形一样,在战争终止之后,海上剽掠和陆上盗劫与叛变等混乱情形,也就随着层出不穷。海上劫掠使得本地船只在贸易上无安全可言,因而迫使中国商人不得不利用外国船只,实际上这也就助长了外国船在土货沿岸贸易方面的发展。起义军的蜂起,尤其是太平天国(1850—1864年)——发源于广西省,并以燎原之势横扫湖南,遍延扬子江流域——不但阻挠贸易不能达到它在承平局面下可以得到的发展,而且由于把贸易硬挤出它的自然渠道,还破坏了现存的贸易。其影响还不止于此。为了从事镇压,清政府国库竟枯竭到这样的程度,或毋宁说是资给国库的省库竟枯竭到这样的程度,非得另想办法来筹措必要的款项,就不能维持清政府军队。在这种情况下,对贸易征税,总是清政府认为最简便、最迅捷和最有效的筹款方法。虽然协定税则妨碍着对外国进口货和对实际上输往国外的土货税率的提高,虽然规定应以内地常关的现行税率作为运往内地的外国货的应征税率的条约条款已经成为,或是立意要作成为防止对这类通过内地的货物增加课征的一种同样障碍,可是这里却还有着与外国人毫不相干的广大国内省际贸易,并且也还有着在运往通商口岸途中且实际以输出国外为目的的土产贸易,这两种贸易当时都不受条约的拘束,并且这两种贸易都能承担国家财政负荷的一个相当部分。在这种环境之下,就出现了厘金,虽然它原意是要作为销货税,可是当它在1851年创始后不久,就变成了对一切土产从一省到另一省,甚或在同一省份内从一镇到另一镇的一种简单的通过税①。这种课征渐渐推行到运入内地的已税外国进口货,而把《中法条约》中规定这类货物的子口税毋庸增加云云一款,置之不顾。征课率名义上是货物价值的千分之一,但这只不过是一句好听的门面话,实际征收率是建立在贸易能担负得起多少就抽多少的原则上。税课虽是奉旨核准的,但至于一切税率和征收方法等细节,却听由各省当局处理。这种新税像传染病一样地流布蔓延,在 1858 年 6 月《天津条约》签字时,在扬子江一带,实际上在江南的每一个省份中都已经根深蒂固了。这样广泛流行和根深蒂固的一种国内贸易征税制度,连同实际上它那种漫无限制的课征和无货不征的情形,已经使得朴鼎查爵士提防的那种情况,真的变成了现实的事情②,因而这也就被当作理由而在《天津条约》和《中英通商章程善后条约》中增订更加无所不包的种种条款了③。

────────────

①　根据陈其元《庸闲斋笔记》这部历史著作,厘金最初是雷以诚(误作雷以诚)规划的。他当时负责江北淮安和扬州两地,据说他的这项方案是取法宋明所实行的一种税制。雷氏据以具奏,奉准设卡抽征,税的原意是千分取其一,但是很快就变为对一切过境货物值百取一了。这是 1850 或 1851 年前后的事,税的目的是为平"捻匪"筹饷。1852 年,负责湖南乡勇的钦差大臣和随后任湖北巡抚的胡林翼,援雷以诚列,奏请并奉旨在两湖征厘。这时,太平天国正在鼎盛的时候,凡遭兵火的省份,因粮台开支,需款有增无已。这种新税立刻投了那些疲于奔命的官吏们之所好,不但很快地通行于扬子江上游和中游各省,而且有一些地方竟把税率提高到百分之五。在 1857 或 1858 年以前,这种税已通行到广东,也是为了供应军事开支。概括说,厘金分为行厘和坐厘,前者征于转运中的货物,后者征于产地或销地。在理论上,行厘和坐厘都分两次征收,各征百分之二,一种叫作起厘,另一种叫作验厘。无论这四次课征是在什么地方抽收,总归是说各该货物必须完纳它的价值的百分之八。可是事实上,征收次数和所征税率都有很大的差别,各省在这方面实际都是各自为政的。

②　参看本章第四节。

③　《中外条约汇编》,卷 1,412—413;426—427 页。

十五

虽不像厘金一样影响到土产和洋货的协定关税待遇,但却影响到关税行政的太平天国的另一方面的发展,就是三合会在1853年9月7日的占领上海县城,掠劫海关,道台或海关监督的逃跑,以及英、美领事方面为保证清政府应征捐税及关税的完纳相因而生的活动等,事实上这种活动就成了建立海关外国税务司制度的张本。这件事情的经过,将在下章中陈述;但是这里所应注意的是,真正保全了协定关税的,就是赋有"信实廉正和警惕小心素质"的那种外国税务司制度的确立,既然建立税务司制度的显明目的是要保证将协定税则所核定的征课和关税公平地适用于一切外国船舶和贸易,那么势所必然的,协定税则和清政府管辖下的外国税务司制度所建立起来的海关,从一开始起就不可分割地结合成为一个整体的组成部分,而这个海关之所以存在的理由,在清政府和外国人的看法中都一样,就是因为它对于协定税则,对于有关对外贸易的条约条款,以及对于依据和为了条约中的贸易品目而制定的海关章程等来说,都是一种真实有效的行政设施。后来的种种事件虽相当于扩大了海关的活动,但在全部发展中,它的基本的和最重要的机能依然未变,也就是说,"对于征收关税的有关条约条款,予以最圆满的执行,并对于一切欺诈或不法行为,厉行惩处。"①为了这样一种目的的这样一个机构,既然是必要的,也就间

---

① 英、美、法三国领事由于在1854年6月29日和道台达成了协议而在1854年7月6日在上海发布的正式公告。参看《北华捷报》,1854年7月8日,第206号,194页。

接说明了当时在上海进行对外贸易所面临的情况，也说明了上文所称这个机构的建立保全了协定税则云云一语的真实性。上海在它辟为通商口岸以来的前十年中，一直蒸蒸日上，并且在这个时候（1853 年）已据有首埠的光荣地位。可是不幸得很，它虽然赋有这样的荣誉，在走私和各式各样违反关章的行为方面，却也是远近闻名的。尽管关税率现在已为众所周知，尽管这些税率实质上确乎最为得当，可是但有机会便偷漏税课的情形，在中国和外国商人两方面都非常流行。海关官吏，自道台以下，对于这种不法行为也都视若无睹，而且还和逃漏国税的不老实商人们勾结串通，从中取利[①]。在那时，上海充满着"一批最难驾驭的无赖冒险家"[②]，各国人都有，其中许许多多都是加利福尼亚州成群结队奔向新采金地的热潮中溅出来的浪花，他们被发财的欲望吸引到中国，打算从当时一般混乱的政治情况和漫无法纪的贸易情况中，发一笔横财[③]。当时英国驻上海领事阿利国已经注意到这种危险。"这一大群各种国籍都有的外国人的下流品质，又没有任何有效的管束，确是国家的耻辱，也是公众的祸害。他们和诚实的人们争夺商业机会，并且把往来通商的权益变成了欺诈和逞凶的手段。这种横行恣肆情形的发展，既不因怀惧其本国政府而有所克制，又在很大程度上因条约的保护而不受当地官厅的究处，在这种情形下，中国人虽然是首当其冲的最大受害者，但绝不是唯一的受害者。在欧洲大家庭

---

① 英国国会档："中国叛乱有关文件补编"，1863 年，174 页，第九章。

② 英国国会档："论天津条约修约上英国公使书"，1868 年，31 页。

③ 丹涅特，《美国人在东亚》，纽约 1922 年版，188—189 页。

中没有一个政府或国家,在名誉上会不受损害,并且只要他们在中国有任何利害关系,那么无论是就目前或就将来来说,在这些关系上,也不会不受到损害。"①像当时盛行的那样行之有效的大规模走私,不但掠夺了税收,而且不可避免地使得那些和走私输入的品类相同的货物要忍痛杀价,并助长走私出去的那种货物的价格上涨,这样也就损害了老实的商人们,使他们感觉到自己不是被迫去作不正当的事,便是关门大吉。无怪当时"同中国官厅在海关方面有直接关系的外国商人们,创出了一整套走私的方法和种种偷漏国税的诡计,而这些中国官宪却都是多少有些唯利是图和贪污腐化的。中国法律和条约规定一概被置之不理,有时是一伙人用强力破坏港口章程,但比较更常见的却是本地官厅和外国人之间的行贿串通。帝国税收被这两种方法欺蒙偷漏;对外贸易已经腐蚀败坏,变成为一种冒险和欺诈的勾当了。"②这种情形绝不是仅限于上海一地。英国驻厦门领事在写到当日那里的情况时,说:"走私现在已经这样大量增长,这样活跃地进行,特别是通过外国船舶",以致使他"对于走私货物的价值难以做一个合理的估计"。他虽然对于很多这类走私贸易都在英国旗帜下进行一节,深为愧惜,但是照他的看法,这种腐败行为之所以猖獗滋蔓,主要应该受指责的人,就是负责厦门海关的将军③。巴夏礼在1853年写信时报告说,"在厦门,人人都知道,呈报的进口货不见得有一半,而海关的

---

① 英国国会档:"1857—1859年额尔金伯爵奉专命出使中国及日本有关通讯汇编",55页。

② 同上,56页。

③ 英国国会档:"1847和1848年中国各口贸易报告书",30、92—93页。

出口货账目,也不过是账面文章罢了。"①具有非法贸易悠久传统的广州,自有一段非法偷漏协定关税和漠视条约规定的同样故事可谈,至于福州和宁波的走私范围,则只是由于凑巧的机缘而受到一些限制。在宁波,沿岸贸易夹板船的所作所为和他们的护航活动,已经成了公开的丑事。在制止这种不法情形方面,外国人管理的海关,尽管面临着那些得利于过去宽纵作法的人们的激烈反对,从一开始起就显奏成效,这个海关在它创始的时候是由三个主要强国的领事当局作为它的保姆,但后来则在道台的监管下执行职务,并且把它的活动只局限于协定税则和贸易章程的实施。它扫除了在估定应缴税款方面的那种通融商磋办法;坚持一切装运及起岸货物的全数正确报关,而以罚款及没收充公的罚则严防捏报;以适当的检查保证货物与报单的相符;注意一切应征税款的课征和照数完纳;并以所征一切税款的完备详尽表报提呈有关当局。在这一切方面,它只不过是使条约和协定税则的规定发生实效而已,也正是由于这样的作法,才使得这两者不至于成为具文。在它创立之初迎头而来的那一阵群情愤激的抗议和诋毁,逐渐消沉下去了,因而当额尔金伯爵前来主持《天津条约》谈判的时候,所有老实外商都赞成这新机构,虽然其中有些人反对领事当局在促进和赞助这种新机构方面所占的突出地位,而忽略了就英国人而论《南京条约》第二款、《虎门条约》第十二款和 1843 年《五口通商章程》第十五款的明白含意,所有这些条款,虽经英国政府于 1851

---

①　英国外交部档 228/151:1853 年八月九日文翰致柯勒拉得恩第 84 号函。

年 5 月片面放弃①,可是并没有正式废止——同时,清政府和各该外国国内的一些官吏们也抱着这种反对态度。另一个比较有理由的反对意见,是认为只要外国税务司制度仅限于上海一地,而不同样实施于放纵不羁的海关办法依然盛行的那些其他各通商口岸,那么上海的商人和上海的贸易就会一直处于一个不公平的不利地位。这种反对意见,如下文所述,经于《天津条约》中做了切实的处理。

十六

关于直接或间接造成《天津条约》(1858 年)以及根据该约第三十一款所订的《通商章程善后条约》和《中英续增条约》(1860 年,按即《北京条约》)等的政治事件,初与本文无涉,但是税则上和有关贸易的条约条款上的变动,以及促成这些变动的情况,却需要详加考虑。这些变动中的主要者,就是明确承认以值百抽五率作为计算各种从量税率的统一标准;增订税则中的进出口两表,以便列进更多的贸易品目;把鸦片贸易合法化(第五款);开放天津、牛庄②、登州②、潮州、琼州、台湾岛的台湾府及镇江等口,连同扬子江上其他三口在条约一旦许可下的通行权(第十款、十一款及《北京条约》第四款);同意进口货应在起岸时出口货应在装运时分别纳税(第二十五款);确定关税和通商各款的修改以十年为期(第二十

---

① 参看本章第二节第(8)页附注和第二章第二节(86—91 页)。
② 烟台有一个比较好的港口,后来代替了这个口岸。

七款）；确定由口岸进内地及由内地赴口岸的子口税均为关税率的半数，也就是值百抽二点五（第二十八款和《通商章程》第七款）；把一百五十吨以上船舶每吨钞银从五钱减为四钱，给予沿岸贸易船舶以每四个月纳税一次的特权，并规定以船钞收入维持灯塔、浮桩等经费（第二十九款和《通商章程》第十款）；规定税款应交付清政府核准的银号，或以纹银或以洋钱，均按 1843 年 7 月 13 日在广州所订定的各样成色交纳（第三十三款）；规定船主对于提呈假舱口单应受五百两银子罚款的处分，并限令船舶于到港二十四小时内将它的证件呈交领事，该领事亦应于二十四小时内将船舶的详细情形及所载货物的性质报告海关监督（第三十七款）；根据已税进口货的复出口权，在货物向其他通商口岸复出口时，给予商人以免重征执照的权利，在向国外复出口时，予以退税存票的权利（第四十五款）；以及在所有各口实行一种保护税收的划一制度，实际上这也就是说把上海外国税务司制度下的组织推行于一切通商口岸（《通商章程》第十款）。可是为了明确这个组织的中国性质和受中国管辖起见，该款中规定：清政府指派的总理外国通商事务大臣得"任凭……邀请英人帮办税务，并严查漏税，判定口界，派人指泊船只，及分设浮桩、号船、塔表、望楼等事，毋庸英官指荐干涉；其浮桩、号船、塔表、望楼等经费，在于船钞项下拨用"。

十七

　　既然税则是所要讨论的和解决的主要问题之一，于是额尔金伯爵，甚至在到达中国之前，就向当时驻在中国的所有英国领事们发出一项通知,责成他们与商会和主要商人们经常接触,以便从他们那里得到关于现行关税率对于英国进口贸易的影响的可靠资料①。这项通知一经发出,上海商会②,广州英国商人团体③,以及上海、广州和宁波各地英国领事等各方面④的复文都纷至沓来。这些复文包括了中、英商业关系的所有各方面,并相当详尽地讨论了当时有效的关税率以及修正税率的建议。上海商会在指出贸易一般地不曾表现出圆满进展之后,就说,有一些现行关税税率对于某几种进口货负担太重⑤,这是由于有一些货物价值低落,和另一些货物品质较低,因而价钱比较低廉的缘故。商会根据现行平均价格,建议把十二种进口品目的从量税率各减低百分之五十。这些品目中包括有棉及毛织品、黑胡椒、檀香、铁条和铁块以及铅块等。它还提出来一个进口货的长表,建议予以免税待遇,其中显然都是为外国人用的物品,诸如家庭用品、酒和酒精、衣着物等,以及想要鼓励中国人购买的品目,诸如刀剑、香水、肥皂、帆布、白袈裟布、麻布、玻璃器皿、树胶、铜、毛毯、法兰绒、铁、木材和建筑器材

---

　　①　英国外交部档 17/275:1867 年 8 月 9 日额尔金致柯勒拉得恩第 33 号函。英国国会档:"1857—1859 年额尔金伯爵奉命出使中国及日本有关通讯汇编",32 页。

　　②　同上,61—76 页。另"中国叛乱有关文件补编",1863 年,184—191 页。英国外交部档 17/277:1857 年 12 月 22 日额尔金致柯勒拉得恩第 94 号函;英国外交部档 17/276:1857 年 11 月 23 日额尔金致柯勒拉得恩第 64 号函。

　　③　英国国会档:"1857—1859 年额尔金伯爵奉命出使中国及日本有关通讯汇编",70—76 页。

　　④　同上,104—121,168—175,194—205 和 205—212 页。

　　⑤　1853 年 8 月,上海商人在致英国全权公使文翰爵士函中陈述说:"对一切来自英国的大宗进口货,关税都高达从价百分之十二至二十八。"《北华捷报》,第 162 卷,1853 年 9 月 3 日。

等。商会认为一切应税进口货的税率，都应以平均价值的百分之
五为标准，至于有些货物，"其价值及品等差异太多，无法作种别分
类的，则按发票价值，值百抽五，并照当时汇率对课征加抽百分之
十。"关于出口货，商会建议上海的棉花和羊毛应予免税；金、银和
粮食的出口应行开禁，此外出口表上的一切其他税率应保持不动，
虽则茶叶的平均税率——是根据十二年期间的一般价值计算出
的——高达百分之十二点五。在另一方面，根据八年期间一般价
值算定的丝的税率，计生丝为 4.82，搓丝为 4.2。商会也主张：鸦
片贸易应行合法化，并应征课适度的关税；船钞的现行税率应予维
持，不过必须以条约规定订明，凡港口的照明及设标等项经费应一
律由该税项下拨付，但沿岸贸易船的船钞则应每六个月征课一次；
为制止勒索计，应征子口税的确实数额应明白制定；此外税则的修
正应每五年实行一次。商会更主张：不但应开放更多的口岸，而且
应采取步骤，保证内地旅行和居住的自由；并且海关外国税务司制
度应推广到所有各口岸。在签注这件公函时，英国驻上海领事①
对于商会所称进口贸易未表现出圆满进展云云一节表示同意，并
把这种情形归之下述种种原因，诸如(甲)中国既有它满足本国需
要的制造品，进口货就必然有与土产品竞争的事实；(乙)进口货在
运往内地时所负担的重税；以及(丙)中国商人凭借他们的行会来
按照他们的利益支配供应的力量。为了支持商会方面关于进口重
要品目所纳关税较比以前加重这一项论点，他提出一件表格，指明
根据现行平均价值，漂白洋布必须多付百分之十的关税，原色市

---

① 英国外交部档 17/286：1858 年 2 月 1 日额尔金致柯勒拉得恩第 23 号函。英
国外交部档 17/277：1857 年 12 月 22 日额尔金致柯勒拉得恩第 94 号函。

布、羽纱和哔叽则须多付百分之七。可是领事的补救办法并不是减低关税,而是完全豁免外国制造品的一切关税,同时为补偿中国国库因而遭受的损失计,他建议把生丝和搓丝的出口税从每担十两提高到十四两银子,把丝织品的出口税从每担十二两提高到十六两银子。他也建议把船钞从每船吨五钱减到一钱银子,并修订子口税,他认为进出口货的子口税都应该和关税同时缴纳。他同意增辟新口岸和在某种限制下给予外国商人以内地旅行及进行贸易权利的那项建议。他坚持一切通商口岸在征税方面,应完全建立在相同的基础之上,但是他不满意那时上海实施的外国税务司制度,建议放弃这种办法,由英国政府根据《南京条约》第二款,《虎门续约》第十二款和《五口通商章程》第十五款的精神,指派一个官员在海关中监督征自英国臣民的税课和关税,"并且因为清政府将得利于这种办法,所以它应该给付这些服务以所征税款的百分之一以为报酬,但是以不超过现在所给付的薪金为度。"换句话说,清政府对于一个外国政府所指派的雇员将有给付薪金的光荣,却没有管理该员行为及不称职时免除其职务的伴生权利……

十八

广州英商①虽然声称现行税则"实在没有什么可作为诉苦的理由,因为我们不知道世界上任何国家中还有比这更加宽大的税则",可是却认为由于价值的低落,南京协定税则进口表上的许多

---

① 英国外交部档 17/276:1857 年 11 月 23 日额尔金致柯勒拉得恩第 64 号函。

税率都应该减低。在这个表上所列的八十八种品目的税率中，他们建议有二十九种应该切实减低，平均减低的程度，是要能得出约低于现行税率三分之一的一种税率。上等人参的税率，他们建议应从每担三十八两减到十两银子，并且所有未列举的树胶、金属和木材等应从以前的值百抽十减为值百抽五。玻璃器皿、铜、酒和酒精在为外国人之用而进口时，照他们的意见，应予免税。出口表并没有做这样剧烈的修正，但是他们建议：把樟脑的税率减低百分之五十；茶、八角油和桂皮油，减低百分之四十；桂皮和桂子百分之三十三；土丝和糖百分之二十；绸缎和砥朱百分之十七；以及冰糖百分之十二。他们也建议，因清政府在便利航行方面，素来少有甚或没有什么措施，所以船钞应减少一半，同时从事沿岸贸易的船舶不应缴纳多于每六个月一次的船钞。他们也注意到内地子口税问题，并且建议说，"这种税，如果还允许它继续下去的话，应予以明确规定，要在整个帝国内适用有度，绝不做一次以上的征课，但这却是非通过修改条约不能做到的改革。"在帝国任何地带旅行和贸易的自由权利以及凭以结算关税和商业账目的划一通货的采纳，则更是最所馨香祷祝的。广州领事在一件论到这些建议的冗长备忘录中，对于拟议的关税率的减低表示赞同，而且同时建议更广泛地应用从价征收原则，理由是，对于以货易货的贸易，又在一个没有准确而统一的货币的国家里，从价征收的原则是比从量税率容易实行。为了鼓励外国船的沿海运输，并为给予中国人以极其需要的便利，他主张取消粮食和铜钱出口的禁令，至少在埠际贸易方面。至于一般的沿岸贸易，他一反广州商人们的意见，却认为"对外国船和民船所运商货应用同一纳税标准是适当的"。这项"基本原则",照领事对它的称呼,却蕴含着,如下文所述,外国管理的海关对于外国船沿岸运输的土货所征收的那种沿岸贸易税的萌芽。在船钞的征课上,只有两项变动他认为是必要的。一项是仅载有压舱货的船舶,无论到港或离港,只应缴纳船钞的半数;另一项是因为对于从事沿岸贸易的小船的船钞,征课极不一致,所以这种税应该减低,或改为六个月一次的定期缴纳。至于子口税问题的解决办法,他建议对于由口岸内运的货物,"在输入口岸进口时已完纳的原始关税可视为包括这种税课在内",但对于出口货子口税,他也没有什么比较好的意见,只提出了抗议权这一点,"得抗议中华帝国凭着任何贫乏省份的督抚的谕令,专门挑选向国外出口的大宗品目作为增税和使税课失平的对象,而那些仅限本地用的品目,则不受同样的待遇。"他赞成把全国开放给对外贸易那种建议,但是对于这种情形下的实际海关行政,他提议"外国产品的关税征收,应仅限于派驻赋有必要管辖权的领事的各口岸,并规定这类已税物品在由外国沿岸贸易小船运往最终卸货地点时,不得再有重征"。鉴于嗣后的发展,这样一种建议,在今天不禁令人哑然失笑。

十九

在宁波没有商会来对于税则及其相关联的问题表示意见,但是那里的领事米杜斯(T. T. Meadowo)却提出了一件"留意中国海关较少而留意领事法庭较多"的论文。[①] 可是对于税则的讨论,

---

① 英国外交部档 17/286;1858 年 2 月 27 日额尔金致柯勒拉得恩第 44 号函。

他以一种半哲学性的论证提供了下述的建议："一切由外国人运进口岸的货物，无论是外国货或中国货，都应该交给中国买主，关税由中国买主完纳；至于一切由外国人出口的货物，则应于关税业经付清之后再由外国买主接货。"这样一种建议，如果照办的话，实际上势必把所有通商口岸，就外国进口货而论，都变成了免税区。对于当时仅实行于上海一地的外国税务司制度，他没有讲什么赞扬的话，并且根据下述的理由坚决反对把这种制度做任何推广。他认为这样一种制度乃是"对于每一种健全行政的主要职能的篡夺行为"。虽则如此，可是他竟自以为毫无矛盾地热烈主张清政府应把代替船钞的那种港口捐的征收委托给各有约国领事，并且各领事为了助航设备的置办与维持得任意支配这种港口捐，他对于这项在现代人听来殊为奇特的建议所持的理由是：在沿岸贸易方面——这是唯一与宁波有关的外国运输贸易，英国船只，因为受了领事的影响，每次航程都须缴纳船钞，因而处于一种极不利的地位，而那些悬挂荷兰、德国和其他大陆国旗帜的船舶，却因为没有领事的约束，都免税通行①。领事赞成在上海以北至少开辟四个沿海口岸，并且认为对于外国居留区的位置，应该加以更多的注意。领事随函陈上一件该埠英商领袖的来信，后者在信里说道，宁波外商在征税方法方面，没有什么要抱怨的，并且详述了一段有趣的事实，据说十年前，当他初创立字号的时候，海关官员们请求他把他的船留在港外一年，"因为他们想要呈报他们的上司说没有对

---

① 在 1856 年，有 30 艘英国船和 48 艘无约国船从宁波驶出；在 1857 各该项船只的数字是 18 和 30。

外贸易,并且说他们将允许我在这期间免税输出入一切货物,这是因为一切口岸前三年的贸易平均额,都将作为今后由该税而来的帝国关税的应征比额!"这个商人对于关税税率没有发出任何怨言,并且提出一件进出口货物表,把本地商人和外国商人所付的税率做一比较。所举十一项进口税率中,七项有利于中国商人,三项有利于外国人,一项彼此相同。所举五项出口税率中,却全部对中国商人有利。可是,与此相反地,必须举出下述的事实,那就是外国商人的已税货物复出口,得领取凭证,准免货物在任何其他口岸的进口税,而中国商人则不但对于一切货物的进出口,而且对于货物在任何其他口岸的复进口,都必须照常完税。

二十

据《天津条约》第二十六款规定,两缔约国应指派官员,为按照值百抽五标准修订税率,并为解决子口税税率,在上海举行会议。条约是在 6 月 26 日(1858 年)签订的,是当时缔结的四件条约中唯一载有应行修改税则规定的一件条约。7 月中,奉上谕钦派那位曾会同南京总督议约的钦差大臣和其他两位京城的大员前往上海,在那里商办一切有关贸易和税则事宜①。协同这几位大员的还有江苏藩台和兼任海关监督的臬台,可是这两位官宪却宁愿避开列席会议和参加讨论的实际工作。额尔金伯爵(Lord Elgin)则

---

① 英国国会档:"1857—1859 年额尔金伯爵奉专命出使中国及日本有关通讯汇编",364 页。英国外交部档 17/290;1858 年 7 月 29 日额尔金致曼兹柏立(Malmesbury)第 162 号函。

指派公使馆代理秘书劳伦斯·奥利芬特先生(Laurence Oliphant)和中文秘书威妥玛先生(Thomas Wade)为英方代表，并同时通知中国钦差大臣说，虽然因为李国泰先生(Horatio N. Lay)正在担任中国海关税务司公职的任期内，他不便正式指派他参加委员会，可是他希望李先生——谈判条约本身时的大部分责任就已经落在他的头上——能够列席委员会的会议，以便借重他的渊博知识和经验①。法国和美国公使都没有指派正式代表出席这次——第一次——修改税则委员会，后者不愿意这样做的理由，是因为先《中英条约》八天而签订的《中美天津条约》既没有规定修改税则，那么他指派代表出席当是不合适的事情②。可是美国的利益却也通过英国代表和美国公使馆秘书卫三畏先生(Wells Williams)的非正式商谈而得到适当的照顾和保护，并且他们商谈的结果，还有一件修正税则草案提交给钦差大臣③。法国驻上海领事爱棠先生(Edan，按：旧档中又译作伊担)也用同样的做法来维护法国的利益④，因此在修正税则草案行将提交帝国代表团的时候，它作为一项草案，不但已经受到了三个利害攸关的主要强国的祝福，而且也

---

① 英国国会档："1857—1859 年额尔金伯爵奉专命出使中国及日本有关通讯汇编"，392、438 页。另参看英国国会档："卜鲁斯等通讯汇编"，1860 年，31 页。奥利芬特(L. Oliphant)，《1857、1858、1859 各年额尔金伯爵出使中国及日本纪实》(*Narrative of the Earl of Elgin's Mission to China and Japan in the Yaers* 1857—1858—1859)，两卷装，爱丁堡和伦敦，1859 年版，卷 2，272 页。英国外交部档 17/291：1858 年 10 月 19 日，额尔金致曼兹柏立第 188 和第 189 号函。

② 英国国会档："1857—1859 年额尔金伯爵奉专命出使中国及日本有关通讯汇编"，400 页。

③ 同上，393 页。

④ 同上，437 页。

是对于在广州和上海的商人及领事们过去所提出的一切事实与意见充分考虑后的产物①。这项草案经于 1858 年 10 月 12 日提交钦差大臣,并且在那一天和随后的三天中,这项草案以及子口税、船钞、助航设备、鸦片合法化、食粮和铜钱的沿岸运输和海关制度的划一等相互关联的问题,都经一一详加推敲②。由于李国泰先生不但能以他自己的知识,而且能以上海海关前三年的极完备档案供由委员会参考,更由于卫三畏先生已对于中国货物及其价值具有广博的知识,所以委员会中的英国委员向中国各钦差大臣提出的草案是一件彻头彻尾可靠和内容非常丰富的文件,其中包括有进口表中一百六十五种从量税率和出口表中一百七十九种从量税率,并且对于每类货物都详列它的平均价值,上海和广州商会所建议的关税以及现行关税和拟议的关税等,至于拟议的关税,在进口货方面是严格依据值百抽五从价标准计算的,在出口货方面虽也依据同样的标准,惟以茶、丝两项税率的维持不变为显著例外。如果把茶叶的关税减低到值百抽五的标准,那就势必要因货色不同而减少税率约自百分之四十至百分之六十不等,并且根据当时的一般出口情形,会造成清政府每年丧失八十万两银子的结果。在另一方面,提高丝的关税到值百抽五的标准,将会增加税率约百分之二十,纵使贸易不受影响,每年也不过增加十五万两银子的税

---

① 英国外交部档 17/291;1858 年 10 月 21 日额尔金致曼兹柏立第 190 号函。"我正努力编造一项所有各有约国都会同意的补充税则,因为否则必然会造成很大的混乱和对中国方面的许多不公平。"

② 英国国会档:"1857—1859 额尔金伯爵奉专命出使中国及日本有关通讯汇编",400—402 页。

收。除去这种终必造成的损失而外，便是法国人方面的反对，他们的贸易在当时差不多完全限于丝这一项。显然，聪明的办法还是最好置诸不论①。把这些拟议的税率和南京协定税则的税率加以比较，便可以很有趣地注意到：在进口货方面，三十八种低于和十八种高于旧税率，而三十二种保持不动；在出口货方面，二十二种低于和十六种高于旧税率，而二十四种保持不动。全体委员会考虑的结果，只对于这件草案做了一些不重要的变动，诸如对于进出口货物上税率的轻微变动；蜜蜡、肉桂、藤黄、胶、金线、鱼胶、油渣、橄榄、干龙虾、水银、咸鱼、腱和兔皮等项从出口表中取消；草席和藤席与赤、白糖等项从进口表中取消，以及煤、大枫子、铜、铜锌合金、麻栗木、表、日本腊和毛柿木等项的增入。出口表中影响深远的变动是豆石和豆饼的列进，以及米谷等粮食的添入；前三项品目除去登州（烟台）和牛庄两口而外②，准许由英国船在付讫关税后

---

① 奥利芬特，前引，卷2，275页。

② 奥利芬特，前引，卷2，276页。

    这项地域性的禁令，是为顺应牛庄和烟台两地雄厚的沙船利益而做的。英国公使卜鲁斯在1860年写信时曾经说，当时从事于上海—烟台—牛庄间贸易的沙船数目约计三千艘，所投资本约7,500,000镑，见英国国会档："1859—1860年中国事务有关通讯汇编"，1860年4月13日上海商会主席致卜鲁斯函，45页。由于卜鲁斯的努力，这项地域性的禁令经于1861年奉旨撤销。在那一年中，他曾经和恭亲王有过成篇累牍的公文来往，"才获致将不准洋船从牛庄和烟台两口装运豆石和豆饼出口的这项禁令取消。我已经商定把这两种产品的贸易放在和一般沿岸贸易的同样基础上，也就在装运口岸完纳关税和卸货口岸完纳半税，并且我也已经同意在附于税中的那些贸易规定上做一项变更，因为那些规定曾经将北方以外各口的这种贸易在这方面置于一个不同的基础上。"见英国外交部档17/370；1862年2月24日卜鲁斯致鲁塞尔（Russel）第11号函。在1856年，中国商人奉地方当局的禁令，不得用外国船进行这类的沿岸贸易。可是这项贸易上的禁令，经由1869年总理衙门的训令予以根本撤销，并从那时起，准许豆石、豆饼直接输出外国，正如任何口岸的沿岸贸易一样。海关档，总税务司通令，1869年第18号和第22号。英国外交部档17/477；1867年10月1日阿利国致史丹雷第157号函。

向沿岸或海外出口;米谷等粮则准许作为具结保证下的沿海出口货——这也是业经推行到铜钱沿海运输上的一种特权。在进口表中,硝、磺、白铅虽都是军需重要物品,却已成为许可进口货,不过只有在清政府自行办理,或由照章奉准的中国商人采办时,方准进口。

二十一

可是,在进口税则上,影响最为深远的变动,毫无疑问地是把鸦片列为每担按三十两银子完税的一种合法化的进口货①。如上文所述,朴鼎查爵士曾经在谈判《南京条约》和《虎门条约》时,几次向清全权大臣提出,他认为鸦片贸易合法化,为清政府着想是得计的,并且在关于这项问题的一些备忘录中,也曾指出合法化不独意味着当时成为贸易特色的种种弊端的一扫而空,而且也意味着把贸易引导进易于控制的渠道,因而可为帝国国库带来一笔税收②。这些建议都毫无成效。清政府交涉人员,都清楚了解他们绝不能去请求他们的圣上自食其言,以致把他们自己置身于这样难堪的地步。因此鸦片贸易一直是建立在为法律禁止的那种基础上,但

---

①　奥利芬特,前引,卷2,278—282页。

②　1842年8月27日朴鼎查致钦差大臣备忘录,1843年1月22日朴鼎查的备忘录,1843年6月29日马礼逊的备忘录,1843年6月30日朴鼎查的备忘录,1843年7月8日朴鼎查的备忘录,1843年10月30日朴鼎查致耆英函,见英国国会档:"1842—1856年在华鸦片贸易有关文件汇编",1、3、5、6、8和13各页。关于英国鸦片政策最近和最权威性的议论,参看欧文(D. E. Owen),《英国在中国和印度的鸦片政策》(*British Opium Policy in China and India*),新黑文1934年版。

事实上却是发毛的。1843年8月1日朴鼎查爵士的通告中向英国商人们所做的警告,略谓凡从事于这种贸易的人们绝不能得到女王陛下的领事或其他官员的支持或保护一节,已经不为人所注意,或竟被当作一种官方保全面子的手段。鸦片贸易继续不辍,并且旺盛起来了。帝国政府已经丧失了威信,并且正是由于这种威信的丧失,以及先于太平天国和随着太平天国以俱来的混乱情况,壮了走私者们的胆量,不但把贸易扩展到各通商口岸,而且扩展到沿岸每一处可以找到有鸦片需求的地方。在南澳和金星门两处受条约禁止的地方,这些毒品的承办商,营建房屋,修筑道路,并且享有最充分的安全,这正是广州的一个鲜明对照,那时(1846年)在广州还没有一个英国臣民能够稍一走动而不受干扰的①。在上海,鸦片趸船停泊在港口界外的吴淞,趸船的只数在辟为口岸的初期,大约有三至六只不等,从趸船售出的鸦片,由中国买主以快船运送,溯黄浦江直抵上海。巴富尔(Balfour)曾经向监督指出这种做法对一般商品以及鸦片走私所提供的便利,于是监督就决定,凡停泊港外出售鸦片的船只,嗣后均不准进入上海作为正常贸易船②。就像其他许多决定一样,这项决定也是决而不行。虽说早于1844年2月就有朴鼎查的警告声明,可是双桅方帆船"亚米利亚号"(Amelia)的船主,在进入上海时所提呈的一件舱口单,竟声明船上载有鸦片一箱。根据领事的忠告,后来船主就将这项报关单涂毁,

---

① 1846年2月24日德庇时致阿伯丁函,见英国国会档:"在中国受辱问题有关通讯汇编",1857年,37和40页。

② 英国外交部档288/31:1844年4月9日巴富尔致朴鼎查第33号函。

并且声明,他已遵照领事的忠告,将这箱有问题的货物投到海里。其实,"亚米利亚号"当时带有烟土二十七箱,都未经许可就驳运到三桅船"维廉第四号"(William The Fourth)上去,而"维廉第四号"已经盖了大印,正准备结关。同时三桅船"美加号"(Maingay)的船主对于他的船也只提出不完全的证件,并没有附送提单。领事的调查揭破了他曾带进一百零一箱鸦片的情弊,可是在他听到"亚美利亚号"所牵涉进的纠葛时,就把这些鸦片也驳运到"维廉第四号"船上去。领事巴富尔立即采取行动。他对于三条船未经许可擅行驳货各罚款五百元,对于"亚米利亚号"和"美加号"捏造舱口单另罚款五百元,对于"美加号"未经许可擅自开舱起货再罚款五百元,并对违章证件罚款二百元。对驳运的货物,他觉得应命令没收,惟查获和没收应由清政府执行。为辩护这后一项做法,他声称:"我不认为执行中国方面关于违禁品的税法,是领事官的责任。"谈到上海的鸦片贸易,他说:"目前这种贸易在这个口岸是公开进行的。……一切载有鸦片的小船都在光天化日之下毫无顾忌地往来于海关的船边,既不受稽查,也不受检验,并且在我现在向阁下报告的案件中,我确信该处的清政府官吏,在我得到情报之前已经知道有驳运鸦片的情事,可是他们一直没有注意,也没有采取任何措施。"事实上,领事已发觉他自己是"际身于鸦片商的唯利是图和官宪的淡然处之与漠不关心之间[1]"。朴鼎查赞同领事的做法,但又表示对未经许可而驳运的罚款应予发还[2]。上海海关监

---

① 英国外交部档 288/31:1844 年 2 月 12 日巴富尔致朴鼎查第 8 号函。
② 英国外交部档 288/31:1844 年 4 月 9 日巴富尔致朴鼎查第 33 号函。

督对于这件以及类似案件的看法是：只要鸦片还留在外国船上，就应该依照各该有关国家的法律处理，"可是一经起岸或经本国人买进，则必须受到中国法律的管辖。"[1]换句话说，中国当时并不要求一般主权国所共有的那种权利，搜索和查获外国船所载的违禁品，甚至当这船公认是在行禁国领海内的时候。监督如果注意到法律上的干系，他自会主张，凡未经条约明白放弃的主权权利正是决计要保留的。历任英国全权公使都力劝采用鸦片贸易合法化的办法，但是清政府不想使它合法化。步着前任公使们的后尘，德庇时爵士在 1846 年 2 月间请求钦差大臣耆英利用他的影响力量，设法把这种贸易置于合法的基础上。"我常常奉告阁下，在清朝官吏纵容下的鸦片非法贸易，乃是无数弊端的根源。如果使贸易合法化，那么五口内的全部船只都将在领事的监督下课征税捐。它们都将缴纳船钞，并且很容易自鸦片征到二百万元左右的税款。目前这项收益是被政府的贪官污吏中饱了；运烟船只却自由自在地在沿海各处行驶，并且走私之徒还在岸上建立了居留地。这既是公然纵容的，我自不便干涉；但是贸易如果合法化了，我就可以对一切船只进行正当的管辖。嗣后对于鸦片便可用商品来交换，纹银就不至于再行流出国外，善意谅解也自可长远保持。"[2]一年之后他又回到这个题目："以前我曾经请阁下注意于南澳和金星门走私站的种种流弊，也指出沿海的海盗行为都是由于对鸦片的处处查禁

①　英国外交部档 288/31：1844 年 2 月 20 日巴富尔致朴鼎查第 13 号函。

②　1846 年 2 月 25 日德庇时致耆英函，见英国国会档："1842—1856 年在华鸦片贸易有关文件汇编"，1857 年，24 页。

而产生的。于是,海盗就越来越多,同时也只能用现银来交换鸦
片。如果要制止海盗行为,如果要节制现银出口,那么还是该对鸦
片征税。所有现在走私的船只那时都将分别驶往五口,领事们也
就可以对税款的征收负起责任。当中国产品能用来交换鸦片的时
候,现银就不会这样大量出口了。"①倘若偶尔有这样一位海关官
吏要实行查缉,不论他是想本着良心执行他的职务,还是想施加压
力,那么,除非双方得到妥协,纠葛必会随之而生。1845 年 3 月间
在宁波地面发生的一个案件,可作为这类情形的一个突出事例。
一艘英国纵帆双桅船,船名"船主的嗜好"(Owner's Delight),从
镇海溯河上驶宁波,它私下把两只中国式猪皮箱起岸上陆,被值班
的镇海海关官吏查获。船主显然还不是一位相信玩弄外交的人,
他在大发雷霆和威胁恫吓之下,要求把皮箱领还,理由是其中除布
匹而外并没有其他事物。案子告到宁波领事处,箱子在领事馆方
面代表的面前被打开来。其中所装的经证明是七十五块公班土
(Patna)(即大土)。清政府询问领事究竟应该如何处理这个案件,
他的答复是清政府应该厉行他们本国的财政章规。可是领事却将
船主的航行证书吊销以为惩罚——这项证书是在香港颁发的,证
明持有人的船舶是在香港注册为从事于通商各口间的沿岸贸易
的。当领事和监督在这个案件上正在公文往来之际,七十五块
鸦片莫名其妙地不见了。清官员想要销毁所交付的货物,或所
剩余的货物,但是没有浙江巡抚和闽浙总督的同意,他们却又不

---

①　英国外交部档 228/66:1847 年 5 月 1 日德庇时致朴鼎查第 70 号函,内附和耆
英的往来公文。

能这样做①。海盗行为和误杀行为都是这种贸易的当然伴生物。例如，早在 1847 年，两艘载运鸦片的纵帆双桅船"加罗林号"（Caroline）和"欧米加号"（Omega）停泊在厦门以北五十英里的金门湾——一个臭名昭著的鸦片走私中心。在那里，他们遭到澳门快蟹船上海盗的袭击。流血斗争随之发生，结果"加罗林号"的水手有十六人溺毙和击毙，"欧米加号"有十五人或二十人被杀。前一艘船被劫去六十箱鸦片和三万五千元现款，后一艘船被劫去五十八箱鸦片和三万元现款②。厦门以及厦门附近的泉州、崛屿和金门的趸站，或许是全中国鸦片贮量最多的地方。道台馨香祷祝英国的鸦片趸船能从这些地点移去，领事却指出，泉州和金门是"樟脑、陶器和其他合法贸易品目的走私站，因此这类合法贸易在厦门锐减"③。这些鸦片走私者是这样的无孔不入，对于他们的货物的需求情形是这样的敏感，而以厉行查禁为职责的官吏们又是这样的淡然处之，以致从《虎门条约》签订到《天津条约》签订这短短十五年中，这种毒品进口的数量整整增加了一百倍。清政府大员也都深知这种贸易的惊人激增，它所造成的无法无天肆行强暴的情形，以及身受其惠的省当局的故意纵容。这些大员当中，有些人主张撤销禁令，以严格的章程管制贸易，并为帝国国库计，对合法化的毒品收征税课，因为国库正殷需款项来应付帝国中日益滋

---

①　1845 年 5 月 5 日德庇时致阿伯丁函，见英国国会档："1842—1856 年在华鸦片贸易有关文件汇编"，22—23 页。

②　英国外交部档 228/65；1847 年 2 月 20 日德庇时致巴麦尊第 23 号函。

③　同上，1847 年 4 月 1 日德庇时致巴麦尊第 52 号函，内附 1847 年 3 月 9 日领事莱顿（Layton）致德庇时第 30 号函。

蔓的纷扰[1]。代表这种意见的条陈曾经利用不同的机会奏呈皇上，但皇帝陛下却顶多不过是把问题交由内阁妥议具奏。北京的消极态度是无补于必须筹款平乱的省当局的。在上海——在其他口岸的情形也是一样，道台想从每箱自吴淞趸船运至外国租界的鸦片上，得到一笔正规的征课。这种征课是因口岸和时间的不同而不同的，但在1865年，道台对每箱获准进口的鸦片照例征收二十元，这二十元，由于当时"加罗拉"银元不正常的高额伸水，等于是二十两银子[2]。道台和鸦片商所同意的这种征收率，是1853年三合会占领上海所造成的局势的最后结果。在那次事变之前，自从该口开放前十年以来，商人就一直把他们的鸦片存贮在当时完全处于港口界外的吴淞趸船上，在那里卖给中国商人，而中国商人在用快船把鸦片运往县城或外国租界之前，必须对于也驻扎在吴淞船上的道台的征收人员完纳一笔当时所要征收的任便什么样的征课。可是叛变者的占领上海，使商人们不得不把他们的鸦片存货从趸船上移到租界中的货栈这安全地方去。这使得道台的征收人员全同虚设，对于道台无异是一笔严重的税收损失。所以他通知英美两国领事说，在1855年8月11日以后，他将查拿一切行将在租界卸货的鸦片[3]。后来他曾试图对一切这样起岸的鸦片征收一笔每箱二十五元的税，但是没有成功。既经失败之后，他便命令海关的外国税务司将一切进口中的鸦片视同违禁品，予以查获。

①　英国外交部档228/149；1853年2月10日文翰致曼兹柏立第24号函，内附御史吴廷溥请鸦片开禁筹饷平乱折的译文。户部反对这项建议。
②　《北华捷报》第327号，1856年10月25日。
③　《北华捷报》第264号，1855年8月18日和第266号，1855年9月1日。

他们进而执行这些命令，并查获了一批达二十五箱的货物，都存放在道台衙门。和鸦片贸易有关的商人和其他人等大为骚动，同时英国领事则要求他的法、美两国同事会同他，以越权的罪名，把海关外国税务司的首脑李国泰传到一个混合法庭。这个案件终以道台发还查获的鸦片和商人同意每箱缴税二十元的办法获得解决。三年之后，这种税是每箱二十四元①。在宁波所征的税和上海相同，但是却由一个海关分卡征收，这个分卡则是道台在 1858 年 5 月间为了向他所婉转其辞称为"税则未列举的外国产品"征税而特予设立的。为了这个目的，他在领事馆既不帮助也不阻挠的情形下，雇用了一个英国人赫德逊（L. S. Hudson），协助这个鸦片税征收机关的工作②。在福州和厦门，当局每箱索取四十八元③。在后一口岸，这种税曾经由领事布告周知④，据那件布告向公众晓示说，税课是根据道台的职权征收的，今后任何进口的鸦片，都必须在有关船舶的舱口单上开列呈报。事实上，道台甚至于已经通知领事说，鸦片税已奉旨核准⑤。这正是额尔金伯爵行将谈判《天津

---

① 1858 年 9 月 13 日列卫廉致额尔金函，见英国国会档："1857—1859 年额尔金伯爵奉专命出使中国及日本有关通讯汇编"，397 页。

② 英国外交部档 17/286：1858 年 4 月 9 日额尔金致柯勒拉得恩第 86 号函。英国外交部档 288/247：1858 年 5 月 10 日米杜斯致包吟（Bowring）第 46 号函，附于 1858 年 5 月 25 日包吟致曼兹柏立第 140 号函。

③ 英国外交部档 228/245：1858 年 3 月 13 日金纪尔（Gingell）致包吟第 9 号函，附于 1858 年 3 月 23 日包吟致柯勒拉得恩第 71 号函。

④ 《北华捷报》第 407 号，1858 年 5 月 15 日。

⑤ 英国外交部档 228/246：1858 年 3 月 23 日金纪尔致包吟函，附于 1858 年 4 月 5 日包吟致柯勒拉得恩第 85 号函；1858 年 4 月 23 日包吟致柯勒拉得恩第 110 号函；1858 年 4 月 10 日厦门领事馆第 7 号通告；1858 年 4 月 14 日香港地区政府第 17 号通告。

条约》的时候鸦片贸易所处的情形。就中央政府来说，它依然是官方咒诅的事物，虽则鸦片的开禁和征税会是解救当时财政困难的一个方法这一点已经逐渐得到了承认；至于省当局方面，这种贸易，纵使不被欢迎，可是看在它所产生税收的份上，无论如何是被容许的。额尔金伯爵对于这种左右为难的局面，并不能任意用强力来解决；他所奉到的训令是遵守旧日的不干涉政策，而只能提出建议①。在拟具建议的工作上，他绝不能希望得到美国全权公使列卫廉先生(William. B. Reed)的合作，因为他曾经奉命，"如有机会就通知清政府，美国并不为它的公民谋取鸦片贸易的合法地位，并且对于任何存心触犯中国法律以求把该项物品输入中国的企图，都将不予以支持。"②列先生忠实地执行了这项使命。甚至于他是有过之无不及的。他曾向中国全权大臣保证说："美国政府愿支持他们的政府为禁止这种贸易所做的任何合法的尝试。"可是他的建议却遭遇到冷淡的态度，因此他不得不有违初衷地得出下述的结论，认为除非能够把这种贸易合法化并加以管理，它势必会同过去一样，伴同它那一切附带的弊害和污点继续发

---

① "在和清政府各位全权大臣讨论商务协定时，关于清政府应否废止它对于鸦片贸易的禁令一节，将有待阁下加以确定，这项禁令却是清政府大员从来没有切实执行过的。鸦片贸易是否由于它的合法化而还会扩大，殊可怀疑；因为目前它在地方当局的许可和纵容下，似乎已经达到了中国需求的饱和点。但是用课税的方法把贸易置于一合法基础上，以代替目前不正常形式的经营，自然是显见有利的。"1857 年 4 月 20 日柯勒拉恩致额尔金函，见英国国会档："1857—1859 年额尔金伯爵奉专命出使中国及日本有关通讯汇编"，5 页。

② 英国外交部档 17/291：1858 年 10 月 21 日额尔金致曼兹柏立第 190 号函，内附 1858 年 9 月 13 日列卫廉致额尔金函。英国国会档："1857—1859 年额尔金伯爵奉专命出使中国及日本有关通讯汇编"，394 页。

展下去。①* 所以他就毫不为难地应额尔金伯爵的请求，从《中美天津条约》中删除掉《望厦条约》中原有的明文禁止美国公民从事于鸦片贸易的条款；但是因为美国公民一向就从事于这种贸易，并且因此而大发其财，这项条款始终对他们也只是具文，所以，如无任何适当的步骤据以厉行其规定，空把条款保留下来，也觉得没有价值，缺乏诚意。既缺少有效的禁令，所以列卫廉先生极力促请额尔金伯爵"劝中国人对毒品加以重税，以期遏制供应，管制进口，可是却不要激刺其他形式的走私，不管中国人是否放纵"②。英国交涉人员所做的这些和类似建议的结果就是，如上文所述，以每担三十两银子的税率，把鸦片增列在税率表中。英国代表曾要求每担税银二十四两，这是上海中国当局那时私征税率的实额③。清政府代表最初建议每担六十两银子，终于同意以三十两作为妥协，这个数目大约是当时鸦片平均市价的百分之八。英国并没有为了要把鸦片列入进口税率表中而对清政府全权大臣施加压力，这一件

---

① "我实在无法获得他们对这个问题的重视，根据我深思熟虑后所下的判断，无论在过去或现在，我都认为，除非由阁下负责加以纠正和规范，贸易必然会照这样子继续下去，流弊横生，玷辱备至。"1858 年 9 月 13 日列卫廉致额尔金函。英国外交部档 17/291；1858 年 10 月 21 日额尔金致曼兹柏立第 190 号函。

* 注意英、美领事曾经会同强制李国泰不许执行道台没收鸦片的命令和美领事本人即大鸦片贩子的事实。——译者

② "我实在无法获得他们对这个问题的重视，根据我深思熟虑后所下的判断，无论在过去或现在，我都认为，除非由阁下负责加以纠正和规范，贸易必然会照这样子继续下去，流弊横生，玷辱备至。"1858 年 9 月 13 日列卫廉致额尔金函。

③ 英国外交部档 17/291；1858 年 10 月 21 日额尔金致曼兹柏立第 190 号函。《北华捷报》第 493 号增刊，1860 年 1 月 7 日。1857 年上海每箱鸦片征收进口税十二两；《北华捷报》第 347 号，1857 年 3 月 21 日。柯克，前引，180 页。

事实,在李国泰和奥利芬特两人所提出的证据中可以一目了然[7]。前者述称:"根据额尔金伯爵的意思,也同样根据清政府方面的意思,把税则的拟制工作委托给我。当我考虑到'鸦片'时,我问他们对于这个品目主张采取什么方针。回答是:'我们已经决定把它作为洋药(外国药物)放进税率表中。'我极力主张采取一种业经同意的以征收费用为准的适度关税。这与取诸'勒索'的数额恰好相等。……清政府承认鸦片为合法的进口品目,并不是因为受了胁迫,却是从容不迫地出于他们自己的自由意志。"[①]奥利芬特的证明也是同样的有力——"当我们考虑到'鸦片'这一品目时,我奉告钦差说,我已接奉额尔金伯爵的训令,不坚持把这种毒品列入税则中,如果清政府愿意删除的话。它却不愿意这样做。"[②]同时,根据《中英通商善后条约》第五款的规定:洋药只准进口商在进货口岸销售;只有华商才能贩运内地;对洋药应征的子口税,听凭清

7　查英国修约说帖(《夷务始末》卷9,41—43页)第五条后段略称,"又将鸦片土一项,准其一律进口,报税公允";又咸丰四年九月十五日(1854年11月5日)上谕(前引,40—41页)内称,"包吟所称鸦片纳税……尤为反复可恶";又前任长芦盐政崇纶等致英国照会(前引,53—55页)内称,"……至通商税则,会同变通,鸦片之进口报税一事,查贵国既系万年和约,似不应另有异议";又咸丰四年十月二十五日两江总督怡良、江苏巡抚吉尔杭阿奏称(前引,卷10,1—3页),"而该酋等(按:指英使包吟、美使麦莲等)所谓重事,注意于入江贸易并鸦片开禁纳税。此等悖谬之词,奴才等唯有严词拒绝,或杜其觊觎之念。"足征英、美帝国主义者对于向中国倾销鸦片一事,一贯对满清政府施加压力。

①　致伦敦《泰晤士报》函,1880年10月22日。
②　同上,1880年10月25日。额尔金当在天津的时候,并没有力逼鸦片的合法化,"因为要是当我正在天津施加它以压力的时候,力逼帝国政府放弃它在这方面的传统政策,那就和我的是非感不能谐调了。"1858年10月19日额尔金致列卫廉函。英国外交部档17/291;1858年10月19日额尔金致曼兹柏立第190号函。

政府处理[1]；而且无论目前或将来，一般的子口税规章均不适用于洋药。这是用限制性的法律制止一种贸易的丑态和非法行为的第一个尝试，这种贸易，虽未受英国政府的支持，虽备受清政府的查禁和容忍求安[2]，竟还是广为滋蔓和根深蒂固了，并且由于外商们无原则的冒险偷运和中国官吏及商人们同样无原则的姑息纵容，而异乎寻常地蓬勃起来。

二十二

　　和税则有重要关联并经委员会讨论过的当时的另外两个火急问题，就是子口税税率和征收手续的解决以及在上海业经证明大有成效的海关外国税务司制度的推广。如上文所述，依据《南京条约》所做的子口税规定，已经因省当局的擅行征课及新筹议的厘金的起征而变成为具文，况且那项规定原本也只限于外国货的内运。关于土货外运，并不曾做过特别规定，但是就茶叶的情形而论，却颇有怨言，据说所征子口税往往高达货物的实际原价[3]，同时在外国进口货运往内地和土货出口这两种情形之下，尽管香港曾以正

---

　　①　"在这里指出下述一点，将不会是不适宜的，即税则谈判后刚刚几个月，北京方面就已经有命令颁布下来，着鸦片每担征收厘金八十两。这项命令乃是当时驻节苏州的何巡抚（桂清）一件未公布的奏章的结果。"威妥玛爵士报告书，见英国国会档，"中国第三号，（1882年）"，44页。

　　②　关于鸦片贸易的早期奏章和谕旨的译文，参阅约翰·斯来德（John Stade），《中国最近措施与大事纪》（*Narrative of the late Proceedings and Events in China*），附录，广州，1839年。

　　③　奥利芬特，前引，卷2，276页。

式通告①,公布赣州、太平和北星各内地常关的税率表,可是各内地常关分关及厘卡所征的数目,都是无定额的,并且也不能保证货物业经在一关或一卡缴过内地税之后就必能免于重征,甚至在同一省份之内。为免除这些困难,英国代表根据条约第二十八款的规定,在委员会中建议:土货外运和外国货内运这两种子口税税率都应该明确定为关税的半数;豁免关税的货物也应依据值百抽二点五的从价标准,完纳这类税课;凡外国货运往内地的,税课应在所由运往内地的口岸缴纳,并发给进口商凭单,凭以豁免货物的重征,"而不论货物指运地点的远近"(按条约中文原本中作"遍运天下"),——这一词句,按照中国人的解释,并不排除货物既达指运地点后入市税的征收,也不排除货物既经达到指运地点后再运往别处时厘金的征收②。关于向国外出口的土货从内地外运一节,委员会鉴于《南京条约》和《虎门条约》中完全没有这方面的规定,并为鼓励出口贸易起见,建议:外商置办的货物应在所经过的第一个子口呈验,并应提存一件报单,注明产品的种类和数量以及装船口岸。然后该子口当局应发给一件执照,这项执照在沿途其他各

---

　　① 英国国会档:"对华贸易摘要及中华帝国内地税或子口税报告书",1844年,13页。

　　② "额尔金的新税则,是按照值百抽五从价征收的原则拟定的,至于价值则以李国泰(Horatia Lay)在设关前三年中所编制的上海海关贸易册这当时唯一可靠的文件为准据。至于是否按照半税(也就是值百抽二点五的一种附加)完税,以抵代所谓子口税的那些征课,据负责谈判税则的中国官宪声称,是听商人自便的。额尔金伯爵毫无疑问地希望在这种抵代税付过之后,我们的进口货就可以免于其他一切课征。我记得,在税则行将签字的时候,他曾经指出,他想如果清政府能够从我们的贸易上得到百分之七又二分之一的税,那它应该满意了。他同时也承认,我们的货物一旦转到中国人手里,他确看不出如何可以保证这些货不受重征。"威妥玛爵士报告书,见英国国会档:"中国第三号(1882年)",45页。

子口呈验盖戳时，具有凭以豁免该照所开各货不受任何征课的效力[8]，直到货物运抵最靠近指定装船口岸的一口时，必须俟完清子口各税后，方准过卡。任何违法未遂的企图都有使货物遭受没收的危险。这样就奠定了一种制度的基础，而这种制度，因其妨害国内税的课征，因其以省库为牺牲而增加帝国国库的收入，所以深为中国省当局所痛恨，后来更因其给予外国人一种华商所没有的不公正的有利地位，也痛受政治家和爱国人士的斥责。

二十三

最后的一个，并且鉴于后来的事实或许也是所有当中最重要的一个有待委员会解决的问题，就是海关外国税务司制度的推广问题。这种制度曾经以它的功效驳倒许多的反对，在委员会开会时，虽然仍痛遭一些人们的抨击，却被没有偏见的人们承认为一种毫无疑问的成功。可是有两项主要的反对意见是必须加以应付的，那就是：由于制度的实施仅限于上海一地，结果造成对其他通商口岸的商人们的优待——这一种反对意见在柯勒拉得恩（按即当时的英国

8　"追咸丰八年十一月，中西重订条约，始定洋货土货一次纳税，可免各口征收者，每百两征银二两五钱，给半税单为凭，无论运往何地，他子口不得再征，其无半税单者，逢关过卡，照例纳税抽厘……于是洋商获利，华商裹足不前。"郑观应，《盛世危言》，税则条。

"乃洋商入内地执半税之运照，连樯满载，卡闸惠予放行，而华商候关卡之稽查，倒箧翻箱，负累不堪言状。"马建忠，《适可斋记言记行》，"论洋货入内地免厘"。

"……出口税重，此外犹百计诛求；进口税轻，他物仍百端规避，……三联税单，充斥江河，国计民生，两受其弊。……不至为渊殴鱼，为丛殴雀，尽殴华人为洋人，其事不止。"陈炽，《庸书》，税则条。

外交大臣)的眼里是如此的重大,以致他曾经宣布过:除非能把上海的这种制度推行到其他各通商口岸,否则就一并予以废止;而且它既然是一个中国机构,就不应该受到这样多的外国领事们的庇护①。《中英通商章程善后条约》第十款,解决了这两种情况。条约中承认通商各口收税,如何严防偷漏,自应由中国设法办理,并将两个缔约国的协议做成记录,准以一种划一的制度实施于各口岸②。如上文所述,这一条款更给予清政府所指派的总理外国通商事务大臣以权利,使他得任凭邀请英人帮办税务,毋庸英官指荐干预。

二十四

在 1858 年 11 月 6 日,委员会对于税则及其有关章程的最后草案既经商定,额尔金伯爵便将议定的税则和章程的副本分送法、美两国全权公使,并表示希望他们有权代表他们各自政府接受这项文件,而这项文件实则是通过爱棠和卫三畏两先生的非正式合作,三个有约国的使节共同戮力的结果。作为应照案接受税则和

---

① “当我谈判《天津条约》的时候,我删去了《南京条约》中所规定由女王陛下的领事协助中国征收关税那一款,而听凭清政府或采取在他们条约义务范围内为达成该目的所认为必要的措施,或照他们所认为合适的人选,或英国人或别国人而加以遴用:并且更为了应付以上海方面的困难情形为理由所提出的异议起见,我又增列了一项规定,即不论采取何种征收制度,应尽可能办到的范围内,使所有其他各口划一实行。”额尔金伯爵致雷雅特(Layard)函。英国国会档:“中国叛乱有关文件补编”,1863 年,193 页。

② 奥利芬特,前引,卷 2,277 页。广州在 1859 年 10 月,汕头在 1860 年 2 月先后被包括进这个制度中。翌年又推行到镇江、宁波、天津、福州、汉口和九江。1862 年厦门被列入,1863 年烟台淡水(台湾)、打狗(台湾)被列入,1864 年牛庄也被列入这个制度中。

章程的另一项理由来看,我们注意一下英国全权公使的意见是有兴味的,他认为:"如果我们各自的条约所承认的税则互有出入,那么对于清政府显然会是一种困难,并且我也深知阁下素以公道为重,一定会愿意让他们躲避开这种困难与误会的根源。"美国全权公使代表美国方面无保留地接受了税则和章程,并且声称最后将以一增补条约予以采纳①。法国全权公使同样地接受了税则,但指出,就法国而论,在关税章程方面,些微的口头修正将是必要的,因为其中有些是援据《中法天津条约》中所未备载的条款的②。可是,《中法通商章程》却以增订条款的方式,订定了一项重要的增补,据该款规定,税则修订期限应为十年,以代替《中法天津条约》第二十七款中所规定的七年。《中美通商章程善后条约》是1858年11月8日在上海依式签订并于翌年8月15日在北京交换批准书的③。法国全权公使修正过的税则和章程是在同年11月24日由中、法两国当局签字,但并没有订成一件个别的条约。值百抽五从价标准的协定税则现在是一件既成的事实了。

---

① 1858年11月6日列卫廉致额尔金函,见英国外交部档17/291;1858年11月8日额尔金致曼兹柏立第204号函。
② 英国国会档:"1857—1859年额尔金伯爵奉专命出使中国及日本有关通讯汇编",437—439页。
③ 赫茨雷特(G. E. P. Herslet),《中英及中外条约汇编》(*Treaties between Great Britain and China and between China and Foreign Powers*),第三版,两卷装,伦敦,1908年;卷1,552—553页。

第二章　关税行政：
海关税务司制度的起源

一

自从 1843 年 11 月 17 日上海辟为口岸的最初几年以来[①]，外商们都是在位于县城东门和东北门之间靠河浜原址的中国海关办理关务手续。这个海关的管理，自然是完全在中国人手里，主持人，也就是监督，是一位道台阶级的官员。在最初十年中，是由几个道台会同掌管关务的。辟埠的时候，在任官员是宫慕久[1]；但是为了需要有一位熟习与外商和外国领事们相交接的人选，所以清政府在 1848 年年初[②]决定委派吴健彰为署理道台，吴氏在广州公行时代，大家都叫他爽官，多年来就和各色各样的外国人有着密切接触，同时他也熟习上海的情形，因为在他提升为署理道台以前，

[①]　英国外交部档 228/31；1843 年 11 月 12 日巴富尔致朴鼎查第 6 号函。

[1]　耆英议定商约之后，请旨派定管理各口开市人员，因于 11 月 7 日降旨："江苏著两江总督璧昌、江苏巡抚孙善宝督同候补道员咸龄和苏松太道宫慕久核实办理。"《道光夷务始末》，卷 96，16 页。

[②]　1848 年 4 月 1 日吴健彰署理苏、松、太巡道。1848 年 4 月 10 日阿利国致文翰函；英国国会档："在华受辱有关通讯汇编"，1857 年，159 页。

已经以官吏和其他的身份在那里住过若干年了。阿利国认为他的奉委并不是什么好兆头，只会使外国人同中国人民和当局间滋生纷扰①。那种任意变通关税的方法，在他奉委之前和以后，都是当时的一般常态，虽然在有条约规定和协定关税率从中牵制的情形下，一般也还是能磋商通融办法的。英国第一任领事乔治·巴富尔海军大佐给予这一点以证实："我初一到上海，就立刻注意到广州的一些人已经纷纷来到这个口岸，并且已经把广州流行的许多最坏的习惯和观念也带了进来，因此……我深以为憾地说，我发觉这种带进来的观念……就是非常普遍地倾向于结成行帮来和外国人进行贸易。"②以贸易和税课为目的而结成的垄断性行帮，是最受欢迎的办法。1847 年 5 月间，当时任驻沪领事的阿利国氏报告说，有一些中国商人正试图着手组织几个他们所谓的商会，来管理丝、绿茶和红茶的贸易。这类商会将有权对经营这些物品的商人们征收一笔按存货价值百分之二又二分之一的税。因为这项建议只不过是要作为筹款抵补一家同行亏损户的债务的办法，所以道台也就接受劝导，撤销了这个方案③。在这个口岸的早期，凡是想要在县城里海关办手续的外国人所感觉的最大不方便，就是和外国商业区相隔几里路程的这段距离，外国商业区分布在县城东北

---

①　1848 年 3 月 17 日阿利国致德庇时函；英国国会档："在华受辱有关通讯汇编"，1857 年，101 页。

②　英国外交部档 228/31：1843 年 12 月 21 日巴富尔致朴鼎查第 12 号函。

③　英国外交部档 228/66：1847 年 5 月 28 日德庇时致巴麦尊第 92 号函，附件 1847 年 5 月 6 日阿利国致德庇时第 42 号函。

的黄浦江沿岸一带,法租界在县城和洋泾浜之间,英租界,也就是后来的公共租界,则在洋泾浜和吴淞江之间①。于是巴富尔海军大佐就开始和道台讨论这个问题,并且诱致他于 1845 年在位于英租界外滩中心区的一个大庙里,即现今海关大厦的原址上,设立了一个海关,其实商人们早已在那里有了一个装卸货物的码头。巴富尔这样做的目的,不单是要为商人们提供一个最所祈求的便利,而且是要使清政府和作为负责其事的领事他本人,能够实施监督并"遏制那些流弊以及那种不但肯定有害于我们的一般利益而且也有害于公平买卖的老实商人们的腐败行为,同时为清政府保证我所最注重的正当税课的照章完纳"②。领事之所以愿意保证英国商人向清海关缴纳他们的正当税课,原不过是《南京条约》(1842年)所加诸他的庄严义务的一种表现而已,因为根据该约第二款的明文规定,女王陛下将指派领事官驻劄条约所开放的五口,"专理商贾事宜,与各该地方官公交往来,令英人按照下条开叙之例,清楚交纳货税钞铜等费。"(录自于能模等编,《中外条约汇编》,5 页)英国商人极其愤懑的是在同时缔结的《中美》和《中法》两约中都没有订定这样一项条款,为使早期各条约中的通商章程有效实施起见,领事们制定一项办法,责成每一个船主在进口时,将一切船舶

---

①　这条小河的中国名称是上吴淞江(Upper Woosung River),从现在的外摆渡桥(Garden Bridge)一直到吴淞的那一段叫作下吴淞江(Lower Woosung River)。从历史上讲,黄浦这个名称原来只限于流经上海县城和外国租界与吴淞江会合点的那一段河流。目前外摆渡桥与它和扬子江江流处之间的那一段河流,也一律叫作黄浦江了。

②　英国国会档:"对中国等国家商务关系专门委员会报告书",1847 年;巴富尔海军大佐的作证,325 页。

证件、提单、舱口单等交由领事馆收执,然后由领事通知海关,请准将该船舱口单所并列的货物起卸上岸,并照税则规定分别课征关税。为证明一切海关手续均已照办,一切海关税课均已完清,船主必须向他的本国领事提呈一件由中国道台,也就是海关监督所发盖有道台印信(即通称"大印")的文件,然后领事才发还船舶证件等项,并发给准许船舶离港的出口准单。进出口货物的验估,舱口单的核对,税项的评定和征收,自然都完全是道台所属员司掌管的事情。既然有广州的种种恶习为其背景,又没有适当的薪给,再加上严重地缺乏文官观念,这也就无怪乎弊窦丛生,无怪乎其中许多就是广义解释讲来都是商业冒险家的外国人们,也和中国人本身一样地愿意借这些弊窦来牟利了。

二

　　这是肆行不法人们的太平年月,在这些年月里,一个圆滑的商人和一个好行方便的海关官吏总能够达成一项对双方有利的友好谅解。在他们的经验中,命运之星真像是专门与安分守法的人们作对一般。上海,如上文所述[①],在 19 世纪 40 年代末和 50 年代初的时候,已经变成了无法无天的外国人们的一个真正黄金国,这些外国人都是惑于想在这个据传充满了发财机会的海禁初开的国度里一图侥幸或转眼发家致富的希望,而来到这里的。其中许多人都是属于这样一种类型的:只要有利可图,那么走私犯禁,一切都

---

　　①　参看第一章第十五节。

不顾忌,就是行凶杀人,也在所不惜。在这种冒险事业中,他们可以很容易地从中国的土匪和海盗分子里招募到帮凶,并且在必要的时候,也总能够贿买到薪给很低而唯利是图的海关官役们的帮助。在海关里面,流氓行为确乎是盛行的。凡是人类才智所及的每一种偷漏税收的诡计,都公开地天天行使着,商人和官吏一齐上下其手,可是只要声名狼藉的程度还不至须要中央政府注意的时候,只要规定的比额还能按期解往北京,中央政府在公事上就不认为有什么毛病。由于教养和出乎本性地站在法律秩序方面,并在地方上有切身利害关系的那些侨商,既然看到他们自身所面临的这种即使不倾家荡产,至少也要有无数毫无道理的损失的情形,而这种情形的发生不但是由于上述无所忌惮的冒险家们的不正当行为,而且更由于一个贪污腐败的海关和某些商人们的不正当行为,于是这些商人也就自认为既有关系方面的明知故纵,便可以任意毫不受拘束地,在他们所愿意去的地方用他们所愿意用的方法去进行贸易,相信一旦有麻烦发生,也可以虚张声势地硬闯过去,或是用贿赂取得的妥协予以解决[2]。还有这样的商人,以他们的政府和清政府没有条约关系为借口来粉饰他们的行为,但是许多违

2　事实上,这类违法犯禁的行为,不独受着外国领事们的包庇,而且领事本人原本就是参与其事的。"须知各口岸的美国领事都是富商,他们所支取的每年一千元的薄薪,当然拦不住他们去进行大规模的商业活动。在这种情形下,他们利用领事的职权作经营商业的工具,当然也是很明显的;所以他们当中的大多数人,在亲眼看到他们本国人在走私方面的那种令人唾弃的所作所为时,也都情愿佯作不知,绝不设法去取缔那种习习,因为他们在其中一定是以商人身份多少有些牵连的⋯⋯"——1850年9月27日文翰致巴麦尊子爵函,英国外交部档。

法之徒是连这种强辩之辞都没有。在 19 世纪 50 年代初期,一个
老实商人,除去他的这些忧虑之外,还面临着贸易通货的奇缺。加
罗拉银元因为纯度和重量确定,在中国商人当中已信誉昭著,并
且在各口岸和许多内地市场上,久已成为日常的交换媒介,但是因
为西班牙已经不再鼓铸这类货币,所以这种洋钱的进口业已停止。
新墨西哥银元虽然是比加罗拉银元①纯度还要略微高一些的一种
货币,可是不受欢迎,并且一旦发现不能期待再有加罗拉银元的时
候,地方上现有的供应也就势必成为固定不变的了,而且势必要被
囤户逐出流通范围之外。这种趋势的发展,竟至于在不几年之内
没有高额贴水②就无法得到这类货币,甚至有时在上海简直无法
获得³。在所有这些不幸条件之中,英国商人觉得他自己比其他任
何人都要更倒霉一些。诚然,他的美国和法国竞争者们也都受条
约规定的拘束,但是在他们的条约规定中,并没有包括这样一款,
规定领事必须保证他所管辖下的每一个商民都要遵照协定税则向
清政府缴纳正当的税课和关税,并且必须把他所得而知的举凡其
本国人民的一切走私和企图偷漏税收的情形,提请中国海关官员

---

①　根据 1856 年伦敦造币厂对中国流通的银币所作的一次化验,证明墨西哥银元
含纯银 371.57 喱,值英币 50.21 便士,而西班牙的加罗拉银元含纯银 370.9 喱,值英币
50.12 便士。见 1857 年《上海年鉴》。

②　英国国会档:"中国市场现银供应问题有关通讯汇编",1858 年,散见各页。特
别参看 1855 年 9 月 1 日海关监督发布的公告,43—44 页。

3　虚长洋价,正是外商操纵走私所致。"彼以折色之银,易我十成之货,既受暗
亏,且即以钱易银,虚长洋价,换我足宝,行事瞬变,又遭明折,似此层层剥削,节节欺
绐,再阅百十年,中国之膏血既罄,遂成羸瘘瘫疾之夫。"郑观应,《盛世危言》。

"在出口货方面,我大半偷运银子……"1830 年大卫生(W. S. Davidson)在英国下
议院的作证。马士,《中华帝国对外关系史》,卷 2,第二章,注 49。

注意。据朴鼎查的看法，只有凭借这种经常的监督和必要时的出面干涉，才能防止流弊。当他给马礼逊训令时，曾写道："只有领事们在一切有关中国关税的事务上这样子经常出面并预闻其事，才能保障帝国的税收，同时对于任何新的或未奉准的苛税，也可以借此防微杜渐。"①对于美国和法国领事们所不幸的是在他们的条约中没有这样的条款，这却也是因为他们和身为国家外交官员的英国领事们不同，而只是一些为了本身利益，以大部时间和精力用之于贸易和商人领事。果真他们的条约中载有这样一项条款，他们会早已陷入最招忌的处境中了，他们很难不被人指责为其本国的敌对公司的奸细，或被指责为假公济私、滥用职权。可是那些愿意公平贸易的英国商人们却心怀不平，认为他们本国领事对于这一条的强制执行，在当时一般情况下，已经把他们置于一个极其严重的不利地位。如上文所述，就那些惟以贪财好利这个信条为信条而且不择手段的人们来讲，上谕、条约规定以及全权公使们的公告等都不曾使他们的心意有任何改变，更不曾使他们的行为有任何改变。不幸得很，他们所用的手段，惯常是正当的太少而不正当的太多。除去有些外商竟好像当作慈善事业般强为辩护的那种不法鸦片贸易而外，大势也是越来越趋向于彻头彻尾的和浮夸不实的流氓行径和公开的违法行为。外商们不顾条约规定，闯到许多尚未开放的口岸②装卸货物，纵使需要使用武力，或是示威的办法以

---

① 英国外交部档 228/23：1843 年 2 月 6 日朴鼎查致阿伯丁第 7 号函，附件第 19 号，朴鼎查致马礼逊函。

② 额尔金在汕头发现了一个未经认可的外国居留区。1857 年有 120 只外国船在那里装卸货物。英国外交部档 17/286：1858 年 3 月 6 日额尔金致柯勒拉得恩第 58 号函。

作为他们商业目的的后盾,也在所不惜。在各通商口岸,那些完全不受领事羁束的外商们,可以任意和海关讨价还价,并且有证据证明他们充分利用着他们这种无拘无束的状态。甚至于在那些贸易业务本应该受领事监督的人们中,也有不少人是毫不踌躇地抓住每一个机会,不是把关税逃避得一干二净,就是用假报单或和解办法,千方百计缴纳少于协定税则所规定的数额。协定关税和海关手续的协定制度已经显然在崩溃之中,并且在 1850 年后期和 1851 年头几个月中,这套结构实际上已经瓦解。当时所发生的两件值得注意的案件,已经毫无疑问地证明,除非改组中国海关并将同样章程实施于所有各国商人,就无法期待正当贸易的发展。第一件就是在 1850 年 6 月初从香港载运鸦片到上海的大英轮船公司(P. & O.)轮船"玛丽·伍德夫人号"(Lady Mary Wood)的案件。这批鸦片,按照地方当局所容许的办法,卸在吴淞的轮船上;然后轮船带着压舱物溯河而上,直驶上海。轮船仅载着压舱物进入上海,并且在 6 月 12 日又仅载着压舱物结关,因而凭着这个理由要求免缴船钞,并且得到许可。一到吴淞,它就装载了699 包丝,丝都是当时怡和洋行老股东的所有物。阿利国一经接获这些事实的报告,立即采取行动。他并没有理会这个案件的鸦片贸易方面,因为他认为这不是他的事,但是对于逃税和在条约未开放的地方(吴淞)私装货物,课罚违法商人 200 元——当时所能课征的最高额罚金,并责令违法者同时缴纳所逃漏的税款,计 8,107 元。此外对于假舱口单和在未开放的地方通商,课罚船主 200 元,并勒令缴纳所逃漏的船钞。为了辩护他们的行为,违法者力称"玛丽·伍德夫人号"不得不与船相竞争,那些船都照例在吴淞①装卸货物，因而"免缴港口捐等项，并且只须把清政府应付妥，商人和其他装运货物的人们便可以在关税方面得到一定的特权和豁免——这是他们在上海所不能得到的待遇"。第二件是1851年1月4日从上海装运458,651磅茶叶请准出口的英船"约翰·杜格达尔号"（John Dugdale）案。在结关之后，船舶代理人察觉该船所完关税的货载，尚不到它前次航程所实载的货物的半数。他把这项发现报告领事，领事当即撤回出口准单，实际情形是船上载满货物，而纳税凭证却不齐全。事实上，只有201,400磅缴过关税，其余257,251磅，由于海关官吏的故纵，就帝国国库来讲，是未税装运的。道台想要把货物充公，但阿利国经查实有串通行为，只对四名违法的载货人各罚洋100元，并责令他们对短报的货物加倍缴税②。阿利国的措施受到他本国当局的支持③；但是侨沪的，特别是侨港的英国商人则颇为不满。怡和洋行控诉于香港法院，该法院虽然在这个案件中维持了领事的管辖权，可是却引据凡涉及100元以上罚款的案件，应由陪审官陪审这样一项技术性的理由，撤销了他的判决。在上海，西侨商会得出这样一个结论，认为制止一切走私是求之不得的，但指出，这个目的并不是靠领事的行动所能达到的，因为他的行动只有在防范英国

---

①　英国外交部档228/123：1851年5月20日巴麦尊致文翰函，附大英轮船公司报告书；又1851年8月1日巴麦尊致文翰第66号函。《北华捷报》第31号，1851年3月1日。

②　《北华捷报》第24号，1851年1月11日。

③　英国外交部档228/123；1851年4月24日巴麦尊致文翰第30号函，又1851年10月2日第82号函。

商人方面才有法律根据,而其他各国的商人则都不在防范之列①。英国商人照例要享有他们所认为在世界上应该享有的那一份权利⁴,并且他们也同样地照例不用温和谦顺的态度来换取那份享有物。他们抗议他们处境的不公平,并要求补救②。补救来到了。巴麦尊子爵在 1851 年 5 月 24 日写给英国全权公使文翰爵士的信把这些商人们的案由撮要如下:"据该商会陈称,上海走私的盛行,既然是由于清政府的玩忽或腐败,那么就没有理由要求英国领事履行原属于清政府的那部分职责,而且其他各国领事,既然不以同样方法预闻其事,管理他们本国的臣民或公民的买卖行为,则英国领事为保障中国收税而出面干涉,势必要将上海口岸的大部分贸易都送到其他国家的臣民和公民手里,因为他们的买卖行为完全不受领事的管制,他们能够和清政府官员勾结串通,大事偷漏中国的税收,这样英国商人自无法与之竞争。"既经说明了案由,他便进而以独特的巴麦尊式方法加以处理。他声称,最惠国条款已经解除了《南京条约》第二款所加于英国的义务,因为《中美》和《中法》两约中都没有这样一项条款。他辩称:"因为现在很明显,清政府并没有意思采取有效措施保护中国的税收,那么自不能期待英国政府单独承担这项义务。条约义务应该认成是基于一项假定,即必须双方努力,保证清政府应征正当关税的缴纳,可是因为

---

①　《北华捷报》第 36 号函,1851 年 4 月 5 日。

4　这就是帝国主义者的强盗哲学,偷税漏税,走私犯禁,竟也是"应该享有的那一份权利"!

②　英国外交部档 228/123;1851 年 4 月 21 日巴麦尊致文翰第 39 号函,附上海麦尼克(Magniac)、颠地(Dent)、林赛(Lindsay)和拉茨本(Rathbone)等洋行的抗议书。

清政府由于它的官员的玩忽职守，没有能够对该项共同努力尽其本身的责任，所以英国政府可以公允地主张关于这个问题，将不再受任何义务的约束。因此，根据我所提到的《虎门条约》的条款（第八款）和清政府本身未能信守中英各约中的明显宗旨这双重理由，英国政府认为它本身有权终止将来英国领事为保障中国税收所做的一切干涉。"①文翰爵士依式将巴麦尊所开示的案由和核示，照会钦差大臣徐（按：指徐广缙），可是据复文表示，钦差大臣不懂英商所抱怨的究竟是什么事情。他还质问道，如果走私继续不已，那么关税税款的征收为什么还日有增加？

三

恰巧在巴麦尊的核示寄到上海之前，道台曾经向美英两国领事呼吁，促请他们协同设法，使提陈海关的舱口单能更加完备，更加精确，并通知顽固不化的驳货船所有主和职工们今后凡在港口值班的海关官吏，都有权查稽装卸轮船的驳货船艇的货载。美国领事葛列司活（J. L. Alsop Griswold）首先处理舱口单问题，并且他在 1851 年 7 月 26 日对他本国人民发布的一项通知中，声称由于"悬美国旗船舶的受托人在申请进口和出口许可时的轻率大意，至清政府最近颇有怨言，这种情形造成舱口单的屡屡修正，每使本

---

①　英国外交部档 228/123：1851 年 5 月 24 日巴麦尊致文翰第 49 号函。英国国会档"领事干预中国缉私业务有关通讯汇编"，1857 年，2 页。参看 1851 年 6 月 18 日巴麦尊致柏奇爵士（Sir Thomas Birch）函，转载于《北华捷报》第 62 号，1851 年 10 月 4 日。

领事要费时费事,将错误确系出自粗心而非意图走私的情由,向道台大人解释明白并使他信服。因此为纠正这种粗心大意起见,本领事特颁通告,今后凡原件业经呈缴当局而申请修正舱口单者,一律收费二十五元"。然后他进而指出,设使清政府先行举发,致有正式调查必要时,"如经事实证明这项指控确是由于他们的粗心大意",则将向受托人征费150元。最后他切嘱商人们利用1850年7月6日所印行的舱口单表格,其中可以明白表示出每批货物的包数和每捆的件数①。一个星期之后——在8月1日——出现了事关海关管理装有货物的驳货船艇的通告。道台曾经指责港内载货的驳船,曾有拒绝将其船中所载包数及其往来接运的船舶名称通报海关官吏的情事。"本领事在照复中业经向他申明,本人并不反对美国所有的驳船提出这类的陈报,惟必须以这同一项章程责令其他一切人等共同遵守。凡对本项章程有所违犯,货物当被提往海关码头检验,载货的船艇当被查获,并禁止再行经营驳运业务。"②英国领事在8月6日发布了他的通告③,完全支持他的美国同事所采取的态度,可是并没有进而至于对更正舱口单收取费用的程度。他通知他的本国人说,"受托人将来必须开列捆或包的件数,以及每件和整批中的内容。"一面再度向他们保证,他将负责使英国商民不受海关的侵害或遭受不必要的麻烦,他同时指明,他的责任就是和海关监督合作,负责不使英国商人或他们的雇佣人员

---

①　《北华捷报》第53号,1851年8月3日。

②　同上,第54号,1851年8月9日。

③　同上。

对他横加任何障碍。"所以只要为保护中国税收而采取的措施是必要和正当的,而且是公允实施于所有各国商人和船舶的,则自当予以一切支持。"美国领事新的收费措施,只不过是一种善意的开玩笑罢了;但是领事们对于支持海关管理驳运船艇措施方面所做的决定,却显现出黯淡的预兆。所以当领事奉外交大臣之命,将停止干预海关事务的消息公布周知的时候,人们,特别是英国商人们,真是不禁欢欣鼓舞了。阿利国这次在 1851 年 8 月 19 日所发布的通告,非常冗长,但其中的要旨则包含在下述的词句中:"在船舶最初通过领事馆报告进口以后,凡是涉及海关的一切事务,自即日起,一律由商人向海关当局办理,除非其中任何一方发现有控诉或争执的原因而别无其他办法处理者外,领事一概不预闻其事。"①通告中接下去就是阿利国以巴麦尊子爵致英国全权公使训令照会给道台的那一封信以及道台的复文。这样,除去需要会查或行使领事裁判权的特殊案件之外,英国领事在关务方面的例行活动将是(一)向监督报告船舶到埠,(二)转递一份进口舱单,以及(三)暂时保留有关船舶的各种证件,直待船主或船舶代理人将证明一切正杂各税业经清缴之盖有海关"大印"的凭单提呈领事为止,在该项证件提呈之后,再将名种船舶证件发还,听由船舶结关出口②。为应付因此而造成的局面起见,道台立即公布一套海关

---

① 英国外交部档 228/151;1853 年 9 月 14 日阿利国致文翰第 68 函,附件。《北华捷报》第 56 号,1851 年 8 月 23 日。

② 同上。

章程,共计十条①。第一条关系船舶到埠的申报,规定申报必须通过领事,然后再由受托人向海关申请许可开舱卸货的准单;未经准许而卸货,当依照条约规定予以处罚。第二条规定各个受托人应分别提交进口货报告书,或用目前的名称,申请书。这条的立意是,每一个别货主都必须在制发许可起货的准单之前,提交一书面申请,详细开列包装件数、内容等。第三条关系于受托人的出口货报单,参照第二条的方法办理。第四条关系于呈报船舶的结关出口,并规定一俟装货竣事,应即提交出口舱单。第五条警告外商于购买茶、丝时,须向中国商人索取"关卡的货单执照",因为如不提交这类执照,银号将不收纳出口税,同时责令受托人,应将进出口税及船钞等项直接缴纳海关银号,并将照例的银号收据(按:即所谓"号收")"直接提交海关,毋庸照以往办法由领事收转"。第七条规定,在一切钞税完清之后,当盖给"大印"三份,一份发给商人,一份送交领事,一份留关存案;领事收到他的那一份之后,即发还船舶证件,准许船只结关出口。第八条订定办公时间——即自日出至日落,在这期间内得装卸货物,除此以外的时间,非经特准,货物不许移动。第九条提醒商人们,海关官吏有权查稽往来于港内各船间驳货小艇的货载,并有权命令这类小艇拢靠海关码头,检查货物。第十条,也就是最后一条,关系于走私的罚则,内称:"为此布告周知,今后海关监督,凡遇走私案件,一经查实,即照定章处罚,绝无通融余地,凡照章查获的货物,不论其属于何人或何旗号,一概没收入官。"正如后来的事实所证明,英国商人中顾忌较少的人

---

① 英国外交部档 228/161;1853 年 1 月 8 日文翰致阿利国第 3 号函。

们，并没有因这套规章的颁布而受到多大的困扰。领事的终止干预其事，对于他们是有决定性好处的，他们对于当时的中国海关官吏和胥役们已经有了充分的经验，都知道，即使是最严格的章程，也能够用聪明的磋商办法把它们所预示的情形大打一个折扣。可是老实人也都欢迎这种变化。它消除了不平等的情形，给予中国人一个不假外力来保障他们本身税收的希望，并提供一个公平的新机会。甚至《北华捷报》的编辑也表示这种意见说，既然"比较令人满意的一种制度已经在实施之中，最好过去的事就让它过去吧，盼我们本埠商人以往在清白名誉上所沾染的污点，今后能一洗而光①"。可是法国领事却不买这些新章程的账。他用了四个月的功夫来加以考虑，然后写给道台一封怒气冲冲的信，对于这套章程彻头彻尾地加以指责②。他声称这套章程有违《中法条约》所核定的海关手续，而且这套章程的拟定和公布，他既不知情，也未经他同意，因为《中法条约》第三十五款明文禁止这类片面行动，所以他不认为这套章程对法国商民有任何拘束力。即便他能够听从当时人们的劝解，承认这套章程并没有违背条约的精神，而且也承认法国贸易无论从哪方面来讲，都是无足轻重的，可是这件意外的事，仍旧关系非常重大。这表示出琵琶上已经有了裂缝，势必不能谐音。如果以往的经验可作借镜，那么领事间的缺乏协调，无异是为商人和道台的友好谅解制造机会了。

---

① 《北华捷报》第 58 号，1851 年 9 月 6 日。

② 同上，第 73 号，1851 年 12 月 20 日。

四

"江山好改,禀性难移。"

贺拉西(Horace)(按:贺拉西是拉丁诗人,公元前 65—前 8 年)的这句格言的真理,很快就得到了证明。不到两个月的功夫,就有一些英国驳船的所有主为海关官吏每逢命令他们的舰艇靠拢海关码头,查检船货,而不照办的时候,就有鞭打驳船苦力们的举动,纷纷向阿利国控诉①。这显然是一件中国对人管辖权的案件,阿利国聪明地未予以过问。这种控诉却是有征候性的。海关的方法和海关与外商间的关系,不曾,也不会凭着外交大臣的自说自话,便有所改变。弊病的核心还不曾触及。一方面,不老实的"外商不再因为惧怕领事当局出面强迫他们完税而在经营上有所克制",自然是继续把他的业务安排成使大量货运能在减低税率的条件下进口,致使税收和他的老实同行都蒙受巨大损害;另一方面,单把课征外国商业应完税款的全部责任都投置在中国当局的身上,也未曾药到病除,奏效如神,瘫痪的四肢依然残废如旧,冷酷的心肠仍旧不曾洗革。《北华捷报》声称:"自从最近缴税办法变更以来,本埠走私情形愈演愈糟……原打算使一个老实商人能得些好处的办法,反使他成为无法无天谲诈狡猾之徒的牺牲品。……合法税课的完纳,与某行百分之二十的摊付、另一行百分之五十的摊付以及又一行百分之七十的摊付等,不准混为一谈,同时自重的人

---

① 《北华捷报》第 64 号,1851 年 10 月 18 日。

则应将条约规定所议定的税项,十足完清。"①商业上种种旧的狡
猾手段,还没有被人遗忘。丝巾的货载可以用两捆紧扎成一捆而
当作一捆申报的简单方便手法,上半数地蒙混过去。白洋布可以
当作原色布申报并蒙混过去,因而所占到的便宜,不仅是税率较
低,并且可以按照比谨慎小心商人的价格低得多的价格出售。在
四个月之中,只有 850 匹印花布申报进口,但是在同一时期内,却
有 25,000 匹左右业经售出;这些都是当作颜色布和花边布进口
的,完纳一钱以代替二钱八分的关税。毁损货物的减税申请,以及
向外国复出口的外国货的退税申请,都为其他各种流弊提供了机
会,这些流弊盛行的炽烈,已使道台深觉其本人不得不促请英国领
事阿利国对于他的一些本国人的胡作非为予以注意。领事发布了
两件通告来作为答复,一件关系于退税存票和毁损货物,另一件关
系于缴税收据的正当使用②。在前一件通告中,领事指出,商人们
无权以他们所进口的货物还要申报复出口为理由而要求免缴关
税。这种风气必须根除。依据条约,一切进口货都必须十足完纳
进口关税。商人凡愿将不能行销的进口货运回原产地"而并非转
运其他四口之一行销"的,嗣后应将这类复出口货陈报领事,经与
原进口舱单详细核对后,转将这项要求送交海关,再经海关将货物
检验并查实无误,方才发给存票。这种存票当时不能兑现,而只能
作为将来缴税之用,但是这种制发存票的办法只是一种条约外的
让步,并且只适用于向国外复出口的已税进口货。拟向其他通商

---

① 《北华捷报》第 94 号,1852 年 5 月 12 日。

② 同上,第 119 号,1852 年 11 月 6 日。英国领事通告第 21 号,1852 年 10 月 30
日;和第 22 号,1852 年 11 月 4 日。

口岸复出口的已税进口货,经查核无误后,当由道台发给凭证,以免关税重征。毁损货物应于卸货时申报,以使毁损的程度可以查实。一旦货物售出,商人应立刻在宣誓之下向领事馆提交一件清单,开列他所售得的货价,然后道台方能准许照核减额纳税。另一件通告是关于缴税收据方面的流弊的,为今后免除这种流弊起见,凡奉核准的海关银号,在收受政府的税款时,将"在收据(按:即所谓'号收')上详细注明交款的性质,究竟是缴纳进口税、出口税还是船钞,并且也要注明这笔款项究竟是为哪一批货物或产品完纳的,海关将只收受这类的收据,凭以办理所开货物或船只的出口手续"。领事指出:"海关有权……拒绝接受以这类收据为其他任何要求或货物作支付之用,这是不容置疑的。"可是因为这是一种新的办法,所以领事把它展期到 11 月 8 日施行。这样,巴麦尊停止实施《南京条约》第二款的那项核示,在它公布后不到六个月的时间内,就表明出它在促致所期待的改革的实现上,已经归于失败。在这种种情况之下,它的失败原是不可避免的,因为单单停止履行义务这类办法本身,丝毫没有触及病源。海关外面的弊病是很大的,但这只是内部更大弊病的迹象和结果。要把外症孤立起来,单独予以处理,这无异是对癌症敷施药膏。病是需要根除的。治疗之法是要对症下药——谁来监守监守自盗的情形。"可是,为达到这项心所向往的目标(防止走私)的唯一有效方法,就必须保有一批有主动力、有理解力和忠实的人们所组成的官员,来管理关务,小心监视每天到埠和离埠的进出口货;没有日常港口事务的这种专心致力的监督工作,其他一切防止走私的办法势必终归失败。"①显然，改革必须从内部开始，而且大势所趋，已经使这种改革成为可能，并且加速着它的实现。

五

姑不论原来鼓舞太平运动的宗教和政治理想是什么，它在经济上却是造成一片荒芜的一次浩劫。这样一种运动招来了镇压，镇压就弄得烽火遍地。太平军从广西原籍起，蔓延到毗邻的广东省，然后转而向北，穿过湖南，向富庶的扬子江流域进发，并且终于在 1853 年 3 月 8 日把清军赶出南京，宣布该城为他们的首都。他们沿扬子江而下，向上海挺进，自然就破坏了这一广大地区的贸易和经济生活；但是当南京陷落的时候，一切都入于静止状态。上海的贸易已经完全变得瘫痪了。白银，不论是纹银或银元，都已无法获得，本地银号宁可眼看着他们的供应落在囤户的手里，却拒不再行通融。结果，外商们发现已无法从他们所交往的中国商人方面，也就是从销货方面取得应付的进出口税款。必须出口的船只，因不曾履行他们对海关的义务，结果被扣留，致令一切关系人遭受巨大的损失和不便②。为减轻这种压力，银块进口是迫不及待的，但是因为这种进口货不能在年底以前运到，所以外商们不得不暂时寻求一些别的补救办法。在那年——1853 年——3 月 5 日，英国

---

①　《北华捷报》第 119 号，1852 年 11 月 6 日。

②　"来自其他各方面的报告说，我国商人完全无法得到现银，为许多准备放洋的英国和其他外国船只缴纳税款，又说中国银号已经声称他们不能再参加任何银钱交易。"英国外交部档 228/149；1858 年 3 月 11 日文翰致曼兹柏立第 19 号函。

商人向他们的领事阿利国提出申诉,略称,既无法从中国商人方面取得支付海关各税所需的款额,则自应筹划一种延期付税办法。阿利国将外商们的申诉提交道台,并建议一项临时办法,由道台凭领事对将来补缴各项税款的担保,发给出口准单①。对于这项建议,道台答称,根据帝国法律的规定,凡在对外贸易上征讫的税款,照章必须在每两个月的终期解往北京;但鉴于当时种种困难情形,他愿意准许各税的完纳,从船舶离埠之日起,展缓一个月。阿利国于是进而筹办一种几近临时保税制度的事物,并且通告他的本国人说,他准备发还任何英国船的证件,并准许它离埠,不过(一)船舶受托人必须将证明应缴各税总额的海关照例文件提呈领事馆,(二)受托人必须设法提交领事以指定数额的担保品,诸如公债票、房地产所有证、外国进口货的栈单等,以及(三)受托人必须签署一特制誓词,承认他按期缴款的责任②。其他各国领事没有一个人对于这样一种制度予以支持,而这种制度虽然把贸易放松到一定的程度,可是并不能减轻银根的紧迫,并且还有使领事成为一大堆担保品的寄存人的不良后果,这些担保品的赎回,却又靠不住。英国全权公使兼商务总监督文翰爵士——一位但愿在他任内安然无事那种懒散的人——在这种制度实施后不久就来访问上海,于是毫不迟疑地训令阿利国停止予以实施③。"据我看",他写道,"现行制度已经有过一次公平的试验,除非它能够得到一件比道台业

① 《北华捷报》第 137 号,1853 年 3 月 12 日。
② 同上;英国领事通告第 5 号,1853 年 3 月 10 日。
③ 英国外交部档 228/150;1853 年 7 月 20 日文翰致柯勒拉得恩第 69 号函。《北华捷报》第 143 号,1853 年 4 月 23 日。英国领事通告第 10 号,1853 年 4 月 14 日。

经给予的更加正式的许可,那么你最好是尽可能查明上月 10 日商
人们手头的货物是否已经完全装运出口,这件事实一经查明,问题
也就简便了。对于新购办的货物,据我的意见,这种制度不容继续
实施。^①"照他的看法,没有一个英国领事有权触犯条约并违背清
政府的明显意愿而准许货物没有完税就起卸上岸。因此在 4 月
14 日,这种权宜之计的保税制度,在业经实施约五个星期之后,便
告结束,并且欠缴的钞税等项也都向道台付清。上海的贸易情形
现在却是坏到不能再坏的程度。失望之余,一大群英国商人向文
翰爵士提出一件直接控诉,把他们的疾苦概括为七项。第一,自去
年 2 月起,贸易已经完全陷于停顿。第二,到当时为止签字人等已
将他们的一切应完税款全部付清。第三,差不多一切中国资金都
已经从贸易中撤出,因而使得英国汇票只有按苛刻的兑换率方能
出售。第四,商人因此被迫要进口鸦片或银块,而后者可能无法获
得,前者又是违禁品,自然不是匹头商所经营的适当品目。第五,
目前贸易的这种不幸情形,完全是由于清政府对于它的臣民不能
控制而引起的。第六,清政府这样的懦弱无能很可能造成当时上
海价值 100 万镑的存货的毁灭,而关税则已完清,并且在今后两个
月之内,还有另一批价值 100 万镑的货物即将运到;第七,也就是
最后一项,这种局势既不是《南京条约》签订时所预料到的,所以
"唯一正当的办法就是延期以现款完税,直到有了这样一个政府,
具备充分的行政力量来恢复信用,并把贸易置于混乱未开始前的

---

① 英国外交部档 228/161:1853 年 4 月 13 日文翰致阿利国第 28 号函(写于上海)。

情况中时再说"。① 在复文中,全权公使给了具呈人一顿教训。他承认他们所述贸易停滞情形确是事实,但他不能承认由于与英国有条约关系的一个君主和他的臣民之间的斗争(或不论把这种斗争另称呼作什么别的名字)正使英国贸易受到损害,英国商人因此就有任何权利,要求把这个有纷争扰攘的帝国的君主与英国政府间的条约规定的一个最重要的部分加以废止。相反地,他认为目前困难的补救办法,大部分是握在商人们本身的手里,而这种补救办法就是在地方上无政府状态继续存在期间,不再装运货物进口。他也认为他的具呈人们,既已知道太平军对广州贸易所造成的损害,原本就应该很容易地推想到上海将会发生的情形,并据以做好种种准备②。商人们复称,他们是被误解了。他们并不曾要求免税,而"只是请求将税款的缴纳展期到贸易复苏,货物有了消费需要时为止"。他们所要求的权宜办法,简单地说,就是保税。这项建议所引起的反应甚至更加令人寒心。乔治爵士(按:即乔治·文翰)提醒他的具呈人们说,"清政府自有不容怀疑的权利,征收关税等项课征而不许有任何形式的拖欠;又说,除非是最初就获有清政府的完全同意,否则他如果单凭他这一方面的举动,准许这样一种办法,那是越出了他的权限的。"③造成上海这种局势的政治纷扰并不仅限于扬子江流域。5 月 18 日,厦门的地方叛党把帝国当局

---

① 英国外交部档 228/150:1858 年 7 月 20 日文翰致柯勒拉得恩第 69 号函。英国外交部档 228/151:1853 年 9 月 4 日文翰致柯勒拉得恩第 100 号函。《北华捷报》第 162 号,1853 年 9 月 3 日。

② 上海商人上文翰爵士的呈文;《北华捷报》第 159 号,1853 年 8 月 13 日。

③ 英国外交部档 228/160:1853 年 7 月 20 日文翰致柯勒拉得恩第 69 号函。

完全从城内赶走,并占领了各衙门。问题立刻发生了,外国船舶和商人是否应向事实上的统治者们缴纳海关各项税课。在以这项问题向英国全权公使请示时,他指示说,英国领事基于中国正当官员不在那里自行收税的理由,可以不采取任何步骤保护海关的税收,又说因为这些官员不能保护英国的贸易,所以也解除了英国商人们对贸易纳税的条约义务。条约是拘束双方的,而不是单单拘束一方的。一旦官员们回到他们的住所,他们就可以重新对于当时在口岸内的船、货,征收海关的各项税课,但是对于在他们离职期间曾经进出过的船、货,则不得补征①。可是,种种事件还都在悬而未决之中,这些事件终于导致全权公使修正了他所抱的看法,这自然不是为了厦门和它的区区合法贸易,而却是为了几百万镑利害关系所在的帝国主要口岸的缘故。

六

1853 年 9 月 7 日正是孔子诞辰纪念,但是在上海,那一年照例的庄严祭祀大典却没有举行。代替它的是满城一片慌乱。一群广东和福建的莽汉,都是三合会的一个支派小刀会的会友②,一股据一般人相信曾与太平军有联系的反清流寇③占领了县城,并且

---

①　英国外交部档 228/151;1853 年 9 月 21 日文翰致柯勒拉得恩第 104 号函。

②　《北华捷报》第 163、164 和 166 号,1853 年 9 月 10 日、17 日和 10 月 1 日。阿利国不相信三合会是和太平天国有联系的。英国外交部档 228/157;1853 年 9 月 7 日阿利国致文翰第 67 号函。

③　参看法佛(B. Favre),《中国的秘密会社》(*Les Sociètes on Chine*),巴黎,1933年,6—11 章。

在第二天,有一群暴徒,不一定是属于叛军的,乘着慌乱之际,蜂拥进入了英租界,彻底地洗劫了海关,甚至把门窗都一并搬走。那位倒行逆施大有助于促成这次危局的吴健彰道台①已经逃匿了,但事实上他是被救出的,托庇在英租界中美国朋友的地方②。正如厦门的情形一样,海关问题立刻发生了,如果还有办法可行的话,那么究竟应该采取什么办法来恢复这个机构。是否当时口岸内的外国船(约有26艘)可以不请领海关出口准单而离埠;如果必须完税的话,又由谁来收税。厦门和上海这两件案情,正如包吟后来所指出的,并不十分相像,纵使文翰声称这两件是"完全相同的"③。主要的不同点,是上海的局势因保守中立的问题而复杂化。这个一旦上海被进攻就严守中立的问题,当1853年春季文翰在上海的时候,曾由他偕同阿利国与海军当局商讨过,而当时所做出的决定是:"无论如何不干预其事,除非为保护上海的英国臣民而不得不有所行动,——但也不用任何似可引起意外事件的手段。"④全权公使曾经将这项决定载入致英国海军当局的训令中,内称:"我的意思是在目前清政府与这些武装力量所进行的争夺政权的斗争中,我们必须完全中立,而我们唯一要坚定地干预其事的乃是防范本埠(上海)所划给外国人居留的地带遭受到任何势将危及我们本

---

① 英国外交部档228/176:威妥玛的备忘录,附于1854年5月23日阿利国致包吟第45号函。

② 三合会盘踞上海县城,一直到1855年2月17日才被帝国军队赶出。《北华捷报》第238号,1855年2月17日。

③ 英国外交部档228/176:1854年2月16日文翰致阿利国第22号函。

④ 英国外交部档228/150:1853年3月28日文翰致鲁塞尔第21号函。

国人生命、财产的干扰。"①道台曾经做过几次试探，想争取英国对清军的军事帮助，但每逢遇到这样的建议，阿利国始终是遵照文翰的训令，置之不理②。想要协助清军的美国公使马沙利（Humphrey Marshall）也获悉这项决定③。所有这一切都曾经报告过本国政府，并且在7月底，文翰已经能够通知阿利国说："女王陛下政府的意思是，驻在这个国家的英国当局，在中国皇帝与其臣民中一小部分叛乱分子间现正进行的斗争中，应严守中立。"④所以阿利国毫不迟疑地明白指出，他既奉命在政府与叛军之间保持中立，他就别无选择，只有不偏不倚地禁止双方利用租界进行军事行动和在该地区内行使一切政府的职权。他对于局势的看法是，既然清政府不能保护英租界，防止海关的洗劫，既然该政府同样地不能防止县城被占领和县令被杀害，那么就必须承认，帝国政府已暂时在这个区域内停止行使职权，因而在该政府重新行使其职权之前，外国居留民不能不自行保护他们本身的利益。法国领事爱棠和美国副领事康宁汉也都同意这些看法。这既成为三个有约国领事的公开政策，他们便进而把它付诸实施。严守中立一节当经宣布在案，并且道台接获通知说，在正常情况恢复之前，他不能以一个中国官吏的身份在租界内行使他的职权，因而外滩上的海关也不能恢复

---

① 1853年4月11日文翰致费士本海军中校（Commander Fisnboarne）函，英国国会档："中国内战有关文件汇编"，1853年，8页。

② 英国外交部档228/159：1853年4月18日文翰致鲁塞尔第25号函。英国领事通告，1853年4月8日；阿利国致道台照会，载《北华捷报》第152号，1853年6月25日。

③ 英国外交部档228/150：1853年4月18日文翰致鲁塞尔第25号函。

④ 英国外交部档228/161：1853年7月26日文翰致阿利国第58号函。

办公，其废墟则已由一名英国守卫负责看管。其实，这就是说，直到道台在城里或租界外领事当局所承认的适当地点重行设置了衙署和官邸为止，他不能自由对于上海口岸内的对外贸易征收中国的海关各税。道台想要解决这个问题的一些试探，如下文所述，只是治丝愈纷而已。倘使允许道台在外国租界内做这种征收工作，英国领事辩称，则无异是违反中立，而给予道台以外国兵和外国炮舰的保护，俾使他能够抽征清政府的税收。因为连中国人也已经对于绿旗的清军丧失了信心而大量地涌入租界，那么领事的态度至少是可以谅解的了。可是据许多中外人士看来，这种做法正像是乘清政府之危，坐收渔人之利，因为清政府正急需它所能抓到的一切款项，借以镇压叛军，而租界虽经租予外国人使用，却依然是中国的国土[①]。阿利国充分注意到了这种议论的力量，并且毫无疑问，他既然是本埠唯一的非商人领事，就深深感觉到事情是靠着他的倡导。同时，从他对于该年 3 月凭领事担保延期付税一事的经验中以及厦门所发生的情形中，他得知他的直接上司，全权公使，不赞成把英国领事官员用作一个窘迫的清政府的海关征收机构。对于这种态度，阿利国是不同意的；但是这一次，他决计要使他为实施他所认为条约义务的正确解释所采取的行动，丝毫不被

---

　　① 1854 年 10 月间，在关税管理委员设置后几个月，阿利国曾经和吉尔杭阿有过一次会晤，在那次会晤中，吉氏于反驳阿利国指责他未能予外侨以保护时说，"县城之所以未能夺回，应受指责的并不是清政府，实是列强的代表，他们既阻挠他进行他的军事行动以完成对该地方的围困，又允许叛军毫无障碍地从外国租界吸取各种供应品和军需品，甚至于还在我们的防区内备有一个出售掠夺品的市场。"英国外交部档 228/166：1854 年 10 月 9 日阿利国致包吟第 81 号函，附于 1854 年 11 月 22 日包吟致柯勒拉得恩第 181 号函。

打乱。所以他决定(一)争取他的同事美国领事的合作;(二)规定不得迫令商人以现款或纹银完税,而必须给以选择权,得提交有关领事一项书面保证,保证一定完纳应征各税;(三)使这项办法的效力,就英国臣民而言,以女王陛下政府的核准为依据;以及(四)将这项拟议的办法直接陈报外交部。因而在 9 月 9 日他发布了一项通告,内称:"一个广大帝国沿海的一个孤立口岸的陷落,绝不能废弃英国和中国两位君主间所缔结的一项庄严条约,——一个政府由于它身受其苦的灾难而不能执行它的权利,不但绝不是另一个政府得乘机漠视它的权利的一种理由,而且正是忠实承认这些权利的最有力的论据。"①通告中也提到在其他国籍船舶不受现所拟议的类似章程约束时可能发生的不平等情形,然后又对于领事所想要遵循的方针做了一番详尽的说明。他把这项方针,也就是后来称作临时办法的那项方针,总括为"海关机构不存在期间船舶结关暂行章程"六条。其中第一条规定,每艘英国船的代理人必须向英国领事馆提交一项报单,载明一切进口货的收货人和一切外运货的运货人。第二条是每一个进口商或运货人必须呈送一件报单,填明他的货物的数量和规格,包装件数,如果货物的重量和价值影响关税时,亦须一并填明。第三条规定,如果领事对于所呈细目摘要的正确性发生任何疑问时,得调阅他所认为必要的任何单据或其他文书证件。第四条要求每艘船的代理人提呈一件与进口商和运货人个别报单相符合的货载细目摘要和货物及船只应缴各税的总表,以及一件应缴船钞的清单。经后来事实证明为其中最

---

① 《北华捷报》第 164 号,1853 年 9 月 17 日。英国外交部档 97/99;1853 年 9 月 26 日文翰致柯勒拉得恩第 109 号函。

重要一条的第五条,规定:"凡所开进口商、运货人和船舶代理人的应缴款项,应缴付本领事馆,或是按照各海关银号收受税款时他们所用的缴税办法,以现银缴纳,或是以各该当事人的票据缴纳,不过所出票据限四十日内在上海向中国海关监督凭票付款,但此条尚有待于英国女王陛下政府的核准。"第六,也是最后一条,规定在忠实奉行前五条之后,船舶代理人方得向领事申请领回船舶证件及一项加盖领事印信的结关准单,船舶在呈验该项准单之后,方得自由离埠。章程中所给予的使用票据完税以代替条约所规定的用现银完税的选择权,是发生在六个月前正当现银奇缺之际的,现银之所以奇缺,部分由于叛乱所造成的贸易脱节,部分由于中国银号拒绝给予照例的方便,更部分由于为平衡鸦片贸易而造成的这种金属的源源不绝的出口。许多人都不能把握住这个方案的内在重要性。照他们看来,这似乎只是一种以保护中国税收为其基本目的的规划。但事实是什么呢?"为英国商人和他们的贸易利益计,领事突然有了研拟一些办法的必要,俾使英国船舶得不完纳任何税项或依法清欠而结关出口,使贸易得以继续不间断,这些办法虽然违背各项国际条约的明文规定,却并不破坏国家的信义,或加诸他本人或他的政府对未清缴税项以金钱上的责任。根据条约,在中国该管当局没有颁发大印或结关单之前,领事必须拒绝发还船舶证件——以船舶和货载作为满足海关方面一切要求的保证①。"领事无本国政府的同意显然不能违反这项规定。在同一天,因英国领事发布了他的通告和暂行章程,美国副领事康宁汉奉美国公

① 英国外交部档 17/309:1855 年 5 月 19 日包吟致柯勒拉得恩第 182 号函,附阿利国备忘录。

使马沙利之命①,也发布了一项公告,虽比他的同事的那一件短些,但大体上是遵循同样的论据,也准许了使用票据缴税,但略去下述的附带条款,即以合众国政府的核准作为使用票据缴税发生效力的必要条件。在那时上海和香港间的电讯交通还不存在,因此在阿利国对于他的处置办法的报告未到达文翰爵士之前,后者已发出一件公函,表明他对于上海海关情形的看法:"我仍然认为,不论海关各税或港口课征都不能缴付给目前占有上海的双方,在目前情况下,道台也没有理由期待税课的完纳,因为根本就没有赋有权限的人来替他收税;但是为防范万一女王陛下政府认为清政府有权要求这些征课以致将来会发生麻烦和纠葛起见,我想你最好是在把船舶证件发还代理人使船舶得以离港之前,先向代理人索取一份这些船舶的进出货总单。"②换句话说,全权公使仍然反对英国领事官员代中国征收海关各税,但是希望他们索取装卸货载的明细表,以备本国政府对他们的条约义务采取一个严格道义观点时,便可凭以计算这些关税款项的数额。可是几天之后,当文翰得知阿利国在制定暂行办法之前既已取得他的美国同事的合作,而且不再坚持以现银缴税③,也不再要求提存附带的抵押品以

---

① 《美国对外关系》,1853年:1853年11月26日马沙利致马息(Marcy)函——"我建议采用这一项章程,规定运货人必须呈交保结,保证缴税按照条约应缴中国的税款,以作为发还船牌,俾船舶得起碇放洋的前提条件。"《北华捷报》第164号,1853年9月17日。

② 英国外交部档228/161:1853年9月23日文翰致阿利国第81号函。

③ 阿利国很小心地把他的论点向文翰做了一番彻底的剖白,说:"我并没有要求(商人们)缴款,而只是要求他们老老实实申报每艘船按照税则应缴税款的数目,并且在女王陛下政府一旦要求这样做时,负责照数缴纳,因为女王陛下政府在这段期间给了他们以中国方面所暂时不能给予的财产和贸易的保障。他们唯一可做不平之鸣的,不过是他们会被责令缴纳其本国政府所决定其依理依法应行缴纳的款项而已。"英国外交部档228/162:1853年9月27日阿利国致文翰第72号函。

担保商人们的欠税，同时又已将该项方案呈请本国当局核准等情节的时候，这位全权公使虽然仍认为以不干预其事为上策，可是却也有了一定程度的转变，声明他不反对在未奉女王陛下政府指示之前，听任该项暂行办法继续有效。他也深怕他这方面的任何干涉，只会减低阿利国的威信，因而使叛军们觉得外国的利益是分歧的[①]。文翰当即依式报知柯勒拉得恩，在请示期间，他准备支持阿利国的暂行办法，并促请注意英、美章程间的不同点[②]。

　　这个问题经提交枢密院贸易委员会委员考虑，他们所持的见解是：阿利国在这种情况下所采取的方针是"贤明而适当的"，文翰在厦门事件中的做法"大体正确"。他们主张，如果帝国当局重新恢复，"一旦他们能够收税时"，税款应即交付给该当局。可是，地方上如果依旧不平静，并且领事们不能再行收税，那么已收税款就必须退还给储款人。这种见解经外交部同意，并经依式通知全权公使[③]。在这期间，这两位领事在制定这种暂行办法方面的举动，痛遭英、美两国商人的指责和抱怨，这些商人们自然是认为别国的船只——像亲眼见到的"普鲁西彻·阿德勒"（Preussischer Adler）的那种情形——既然来去都不完纳任何税项，那么对他们课税，显然是不公平的。美国商人还有另外一项"想当然"的冤屈，就是因为他们的副领事是一个商人，美国旗昌洋行的一个合伙人，如

---

　　①　英国外交部档 228/161；1853 年 9 月 26 日文翰致阿利国第 83 号函。

　　②　英国外交部档 228/151；1853 年 9 月 26 日文翰致柯勒拉得恩第 109 号函。

　　③　英国外交部档 97/99；1853 年 11 月 26 日柯勒拉得恩致文翰第 94 号函。《北华捷报》第 175 号，1853 年 12 月 3 日。

果他们用现银把关税交付给他,那就会把他置于一个不公平的有利地位。尽管有这样的指责,阿利国和康宁汉在 9 月的后三个星期和 10 月的前三个星期,还是对英、美贸易实施了这项暂行章程,而没有加以丝毫变动。可是在几个星期中,在其他方面却发生了具有重大意义的变化。为了维持他们对于战斗员的中立,并且为了防范非战斗员的海贼以保护他们的生命财产,外侨不得不把他们的租界地置于武装防护之下,为此不但要利用停泊在江里的美、英炮舰上的人员,而且要利用新近组成的义勇队伍。在吴道台请借外国兵船抵抗叛军的努力一再失败之后,帝国当局在 9 月 29 日已组成了他们的武装帆船舰队,把道台在该年四月间购置的两艘外国船也一齐编入,并且已经开始从江中对城里的叛军做激烈轰击。不几天之后,帝国当局加紧了陆上的围攻,先把几队非正规军——其中很多都是不法的流氓——调入作战,后来又以多少还守一点纪律的正规军队伍增援这支乡勇。吴道台根本是想利用职权大做其生意的一个官吏,他和那种向双方推销军械来大发国难财的勾当并不是超然无关的情形,正如后来的事实所证明的那样,已经露出了蛛丝马迹,这也就无形中更增加了不少的混乱,而在那种勾当中,他是颇得力于一些无原则的外国人的帮助的[①]。四乡都是鼎沸不宁,其结果是贸易彻底瓦解,人心

---

① 在 1853 年 11 月 14 日清政府军队闯入外国租界,拦阻一家英国洋行把三门大炮交给城里叛军的事件发生之后,阿利国在当月 17 日就发布一件措辞严厉的布告,警告商人们不得贩卖武器。见英国外交部档 228/162;1853 年 11 月 19 日阿利国致文翰第 91 号函。《北华捷报》第 173 号,1853 年 11 月 19 日。

日益不安。在这整个骚动之中,阿利国还是毫不动摇地一往直前,决计实施那项暂行办法,直到他接奉明确训令予以撤销时为止。可是原非诚意合作的美国公使,既公然怀疑英国方面别有政治企图,转眼之间便觉得由有约国领事征收中国关税,已使这些国家的商人在与无约国商人相形之下大为吃亏的那种说法,倒是持平之论。他也颇以道台的说辞为然,据道台说,他已奉当时两江总督怡良之命,仍照常以海关监督的身份处理关务,并为此目的使用常州粮道的官印。因此马沙利宣布:既然设立一个中国自己的真正海关来依据条约经办海关手续,是清政府份内的事情,那么他就必须修正他以前对于副领事支持暂行办法所表示过的赞同。结果,美国副领事不得不在 1853 年 10 月 24 日发布一项通告,内称,道台既然声明自该月 28 日起以浦东地方外面停泊的两艘中国炮舰作为浮动海关,美国商人就应该从那一天起在该浮动海关报关纳税①。道台的这种行动,或打算做的行动,并没有使阿利国有丝毫动摇,并且料定道台也并不是不知道这种情形的滑稽可笑。道台曾经为以现款缴纳关税这件事不断地麻烦阿利国;并且威胁说,假使他不在这一方面采取一些措施,那么钦差大臣、巡抚和总督"无疑将按全部应征之数,分毫不差地取偿于本地商民"。阿利国在他的复文(1853 年 10 月 18 日)中指出:生命和财产已经得到保障;贸易已经在英国政府武力保护之下得免于摧残;他已经采取了他所能保护帝国政府关税的步骤;他不明白为什么英国商人必须要

---

① 《北华捷报》第 171 号,1853 年 11 月 5 日。美国领事通告,1853 年 10 月 24 日。

付现,而其他各国商人则完全免除一切税项的课征。"根据什么公平正义和条约权利的说法",他问道,"中国皇帝可以要求英国商人完纳关税,而其他各国商人则在没有像该管海关那样的一个管制力量的情形下,竟然能够免去了一切征课吗?"对于道台的威胁,阿利国则反唇相讥说,"这样一种权宜做法,将立刻被视为清政府针对我们的商务的一种敌对和侵害行为,而这一种行为……是不会不损害帝国利益的。[①]"道台所要作为他的浮动衙署的船只就是两艘陈旧的外国船,它们由清政府买得之后,已经改装成为炮舰,并且曾经用来抵抗叛军。据知其中的一艘,若是作为贮藏军需品之用,那是毫无安全可言的,可是它载着一批火药和子弹碇泊在公认外国船停泊所的几码距离之内,这似乎并不使得商船船主们衷心快慰。而且在黄浦江上游法租界刚刚过去的城里的叛军,都知道这两条船是帝国的炮舰,既然是帝国的炮舰,就会从他们的立场看来,是枪炮演习的一个合法的目标。他把这种情势报告给文翰,把道台要设立这个浮动海关的意思告诉他,同时,他鉴于全权公使实际上虽然没有驳斥但是却颇不赞成那项暂行办法,又鉴于香港的检察长认为阿利国的措施得视为非法行为,所以他请求文翰训令他停止那项办法的实施[②]。可是文翰并不是性情温和的人。他回答说,据他看,"要想取得商人们在通常情形下应完的税项,这两艘船的设置只是一种徒有虚名而无补实际的尝试,绝不足以对贸易

---

　　①　英国外交部档 228/162:1853 年 10 月 22 日阿利国致文翰第 75 号函,附吴道台 10 月 14 日函和阿利国 10 月 18 日复文。

　　②　同上,1853 年 11 月 1 日阿利国致文翰第 83 和第 85 号函。

提供保障"，而他却认为这种保障"应该是他们征收任何关税的前提条件和连带条件"。可是，在接奉本国当局的批复之前，"他在这种变更了的情况下所希望的，是继续实施这件在当前环境中足以应变的暂行章程，并且使道台得知，在他设立起一个真正海关和进行港口业务及保护装卸进程中的货物的一套适当的制度之前"，全权公使不认为道台"有权要求任何关税，但是应该说明，因为这个问题是一个最重要的问题，所以已经呈请女王陛下政府核示①"。于是那位对于外国租界的安全和中立以及对于条约的保全具有同样关心的阿利国便声明，他不认为这个浮动海关是一个正式机关，在事实向他证明它确能有效地执行职务以前，英国航运和贸易的暂行章程，应仍继续有效②。这项新办法的考验立即来到了。在10月29日，即浮动海关预定开始办公的第二天，那艘在三个多星期之前进口，已经卸下进口货并装妥出口货的奥国船"罗伯特号"（Robert）既没有缴纳，也没有答应缴纳分文关税，就扬帆而去，宛然像是没有一个海关这样的机构存在一般。正是这件事故，使得英、美、法三国领事一致认为浮动海关根本不能执行海关章程；也正是这件事故，使得法国领事爱棠通知道台说，在帝国当局没有收复上海并重新设立一个真正海关之前，法国船只将被准许进出口岸"而不完纳海关的一切征课和税项"③。曾经有

---

　　① 英国外交部档228/161：1853年11月7日文翰致阿利国第90号函。接奉政府复文之后，文翰宁愿"对废止章程一节，暂缓做任何决定"，见英国外交部档228/176：1854年1月14日文翰致阿利国第13号函。

　　② 《北华捷报》第171和175号，1853年12月5日和12月3日。

　　③ 《北华捷报》第172号，1853年11月12日。

四个商业公司致函法国领事，询问他的意见，上海目前是否还有一个中国海关存在，该领事实际上就在"罗伯特号"做历史性免税示威的那一天，在回答这一封信的复函中声称，他所知道的唯一中国海关，已经被中国人自己毁掉了，又称在这个海关重新设立之前，在有一个能够征收关税的主管机关之前，依据条约，他认为他自己得完全任便准许法国船只免税进出口[①]。他并没有机会实践他的诺言，因为港口内根本没有一艘法国船，并且在暂行办法有效期间，始终也没有出现过一艘。

<h1 style="text-align:center">七</h1>

这种情势显然是不能持久的。英国人受制于他们的领事，必须遵守他对于条约精神和文字所做的解释；美国人曾经奉他们官员的命令，在关税问题上必须支持清政府的地方代表；而法国和其他各国，特别是后者，则完全任意而为，准许他们的船只不办理海关手续，也不完纳任何关税，就进出口岸[②]，终于美国副领事，奉马沙利公使之命，率先从这种混乱之中建立起秩序。他以 1854 年 1 月 20 日所发布的一项通告明白指出，根据最惠国条款，凡其他国籍船舶业经取得，或允准的免税进出口的权益，美国船舶应一体均沾，嗣后他将在美国船舶离埠时立即发还它的船舶证件，而不要求

---

①　"我认为我自己得完全准许我国船只进出港口而免纳一切税项。"爱棠公使在 1853 年 10 月 29 日信中声称。《北华捷报》，第 171 号，1853 年 11 月 5 日。

②　《北华捷报》第 189 号，1854 年 3 月 11 日；上海英侨商会致英国领事的抗议。

他们呈验海关大印。这样,对于美国人,上海也变成一个自由港
了①。这种举动引起了阿利国与康宁汉间的一番舌战。前者指责
后者在承认道台的浮动海关和发表 1 月 20 日的通告时的单独行
动,在这两件事情上,他都没有得到他的英国同事的合作就采取了
步骤。当时阿利国向康宁汉建议称,唯一的解决办法就是把海关
重新设在外国租界中它的前址的旧基上,但不用武装力量加以保
护②。康宁汉在一件详尽的复文中,反驳了这种指责,并且把英国
在这个上海海关问题上的做法说成是"把一个人的双手和双脚向
水中一试,便据其结果说他不能游泳③"。在 1854 年 1 月 30 日阿
利国刚刚从文翰处听说他已经可以把他的暂行办法视为获有柯勒
拉得恩伯爵的同意,便在致道台的一封信中提出警告说,他不能够
无限期地根据暂行章程为清政府征税,并询问道台什么时候可以
把海关在一个适当的地点和在条约基础上重新建立起来④。这给
了文翰一个出面干涉的机会。他一旦听到了美国公使的意向,就
立刻训令阿利国发布一道通告,给英国船舶和货载以美国船相同
的待遇⑤;但是当他得知阿利国已经嘱咐道台重行设立一个适当

---

①　英国外交部档 228/176:1854 年 1 月 28 日阿利国致文翰第 7 号函。《北华捷
报》第 183 号,1854 年 1 月 28 日。

②　同上,1854 年 1 月 26 日阿利国致康宁汉第 23 号函。

③　同上,1854 年 1 月 30 日康宁汉致阿利国函,附于 1854 年 2 月 2 日阿利国致文
翰第 10 号函。

④　英国外交部档 228/176:"我未奉授权把暂行章程作无限期的延展。章程迄今已经
实施将近五个月,所以我有责任请你说明,究竟还要多少时间你才能够在一个适当地点,和
在条约规定的基础上,建立起海关。"《北华捷报》第 184 号,1854 年 2 月 4 日。

⑤　英国外交部档 228/176:1854 年 1 月 17 日文翰致阿利国第 16 号函。

海关的时候,便要求阿利国只有在道台确实设置了一个真正海关的情形下,方得背离他的训令,并且毫不客气地说:"虽然关于上海事务的处理,我不曾同意你的见解,我自己在厦门完全相似的情况中,曾采取过一个相反的政策,可是我不记得我曾经批驳过你的任何措施。"①道台现在体会到,他的浮动海关已经不能再发挥什么作用,因此决定在岸上,在迄当时为止还没有租借给任何外国的一个地址上设立一个海关。这个机构将在外国船舶请准进出口方面以及在以现款收纳关税方面(进口税在货物起岸时征收,出口税在装船时征收),一律遵照条约规定办事。因此道台为了这个目的,在苏州河以北选定一所房子,并且通知三国领事说,该关拟于1854年2月9日开始办公,于是三国领事依次布告周知,声明他们承认这个机构,"不过附带一项谅解,就是它的监管必须平等地实施于每一个国家的每一艘船,不论其为有约国或无约国。②"虹口方面的海关,虽然是道台设立在中国领土上的,免去了外国租界的纠缠,虽然经过三个有约国的承认,可是充其量也不过是一种权宜之计。固然有一些外国船和沙船是在那里请准进出口的,但是另一些却不办理请准手续。这些逃漏的船只都不直驶上海,而停泊在吴淞,它们在那里有防护周到、武装齐全的鸦片趸船——为非作歹的适当伙伴——来保护它们。在这里,它们公然置道台和领事当局于不顾,不缴分文关税,就卸下货载,并且装走了几千捆的

---

① 英国外交部档:228/176;1854年2月16日文翰致阿利国第22号函。

② 同上,1854年1月14日阿利国致文翰第16号函。《北华捷报》第185号,1854年2月11日。

丝和 4,000 吨的茶①。最后,在 3 月 17 日,一艘布勒门(Bremen)
船"亚里斯泰茨号"(Aristides),载同一批茶叶,在苏州河海关请准
出口前往美国,这批茶叶经商定只申报一半,并且根据一项出口税
妥协办法,一部分关税用期票代付,余额则直接付给道台。这张期
票的性质是非常特别的,内中立票人承允在下述条件下兑付6,250
两银子,即当时口内所有各船只,纵使不完纳全数关税,至少也必
须每担茶叶完税二两和每担丝完税九两银子。阿利国提出了强硬
抗议,并且表示:这种结关办法"对于依照美国当局和本领事所定
办法暂行以票据取得的大量税款,应有当然的追溯作用②"。道台
对于他的做法的辩护是,出口税事实上是由中国出口商支付,因此
他可以随时做不同的主张③。这种处理船舶及其货载的"亚里斯
泰茨号"方法继续实行了几个星期之久,可是因为这种方法只是使
得当然要求把同样优惠待遇也施诸他们本国船只的那些领事们越
来越愤懑,所以道台终于决定,并且在 3 月 25 日通知阿利国说,他
虽然赞成外商通过领有执照的通事缴纳进口关税,像广州的情形
一样,他却要把出口税的征收事宜完全移到外国租界以外,并且将
在从口岸通往内地的干路上设立两个征收卡,一个在北面、一个在
南面。这两个征收卡随即成立了,一个在苏州河上的白鹤渚,查验

---

① 英国外交部档 228/164:1854 年 4 月 19 日包吟致柯勒拉得恩第 7 号函,附
1854 年 4 月 10 日阿利国致文翰第 22 号函。英国外交部档 228/176:威妥玛备忘录,附
于 1854 年 5 月 23 日阿利国致包吟第 45 号函。

② 同上,1854 年 4 月 19 日包吟致柯勒拉得恩第 7 号函,内附 1854 年 4 月 10 日
阿利国致文翰第 22 号函。

③ 《北华捷报》第 192 号,1854 年 4 月 1 日。

北面来往的货物,另一个在黄浦江上的闵行,查验南面来往的货物①。事实上,早在前一年的 11 月间,道台已经警告领事们说,"他会有必要建立这种关卡,以便核对他为进出口货出入内地的验放所签署的通行证。"阿利国在那个时候并没有反对道台签署这种通行证,因为对于英国商人购办的货物往来内地签发通行证的办法,就是他自己倡导的,并且在这方面,其他各领事也都已经按例实行。可是,他觉得道台现在之所以要签署这种通行证是"要把本埠对外进出口贸易的核对手段掌握在清政府手里,以便一旦各国拒绝完税时,就可以将全部款额取之于中国卖主和买主"。而且阿利国已经预料定这种核对货物的关卡,一定就是潜在的征收机构。他写道:"自从此间的海关最初被毁以来,最令人引以为虑的大危险,就是对一切外国进出口货在通过内地时抽收至少与海关各税相等的一笔课征,而同时对于这笔实际勒索去的款项的征收方法,又无法节制或约束。"②在把这些关卡提高到征收机关的地位时,道台坚称这种做法完全是他权限以内的事,但是他的举动却只是使得领事们惊惶失措,因为内地征收机关漫无限制的勒索,乃是商人和缔约各方最为惧怕的危险之一。美国公使(Robert M. McLane)率先抗议这种政策的突如其来,他向道台指明,不在公认各通商口岸而在内地各处征收协定关税,是一件违反条约的行为,其果应由清政府单独负责,又说,他准备以美国代表的身份,和

---

① 英国外交部档 228/176:1854 年 3 月 25 日吴道台致阿利国函,附于 1854 年 4 月 10 日阿利国致文翰第 32 号函。

② 英国外交部档 228/162:1853 年 11 月 29 日阿利国致文翰第 93 号函。

高级当局讨论这项问题。为信守他所宣布的那种和其他各有约国代表真诚合作的行动方针起见,美国公使把他的见解照会阿利国①,并征求他的意见。随后三个有约国领事间又举行了会谈,于5月1日通知道台说,既然条约不单明白规定了关税的数目,而且也明白规定了征税的地点与方式,他们自不能承认这两个内地征收机构是合法的②。可是,"如果关税的征收能以任何方式置于三个有约国有效管辖下,就像是置于海关行政当局管辖下一样",阿利国仍然认为是成功有望的③。八天之后——5月9日,领事们发表了一项联合公告,抗议这种内地关卡办法,认为是一种违反条约规定的行为。他们要求商人帮助他们,提出他们所能获得这些内地关卡的任何勒索,特惠税或其他违章行为的实据。商人也接到通知说,受托人和每一个运货人无须再呈缴他们所惯常提出的特定票据或支票,而代之以一项保证,务使他们的各该领事和政府可以不受指责,并且免于因船舶未缴纳清政府应征税项而离口所引起的任何责任。领事们断言这种处理方法不但不会妨碍贸易,而且会保全各有约国不受任何指责,并把违反条约的责任推到中国人的身上④。

---

① 英国外交部档 228/176;1854 年 5 月 1 日阿利国致包吟第 40 号函。

② 英国外交部档 228/146;1854 年 5 月 16 日包吟致柯勒拉得恩第 31 号函,内附 1854 年 5 月 1 日阿利国致包吟第 40 号函。

③ 英国外交部档 228/176;1854 年 5 月 1 日和 6 日阿利国致包吟第 40 和 41 号函。

④ 《北华捷报》第 199 号,1854 年 5 月 20 日;1854 年 5 月 9 日美、英、法领事的联合通告。

八

　　领事们的这件联合公告实际上等于是承认道台已经胜过他们了。因为进口的货物总归要运入内地,茶和丝照样也总归要从内地运出,道台自然也就能够在他所要抽征的时候,征收他所要征的税,他在和约翰·包吟爵士的一次会晤中,经过相当压力之后,承认:"由于布勒门船'亚里斯泰茨号'非法擅自离港的情形所引起的后果,关税已在那些(内地)关卡抽征,而不在货物运到上海之前(征收)了,(也)承认关税究竟是由本地商人或外国商人缴纳,对于他的政府自然是一件无足轻重的事。①"走私自然蔓延得很快。那些以走私为第二天性的人们并不需要什么鼓励,而那些本性想要公平贸易和信守条约规定的人们也被迫沉溺于祖先传下来的罪恶,纯然为了自卫起见而走入他们那些无所忌惮的向导们的歧途。在一般商品的普遍走私之外,还要另外加上那种始终厚颜无耻进行着的鸦片非法贸易的可耻行为。领事们终于体会到,这种局面如不认真予以解决,大有全然轶出他们控制之外的危险。"就中国皇帝在对外贸易上的各项应征关税的切实征收方面来讲,条约本身已经无异变成了一张废纸",这项事实,已经逼到他们的眼前;其实已经逼到他们的眼前很有一些时候了。各条约中所制定的海关手续的规制,已经判明是完全虚妄而行不通的②。旧瓶装上了新

---

　　①　英国外交部档 17/223:包吟爵士和吴道台在 1854 年 6 月 16 日举行会谈的记录。海军上将詹姆士·斯脱瓂(Admiral Sir James Stirling)也在座。

　　②　英国外交部档 228/165:1854 年 4 月 10 日阿利国致文翰第 22 号函,附于 1854 年 4 月 19 日包吟致柯勒拉得恩第 7 号函。

酒，而且瓶子也已经破碎了。正推敲着他远在 1850 年 10 月中的一封公函里所表示过的那个理想的阿利国，在 6 月 15 日呈给约翰·包吟爵士一件备忘录，其中包含一些关于改良海关行政和公平征税的建议①。他建议道台和各有约国领事应会同指派一个外国税务委员，两个一等通事，一个或几个中国录事，以及一个或几个外国人充任海关验货员。维持这样一个机构的费用总额，据阿利国估计，每年当在 12,000 元左右。外国税务委员应在海关内办公，并且一切公文应由他审阅稽核。税票应有他的签署，同时一切中文案卷和簿籍不但应送交他核阅，而且应送交各领事和道台核阅。这件事曾经在各领事本身之间，并且也会同道台一起详细商讨过。阿利国承认，为有效制止普遍走私，他们必须给予道台以一切便利，使他能够执行他的职务，他也承认在海关行政中，录用诚实精明的人才是在所必需的，以期在日常公务的处理和货物查验工作的执行上，不致发生自私自利的流弊。为求做到这一点，他认为他应该撤销他对于中国海关在英租界执行职务的反对，并且还应该给以英国武力的保护。他现在不但准备做到这一点②，而且还要会同他的美国同事，准备就他力所能及，为道台争取到他们所执有期票的欠税如数缴清③，如果清政府愿意开始聘用可靠外国人员监督海关工作的话。道台自然不热心于外国人监督关务的建议，但是为了欠税这个诱人的钓饵，为了拒不接受建议将只会意味着

---

①　英国外交部档 228/176；1854 年 7 月 6 日阿利国致包吟第 56 号函。

②　同上，1854 年 1 月 23 日阿利国致包吟第 7 号函；1854 年 1 月 26 日阿利国致康宁汉第 23 号函。

③　英国外交部档 228/165；1854 年 7 月 6 日包吟致柯勒拉得恩第 74 号函。

贸易和航运管理方面的绝对无政府状态和税收的全部损失,他屈服了。6月21日,美国公使麦莲得与总督怡良在昆山做了一次会晤,没有麦莲的倡导和积极合作,事情可能会得不到有利的转变的。修约还是未定之局,总督知道,帝国当局宁愿凡是这类的修约谈判都尽可能在离开北京远一点的地方举行。他也知道这些外国人是如何地予取予求。所以他的明显政策就是迁就他们,借以避免不愉快的后果。因此他给予美国公使一次真诚的接待,应许撤销那两个内地征收机构,并训令道台立刻和各领事对海关行政问题商量一个办法。自请出席的道台从那次会晤中得到了必要的权力,以便能够和各有约国领事进行谈判。因此,商谈这种海关改组和制定章程的会议就在1854年6月29日举行了,出席会议的有道台吴健彰、英国领事阿利国、美国领事麦菲和法国暂代领事爱棠。这是一次关系重大的会议,因为这是中国海关机构中注入外国因素的探本溯源的一次会议,这种外国因素的注入,尽管毫无疑问地带来了很大的好处,但也往往是内外误解的根源,并且由于列强时时出面干涉,力图维持这种外国因素,以致使得许多有自尊心和爱国心的中国人士都以否则不会有的那种不大友善的态度来对待这个机构。

<h1 style="text-align:center">九</h1>

6月29日这次会议的官方报告对于充分了解海关机构的起源极其重要,兹特将全文转录于后:

英国、法国和美利坚合众国领事等曾会同接待吴道台阁下,据吴道台表示,为求在外部关税征收事务方面能收更大的成效起见,愿与各领事商讨组织中国海关的最好方式,关于本埠关税征收事宜方面有何切实可行的办法,足以保证条约的遵守和执行情形有所改善,也愿意听取他们在权限范围内所提的一切建议。

本道台和本领事等,既然充分考虑并商讨过使海关行政发挥效能和执行有关关税征收事宜的条约规定等的最好方法之后,已经同意并且已经采纳下述各条款,其中包括一个改良的组织的一些最基本条件和一个比以前令人满意的行政制度的基础。道台方面,已经准备为中国税收计,并为保护诚实商人计,立刻予这样制定和采纳的各项原则以实施。

(一)海关监督前所感到的主要困难,一向是在于无法罗致诚实、精明和熟习外国语言的关员,以履行条约和执行海关章程,唯一适当的补救办法,似乎就是在海关机构中引用外国人才,由道台审慎选择任用,以弥补道台阁下所深以为苦的缺陷,并借为有效而可靠的工具,以利办事。

(二)实施这一节的最有效方法,应是由道台方面指派一个或几个诚实可靠的外籍人员为税务管理委员会委员,督同包括通事、录事和扦子手等中外僚属的一个混合机构,以及由外籍水手妥行配备并由一个精明可靠的船长指挥的一艘缉私巡艇,承奉他的命令办事。这一机构的全部开支应由道台以税款支付,并应从优给酬,俾能为各该职缺物色到品行能力俱优的人选。上述各项薪俸应由海关监督按月发给。

（三）在税务管理委员会委员（Head Inspectors）的任用和整个辅助机构的组织方面,兹商定,为防范将来的困难和滋生怨言,并为求深知其为人,以保证选用得宜起见,各有约国领事一旦物色到适当人员,应立即选定并提名一个委员,以备道台任命,并由这三个委员组成一税务管理委员会,得单独和会同行动,至于会内中外各属僚的选用,一律委由该委员等负责,在选用人员这项责任上,关于本地人的人选,应由道台方面给予一切的便利和赞助,道台将凭由各该委员的呈请,分别加委,至于支薪标准,则应依据第二款制定的原则,先期予以确定。兹经一致认为以任何分工办事的章规束缚税务管理委员会,都是不适宜的,但是却认为,由英、美两国所提名的人选对于他们各该本国船舶,特别多加注意,而法国领事所提名的人选则除去对该国船舶外,更对英、美两国以外的其他一切国家的船舶保持密切的监督,这样是否方便,是值得各该委员自行考虑的。可是,如果一时物色不到三名充任委员职务的得力适当人选以供各该领事提名,兹经商定,三领事中任何一人都能立刻行使他的提名权,而他所选定的人员,一经接奉道台阁下的任命,三个有约国领事当即承认他可以代表整个税务管理委员会,因而具有该机构的集体职能,但是这并不妨碍其他领事明白保留的权力,即随时提名定额中的其余两名人选,俾现所筹划的这个基础上的机构得告完成。薪水标准、人数和所雇用人员的职务等,将在本记录签字之后,由道台阁下随即予以决定,并以正式公文一并照会各领事。

（四）凡事关该税务管理委员会委员被控勒索、贪污或玩忽职守的案件，一律由领事负责审判，并且凡事关行为不当的指控，外侨得直接向各该国领事提出，领事应于照章通知中国当局和其他有约国领事后，采取行动。如果这种指控证诸案情原委确属合理，则应由道台和三个有约国领事会同进行审理，这种混合法庭的裁判，根据各该委员于其提名时先行签订的合同，对于被告和他们所由接奉委派的中国海关监督，都同样有拘束力，裁判以投票取决，道台有两个投票权。除非在各领事同意下，制度有根本变更，以致各委员的服务已经不再有需要或用处外，不得以其他任何程序解除或免去各该委员的职务，并且在制度变更的情形下，他们有权要求三个月的事前通知或三个月的薪给。隶属于各委员的一切职员，凡是行为善良的，不得无故解职，并且也只有委员可以呈请将他们免职，在委员仅只一个人的时候，即取决于该委员，在委员是三个人的时候，即取决于委员中的多数，但道台一经接据呈请，应即负责予以解职，不得拖延。

（五）各委员辅助部门的职责，特别应该考虑到的是监督海关章程的奉行以及航运和关税等项有关条约规定的遵守事宜。各委员之间得有单独和会同行动，并且他们将奉有充分权力和一切必要手段，俾使他们能够审查船舶报告、货运舱口单、装卸准单、税款完纳和结关准单等任何方面的处置有无错误、违章和蒙蔽。他们每个人都要在奉派时，分别宣誓，表示愿忠诚执行他们的职责，断绝一切贸易上的个人利害关系，和自行对颁发委任的道台和三个有约国领事在法律上负责忠实遵守他们的约定，并对于由这些位官宪担任法官的一个混合法庭,在自愿的基础上负法律责任。他们有责任向海关监督和三个有约国领事集体地揭发随时发现的一切偷漏和违章情事,获取在有进行法律程序必要时为判定罪名所必需的证据,并在上述海关监督的授权下,采取一切必要步骤以检举从事于任何违章行为或偷漏税收企图的各当事人。一旦证实被告各方有偷漏或违章的行为,在道台那一方面,当保证毫无例外地或毫无区别地严加惩罚,分别予以罚金或货物充公的处分,并且他应该进一步把他的处置布告周知。海关监督在任何根据告密而做的查抄案件中,应以充公货物的一定百分比,发给有助于发现偷漏或违章事情的一方或各方,以奖励他们对于这种事件的关心,至于该百分比则将依据嗣后照会各领事的标准办理。委员或各委员等应在监督衙门占有一个办公处所,并得随意调阅监督衙门的册籍公文。他们应该负责保持一套完备明晰的中、英两国文字写成的海关册籍,详细载明有关船舶和征税事宜的全部管理过程。这类册籍应该随时,或在日后规定的一定期间,在道台和三个有约国领事的监督下,与监督衙门所保存的册籍和案卷留心核对,如果有任何不符之处,应即严行调查。这种集体的、正式的审查,随时经道台或任何一位领事的要求,即应随时照办。为促进整个海关机构的管理和行动划一起见,海关监督保证除非有一位或几位委员的副署和签章,将不由这比较有排他性的监督衙门对任何外国船舶或运货人签发任何装卸准单、税款单据、结关准单或其他正式文件,所有这类文件应一律妥为存档,以备查阅。此外,更进一步商定,一切外国船舶非经由一个外国领事照章核准,不准作抵埠报告,非依照章程,不准停留港内,或装卸货物,并且认为这是事关重要的。凡是和外国惯例与法律有关的地方以及和这些惯例与法律根据条约规定在中国执行情形有关的地方,各委员应该随时准备向海关监督提供参考资料和意见。他们应该在正式的要求下,同样地提供给上述监督和三个有约国领事中的每一领事以其力所能及范围内的一切有关船舶和关税征收事宜的资料,并以他们册籍和档案供备自由检阅,但是各委员并没有权利准许其他任何方面检阅这些册籍和档案。

(六)一艘在一外籍船长指挥下的建造精良和人员配备齐全的武装缉私巡艇是必不可少的,其船身的大小,应既能在江中动作灵敏,能以追捕那些没有得到正式许可而离埠的船只,又能在必要时,安全驶往郭士立岛(Gutzlaff,译音)。

(七)为求获得一切合宜的更正并使之与通商章程善后条约相符合起见,将1851年8月的海关章程做一次周密的修订,被认为是有必要的,修订后的章程,应以中、英文字更加广泛地重新布告周知。

(八)在本次会议中所一致同意并经采纳的这些基础上,道台阁下愿意并保证承认这个海关机构,并于十天之内以一件正式照会,连同这个组织和机构的细则一并送达下方签名的各领事,请他们尽量根据条约规定依法可以做到的,惠予赞助和支持,在领事一方面,则声明他们愿以其力所能及的一切方法,促进这个公正有效的海关行政的组成,并准备在他们接到这项照会后,在一指定日期,宣布海关监督恢复其一切职

权，以及他们各该国旗帜下的一切受托人和船主有谨遵海关
及港口章程的义务，违者将依照条约规定，受罚金和货物充公
的处分。

　　（钤印）江苏、苏、松、太巡道印

　　（签字）阿利国

　　　　　　麦菲

　　　　　　爱棠①（按：中文原件未见，照英文移译。）

十

　　这项协定已将极大的干涉权放在领事们的手里，这在下文将
分别予以说明。第一，各领事均受托选择和提名一个委员，道台却
别无其他选择，只有照提名人员予以任用。第二，虽然阿利国承
认，"为给予一个中国海关中的外国人员以法律上的活动能力，他
们必须居于监督的幕僚地位"②，可是所议定的是，各委员在奉到
委任之后，应不视为中国官吏，在他们职务上的行为方面，受清政
府的管辖，而举凡勒索或受贿之类的违章行为和玩忽职守等情弊，
他们应在法律上对一个由三有约国领事和道台组成的混合法庭负
责。虽说在这种审判中道台有两个投票权，可是事实却是骗不了
人的。外国领事们享有永远占多数的特权。一个委员的解职，除

---

　　①　《北华捷报》第 206 号，1854 年 7 月 8 日。1854 年 7 月 6 日各有约国领事的联
合通告。英国外交部档 228/176：1854 年 7 月 6 日阿利国致包吟第 56 号函。

　　②　英国外交部档 228/165：1854 年 7 月 6 日阿利国致包吟第 56 号函，附于 1854
年 7 月 7 日包吟致柯勒拉得恩第 77 号函（寄自上海）。

以多数票取决而外，无其他任何方法可以实施。既然控制了各委员的任免，领事们实际上已经把这个新机构做成了各领事馆的一个附属机关，至少就对外贸易和航运方面而言是如此的，并且已经把直接的外国干涉注入一个清政府部门。这种干涉自然是不为清政府所欢迎的，于是他们抓住了一年后威妥玛辞职这第一个机会，便选择了他们自己的一个英籍候选人——李国泰，并且在照章通知英国当局之后，任命他继任遗缺，借以重申中国的权利。此外，正如同各委员处于领事们的管辖下一样，一切华洋属员也都是处于具有任免权的各委员的单独管辖之下。而且海关的一切档案、册籍和公文等项都任由各委员检阅，他们还自行保持一整套中、英文的册籍，以备定期提呈道台和各领事。还要求道台同意了非有一个或几个委员的副署，不对任何外国船只或运货人签发装卸货物准单、税款收据、结关准单或其他正式文件，或是使这些单据生效。过去任何一只进入通商口岸的外国船舶，都必须经由领事报告进口的旧例，也重新得到了承认。这个方案的原建议人的动机，无疑是要尽可能制止自从签约以来已经成为海关活动特色的那些通弊，并培护合法贸易，但是影响所及，却把海关和关员确切而不可争辩地置于各有约国领事的管辖之下。可是，英国外交部当局，在听到这项方案时，并不是一味地加以赞美。当时任外交部大臣的柯勒拉得恩伯爵，虽然认为这种实验是值得一试的，但是又认为在其他任何通商口岸再做这种实验之前，先等待一下结果，许是比较聪明的办法。他对于雇用英国臣民作为中国海关官吏并未提出异议，但是他的法律顾问们抱有下述的见解，以为一个在中国雇用中的英籍税务管理委员会委员,在他以该会委员身份所做的活动上,应不受英国领事的法律管辖。以如此傲慢的态度对付中国人的情感和中国权利的这样一种彻头彻尾的办法,究竟能否解决问题,是还有待注意的。

十一

最初的原意是只想设一个委员,并为避免在这一点上万一发生分歧起见,美、英两国领事同意这个委员应为法国籍,但是因为法国领事不愿意接受在一个法国人充任这项职务的情况下他所要承担的责任,所以最后才决定设立一个置有三个委员的税务管理委员会,由有约国领事各提名一人。经这样提名并经道台任命为上海海关税务管理委员会委员的最初三个人,是法国籍的史亚实、美国籍的贾流意和英国籍的威妥玛[1]。其中最后一名似乎是特别适当,因为他精通中国语文,既能说,又能写,对于中国海关这个问题,从开始就有浓厚的兴趣,并且曾经对于暂行关税办法写过一篇剖析透辟的备忘录[2]。后来分别由爱棠和菲士(M. W. Fish)两先生取其位而代之的史亚实和贾流意,则仍兼任他们各该领事馆的职务,虽然他们也都忠诚尽他们作为委员的职责,可是他们却没有像威妥玛有那样多的时间专心其事。他们照

---

[1]　《北华捷报》第 207 号,1854 年 7 月 15 日。
[2]　英国外交部档 228/176:1854 年 5 月 23 日阿利国致包吟第 45 号函附件。英国外交部档 17/309:1855 年 5 月 19 日包吟致柯勒拉得恩第 182 号函。

章在他本国领事面前宣过誓之后，便在 1854 年 7 月 12 日开始担负起上海税务管理委员会委员的职责，他们的办公处所，在外滩庙宇修复之前，是在苏州河畔从前道台已占作海关之用的那所房子里。这个机关的设立经由 1854 年 7 月 6 日一个领事的联合通告公布周知①，并同时以从前道台所设置的两个内地常关关卡自即日起撤销一节，唤起一切关系方面的注意。因此，一切船只自 7 月 12 日起，就必须在这个海关办理进出口手续，并在这里严格依据条约规定缴纳一切应征税捐。通告中随后进而说明，道台既已正式宣布了他对于公平征收关税和厉行处罚方面严守条约规定的决心，所以各受托人和各船船主为其本身利益计，应谨遵一切海关章程。

---

① 通告

和中国订有条约的三国的下方签字各领事，业经将吴道台裁撤海关及在内地设立两处关卡以为代替一节，按照本领事等接准通函中所叙明的情形，以 5 月 9 日的通告公布在案，兹特向本领事等管辖下居住的一切人等公布，该项内地关卡即将裁撤，海关行政将以关税管理委员会在一可望保证彻底有效的基础上进行改组。一切进出口船舶的代理人，自本月 12 日当日起，必须向苏州河海关申报船舶的进出，所有关税等项，目前将严格遵照条约规定，一律在该处征收。

道台兼海关监督阁下既然已经正式通知下方签字人等，决计在一个外国机构协助下，最全面地执行职务，和对偷漏或不法事情厉行惩处，那么一切船主和代理人等自应为他们本身利益计，以极其慎重的态度，遵守海关章程，章程一份，附列于后，俾众周知，惟得随时修正公布。

凡是本月 12 日已经在港内的船舶的各船主和代理人等也必须自行与海关联系，并须恪遵关税管理委员会规定的办法，以符定章。

（签字）英国女王陛下领事阿利国
美利坚合众国领事麦菲
法国皇帝陛下临时代理领事爱棠

1854 年 7 月 6 日于上海。

——《北华捷报》第 206 号，1854 年 7 月 8 日。

十二

在已经作为海关三头行政之保证人的美、英全权公使与领事们所面临的许多问题和争议之中,有一个就是关于已经暂时用保结和远期支票结付了的关税应如何处理的问题。商人们无论在什么地方偶然碰头,总是热烈地讨论是否道台会要求照数赎回根据关税支付协定的那些保结,至于那种关税支付协定,道台不但和无领事国的船只缔结过,而且也和英、美船只同样缔结过。在1853年9月7日到1854年2月9日这段期间中,英国商人用保结和远期支票拖欠了478,300两银子,在同时期美商,仅就用保结向海关结关的一艘船计算,已经拖欠了369,710两银子。此外,还有两艘未缴税而扬长驶去的美国船,欠银9,455两,另外还有11艘未提出任何保结而结关的悬挂其他外国旗的船只,共欠银29,536两①。在这个问题上,约翰·包吟爵士的意见恰恰和他的前任乔治·文翰爵士的意见相反。他在就任全权公使之后不久,写道:"上海的关税问题绝不能与帝国政府完全被推翻了的厦门情形相提并论。上海不是这样的情形,也从来没有过这样的情形,在上海,帝国海关原是设在外国租界里,是我们坚持要这个本能够使满清官吏们征收关税的力量撤出的。诚然,有这样一个力量位置其间,会是对于外国社会的平安有危险,但是既然我们强迫将它撤走,那我殊为怀疑,是否我们有权又借其撤走为口实,拒不对于在

①　英国外交部档97/100;1854年6月12日包吟致柯勒拉得恩第55号函。

这个地方装卸的货物输纳适度的关税，而在这个地方，如果没有我们的干涉，关税是可以并且会照常征收的。"①因此，包吟坚持认为税款必须付清，并且当他亲身在上海调查时，发现商人们在暂行办法时期已经把税款的数额向他们的主顾们收过账，如要他们付款收回保结，并不会因而受到任何损失，有见于此，所以他的这个意见也就变成一种坚定的信念了。除此而外，他们还曾经给过中国当局一项诺言，保证一旦他们同意海关的改组，则将尽一切力量务使欠税还清②。在这件事情上同包吟和阿利国持相反意见的，是文翰和商人们。后者主张：在索取保结方面，阿利国的行为已经是非法的，所以这种保结根本无效，而况文翰也已经批驳了阿利国的这项措施；在其他各国商人获得优免时，就不应要求英国人付税；前任美国公使曾经准许美国船只免税结关，凡是应许给其他有约国的事物，自然也应该给予英国，并且条约义务是相互的，而中国却已经不能予以保护。他们因而请求做司法裁判③。关于文翰的态度，那是毫无疑义的。他从来就不是暂行办法的热心赞助者，并且当他在 1854 年春季回到本国的时候，他绝不放过任何机会来用他的看法，用他那种往往不大正确的看法影响政府。他对他所持的立场竟这样有把握，以致在离开中国之前，就曾经向一个商人保证说，"强制远期支票兑现是绝对不会有的事"，而且他毫不怀疑，

----

① 英国外交部档 228/164；1854 年 4 月 15 日包吟致柯勒拉得恩第 1 号函。

② "如果将来征收关税的协定是奠定在一个满意的基础上，那么领事将奉授权对于收回欠税，给予大力协助。"英国外交部档 228/165；1854 年 7 月 6 日包吟致柯勒拉得恩第 74 号函，内附与吉尔杭阿和吴健彰的会谈记录。

③ 英国外交部档 228/165；1854 年 7 月 11 日包吟致柯勒拉得恩第 81 号函。

柯勒拉得恩伯爵在这个问题上必会和他本人采取同样的看法[①]。照例受理这类问题的英王的司法官员们,认为英国臣民向清政府缴纳关税的义务,有赖于该国政府对于它保护英国商业的义务能否履行,以及清政府有无征收该政府应得税款的能力。这两项条件都没有经上海的官员予以履行。所以阿利国在暂行办法时期所取得的远期支票,据他们的意见,应该作废。英国对于这个问题的正式核示,在1854年7月间寄到[②],并以1855年2月12日的一项领事通告予以公布[③],内称,从海关关闭之日,即1853年9月7日起,至道台重新设立海关之日,即1854年2月9日止,所有签出作为关税支付保证的远期支票应一律作为无效,将凭由申请书退还出票人。这项决定使得包吟充满了"沮丧和失望的情绪",因为他相信这是国家荣誉攸关的事[④]。他也觉得在这件事情上,英国是不应该落后于美国的,况且在接奉本国的核示之前,他已经将美国商人一致赞成付还欠税和听候他们的公使麦莲先生取决的情形,备文呈报[⑤]。两个星期之后,他也已经能够报告柯勒拉得恩说,英国商人也同样把他置于一个居间人地位,希望美国公使和他能够取得一致的裁定。同时,商人们陈说,他们不认为领事法庭有资格在这件事情上做裁定[⑥]。可是在8月中旬,非官方消息已经传到

---

① 英国外交部档228/165;1854年7月4日包吟致柯勒拉得恩第71号函。
② 英国外交部档97/99;228/165;1854年7月3日柯勒拉得恩致包吟第87号函。
③ 《北华捷报》第238号,1855年2月17日。
④ 英国外交部档228/165;1854年9月5日包吟致柯勒拉得恩第132号函。
⑤ 同上,1854年7月11日包吟致柯勒拉得恩第81号函。
⑥ 同上,1854年7月24日包吟致柯勒拉得恩第98号函。

上海，据说国内当局不赞成强制赎回保结①，其结果便是英国商人逐渐从包吟那里撤回了他们的委任状。包吟为了保持对中国人和对麦莲的信用，迟迟没有把保结注销，虽然阿利国在 1854 年 9 月 11 日发布一项通告，声称"在上海城陷落与 2 月 9 日期间为欠税而收到的远期支票将予注销"，可是全权公使同时提醒他的国人说，清政府可能对于"条约义务下应征正当税款的欠额"提出要求②。这种举动却只招致了柯勒拉得恩的严厉斥责，他命令包吟保证把阿利国所握有的一切远期支票注销，退还给他所由取得的各当事人；并通知他不得容许帝国当局把这件事提到领事法庭，并且在稍晚的一件公函中补充说，他清楚了解"商人方面没有丝毫法律上的义务要缴纳这些关税，也没有人有任何法律上的权力能通过司法程序强迫他们这样做。"③在答复下议院中的一个问题时，巴麦尊申述说，训令已经寄往中国，不但要注销 1853 年 9 月 7 日至 1854 年 2 月 9 日间所取得的保结，而且要注销后一日期与 1854 年 7 月 12 日，即税务管理委员会制度开始之日间所取得的一切保结。他补充说，为对商人们公道起见，约翰·包吟爵士已奉命敦促清政府把上海的税务管理委员会制度也推行于其他四个通商口岸。关于美国商人在同时期所签期票是否合法和应否强制执行，经双方提请美国公使麦莲先生的仲裁，麦莲经过一番透彻的研究之后，在 1854 年 11 月 23 日提出他的评断：应缴纳总额的三分

---

① 《北华捷报》第 211 号函，1854 年 8 月 12 日。
② 英国外交部档 228/166：1854 年 9 月 26 日包吟致柯勒拉得恩第 156 号函。
③ 英国外交部档 97/100：1854 年 9 月 9 日和 10 月 25 日第 122 号和 157 号函；又英国外交部档 228/167：1854 年 12 月 9 日包吟致柯勒拉得恩第 229 号函。

之一作为清偿全部债务,减免三分之一以补偿因清政府未能维持秩序而加诸美国贸易的损失,并以其余的三分之一作为美国当局在征收关税上所需经费之用①。正在这时候,美国国务卿马息(W. L. Marcy)听到英国的决定,并且认可所举的理由,于是下令给领事说,凡美国商人交存的一切保结,应自即日起予以注销②。僵局随之而生,所以一直迁延到 1857 年年初,领事才能够呈复说,美国政府的最后决定业已付诸实施。不过由于麦莲的评断已经先于国务院注销保结的命令而提出来了,所以该政府的最后决定还是认为必须维持他的评断。在 1856 年 12 月中,美国方面就已经把所评定的 118,049.94 两银子总数,交付给清政府③。英国人之未能按期赎回保结,不独使他们在中国人眼里蒙受丧失威信之羞耻④,而且也加深了中国人对英国所提修订条约和发展贸易等建议的不信任。

十三

　　新设立的上海税务管理委员会制度,从一开始起就是一个成

----

　　①　《北华捷报》第 226 号,1854 年 11 月 25 日。英国外交部档 288/167:1854 年 12 月 3 日包吟致柯勒拉得恩第 211 号函。

　　②　同上,第 237 号,1855 年 2 月 10 日。

　　③　同上,第 300 号,1856 年 4 月 19 日。详细叙述,参看费正清(J. K. Fairbank),"上海关税管理委员会的成立"一文,载《中国社会政治评论》,卷 20,1936 年 4 月号,42—100 页。

　　④　从 1853 年 9 月 7 日到 1854 年 2 月 9 日,共有 1,800 万磅茶叶和 2.7 万捆丝,约值英币 200 万镑,出口往英国,而未付分文关税。英国外交部档 228/176:1854 年 1 月 14 日阿利国致包吟第 16 号函。

功,至少从产生税收的观点来看是如此的。事实上,它的产生税收
的能力,或毋宁说是所产生税收的严格会计技术,已开始使得道台
困惑不安。根据旧例,上海海关应拨解北京及高级当局每年的固
定额征数字,是由各该当局依据道台在上海设道台以来最初六年,
即 1843—1849 年的正式税收册上所记录的数字,牵算制定的。既
然道台和他的属员们需要维持生活,并需要一笔余款来敷衍上司
们并贮备不虞,那么也就难以期望这些正式税收册上的数字会与
实征税款确切相符了。所以当实征税款开始源源注入公库的时
候,高级当局已经看清,这种外人管理关税的制度至少有一点是对
它有好处的,那就是在这种制度下,侵吞公款是不被视为合宜的体
制[5]。这种新制度,虽然带来了它本身的麻烦,对于领事们自然是
一个很大的解救,因为它已经把他们从一向成为变幻无常和令人
困扰的恶梦般的事物中解救出来。这种制度也是一切心地公正的
诚实外商所欢迎的。因为在海关章程和关税方面它已经把他们那
些不大有良心的竞争者和他们自己放在相同的基础上了。可是批
评和不满意的表示是不可免的,特别是发自那些靠过去的废弛和
无法无天的方法而兴旺起来的人们。报纸上的抨击和诋毁是一些
狂怒的商人们的安全活塞,在这些人看来,这公认的海关似乎就是

5　陈炽,《庸书》,税司条称:"(赫德)家赀之富,可以敌国,以泰西廿四字母许数,
每字百万,已及两周,皆诡寄他人,运归本国。"

"……当我一年前路过上海的时候,有一个规模很大而且年代悠久的商家的代理
人自动向我陈说,他能够通过他的中国方面的人员'接洽'外国税务司管辖下的关税,
正如他在这种制度建立以前的情形一样……"《额尔金伯爵使华通讯汇编》,198 页。

象征上海贸易的瓦解。这位汉学家①成分多于事务人才成分的威妥玛,在家里翻译上谕的时间要比管理海关实际例行公事的时间还多些,他越来越厌烦这种无尽无休的争论,和人们处心积虑想要使这个新制度尽量无法推行的一些企图,于是在 1855 年 5 月 31日他向道台辞去了他的委任,并奉准回任英国领事馆的原职。当时任英国领事馆代理副领事的李国泰(Horatio Nelson Lay)被任命接替他的位置。李国泰因为是翻译官,所以和吉尔杭阿发生过密切关系,吉尔杭阿在当时是统率上海周围帝国军队的署臬司,不久之后便升任江苏巡抚。李国泰遇有机会便逢迎这位未来的巡抚,所以后者在李国泰本人的请求下,极力向阿利国和道台以及英国全权公使兼商务总监督约翰·包吟爵士推荐李国泰的任命②。虽然他年纪很轻,虽然有他领事馆同事中一些人的竞争,特别是包吟最支持的候选人,驻福州副领事金纪尔(Raymond Gingell),可是李国泰在 1855 年 6 月 1 日被任命为海关的英国委员了,他的美、法两国同事都依旧没有变动。结果,李国泰那种正合清政府之所愿的个人野心,和那种恰当其用的才能,助成了 1854 年 6 月 29日的协定所加于海关税务委员会委员的提名和任命上的种种限制的归于无效。李国泰在 1862 年 1 月 11 日他的那件备忘录中评论

---

　　① 英国外交部档 228/166;1854 年 10 月 9 日包吟致柯勒拉得恩第 172 号函,内附威妥玛的备忘录一件,威妥玛在该备忘录中声称,他接受关税管理委员会职务的目的就是研究中文。

　　② "现任英国副领事李国泰是一个勤奋、耐劳和具有才干的官员,精通中外商务关系,如果派他接充威妥玛氏之遗缺,将对大家都有裨益。"1855 年 2 月 5 日吉尔杭阿致包吟函。英国外交部档 17/309;1855 年 2 月 22 日包吟致柯勒拉得恩第 95 号函附件。

说，"就是在我的任命上，英国领事停止了提名"，其实他还可以再补充说，这种干涉的停止是获有当时外交大臣柯勒拉得恩的完全同意的，柯勒拉得恩虽"不反对雇用英国人帮助中国人征收关税，可是不同意女王陛下的领事在这类人员的任用上，加以任何干涉，理由是女王陛下政府会因此而要对他们的举措行为负一些责任"[①]。根据 1856 年美国领事法的规定，美国公使和领事们不得推荐任何公民充任任何外国政府的职务。这便自动地制止了美国当局方面再做任何新的提名。像威妥玛一样，李国泰也是精通中文的，但是他却积极得多，而且还好独断独行。商界各方面的愤懑情绪越来越激烈，当商人们察觉，李国泰对他们的打击将会比威妥玛更变本加厉的时候，他们准备公然抗拒。可是李国泰却断然制止了那种以随随便便的态度对待海关规定的办法，而坚持船舶舱口单必须详尽填明，否则按假报单例，给以罚金或没收货物的处分；保证对已申报的货物做适当检查，而且货物与申报单必须相符；注意一切应征各税都必须照征照缴；并且必须将明白开列一切必要细目的各种实征税款的账目，连同收款银号所制发作为照数缴清证据的税款收据一并呈报有关当局。他只不过是凭着这一整套办法，把条约条款和协定税则付诸实施罢了。但是不满意李国泰的热诚和严谨的并不限于商界。在 1855 年春季接替阿利国的那位因过分自负而往往自寻苦恼的英国新领事罗伯逊（David Brcok Robertson），就认为委员们，特别是李国泰，过分揽权了。据他看，他们的行为似乎是专擅的，特别是在货物和船舶没收充公的案件上，这种事情，他认为是完全在领事管辖之下的。委员们比

---

① 英国国会档："中国叛乱有关文件续编"，1863 年，174 和 193 页。

领事们本身和清政府具有更密切的关系,这也使得他引为不快。此外,税务委员们在道台批准之下,发布了一些章程,而这些章程正是罗伯逊坚持非经他本人发布或批准不应对英国臣民有拘束力的。在这种情况下,他们的关系紧张起来了,甚至达到对税务委员们的信件竟不拆封而退还的程度。当美国领事认为美国的条约权利受到侵害时,也不怠慢于维护他本人的地位,以至于表示:尽管有1854年6月29日的协定,他认为他本人是理应居于外国税务委员们的权力之上的。这种情形在1855年7月间发生的美国船"闪烁波号"(Sparkling Wave)案中表露无遗,那时正是比往常更难取得现银以支付税款的一个时候。同月18日,美国领事麦菲通知道台说,"由于清政府不断违反《望厦条约》第五款和有关缴税所用货币的第十三款规定,再加上他们拒不遵守上述条约其他各款的精神",他已经决定在他能够"从他们那里取得对过去的赔偿和对未来的保障"以前,将要截留各项税款。领事因此在那一天就发还"闪烁波号"的船舶证件,并声明在清政府和他本人之间没有能够缔结一些协定,给予"美国人以更可靠的保障——充分享有条约所明白给予的那些权益"以前,他将继续以同样的方法办理美国船的出港手续。七天之后,争议得到了满意的安排①。在李国泰往英国休假期间所写的那件关于中国海关事务的剖析详明的备忘录②(一件引起了较大反响的备忘录③)中,他引证了几件在税务管

---

① 英国国会档:"中国市场现银供应有关通讯汇编",1858年,38—39页。
② 英国国会档:"中国叛乱有关文件续编",1863年,171—179页。
③ 英国国会档:"李国泰备忘录中的陈述事项有关通讯汇编",1864年。

理委员会制度下最初几年里所发生的臭名昭著的走私案件,因为这些案件的解决颇有助于澄清外国税务委员领导下的海关与领事馆间的局势,所以有加以叙述的必要。在这些案件中最突出的就是"威南德号"(Wynand)案。"威南德号"原属于宝顺洋行(Dent Beale & Co.),1855 年 4 月初,这艘船仅载有压舱物从上海结关驶往香港,但在两个星期之后,被指挥海关缉私巡艇的官员华登船长(Captain Warden)发现它正碇泊在吴淞口外装米,米是由一些持有宁波海关船舶证件的沙船,不顾道台禁止此项物品出口的命令,从上游运往该船的。道台根据税务委员的建议,命令把"威南德号"带进口,并且不久之后,税务委员们就决定把所载的货物没收,船舶放行。虽然"威南德号"显有过失,可是这项决定竟激起英国领事的愤怒,领事的主张是外国委员们并没有资格以裁判官的身份行事,而只能以通报人的身份出席他的领事法庭。道台促请领事注意《虎门条约》第四款的规定,据该款规定,船舶不得在五个通商口岸以外的地方装卸货物,违者得由清政府予以船货一并没收的处分。领事自不能否认条约,但为求解决税务委员的权利之争,便把这项问题经由全权公使呈报本国政府。在 1855 年 10 月 12 日约翰·包吟爵士致领事的一件公函中带来了传达柯勒拉得恩伯爵的批示的复文:"伯爵阁下认为就所呈各项文件看来,船以及所载货物,根据 1843 年《善后条约》第四款的规定,得由清政府一并予以没收。"[①]承以此事相咨询的英王法律顾问官们,则不同

[①]　《北华捷报》第 277 号,1855 年 11 月 17 日。英国外交部档 17/225:1855 年 9 月 6 日柯勒拉得恩致包吟第 185 号函。

意这项意见。他们相反地认为《中法黄埔条约》(1844 年)第二款
所规定的在这样一种案件中只能没收货物一节,无异是在规定最
惠国待遇的《中英善后条约》第八款的真正宗旨和意义的范围内加
进了一项新特权或优免权,因而一艘英国船不能为走私或在一处
未奉准的地方贸易而受没收的处分①。"威尔德号"案是由威妥玛
处理的。发生于 1855 年 6 月间的"宝顺号"(Paoushun)案,已经
是在李国泰的任内。"宝顺号"是属于宝顺洋行的一艘轮船,它在
从香港北上的途中,曾经停泊厦门,并曾装上了价值二千多元的货
载。在到达上海时,它只载有压舱物进口,并提陈了一件"空白"舱
口单。李国泰既决定制止船主和船舶代理人等在舱口单事务方面
的废弛情形,所以拒绝把厦门装船的货物交付给以正当手续向海
关申请提货的中国货主。他从领事处得到了一张搜索状,授权华
登船长搜查"宝顺号"。业经申请但未列入舱口单的货载当场被发
现和缉获。李国泰于是拒绝这艘轮船结关出口,除非代理人付出
(一)为提呈假舱口单的一笔五百元罚金,(二)为未经许可而在吴
淞起卸包件的一笔五百元罚金,(三)未列入舱口单的货物的进口
关税,和(四)船钞。接着领事法庭便进行调查,结果免去了宝顺洋
行的一切课征。道台对于这种处置提出抗议;于是领事又提出折
中方案,主张由各所有主先以二千元提存领事处,等候约翰·包吟

---

①　英国外交部档 17/243:1865 年 12 月 8 日柯勒拉得恩致包吟第 230 号函。必
须注意的是:《中法天津条约》(第七款)和《中英天津条约》(第四十七款)既然都准许在
事关前往未经许可的地方进行贸易的案件中,船只货物得一并没收,那么一个犯法的
英国人凭借最惠国条款,援用《中法条约》的规定所能要求的唯一优免,也不过是请将
案情知会附近的英国领事而已。

爵士对本案的裁定。在这期间,应准许船舶完清船钞出口,所载货物付讫关税放行。李国泰把这件折中方案抨击得体无完肤,他指出,船钞的完纳和领事所作的关于船舶未经开舱云云一项批示,是与条约规定不相符合的,又说只要船上装有货物,即便它所提出的舱口单是空白的,那艘船也应该完纳船钞。道台拒绝了这项折中方案,于是领事劝告宝顺洋行一面抗议,一面缴纳罚金。这个案件经呈报全权公使转报外交部。柯勒拉得恩伯爵认为,税务委员虽是外国人,却是中国官吏,而领事们对于这类税务委员在职务上的行动所能运用的唯一的制约方法,就是向清政府提出指控①。在1855年10月底所写的一封公函中,约翰·包吟爵士把外交部的这项决定传达给领事,向他明白指出,中国海关的英籍委员,不应该视为英国君主的官吏,而应该视为一个代表上海道台的中国官员,如果他以税务委员的身份所做的措施侵害到女王陛下的任何臣民,领事应向道台提出指控。他补充说,英国领事们不应把中国方面以海关章程照会给他们视为一种权利,而应视为一件礼貌上的事。抗议和诋毁的抨击已逐渐消沉下去了。在1855年9月底,那份在月初时曾经称李国泰为"小霸王"②的《北华捷报》,在社论里面说:"返回旧制无异是返回泥淖。我们认为外国管理关税的制度是这个口岸拜赐的最重大恩施之一。以我们本身的名义,并以上海每一个诚实人的名义,为上海目前和未来利益计,我们主张信

---

① 英国外交部档 17/225；1855 年 9 月 6 日柯勒拉得恩致包吟第 180 号函；英国外交部档 17/310；1855 年 9 月 8 日柯勒拉得恩致包吟第 193 号函。

② 《北华捷报》第 266 号,1855 年 9 月 1 日。

守现行制度而万勿重蹈旧有制度的覆辙。"①这样,从税务管理委员会制度开始起,在不到 15 个月的时间内,已经断然确定,外国税务委员并不是以各领事的属员身份,在领事们的指示与管辖下,对外国商人和船舶所有主们实施有关贸易的条约规定,和保证商人依照协定税则缴纳各项捐税的。相反地,英国本国当局已经明白承认,并且已经使驻华的英国官员们认清,税务委员应该视同中国官吏,由中国当局提名和任命,并在他们以委员身份所做的职务上的活动方面,不受领事的直接管辖。这对于许多商人和某些领事来讲,是一个不受欢迎的原则,但它却是健全的精神和健全的法则。它变成了《天津条约》的谈判代表们凭以奠定通商章程善后条约第十款②的基础,而只是在这个基础上,李国泰和他的继任者赫德才能建立起中国海关的结构。

十四

但是幼稚的税务管理委员会制度的困境一直还没有渡过。事实上,它本身的存在现在已经受到了威胁。柯勒拉得恩和他的政

---

① 《北华捷报》第 270 号,1855 年 9 月 29 日。

② 第十款——各口划一制度下的税款征收。

"通商各口收税,如何严防偷漏,自应由中国设法办理,条约业已载明,然现已议明,各口划一办理。是由总理外国通商事宜大臣或随时亲诣巡历,或委员代办。任凭总理大臣邀请英人帮办税务,并严查漏税,判定口界,派人指泊船只,及分设浮桩、号船、塔表、望楼等事,毋庸英国指荐干预,其浮桩、号船、塔表、望楼等经费,在于船钞项下拨用。至长江如何严防偷漏之处,俟通商后,察看情形,任凭中国设法筹办。"(录自于能模等,《中外条约汇编》,11 页。)

府虽满意于这种新制度的成功,但深怕若只实施于上海一地,这种
成功的本身就会造成断送该埠贸易的后果①。在 1855 和 1856 两
年中,柯勒拉得恩一再督促包吟,要他"因势利诱,使清政府在其他
各口岸设立一种类似或相同的有效征税制度"。② 现在包吟已经
可以再一次向他的上司保证说,不但上海的一些商人们已经适应
了这种新制度,而且在这种制度下,贸易实际上已经日有增加③。
可是,柯勒拉得恩为求证实他的论据起见,曾经通过贸易部征求商
业协会和各个商业公司的意见。由于这次调查的结果,他通知包
吟说,"上海的现行制度,除非也推行于其他各口岸,就不能长期保
持,如果你认为普遍推行的任何进一步努力都不会成功,或是如果
你徒劳而一无所获,那么你就应该对于终止这种制度的最好方法,
和你的法、美两国同事进行交换意见,并和他们取得协议。"同时,
不言而喻,"虽然上海的制度如果只局限于该口岸一地,女王陛下
政府将不能再予以支持,可是他们并不想为英国臣民取得他们贸
易上应征各税的优免权。同时他们也不承担任何义务,提供那种
原本应该由清政府自行实施的戒备。"④这样的训令把包吟弄得满
腹忧虑和疑惧。他已经,并且正在尽力设法把这税务管理制度推
广到其他各通商口岸,但是他的努力已告失败,失败的原因部分是

---

① 英国外交部档 17/224;1855 年 1 月 29 日柯勒拉得恩致包吟函。
② 英国外交部档 17/309;1855 年 1 月 29 日柯勒拉得恩致包吟第 34 号函;1855
年 2 月 28 日第 53 号函。
③ 英国外交部档 17/230;1855 年 5 月 15 日包吟致柯勒拉得恩函;英国外交部档
17/231;1855 年 7 月 6 日函。
④ 英国外交部档 17/243;1856 年 12 月 9 日柯勒拉得恩致包吟第 234 号函。

由于福建高级官员和那位可敬畏的叶名琛总督领导下的广东高级官员的反对，部分是由于动乱的政治情形，特别是在广州方面，当时"亚罗号"事件已经在那里酿成了另一次战争。包吟力称，就上海的情形来讲，他可以很容易地用统计数字证明，"税务管理委员会制度已经给予该口岸以真正物质上的利益，在那里，对外贸易和本地贸易都已经增加到了难以相信的程度，现在正把它促成为世界上最大的商业市场之一。"他也可以证明，"税务管理委员会已经把鸦片贸易特意放在本来难以想望的一种例外的和有保障的条件下（通过税务委员们的影响）；它已经为航行的改善和安全、税则的改良、损害赔偿等从国家收入中指拨了专款，因而使商业方面获得了种种便利；并且除去其他的便利不计外，还有就是它为商务监督处和领事们免除了无数的问题，这类问题都已经由它当场予以公平解决，而在其他各口岸，那些因习惯性的触犯中国法律而滋生的麻烦、苦恼和不安却是经常忧虑的根源，以上种种，都是不容置辩的事情。"尤其重要的是，他"指出这种制度已经可以把英国的名字和荣誉与信实联系在一起，并且已经在北方（按：指广东以北）给了我们一个卓越而日益重要的地位，特别是在目前这个危急关头"①。向来承包吟以为难事情相付托的李国泰，很容易地驳倒了商人们所提出的那些论据，特别是关于茶叶贸易的那一些，而这种贸易的衰退主要是由于加罗拉银元的缺乏。他指出，"为了替外商取得从本地卖户买进已税产品的权益，他费过很大的气力。就大部分的茶、丝贸易而言，这一点是办到了。有一个完全和海关隔离

---

① 英国外交部档 17/264；1857 年 2 月 4 日包吟致柯勒拉得恩第 63 号函。

开的收款机关,专收茶、丝卖户所缴的各项税款,然后发给他一张开有卖户行名或姓名的收据。这张收据先由卖户转给外商,再由后者在前来办理货运结关手续时,交给海关。在海关提交的税款收据并不必须是所装运茶或丝的原收据,而只须是一种与所开物品的包数或件数相符的凭单。"[1]抗议税务管理委员会制度的压迫情形一向最为激烈的公和洋行(Gilman & Co.),据李国泰声称,曾经在最近因试图以价值四千镑的印花布作为颜色布通关以期规避较高的关税而被科处过罚金。包吟所提出的另一项论据,倒颇具有一种巧妙的现代口气:"我认为目前不应该摧毁我们在中国税收上现有的支配地位,而帮助制造新的困难,这种地位不但可以有助于谈判,而且会给予我们所要求的赔款以物质的保障。税务管理委员会制度的存在是保护上海贸易不受干扰和鼓励满清官吏把产品指引到这个重要和进步地方的一个重要因素[2]。包吟深信目前放弃税务管理委员会制度,会造成种种困难,并且非常有害于我们在中国的一般政策。"[3]他辩称,一切都是以拖延为有利,并且这样的拖延是不会危及任何利益的;法国公使也持同样见解。广州敌对行动的突发,使这个问题暂时告一结束。关税征收问题只能等待修约时再予解决[4]。1858年6月26日《天津条约》的签字,一举而解决了地方当局所成立的税务三人委员会,并同时规定把税务管理委员会制度推行到中国其他各通商口岸。如上文所述,对于这

---

① 英国外交部档17/264;1857年2月6日包吟致柯勒拉得恩第65号函。
② 同上,1857年2月26日包吟致柯勒拉得恩第92号函。
③ 同上,1857年2月27日包吟致柯勒拉得恩第95号函。
④ 同上,1857年2月27日包吟致柯勒拉得恩第97号函。

种制度的两项主要反对意见曾经是(一)把它的实施仅限于上海一地,已经造成了对其他通商口岸的商人们有利的差别待遇,以及(二)作为一个中国机构,这种制度受到外国领事们过多的庇护。《通商章程善后条约》第十款,解决了这两层困难。这项条款承认中国可采取其所认为保护税收最适当的方法,并订明缔约双方同意以划一的制度实施于所有各口。这项条款进而规定,清政府所指派监督对外贸易的中国大员任凭"邀请英人帮办税务,并严查漏税,判定口界,派人指泊船只,及分设浮桩、号船、塔表、望楼等事,毋庸英官指荐干预,其浮桩、号船、塔表、望楼等经费,在于船钞项下拨用"。(录自前引,《中外条约汇编》,11 页)额尔金伯爵在把这项规定这样地放进正式文件中的时候,不但反映着身当其冲的,自然也是利害关系最直接的人们的意见,而且也是遵守着他的长官,柯勒拉得恩伯爵的训令,柯勒拉得恩伯爵曾警告他不要做出任何含有英国参与保护中国税收这类性质的协定[1]。法、美两国政府后来除去在条文中分别改成为允许聘用法国人和美国人等字样而外,也援例把这项条款列进他们的《天津关税协定》中,由此可见,那曾经率先倡导

---

① "但是不论对于进出口贸易应征税额方面做出何种协议,我也不能使阁下有太深的这样一种印象,以为我们对于保护中国税收一事,有不负担任何责任的必要。可是如果阁下除去答应在呈验中国海关证明一切船货各税均已完清的凭证以前,应由英国领事当局保留船舶证件而外,还答应由英国驻华官员对于中国海关提供任何更大程度的保护,那就只会是为将来制造无穷的麻烦了。给予中国税收以比清政府所要给予的更大的注意,并不是女王陛下领事当局的职责一部分。诚然,英国臣民在从事任何欺诈行为所造成的后果上,不会受到保护;但是在另一方面,我们也不强迫清政府一定要比他们自行其是的时候,对帝国国库的利益更加注意。"1857 年 4 月 20 日柯勒拉得恩致额尔金函。英国国会档:"额尔金伯爵奉专命出使中国及日本有关通讯汇编,1857 年",5 页。

这种税务管理委员会制度的三个有约国，很愿意清楚表明他们的政府，在清政府所要聘用帮办税务的外国人的遴选方面，现在已经摆脱掉一切责任。因此，这项条款的采纳，明确地标志出，这个机构已经从作为一种外国政府权宜办法的状态，变成为一个基本上是中国机关的状态。腓特烈·卜鲁斯爵士（Sir Frederick Bruce）在1860年10月26日写信给鲁塞尔子爵（Lord Russell）时论道："这种新制度和从前在上海实行的不同，因为它所雇用的外国人不再是外国领事们所推荐的。它现在已经变成了一个纯粹中国机关。"①几年之后，总税务司鹭宾·赫德先生（后来是爵士）提到同一个问题时，论道："在它的起源上和在它主要预期的目的方面，与其说税务管理委员会具有本地机关的性质，还不如说它具有外国机关的性质：它简直是一种外国政府的办法，而不是渊源于清政府的。它的章程和惯例，起初都是最简单的；虽则如此，它还是和这个社会中的一些人们的目的发生了冲突，这些人原本都是想利用这样一个机构不存在的时机，乘着本地官员一筹莫展和秩序混乱之际，取巧渔利的。可是不久之后，这个机关凭借它那种混合性质中所固有的活力，逐渐和它的原创始人分开来了，并且由于偶然的引力，越来越变成为一个中国机构。"②

十五

在那时（1858年），把上海方面已经分明奏有功效的那种制度

---

①　英国国会档："中国事务有关通讯汇编，1859—1960年"，1861年，249页。

②　英国国会档："中国第1号（1865年）"，"中国的洋关"，4页。

推行到所有其他通商口岸去的最适当的一个人,显然是李国泰。
上海的三个税务委员中,他是唯一精通中国语言的人,也是唯一曾
经把他的全部时间和精力都专用在办理实际关务工作方面的人。
除去他因此而得到的知识和经验外,他也握有为《天津条约》和税
则的拟定打下基础的那一切谈判的原始知识。他也已经证明出他
作为一个管理人员和组织人员的能力。诚然,他有严重的脾气上
的缺点,并且傲慢自负,但是他的保举人,办理两江通商事务大臣
何桂清①,显然认为他的优点胜过缺点,因而任命他为总税务司
(Chief Commissionen)——他自己把这个官衔译为总监(Inspec-
tor General),并派他在其他各通商口岸按照上海范例,开办海关。
同时,法、美两国税务委员爱棠和菲士都被资遣。英国新任公使卜
鲁斯,为帮助李国泰完成他的任务,曾经在 1859 年 9 月间向所有
英国领事发出一件通令,告诉他们说,李国泰行将游历各口,创办
海关管理的划一制度,女王陛下政府对于这项实验的成功寄以很
大的关心,因而各领事应给予他以必要的帮助,并且在清政府和各
领事谈判到这个问题时,应该申明,女王陛下政府认为这种制度是
立刻予税收和贸易利益以保护的最好方法②。在派定了税务司戴
维斯(H. Tudor Davies)管理上海机构之后③,李国泰便启程驶往
广州,而广州城的管理自从 1858 年 1 月以来,就一直是握在联军
委员们手里的。

---

① 上海道台薛焕"真像是对李国泰有无限的信心,关于这一点,从他保举李国泰
组织洋关一事得到了证明,任命虽然是薛的上司何桂清颁给的,可是何氏却是完全根
据薛的保举"。英国外交部档 228/262;1859 年 12 月 5 日卜鲁斯致鲁塞尔第 57 号函。
② 英国外交部档 228/274;1859 年 9 月 28 日卜鲁斯致英国各领事通函。
③ 《北华捷报》第 482 号,1859 年 10 月 22 日。

十六

李国泰在这里发现了一种和上海曾经盛行过的情形即非同样有趣但也不相上下的局势。广州，这个旧公行的策源地，已经在1843年亲眼看见过准备在海关税则和海关手续方面开辟一个新天地的那些谈判。成绩究竟如何呢？那些本来应该是敲撞集团舞弊之丧钟的新税则和新海关制度，制定了还不到十年的功夫，巴夏礼就报告说，向海关提呈舱口单的章程已经不再实用了，而且逃避关税，或毋宁说是偷漏关税的行为，已经变得如此的有组织，"以致税吏和商人们往往经由第三者的居间跑合，对于在商馆交付的货物，只按税则税率输纳二分之一或三分之二。"①他也指出，官设通事是广州特有的一种人，专管监视外国船的装卸货物，他们一度对于这种工作取酬很高，但是在1853年时，他们不独常常自愿做无偿的效劳，"而且听说在他们彼此激烈竞争之中，为了能接到这笔有利可图的报关生意，凡由他们经手缴纳的各税，每一船货物，竟还提给代理人一千二百元的成头。"巴夏礼在1854年所写的一件关于广州海关不法情形的备忘录中②，对于当时海关的一般情形做了一番详尽的描述，他指出，在广州对外贸易的征税，已经委托给海关的另一个部门，与负责监督民船国内贸易的部门截然分开。因为前者据说是受协定税则和条约规定限制的，所以"河泊"必须

---

① 英国外交部档228/151：1853年8月9日文翰致柯勒拉得恩第84号函。

② 英国外交部档228/167：1854年12月3日包吟致柯勒拉得恩第246号函附件。

向清政府呈报所征各税的详细账目，而在常关征课方面，却只须呈报规定比额。他本可以补充说，过去的主管以那种表面精密而实足令人误解的方法所制成的那些对外贸易的细账，是极端不可靠的。当时外国人置办的货物大部分是贮存在黄埔中国人的堆栈里，堆栈的所有主负责"把货物从黄埔护送到广州，卸在他们堆栈里，代付税款、船租及其他一应费用，并且在货物从他们手里交出时，提出这些费用的单据"。当时管理对外贸易的五个领有执照的通事，每人都拥有一个由许多事务人员组成的庞大组织，就偷漏税收而言，他们都是公行的适当继承人。短报货物是他们的惯技。委托一笔六千包的货物，通事会向海关报为三千包，而告诉外国受托人说已经申报了四千包，要他照这个数目向官设银号输纳十足的税款。银号和通事于是就把这未向海关申报的一千包的税款，彼此瓜分。在广州，江面被分成为若干巡逻区域，每一区域由一个包税人控制，包税人是以投标的方法从"河泊"那里买得这个位置的。包税人为弥补他的开支，在他的巡逻区域内"向所有装卸的中国货物，依照税则，征收一笔小码头捐或通过税，但却也不是永远照税则抽收的"。对于外国人的合法经营，他们没有权力，或是没有因头过问，但是对于未奉海关核准的交易，他们便急忙出面奔走了，并且总是准备接受"外商付给他们一笔适当的报酬，以保障非法装卸的货物的安全交付"。为了要把他未付正规关税的货物从他的房子里运到停泊在商馆对面的船上，外国商人必须对于安全护送他的货物渡过海关巡船一层，先和包税人商妥。包税人经常派有船只守在海关巡船旁边，他的最简单的办法就是串通巡船水手，和他们坐地分赃。当包税人想要独吞全部利益时，他就另外用一些使巡船水手们不致为害的方法,譬如在货物移动的时候,邀请他们赴宴或是请他们吸食鸦片等。在 1852—1853 年间,外国商馆船只的包税人的收益是每年 20 万元,但是在这笔款项中,他们却必须分给海关员役、地方官、警务人员以及其他有权过问他们活动的公私人员等各以实质上的固定份额。这就是 1856 年 10 月间英国人对广州开始军事行动时,现行海关制度的轮廓,那次的军事行动最后造成了 1857 年 12 月 28 日英、法联军的攻取和占领该城[①]。这些海陆军军事行动使得贸易完全停顿,因而在 1856 年 10 月 26 日"海关奉钦差大臣之命关闭了"[②],这样就把存在中国人堆栈里,但属于英国商人所有的价值 1,500,000 元的货物都停止流通。当时驻广州领事巴夏礼"鉴于他虽然未接有清政府关于这件事的正式通知,可是海关确已关闭……便准许所有在黄埔的英国船只得无须照例的海关结关单而驶离停泊所"[③]。二年半之后,"河泊"代三个通事提出一项要求,索取在海关关闭时期英国商人应缴的关税等款,共计 12,619,463 两银子[④]。领事文察斯德(Dr. Winchester)指出,海关曾经奉叶总督(按:指叶名琛)之命关闭,商人们自无法缴纳税款,也无法取得"大印"[⑤]。从 1858 年 10 月起,广州城的政府已交在总督柏贵手里,由一个包括修叶(F. Martineau des

---

① 英国国会档:"额尔金奉专命出使",1857 年 12 月 29 日西马縻各厘爵士致额尔金函,134 页。

② 英国国会档:"女王陛下海军在广州行动有关文件汇编",1857 年,1856 年 12 月 2 日巴驾致包吟函,123 页。

③ 英国国会档:"女王陛下海军在广州行动有关文件汇编",1857 年,1856 年 12 月 2 日巴驾致包吟函,123 页。

④ 英国外交部档 228/266:1859 年 7 月 11 日文察斯德致卜鲁斯 18 号函。

⑤ 同上,1859 年 9 月 7 日文察斯德致卜鲁斯第 29 号函。

Chenez)海军大佐、哈罗威(Thomas Holloway)陆军上校和巴夏礼领事的联军委员会予以协助①。这个委员会的秘书是年青的领事馆翻译官罗伯特·赫德(Robert Hart),他以这个地位得识中国高级官员,并获得他们的好感,这种际遇即将证明对于他以后的事业前途是极为可贵的。从外国人占领广州所造成的非常局面中,自然而然发生了海关问题,英国驻黄埔领事文察斯德极力主张建立一个外国税务管理委员会,以消除不平等待遇②。可是额尔金不认为英国政府会在这种情况下同意这项建议,并且表示他虔诚希望在英国领事馆从黄埔撤到河南时,海关官吏能够公正无私地征收关税③。联军委员会的委员们也抱有这种看法,并且为"向海关监督证明……海关行政仍旧像从前一样地完全保留在他的手里起见,我们便委由英国代理领事送给他一封信,声明他已经遵照额尔金伯爵和包吟爵士的训令,在那天早晨抵达河南,以便比在黄埔更有效地执行他的本国商务监督事宜"④。4月29日,海关船或瓜艇

---

①　英国外交部档 17/285:1858 年 1 月 9 日额尔金致柯勒拉得恩第 6 号函。英国国会档:"额尔金奉专命出使",1858 年 1 月 13 日额尔金致柯勒拉得恩函,148 页。

②　英国外交部档 228/245:1858 年 3 月 24 日文察斯德致包吟第 27 号函。

③　英国外交部档 228/246:1858 年 4 月 20 日包吟致柯勒拉得恩第 105 号函。

"我从来没有认为他(包吟爵士)把粤海关行政握在他自己手里的计划是切合实际的。在解除广州江面和海口封锁的时候,我除去要求在联军临时占领城郊期间,将关税在黄埔征收外,不曾对海关做过进一步的干涉。我们所以采取这种措置,乃是为了避免将根据对华条约而握有领事裁判权的领事馆设置在施行军法的区域内,致引起管辖权的冲突。"英国外交部档 17/286:1858 年 2 月 13 日额尔金致柯勒拉得恩第 38 号函。美国公使列卫廉曾经同意这种办法。英国外交部档 228/264:1858 年 4 月 20 日包吟致柯勒拉得恩第 105 号函,附 1858 年 4 月 7 日额尔金函。

④　英国外交部档 17/302:1858 年 4 月 30 日联军各委员致斯特劳本基陆军少将(Major General Van Straubenzee)函。

就从黄埔拖曳上来,碇泊在河南,这种移动是与文察斯德的推测相符的,据他推测,"一切可能征收的捐税会是在河南而不是在此间税口委员办公处清结"①。广州的封锁已经在 2 月 10 日撤销,从那天之后,对外贸易一时呈现出非常活跃的情况。江轮天天满载着货物来来往往。曾经有过 22 艘载重共 14,216 吨的英国横帆船进口,18 艘载重共 12,457 吨的船结关出口;在后者之中,有 12 艘共载重 4,517 吨的船,已经载同茶叶驶往英国②。但是清政府本身鉴于时局不定,对于这个问题颇感不安,于是和巴夏礼商量,暗示他们在关税征收方面并不反对外国的协助。巴夏礼并没有给予他们任何鼓励③,就是这样文察斯德还生怕会有利用这笔征到的款项支给军饷和购办武器以抵抗联军的危险④。军事行动的恢复使得这个问题成为理论成分多于现实成分的了,在 7 月初,文察斯德领事就已经报告说,因为海关的通事和他本人的通事都已经不知去向,他被剥夺了处理海关事务的一切正常工具⑤。正这个时候,英国政府已得到一项结论——也是法国政府所同意的——认为广州的中国海关"应暂时由联军管理,并应该为他们的利益,根据他们的权威,或由他们为此目的而委派的官吏征收关税"⑥。可是,后来得知一

---

① 英国外交部档 228/259;1858 年 3 月 2 日文察斯德致额尔金伯爵第 4 号函。

② 同上,1858 年 5 月 11 日文察斯德致额尔金伯爵第 6 号函。

③ 英国国会档:"额尔金奉专命出使",1858 年 4 月 12 日巴夏礼致韩蒙德(Hammond)函,233 页。

④ 英国外交部档 228/247;1858 年 6 月 9 日包吟致曼兹柏立第 156 函,附 1858 年 6 月 7 日文察斯德致包吟第 77 号函;又 1858 年 6 月 26 日包吟致曼兹柏立第 174 号函。

⑤ 同上,1858 年 7 月 1 日文察斯德致包吟第 108 号函。

⑥ 英国国会档:"额尔金奉专命出使",1858 年 7 月 8 日曼兹柏立致额尔金函,263 页。

般真正的情况之后，政府又改变了他们的意见，而把这问题交由额尔金权宜处理①。在 7 月间，连贸易的影子都看不见了，江面是在战舰的控制中，这个"几同废墟"的城邑，也同样是在联军的单独占领之下。在这种情况中，英国领事馆暂时从广州移到了香港，而黄埔的领事馆事宜则交由副领事柏德（Bird）负责②。贸易是在机缘凑巧的不正常情形下进行的，但是随着贸易这样子的进行，人们对于有关外国官员的愤恨情绪也越来越大。10 月间，美国驻广州领事培理（Perry）指控副领事柏德曾准许英国船"萨宾那号"（Sabina）不缴纳关税结关出口，致损害美国的航运；英国船只利用英国和中国作战的情形而乘机取巧；以及把广州置于军事占领之下以便规避各项关税的完纳，而美国船只却必须照章输税。这种指控原是毫无根据的，因为"萨宾那号"已经呈验过照例的"大印"，并且自从英国领事馆搬走之后，除去江轮"威拉米特号"（Willamette）这唯一例外而外，就不曾有过美国船只进口或结关出口③。这次事件使得阿利国深信广州领事馆必须尽速重新开始办公④。因而在 11 月 4 日他重设广州领事馆⑤，并和巡抚及"河泊"有过一次会谈，这次会谈是由赫德布置的，赫德当时因阿利国的要求，已从联

---

① 英国国会档："额尔金奉命出使"，1858 年 9 月 25 日曼兹柏立致额尔金函，361 页。

② 英国外交部档 228/248；1858 年 7 月 30 日包吟致曼兹柏立第 202 号函，附 1858 年 7 月 28 日阿利国致包吟第 133 号函；又 1858 年 8 月 6 日包吟致曼兹柏立第 210 号函。英国外交部档 228/259；1858 年 8 月 6 日阿利国致额尔金第 10 号函。

③ 英国外交部档 228/249；1858 年 10 月 26 日包吟致曼兹柏立第 291 号函。

④ 同上，1858 年 10 月 25 日阿利国致包吟第 154 号函。

⑤ 香港公告第 6 号，1858 年 11 月 6 日。

军委员会秘书的职位上调回领事馆任职[1]。在月底以前,同所有中国官员的正式关系都已经恢复了,贸易也已经完全重新建立起来[2]。由于和睦关系的恢复,"河泊"才能够把香港和澳门直驶广州的江轮进行广泛走私的问题提出讨论[3]。这些轮船最初只准载运旅客,每星期往来一两次。这种运输的管理章程本来是非常严格的,后来虽然放宽,但是附有一项明白的谅解,即凡这类船只,一律不得载运货物。乘着时局不靖的机会,这些江轮的所有主公然置一切章程和限制于不理。他们高兴行驶他们的轮船多少次,就行驶多少次,也不拘时间,无论是在日落之后,或日出之前。他们为中外人士装卸货物,并且载运大量的旅客。有时一艘驶来的轮船,竟会载有一万件包裹之多。这一切业务的进行,既没有向中国或领事当局做过任何请示,也没有做过抵埠或离埠的报告,更没有来往货运的报单。阿利国有他在上海的经验可资借鉴,不断催促

---

① 英国外交部档 228/249:1858 年 11 月 10 日包吟致曼兹柏立第 100 号函,附 1858 年 11 月 5 日阿利国致包吟第 159 号函,又 1858 年 11 月 12 日包吟致曼兹柏立第 305 号函。阿利国对于赫德的优点的看法是值得引证的——"他和高级官宪们的亲切私交,他和他们所保持的一种私人性质的良好关系,在现有条件下,给予他一种处理公务方面的便利,这种便利,我毫不迟疑地说,是没有任何其他翻译官能够带给本机关的,而我这种说法,丝毫没有毁谤米杜斯先生的意思。我只愿意补充说,我目前非常重视赫德先生的帮助和尽力,无论是作为翻译官,或是在建立与一切中国官员交往的新制度方面作为一个现成的桥梁,并且我不相信有任何翻译官,纵使在学识和才具上更高一筹,对于那些现正在职和久经在公务处理上同他相熟识和交好的人们,能够作为这样有用的一个桥梁。"英国外交部档 228/249:1858 年 11 月 25 日阿利国致包吟第 169 号函。

② 英国外交部档 228/259:1858 年 11 月 25 日文察斯德致额尔金第 20 号函。

③ 英国外交部档 228/249:1858 年 11 月 13 日阿利国致包吟第 162 号函。英国外交部档 228/260:1858 年 11 月 18 日阿利国致包吟第 167 号函。英国外交部档 228/259:1858 年 12 月 13 日阿利国致额尔金第 22 号函。

"河泊"采取步骤来应付这种走私和违章贸易，并建议提供给他一定数目的载有中、英两国文字的执照，加盖双方印信，以备海关官吏在英国船上行使他们的权力时，可以应用。这个建议附带两项条件：（一）必须有一照顾周到和有效的海关行政以执行货运的检查，防止偷漏，和革除一切留难，以及（二）这种运输的管理章程必须经各有约国同意，并适用于一切船舶而不论其国籍。"河泊"总是主张要有一份精密详尽的章程，阿利国则建议：条文应尽量简赅，而只须规定诸如在每只轮船上派驻海关官吏以防范货物的偷装偷卸，进口舱单的必须提呈，未列舱口单的中国定货在海关的检验，以及无准单而装运货物的查禁，等等，就足够了①。管理商人报关事务的通事制度已经根本破产，因为靠这种制度绝对不能管理江轮；但是"河泊"立刻察觉像他那样试图把海关作成一个多少还能够认真办事的机构，并对于恶名昭著的江轮走私贸易加以管制，结果却只是驱使走私贩子们都去利用绕道佛山的那一条迂回航线罢了。为应付这种发展，"河泊"计划设立一种对外贸易的专利权，并且属意于 21 家中国行商。阿利国自然对这点提出异议，于是"河泊"为他自己辩护说，他并没有意思重新建立公行，而只是试图制止佛山走私贩子们的走私贸易，这些走私贩子利用客船并且还得风气之先，利用他们雇来保护他们的那些警务巡洋舰从香港和澳门带进货物，和不付关税而将丝、茶装运出口。为求帮助他取缔这种走私贸易，他曾号召利害攸关的广州商人们给他协助。他建议商人们应组织一个协会保护他们自己，应将贸易限制于协

---

①　香港通告第 59 号，1858 年 12 月 15 日。

会会员，并应对于协助查抄私货的商人发给奖金。阿利国虽同情
"河泊"处境的困难，却对于这种商人组合抱怀疑态度，因为这种办
法将会鼓励垄断。他指出外国人所理想的是适当的缉私机构和有
效的海关行政，而中国人的理想则是以组合和商人间的相互保证
制度作为保证关税的手段。外国人不能接受后一种理想，因为他
们认为它妨害贸易并危及他们的合法利益[1]。"河泊"在业经《中
英天津条约》予以合法化的鸦片的关税征收方面，也有他的困难，
而且简直不知所措，以致非征询阿利国的意见不可。他想要探听
一下，在势将削减这种大规模违禁品贸易的缉私办法上，他们从香
港和澳门两处租借地政府所能获得协助的希望究竟有多大，而那
种大规模的违禁品贸易，却正是该两处贸易市场的繁荣所系的。[2]
阿利国只能够以仿照上海范例改良海关相奉劝。这是一个至关重
要的问题，特别是因为过去五年来，从广州解交北京的税收定额已
经从每年 300,000 两银子降到 180,000 两银子[3]。总督劳崇光和
"河泊"恒祺做了一番商量，结果他们决计邀请他们所亲切认识和
相信得过的领事馆青年翻译官赫德，仿照上海李国泰所主持的那
个海关的办法，在广州设立一个同样的海关。赫德辞谢了这个不
胜荣幸的邀请，但示意，李国泰先生本人如被邀请，无疑他一定愿
意为了这个目的来访问广州。同时赫德提供给李国泰一件关于广

---

[1]　英国外交部档 228/261:1859 年 4 月 23 日包吟致曼兹柏立第 97 号函,附 1859
年 4 月 19 日阿利国致包吟第 35 号函,附阿利国与粤海关监督的通信。

[2]　英国外交部档 228/266:1859 年 4 月 24 日阿利国致包吟第 37 号函。

[3]　同上,1859 年 8 月 2 日文察斯德致卜鲁斯第 22 号函,附总管内务府大臣一件
奏折的译文。

州情势的长篇大论的备忘录,以作为他的指南①。结果,赫德在
1859 年 5 月 27 日送进了请辞英国领事馆职务的呈文,以便接受
他承邀担任的一个与通商各口中国征税事务有关的位置②。辞呈
被接受了,因为卜鲁斯深信《中英通商章程善后条约》第十款所载
的试行办法的唯一成功希望,就在于能为这个幼稚的机构募用有
品格、有能力和深知中国情况的外国人来担任职务。他认为这样
一个机构不但会使各公使馆省去了对于关税问题方面无尽无休的
讨论和争执,而且还能在当时的一般情况下,使中国得到帮助和公
平无私的意见,因为这种帮助和意见如果由外国外交人员们提出,
势必会让人起疑心的。在 6 月 30 日,赫德已经把广州英国领事馆
中文科的责任交代给他的后任阿拉巴斯脱先生(Mr. C. Ala-
baster),于是他便完全专心从事于他的新职务③。在嗣后三个月
中,直到李国泰到达之前,赫德辛勤地准备一切,帮助"河泊"制定
海关章程,并规划管制江轮走私的办法。鸦片征税问题也分了他
一部分的注意力。"河泊"想要建立这种贸易的垄断制,委由潘定
官(Pontinqua,音译)和明官(Mingsua,疑系 Mingqua 之误)两家
旧行商经办,并要每箱征收 50 两银子的一笔课征,其中 30 两是关
税,17 两给垄断商,3 两给特许从香港贩运毒品的轮船④。这个计
划为英国当局所反对,他们示意,现在李国泰既然已经携同适当的

---

① 海关档:总税务司通令,1869 年第 25 号。

② 英国外交部档 228/266:1859 年 5 月 27 日文察斯德致卜鲁斯第 11 号函,附赫
德辞职函。

③ 英国外交部档 228/266:1859 年 6 月 30 日文察斯德致卜鲁斯第 13 号函。

④ 英国外交部档 228/267:1859 年 10 月 8 日文察斯德致卜鲁斯第 36 号函。

委任状到达此间,奉命组织新式海关,那么鸦片征税问题,就应该留待他处理①。在 10 月 13 日,李国泰已在打消"河泊"的顾虑方面获得成功,因此后者就在那一天致函英国领事,说明他要在当月 24日按照上海所行的办法在广州和黄埔开办那种海关,并且为了这个目的,已经派"费子洛(Fitzroy)为税务司,在他未到任之前,以吉罗福(Glover)为代理税务司,赫德为副税务司,马特森(Matheson)为驻黄埔副税务司"②。可是,问题并没有就此了结。美国驻黄埔领事培理拒绝承认这个新机构,理由是:他并没有从他的本国公使处接奉与卜鲁斯在 9 月 28 日通函中所颁发的类似训令;虽则对于新海关章程的制定,他的英国同事曾经被咨询过,可是他却没有被咨询,在公布之前,也没接过通知;而且新机构的人选,几乎是英国人包办。他声称这些章程触犯了美国公民的治外法权,所以拒绝受它们的约束③。上海的美国商人支持这种争辩④。新近到任的美国公使华若瀚(Ward)在他与何钦差(按:指何桂清)的昆山会晤中,讨论到这件事。他认为在新机构的人选中,美国应按照它的贸易比重占有代表;章程必须送请驻口岸各领事同意,如有异议,就应该在付诸实施之前,转呈各公使考虑⑤。在评述这些意见时,卜鲁斯论道,

---

①　英国外交部档 228/267:1859 年 10 月 12 日文察斯德致卜鲁斯第 38 号函。
②　同上,1859 年 10 月 17 日文察斯德致卜鲁斯第 39 号函,附 1859 年 10 月 13 日粤海关监督函,又广州英国领事馆 1859 年 10 月 15 日通告。英国外交部档 228/270:1859 年 11 月 15 日巴夏礼致卜鲁斯第 48 号函,附总督及粤海关监督为宣布海关于 10 月 24 日在外国监督下开始办公所颁布告的译文。
③　英国外交部档 17/319:1859 年 11 月 7 日文察斯德致卜鲁斯第 43 号函,及英国外交部档 228/267:1859 年 11 月 13 日文察斯德致卜鲁斯第 46 号函。
④　英国外交部档 17/315:1859 年 11 月 22 日卜鲁斯致鲁塞尔第 49 号函。
⑤　英国外交部档 17/314:1859 年 11 月 7 日卜鲁斯致鲁塞尔第 44 号函。

他始终劝谕李国泰,务必不要给予这个新机构以一种过分包办式的性质,指明用一两个办事效率差的人,比惹起各国猜忌要好得多。李国泰生怕在清政府中安置了无用的人员,而宁可忽略这些考虑,结果造成了某些斤斤计较国家的借口,这种的斤斤计较的态度使得制度的运行发生不便,而制度的继续存在,正像卜鲁斯正确预料到的那样,在很大的程度上是有赖于所有各有约国的乐许的。英国外交部意识到所发生问题的重要性,训令他们的驻华盛顿大使理昂士勋爵(Lord Lyons)征询美国政府对于这个问题的意见[1]。国务卿卡斯将军(General Case)明白表示,他的政府不能不支持华若瀚先生。"他们在原则上同意税务司制度,并且对于已经被置于领导地位的英国人李国泰先生,也无异议。但他们认为,除非所有各关系国都在其中获有公平的代表权,并在章程方面受到适当的咨询,这个机构绝不能顺利地或圆满地推动。把它作成为英国人包办的,仅就日常事务而论,可能会方便,但是却要引起各国的猜忌和疑心,这就大为得不偿失了。即使不然的话,美国舆论也绝不会允许美国政府同意美国公民受排斥的情形。"[2]一个星期之后,这个僵局,如果可以这样称呼它的话,已经消除了。华若瀚先生以书面承认:他曾经"抱着一种浓厚的成见,以为广州英国当局和李国泰先生想要阻挠美国的意见和美国公民的商业利益,而给予英国势力和英国商业以过分的偏重;但是他不得不说,一经调

---

[1]　英国外交部档 228/278;1860 年 1 月 18 日鲁塞尔致卜鲁斯第 20 号函。

[2]　同上,1860 年 3 月 1 日韩蒙德致卜鲁斯第 58 号函,附 1860 年 2 月 13 日李昂斯致鲁塞尔第 54 号函。

查，他已经发觉他是完全误会了。他又补充说：从他的观察所得，已经反映出税务司制度确是十分公平正直的；并且他认为这项最后达成的协议，在一切方面都是完全公允适当的"[1]。为引出这样宽大慷慨的一个撤销原案，双方就是有一次误会，也可以说是值得的了。

十七

李国泰从广州前往汕头，在1860年1月间他在那里创办了一个类似的机构，交由华为士先生（W. W. Ward）以税务司身份负责主持。英、中间敌对行动的恢复，阻截了进一步的开展，直到同年10月英、中和法、中和平友好协定签字时为止。这两项协定都规定有中国应对于上述两国各给予八百万两银子的一笔赔款。这项赔款应以各通商口岸所征关税总额五分之一的款项，按季摊付。此外，更规定每期摊还的款项，应在到期的时候，付给两国专派的收款委员，并且每次应付款项的正确与否，应由中国会同两关系国的专派委员照章查明[2]。这样就创建了最初的一个先例，一方面利用海关机构作为偿债机关，并将作为还债之用的税款的征收事宜以及这些应付款项的会计事宜，都交由以海关职员身份为清政府服务的外国人负责监督，另一方面则把记载各口所征税款总额

---

[1] 英国外交部档228/278：1860年3月5日韩蒙德致卜鲁斯第61号函，附1860年2月20日李昂斯致鲁塞尔第56号函。英国外交部档17/315：1859年12月6日卜鲁斯致鲁塞尔第58号函。

[2] 《中英北京条约》（1860年）第三款；《中法北京条约》（1860年）第四款。

的档案册籍,在每季度终了时,一律公诸有关各口岸的英、法领事审查核对。这是 1912 年 1 月中、外协定的先驱,根据那项协定,总税务司负责关税税款的征收和分配,而它的分配账目不但必须报告财政总长,而且必须报告外交团指定的各外国银行。但是在 1860 年和 1912 年这两个日期之间,却有着一段漫长而无可艳羡的故事,其中充满了得寸进尺的外国侵略,租借地的强夺,领土的霸占,以及清政府的日益孱弱和衰颓而终至于瓦解,但是这一瓦解,却透露出大势好转的曙光。因为 1860 年的这两笔战争赔款必须由关税收入项下拨付,所以对于赔偿的按期支付做集中化的部署,也就成为必要了,更因为偿还赔款是清政府的一个直接义务,所以设立一个中央行政机构也被认为是适宜的措施,以便由这个机构料理这两种密切相关的关务和洋务事宜,并由这个新机构的主持人来给予当选为海关总税务司的外国人以任命。在 1861 年 1 月初,以英国公使馆中文秘书的身份曾经在北京同恭亲王和他的同事们有过多次会晤的威妥玛,在这个机构,也就是后来称作总理各国事务衙门的机构成立之前,就已经报告说:有一次文祥曾经声称,"如果在海关里没有外国人的帮忙,如果不是把这些机构置于一个划一的制度下,他们将会无法处理赔款问题"。在同一次会晤中,谈到李国泰时,威妥玛论道:"李国泰并不是我们有意派去的,以期使他在与海关的关系上不致被视为英国的代理人,虽然外国制度越来越划一推行的情形是英国政府所以满意的根源,可是至于谁来替中国征收关税,那却是它不以为意的;中国尽可以雇用中国人、英国人、法国人等。"文祥回答说:"用中国人不行,因为显然他们都不按照实征数目呈报,并且他以薛(按:指薛焕)为例,说

他近三年来根本没有报过一篇账。"①凭着两广总督劳崇光、办理
两江通商事务大臣何桂清和上海道台薛焕等对李国泰的一致推
许,文祥在几个星期后的一次会晤中,告诉威妥玛说,他本人希望
李国泰能被任为总税务司,他的任命"对于政府不但在贸易和关税
方面,而且作为一个一般洋务的可靠的顾问方面",都会是有价值
的②。1月20日降下了一道上谕,宣布总理各国事务衙门的成立,
以恭亲王为主持人,以满大学士桂良和户部左侍郎文祥为帮办③。
在同一道上谕中,也委派了北洋大臣和南洋大臣,分别管理北方和
南方各口通商事宜。在这道上谕颁发之后,恭亲王便交给从广州
奉召前来帮办总理衙门事务的恒祺一件派李国泰为总税务司的剳
谕,剳谕中,在提到李国泰在上海税务管理委员会委员任内所表现
的税收增加的情形之后,恭亲王责成他对于一切有关税收事宜实
施一般的监督,帮同各口监督委员征收税款,防止偷税漏税,并保
证海关雇用的外国人等的善良行为④。恒祺把这件剳谕连同他本
人邀请李国泰来京和总理衙门商讨关务的一件通知,一并交给威
妥玛。恭亲王的剳谕和恒祺的通知都依式转给李国泰,可是李国
泰却以病辞谢,并未应召前往,并请准给假返英休养,以便恢复他
的健康,他的健康之受到损害,是由于五年来的繁重工作,以及
1859年夏季民众因愤于绑架苦力作强迫移民在上海南京路发生

---

① 英国外交部档 17/350;1861 年 3 月 12 日卜鲁斯致鲁塞尔第 14 号函,附 1861
年 1 月 11 日威妥玛致卜鲁斯函。

② 同上,1861 年 3 月 12 日卜鲁斯致鲁塞尔第 14 号函,附 1861 年 1 月 23 日威妥
玛致卜鲁斯函。

③ 同上,1861 年 2 月 20 日卜鲁斯致鲁塞尔第 7 号函。

④ 《北华捷报》第 554 号,1861 年 3 月 9 日。

骚动时,他横加干涉而受的创伤①。照卜鲁斯和海关职员们的看法,李国泰没有去北京而启程赴欧洲实在是白白放过了一个重要的机会②6。

十八

钦差薛焕根据李国泰的建议,派费子洛和赫德在李国泰告假期内代行他的职务,"对于各通商口岸一切关税征收和对外贸易事宜,会同实施一般监督。"③当时,那位在 1857 年以额尔金伯爵的随员身份来中国的费子洛是上海税务司,赫德是广州副税务司。这种会同办事的办法在上海从该年四月份起实行到六月份。可是在六月初,赫德凭着他的才能和精力以及他对于中文的专门知识,并凭他的友人英国公使卜鲁斯的介绍,奉邀前往北京④。这时却有一件打算拦阻他越过天津再向北进的阴谋发动了。前广州"河

---

① 英国外交部档 228/274:1859 年 9 月 8 日米杜斯致卜鲁斯第 23 号函。英国外交部档 17/313:1859 年 8 月 1 日卜鲁斯致曼兹柏立第 41 号函。

② 英国外交部档 17/351:1861 年 5 月 9 日卜鲁斯致鲁塞尔第 45 号函:"他在那时候启程赴欧洲,是同我自己以及其他一些人就我们所认为是为了他本人和这个幼稚制度的利益而提出的强硬抗议相背驰。"赫德致各口税务司函,海关档,总税务司通令,1869 年第 25 号。

6 恭亲王给总税务司的劄谕,并没有提到"李国泰在上海税务管理委员会委员任内所表现的税收增加的情形"云云一节。原劄谕见《夷务始末》,卷 72,16—17 页。

③ 海关档,总税务司通令,1861 年第 1 号。

④ "只是凭着我的邀请,而且还背着清政府的意思,赫德才能在两年前来到北京,也只是由于他的机警、聪明和谦逊,才得接近恭亲王,并得利用他所留给亲王殿下及其幕僚们的良好印象。"1863 年 11 月 19 日卜鲁斯致鲁塞尔函,英国国会档:"中国第 2 号(1864 年)",22 页。

泊"恒祺,曾在任内积聚了一大笔财富,极想拦阻这位深知在广州已成公开秘密的一切情形的赫德同恭亲王和文祥发生任何直接交往。因而恒祺前往天津拦阻赫德,而把他自己作为赫德与总理衙门间函信来往的居间人。幸而受到了即时的警告,赫德才逃脱了这个存心绑票的匪徒,立即前往北京。在经由卜鲁斯安排的第一次会晤中,恭亲王缄默不语,保持着他的尊严,但是在和恒祺比较之下还有一点诚挚的文祥,却急切要得到财政和商业方面所能有的一切资料。赫德已经在动身的时候准备妥一切必要的统计表和文件,并且能够以一系列的备忘录和往往整天继续不断的谈话,很快地使文祥掌握了海关情形的主要事实。正在这个时候,恒祺发现他的囊中物已经背他逃脱,便从天津赶回,但是由于他的母亲去世,不得不辞去公务,守一百天的制。亲王本人变得非常的友善和客气,并且赫德的诚实坦率所给他的印象是这样的好,以致他被坚邀留在北京,以便在这些问题上帮助中国政府。后来赫德奉自恭亲王的一八六一年六月三十日那件公文,才批准了费子洛和他本人署理总税务司职务的派令,并且训令他们"按照条约,担任稽查职务;——应将经收税项及船钞数目,暨支出管理经费,按季具报;——凡遇船只违反章程,擅自行使而发生各项犯法事件,以及试行偷运,损害国库收入情事,应彻底严查"。这件札委更进而训令说:"清政府难于鉴别各税务司及其他公家雇用洋员成绩,该官员应随时查察。"①(以上节录原件。——译者)

---

① 海关档,总税务司通令,1861 年第 1 号。

十九

　　虽然费子洛是他的前辈,可是赫德一开始就居于领导地位,由于他对于条约以及对于条约和海关工作上的关系的充分知识,由于他在广州的三年经验,由于他对中国语文的精通,更由于他给北京大员们的良好印象,他所身处的地位也就更加稳固了[①]。既然和恭亲王及文祥仔细商讨过海关面临的各种问题,既经对于这些问题的解决达成协议;他便以他的厄尔斯得(按:系爱尔兰的一个省份)式的小心谨慎和政治敏感所锻炼成的精力和热诚,尽力于他的职责。他周历各口,划一办事手续,特别是关于季度税收报表[②],机关经费,罚金与充公货物账目的陈报,沿岸货运的核对,以及征课子口税与沿岸贸易税,颁发免重征执照及存票和管理扬子江贸易等项办法与章程的制定。仗着得自总理衙门的权力,他便承担起李国泰所未尽全功的工作,开办新式海关机构于其余各通商口岸,并由于关务与条约义务的密切相关,更逐渐把这种行政从

---

　　① "可是,关于赫德所给予北京清政府大员们的忠告的健全合理,以及他向他们力陈商务问题的豁达见解的那种不屈不挠的精神,我可以谈说我的亲身见闻。"1861年9月23日卜鲁斯致安脱布斯(Antrobus)函,英国国会档:"中国叛乱有关文件续编",1863年,171页。

　　② "我不妨提到一件相当重要的并且是根据赫德先生的建议而采行的规定,即举凡所收税款均须按季向总理各国事务衙门陈报。这样就可以逐渐给予那些和总理衙门大臣有接触的高级大员以一些贸易的财政观点的实际认识。"英国外交部档17/353:1861年7月7日卜鲁斯致鲁塞尔第85号函。

地方官手里分出来，而集中其管理于总理衙门①。为避免激起地方上与国际间的嫉忌，这是需要灵活外交手腕的，特别是在职员的委派和调配方面。在每一个口岸，都必须在一个外国税务司之下，配置一批得力可靠的外国人为干部，并为防止不必要的摩擦起见，税务司和他的中国同事道台或监督间的关系，必须明确划分。北京政府和各省当局间的公文来往，已经在一定程度上替他准备好了基础；但是在许多地方，新秩序的建立，需要个人处置得法比需要政府支持之处更多②。在厦门、福州、淡水和打狗（按：即今高雄）等口岸，因为闽浙总督本人已经奏请皇上准许采行新制度③，所以事情是容易办的。在 1861 年，他把注意力都贯注在镇江、宁波、天津、福州、汉口和九江等六处通商口岸的建关问题上。厦门在 1862 年，烟台、淡水和打狗，在次年都先后建立了新式海关。因此当 1863 年 5 月赫德在通知李国泰的那件通令上签字的时候，他已经能够在当时由条约开放的十四个口岸中，将通令分寄给十三处了，那第十四个口岸牛庄，却一直到 1864 年，还都没有具备一个新式的海关机构。

---

①　"由于关务和条约义务间现存的关系，所以把关税行政完全从地方当局手中取出，而另行委派直接隶属于北京总理衙门和对它负责的关税征收人员一节，现正在考虑之中。这样将可以保证制度的划一以及把一切争执问题提呈总理衙门王大臣和北京政府请示。"英国外交部档 17/374；1862 年 10 月 13 日卜鲁斯致鲁塞尔第 141 号函，附威妥玛报告与赫德会谈的纪录。

②　"但是，现在这位自愿开中门欢迎赫德的福建满总督，在前不多年还拒绝对女王陛下的公使包吟爵士表示这种敬意，直到他得到了在那种情形下包吟爵士将不往拜会的暗示之后，才勉强让步。"英国国会档："中国叛乱有关文件续编"，1863 年，131 页。

③　英国国会档："中国事务有关通讯汇编，1859—1860 年"，248 页。

二十

走私漏税问题也分占了赫德的注意力。在 1861 年年底他送给卜鲁斯的一件长篇备忘录中①,他举出了他所谓的"极少数的几个例案,来说明上海一些著名的大洋行都曾经试图偷漏税款,或是在违反条约规定的情形下进行业务。过去六年来,在这里的洋行之中,此种从未曾遇着机会就意图蒙混而在海关得到一点坏名声的家数实在不多,说来可怪",他继续写道,"在许多所谓'笔误'的案件中,错误一旦被察觉,总归是使商人讨便宜而税收被偷漏的那一种。商人的那支笔倘如听其自然,在办理关税事务时,必定要错到一个路子上去——未免欺人之谈!"他然后逐案叙列详情,来证明他的说法,例如:一家著名洋行,企图以装有四千匹市布的八十个包件作为两千匹通关;又有九支寄给教士的箱子,据申报,其中所装的是螺钉和书籍,可是一经查验,却证明都是雷管,这自然绝对不是为教士应用的;另有一家洋行,领得一张四百八十四担茶叶的装船准单,关税是在宁波完纳的,但是一经查验,却是七百担。在这个案中,领事拒不准许没收充公,理由是宁波的关税证件是为四百八十四担制发的! 这种或类似意图偷漏的条件,是天天发生的事;但所以使得赫德狼狈不堪的,却是大多数领事当局对这类企图所持的态度。他论道:"商人所希望领事们用来作为他们一切行动

---

① 英国外交部档 17/357:1861 年 12 月 23 日卜鲁斯致鲁塞尔第 191 号函,附 1861 年 11 月 15 日赫德致卜鲁斯函及备忘录。

标准的那种快人心意的观念，就是商人有能做什么就做什么的权力，而中国人则除去条约订明他们可以做的而外，没有权力做任何别的事。"他然后引证了几件事例作为说明，举出"亚连船主号"（Allen Masters）的案件，该船从当时尚未辟为通商口岸的温州开到上海，载有一千五百包盐，盐又是禁止外国人经营的一种品目。虽然该船船主承认这些事实，可是领事竟置道台的抗议于不理，拒不允许没收充公，理由是这桩买卖业经得到温州当局的许可。其后又有英国快艇"波浪号"（Wave）的案件，该艇曾经载有九桶半火药进入上海，火药原是违禁品，立即由一个英国籍的总巡予以查获。结果是有趣的。英国领事米杜斯（T. T. Meadows）马上处罚了该总巡一笔罚金，因为是没有他这位领事的特许证，胆敢在一只英国船上进行查抄，尽管查获的是违禁品；然后根据或许是他所认为的正义，把这笔所课的罚金发给受托人宾尼特（Bennet）和雷顿（Leighton），以补偿充公火药的价款！为了辩护他的行动，米杜斯声称，没有特许证不得查抄违禁品，并且"只要有关船只未企图卸货"，那么查抄这类物品的特许证就不能颁发。无怪卜鲁斯在写信给米杜斯时，声称："我向来没有遇到过这样难以驾驭和危险的一个属员。"[①] 最后有一桩案件，是上海最大最著名的一家洋行，想把一批鸦片定货，送到一个尚未辟埠通商的地方，却以定货是指运通商口岸为辞，向海关申报，并希望请领一张存票！这些以及多多少少类似的案件，使赫德深信，"除非中国人有一个有效的缉私机构，海关业务绝对不能顺利推进；虽则大多数领事都反对采取任何未经条约明文规

---

①   英国外交部档 228/281；1860 年 8 月 31 日卜鲁斯致额尔金私函。

定的预防走私的尝试,虽则势必因此而引起种种困难①,然而也只有在所不计了。"卜鲁斯也完全了解这些困难,于是决定和赫德商量一下,"以我们目前的经验看来,有无可能使海关免于在这类案件中因充任唯一的裁判人而引起的反感。但是除非能组织一种混合法庭性质之类的令人满意的事物,我怀疑改变现行制度会是得计的。"他承认他虽然不知道清政府"在科罚或没收货物方面曾经有过过分苛刻的情形",但是在另一方面,它却不"认为它本身应受领事裁定的拘束",这也是事实俱在的,所以遇有不满意的时候,它一向是毫不迟疑地把案件"作为违约性质的指控提交给公使。因此,除非我能够说服这个政府,使它承认领事们在这类案件中,具有绝对的司法权,那么事情将会继续由外交方式处理,在领事主持下所进行的任何司法程序,必定都被看成是仅仅一种初步的审查。——据我的看法",他继续写道,"健全的政策,应是承认和支持清政府的任何部门,只要它在履行它的职责方面表现出能力和信实。经验证明,领事裁判权原则,除非极小心地运用,并且局限于事关外国人安全的最狭窄范围内,就会变成一个乱源,而结果对于一切利益都是有害的。"②可是大多数英国领事,在这个问题上,都各有他们自己的想法,领事麦华陀(W. H. Medhurst)在写下述一段话的时候,只不过是反映他的大多数同事们的意见而已:"我主张,除非有明显的证据提交一个有权受理的法庭,证明他确实罪有应得,任何英国臣民都不能被处罚,他的财产也不能被没收,并且我认为,在没有接到关于这个问题的任何明白训令之前,领事法庭应是唯一得受理这类控

---

① 英国外交部档 17/357:1861 年 12 月 23 日卜鲁斯致鲁塞尔第 191 号函,附 1861 年 11 月 15 日赫德致卜鲁斯函及备忘录。

② 英国外交部档 17/371:1862 年 4 月 12 日卜鲁斯致鲁塞尔第 31 号函。

案的法庭。"卜鲁斯对这点的答复却是领事的权利主张的一个明确限制——他指出，"从'威南德号'和'宝顺号'的案件中可以看出①，女王陛下政府对于清政府为触犯财政法规而科处责罚的情形，如果其中没有什么不公平的地方，就不打算提出指控，这是你有案可查的。"他以一种非常有必要的警告方式补充说："我必须警告你，不要太轻易认为，没有偷漏的居心，就可以作为公然违法的借口。这样一项原则，我相信，是任何国家所不承认的。"②摆在赫德面前的清清楚楚地有这样两个问题：一个是根据条约，海关当局在罚款和没收方面的合法权限究竟是什么；另一个是审理罚款和没收案件的法庭以哪种形式最为适当③。关于第一个问题的答案，当李国泰请假在伦敦时，他已经征求到英国最高司法当局一些人的意见，至于第二个问题的答案，最后采取了会讯法庭的形式，这两种发展，将在下文中讨论。

二十一

这个幼稚的海关，很快就在各通商口岸做好了必要的部署，这不但有助于贸易和航运方面条约条款的实施，而且也有助于总理衙门对条约未议及的各项问题所做决定的执行，它在这方面所做的贡献，自是毫无问题的，可是从那些专以充实国库为主要任务的

---

① 参看本章第十三节。

② 英国外交部档 17/371；1862 年 4 月 12 日卜鲁斯致鲁塞尔第 31 号函，附 1861 年 12 月 23 日麦华陀致卜鲁斯第 197 号函；及 1862 年 3 月 10 日卜鲁斯致麦华陀函。

③ 参看第三章第十一节至第十三节。

人们的观点看来，这一些贡献比起新海关在征集税款方面的活动所得的效果，就并不足奇了。在1842年以前，当对外贸易仅限于广州一地的时候，政府所规定的该口关税正额是90万两银子。自从五口辟埠通商以来，广州的税收就很快地降低，主要是由于上海的竞争，所以广州的比额不得不减到从前数字的三分之一左右。在海关行政募用外国人之后，广州的税收才稳步上升，直到1861年，便停留在1,230,000两银子这数目上①——仅仅广州这一笔税收，就比往常作为中国全部对外贸易的税收而解往帝国国库的，还要高出百分之三十五。在厦门，据清政府估计，在新制度下第一个月的征收额应是5,000两，但该月份的实际进款是3万两。在福州，第一年的征收额高到150万两，而上海的总征收额则在250万两左右。"外国人管理关税的成效"，卜鲁斯说，"在业经采行这种办法的每一个口岸都是相同的，因此为顾念赔款的收回，为顾念清政府当此力图恢复地方安宁的时候不要发生缺乏款项情形的异常事关重要，我想阁下会同意这项政策，赞助这种制度，而抑制利于返回从前那种腐败不令人满意的关税行政的人们的那些叫嚣。"②

二十二

李国泰在1863年5月9日，于请假两年多之后又回任他的总税务司职位。可是在请假期间，他已经进行了一段活动，这段活动

---

① "1861年广州口岸悬挂外国旗船舶所进行的进出口贸易报告书"，奉粤海关监督之命刊行。

② 英国外交部档17/374：1862年10月6日卜鲁斯致鲁塞尔第134号函。

却造成他在复职七个月之后的倒台。当他启程赴英国的时候，太平军正盛极一时，他们不但对于上海的安全，而且对于一切正当贸易，特别是对于扬子江一带的贸易，已经成了一种经常的威胁。外国军队曾经被用来帮助镇压这种反抗现政权的叛变，并且在宁波和杭州陷落之后，据总理衙门和实际与太平军作战的现场官员们的看法，配有妥当人员和设备完善的一支外国炮艇舰队，会是极可贵的辅助力量。在 1856 年年初，两江总督怡良曾经在一件奏折中呈称，上海关英籍税务司李国泰，曾经建议使用外国轮船歼灭太平军的办法①。当时这项建议并未产生任何进一步的效果[7]，但是 1861—1862 年冬季正在上海的赫德，对于购买外国船只和枪械问题，曾经和江苏巡抚薛公（按：指薛焕）有过若干次会谈，后来在文祥的热烈支持之下②，总理衙门采纳了他的建议，同意委托李国泰购办一队轮船并加以装备，以供帝国政府的应用[8]。总理衙门因而颁给赫德紧急训令，饬"加紧商同薛抚即刻将计划付诸实施，不得再事延

---

① 《筹办夷务始末》，咸丰朝，卷 21，11 页。

7　"咸丰六年怡良疏言，允英国司税李泰国（按即李国泰）之请，置买火轮船，以剿粤匪，旋隶向荣调遣。"《清史稿》，兵志七，海军。

② 英国外交部档 17/493：1866 年 3 月 6 日威妥玛致韩蒙德函。

8　"……窃臣承准军机大臣字寄咸丰十一年五月三十日，奉上谕：'……本日复据奕䜣等奏，请购买外洋船炮一折，据称大江上下游，没有水师，中间并无堵截之船，非独无以断贼接济，且恐由苏、常进剿，则北路必受其冲。据赫德称，如用小火轮船十余号，益以精利枪炮，不过数十万两……并称洋药一项，如照所递之单征收华洋各税四十五两之外，于进口后，无论贩至何处销售，再由各该地方官给予印票，仿照牙行纳帖之例，每帖输银若干。如办理得宜，除华洋各税外，岁可增银数十万两。此项留为购买船炮，亦足裨益。现在赫德已回天津，令其将船炮洋枪价值，分析开单呈递等语。东南贼氛蔓延，果能购买外国枪炮，剿贼必能得力。惟各路军饷不足，必须预筹银款，以资购买。奕䜣等现拟于上海、广东各关税内，先行筹款购买，俟将来洋药印帖税，收有成数，再行归款。"《曾国藩全集奏稿》，卷 24。

宕。于轮船购办妥齐并装备武器之后,或由薛焕或由两江总督曾
国藩派员接办各船,先赴宁波堵剿太平军,待该地方收复后,应即
肃清江面,直驶南京。既有此等轮船可用,歼灭跳梁小丑,自必指
日可期"。[①] 当时要得到这支小舰队的主要目的,显然是为歼灭太
平军,但是用它来制止走私这项次要目的,也不曾被忽视。卜鲁斯
在 1862 年 10 月间写信时,指出,"阿思本海军大佐(Captain Os-
born)行将替中国组织一个缉私机构,这是可喜的,因为我们的炮
艇无法在扬子江上越俎代庖,而做一些在国际原则上难以找到借
口的行为,而且这会造成并且留给清政府和中国人民一种恶
感。"[②]恭亲王没有忽略小舰队的这种缉私作用,这可以用他邀聘
阿思本担任副统带职位时颁给他的训令来证明:"关于沿海、沿江
各口岸走私情形和走私行帮,一并责成该舰队设法妥为取缔。"[③]
官场以外的消息灵通方面,也知道舰队颇有做这种使用的可能。
怡和洋行所创办的那一家报纸"《上海纪事报》(*Shanghai Record-
er*)向来主张的政策就是,废除税则和条约限制,并凭由和地方当
局订定的协议进行中国沿海、沿江贸易,而将一切中央权威根本置
诸不闻不问",[④]它在 1862 年 11 月 29 日的报面上刊载了一篇文
章,号召对于《修改长江通商章程》加以注意,并且不胜惋惜地说,

<hr/>

① 英国国会档:"中国第 2 号(1864 年)",1862 年 1 月 1 日总理衙门给赫德的札
谕,29 页。

② 英国外交部档 17/374:1862 年 10 月 6 日卜鲁斯致鲁塞尔第 135 号函;又英国
外交部档 17/390:1863 年 1 月 20 日卜鲁斯致鲁塞尔第 6 号函。

③ 英国国会档:"中国第 2 号(1864 年)",1863 年 7 月 8 日恭亲王给阿思本海军
大佐的札谕,89 页。

④ 英国外交部档 17/390:1863 年 1 月 20 日卜鲁斯致鲁塞尔第 6 号函。

这项章程中既然规定以缉私巡艇供作厉行章程之用，那么就势必要威胁到当时所进行的"极大规模和极其有利可图的走私货品贸易"的根本存在。1862 年 12 月 11 日的《德臣西字日报》(*China Mail*)评论到这篇文章时，说道："北京当局目前所采取的现行方针，早在 1859 年时就已经谈起了，并且被认作是为完成海关计划所必需的条件。……诚然，这里和其余各地的看法都认为阿思本舰队是为抵御叛军之用的，并且除去为了这个目的而外，就根本不会组织这支舰队。我们有理由怀疑下述这种看法：以为组织这样一支舰队的理想是久已存在的，只不过借一个洋关高级官吏的亲临英国作为实现这个理想的第一个好机会，而这个组织舰队的理想，无疑是和战事方面的理想密切结合着的。尽管如此，新订《长江通商章程》却也表示出，对南京方面的军事行动即使是由阿思本海军大佐的炮艇舰队来担任，但是也不希望这方面的军事行动吸取去他的全副精力；似乎总还是打算他可以分出一部分时间来监督沿江贸易。甚至连防范沿海方面的非法贸易，就像对于沿江一带一样，也仿佛要利用一下阿思本海军大佐的舰队。"赫德一面把总理衙门的训令转寄给李国泰，一面又为总理衙门写了一个节略，叙明为配备七艘船所需要的官员和中国炮手、水手和水兵的人数大致情形，但是并没有将拟议构成舰队的供应船所需要的人员计算在内。同时他指出，应该委派一个高级官吏，会同阿思本办理一切有关舰队的统辖和管理事宜[1]。李国泰为使英国海军军官可以接受中国的官职起见[2]，同英国当局商妥必要的部署，于是他就购

---

[1]　英国国会档："中国第 2 号(1864 年)"，28 页。

[2]　英国国会档："清政府募用女王陛下海陆军职官员有关通讯汇编"，1862 年；和"枢密院核准招募官员水手及装备战船的敕令"，1863 年。

办和装备船只，价款则是由广州、汕头、厦门、福州、上海和九江等六口关税中拨解给他的款项支付。但是李国泰对于他所奉到的训令做了广泛的解释，因此在做法上大大超出训令的范围。他和阿思本签订了一件合同，其中有一项是阿思本只遵照由李国泰经手传达给他的上谕办事，并约定"不奉行经由其他任何途径传达给他的任何命令"，而在李国泰一方面，则保证"对于凡是他所认为不合理的任何命令，一概拒不传达"。[①] 赫德一听到这项协议，便大为狼狈。他立刻体会到这是如何不能为清政府所接受，以及对于这个幼稚的海关的安全和存在会有多大的威胁。因此他写给了李国泰一封强硬的谏函，指明这样一件合同会是如何的说不过去和会产生如何有害的后果。可是，李国泰是不通事理的，仍坚持他的做法。这件合同也就是李国泰的毁灭[②]。当他在 1863 年 5 月间回到北京的时候，他察觉恭亲王和总理衙门的大臣们对于他擅专向来没有授予他的权力，对于他意图独揽这支不可侮力量的统辖权，以便凭以把他所要贯彻的政策强加于政府，并对于他故意蔑视清政府责成督抚管理省务和维持各该地方安宁的旧制等都极为愤怒[③]。四个

---

① 英国国会档："中国第 2 号（1864 年）"，7 页。

② "李国泰误解了他的地位，并且高估了他的影响力，事前还没有确知他和阿思本海军大佐所议定的条件能被接受，就决定开出这支小舰队。"英国外交部档 17/395：1863 年 11 月 19 日卜鲁斯致鲁塞尔第 168 号函。英国国会档："中国第 2 号（1864 年）"，20 页。

③ "他的失败是由于中国方面本身自发的决定，由于他们的动机和省当局的两相背驰，由于清政府不愿意担负起指挥这支武力的责任而要把它交由地方上的督抚指挥，以及最重要的是由于李国泰和阿思本的谅解中蕴含的主张在他们心里所激起的恐慌和疑惧，他们认为照这种办法，军事行动的绝对指挥权势必要落在李国泰手里，这样李国泰也就能够间接强迫他们在一切问题上按照他的意思行事。"1863 年 11 月 19 日卜鲁斯致鲁塞尔函。英国国会档："中国第 2 号（1864 年）"，21 页。

月来,舰队和它的统辖权问题,已成为李国泰和总理衙门间辩论的主要题目,前者力称:他所奉到的训令已经给予他充分的自由处理权;他曾经以合同的译本呈送亲王,而亲王始终不予批示;合同中所载的条件乃是他所能得到他本国政府的许可和适当地位官员的应聘的唯一条件;为求带给中国实质的军事援助,他应该格外谨慎,不要滥用女王陛下敕令所授予他的权力和责任,并防范这种军事援助做不当的使用,以免曾经帮助促进这个计划的英国当局蒙受恶名和丧失威信①。赫德尽他的力所能及诱致李国泰接受一件他商承总理衙门订定的五条合同,以代替李国泰本人和阿思本所订的十三条合同。李国泰起初有接受的意思,但最后还是拒绝考虑对这件合同做任何含有应许阿思本海军大佐受地方当局指挥意思的修正②,鉴于在上海招募无所忌惮的外国流氓的方便,李国泰认为这一种修正就会毁灭了一切改进的希望③。李国泰凭着他平常那种态度和行为,就绝不会把事情弄得轻松些。他在本国所受到的阿谀备至的接待和维多利亚女王所封给他的爵位(the honour of Companion of the Order of the Bath)已经深入他的脑海,更把他

---

① 1863 年 11 月 19 日卜鲁斯致鲁塞尔函。英国国会档:“中国第 2 号(1864年)”,7 页。

② “总理衙门因此并没有按照赫德所请,撰写一封公函,但是李国泰也没有谨遵赫德和总理衙门人员商定的办法。他一到北京,就提出一件他自己的合同,竟与原案大不相同。本亲王及其同僚等当即斥驳,经与李国泰和赫德多次口头商谈,拟定另纸五项条款,经过字斟句酌,获有同意,然后才具折奏闻。可是既经奏闻之后,李国泰忽然又提出他的十三条,并坚请以该十三条为办事准则,竟说我们的五条和他毫不相干。”(原件未见,照英文移译)恭亲王函的译文,附于 1865 年 5 月 1 日卜鲁斯当时在华盛顿致鲁塞尔函;英国外交部档 17/492。

③ 英国国会档:“中国第 2 号(1864 年)”,18—19 页。

从一个天生独裁的人变成一个满腹帝国迷梦的尊大狂病患者了。当他回到北京的时候,他的举动就像是一个重要税收部门的独立首脑,只对帝国的副摄政(Vice-Regent)负责。他提议他应该有一所王府作官邸。他要求撤销北洋大臣和南洋大臣,以便他本人作为洋关税收的唯一主持人。他对于购办舰队的款项如何开支,没有提呈任何账目,而且他毫不隐瞒他所希望的目的,他竟想控制关税作为财源,控制舰队作为权力工具,以便强迫清政府采用他所提议的一切办法①。可是恭亲王是遇事有分寸的,他虽是皇室后裔,就他对待以中国为牺牲的外国主张而论,他已经证明自己是和现代任何爱国主义者相比都不逊色的。他拒绝批准李国泰和阿思本海军大佐所签订的合同,并且向英国公使指出,在他给李国泰的札谕中,丝毫没有提到舰队统带必须经由李国泰而不经由其他任何途径接受命令云云一节,在他的札谕中,也曾明白写出,舰队一旦购办妥齐,应该尽速开往上海待命,这一项训示已经表示出:该舰队究竟将如何使用,应由订购和付给价款的那个政府决定。李国泰未奉授权,竟然还在合同中加诸清政府一项义务,要保证预贮足敷舰队全部薪、工、开支等项四年之用的一笔款项②。阿思本海军大佐在九月间率同他的舰队到达上海时,发现他的困难正方兴未艾。李鸿章的委员们已开始贿赂他的船员,给他们较高的工资,试图诱骗船员背离阿思本,他们的目的是要把船只和船员置于地方

---

① 英国国会档:"中国第 2 号(1864 年)",21、23 页。
② 同上,30、31 页。

当局的管辖下①。为使舰队避开这些诱惑，阿思本把它开到烟台，他自己前往北京。他在那里奉到恭亲王 7 月 8 日的札谕②，任命他为副统带，并谕知他，华籍统带将由两江总督、江苏巡抚札委。华洋统带都必须遵奉督抚的命令办事③。因为这件札谕直接和他与李国泰订定的合同相冲突，所以阿思本提醒恭亲王说，英国政府只准许他和他的弟兄官员们服侍皇帝或他的摄政，如果他和李国泰在这个基础上所拟定的合同得不到批准，他除解散这支武力而外，别无其他办法。因为一直没有得到答复，于是他就请求卜鲁斯核示，可否把这些船交给恭亲王，对这种作法是否有什么异议，船虽是帝国的财产，可是如果移交给它，却大有落到流氓和海盗手里的危险，这种人当时在上海却正多得很④。于是卜鲁斯便和恭亲王开始研究这个问题，最后还是要求他训令阿思本担负起监管船和船员的责任，由他将船带到英国或印度予以处理，并将船员遣送回国，在他们回到本国后，再发给遣散费⑤。这些武器都是可怕的，如果落到散在中国的那些无所不为的冒险家们手里，或是落到任何一个对于与英国和平相处的国家从事敌对行动的国家手里，那就极可能会发生严重纠纷了。为承担这项任务，阿思本海军大佐得到了政府（按：指清廷）的特别恩典，并且在他所受辛苦的报酬之外，还领了一万两银子的赏赐。阿思本在护送舰队回国的时候，

①　英国国会档："中国第 2 号（1864 年）"，11、16 页。
②　同上，8—9 页。
③　同上，9 页。
④　同上，13 页。
⑤　同上，14 页。

留了四艘船在孟买,其余四艘,则直驶英国。后四艘之中,实际上已经有三艘卖给埃及政府,第四艘还必须卖出,以供给资遣船员的款项。有两艘留在孟买的船只是由印度政府承购的,其余两艘则被福士海军大佐(Captain C. Forbes)购得,福士在两年之后担任中国海关的第一任巡工司①。至于李国泰,除去免职而外,别无其他办法了;但是他的免职却是以一种用格外从丰的经济待遇遮蔽着人的耳目的②。他奉令前往上海,结清他的全部收支账目,并将一切事项,包括应缴清政府的各项结余,一并移交给新任总税务司赫德③。从这次令人悔恨的事件中明白表示出的最关重要的一

---

　　① 这支舰队所包括的八艘船只中的四艘,即"北京号""中国号""天津号"和供应船"巴拉来特号"(Ballarat),连同水手共338人及一切后备军需品等,都直接送往英国,其余四艘,"江苏号""广东号""厦门号"和快艇"遐荒号"(Thule)则驶到孟买,经那里总督许可,把一切大炮和武器卸到皇家军火库。这后四艘船只的水手共120人,都当作旅客送往英国。在送往英国的船只中,"巴拉来特号"被阿思本连同军需品一并卖出,用以支应遣散水手的开销,而"北京号""中国号"和"天津号"事实上都在1865年12月间卖给埃及政府。停泊在孟买的四艘船中,快艇"遐荒号"和"广东号"被印度政府买去,并以前一艘送给赞稷巴(Zanzibar)的苏丹,此外,"厦门号"和"江苏号"则于1866年卖给福士海军大佐。这支舰队的价值,在驶离中国的时候,经英国海军部估定为152,500镑,但是它售得的价款只67,083—67,310镑。其间差额经由英国政府补还中国。英国外交部档17/492和17/493。
　　② 英国国会档:"中国第2号(1864年)",34—37页。对于造成李国泰的倒台,其他方面的影响也和舰队事件一样地发生着作用。"无疑,还有一些其他方面的影响也对于这个计划发生着不利的作用。李国泰由于他的那种独断独行的情形和急躁的态度,已经使北京当局大为吃惊,并且由于他推行关税管理委员会制度的那种方法,也已经和商人们成为了仇人。何况驻北京的各国公使嫉忌这支武力由英国一手包办,而李国泰又太骄横、太刚愎,不努力去调和这一切意见上的冲突。"英国外交部档17/493:1866年5月28日备忘录。
　　③ 英国国会档:"中国第2号(1864年)",36页。海关档,总税务司通令,1863年第23、24和25号。

点，就是清政府对总税务司的地位和权力所持的看法。腓特烈·卜鲁斯爵士在 1863 年 11 月 19 日写给鲁塞尔伯爵的信中，把这一点说得很透彻、清楚。腓特烈爵士在谈到清政府对于李国泰的计划范围和意义的理解时，论道："他们只把总税务司看待成他们雇用的一个属僚，给他以对雇来帮同征收对外贸易关税的那些外国人的一般监督权，但是并没有给他以对使用税款的任何管辖权。他们根本不把他当作一个政务官，甚至在有关对外贸易的问题上也不认为应该向他咨询。"事实上，正是李国泰攫取政治权力的狂妄企图，才使得总理衙门和北京的外国公使们领悟到，最好还是让总税务司驻扎在沿海，只是在为了海关业务问题和被召唤时，再来北京，卜鲁斯所提的意见是，"为维持海关行政计，该机关的主持人最好不要长期留驻北京"，关于总税务司作为关税事务以外的一个顾问的价值，他似乎一反他从前的热烈主张，而以下述的理由力陈："因为如果他长期驻京，他就会被认成是在不属于他职务范围内的事情上具有中国人的顾问的身份，这样就会使他因他们所犯的错误而招致反感。"[①] 然后特别提到李国泰的使命，卜鲁斯继续说："他们把他看作一个为特殊任务而派的代表，他的权力只限于购置船只和招募人员将船只驶回。他们确实没有考虑到给他任何这样的权力，竟要在这些船只的人员配备方面，束缚他们的自由若干年；更没有考虑到他会擅自按照他本人的意思，决定船只的活动应该如何调度，以及船只应该置于谁的直接指挥之下；他们根本就没有变更他所担任职务的性质的意思，而给他，或给予任何外国

---

① 　英国国会档：1863 年 11 月 27 日卜鲁斯致鲁塞尔函，34 页。

人，以政府行政中的一个领导地位，或除去关于洋关部分所需的经费开支而外，给与他任何对关税收入的控制权。"①他补充说，"我不承认充任中国代表的一个人，可以越权行事，如有故违，那么就应该由他自己负责，自行承担其后果。"②李国泰永远离开中国了，他虽然是在失意之余而去职的，可是在他去职的时候，已经知道，他为海关打下了一个巩固的基础，留待别人兴工建筑。是他在上海建立了一个革新的海关机构，以供后来其他各口类似机关的职法。是他毅然决然地制定了海关手续的主要程序，诸如舱口单和个别定货进出口申请书的提呈，货运的检查，申请书上核定税额的填注和验单，税款的缴纳于道台所指定的海关银号，核定税额和所完税款全部账目，以及进出口船、货详细报告的保管和呈报等。是他，直到那时为止，比任何其他的人都尽了更大的力量来制止走私和取缔海关内外所盛行的、由来已久的贿赂公行和违法渎职的行为。是他为中国海关所雇外国人员争取到法律地位的确定，并为清政府争取到不必事前关照有关领事而没收在违反条约规定情形下所装卸的货物这项权利的承认。是他采取了初步办法，使这个新兴事业尽量视环境的需要对于外国官员采取一视同仁的态度。是他凭着他在上海海关工作多年亲身经历所得的知识，才能给予《天津条约》的缔结者以这样切合实际的建议，使得有关贸易和税则的各条款更有现实性。是他在充任上海海关税务管理委员会委员的时候，帮助中国人收回他们不受领事干涉而选派他们所愿意

---

①　英国国会档：1863 年 11 月 27 日卜鲁斯致鲁塞尔函，22 页。

②　同上，34 页。

派的外国人为委员的权利,也是他根据这项权利,并凭由英国当局的同意,负责把《中英通商章程善后条约》第十款做成这样的措辞,使清政府得任凭选择他们所愿意委派的外国人帮办税务。李国泰对于他的雇主们确有过贡献,而他的雇主们则以免职时所给他的待遇,对这件事实做了最慷慨的承认。

第三章 关税行政：从海关税务司制度建立到修订税则的失败

一

四十年来，《天津协定税则》始终是应用于中外贸易关系上的税则，并没有经过任何修正。这些年份对于中国是重要的，在这些年份中，我们目击种种大事，诸如太平军的终被镇压；甘肃的回族起事；云南的回族起事；蒲安臣（Burlingame）的奉使西方列国；日本的侵入台湾；马嘉理（Margary）的远征及其悲惨的结局；《烟台条约》的谈判；山西、陕西的大饥荒；俄国以伊犁归还中国；对法战争；承认日本对朝鲜保护权的对日战争；铁路事业的兴办；德国之占胶州，俄国之占旅顺口及大连湾，和英国之占威海卫；皇帝的下诏维新；英国的租借九龙，法国的租借广州湾；以及最后义和团的兴起和因而产生的种种条约，这些条约终究又带来了进口税则的修订，把税则恢复到切实值百抽五的标准。在这四十多年中，因为中国一次又一次地被迫面临不是这样就是那样的危局，它身感需款殷切，直到山穷水尽的时候，才不得不求助于外国放债人。可是在这些年份中，它从来没有被允许依靠到任何其他国家所视为增加收入的那个天然资源，也就是关税收入那一方面。在这方面的自由行动是不可能的，协定税则的镣铐束缚住它的手脚。虽然在世纪中期以前，中国已经与俄国、英国、美国、法国和瑞典挪威联合王国产生条约关系；但是直到 19 世纪 60 年代结束之前，条约关系才在 1861 年扩展到德国，1862 年扩展到葡萄牙，1863 年扩展到丹麦、荷兰，1864 年扩展到西班牙，1865 年扩展到比利时，1866 年扩展到意大利，1869 年扩展到奥匈。还不到 1871 年，日本也就参加进这幸运之群。就是这许多全都承认这同一个税则的条约，通过最惠国条款的作用，加中国以桎梏，并使得它非常困难，事实上几乎不可能，把它的税则作为它弥补国库赤字的手段。对于任何一种货物的关税率的变动，非得到所有各有约国的同意，就不能生效，既然十四个不同国家的商业利益永远不会是完全没有竞争的，显而易见，中国方面要想有一次于本身有利的修改税则的机会，那真是空想。在这茫茫四十多年之中，虽然修改税则一事反复讨论不绝，但是外国商人们所感兴趣的唯一修订，就是减低税率的修订，这也就无怪乎只好任它原封不动了。就是中国在损失惨重的对日战争之后的 1895—1896 年间的那种严重财政困难，也并没有使列强产生松动，允许做一次殷切需要的税则修订，虽然为支付对日赔款所举的外债都是用关税收入担保的。如果关税自主权依然在中国手里，求助于外国放债人的需要也就不会这样的迫切，倘使没有这样的需要，中国自会毫无疑义地摆脱开许许多多政治和财政上的纠缠。清政府完全意识到税则的修订是它理所当然的分内之事，所以在那位老练的政治家李鸿章于 1896 年行将出使欧洲的时候，政府曾指示他要力请做一次税则的修订，至少要给予中国以按照条约所应得的税率，但有可能，就设法增加进口关税百分之五十①。这位年迈的总督对于争取其中任何一点的努力，都毫无结果。直到列强不得不设法使中国能以偿付它们借《辛丑和约》所强加给它的惊人数字的赔款时，它们才终于同意做一次进口税则的修订，再度把税率提高到值百抽五的水平。

二

《天津条约》虽然是那样包罗万象，可是其中并没有规定，并且在种种条件下也的确不能期待它规定，因厉行新通商章程和适用新税则而会产生的每一种意外的事情。事实上，正像新任英国特命全权公使所写的情形，"条约的缔结是困难的开始而不是困难的告终"这一句话，不久就变得显而易见了②。在那些比较迫切的困难当中，有三项最为突出：（甲）有关子口税的条约条款和税则规定的解释与适用，这是在过去已经越来越严重而将来要更加严重的一个问题；（乙）外国轮船沿岸贩运的土货所应受的待遇；以及（丙）为管理扬子江贸易所应制定的办法。在为解决这些困难所做的必要磋商和布置上，当时两名代理总税务司之一的赫德担任了一个重要角色。如上文所述，早在那年六月间，赫德已经应英国公使之邀，访问过一次北京，接近了恭亲王，并凭着他的圆滑和能干已经

---

① 施阿兰（A. Gerard），《出使中国记》(*Ma Mission en Chine*)，巴黎，1918 年版，125 页。汉兰德(J. O. P. Blande)，《李鸿章》(*Li Hung Chang*)，伦敦，1917 年版，212 页。

② 英国国会档：1863 年 7 月 18 日卜鲁斯致鲁塞尔函。"中国叛乱有关文件续编"，1863 年，59 页。

在当时的情况下，不但成为清政府和外国公使间在贸易和关税问题上一个不可少的桥梁，而且也成为中国人很快就认为他的劝告和帮助是值得完全信赖的一个顾问[1]。在多次会议和多次函信往来之后，英国公使早于 1861 年 10 月间就送交恭亲王两件他所建议应该发布的公告全文，一件关系于子口税章程（Transit Regulations）、免重征执照（Exemption Certificates）和沿岸贸易，另一件关于扬子江贸易的暂行管理章程[2]。在那年 11 月初的时候，这两件公告的内容都已得到总理衙门的同意[3]，并且在同月 14 日奉旨核准[4]，虽然它们早就由英国公使布告周知[5]，由代理总税务司通知各口税务司，并由薛钦差行文海关监督了。

三

《南京条约》关于子口税的条款（第十款）和事后在 1843 年 6 月 26 日对同一问题的声明，仅只是对于外国已税进口货向中国各

---

[1]　1861 年 10 月 26 日卜鲁斯致鲁塞尔函，英国国会档："中国叛乱及扬子江贸易有关文件汇编"，1862 年，79 页。1861 年 9 月 23 日卜鲁斯致鲁塞尔函，英国国会档："中国叛乱有关文件续编"，1863 年，171 页。1863 年 11 月 19 日卜鲁斯致鲁塞尔函，英国国会档："中国第 2 号（1864 年）"，22 页。

[2]　1861 年 10 月 9 日卜鲁斯致恭亲王函，英国国会档："中国叛乱及扬子江贸易有关文件汇编"，1862 年，75 页。

[3]　海关档，总税务司通令，1861 年第 8 号。

[4]　1861 年 11 月 25 日卜鲁斯致鲁塞尔函，英国国会档："中国叛乱及扬子江贸易有关文件汇编"，1862 年，81 页。

[5]　1861 年 10 月 30 日上海英国领事通告，《北华捷报》，第 588 号，1861 年 11 月 2 日。

省或各城的内地贩运做了法律上的规定。这种货物只准由中国商人运往内地，但是在运送途中，对货另征的税款不得超过当时所征公认合乎适当标准的税率。这或许是当时所可能做到的最好的协议，但是这项协议，就是太平天国不曾加重它的困难，也几乎是一定不会圆满运行的。由于外国商人和领事方面不确知内地捐税的应征之数，因此也就为内地常关官吏们的擅行勒索大开一方便之门，至于其中留给中国经纪人苛重勒索的余地，即使不更多些，但也绝不会再少，而外商们却不得不把他们自己交由这些中国经纪人任凭发落。纵使《南京条约》和《虎门条约》曾经给予外商以赴内地游历通商的权利（一项显然不肯给予的权利），那也不会对问题有多大帮助，因为通常的外国商人，由于不懂中国语文，是无法确知或考察实在情形的。诚然，像这样内地游历的自由，在那时候或许会导致令人后悔不及的种种事故。这样一种局势必然会使得那些确是或自以为是受欺骗的人们发生误会和造谣生事。毫无疑问，弊端是有的，并且为条约的严格字句所不许的那些进口货内地征课，依然还是在继续不断地抽收；但是要像当时有些商人的那种说法，硬说子口税的苛重是他们进口贸易没有开展的唯一的，甚或根本的原因，这不但是对于一些确凿的事实故意抹杀，而且也是对于他们本身的缺点装痴作聋。这些确凿的事实就是：他们所做买卖的市场已经有了与他们想要出售的货物相类似的本国产品的充分供应；恰恰和外国人的一般信念相反，这个市场乃是世界上一个最穷而不是最富的市场；创造一种对外国货的需要，特别是在一个非常保守的民族当中，是需要时间的，而且在内地行销的外国进口货只能是那些按公道价格出售的货物①。至于他们本身的缺点则是不懂语文，对中国经纪人和买办过分倚赖，在以他们的货物适应市场需要方面缺乏主动性，以及就几家最大的洋行而论，兴趣只集中于鸦片这一项进口货，和丝、茶这两项出口货，而对于其他一切贸易品目简直漠不关心。其实，单单只有迄1858年为止依然是违禁品的鸦片这一项贸易的兴隆，就比任何别的事情都更有碍于外国货的健全内地市场的发展了。鸦片贩子们的贪财好利，正和蚂蟥嗜血一样，也就是这种对内地流动资本的无尽无休的竭耗，才严重地减少了其他商品的购买力。可是厘金制度的创办和它在太平天国时期中迅速而广泛的推行，却给予外商以抱怨的确凿理由。厘金制度不但增加了运入内地和自内地运出的货物的应征款额，而且在大多数情形下是增加得很多的，更加因为税则既然看不到，各省所征税率也全不划一——每一省在这方面都是各自为政的，自然也增加了商人们对他们的货物的内地税待遇的莫明其妙。而且还不止于此，由于它的局卡层层密布，组成了一个密网，连最巧于趋避的商人也无法逃脱网罗，更由于它的那些雇员们深知留难延宕在金钱上的价值而故意予以留难，致使这种厘金制度，在创办以来不几年内就变成了贸易流转上的一道不能容忍的障碍，迫使贸易在许多情形下都逸出了它的自然渠道，而且有时竟妨害贸易

----

① 甚至于迟至1858年，额尔金伯爵还发觉英国进口货在汉口的售价和上海的中国代理人所说的子口税苛重情形毫不相干。英国国会档："中国第5号，1871年，天津条约修约问题有关通讯"，442页。柯克（George Wingrove Cooke）在宁波关于这一方面的经验也足以作为证明。"中国：1857—1858年泰晤士报中国专讯"，伦敦，1858年版，196—197页。另见英国国会档："直至最近的中国各口贸易报告书"，1847年，46页；"1857—1859年，额尔金伯爵奉专命出使中国及日本有关通讯汇编"，250页。

到了这样的地步,往往使货物因延宕造成的毁损,失去了最有利的市场,或蒙受价值上的损失。这些障碍和不正当行为显现得如此之严重,以致我们发现当时一位非商业界的见证人在写到从内地运往通商口岸出口的茶、丝上所课的厘金时,都在高呼:"自由运销中国全境。……缺少这一点的任何办法都行不通;……缺少这一点任何办法都不会防止未来的战争。"①

四

额尔金伯爵和继他任英国特命全权公使的他的兄弟卜鲁斯两人都抓紧这些困难,并且在与(中国)中央政府进行谈判和协商期间,尽一切力量予以解除。额尔金为他的国人得到了一项迄当时为止还不肯让与的权利,即持照前往内地各处游历通商的权利②,因此,如果要谨慎其事的话,外商就可以伴同他们的进口货前往内地的目的地,并在内地购办土货,再从产地或进货地伴同货物前往装船放洋的通商口岸。此外,他又获致一项决定,准英商和适用最惠国条款的所有外商,享有一种选择权,得对他们在运的货物按关税的半率,仅交纳一次抵代税(Commutation Charge),或以关税目前既定的值百抽五从价标准,按从价值百抽二点五缴纳,以代替一些在过去业经证明既无确数而伸缩性又很大的个别内地税捐,如常关税和厘金等。因为根据经验的证明,在 1843 年 6 月 26 日子口税声明发布时,原所打算的那种把现行内地税率明确厘定并

---

① 柯克,前引,273 页。

② 《天津条约》,第九款。

予以正式公布的办法,无法实行,这才不得不把子口税按照这个税率予以确定。并且他们也觉得给予商人们以选择权,听凭他们按照这种确定税率缴税,或者是在内地关卡一图侥幸,这样对于省当局是公平的,因为这样省当局就可以在必要时随时增加或变更这些内地课征①。此外,额尔金伯爵也第一次得到了这样一种特权,就是还可以把这种半税或从价值百抽二点五的抵代性子口税适用到英商或其代理人在内地购办并运往通商口岸装船放洋的土货上面②。《南京条约》对于这种由内地外运的贸易并没有做任何规定,可是这一个漏洞不久就成了那些和出口贸易利害相关人们的一种顶大的冤屈。目前所做的规定,仅就条约条款所能做到的而言,已经申雪了那种冤屈,但是照后来事实的反映,这些规定的解释和适用一方在领事与商人之间,另一方在海关与清政府之间,引起了无穷无尽的争执。为了尽可能防止这类争执,并澄清条约条款的含义,英国公使发布了他的 1861 年 10 月 30 日的通告。先是在那年 7 月 22 日,江海关发布了一件通告,宣布六条关于中国土货在进出口时应纳税款的章程③,于是英侨商会即行文他们的领事,抗议:第一,这个章程的公布事先未得英国政府的许可;第二,这个章程对于有关子口税条约条款所做的解释,特别是在装船口岸已付出口税的土货向其他通商口岸复出口时发给免重征执照办法的废止④。领事同意商会的争辩,于是一面向海关监督提出正

---

① 1862 年 4 月 30 日卜鲁斯致麦华陀函,英国国会档:"中国叛乱有关文件续编",1863 年,40—41 页。

② 《天津条约》,第 28 款;《通商章程》,第 7 款。

③ 《北华捷报》,第 574 号,1861 年 7 月 27 日。参看附录。

④ 同上,第 575 号,1861 年 8 月 3 日。

式抗议,并将他的抗议公告周知,一面将问题呈报英国公使请示。公使对子口税条款的解释经由 1861 年 9 月 23 日的一件领事通告公布周知①,但是这件通告却被同年 10 月 30 日公使本人批准的一项通告所撤废。这后一件通告明白指出,条约所规定的子口税的缴纳,无论对于英商运入内地的自置洋货,或是对于英商运往装船口岸的自置土货,都不是强制性的;商人们如果愿意的话,可以缴纳内地各关卡的捐税以为代替。为不留误解余地起见,通告中着重说明:凡是没有内运子口税单保护的洋货必须沿途缴纳各省当局加征于在运货物的一切税捐;土货不准凭内运子口税单从通商口岸运入内地,而必须沿途缴纳内地各省一切现行征课,常关税和厘金,并且后一个名词,根据经验证明,可能扩大到将省当局所认为宜于课征的任何新型贸易税捐都包括在内。为制止持凭外运土货报单,将报运通商口岸装船放洋的土货沿途销售起见,为制止这种偷漏帝国及地方库收行为起见,通告中宣布一项规定,即商人在路所经过的第一道内地关卡呈验的货单,必须用报单的形式,由该有关公司或商人签字,声明开列的货物是签字人的财产,由签字人负责缴纳子口半税。最后,通告中指出,凡外国进口货或土货运进上海和根据暂行章程宣布辟埠通商的各口岸间的扬子江时,毋庸缴纳子口税;既运到这些口岸,货物则应视其有无子口税单,而分别缴纳洋货或土货的子口税②。在这时候,修订条约已经到期(1868 年),也正在纷纷地讨论着,我们行将看到因子口税制度而滋生的不正当行为和违法行为,真是多如牛毛的。

---

① 《北华捷报》,第 583 号,1861 年 9 月 28 日,及第 584 号,1861 年 10 月 5 日。
② 同上,第 588 号,1861 年 11 月 2 日。

五

　　1861 年 10 月 30 日通告所论到的第二个重要问题，就是外国船在通商口岸间沿岸贩运土货的征税问题。《南京条约》并没有提到悬挂英国旗的船舶的沿岸贸易，这是在其后十五年中忽然大为活跃并发展得很快的一种贸易；但是《虎门续约》(1843 年)第十七款对于往来香港—广州—澳门间悬挂英国旗的许多小艇制定了专门章程，这件条约直到《天津条约》(1858 年)取而代之的时候为止，是一直有效的。这确是一种沿岸贸易，虽然并不是《中法黄埔条约》(1844 年)第二款明白承认那种意义的通商口岸间的沿岸贸易，该约第二款在列举了辟埠通商的五个口岸之后，叙明："所有佛兰西船在五口停泊贸易往来，均听其便。"(录自《中外条约汇编》，73 页)同样在《中美望厦条约》(1844 年)第三、第六和第二十各款中，很显明的，仅就外国货从一个通商口岸贩运到另一个通商口岸而言，美国船是听便从事于通商口岸间的沿岸贸易的[①]。第三款准许美国公民得以"其五港口之船只装载货物，互相往来。"(录自前引，124 页)第六款规定，一艘美国船，如已在五口中之一口完纳船钞，"因货未全销，复载往别口转销者"，(录自前引)毋庸再行缴纳船钞；同时第二十款则规定凡在最初到达之口岸已付讫关税的外国货，得有从五口中的任何一口向其他任何通商口岸的免税复出口权。外国货的试销，乃是早期通商口岸贸易的一个主要特征，

---

　　① 英国外交部档 228/65；1847 年 1 月 26 日德庇时致巴麦尊第十号函，附件第八号，1846 年度广东贸易报告书。

而这种办法则只有听凭货物在口岸间往来自由贩运，方能予以实现①。所以，凡是法国船和美国船以及适用最惠国条款的任何有约国船只，只要不向非通商口岸进行贸易，不从事于沿岸走私，就可以听便参加通商口岸间外国货往来贩运的贸易。可是用外国船在通商口岸间贩运中国货的权益，虽未禁止，也迄未明交让与。据默认，中国土货的沿岸贩运是应该留给中国本国民船的一种贸易，而中国本国民船在过去也证明有充分能力掌握这种贸易。但是条约规定就像不成文法一样，也会迫于环境，而不得不有所改进的，在这件事情上的环境是，无数成群结队的海盗骚扰中国海面，几乎漫无限制地劫掠民船。这些海盗中的大多数都是专干这种营生的，在岸上有处理赃物的机构。他们都是优良的水手和顽强的斗士，而对于他们的职业所持的辩护，同早年八至十世纪的西欧海盗，或十六七世纪的绅士海盗（gentlemen rovers）和劫掠美洲西班牙人的海盗所持的理由是差不多的。像后来的尤郎参议员（Senator Huey Long）一样，他们相信财富应该共享，于是就采取了他们自己的实行分配的办法。中英战争给了他们千载难逢的机会——当他们碰巧遇到一个外国捕获品的时候，便又把他们的活动披上爱国主义报复行动的外衣，并在这种情况下，他们在帝国战船的水手中遇到了同道和竞争者。有时他们会装扮成为无害于人的渔夫，而不少临时停泊待风或搁浅沙滩或浅洲的商船都变成了伪装渔船舰队的火球和炸炮下的牺牲品。海盗的查追拿办和赃物的追

---

①　这项试销权嗣后经天津各约予以明白承认：《中英天津条约》第四十五款，《中美天津条约》第十六和第二十一款，以及《中法天津条约》第二十四款。

还原主①，外国兵船参加捕盗的权利②，以及遇难船只和蒙难水手的保护等等各节的订定在条约条款中③，并不仅仅是互换一番客气的套语而已。这是想要抓紧实际情况的一种试探。外国船都是武装齐备的，比沙船又快、又耐风浪，并且照例配备着一些以和海盗交锋作为心所向往的事情的水手们，这些船就是遇到加倍数量的中国海盗，也本来不会轻易受到干扰；可是证诸18世纪40年代和50年代中国海上的海盗故事，就是这些外国船也还是不能幸免。沙船为了保护它们自己，都采取结队航行和使用悬外国旗与配备外国水手的舰艇[一般是快艇（Lorcha），即通称的夹板船]护航的策略④，可是不幸得很，在许多情形下，后一种办法竟是引狼入室了。当时许多骚扰中国海岸的无法无天的外国人，都干起这

---

① 《中英天津条约》第十九款，《中法天津条约》第三十四款，《中美天津条约》第十三款。

② 《中英天津条约》第五十二和第五十三款；《中美天津条约》第九款。

③ 《中英天津条约》第二十款；《中法天津条约》第三十款；《中美天津条约》第十三款。

④ "阁下当知成群结队的海盗在沿岸非常猖獗，其结果使沙船不得不结队出航，以便彼此保护，但就是这样预为提防，也还不能防止若干船只被掳劫，和许多水手及商人被拘为人质，直待重金赎回；这种海盗行为已经蔓延得这样的广泛，以及人们对于横遭掳劫心存的戒惧又是这样的大，所以近几个月来，许多葡萄牙快艇和英国小船已经获得了一种大发其财的生意，即在沿岸，主要是在本口与泉州之间，对往来的大船队从事护航。"1848年1月3日（宁波）领事苏里凡（Sullivan）致德庇时爵士函；英国国会档："1847和1848年度中国各口贸易报告书"，2页。"我国（按：指英国）巡洋舰和中国人本身虽尽力廓清海盗，可是土货的沿岸贸易仍继续遭受海盗掠劫的阻挠。——若干武装船舶，主要是葡萄牙快艇偕同悬英国旗的双桅船和荷兰三桅船，已经在近几个月来在本口与宁波和厦门两口之间对商船队从事护航。往往有六七十艘民船就这样把他们本身的安全托付给一个外国人，而在他们本身之间却简直没有什么防卫准备，因为他们的政府实际是禁止他们携带武器和军火。所以他们的安全是专靠他们能否紧随着他们的护航舰而结成一个密结的整体，因为一旦失散，就几乎不可避免地要落到那些经常逡巡在四围的匪徒手里。"1848年1月10日（福州）领事杰克逊（R. B. Jackson）致德庇时爵士函，同上，36页。

种发财的"保户"买卖，其中很多转眼间就从"保户"堕落成为"保虎"。这群流氓绝不瞻前顾后，公然实行敲诈、强夺，甚至于谋杀，直到大张法网，捕获了他们并制止了他们的活动而后已[①]。卜鲁斯写到19世纪50年代护航制度的情形时，述称："有一个名叫马尔利尼(Marlini)的马耳他岛人在香港受审，他的船是组成葡萄牙人护航舰队的一分子，经证明这些快艇习惯性地攻击贸易沙船和帝国沙船，屠杀船上的人们，并袭击村落，加诸未设防的居民以各种各样的强暴和勒索。"[②]卜鲁斯请赋予领事以放逐的权力，来对付这些流氓。1859年5月间，有一个名叫塞穆尔·奥斯丁(Samuel Austin)的人，为了他的护航船艇所犯的罪行，在宁波受审。他奉命解散他的公司，撤出他的船艇，逾期则处以五千元的罚金。就是在这类情况下，那些时时以其货物的安全运送为虑的中国商人们，只得又回到陆路方面，但是在这方面，时间的延迟、运输费用的加大、太平军引起的秩序失常所造成的种种损失，以及内地贸易征课日益加重的负担，立刻又迫使他们必须另找一些其他的办法，以求迅速而安全地把他们的本国商货发送到目的地。没有多久的时候，他们就发现了解决办法。设备齐全、管理完善的外国商船提供了中国商人所想望的那些便利，诸如行驶比较迅速、防范海盗比较

---

① 《北华捷报》，第62号，1851年10月4日。英国外交部档17/286：1858年4月2日额尔金致柯勒拉得恩第73号函："在这期间，我在福州附近看到几艘快艇，各装有10门至12门重炮。这些船，据我所知，大部分是从事于沙船队的护航的，表面上是为了保护沙船以防海盗。可是，它们在许多事例中已证明它们本身就是最毒恶的海盗船，这已经是恶名昭彰的事实了。在它们的水手之中，欧洲人不是不常见的，并且他们往往享有外国旗帜的保护。"

② 英国外交部档17/314：1859年11月5日卜鲁斯致鲁塞尔第43号函。

有保障以及他们所非常渴望的那种海上保险的利益等,这些商船大部分是英美人的,后来则有一支几乎代表欧洲每一个国家的混合舰队参加其中。条约上虽然没有专款规定,准许以外国船在通商口岸间进行土货运输,但这并不是一个不可克服的困难。中国商人以及外国船主或船舶所有人都是抱着同样的看法,认为对于这个问题的默不作声,并不意味着这类贸易是被禁止的,却隐含着予以默许的意思。总之,没有禁止就被解释作准许。起初外国船这样参加沿岸土货运输,公认不是一种条约权利,但是因为首先要求这种权益的是中国商人本身——没有一个外国船所有人或船主能够强迫任何中国人宁愿用他的船而不用沙船载货,更因为这项权益的运用在平常和平时会威胁到民船的利益,所以对于这项新兴事业就有加以规范的必要。早在 1843 年,中国人以欧洲船艇装运货物的问题就已经在厦门发生,并且朴鼎查爵士曾经作过下述的批示:"(虎门)条约只设有专对香港的限制,所以不能适用于其他各地,因为凡对于一件事特别加以规定或限制的,则不包括其他一切在内,这乃是一项必然的原则。"四年后,香港总督兼英国商务监督德庇时向钦差大臣耆英指出,因为许多新加坡的中国人都是英国臣民,所以他们完全有权使用西式船在通商口岸间往来贸易①。厦门海防厅曾经禁止中国商人租用外国船艇为他们载货,但是既然缔有促进商务和保全友谊的条约,德庇时建议对这个问题互换照会。那年(1847 年)9 月 17 日,这两件照会都被列进香港公布的一项政府通告中②。钦差大臣承认,如果限令华商不准用

---

① 英国外交部档 228/67:1847 年 9 月 1 日德庇时致巴麦尊第 165 号函。
② 参看附录丙。

英国船装运货物,那就势必会妨害贸易,因此应该采取措施,商订一些办法,以使中国商人不致不能用英国船载货,可是他规定,中国货的税款应该由中国商人缴纳,船钞是对船舶本身的一种征课,应该由船舶所有人或代理人缴纳①。在嗣后九月十八日的一封信中,耆英通知德庇时说,他已经把这项办法行文闽浙总督和海关监督。这次互换照会自然不能具有一个条约条款的效力或权威,但已足能赋予用外国船载运土货以合法的外貌。这项许可的反响是很快的,其实这项许可不过是对于一项既存惯例加以规范罢了。起初只是一些适逢其会的外国船舶,乘机利用一下这种权益,这些船自然都是载同外国进口货直接来自海外并准备载同土货返回外洋的那些商船。所以这类船只是在配合着它们的主要业务情形下,顺便利用一下这种沿岸贸易权益,作为一种附带利益,它们的主要业务则是中国与外国口岸间的货物运输。可是从外国船沿岸载运土货中所得利益的诱惑力太强了,在官方核准这种贸易后不几年之内,外国人就开始把船艇,大多数是载重五十吨到三百吨的快艇,专用于沿岸航行,其唯一显明的目的不仅是从事于通商口岸间,而且也从事于租赁人所指定的任何口岸间的土货沿岸贸易。1845 年,汽船首次作为货船在中国出现②。并且随着船数日增,这

---

① 英国外交部档 228/67;1847 年 9 月 11 日德庇时致巴麦尊第 169 号函;英国国会档:"中国贸易的规章及 1847 年公布的通告",35—36 页。

② 魏源在他所著的《海国图志》中叙称,在中国海面上出现的第一艘轮船是 1828 年 4 月间自孟加拉(Bengal)驶抵广州的一艘通报艇。两年之后蒸汽拖船"福勃司号"(Forbes)驶抵伶仃,拖曳三桅鸦片船"牙米西纳号"(Jamesina)。第一艘拟经常行驶于中国的轮船"查顿号"(Jardine)在 1835 年 5 月 20 日驶抵伶仃。它是预备专作广州和澳门地区间的客船之用的。《中国丛报》,卷 4,436—438 页。

些未经特许的外国营业者因海上运输比较安全和更加迅速而蒙受的利益，也越发明显。1850年，大英轮船公司已经把他们的明轮汽船"玛丽·伍德号"拨到香港与上海及其间各口的班期航行中。三年之后，单单这个公司就有不下五艘轮船从事于这种岸沿贸易。在19世纪60年代初期，轮船已经定期航行于上海和当时实际上开放的沿海每一个口岸之间，所有这类船只都像载运洋货一样地载运土货。随着贸易的发达，这些沿岸贸易船，无论是帆船或轮船，特别是在1850和1860年之间，数目增加极快，因此在1863年，根据领事报告书的证明，往来于上海的十分之七的英国船都从事于沿岸贸易，而实际上当时诸如天津、烟台、牛庄、宁波和除汉口而外的扬子江各口的全部贸易都在于土货和洋货的沿岸贩运，这些地方中的任何一处和外洋的直接的贸易都微乎其微。事实上，在《天津条约》以前十年中，正是沿岸贸易的发达，特别是中国土货的沿岸贸易的发达，才在当时拯救了厦门、福州和宁波，并且对于其他口岸诸如汕头、温州、淡水和台湾等的开放也有不小的影响，因为悬挂外国旗的船舶对这些地方的沿岸贸易，在未经条约正式开放以前已经勃兴起来了[①]。1848年驻福州英国领事报告称："许多外国武装小船、双桅帆船和夹板船，都经常行驶于上海与厦门一带海岸，其中有悬英国旗、葡萄牙旗、丹麦旗和荷兰旗的，而以悬葡萄牙旗的为大多数。"[②]在烟台、天津、牛庄和汕头等口未经条约开放的前五年，我们得知旗昌洋行（Russell & Co.）正派遣一艘鸦片

---

① 英国国会档："1857—1859年额尔金伯爵奉命出使中国及日本有关通讯汇编"，31、83—84页。

② 英国国会档："1847和1848年度中国各口贸易报告书"，104页。

快船前往北直隶湾，该公司中的两个合伙人正分任美国驻广州和
上海的代理领事；又得知有一个英国商人泰特(Tait)已经在大陆
上靠近南澳的汕头地方建立了一些卖人行(barracoons)以从事于
奴隶买卖，并且每贩运一名苦力出口付给地方官一两银子①。在
1854 年 11 月，当时任厦门代理领事的巴夏礼向包吟报告宝顺洋
行的双桅快船"惠风号"(Zephyr)往台湾的非法远航，并且补充说：
"为中国人所有但是悬挂荷兰旗的那只三桅帆船'美女神号'(Syr-
en)曾经往淡水运米，已于最近返回本口……葡萄牙的快艇也经常
往来于厦门和台湾各口之间，将鸦片和很少数的外国货运往该地，
而运回大米。这些船都是由中国人租用出航的，中国人在这危险
时期不敢把贵重货品托付给他们自己的沙船，而在这条航线上的
贸易之使用外国船却促进了本口的一般福利。"②为驳辩以这种对
未开放地方通商为违约行为的指责，外国船主力称他们的举动是
正当的，一则他们的船是由中国商人租用运货，这些货在通常的情
形下，原是由沙船运往各该地方，但在当时用这种办法运货就不安
全，再则这些未开放口岸的中国当局对于这类外国船的经营也没
有提过异议。对于这种以外国船载运中国产品在通商口岸间的沿
岸贸易宜予以条约地位的问题，已经引起《天津条约》英方议和人
员的注意。包吟曾经和额尔金伯爵讨论到这件事，力称这种贸易
没有经过条约的核准，并指出它是"在某种程度上，由悬挂非法取

① 英国外交部档 228/149：1853 年 1 月 10 日文翰致曼兹柏立第 4 号函。
② 英国外交部档 228/167：1854 年 11 月 22 日巴夏礼致包吟第 79 号函，附于
1854 年 12 月 5 日包吟致柯勒拉得恩第 220 号函。

得或违章给予旗号的船舶进行的"。① 在这一点上,他只是确认他向悬挂英国旗的沿岸贸易船所有人颁发"香港出航证"时一贯坚持的态度,也就是确认条约并没有给予过中国海关所纵容他们行使着的这种特权。② 他的这种态度得到了本国政府的支持,英政府曾经在"1856 年致女王陛下全权公使的第 61 号公函中宣称,根据《南京条约》我们没有经营中国土货沿岸贸易的权利,并且这种权利也没有滋生出来,虽则有一些中国官吏对于这项经营曾经包庇纵容。"③所以尽管有航运界和商业界的压力,额尔金伯爵还是拒不在和中国全权大臣的谈判中提出这个问题,"理由是这不是欧洲国际惯例承认我们得借为口实以武力强求的一种权利。"④虽则他商请"放宽钱、谷和豆类运输方面的旧有禁令",可是有意地"避开任何会把中国沿海贸易转移给外国船的规定"。他认为"沙船贸易应享有这种保障"⑤。在条约方面,这件事便停留在这个阶段上,直到 1863 年《中丹条约》缔结,才列进一项条款(第四十四条),明确地把外国船载运中国土货的沿岸贸易予以合法化。可是在《中丹条约》缔结之前和关税管理委员会建立之后这一段期间,这种贸易的存在却已经造成了一个必须即时予以解决的财政问题——也正是这个问题的解决办法,才使得沿岸贸易税条款的订入(中丹条约)和嗣后各条约有了可能性。

① 英国外交部档 228/246;1858 年 4 月 23 日包吟致柯勒拉得恩第 111 号函。
② 英国外交部档 228/167;1854 年 11 月 22 日和 12 月 4 日包吟致柯勒拉得恩第 178 号和 217 号函。
③ 英国外交部档 17/356;1861 年 11 月 10 日卜鲁斯致鲁塞尔第 158 号函。
④ 英国国会档:"中国第 5 号(1871 年)",1868 年 12 月威妥玛的备忘录,441 页。
⑤ 英国国会档:"中国第 5 号(1871 年),天津条约修约问题有关通讯",441 页,1868 年 12 月威妥玛的备忘录。

六

　　耆英和约翰·德庇时爵士互换照会中所准许的这种沿岸贸易特权立刻引起了一个问题,即外国建造和外国人自置的船舶所载运的土货,(一)从一个通商口岸到一个非通商口岸,(二)从一个通商口岸到另一个通商口岸,应依照何种关税待遇的问题。前一种情形,就指运地口岸的关税而论,事情是应由地方海关当局处理的,英国领事除非接获有违约情形的报告并经证实确有其事,一概不应过问;但后一种情形,却是他们直接注意的事情。阿利国以他的固有的精细和预见,体会到关于关税待遇会有这种困难,并且主张中国商人用外国船运中国货应有权完纳专为中国臣民制定的现行关税①。可是这项特权实际运用的经验不久就使他领悟到,作为一件现实政策的事情来看,"外国船所载货物或产品,应该不问其原产地,一律遵照为该项船舶专订的税则和章程办理。"②钦差大臣 1847 年 9 月 17 日的照会对这点不置一词,或许是故意如此的。必须记住,这还是关税管理委员会设立以前的事,那时五口的常关不但依据帝国旧税则及其附加办法处理民船及其货运,而且也遵照最近核准的对外贸易协定税则处理外国船及其货运。对中国商人用外国船往沿岸贩运的中国货继续按帝国旧税则的征课率

---

　　①　"我以为我们对于中国运货人按照对中国臣民现行有效的税则缴纳其本国产品的关税的权利,不能提出任何疑问。"英国国会档:"1847 和 1848 年度中国各口贸易报告书",57 页。

　　②　同上,114 页。

抽征,而对于同类的货物在由外国商人做同样贩运时就按照协定税则的税率抽征,这种办法将只会导致不公平的歧视和财政上的混乱。这就是说,中国商人得用外国船把他的货物从一个通商口岸载运到另一个通商口岸,只在装船口岸和卸货口岸缴纳旧有的常关税,而这两种税的合计有时比外商载运的同样货物上所征的单一协定税则出口税率还要轻些。这种情形对外国商人显然是不公平的,而在装船、卸货两次课征的合计多于协定税则的出口税率时,却又对于中国商人不公平了。通扯下来,大体上是对中国人有利的,这就成了外商们怨声载道的一种税负[1]。迟至 1855 年,我们才发现上海外商呈请道台准许他们用外国船沿岸载运的中国货,得按沙船所载货物的现行税率缴纳关税[2]。两年之后,香港商人在向额尔金伯爵提呈他们对于修订条约和税则的意见时,指出:因为中国土货的沿岸贸易目前已经完全奠定,所以有必要"以专款予以保障和确定。对于外国船和本国船所载运的商货适用同一标准的关税,应是极其盼望和重要的一点。目前对于本国船输出人的货物是课以一种差别的和较低标准的关税;如果将两者划一,我们深信会给予外国船的业务一种物质上的刺激,渐渐地外国船或许就会垄断了沿岸贸易的极大部分"。[3] 此外,中国货用外国船作沿岸贩运,意味着中国商人利用这种特权,逃避了在他的货物上各

---

[1]　1861 年 9 月 23 日卜鲁斯致鲁塞尔函,内附上海商会的呈文,英国国会档:"中国叛乱有关文件续编",1863 年,168 页。英国国会档:"中国第 5 号(1871 年)",383—385 页。

[2]　《北华捷报》,第 244 号,1855 年 3 月 31 日。

[3]　1857 年 11 月 18 日香港商人致额尔金函,英国国会档:"1857—1859 年额尔金伯爵奉专命出使中国及日本有关通讯汇编",71 页。

省应征的一切捐课，这类捐课，在货物用沙船载运时，本应是在通商口岸之间沿途抽征的。这对于商人是一件肯定的利益，对于贸易也是一种鼓励；但这自然不是一切与省税务和省财政有切身利害关系的官员们所赞同的。南京协定税则的存在，以及照这些省官员看来大可反对的内运外国货的子口税协定的存在，已经是他们传统财政权和处分权的一种严重妨碍。从省财政的观点上看，外商仅完纳一次单一确定的关税，就可以把土货输出海外，已经很令人恼恨；而这种外国货主的出口土货一经完纳出口关税便可以用外国船在通商口岸之间沿岸贩运而不缴纳任何省课征，自然是更加令人恼恨；如果这后一种特权再推及于前此用沙船载运而沿途必须缴纳一切现行省征课的中国货主的土货，那就尤其糟透了。但是自1847年以迄天津协定税则公布时为止，实际情形真的就是这样。作为中国商人财产的中国货，由外国船从通商口岸运往通商口岸是免税的，从通商口岸运往尚未经条约开放的地方以及相反方向的运输，则只在装船口岸和卸货口岸缴纳货物由沙船载运时应完的税款①。装卸两地当局都以为满意。只是在某些航线上沙船必须停泊而外国船并不寄港的那些中间贸易征收站的省官员

----

①　英国驻广州领事在1859年2月15日发布的公告，载于1859年2月19日"香港地区政府公报"及1859年3月19日《北华捷报》第451号。"中国船沿岸贩运的中国货，在装船口岸和卸货口岸，都抽征轻微的关税，这是无可疑义的。这类关税的数额并不难知悉，所以副领事巴夏礼在1854年下半年就体会到通过厦门当局把这类性质的一项协议付诸实施是切合实际的，因此直到1856年3月止，中国人所有的货物一直往来贩运于该口与宁波之间，并且没有任何迹象证明其间有意图逃避章程的文字或精神的事情。"海关档，"各关税务司对修订税则有关问题报告书，1865—1872年"，上海，1872年，70页。英国外交部档17/286；1858年2月27日额尔金致柯勒拉得恩第45号函。

们，理应做不平之鸣。其后，当 1858 年协定税则由新关外国税务司当局予以实施时，又出现了另一种不平之鸣，这次是发自外商方面的。这个税则虽然原来是分别编为进口货和出口货两表，却是作为一个对外贸易的总税则公布的，对于来自和运往外国的真正进口货与出口货，以及只是在不同省份的各通商口岸间流转而仅仅在使用外国船运货这一点上才关联到对外贸易的国内进口货与出口货，则未做任何区分。在条约上既然没有承认外国船有权沿岸载运中国产品的规定，所以就认为"只要由外国船载运，便已经构成对外贸易，因而凡适用于来自外国的进口货和运往外国的出口货的估税条件，也同样适用于在中国生产和消费而由外国船从一个口岸运往另一个口岸的那些货物"。[①] 换句话说，对一切外国船沿岸载运的土货，在装船口岸抽征税则出口正税和在卸货口岸抽征税则进口正税，自从 1858 年以来在某些口岸已经着为成例了。这种办法自然又惹起了新的怨言。沿岸贸易税的产生也正是为了要平息这些怨言的。可是在这种税创办之前，上海新近建立的税务管理委员会当局已经对于这种允许外国船沿岸载运中国货主的土货而只在装船和卸货口岸缴纳这类货物的沙船税的办法，大肆攻击。几年来，厦门与宁波之间已经存在有大量的外国船载运土货的沿岸贸易；但是在 1856 年 3 月，这两个口岸间在运的大量这类货物在上海停泊，准备从那里转口往宁波。税务管理委员会当局拒不允许这类的转口，除非履行下述的手续，即先行付清这

---

　　① 1869 年 5 月 1 日税务司狄妥玛(T. Dick)致怡和洋行函，英国国会档："中国第 5 号(1871 年)，天津条约修约问题有关通讯"。

些货物应完的进口税,然后发给免重征执照,在照中叙明于货物运进宁波时准予免税。宁波道台对于这种办法提出最强烈抗议,指出上海坐落的江苏省并没有权利剥夺浙江省当局的合法税课,上海征起的税课乃是用来增加海关对帝国国库的解款,而不能帮助宁波道台因应他的行政开支①。因此照宁波道台看来,这整套办法显然是移东补西,张冠李戴的。

七

宁波道台的抗议颇奏功效。他的主张显然是正当的,其中蕴含的原则得到全省与贸易课征多少有些瓜葛的全体官员的支持。其实他们中间许多人所真正希望的是,由外国船从一个通商口岸运往另一个通商口岸的中国土产,不论是否打算运往外洋,应该和这类货物在由沙船为国内消费从一个地方运往另一个地方时,受完全相同的待遇②。这种论调是以中国久已立为成案的手续和当时并不存在任何准许外国船沿岸载运中国土产的条约规定为根据的。在上海实施暂行章程的时候,阿利国曾经创行一种沿岸载运中国土货(大多是丝)的免重征执照,凭以免征已经在他那里存有期票的关税税款。驻广州领事巴夏礼指陈,广州海关当局拒绝这种办法,因为他们不能“把暂时保证付税的凭单当作和税款本身相

---

① 1858 年 2 月 27 日额尔金致柯勒拉得恩函,内附 1857 年 11 月 24 日文察斯德(Winchester)的备忘录,英国国会档:“1857—1858 年额尔金伯爵奉专命出使中国及日本有关通讯汇编”,208 页。

② 1861 年 7 月 7 日总理衙门奏章,《北华捷报》,第 588 号,1861 年 11 月 2 日。

同的事物而予以收受"①。事实上,广州当局无异是认为他们不独有权征收广州的进口税,而且有权征收上海的出口税。1859 年在《天津条约》签字之后,当时任广州领事的阿利国报告有一批从上海输入广州的五十捆土布的到货,是以一张免重征执照抵付的。"河泊"提出抗议,表示免重征执照只适用于外国货,而在这件事中,货物既是中国产制,执照就只能抵付上海的出口税,根据中国惯例,进口税应该在广州课征②。这件事的关系是如此的重大,以致广州领事在该年 2 月 15 日公布了一件公告,警告商人,如果外国货免重征执照上所开的详细情形和货物有任何不符的地方,关税就必须照征。在向包吟报告这件事情的时候,阿利国曾经补充说:"从任何其他口岸或地方为消费或销售而运到本埠的中国土货,不论是以在装船地方业经缴纳出口税为理由,或是以货物为协定进口税则中免税品类为理由,根据条约一概不能豁免进口税。"③上海的外商通过他们的商会对这种办法提出强硬抗议,力称这种办法,如听任不予理会,势必至于破坏条约而后已,因为条约只准许对于运往外洋的中国土货抽征一次出口税和一次子口税。他们声称,这样就大有对于这类货载要求完纳三倍半而非一倍半关税的可能,即货物从内地运到某通商口岸时的一项子口半税,从该通商口岸运往上海装船时的一份出口正税,运到上海时的一份进口正税,以及从上海运往外洋出口货上的第三份正税。这样一种办法,如果实行,将会意味着对于每担茶可能抽征 8.75 海

---

①　英国外交部档 228/161:1853 年 10 月 14 日文翰致阿利国第 86 号函。

②　英国外交部档 228/266:1859 年 1 月 21 日阿利国致包吟第 10 号函。

③　英国外交部档 228/260:1859 年 2 月 24 日包吟致曼兹柏立第 46 号函。

关两而不是 3.75 海关两,对于每担丝可能抽征 35 海关两而不是
15 海关两①。总税务司李国泰当时正在伦敦休假,讥笑商会在这
方面的陈述是荒诞不经的②,但是赫德却负起责任,不听任这件事
情悬而不决。他递呈总理衙门一件关于这个问题的备忘录,请注
意这种根深蒂固但出乎条约范围以外的外国船载运土货的沿岸贸
易所造成的紊乱与破例情形。经过许多讨论,总理衙门主张:凡由
外国船沿岸载运的中国土货,不论货主是谁,应该一律缴纳装船口
岸的出口正税和卸货口岸的另一份正税,惟后项关税应负担五分
之一的赔款的扣缴;或缴纳装船口岸的出口正税和卸货口岸的半
税,而后项关税则准免赔款的扣缴③。因为最后同意的是二种选
择条件中的后一种,所以我们才看到 1861 年 10 月 30 日的通告作
了下述的指示:(一)在 1853 年由阿利国首创和在 1855 年由上海
税务管理委员会当局重加制定的那种对于外国船从一个通商口岸
往另一个通商口岸载运的已税土货制发免重征执照的办法④,应
即废止⑤,因为根据条约,这种执照只能在已税外国进口货于进口
通商口岸运往另一个通商口岸时制发,以作为不另征税的凭据,这
件执照是发给货物的证件而不问其货主为谁,以及(二)此后凡外

---

①　1861 年 9 月 23 日卜鲁斯致鲁塞尔函,英国国会档:"中国叛乱有关文件续
编",1863 年,168 页。

②　同上,173 页。

③　同上,172 页。

④　英国外交部档 17/357;1861 年 12 月 6 日卜鲁斯致鲁塞尔第 185 号函。

⑤　事实上代理总税务司已经奉恭亲王之命向各通商口岸的海关发出命令,通知
自 1861 年 7 月 17 日起,停止此项办法的实施。海关档,总税务司通令,1861 年第 2
号。《北华捷报》,第 575 号,1861 年 8 月 3 日。

国船从另一通商口岸运来的一切协定出口税已经在该口岸完清的土货,不论货主为谁,在达到卸货口岸时,均须缴纳沿岸贸易税(即复进口税)。这件协议后来得到了英国政府的赞助①,是一种妥协案。凡外国船载运的货物,不论他们的原产地和所有权,应一律遵照为这项船舶专定的税则和章程办理,这项原则,据阿利国声称,已经是公认有效的了。它断然摒弃了以前对外国船所运中国货主的土货在装船和卸货口岸征收旧常关税的惯例。它保障了帝国的税收,因为在装船口岸对这类货物抽征的税项将是协定税则上所列举的出口税,并且也使帝国税收得到实际的利益,因为这类税款将逐笔开列,并登进帝国国库账户。这种办法也同样保护和裨益了省库,因为这种新设的沿岸贸易税既然被承认为一种事实上的子口税,所以这项收入就无须扣缴对法、英的赔款②,而归由各省当局遵照中央政府的指示予以处理。沿岸贸易税的数额像协定陆路子口税一样,定为关税率的一半,或是在从价货物的情形下,定为百分之二点五③¹。在通告的英文本中,这种税率称之为"进口半税"(half import duty),但是在中文本中则称之为"复进口半税"(a half duty on re-importation)。因为货物虽则是用外国船装

----

① 英国外交部档 17/356;1861 年 11 月 10 日卜鲁斯致鲁塞尔第 158 号函;英国国会档:"中国叛乱有关文件续编",1863 年,196 页。

② 1861 年 9 月恭亲王致卜鲁斯函,"中国叛乱和扬子江贸易有关文件汇编",1862 年,71 页。

③ 总理衙门曾经建议过一种代替办法,主张把这种税率按照关税正率订定并扣除二成以为偿付赔款之用,但是这项代替办法被外国公使们予以剔除。《北华捷报》,第 588 号,1861 年 12 月 2 日。

1 "……且又续许各口运行土货,止纳半税,并无旗号、口岸、外捐名目,是利源尽为所夺矣。数十年吸中国之膏血,官商贫富,无不仰屋而嗟。"马建忠,《适可斋记言记行》,论洋货入内地免厘。

运,但终归是土货,所以当局显然不愿意给予这类货物以适用外国
进口货税则的外国货的待遇。诚然在大多数情形下,给它们以这
样的待遇,也本来是不可能的,理由很简单,它们既然都是土货,那
么也就只会载在税则的出口表中。通告中的英文用语是很不幸
的;但是在新办法的实际应用上,还没有什么混淆的地方。海关为
本机关之用而印行的天津协定税则的早期本,把进出口两表混合
成为一个按英文字母顺序排列的总表,因此对于那些以适用税则
为职务的人们,进出口货的区别,就沿岸贸易税而论,也就模糊不
清了。单纯按照从量税则的半率征课,这就杜绝了发生任何错误
的危险。1861 年 10 月 30 日通告的公布给了在这个日期以后和
中国发生条约关系的那些国家一个指引,诸如丹麦(1863 年)、西
班牙(1864 年)、比利时(1865 年)、意大利(1866 年)和奥匈(1869
年)等国,都先后把沿岸贸易税的专款列进各该条约之中。这些条
款的中文本都是相同的,所以对于中国读者在解释上不会有争论,
它的解释是:外国船所载土货的应征关税,在装船的通商口岸是协
定税则的出口税,在卸货口岸是出口正税的一半。《中丹条约》(第
四十四款)的英文本与这种解释大体相符,《中比条约》(第三十四
条)的法文本则在这个问题上不容有丝毫疑惑的余地。该款开头
第一句就叙明:比国船舶载运中国土产从一个通商口岸到另一个
通商口岸,应在装船口岸缴纳税则上所订定的出口税,并于卸货口
岸缴纳沿岸贸易税,沿岸贸易税为上述出口税的半额。[2]这一条款
只不过是将当时已经成为公认惯例的事物写成文字罢了。

　2　条约中文本的原文是:"比国商民沿海议定通商各口载运土货,约准出口先纳
正税,复进口再纳半税。"

八

因为沿岸贸易税存在的理由是保护省当局在土货流转上的通过税的权利,更因为条约明白规定外商有权在完纳出口税则税率之后将这类货物从任何通商口岸输出海外,所以由外国船从一个通商口岸运往另一个通商口岸的已完沿岸贸易税的土货,凡业经申报装运出国且已由原口岸运往外国的,应不再负担这种沿岸贸易税。这是一种很容易被滥用而致损害税收的特权,为防止这种滥用,经规定,凡已缴沿岸贸易税的土货,欲运往海外者,商人必须在缴税后三个月内运往海外,方有权请求退还已缴的沿岸贸易税。如果不能在限期以内运往海外,则沿岸贸易税概不退还,嗣后如果装运货物出口,当另征出口正税。货物虽然已经在核定的限期内运往海外,如果发现有未奉准而拆动原装的情形,也同样予以不退税的处分。凡拆动原装的货物,订明必须负担另一次出口税。沿岸贸易税一经完清,据通告声称,则准该项货物在嗣后运往其他通商口岸时,免于这一项目下的一切重征,为保证做到这一点起见,应发给税已付讫的凭单。最后,由于扬子江流域蔓延着的太平军所造成的不稳定情形,据规定,凡自汉口或九江运往上海以及自上海运往该两地的土货,其出口税和沿岸贸易税暂时一律在上海征收。三个月的限期已经判明是不适当的,所以在 1863 年 6 月,由英国公使和恭亲王的一次交换照会把它延长到 12 个月[①],这种限期的延长已经在同年 7

---

① 　1863 年 4 月 18 日卜鲁斯致恭亲王函；1863 年 6 月 25 日恭亲王致卜鲁斯函；英国国会档："中国第 3 号"(1864 年),142—143 页。

月订入《中丹条约》(第四十四款)中。同时总理衙门决定:凡是已经缴纳沿岸贸易税的货主,在将该项货物转口到另一个通商口岸时,得任便对该税请领存票,然后再在第二个目的地通商口岸完纳沿岸贸易税,或是将货物径行运往,而持凭税已付讫的凭单,证明其中所开货物已完清沿岸贸易税①。十年之后,在1873年5月间,发生了这样一个问题,即是否《中丹》《中比》和《中奥》各条约所准许的土货得免缴沿岸贸易税装运出国的十二个月限期,应该严格依照1861年10月原通告的条件解释,并因而只适用于业经申请装运出国的这类货物;至于业经完清出口税和沿岸贸易税并拟供中国国内消费的土货,则不受这十二个月限期的限制,得随时做沿岸转运,并从此免缴出口税和沿岸贸易税。这个问题被提呈到总理衙门请示,据批示,这些条约中的沿岸贸易税条款,根据正确的解释,也包括那些拟供国内消费的土货在内,并指示,这类货物如果存留在口岸十二月之后再做沿岸转运,那就必须在运往另一通商口岸时重缴出口税,并且在到达卸货口岸时重缴沿岸贸易税②。对于这项批示,各有约国方面不能表示反对,因为拟供中国国内消费的土货的关税待遇是和他们毫不相干的。

九

这种沿岸贸易特权对于船钞问题也有很大的关系。如上文所述③,

---

① 海关档:总税务司通令,1863年第19及20号。
② 海关档:总税务司通令,1873年第7号。
③ 第一章,第十二节。

船钞的征课最初是由 1843 年 7 月广州当局发布的公告和作为 1843 年《中英善后事宜附粘和约》组成部分的《五口通商章程》予以规定的，其中第五款规定，凡进入五口中任何一口的一切船只，每登记吨征银五钱，同时《善后事宜附粘和约》本文第十七款则规定，凡航行于香港—广州—澳门间的一百五十吨以下的小船，每进口一次，每吨纳钞银一钱。在当时不吝承允的这种税率，和以前苛重的船钞和丈量费相比，正是一个鲜明对照；但就是像这样轻微的一种税率，竟在不几年之内又被某些方面视为苛重了。口味因饱尝美味而日益提高。《中美望厦条约》（第六款）承认了这种税率，但增列一项但书，规定船只因货未全销，复往别口转售者，不再输船钞。《中法条约》（第十五款）也步趋《中美条约》的后尘，但增订：船舶在寄港四十八小时之内得不缴纳船钞，并且船舶从外国进入中国，只须纳船钞一次。这些规定的切实执行，无异是说，凡是有约国船只每次驶到中国，在进入通商口岸后四十八小时内，必须缴纳船钞；但是由于《中美条约》中首先制定的那项保留的关系，该项船只一经缴纳船钞，便可以在同一次航程内对几个或所有通商各口进行贸易，免予重征。随着沿岸贸易的发达，如上文所述，人们对于这类课征不满意的情绪，便又滋长起来，认为船钞过于繁重了，此外更有许多从事于这种贸易的无约国船舶，因为没有领事监视它们照章纳税，竟然不缴纳任何船钞就自由来去，这种情形自然使问题更加恶化[①]。其实，后一项理由才是不满情绪的真正原因所在，另外还有一项造成怨声载道的原因，那就是：虽则人们理应

---

① 1858 年 10 月 22 日额尔金致曼兹柏立函，修订税则报告等，英国国会档："1857—1858 年额尔金伯爵奉专命出使中国及日本有关通讯汇编"，199、402 页。

期待以船钞收入来设置和维持灯塔与助航设备或港口改良与便利的设施,可是却一样都没有具备。当额尔金伯爵为修改税则而进行调查的时候,各通商口岸的各个商会和领袖商人都发出这种不满意的呼声。上海英侨商会认为,如果设有助航设备,那么加于往来外洋船舶的船钞率还可说是公平的,但是征于沿岸贸易船的船钞却不应该多于每六个月一次[1],同时驻扎该口岸的领事则主张,如果没有助航设备的设置,这种税课就应该取消,但是如果置有这种设备的话,那么按照每吨一钱税率征课还应该予以保留,因为沿岸贸易船将是受到这种设备的利益最大的一种船只[2]。香港和广州的商人对于助航设备的缺乏也发出同样的呼吁,并且也提出同样的主张,认为沿岸贸易船的船钞征收不应该多于每六个月一次[3],这些主张的结果便是《中英天津条约》第二十九和第三十款的订定:确定 150 吨及 150 吨以下的船只,税率为每吨一钱,150吨以上的船只,税率为每吨四钱;并订明持凭缴纳船钞后所发给的专照,得在四个月的期间内前赴通商各口,无须另纳船钞。《中美天津条约》(第十六款)也认可了这项税率,定明每吨为 40 立方尺,并且重申《望厦条约》的条件,但是没有提到量船执照的四个月有效期限。1858 年 8 月 16 日《中美条约》的批准先于 1860 年 10 月

---

[1] 1857 年 10 月 2 日上海商会致额尔金函,英国国会档:"1857—1858 年额尔金伯爵奉专命出使中国及日本有关通讯汇编",63 页;又"中国叛乱有关文件续编",1863年,186 页。

[2] 1857 年 12 月 7 日罗伯逊(Robertson)致额尔金函,英国国会档:"1857—1858年额尔金伯爵奉专命出使中国及日本有关通讯汇编",113 页。

[3] 1857 年 11 月 18 日香港地区商人致额尔金函,及 1858 年 2 月 27 日额尔金致柯勒拉得恩函,内附 1857 年 11 月 24 日文察斯德备忘录;英国国会档:"1857—1859 年额尔金伯爵奉专命出使中国及日本有关通讯汇编",209 及 71 页。

24 日《中英条约》的批准两年多，因而给了美国船舶一种减低船钞率的优先利益，并且经由江海关予以实行。凭借《虎门条约》（第八款）最惠国条款的规定，英国人甚至在《天津条约》批准之前就要求，并且也取到了同样的待遇①。《中法天津条约》中的船钞条款（第二十二款）乃是《黄埔条约》第十五款一字不差的翻版，甚至于把 150 吨以上的船舶税率每吨五钱也照样保留下来，这个漏洞直到两年之后才由《中法北京条约》第十款予以补救。纵使有了这种更正，可是这原为适应 19 世纪 40 年代初期一般情况而议定的《中法天津条约》的船钞条款，显然不适合于 60 年代的情况了。法国驻上海领事声称："凡大法国船从外国进中国，只需纳船钞一次"这项条款的意思是说，中国海关不得向法国船征收一次以上的船钞，不论它在中国沿海口岸间继续贸易多少年。总理衙门驳斥这种解释，指明条约并没有给予从事通商口岸间沿岸转运土货的权利，所以《中法条约》中的船钞条款是仅指中国和外国间的货物直接转运而言的。法国公使在他的复文中，首先肯定《中英条约》所允准的四个月限期的规定就是暗指沿岸贸易而言②，然后指出，因为目前还没有法国船只从事沿岸贸易，所以这种讨论只是学理之争，因而声明将来如有任何法国船舶从事于这种贸易的时候，他将随时准

---

　　①　英国外交部档 228/270：1859 年 12 月 13 日巴夏礼致卜鲁斯第 60 号函；1859 年 12 月 6 日和 1860 年 1 月 5 日卜鲁斯致鲁塞尔函。英国国会档："与卜鲁斯等通讯续编"，1860 年，2—4 页。

　　②　1857 年 10 月 2 日上海英侨商会曾经提请额尔金伯爵注意这项含义；英国国会档："1857—1859 年额尔金伯爵奉专命出使中国和日本有关通讯汇编"，63 页。1861 年 10 月 19 日上海英侨商会致卜鲁斯函；"中国叛乱有关文件续编"，1863 年，183 页。

备讨论这个问题,和商定一种按期缴纳船钞的办法①。可是问题
并没有停留在这个阶段。总理衙门的主持人恭亲王和法国驻北京
代表之间仍继续不断地交换照会,文书往来的结果,终于有了
1865 年 8 月 20 日法国代办致恭亲王的一件照会,内中通知法国
政府决定放弃法商租用的中国沙船依照条约免完船钞的特权,并
承认从事沿岸贸易的法国船必须每四个月缴纳一次船钞的办法。
作为这项让步的交换条件,法国政府要求:凡悬挂法国旗的船舶,
得按照往来中国通商各口和香港间的船舶那种缴纳船钞的同样条
件,往来于中国通商各口和法属各口以及中国通商各口和日本各
口之间。恭亲王在 1865 年 9 月 1 日的复文中接受了这些条件,这
不独使法国船的船钞征课和其他各有约国相一致,而且也重新确
认了外国船的沿岸贸易特权②。船钞究竟应该专供何种用途,引
起了一场并非不大严重的讨论。如上文所述,船钞的继续征课曾
经受到了激烈的反对,理由是自从 1843 年开征以来,在这个项目下
所收的钱,分文没有用到置办极其需要的助航设备、灯塔、浮标、灯
标等方面。商人、船主和外国官员们一致认定,如果还要继续抽征
船钞,那就非把它全部或局部用于设置和维持这类航行的必要设备
不可。可是英方议和代表并没有把这种定见作为硬性规定列进条
约本文中,而只写人通商章程第十款中,并且把它扼要叙列如下:"其
浮桩、号船、塔表、望楼等经费,在于船钞项下拨用。"(录自前引,《中
外条约汇编》,11 页)外国议和代表的原意是说,这类设备的建造也

---

① 海关档,总税务司通令,1863 年第 7 号。

② 同上,1865 年第 10 号。另见"关于 1858 年条约第二十二款修正案的照会",
《中外条约汇编》,海关印行,上海,1917 年,第二版,891、892 页。

应该由船钞收入来开支，这一节可以从下述各点中推论出来：(甲)当时公私舆论对于这方面的表示，(乙)在《中英条约》中，紧接着论及船钞的各条款之后，就列有第三十二款一款，规定，"通商各口分设浮桩、号船、塔表、望楼由领事官与地方官会同酌视建造，"(录自前引八页)此外在《通商章程》第十款中还特别规定应以船钞供这类设备之用，以及(丙)《中美条约》第十六款中，除专门讨论船钞的课征外，结尾有下述这样的一句话："设立浮桩、号船，建造塔表、望楼，由通商各海口地方官会同领事官酌量办理。"(录自前引 128 页)如果原意不是说灯塔等项的建造与维持费用应由船钞支付，那么为什么这句话要加进船钞条款？中国当局也承认这种推论法和情势的需要，因为在 1865 年 1 月间，他们一旦摆脱了为镇压太平军所造成的财政漏洞，便以船钞收入的十分之一交由总税务司充作港务改良工作之用[①]。这一项举动实在是海关海务处的张本，这一个部门曾经并且仍然掌管着许多业务，诸如港务的管理，灯塔、浮桩、灯标和助航设备的建造与照料，沿海和沿江必要时勘查工作的经办，航海图的编制，以及气象记录的保管，等等。自从 1868 年 4 月 1 日起[②]，分派给这类用途的款项已经增加到船钞收入的十分之七，并且在 1917 年 4 月间[③]，清政府根据协议，准许总税务司保留全部船钞收入以支应海务处日益增加的开支。

---

① 海关档，总税务司通令，1865 年第 1 号。

② 同上，1868 年第 2 号。自 1877 年 4 月 1 日起，征自中国船舶的船钞的十分之七也拨归灯塔之用。同上，第 25 号，第 2 组。

③ 同上，第 2653 号，第 2 组。

十

　　1861年英国公使发表的第二项通告，载有该年三月间原曾发表过的《长江通商收税章程》的一件修正案。《中英天津条约》第十款曾经规定：长江一带各口，英商船只俱可通商，唯现在下游为太平军占据，除去镇江口岸得辟埠通商外（按：原约中文本规定"镇江在一年后立口通商"。见《中外条约汇编》，7页），其余俟地方平靖，准将自汉口溯流至海各地选择不逾三口，为英船出进、货物通商之区。因此，只要军事继续进展一天，英国人，就条约来讲，就一天没有权利要求把长江开放通商，但是外商却不管有没有军事，一意要寻求对中国西部各省畅通无阻的一条交通线，于是就对英国公使施加压力，因而该公使在1860年11月间开始和恭亲王讨论这个问题。他向恭亲王提出一项暂行办法，主张把汉口和九江两口开放对外通商，但是在紊乱情况继续存在时期，一切根据新税则应征的船钞和运往及运自该两口岸的货物的一切应征进出口关税，都在上海或镇江抽收①。一切武器和军火的买卖，自然是要用严刑峻法来禁止，鉴于盗匪和叛乱的蔓延，以及当时集聚在上海的外国流氓和不法之徒那种很明显的要趁中国多事之际混水摸鱼的居心，这一项是极其必要的禁令②。这位亲王曾用一种最宽大的

---

　　① 《北华捷报》，第549号，1861年2月2日。
　　② 英国国会档："中国第3号（1864年）"；"中国事务有关文件汇编"，136—137页。1862年7月14日卜鲁斯致鲁塞尔函；"中国叛乱有关文件续编"，1863年，58页。

精神来应付这件开放扬子江通商的建议,他不但予以同意,而且听由英国公使商同江海关当局拟定必要的章程。可是他做了下述的保留:如果这项措施造成了税收的减少,则两国政府应立即磋商防止税收减少的办法①。额尔金伯爵为了要同太平军达成一项谅解,以便一旦合法贸易开始进行后,不受阻挠,并为了探取沿江一带政治商业情况的直接可靠消息,遂委派巴夏礼伴同海军中将何伯爵士(Sir James Hope)从上海溯江至汉口做一次调查。这其中也包括上海英侨商会代表们的远征团体,是由一支十艘炮艇的堂皇舰队护送溯江而上的。它的实际成就是:(一)和太平军商定的一项协议、议定,在英商严守中立的条件下,他们自行保证不干扰英商或英商的财产②;以及(二)1861 年 3 月 18 日一件载有《长江通商收税章程》十款的上海英国领事馆通告的公布③。这件《长江通商收税章程》的最初草案有下述的特点:(甲)限定驶往上游的船舶以上海、驶往下游的船舶以镇江为缴纳一切船舶及其货运的各项税钞的口岸;(乙)由英国当局采取预防步骤,以呈交各项船舶证件换领海关所发"内江专照"(river pass)的方法,来保持对扬子江通商的英国船舶的管理;(丙)绝对禁止武器和军火贸易;(丁)开放九江和汉口两个口岸和在该两口岸设置英国领事;以及(戊)允许"一切根据此项办法核准的船舶在镇江上游的沿江各口岸或地方

---

　　① 　1860 年 12 月 2 日卜鲁斯致鲁塞尔函,附 1860 年 11 月 27 日恭亲王致卜鲁斯函,英国国会档:"中国事务有关通讯汇编:扬子江上的远征",1861 年,1—3 页。

　　② 　1861 年 5 月 13 日海军部致韩蒙德(Hammond)函;英国国会档:"开放扬子江对外通商有关通讯汇编",1861 年,8—9 页。

　　③ 　同上,18—21 页。《北华捷报》,第 556 号,1861 年 3 月 23 日。

装卸合法商货",而勿庸在该船返抵镇江之前履行任何海关手续。最后一项规定自然被商人和其他人士解释为在镇江和汉口之间的沿江各处,合法贸易都是许可的,而这种解释却也完全和额尔金伯爵在他致巴夏礼的训令函中所叙明的宗旨相吻合①。上海道台极力抗议这项章程的实施,他的抗议确有充分的理由。在扬子江流域的紊乱情况下,这种性质的办法是容易滋生严重流弊的,无怪这项章程虽经上海英国当局、何伯海军中将和巴夏礼领事公布,虽经英国商人奉行,而中国当局却拒绝予以批准②,并且随即有了向英国公使对不法英商提出指责的机会,因为这些商人正利用此项办法以武器和粮食供给太平军,因此,看来"简直像是长江通商专以供应品接济太平军而设的了"③。英国驻镇江领事在1863年4月间写信时,评述那些在扬子江通商的帆船上的外国人称,"几乎毫无例外地都是一些无原则或无品行的人,事实上也就是不法之徒,他们不但把条约和章程一概置之度外,而且把中国人看成可由他们任情劫掠的。"他们和太平军的武器及军火贸易是伴同着恃强逞凶和杀人越货的勾当而进行的,这些武器和军火则都是购自香

---

① "你知道我所希望的是,我们借此而为英国船舶取得的特权,不应该在实际上只限于对某些特定口岸通商的一种许可,而应该,如果可能的话,作为把沿江贸易对英船一体开放的一种特权来实行。"1861年1月19日额尔金致巴夏礼函,英国国会档:"开放扬子江对外通商有关通讯汇编",1861年,3页。

② 1862年8月24日、9月22日和11月22日卜鲁斯致鲁塞尔函,英国国会档:"中国叛乱有关文件续编",1863年,80、127和147页。

③ 其他国籍的外国人也从事这种非法贸易。英国外交部档17/393;1863年7月18日卜鲁斯致鲁塞尔第108号函。英国国会档:"中国叛乱有关文件续编",1863年,58—59、74—77、123页。"中国第3号(1864年),中国事务有关文件汇编",66、136—137、140—141页。

港和新加坡这两个英国口岸①。况且这种章程蹂躏了省的贸易征税权。这是一个非常严重的问题，因为省库已经罗掘俱穷，无法筹措镇压太平军的经费了。中国奸商串通雇用的外国流氓正利用悬挂外国旗帜的帆船，在江上往来运货，借以逃避厘金和各项常关税的完纳②。为制止这种不法行为，当1861年6月间赫德在北京的时候，他曾经劝请恭亲王撤销无限制沿江贸易的特权，而把对外贸易的活动严格限定在九江和汉口两处开放的口岸。英国公使同意这种意见，因为这同他本人先前所建议的完全相符③，在这方面，他甘冒商界的厌恶，采取了与他的兄弟额尔金伯爵直接相反的意见。因此，恭亲王和英国公使于1861年9、10月间在北京曾经磋商过的扬子江英国贸易暂行修正章程，在11月14日经皇上批准，并经总税务司在当月通知各税务司，把扬子江对外贸易限制在九江和汉口两处，准许英国船只（以及其他一切援用最惠国条款的外国船只）在返抵上海之前，毋庸申请海关准单而装卸货物。上海现在成为沿江各口往来贸易船只缴纳各税的唯一口岸了。章程中也增列了下述条款：凡油、麻、钢、铁、食粮、木材和铜钱等项，除非立

---

①　英国外交部档17/373：1862年7月14日卜鲁斯致鲁塞尔第94号函。士迪佛立将军（General Staveley）于报告扬子江上武器走私的情形时称，新加坡在一年之内已经售出三千尊不同口径的大炮。英国外交部档17/390：1863年3月12日卜鲁斯致鲁塞尔第22号函。

②　1862年8月27日卜鲁斯致鲁塞尔函，英国国会档："中国叛乱有关文件汇编"，1863年，81页。

③　"我同意以'汉口及九江'字样代替'自镇江溯江而上之各口岸地方'，因为这符合于去年11月间本人所提并承殿下接受的原建议。"1861年10月9日卜鲁斯致恭亲王函，英国国会档："中国事务有关通讯汇编：扬子江上的远征"，1861年，75页。1862年8月24日卜鲁斯致鲁塞尔函，英国国会档："中国叛乱有关文件汇编"，1863年，80页。

有保结,禁止运往上游;又凡租赁或购置的民船,除非预立和船货
价值相当的保结而领有关牌的以外,禁止英国臣民用以进行沿江
贸易①。可是这项暂行修正章程注定了只能继续有效一年多一点
的时间。当 1861 年英国已经在镇江、九江和汉口三处口岸设立了
领事馆的时候,由于赫德的活动和倡导,新关也在各该口岸创办
了。倘使就机关来说,那就再也没有什么理由一定要在上海一处,
而不能在那几个口岸完纳税款。此外,湖广总督官文极力反对上
海征收关税的独占权,因为严重损害了该省的税收②,同时他对于
海关中聘有外国人一事,也没有好感。外商们在无限制沿江贸易
权被撤销之后,对于只在上海一地完税的现行办法,也并不完全满
意,他们希望在沿江各口也能像在其他地方一样,获得同样的完税
便利。赫德以总理衙门的必要公文为护符,设沿江各口,并且凭借
这些公文和最近几道上谕的力量,居然使湖广总督幡然改计,那几
道事关同治皇帝登基和裁撤此前掌管国政的八位赞襄政务王大臣
(Palace Council of Eight)的上谕(按:咸丰十一年七月十六日谕以
载垣、端华、肃顺、景寿、穆荫、匡源、杜翰、焦佑瀛为赞襄政务王大
臣。见《清史纪事本末》,卷 50,页 10),一直到那时候,还没有寄到
武汉③。赫德随身还携带了恭亲王致声名赫赫的两江总督曾国藩

---

① 海关档,总税务司通令,1861 年第 8 号。1861 年 9 月 21 日恭亲王致卜鲁斯
函;1861 年 10 月 9 日卜鲁斯致恭亲王函,英国国会档:"中国事务有关通讯汇编:扬子
江上的远征",1861 年,74、77 页。

② 1862 年 7 月 14 日和 10 月 11 日恭亲王致卜鲁斯函,英国国会档:"中国叛乱有
关文件续编",1863 年,149—150 页。

③ 英国外交部档 17/375;1862 年 11 月 22 日卜鲁斯致鲁塞尔第 169 号函,内附
与恭亲王讨论修订扬子江章程的通信。

的一封专函,函中恭亲王力请对扬子江贸易修正章程优予考虑①。
既然有了中国高级官宪的允准,赫德②所拟定的这一套新的《长江
通商统共章程》七款便在 1862 年 11 月间分别由驻北京的英国公
使馆和驻上海的美国领事馆通告周知③。这件自 1863 年 1 月 1 日
起开始生效的新章程限制扬子江对外贸易于镇江、九江和汉口三
个口岸,并将上江商船分为出海大洋船和常川贸易江输两类。前
一类的船只无须再在上海报关④;但如果驶往镇江上游一带贸易,
则必须将各项船舶证件交存该口岸,请领"镇江专照"(Chinkang
Pass),而后一类船只则必须依旧将各项船舶证件交存上海,申请
换发"内江专照"。为了体恤商人,凡江输所载货物的税项得在各
装货口岸完纳;但是江输的船钞则必须输流在镇江、九江和汉口完
缴。凡江输从沿江口岸装运往国外出口的土货,得在三个月、嗣延
展为一年的限期内⑤,由上海出口。如货物在限期内装运出口,运
货人得索取复出口凭单,然后凭单持有人得在沿江装船口岸持凭
该项凭单,请求按原缴沿岸贸易税的数目,发给存票。凡英、美商
人自有或租用的民船载运的货物,一律按协定税则规定的税率完
纳关税,但是这类船只并不缴纳船钞,而代之以在各该驶入的口岸

---

①　英国外交部档 17/370;1862 年 2 月 23 日卜鲁斯致鲁塞尔第 9 号函,附 1862
年 1 月 21 日赫德致卜鲁斯函摘要。

②　1862 年 10 月 11 日恭亲王致卜鲁斯函,英国国会档:"中国叛乱有关文件续
编",1863 年,151 页。

③　海关档,总税务司通令,1862 年第 2 号。《北华捷报》,第 644 号,1862 年 11 月
29 日。英国国会档:"中国叛乱有关文件汇编",1863 年,152—154 页。

④　海关档,总税务司通令,1863 年第 19 号。

⑤　同上,1863 年第 19 号。英国国会档:"中国第 3 号(1864 年)",142—143 页。
英国驻上海领事于 1863 年 7 月 18 日发布的通告。

依照现行地方税则缴纳船料（Port due）。此外，所有这类的船只都必须具结取保。直到 1865 年秋季，法国才同意法国人自有或租用的民船接受这类限制，而直到那时为止，法国人的贸易差不多完全是由民船进行的①②。为便利外商从最接近产区的地方装运茶叶以奖励合法贸易起见，英国公使建议恭亲王，请以安徽省的安庆、大通和芜湖三城为准许轮船持凭汉口或九江海关所发专照装运茶叶的地方。赫德以这项建议磋商于两江总督曾国藩，曾氏表示，安庆并没有轮船运输，芜湖则刚刚从太平军手中夺回，唯大通一地常常有轮船装卸货物。总督承认厘金的征收对于他是一个生死攸关的问题，因为他的军饷开支主要是靠厘金。所以该项税收如有任何减少，一定要引起困难。虽然赫德建议，不妨规定凡是从这三个地方装运货物的轮船，不但要在装船地方缴纳厘金，而且要在上海缴纳沿岸贸易税，这两项征课自然都收归总督，可是总理衙门还是认为以拒绝英国公使的建议为得计③。为了制止被中国人雇用借以给予他们的沙船以外国旗帜保护的那些欧、美流氓的非法贸易和违法行为起见，恭亲王采纳了江海关税务司费子洛签具的一项意见，建议卜鲁斯爵士（Sir Frederick Bruce），凡二百吨以下的船只不准入江贸易。可是英、法两国公使，特别是法公使，不

---

①　1863 年 7 月 18 日卜鲁斯致鲁塞尔函，英国国会档："中国第 3 号（1864 年）：中国事务有关文件汇编"，136 页。

②　海关档，总税务司通令，1865 年第 10 号。

③　英国外交部档 17/390；1863 年 3 月 30 日卜鲁斯致鲁塞尔第 36 号函，附 1862 年 1 月 16 日赫德致威妥玛函。1862 年 11 月 6 日卜鲁斯致恭亲王函；1862 年 11 月 13 日恭亲王致卜鲁斯函，英国国会档："中国叛乱有关文件续编"，1863 年，151—152 页。

赞同这项建议，自然这也就足以阻止这个建议的采行了[①]。这项《长江通商统共章程》一直继续有效达三十五年之久，虽然在这期间，长江对外贸易扩大了五十倍，船钞扩大了九倍，同时芜湖、宜昌、沙市三个新口岸已经开放，并另设置了五个根据专订章程允许上下旅客、装卸货物的停泊所或搭客站，可是章程的大部分依旧没有变动。因情况变迁而不得不有的章程修订，将在下文中讨论。

十一

现在已经实授总税务司的赫德，总算把这些困难暂行解决。他这才能够专心致力来解决其他和税则的应用以及海关的统一和发展等有关的问题，而政府本来也就是委派他稽查这些问题的。举凡海关的组织问题，诸如关员的组成与配置、账目的呈报、贸易统计表与报告书的编制，以及引水、港务管理、检疫办法、劳工出国以及助航设备的建立等项，都和本文无关，姑置不论，但是那些由于税则的具体应用而产生的问题，却是我们所关心的。在后一类问题中最突出的就是事关罚款或充公的私货查缉、存票的制发和关税率的变更。《天津条约》大体确认了早期各条约所核准的缉私办法，唯侧重一项事实，即为实行该项办法而由领事积极参与其事的时代已经成为过去，所以《中英条约》中载有下述的规定（第四十

---

① 英国外交部档 17/393：1863 年 7 月 18 日卜鲁斯致鲁塞尔第 108 号函。英国国会档："中国第 3 号（1864 年）；中国事务有关文件汇编"，136 页。

六款):"中国各口收税官员,凡有严防偷漏之法,均准其相度机宜,随时便宜设法办理,以杜弊端。"(录自前引,8 页)新关制度的推行于所有通商各口,便是这项规定和《中英通商章程善后条约》第十款的规定以及上海试办成功等直接发展的结果。由于中国高级官员的支持以及雇用人员的高尚品质,各口的新关不但逐渐被认成是有效的和诚实的机构,而且也被认成是一个在授权范围内对税收问题可赖以执行裁判和强制服从的法庭。可是,得到这种承认并不是一件容易的事。事实上,服务清政府的外籍关员对于违反税法罪行处以罚金或没收货物的权利,最初是为外商们极力反对并受到许多领事责难的一项权利。在商人们看来,凭条约取得的领事裁判权可以保护他们不受海关官员对违反税法罪行所加的处罚,特别是因为这些官员都是外国人,他们本人就应该服从领事的管辖。香港商会坚持认为:(一)"应褫夺海关根据本身处断的没收货物的权力,凡有违反税法的行为,非经领事公正和公开审讯后,不得加英国臣民以任何处罚,不论是没收充公或是罚款",以及(二)就服务海关的外国人而论,"如有任何人对他们所受的损害提起诉讼,而根据法庭的判决,该海关官员等确已超越他们的合法权力,则他们的官员身份和他们以中国海关监督名义进行处理的情由,都不能使他们免于领事法庭或其他外国法庭对损害赔偿所下的裁判。"[①]上海英侨商会虽然主张在没有英国领事积极参与其事的情形下,中国海关当局就既没有权力对英国船或英国人处以罚

---

① 　1861 年 8 月 26 日香港商会致鲁塞尔函,英国国会档:"中国叛乱有关文件续编",1863 年,162 页。

金,也没有权力没收英国人的财产,可是在设法解决困难的态度
上,表现得比香港商会更为合理,它建议:"如果我们不能把所有这
类案件提交英国领事处理,并由他在公开法庭中裁决,那么就必须
筹设一个中、英官员合组的会审法庭,由双方以平等的权力在公开
法庭中会同处理。"①李国泰在这项建议提出来的时候(1861年)曾
经加以评述说:(一)"中国海关的一个外籍员工固然没有实行没收
的权力,但是在中国当局应该行使没收权的情形下,建议中国当局
行使该项权利,却是他的职责"②;(二)"中国海关监督,无论是否
依据外籍税务司的建议,都绝不会超过条约对他的行动所划定的
界限而不立即受到领事基于受害外商的指控而提出责难的"③;
(三)"要想清政府把它获有条约保障的罚款和没收权,提交任何外
国法庭作司法上的讨论和裁决,已经不公平了;至于还要容许那些
本人就是天天处心积虑想逃避中国税法的商人们,以各该国领事
的陪审官资格在这种讨论和裁决中有任何发言权,那就更加不公
平"④;(四)"并不曾放弃其对违反本国税法行为之裁判权"的清政
府,坚持"英国领事只能在政治上而不能在司法上干预其事"⑤;以
及(五)商会的真正目的乃是"要使英籍海关官员受一个英国法庭
的管辖。他们这样就会使得英国臣民无法以一种行政官的资格为

<hr>

① 1861年8月20日上海商会致鲁塞尔函,英国国会档:同前,169页。
② 李国泰1862年1月11日的备忘录,英国国会档:174页。
③ 同上,178页。
④ 同上。
⑤ 同上。

清政府服务"。① 英国公使婉辞拒绝对这两处商会的主张予以支持,他们的主张就是要把罚款和没收问题的专有裁判权(exclusive jurisdiction)交付给领事。英国公使声称,这样一种办法"只有经过清政府同意,才能实施",又说他已经有证据证明,清政府并不愿意把它的权利交由领事取决②,这项意见完全得到了英国政府的同意③。当时在埃及的额尔金伯爵曾经被征询关于这个问题的意见,他认为:"现行对华条约并没有授权我们得赋予我国各领事以现所要求的权力,纵使我们有办法取得这样一种权力,而行使这种权力究竟是否得计,也是大可怀疑的。"④

十二

这项争执问题最初是在李国泰时代发生的,他决定不听任它犹豫不决。凭着他在英国领事馆和中国海关服务的双层经验,他比其他大多数人都更能体会到,如果把下述两个问题悬置不决,是会如何滋生冲突、怨言和误解,这两个问题就是:(甲)从条约限制着眼,海关处罚权的性质和范围问题,以及(乙)海关雇用的外国人对他们以官员身份所做措施应负的责任问题。因此在1862年前几个月中,当他仍然在英国休假的时候,他就对于下述六点疑问征

---

① 李国泰1862年1月11日的备忘录,英国国会档:179页。

② 英国外交部档17/356;1861年11月10日卜鲁斯致鲁塞尔函;1861年11月12日卜鲁斯致上海商会函,英国国会档:"中国叛乱有关文件续编",1863年,192页。

③ 1862年2月26日鲁塞尔致卜鲁斯函,英国国会档:同前,196页。

④ 1862年2月8日额尔金致雷雅特(Layard)函,英国国会档:同前,194页。

得了伦敦一些重要律师们[①]的意见：

（一）是否根据《中英南京条约》或《天津条约》（注意 1853 年 6 月 13 日女王的敕令），中国当局必须把涉及英国臣民的罚款和没收的关务案件送由一个英国领事法庭裁决。

（二）是否这种案件的"裁判"权并不单独掌握在中国当局的手中，而英国当局只能做政治的，并不能做司法的干涉。

（三）是否中国当局在当事人没有把依照条约所裁定的罚款和没收的货物向他们缴付或呈缴之前，得拒绝发给《中英天津条约》第四十一款所规定的红单。

（四）是否中国当局虽不必须但却可以作为指控人在逃税和事关没收的案件中求助于英国领事法庭，要求领事（根据《南京条约》第二款和女王的敕令）责令英国臣民照章缴纳清政府秉公议定的关税，并为此目的而颁发搜索状，等等。

（五）是否一个英国臣民对于他以中国海关官员的身份所做的措施，必须受一个英国法庭或仲裁庭的管辖，如果这种措施并不为清政府所否认。

（六）如果一艘英国船载有违禁品或未列入舱口单的商品，因

---

①　所咨询过的律师有：枢密大臣凯莱爵士（Sir Fitzroy Kelly），1852 年副检察长，1858 年检察长，1866—1880 年皇室度支法院首席裁判官、高等法院裁判长；阿泽顿爵士（Sir W. Atherton），1859 年副检察长，1861 年检察长；韩能民法博士（James Hannen D. C. L.），1868 年皇室法院法官，1872 年遗嘱验证及离婚法院法官，1891 年终身大法官兼上诉法院常务大法官，1888 年国会爱尔兰自治委员会（Parnell Commission）主席；柯克，"什一税、奉地产法院令状而取得耕种权之土地及圈地等事务"委员，《泰晤士报》驻华通讯员；以及史蒂芬（James Stephen），1897 年黎芝（Leeds）破产法院登记官，皇室法院法官，1879—1891 年高等法院法官，1883 年《英国刑法史》著者。

而也就是应该没收的物品(见《天津条约》第三十七和四十八款)，是否中国当局在这类违禁品物件实际仍在船上并在英国旗帜之下的时候，能够没有英国领事的搜索状就缉获这些物件，抑或他们必须事先取得领事的搜索状方能进行缉获。①

对这些疑问所做的答复，扼要如下：

(一)在事关没收的案件中，中国当局单独握有裁判权；但是在事关罚款的案件中，因为这种处罚是对人的，所以非会同领事不能强制执行。

(二)如果中国当局行使这种没收权不公，则只能通过外交的程序，寻求救济。

(三)清政府对于一艘已经付清一切协定关税的船只，不得为勒缴罚金而拒不准许结关；但是在所犯罪行应科以没收处分的案件中，得拒发红单。

(四)中国当局如果认为相宜，得在事关罚款、没收或中国获有条约保障的关税等案件中，作为指控人求助于英国法庭领事，并且在这类案件中，该项英国法庭是中国法庭的辅助裁判厅。

(五)如果有人对清政府雇用为海关官吏的英国臣民向英国法庭提起诉讼，则对于这项诉讼的批复应该毫无疑义地是：被控告的行为，是被告在中国管辖权范围内，以一个中国海关官员的身份为行使他的职权而做的。

(六)在中国领海内，一艘英国船上所载的应没收的货物，得由中国当局缉获而无须英国领事的搜索证。

---

①　海关档：总税务司通令，1870年第28号。

总税务司把这几点意见通知英国公使，英国公使深表赞同，当即命令驻上海领事遵照内开原则行事[1]（这些原则也曾经得到美国公使的承认），并且好几次在为中国海关与各式英国商人发生争执的案件而寄致鲁塞尔伯爵的公函中，都引证了这些原则。[2] 英国公使不但同意上述的意见，而且以为香港高等法院指示英国驻华各领事受理英国商人和受雇于中国海关的英国臣民间的案件，如对包曼（Bowman）呈控费子洛一案所曾有过的那种情形，是超越权限的[3]。鲁塞尔伯爵在征询皇家各法官的意见后，才通知公使说，英国政府完全同意他的见解[4]。

十 三

这项意见对于有关条约条款的正确解释是有决定性意义的；但是就像条约本身一样，其中并未含有这样一项建议，即主张筹设调查法庭，以便在该法庭中当众审讯违章案件，并宣告有罪或无罪。如上文所述，上海英侨商会已经建议过筹组这样一个法庭。赫德也相信设立一个会讯法庭，俾得公开提起诉讼，详核证据，并在一个公平公开的法庭中，经过全面秉公审讯之后，宣告判决方足

---

[1]　1863 年 3 月 30 日卜鲁斯致夏福礼（Harvey）函，英国国会档："中国第 3 号（1864 年）"，73 页。

[2]　1862 年 12 月 2 日卜鲁斯致鲁塞尔函，1862 年 12 月 9 日卜鲁斯致领事辛克来（Sinclair）函，1862 年 12 月 23 日卜鲁斯致鲁塞尔函，英国国会档：同前，12、17 和 31 页。

[3]　1862 年 12 月 23 日卜鲁斯致鲁塞尔函，英国国会档：同前，32 页。

[4]　1863 年 6 月 5 日、6 月 23 日和 8 月 14 日卜鲁斯致鲁塞尔函，英国国会档：同前，71、80 和 94 页。

以平息下述种种的怨言,诸如:被告不能得到全面秉公的审讯机
会;海关在这些事情上的行动是任性、专横和见不得人的;以及仅
凭公文往还决定案件不是发掘事实和进行裁判的一种满意方法,
等等。当时驻北京各外国公使也都具有同感,所以在 1864 年赫德
劝请上海中国当局除将事关罚款的案件交由领事法庭管辖外,对
于一切事关没收的案件,则试行一种会讯制度以作为实验的时候,
他们都表示赞同①。三年之后(1867 年),总理衙门核准把上海方
面拟具的审讯办法四条推行到所有各通商口岸。美、英两国公使
接获总理衙门通知该四条办法的照会后,便乘机建议对原有的四
条办法加以增订,以便对罚款案件也制定会讯条款。总理衙门欢
迎这项建议,因为这显然是外国当局方面有意要以中国当局在没
收案件中已经用四条办法施给外国人的,也同样在罚款案件中推
及于中国当局,这也就是说,控告人对于每一个案件,如果他愿意
这样做的话,都可以有将他的是非曲直提请公开法庭审讯的机会。
原有办法当即加以修正和增订,因而在 1868 年 6 月间赫德才能把
《会讯船货入官章程》八款(Rules for Joint Investigation in Cases
of Confiscation and Fine by the Custom Authorities)知照各口②。
关于没收案件,章程中规定税务司除禀明监督外,应函知有关商
人,商人如果要对税务司的决定有所争辩,准经由其本国领事请求
开庭会讯,会讯应由监督传唤,并在海关举行,开庭时,领事应与监

---

①　海关档,总税务司通令,1868 年第 19 号。《美国对外关系》,1864 年,卷 3,147
页。海关文件,总署编号第 17 号:"新关会讯章程",1882 年。

②　海关档,总税务司通令,1868 年第 19 号。

督及税务司同坐在审判官的席位。如果经过审讯，法庭裁定没收是公平合理的，商人就没有上诉权；但如领事持有异议，商人就可以任便上控，在这种情形下，领事和监督应将案情分别送呈公使和总理衙门请示。在听候上级官员处断的时候，在押的财产得凭保结发还。如果对于保结上应行开列的在押货物的价值有不同意见时，应以货主的报价为准。凡商人所犯违章行为涉及罚款问题时，其动议开庭会讯之权应属于领事，由领事传唤开庭，并在领事馆举行会讯，开庭时，税务司本人或委员应与领事同坐在审判官的席位。领事于商人服罪之后，即宣告判决，商人不得上诉；但监督和税务司如果对于领事按照条约或章程所不得不科处的定额罚金，认为宜于减轻判决，得从宽处理。如果领事和税务司的意见有分歧，税务司应立即知会监督，并由双方按照没收案件的办法，将全案分别送请北京的上级官员处断。章程中也订有下述的规定：凡遇领事和海关当局对于某税应否征收的争执问题各执一辞，其解决办法应是责令该商人出具请愿书，由领事盖印，送交海关存案，以待北京上级官员的处断。最后，为了加速事务的处理，章程中规定，领事和税务司应先行彼此关照，或当面会商，或文书往来，而彼此间的联系无须步步都经由监督办理。因为对于违反税法的案件已经制定了这些公开审讯的章程，所以反对发给查获私货官员以缉私奖金的意见，也就潜消于无形了。这种以查获金额十分之一为准的奖金，仅限于外班人员。罚款和没收案件摘要的按季发表，也从这个时候开始，这种摘要，自 1869 至 1910 年间，曾经成为海关公报的一个例行部分[①]。这件章程的成就，不应该从它订定了

---

① 海关档，总税务司通令，造册处税务司通启第 379 号。

六十多年但很少被应用这个角度来衡量①,而应该从它所发生过
的遏制和预防力量的作用这个事实来衡量。它通过加强海关当局
的力量,对于那些在章程订立之前敢于为非作歹的人们,已经证明
是一种有效的警告。同时因为它订有一套办事程序,不论在保护
中国税收或在保障外国商业利益方面,都规范着各口海关的行动,
所以它大有助于树立一种稳重健全的风气并使得无数的案件,在
事情尚未发展到有会讯必要的地步,就能潜消于无形。久而久之,
贸易已经发展到了再硬性地执行条约规定,就大有成为贸易发展
上的一种严重束缚的程度。商人和船舶所有主们的需要,变成了
中国的可乘之机,所以清政府得凭由海关准或不准船舶在完清一
切应完进口税项之前结关出口,或在星期日、假日、办公时间以外
装卸货物等条约外的权益,来加强对商人和船舶代理人的管理。
这种操纵的机宜,经证明照例是比向会讯法庭控告还要更为有效
得多的一种驳辩,因此外国洋行往往宁愿不呈报关系国领事而照
纳罚金,也不愿意有一项条约外的权益被取消。

十四

　　《南京条约》《黄埔条约》和《望厦条约》都没有订定条款,给予
外商对已税外国进口货在向外国再出口时以请领存票的权利。在
那个时期,关税必须在进口时立即缴纳,可是因为关税既然很轻,

---

　　①　海关文件,总署编号第 17 号:"新关会讯章程",1882 年,上海。总税务司通
令,第二组,第 203、268、283、290 号。

存货通常也可以在合理期间内卖出,所以保税制度的采行和存票
的制发,都没有多大需要。尽管如此,如下文所述,保税特权很早
就有人申请过,退税特权也同样有人申请过。早在 1847 年 4 月
间,当阿利国诱致上海道台允准一切确属无法行销而必须向外国
复出口的已税外国进口货得领还税款时,后一种特权实际上已经
被外商取得了。这类货物还另外享有得贮存于外商自设堆栈的便
宜,但是在复出口时必须和进口时的原装相符①。这项条约外的
特权很快就被肆意滥用了,外商们竟利用这项特权,借口业经申请
货物的复出口而要求免纳进口税。货物神秘的失踪和掉包等这套
惯技已经猖獗到阿利国也不得不出面干涉的程度。他以通告知照
商人们说②:依据条约,进口税应该在起岸时完纳;退税特权原只
实用于业经缴税之后真正无法推销而正以原装原封向国外做复出
口的那些进口货。太平天国随即偕同那些破坏贸易的抢劫行为和
海上劫掠等伴从物以俱来,特别是在上海,致令外国商人在手上存
积了大量无法推销的外国进口货。外商开始呼吁救济办法,而这
次争取到救济的功劳,是要归于幼稚的海关税务司机构的。早在
1856 年李国泰就说服了中国当局"准外商为确属无法推销而向外
国复出口的货物(指外国进口货),请领特别号收或存票,俾可"用
以抵付进出口税"③。两年之后,清政府这样自愿给予的一项权

---

① 英国外交部档 228/66;1847 年 5 月 5 日德庇时致巴麦尊第 72 号函;1847 年 4
月 13 日英国驻沪领事通函。

② 《北华捷报》,第 119 号,1852 年 11 月 6 日;1852 年 10 月 30 日英领事第 21 号
通告。

③ 李国泰 1862 年 1 月 11 日的备忘录,英国国会档:"中国叛乱有关文件续编",
1863 年,173 页。

益，因为订进了《中英天津条约》而变成一种条约权利了①。虽然
《中美》和《中法天津条约》中对于从一个通商口岸装运到另一个通
商口岸的已税外国进口货，都订有准发免重征执照（Exemption
Certificate）这照例的一款②，可是并没有订明复出口退税这样的
规定。不过，根据最惠国条款，英国受让的这项特权已自动地对所
有和中国有条约关系的各国商人一律有效。这项请领存票的条约
权利最初只限于向国外复出口时的已税外国进口货，同时凡享有
这种待遇的货物必须是未经拆动抽换的原进口货，原包装，并附有
与进口时相符的货印和号码。对于请领存票办法所借口提出来的
理由是：中国在当时没有保税制度俾使外商能够在他们的货物售
出或装运他处以前，将货物免税存放在保税仓库③。当李国泰在
假期，赫德代理总税务司的时候，他曾经和恭亲王讨论过这个存票
问题，并且表示他本人不赞成把这种特权推展到外国货的沿岸转
运方面，因为这种办法很容易为偷税漏税造成机会④。可是赫德
觉得，为公允计，这种退税权应该扩大，凡是已经缴清口岸至口岸
出口税和沿岸贸易税的中国货，在向国外复出口时，也应该把这种
新设的沿岸贸易税退还。因而议定，凡该项货物自付税之日起在
三个月期内照章输出外国的，一律以现款将沿岸贸易税发还有关
商人。1863 年 6 月间，这种三个月的期限延长为十二个月，并且

---

①　第四十五款。

②　《中美天津条约》，第二十一款。《中法天津条约》，第二十四款。

③　1861 年 8 月 26 日香港商会致鲁塞尔函，英国国会档："中国叛乱有关文件续编"，1863 年，163 页。

④　《北华捷报》，第 588 号，1861 年 11 月 2 日。

从那时起退税又由发还现款改为发给存票①。商人鉴于退税制度的明显利益,遂群起要求把这种制度扩大到(一)从一个通商口岸改运另一个通商口岸的已税外国进口货,和(二)改运到另一个通商口岸的已完沿岸贸易税的土货②。新关税集中化的种种措施已经在某些口岸引起了省当局的坚决反对,商人们为使各口中国当局能"收受属于他们本区贸易的税款起见"③,同时也为了其他种种理由,极力请求对于向沿岸复出口的已税货物发给存票。省方对于关税集中化的反对,以天津最为显著,因为在那里,新制度的实施已经极严重地扰乱了该项税收中一般的既得利益④。所以无怪在 1863 年 2 月间,代总税务司认为有必要发出下述的训令,停止对于一切改运天津、烟台或牛庄的已税外国进口货,再发给免重征执照,而改发存票以为代替。同时他训令将这种存票的权益也推行于北方三口之一作复出口时土货所完的沿岸贸易税⑤。这是对于沿岸运转的货物,无论其为洋货或土货,使用存票的起源。这种特权最初只限于北方各口,但不久之后,南方各口也要求同样待遇,因而英国领事和海关不得不分别在 4 月和 5 月在上海发布公

①　海关档,总税务司通令,1863 年第 19 号。《北华捷报》,第 677 号,1863 年 7 月 18 日;叙列 1863 年 6 月 25 日英公使函的英领事通告。

②　李国泰 1862 年 1 月 11 日的备忘录,英国国会档:"中国叛乱有关文件续编",1863 年,173 页。

③　1861 年 8 月 20 日上海商会致鲁塞尔函,英国国会档:"中国叛乱有关文件续编",1863 年,169 页。

④　同上,169 页。英国国会档:"中国第 1 号(1865 年):在中国国内外人管理的海关机构",5 页。

⑤　海关档,总税务司通令,1863 年第 12 号。

告,知照商人,将不再发给外国货免重征执照,而改发存票以为代替①。几个月之后,总理衙门为奖励贸易,规定把退税权也一并施之于从一个通商口岸向另一个通商口岸再输出的已完沿岸贸易税的土货,而不论口岸是在北方或在南方;唯长江各口不在这种特权之列,但凡是从长江各口运到上海,再凭由上海改运专照改运另一沿海口岸的土货,得享有原装船口岸的退税权②。可是所有商人都不愿意要存票,特别是因为这种存票在当时不能兑现而只能在发票口岸作付税之用。而且在 8 月间,天津当局的种种困难也总算是克服了,所以恭亲王才能够发布命令,准商人嗣后将已税外国进口货从一个通商口岸改运到另一个通商口岸,包括北方各口在内,得听便在存票和免重征执照两者之中,任选其一,这样也就使得实施情形和条约规定更加密切符合③。自 1863 到 1867 年,在退税的程序上没有做过任何变动,但是在这段时期内,却对下述问题做出一项决定:即自货物进口之日起可以请领存票的时限和不再发给存票的届满期。《天津条约》并没有规定这种期限,但是在1859 到 1860 年间,英国特命全权公使卜鲁斯爵士(Sir Frederick Bruce)曾经同意把申请已税进口货退税的期限限定为自进口之日起十二个月,这项规定载在 1859 年 7 月 25 日的上海《新关章程》(Shanghai Customs Regulations)中④。商人们则以期限过于短暂

---

① 1863 年 5 月 28 日江海关通告;《北华捷报》,第 670 号,1863 年 5 月 30 日。1863 年 4 月 22 日英领事通告;《北华捷报》,第 665 号,1863 年 4 月 25 日。

② 1863 年 7 月 4 日江海关通告;《北华捷报》,第 675 号,1863 年 7 月 4 日。

③ 海关档,总税务司通令,1863 年第 20 号。

④ 英国国会档:"中国第 3 号(1882 年)",62 页。"中国第 5 号(1871 年)",41 页。

而表示反对,并且反对的声浪经久不绝,这种情形反映在 1869 年的《中奥通商条约》(Austro-Hungarian Treaty of Peking)中,该约第三十一款规定:奥匈帝国情愿同意任何这类的明确期限,如所有其他国家也表示承认。英国领先在阿利国条约(Alcock Convention,1869 年 10 月。按:即《中英新定条约》)中订定一项条款(第十一款),确定期限为三年,并规定凡在进口三个月之内向外国复出口的进口货,得持票挨领现银。这项条约并没有批准,但是七年后,在1876 年 9 月 13 日,在《烟台条约》(Chefoo Agreement)中却列进一项条款(第三端第五款),同意对已税进口货得请领存票的期限为三年。在这项协定之前的交涉中,威妥玛爵士曾经提议进口税的存票应该准许换领现银,当时任大学士的李鸿章坚持不肯做这项让步[1]。其他国家都一一同意了三年期限,唯德国坚持换领现银的选择权。德国的目的达到了,因而在 1877 年 2 月 13 日由清政府规定,凡已税外国进口货,其业经在中国存有三年期满者,不再发给存票,至照章核发的存票,持票人得听便,或兑换现银,或作抵付税款之用。为保障这项兑现的特权起见,凡商人想要以存票领现,必须先请有本口税务司的签章,然后海关银号方承允付款[2]。

十五

　　和存票问题密切相关的还有保税存栈问题。贮存货物于保税

---

① 英国国会档:"中国第 3 号(1882 年)",63 页。
② 海关档,总税务司通令,第 11 号,第 2 组。

仓库的特权以及因而把关税的完纳延展到货物有消费需要时为止的特权，都没有经 19 世纪 40 年代中所缔结的任何条约让与过。这种特权也没有经《天津条约》予以承让。事实上，在所有这些协订中都明文规定，进口税必须在货物起岸时完纳，出口税必须在货物装船时完纳。可是这却不应该解释作当时并没有要求保税权的意思。这类要求是有的。当 1843 年上海口岸开放的时候，第一任英国领事巴富尔海军大佐（Captain George Balfour）就曾经为建立保税仓库制度和当地官员进行过谈判①。他的建议最初是被顺利接受了，但在 1844 年 5 月间他却不得不呈报说，两江总督不赞同他所建议的保税制度，因为这种制度和规定进口税应在货物起岸时缴纳的通商章程相抵触②。此外，更因为《中美望厦条约》订有一项条款（第二十款），准许外国货得持凭关税业经付讫的凭证，从一个通商口岸向另一个通商口岸免税复出口，这就使得巴富尔所要求的权利成为不必要的另一项理由了。这件事实使中国当局对于他们所持的认为拟议中的保税制度是多余之事的议论，更加振振有词。这个计划因而也就暂时搁置不谈。十年之后，如上文所述，太平军已经把贸易倾覆到这样的程度，以致上海外商无法出售他们积存的进口货，于是存货越积越多，直至外商实在无力再以现款完纳到埠货物的进口税。因囤积纹银和加罗拉银元而引起的普遍恐慌以及为支付犯禁鸦片货载而滋生的现银外流等所造成的当

---

① 英国外交部档 228/31；1844 年 2 月 27 日巴富尔致朴鼎查第 14 号函。
② 英国外交部档 228/31；1844 年 5 月 18 日巴富尔致朴鼎查第 37 号函。英国国会档："对华商务关系专门委员会报告书"，1847 年，319 页。《北华捷报》，第 165 号，1853 年 9 月 24 日。

时的银根奇紧现象,由于某些货物的跌价而更行变本加厉,因为这种跌价,就某些缴纳从量税率的货物而论,已将应征关税自值百抽五的从价标准提高到值百抽十二至二十五不等。正是在这种环境下,阿利国才一度设立起那种暂时的保税制度,即从商人方面取具保结,来应付他对道台所负的责任。那种制度竟在蒙耻受辱的情形下告终①。可是阿利国并没有忘记这件事,因为当他拟定通常以他的名字相称呼的那件条约时,他还是订进了一项条款,允准在设立关栈相宜的各通商口岸,得设立关栈。但远在这件条约制定之前,事情已经很明显,实际困难总须设法予以解决。随着贸易的发展,随着日益增长的轮船运输所要求的迅速交货和迅速结关出口,显然条约中所载必须在船舶完清一切税饷之后海关方得发给红单的规定,未免过于呆板,要想使贸易不受不必要的束缚,就必须筹划一种补救办法。上海方面感觉到的这种困难最深,所以在19世纪60年代初期,海关税务司费子洛(G. H. Fitzroy)就在那里倡行了一种办法,准许船舶所有主或代理人把收货人尚未前来提取的进口货起岸,贮存在他们的堆栈中,并给他们"几天的付款宽限……以便他们得在船舶结关出口之后,清结账目"。这类未付税的货物必须交由海关监管,在一切欠税未经完清之前,不得提货②。这种条约外的特权(并未经1859年7月25日的《上海新关章程》认可)对于船舶所有主和外商是一种毫无疑问的恩施,但不久就发展成为现行的一种常年保结(Annual Guarantee)办法了。

---

① 参看第二章,第五节。
② 海关文件,"1866年度中国约开通商各口贸易报告书",上海,9—10页。

可是"几天的付款宽限"很快又被认为是无补于事的了，所以在
1864年，当时任上海税务司的狄妥玛(T. Dick)就签请总税务司采
用一种接近欧、美保税仓库的货物存贮制度。他建议准货物在付
税之前，得在一定限期内，存贮于海关特别核准和管理的临海的堆
栈中。这种免税存贮以进口船只离埠后一个月为满限，同时受惠
商人必须提交海关一项常年保结，在该保结期满之日或满期以前
将一切应缴税款完清①。当时这项建议一无结果，但狄妥玛却继
续不断对于保税问题加以密切注意，并且在1869年报告中称，为
便利船舶的迅速付款，他已经在海关设立了一个海关银号的收款
处，以便在货物装运之前收受出口税项，至于进口货，则商会曾经
建议，应准许这类货物"在船舶起清货物之后，仍留存公栈"。税务
司表示他希望"对进口货所建议的这种临时办法，能作为走上正式
保税制度的一个踏脚石"。可是他的希望被粉碎了，因为总税务司
的批复是，他"不打算在本署没有核准你所建议采取的步骤以前，
作任何诺言，负责执行任何建议，对于未来的更张给予妄事揣测的
因由，或在任何方面使海关受到牵累"。② 总之，政府绝没有意思
核准一种大有把他们卷进纠纷和困扰之势而又无任何相对利益可
图的方案。在这期间，费子洛所采行的保结制度已经成为一种既
成的局面了。可是，在有过若干保结无法执行的不幸经验之后，总
税务司在1868年发出下述的训令：嗣后凡是这类保结，不但必须

---

　　①　海关档，1864年狄妥玛致赫德第9及第22号函。

　　②　海关档，1869年狄妥玛致赫德第17、91及129号函，以及1869年赫德致狄妥
玛第10、47及74号函。

由提证商人或洋行签字，而且必须由两个保人签字，保人之中，一个必须是一般实商人或洋行，另一个则必须是原向海关报告该船进口而以其官员身份作保的领事①。

十六

　　既然有了一个订明硬性税率的确定税则，又有一个在中央权力机关负责在通商各口秉公实施这种税率的事权统一的组织，那么对于今天的一般官吏和商人来说，这应该可以充分保证使税则在应用上的严格划一在当时成为一件功程圆满的改革了。可是在19世纪60年代，官吏和商人们却都不是这样盼望改革的成功，事实上他们中间有些人根本就不愿意如此。他们生活的时代太接近关税税率可以灵活变通的年月了。海关的组织还很幼稚，虽然它是在一个事权统一的主持人监督下进行工作，可是在每个口岸上，各行其是的地方传统还都是这样坚强，以致中国海关监督往往以地方利益为重，不请示总署，就会同他的同僚外籍税务司采取行动，变更关税税率。这种作法自然会酿成紊乱，因为税率的变更既然通常是对商人有利的，这也就意味着地方特惠税率制度的产生已经成为严重的危险，这样一种制度如被允许的话，必会使得协定税率的根本目的完全失效。为避免这种危险，总理衙门在1866年4月间②发出一道命令，略谓：由于地方海关当局往往有未经总理

---

　　①　海关档，总税务司通令，1868年第17号。
　　②　同上，1866年第12号。

衙门事先同意而核准变更协定关税税率的情形,以致在该衙门撤销这种未奉准而变更的税率时,对外商造成很大的不便,对此明白晓示,今后非事先奉有总理衙门的核准,不得在协定税率上做任何变更。自此之后,税则问题的地方性决定,方才不再发生,代之而起的办法是把一切有关税则税率和关税分类的问题都呈报上级机关请示:或是由税务司呈报总税务司署请示,或是在必要时,由监督呈报总理衙门或后来的税务处请示。监督很少采取什么行动,却把向总税务司做必要建议的工作留交他的外国同僚去做了,该总税务司自从 1865 年 8 月起已奉令长驻北京,因而他可以极方便地向总理衙门做口头以及书面建议。凡有批示,总是由总税务司以公函或通令行知各口税务司——所谓通令就是给各口一切负责官员传观的一种印刷文件,但是因为税则问题直接或间接影响到一切口岸,所以自从 19 世纪 80 年代初期起,海关中便慢慢养成了一种惯例,总是把一切有关税则问题的批示都载在特殊的通令中①。

十七

鸦片贸易的合法化并没有制止住毒品的走私。走私依然继续进行,主要是来自香港的自由贸易货栈②。可是大部分鸦片贸易

---

① 海关档,总税务司通令,第 159 号,第 2 组。
② 仅在广州一地,每有一箱在海关申报,便有四箱走私进口。

已逐渐受到管制,并且立即使帝国国库收进了需要的税款。自
1860 年 10 月 1 日到 1861 年 6 月 1 日这九个月份中,海关至少为
政府征税 30 万两银子。四年之后,也就是从 1864 年 7 月 1 日到
1865 年 6 月 30 日,海关征收的鸦片税款已增加到 170 万两银子,
这是由于贸易增加和管制改善两者的结果。次年,征收数字已达
到 200 万的数目,实为对其他一切进口货所征税收总额的两倍。
但是身受这种收入的,并不止于帝国国库而已。当鸦片还处于非
法地位的时候,省当局就一直从这种毒品上享用着一笔大为可观
的收入,现在既然中央政府已经正式核准了这种贸易,既然不仅鸦
片一项关税收入,而且其他一切进出口货的关税收入都是为中央
政府的利益而集中征收,那么省当局自然丝毫没有意思要制定一
项全不为其本身利益打算的章程。鸦片商方面则呼声四起,反对
地方当局为弥补其先前种种规费的损失而以厘金、入市税、防卫
捐、专卖税等名目课征的重税。例如在福州,这一类的地方征课每
担达 84.64 两银子之数[1];在厦门每担达 74.88 两银子[2];在上海
则每担高达 91.38 两银子[3]。在广州,鸦片通过粤海关进口时,连
同关税在内,必须缴纳约达 64.4 两银子的课征之后,方准予放行,
行销广州,如果再从广州运销内地,那就必须另外抽征 25.3 两银
子,至于从香港以沙船直接运往江门(按:即新会)的鸦片,却逃避

---

[1] 英国国会档:"1865—1866 年度女王陛下驻中国、日本和暹罗领事商务报告
书",41 页。

[2] 同上,195 页。

[3] 1866 年度《海关贸易册》。

掉总数 38.4 两银子的一笔征课①。据 1868 年海关进行调查的结果,透露出当时开放的各通商口岸对每担鸦片的内地税征收额有如下表②:

口岸	进口税	本口税捐	运往内地沿途的税捐	总计
	海关两	两	两	两
牛庄	30.000	18.600	10.197	58.797
天津	30.000	17.000	运往北京 36 两	83.000
			运往山西 17 两	64.000
烟台	30.000	18.600	—	48.600
汉口	30.000	13.920	16.564	60.484
九江	30.000	34.000	16.960	80.960
镇江	30.000	38.400	24.000	92.400
上海	30.000	44.740		74.740
宁波	30.000	34.000		64.000
福州	30.000	84.640	20.860	135.500
淡水	30.000	32.136		62.136
打狗	30.000	45.340		75.340
厦门	30.000	90.290	—	120.290
汕头	30.000	11.050	3.710	44.760
广州	30.000	23.000	25.340	78.340

根据上表所列的捐税和 1868 年度各口岸进口毒品的实际数量计算,我们得知为帝国国库所征进口税的总额是整整 160 万两银子——其中十分之四是根据帝国命令解往北京的——而省当局以地方捐税所征得的总额却将近 260 万两银子。显然,作为税源来

---

① 英国国会档:"1869 年度女王陛下驻华领事商务报告书",37 页。

② 海关文件:《内地税报告书》谨就可得而知的中国通商各口本埠及其附近对主要进出口货物所课征者开列,上海,1869 年,1 页。

讲,合法化的鸦片已大奏功效,对于各省比对于京师功效尤著,但是因为税则的修订既已再度在商谈之中,那么各省当局所征捐税的参差不齐,以及因其参差不齐而滋生的种种弊端,就不能不引起人们的注意了。

十八

关于《中英天津条约》中的税则和商务条款的修订事宜,业经在该约第二十七款中订明,规定,在十年届满时,缔约国的任何一方都可以要求修订。现任英国公使阿利国在 1867 年春末周历各口的时候,曾经收到各地商人对于这个问题的种种建议。烟台商人希望将该口岸作成自由贸易的中心,以便使它成为中国北部的香港。九江方面极力主张开放鄱阳湖及其支流,准轮船通航,而浙江方面则强调司法上的秕政,并建议开放食盐贸易,准外商参加经营①。在抵达上海后,阿利国又向所有英国领事发出一项通令,要求他们调查,一旦修约成为事实的时候,商人们究竟希望做些什么修正。他把他的措施报告外务大臣史丹雷勋爵(Lord Stanley),史丹雷勋爵表示赞同,略称:"女王陛下政府既不愿意,也没有权利强使中国牺牲,尽管他们相信这种牺牲的不方便只是暂时的,而从中所产生的利益会是永久的。我们绝不能希望中国方面,无论是政

---

① 1867 年 6 月 10 日阿利国致史丹雷函。英国国会档:"中国第 5 号(1871 年)",1—5 页。

府或人民，能立即以我们对事物的同样看法观察事物；我们必须记住，我们的知识是我们从许多年的经验中得来的，我们应该因势利导而不应该强迫他们采取一种比较良好的制度。"①为保证不要使任何一个有权对这个问题表示意见的人被忽视起见，（英国）外交部向国内所有各主要商会都颁发一件通令，希对《天津条约》所提的修正案加以注意并希提出建议和批评②。中、英双方都要求修约，但是因为双方的看法和意愿恰恰相反，所以双方都不得不准备一场舌战。清政府自然惧怕所谓修约，只不过是英方得寸进尺地要求特权让与的机会。照大多数中国官员看来，这些坚信条约功效和不可侵犯性的吹毛求疵的外国人，已经造成无数祸患，一则由于他们硬性地坚持只同中枢当局相交接，一则由于他们要求中枢当局，而且就只要求中枢当局对地方或省官员的一切破坏条约规定的行为，无论是真的，或是想当然的，都必须独负责任。他们"既然苦于各方面的麻烦，也自知他们本身的弱点，又无法决定他们对于外国人所强加于他们的责任究竟能摆脱到如何程度，（更）不清楚外国政府的最终目的"③，这也就无怪乎（中国）政府见有似乎可以拯救他们免受进一步压迫的建议，就迫不及待地予以嘉纳了。那项应由赫德部分负其责任的建议，乃是主张由中国派遣一个使

---

①　1867 年 6 月 10 日阿利国致史丹雷函。英国国会档："中国第 5 号（1871 年）"，8 页。1867 年 8 月 16 日史丹雷致阿利国函。

②　同上，9—12 页。

③　美国驻华公使劳文·罗斯(J. Ross Browne)对美、英商人所呈请求书的复文；上海，1869 年 7 月 17 日。

节到西方各国,纠正他们认为中国是退化的那种观念,鼓吹中国人管理其本身事务的权利,并辨明即使他们不能免于现行条约所造成的困难,但无论如何不应再以涉及帝国财政、商业和社会制度的变更等规定,加他们以新负担①。蒲安臣奉命出使的活动和成果固然和本文无关,但是对于遣派使节这件事实以及列强对待发动其事的中国的态度,我们在考虑 1868—1869 年的修订税则和条约的提案时,却应该牢记勿忘。在派遣使节一事做最后决定之前,总理衙门为广征各省督抚的意见起见,曾经发出一项通函,咨请所有这些身居高位的大员们对于究应如何操制修约的机宜,方不致决裂,以及万一决裂势不可免,究应如何方为保全大局的最好办法,各陈所见³。对于新特权的让与,自然不容考虑,但是对于外国全权代表的觐见、中国驻外公使的遣派、外商的侨居内地、电报和铁路、贩盐、开矿以及传教问题等,却须表示确切的意见。其中没有一个字提到税则问题,也没有一个字提到最关重要的贸易征税问题。从政治的观点看,各督抚的复文是有趣的,特别是李鸿章和曾国藩两位总督的复文⁴,但是因为税则和贸易征税两事都不曾提及,这两位总督自然也就略而不予考虑了。

---

　　① 英国外交部档 17/496;1868 年 1 月 6 日、22 日和 2 月 26 日阿利国致史丹雷第 2、3、13 和 29 号函。英国外交部档 17/521;1869 年 4 月 6 日阿利国致柯勒拉得恩第 30 号函,附 1869 年 4 月 2 日阿利国致蒲安臣函。

　　3 总理衙门寄各省将军、督、抚论修约书及条说原件,参见《夷务始末》,卷 50,29—35 页。

　　4 两江总督曾国藩奏章原件,见《夷务始末》,卷 54,1—4 页;湖广总督李鸿章奏章原件,见同书,卷 55,6—10 页。

十九

可是外商对于这两个问题并不是这样漠不关心。对他们来说,觐见、遣使等问题都是次要的;重要的争执点则是下列的问题,诸如:在中国一切地方居住经商的权利,子口税制度的失败,内地捐税的课征——主要是厘金,在华洋争议案中外交行动的困难,内港航行权,以及若干项税则税率的修订,等等[5]。他们应英国公使

---

5 关于内地设行栈和内河行驶轮船两节,总理衙门议称:"凡通商口岸,条约载有一定地方。历年如祁门县、安宁州以及通州、海口、峡石镇、张家口向不通商之处,私开行栈,层见叠出,历经禁阻。至轮船欲进内河,垄断居奇,必致华船生计日蹙。且内河窄狭,华船易遭磕碰,尤属显而易见。上年法国欲令小轮船驶入内河,经本处按约照会禁止。曾累向各国反复辩驳,并告以必欲设行内地,驶船内河,凡有华民,鲜不从此失业。中国官员理应保护。且失业之后,铤而走险,商贾岂能复通。……本衙门又以洋人遍行内地,难于约束,必须一切抽厘输税,无异华商。遇有洋人不法之事,亦按华民一律办理。……查《通商章程善后条约》第三款,内地食盐,系在禁例。近来各国拖带盐船之案,不一而足。英则有郑士贞,法则有弥乐尔,美则有立本,以及兆丰行、士吉行、华记行,皆曾犯禁。虽经被获议处,漏网尚多。各国公使无不包庇商人。"(见《夷务始末》,卷50,29—35页)陕甘总督左宗棠议称,"若允其请,则中国奸商均附洋人与局卡为难,影射偷漏,厘税因而减少,船商行户因而失业,所关非细。"(见《左文襄公书牍》,卷9)两江总督曾国藩奏称,"大抵洋人之在泰西,数百年互相吞并,无非夺彼国商民之利,然后此国可以得志。其来中国也,广设埠头,贩运百货,亦欲逞彼朘削之诡计,隘我商民之生计。军兴以来,中国之民,久已痛深水火,加以三五口通商,长江通商,生计日蹙。小民困苦无告,迫于倒悬。今若听洋人行盐,则场商运贩之生路穷矣。听洋人设栈,则行店囤积之生路穷矣。听小轮船入内河,则大小舟航水手舵工之生路穷矣。……如洋人争执不休,尽可告以即使京师勉强应允,臣等在外亦必全力争持,即使臣工勉强应允,而中国亿万小民穷极思变,与彼为仇,亦断非中国官员所能禁止。"(见《夷务始末》,卷54,1—4页)湖广总督李鸿章奏称:"小轮船本注意苏、浙内河,专为贩运湖丝,骗厘捐,送银货起见。此项船只上海较多。闻江西鄱阳湖亦可行驶。乂宁州及徽州、婺源之茶由此出江。洋人屡往探水,颇欲任便出入。若一处准行,处处皆可援例而起,

阿利国之请，把他们的意见和要求汇纂成一系列的呈文，这些呈文虽然于理有亏，可是在叙明他们的本意上，则是透辟之至①。因为鉴于虽有征税上的障碍，虽有乱事，虽有南、北美战争所造成的棉制品价格的空前上涨，而贸易竟获有开展的情形，足征《天津条约》在大体上已经奏有功效，所以上海西侨商会对该约做了一番称赏，可是在称赏之后，却又在他们的呈文中罗列出令人望而生畏的一大篇冤抑不平。其中主要之点就是负责当局拒绝将第十二款中的"并各地方"四字解释为准许外商在内地就像在通商口岸一样，得租赁土地房屋，经营贸易，并当然享有领事裁判权的一切恩施。"关系对外贸易发展最为重要的规定已失去一切实效，而《天津条约》的重大目的，也就是准许外国货遍运内地并准许外国人在产地购置中国产品且一并豁免各种非法课征一节，也已经全然被抹杀。"②自古以来可曾有过如此荒谬的一种如此站不住脚的议论？中国当局对于进口商货栈和开设在租界里的中国商店间往来的洋货抽征一种地方税，这是自从 1860 年以来就已经实施的，而他们

---

① 英国国会档："旅华英侨商会上驻京英公使论天津条约修约问题呈文"，1868年。"中国第 12 号（1869 年）"："与上海英侨商会论天津条约修约问题通信"，1869 年。"中国第 1、2、4、6、10 和 11 号（1870 年）"。"中国第 5 号（1871 年）"。

② 英国国会档：前引呈文，2 页。

（接上页）夺自前商船之生业，弛日后军国之防闲，关系利害极重，是以屡议未允。即再渎请，仍不便行。至内地设行栈，尤洋商所共觊觎，历经驳斥有案。……今内地既准游行，又准请领联单，前往各处置货，……华人已多不服……但置货皆系偶然，行栈系百年事业，若准遍地开设，各城乡居民坐贾生意，皆被侵夺，穷民何肯甘心，必致争闹不休，地方官实无法弹压。……且以泰西各国凡例论之，通商均在海口，从无准入内地贸易之事。中国准洋人赴内地置货，实较别国通商为更优待。岂可再有奢望垄断，结怨于民，自贻后患。"（同上，卷 55，6—10 页）

对于这种地方税也大加指责。这种地方税是以进口关税的半数为准。子口税条款也公然受到侮蔑;业经付过百分之二点五子口税的进口货,在内地关卡又受到如此苛重的征课,以致"没有一包外国制造品能深入内地到一百英里远近"①。同样的重税也加之于为输出国外而运往通商口岸的在途中国产品;仅对湖丝一项的征课就等于出口税的三倍。他们也提请注意下述的事实,即中国当局只是在上年度内才打算过多少划拨出一部分船钞收入,用来设置需要殷急的灯塔及其他助航设备。因此,具呈人要求:(甲)在若干或所有通商口岸二百英里固定半径内为商业目的而侨居内地的权利;(乙)内河航行权,也就是在装船口岸与内地地方相联接的可以通航的河流中往来运送现金和商货的权利②;(丙)外国货对于一切超过协定关税的征课的优免权,这项权利不但应及于货物本身,而且应及于贩运这类货物的一切人等;(丁)子口税制的改良,根据现行制度,这类税款不是在通商口岸缴给外国人管理的海关,而是在出售进口货和收买出口货的市场直接付予省当局的,于是就容许了省当局享用这部分被他们看成理应作为他们本身收入的税款;(戊)采纳更加明确的制度,以决定船钞应如何专用于设置灯塔及其他助航设备的方法;以及(己)应议定将来的一切没收手续,前此得由中国海关当局自由处理的,今后只应在该有关外国人的领事或法庭科以罚金之前,扣押作为担保,以保护事涉海关没收和罚款的案件中的外国利益。具呈人对于关税税率大体上尚认为满

---

① 英国国会档:前引呈文,3 页。
② 同上,5 页。

意,但是他们建议:应核减茶末、黑白胡椒和马口铁的关税;应将表的关税置于值百抽五的从价基础上;应举行会议商定木材的公平税率;应取消煤的进口税;应撤销食盐进口的禁令;应准以存票换领现款,而且不应有换领现款的期限;应切实执行和扩大外国人专用物品的免税进口权,等等。

二十

　　福州的具呈人同样坚决认为省当局的厘金苛扰已经扼杀了转口贸易,以致《天津条约》的子口税条款(第二十八款)形同虚设。为了代替这种发育不完全的制度,他们建议应将一切加在进出口货物上的厘金确定为进出口税率的半额,税款仍交由地方当局征收,唯遇有超额或溢收的情形,商人有权向领事或海关税务司申诉。他们要求将茶的出口税减为每担二千五百两银子的税率,约合平均价格的百分之十。除关于灯塔、内地居住和废止沿岸贸易税等照例的建议外,他们提出下述的新提案:"应准许船舶凭海关许可,遵照章程随意赴沿岸各处贸易,……;船舶应在它启航的通商口岸陈报它的预定航程,并在启航之前提交它的详细载货报告书,在返回上述口岸或所到的第一个其他通商口岸时,也必须办理同样手续。"[①]这项建议实在就是后来发展成为《华洋轮船驶赴中国内港章程》的张本。厦门方面对于专断的厘金苛征,也发出怨言。"我们实在无法对于这种非法苛征问题表示更强硬的意见

---

　　① 　英国国会档:前引呈文,15 页。

了。……我们准备证明一下,这些税项的幅度是从百分之四又四分之三至百分之九十不等,并且在这样苛重的负担下,我们的贸易实质上已经减少。我们要是还有什么别的期望,那也确实不合理,特别是在我们还可以把我们的货物从没有这种非法税项存在的邻近省份,由陆路输入,而在我们自己的合理销区中廉价推销的时候。"①具呈人也指控香港地区这个自由贸易的外国口岸,因为它已经夺去了厦门作为中国南部对暹罗、海峡殖民地和爪哇贸易中心的地位。关于这一点,外国人管理的新关也很有可指责的地方,一则是因为它在厦门当地实施的办法太严;再则是因为它缺乏适当的沿海缉私机构,因而鼓励了猖獗一时的走私。至于税则和税率,具呈人认为应将茶的出口税减到值百抽五的从价税率,因为当时对普通安徽茶平均价的征课,合计不下百分之三十五,这是使它和同级日本茶无法竞争的一种税率。应准许外国船取保具结,在沿岸贩运盐斤,并应核准将盐斤输出国外。棉花和呢绒的税率,他们认为应减去一半,呢绒税率的减低是为了和经由陆路运到中国的俄国货竞争的缘故。船厂用料和专为外国船舶使用的外国煤,应予以免税进口的特权,虽则中国煤的税课格外苛重,比外国煤还要高出十三倍之多。他们极力主张取消沿岸贸易税,理由是在条约规定上缺乏根据,我们在上文中已经看到,外国人参加土货沿岸贩运,本来就只是一种权益而并不是条约权利,而他们竟会有这样主张的提出,实在令人骇异。他们在获准享受权益之后,现在反而要按照他们自己的条件来享用它了。和他们福州同行一样,他们

---

①　英国国会档:前引呈文,18 页。

也暗示到日后实现为《华洋轮船驶赴中国内港章程》的最初形式的那种观念。"我们愿意陈明,最关重要的,就是凡驶往这些口岸中任何一处(即通商口岸以外的任何沿海口岸)的船舶,都必须在它们提存船舶证件的最近通商口岸出具保结,领取一种特别许可证,然后再返回该原通商口岸,遵例结关。我们认为如果没有一些健全的章程,像我们所指出的那样,这种贸易势必很快就会变质成为走私贸易。"[①]天津商人的呈文,除去少数纯地方性利益的建议而外,实质上大抵都是其他各口呈请人所陈各节的翻版。可是其中也有几项新建议,诸如:应将蒙古对外国殖民者开放;应准许外国人在中国占有煤、铁矿并按西法开采;应在所有各通商口岸建立关栈;应开放北京对外通商;应准许外商与中国官员直接往来,无须照以往办法,必须经由领事进行;以及货值既因铁路和内港行轮的施行而降低,则关税也应该按减低的货值比例核减,等等。如果各通商口岸的外国商业社会对于中国的贸易前途,或毋宁对于他们本身在中国的贸易前途,显然是抱有坚定信心的,如果他们所认为是进步和开明事物的那些理想能够实现的话,并且他们也同样自以为是地认定他们对于某些有争议的条约条款的涵意所作的解释是唯一正确的解释,可是他们的主张在许多方面都表现出对于局势的真相和当前的困难,无知到了惊人的程度,而尤其可惊的是他们对于中国人的传统和意见所抱的那种绝对自私的漠不关心态度,自己也竟然完全不能察觉。

---

① 　英国国会档:前引呈文,21 页。

二十一

这种态度在香港商人的呈文中表现得极其明显，这些人都享有直接在英国武装力量经常保护下生活的利益，也享有从一个庞大自由贸易站的特权地位经营一切合法与非法贸易的利益。既然这样地安居一隅，其呈人们自可作为好勇斗狠、大言不惭的人，而乘机大放厥词。他们对于中国所表现的那种"阻塞着商业发展的"消极抵抗态度深为痛惜，他们要求把这种阻碍立刻消除，为达到这个目的，他们希望"即或不使用，也应该不时炫耀一下超道德力量的事物"，以增加领事的实力。因为过去内地旅行已经为"中国人民的显不知情"所阻挠，所以他们建议应将条约条款布告全帝国周知。为了香港贸易的发展，他要求：准许将西江的轮船运输展至广州上游；因为那些希望在潮州（汕头）通商的商人被阻挠不得享受条约利权，所以总理衙门应该将潮州府撤职，以示警戒；又因为向来只有在广州结关的船舶才准许和琼州通商，所以应该派遣英国领事一人前往琼州，"办妥一切有关口岸开放的必要事宜"，纵使"暂时有用炮艇加以保护的必要，也在所不计"。他们相信关税率一旦降低，贸易必会扩大到"使实征税额可以达到比在高税率下的征收数字还要更多的程度"；在这个问题上，他们切盼"女王陛下政府应该记牢和一切迹近退化运动的观念相斗争的重要性"。因为英国已经将它的茶叶进口税从每磅一先令九便士减到六便士，所以具呈人主张中国应该将一切纺织品和五金的关税税率减低一半，以为酬答。厘金和其他内地贸易税都受到照例的指责，并且被斥为"一种毫无道理的破坏条约的行为"。凡规定完纳船钞的条款,照他们的意见,除非中国当局在取缔海盗和筹设灯塔及其他助航设备方面采取了适当的措施,应一律废止,又由于英国海军积极从事于取缔中国沿海的海盗行为,"那么提出下述的建议似乎也并不是不合理的:即应由海关于评定功绩之后每半年一次将外国船舶和那些悬挂在中国无海军力量国家旗帜的船舶所缴船钞的一部分退还女王陛下政府。"①他们对于事涉罚款或没收案件中可供援用的《会讯章程》也不赞成;章程限制了"英国领事的司法职权"并且把"他们放在和中国官员,和比他们阶级低的官员并列的地位。所以该商会恳请训令英国领事,亲自审判一切案件,并且应该有权在英国领事馆传案开庭,其代表海关的中国官员得应英国领事的邀请,帮同审讯。该商会自始就否认中国海关职员对违反税法案件所要求的裁判权"。②具呈人因嫉忌他们所不能分享的一种贸易,进而反对清政府在台湾岛上的樟脑专卖,并称这种限制为"违反清政府所承担义务的行为"。最后,他们对于中国方面允给所有通商口岸以土产转口运输而不丧失通商口岸间在途土货资格的特权,却唯独使香港向隅的情形,提出强硬抗议,但是他们却断然拒绝承担享有这种特权的必要条件,也就是说由中国海关官员在香港监督这种转口运输。用塔列朗(Talleyrand)批评法国逃亡者(按:指1789年法国大革命时逃往外国的法兰西王党而言)的话来批评这些商人们应是公道的——"好处是什么都要,可是责任却一点也不承担。"

---

① 英国国会档:前引呈文,26页。
② 同上,27页。

二十二

可是主张使用威逼手段的人们并不是注定要占上风的。总理衙门和英国公使阿利国在北京指派了一个委员会,来详细讨论修订条约和税则的整个问题,然后将他们的决定分别呈报他们的各该主管。[①] 因为英国使馆的中文秘书威妥玛当时正在休假,助理中文秘书柏卓安(Mc Leavy Brown)又已经充任翻译官随同蒲安臣出使,所以英国方面是由使馆二等秘书傅磊斯(H. Fraser)和英领馆职员雅妥玛(T. Adkins)代表的。总理衙门委派了两位最有经验的章京和海关总税务司赫德为他们的代表,而赫德凭着他的人品以及他的经验和渊博的知识,很快并且很自然地就占据了领导地位。当 1868 年和 1869 年间,委员会常常开会,但是在它的初期阶段中,经商定,因具呈人所提的许多问题都已经成为蒲安臣使节权限内的事,所以最好,至少是暂时先撇开不谈。由于赫德的因势利导,委员会的辩论已集中在财政和税则两项问题上。对于这类的辩论,总税务司已经准备有素。他已经通过各口税务司得到了关于全国贸易以及 1858 年税则与该项贸易之间的关系的最完备和最新的材料,并且也得到了关于中国各通商口岸及其附近对主要进出口货课征的(就其所可得而知的)各种内地贸易税的材料。以 1867 年的数字而论,总税务司不难指出,在将近八百五十万两的总收入中,进出口两项对外贸易的关税合计为百分之八十一,而对

---

① 英国国会档:"中国第 5 号(1871 年)",99、100、102、110 页。

内贸易的关税,也就是对外国船舶为本国消费沿岸贩运的土货的关税,构成其余的百分之十九。就对外贸易本身而论,进口税占总额百分之四十五略强,出口税占百分之五十五略弱。在进口货中,占最显著地位的自然是鸦片,对鸦片所征的关税约构成进口税总额的百分之六十——这个事实说明了该项货品在当时中国贸易上的重大影响;次于鸦片的是棉织品,棉织品约占总额百分之十三略弱,其余则是构成总额百分之九略强的毛织品。在出口货中,茶叶轻易地占据了第一位,出口税总额的百分之八十五是征自茶叶的。其次是占总额百分之十又二分之一的生丝。丝绸合计不足百分之一。在外国船为本国消费沿岸贩运的土货的国内贸易中,对糖、豆及豆类、生丝、南京棉布、纸张、菜油、药材、瓷器和烟草所征的税款,约构成沿岸贸易税实征额的百分之七十。这些沿岸贸易税项,最好记清,不但包括有上文业经说明的沿岸贸易税,或复进口半税,而且还包括有出口整税,这项整税是征课于一切虽非输出外国但系以外国船从一个通商口岸运往另一个通商口岸的土货的。今天(1937 年)这项出口征课已经具有更切当的转口税这个名称了。以进口货的平均货值为标准,总税务司指出,所谓值百抽五的税则,就算在它制定的时候曾经一度如此,却也是明日黄花了。事实上,征课率自百分之零点五九到百分之四十四点八各不等。人参的税率是百分之十二又二分之一,布伞约为百分之十又二分之一,鸦片为百分之六又四分之三,棉布为百分之三又二分之一,原棉为百分之二又二分之一强,五金为百分之五又二分之一,日本茶叶则为百分之二十二。在一百九十九种物品中,一百二十二种按百分之五或百分之五以上的税率完纳,其余七十七种则低于百分之五。

以各有关货物的平均货值为标准，出口税率的幅度则是自金器的百分之零点零三至土煤的百分之二十一。红茶的税率约合百分之十一又二分之一，绿茶八又二分之一，茶砖约七又二分之一，生丝将近百分之三，丝绸二又二分之一。在二百八十五种物品中，一百八十八种按百分之五或百分之五以上的税率完纳，其余九十七种则不足百分之五[①]。可是委员会中主要争执的问题并不是协定税则及其税率，而是内地贸易捐税的征课，因为外商认为这类捐税和条约相抵触，抹杀了子口税条款的目的。在这一点上，赫德虽承认厘金和其他内地课征是贸易上的一种障碍，但是坚持认为，他们对于外商所有的货物征税，即使在持有子口税单的时候，也不一定是违约行为。他指出：据清政府方面的意见，所谓子口税单，只能是当货物实际在两个指定点之间，也就是在通商口岸和内地某处或内地某处与通商口岸之间运转中时，使货物免于一切重征的一种凭证，但不能用以，也不是用以豁免货物像产销税或地方市捐这类的征课的。据外商们和大多数亲历其境的外国官员们看来，这样一种论调似乎只是强词夺理之谈，但是如下文所述，英国高级当局最后所认为正确的，乃是赫德的看法。正在这个当口，当时已经开放的十四个通商口岸的海关税务司送到了编制详慎的报告书，其中将所可得而知的一切征自主要进出口货物的内地课征明白开列[②]。若干无可争辩的事实都从这些报告书中清楚地反映出来。

----

①　海关文件，"1858 年中国海关税则与 1866 年及 1867 年度贸易关系表册根据进出口货以及外国船所载为内地消费的土货报告书编制"，上海，1868 年。

②　海关文件，"所可得而知的中国通商各口本埠及其附近对主要进出口货物征收的内地税以及征收内地税的货物数量与完纳条约所定子口税的货物数量相互比较的报告书"，上海，1869 年。

其中撇开未享有凭子口税单运往内地之条约特权的鸦片不论,首先叙明了原色市布、英国羽缎、棉花和五金等主要进口货的情形,这些货物在进口口岸以及在运往内地主要市场沿途各关卡所征的内地税捐,除一两个例外不计,都远高过子口税的课征。在天津,对于指运北京的原色市布所征的税捐计六倍于子口税率,但如果是指运山西的,却只超过子口税率百分之二十五;在汉口,这类税捐高达两倍以上;在九江三倍以上;在镇江八倍以上;在上海、福州和厦门为四倍;在宁波约为五倍。只有在牛庄和汕头两处,就原色市布而论,这种税是低于子口税率的。至于英国羽缎,在天津,这种内地税还不到子口税率的三分之一;同时在福州则达子口税率的六倍;在汉口约为两倍;在厦门将近三倍。牛庄和汕头在这项品目上,又和天津共同享有征课低于子口税率的荣誉。关于棉花,广州有征收内地税十倍于子口税率的杰作,汕头所征约为子口税率的三倍半,厦门则两倍半强。在五金方面,汉口和镇江所征的税约为子口税率的两倍,厦门和汕头约为两倍半,福州三倍半,宁波六倍,上海几达十倍,而在牛庄这种税却只及子口税率的三分之二。就 1868 年进口的这几种货物总量而论,据上述各特制报告书中所指明,原色市布凭子口单运入内地的只占八分之一,英国羽缎十三分之一,棉花一件都没有,五金则不到十二分之一。所有各该项品目中的下余数量大约都是完纳较高的内地税而运入内地的了。可是令人诧异的是,即使在这种内地税最高的地区,那些距离进口口岸 100 到 150 英里远近的市场上的各该物品的零售价格,比起该口岸当地的零售价格,高出的也极为有限。例如在天津,一匹原色市布的零售价格是 2.2 两银子,而在 500 英里以外的山西太谷县,

同样物品在完清沿途和目的地的一切内地税之后,也不过卖到2.5
两银子——只是在天津价格上加价百分之十四,鉴于转运的路程,
幼稚的交通方法,以及把货物运到目的地所费的劳力和所冒的危
险,这笔加价实在不能说是过多。在内地税格外苛重的镇江区内,
该货品的零售价格也是每匹约2.2两银子,而在145英里外的淮
安府,于完纳一切内地税之后,每匹只卖2.3两到2.5两银子。外
商们可能据此而更加急切于指责这些照他们看来是所谓不法的内
地征课;但值得注意的是,关于这类征课的详尽资料并不是由商
人,而是由海关提供的,所以对这种资料所做的审议并不完全支持
商人们的论点。我们注意一下主要出口货,便可以发现,就茶而
论,自产地至装船口岸的内地税,包括在后一地点的征课在内,在
汉口只高出协定子口税率百分之二十五微强。在九江区,红茶税
也是高出子口税率百分之二十五,绿茶税是两倍以上。在宁波,内
地税约高出百分之七十,在福州则几达两倍。在厦门高出百分之
二十五,但在广州和淡水实际上均低于子口税率,前者为子口税率
的半数略强,后者则只是协定税率的十六分之一。关于丝,内地税
却格外苛重;在汉口区,几为子口税征课的三倍,在上海区为四倍
以上,在宁波则整整四倍半。只有在广州,似乎地方当局对待这项
物品尚属合理,因为那里的税只高出子口税率百分之十二。至于
棉花,镇江的官员征税几达子口税的九倍半,在宁波区,征课则为
税率的两倍半以上。尽管有这样高的地方税,可是据1868年的报
告书指出,在从内地运下来向国外出口的茶叶中,却只有十五分之
一利用过子口税制度。在这种制度保护下运到通商口岸的丝的数
量,只是出口总量的十三分之一,而请求享用子口税特权的棉花的

数量则在出口总量的半数以上。这些都是彰明较著的数字。这些数字无疑地证明了《天津条约》的进出口子口税制度确不曾达到它的目的；但是这也并没有证明，即使当时所有外国进口货都持凭子口税单运入内地，而所有茶、丝也都持凭子口税单从内地运出，对外贸易的总额就一定会比实际数字更大一些。外国商人顽固地拒不承认中国购买力的比较薄弱，其绝大多数人民的贫困和低下的生活水平，而坚持说中国是一个有待开发的理想黄金国，只要这些不法的内地课征能够一扫而光，它自是一个能吸收大量外国产品的不可限量的市场！

二十三

1868 年 7 月底，委员会已经在谈判上达到这样的阶段，致使阿利国不得不把进展的情形报告给他的外交团方面的同僚了，他首先指出，凡是业经议定的事项，根据最惠国条款，应是所有各国共同均沾的，其次则表明，英国并没有为英国的贸易或利益猎取任何专有的权利。在他写给外交团领袖倭良嘎里（M. Vlangaly）的公函中，他把重点放在他所认为迄已取得的主要特许权上，这项主要特许权就是：中国方面保证，如果一切进口货在进口时完纳进口子口税，中国就会颁行一道上谕，准免这类进口货一切形式的地方和省的征课，至于自内地运出的土货，凡是确实输出国外的，也将享有同样的特惠待遇。他并且把所得到的其他特许权撮要如下：

一、为会讯法庭制定一部法律和实施条例。

二、设立关栈。

三、退税在三个月限期内允给现银,存票准于三年内抵付税款。

四、厘定各口的纹银价值,以整顿税款的缴纳。

五、准许使用外国机器和援助开采煤矿,以供应蒸汽动力的需要。

六、船厂用料准免关税,一切非为出售的家庭用品和自用品,也准予免税。

七、明降上谕,宣布在内地所有各处的通商权和临时居住权。

八、准许外国船舶(轮船除外)航行内港,载运洋货。

九、除已开放的口岸外,又在大通、安庆和芜湖等三地增辟装卸货物,上下旅客的码头若干处,以助长长江轮船运输的扩展。

十、开放宁波与福州间的温州口岸,如果我们愿意的话,其他各处也有可能。[①]

关于税则,中国方面提议应加以修订,俾将茶丝两项以外的一切税率提高到切实值百抽五的标准,而茶丝两项的税率,据建议,应增加一倍。各外国代表对于所获的结果并不觉得兴奋。雷声很大,雨点太小了。法国公使兰盟(Comte de Lallemand)认为所给予的特许权,价值殊为有限,实在抵不了茶、丝税加倍的代价。他保留法国在 1870 年的修约权。[②] 普鲁士公使李福斯男爵(Baron Rehfues)也保留普鲁士的税则税率修订权,并且确信茶、丝税的加倍一定会遭遇坚决的反对。划一的值百抽五税则已呈现出一极大

①　1868 年 8 月 5 日阿利国致倭良夏里函,英国国会档:"中国第 5 号(1871 年)",240 页。

②　1868 年 8 月 9 日兰盟致阿利国函,同前,241—242 页。

的困难，因为每件条约都各有其以该关系国特殊工业利益为基础的税则。对于德国，免税货品表是有特殊重要性的[①]。俄国公使倭良戛里认为清政府就是对于已经同意的修正能否实施，也大可怀疑，但是他却赞同促进贸易事宜方面华、洋平等的原则。为争取内地居住和设栈的权利，他认为外国人照中国人一样地完纳一切地方税也会是值得的，并且认为外国人的领事裁判权和中国人的主张及惯例可以调和。唯一对于拟议的特许权大加赞扬的就是美国代办威尔斯博士（Dr. S. Wells Williams），他甚至称所获的进展为"和平的胜利"。他认为管理子口税的方案是一个切合实际的解决办法，虽则由于帝国的管理尚多缺陷，未必能一切尽如人意[②]。凭着这少许的赞扬，委员会又行复会，英公使也恢复了他那种疲劳的工作，反复以委员会的决定和建议照会总理衙门。在这些照会中，有一件特别和税则有关的照会是值得注意的[③]，阿利国在这件照会里面指出，根据商人和外交团的意见，税则的一般修订还不是时候。这种意见直接与总理衙门的意见相冲突，总理衙门原希望做一次一般的修订，以便将所有关税都提高到切实值百抽五的税率，并将茶、丝和鸦片的现行税率增加一倍。英国公使承认这样一个税则会使收入大为增加，但同时他相信，不必另行增税而在对中国人和外国人双方都有利的条件下也可以达到同样的目的。他相

---

　　① 1868 年 8 月 18 日李福斯致倭良戛里函，英国国会档："中国第 5 号（1871年）"，244—246 页。

　　② 1868 年 8 月 13 日威尔斯致阿利国函，同前，243—244 页。

　　③ 1868 年 9 月 5 日阿利国致总理衙门备忘录，英国国会档："中国第 5 号（1871年）"，220—222 页。

信这一点可以,并且也应该在将来用一种根本简化税则的办法予以实施。这种简化办法,照他的建议,应该包括(甲)将进口税则的品目减为纺织品、火柴和鸦片等三项,(乙)将出口税则的品目减为主要大宗货品约十一种,以及(丙)为补偿因此而造成的税收上的损失,将生丝和丝绸的税率提高到原来的值百抽五的标准。他承认该项办法并没有考虑到从外国船和帆船载运土货的沿岸贸易中所得的税收,但如果现在用外国船沿岸转运土货得免征沿岸贸易税,那么同样的免税权也应该推及以帆船载运的这类货物。仅就增加税收而论,另一种更加简化的办法则是将茶、丝和鸦片的征课率大加提高,甚至提高一倍,而以允让轮船内港航行权作为增加课征的交换条件。在外商获得这项最所希望的权益让与以前,三十年已经过去了,在那三十年间中国对外贸易势将遭遇一次革命,在这些照会中,还有一件总理衙门主持人恭亲王的照会,是颇以其中所含的建议而著名的。据建议,因为香港这个自由贸易站的存在,给予走私者以极大的便利,所以英方应该允许清政府"为海关税收计,派员驻扎香港,监督关税的征课"。[①] 这项极其确凿的建议之不受欢迎于商业界,就仿佛是台风之不受欢迎于船主一样。接着,第二项同样不受欢迎的建议又相继而来了。这项建议是:英国以及其他一切有约国应该在它们对中国的交往中集体地和个别地承认互惠原则。恭亲王指出根据最惠国条款,凡是中国许给其他有约国的利益,英国得一体均沾,所以建议:"倘任何有约国让与中国

---

① 英国国会档:1868 年 12 月 14 日阿利国致史丹雷函,附 1868 年 12 月 5 日恭亲王的备忘录,英国国会档:"中国第 5 号(1871 年)",255 页。

以特权,英国也应该做同样的让与。因为倘使中国与某一外国政府所缔协定中的利益,得由一切有约国一体均沾,那么这类协定中如果有赋予中国以权益的地方,一切有约国自然也应当一体照办。"①阿利国现在体会到,中国当局已经坚决地下定决心,"拒不允许内港行轮;在内地租赁或建筑场所久住;外国自行采矿;以及敷设铁路和电报线"②——这一切都是被那些自命为中国进步之使徒的外商看成首要任务的。阿利国看清,照当时的情形,要想达到他们的目的,只有使用武力一法。"我们无法用条约规定将中华帝国及其人民连同他们的国家制度和政府体系一并加以改塑。不论使一个亚洲种族的特性和习惯与欧洲的类型相同化会是如何的合适和相宜,我们却无法骤然间加以改变,正如无法骤然间改变它的语言一样。但是西方列强会因为做这样的尝试而造成不可估计的损害。我们可以用武力使改变和进步发端,但却不能用武力把这两者推进到某一点以外而不发生解体的危险。"③这种观点却从一

---

① 英国国会档:1868年12月14日阿利国致史丹雷函,附1868年12月5日恭亲王的备忘录,英国国会档:"中国第5号(1871年)",256页。

② 1868年12月23日阿利国致史丹雷函,同前,262页。三个月之后,阿利国写信给蒲安臣说:"我们从报纸上看到,你似乎至少对于所奉使命的主要目的之一,已经大有成功的希望,将去取得若干政府的明白保证,或采取宽容态度,或正式弃绝干涉与专断政策。这一点无疑是非常需要的,这是你我所完全同意的。但是,在另一方面,我们处身此间,实不禁感觉到,如果各有约国在做这些诺言或承允时,抱有任何希望,希冀清政府能自行创办新政,诸如铁路、电报或采矿等,能采行任何名副其实的'进步政策',那他们就确乎是有所误解了。"1869年4月2日阿利国致浦安臣函,附于1869年4月6日阿利国致柯勒拉得恩第30号函,英国外交部档17/521。

③ 1868年12月23日阿利国致史丹雷函。英国国会档:"中国第5号(1871年)",267页。

个出乎意料的方面得到了支持。(英国)贸易部(Board of Trade)在致外交部的一封长函中,详尽地讨论了英国所要求中国方面让与的特权,检讨了英国在华贸易的范围,并且说明了他们的信念,他们相信"侵略性的政策,即或仅以使用道德力量为限,也必然会产生下述两种结果之一:(一)中国在政治上和社会上的解体;(二)中国工业和商业力量的迅速而有决定性的发展"。他们对于一个有效的中央行政和一个组织健全的海关制度的利益并不是熟视无睹的,但同时他们也看到西方文明的实用工具如蒸汽和机械等的采用必然会"替一种和欧洲激烈相竞争的制造工业的组织开辟一条坦途",并且那种交往的增进,势必要"使这种现已开始的业务从此结束,也就是说,要把这有利可图的中国沿岸贸易从外国人转到本地人的手里,这也就损害了英国在中国的一种利益"。在这种情况下,贸易部深信,女王陛下政府在中国实施的唯一万全之策,就是"务求利用下述两种方法,巩固现已取得的地位:利用耐心的、和缓的与渐近的交涉,和尽量利用从规范和管理文明国家的国际公平原则中产生的以及从所有有约国的联合行动及合作中产生的道德力量"。[①]

二十四

当委员会正在开会的时候,蒲安臣使节已经访问过了华盛顿

---

① 1869 年 5 月 19 日马来特(Mallet)致韩蒙德函。英国国会档:"中国第 5 号(1871 年)",354—355 页。

和伦敦，并且已经在这两个首都取到了他所要争取的保证。在华盛顿，这项保证是出诸一种条约的形式，条约是在 1858 年 7 月 28日签订的（按：指《中美续增条约》），其中最重要的规定，从中国人的观点看来，就是美国政府保证听由中国自行决定采用或拒绝新法和内政上的改良，并劝请他国一体照办一款。（按：与《中美续增条约》中文本第八款的原文不符）在伦敦，继史丹雷勋爵而为外交部主持人的柯勒拉得恩伯爵向蒲安臣保证，就英国而论，"它既不想，也不打算对中国施加不友好的压力，促使清政府在它对外国的交往上，以超过合乎安全要求和适当照顾其臣民情绪的速度迈进"。他更声称，"女王陛下政府认为，当他们声明他们对于英国臣民所受的损害只愿意向中央政府而不向地方当局要求赔补时，他们是为中华帝国的利益打算的。列国所缔结的条约都是和中央政府而不是和各省当局订定的，列国正是为中央政府的利益计，才必须承认它是在各省督抚之上的最高权力，因此中央政府也必须负责行使，和在遇有对地方性损害要求赔偿时，准备行使该项权力。"①既然有这两项不干涉声明的保护，中国当局对于委员会的进展也就漠然视之了，结果要不是亏了有赫德作为英国公使和中国总理衙门各王大臣间的桥梁，谈判必定会完全破裂。凭着他的知识、经验、中文的精通，尤其是英公使和总理衙门对他的信任，赫德才得以完成当时再没有别人能够完成的任务。他保全了这件条约，虽然这件条约注定了是绝不会被批准的，可是他却尽力把它造

---

① 1868 年 12 月 28 日柯勒拉得恩致蒲安臣函。英国国会档："中国第 1 号（1869年）"，1—2 页。

成中、英关系史上的一个突出的里程碑,也就是第一件不是用武力强逼而成的条约。这件由多次磋商而形成的条约是在 1869 年 10 月 23 日由恭亲王和总理衙门各大臣代表中国,阿利国爵士代表英国签订的。[6] 从该项条约的第一款中,就奏出了一个新的歌谱。根据该款,双方议定:"凡英国商民欲援中国与各国所定条约章程之益,一体均沾,即应照中国与各国所定条约章程之款,一体遵守。"(录自前引条约汇编,12 页)因为原想把这件条约作为中国与所有其他各国间类似协定的一个示范,所以这一条款就给予那种不公正的悖反常情的事情一个致命打击,而某些国家正是那样的悖反常情,要求根据最惠国条款,享有任何其他国家所可能受让之一切利益的权利,而不受获让该项利益所依据之条件的束缚。子口税的争执是用一种新方法处理的。关于进口货子口税,双方议定,凡外国匹头,无论是棉制、麻制、毛制或各种原料混制的,都必须在进口时一并完纳进口税和子口税,税款完清之后,就准在通商口岸省份免征其他一切捐税。对于其他的货物,以及在没有通商口岸的省份,则从前的内地通过权仍继续有效。在美里登男爵(Baron de Meridens)所否决的建议中[①],有一项是双方同意以下述的办法代替出口货子口税的,即英商从内地贩运土货前往通商口岸,沿途必须逢关纳税,遇卡抽厘,但是这项货物如果是出口运往外国的,那么凡在运到装船的通商口岸之日起,十二个月内装运出口的货物,

---

　　6　关于议约经过,参看咸丰七年十二月二十一日和八年九月十九日总理各国事务恭亲王等奏,载《夷务始末》,卷 63,1—7 页;卷 68,12—15 页。

　　①　"各关税务司对修订税则有关问题报告书,1865—1872 年",上海,1872 年,35 页。

准将沿途所纳税厘超过协定子口税部分，照数发还。这项建议中的子口税问题解决办法，从财政观点——财政观点也正是决定性观点——上看是一个折中。这种办法把征自出口通过贸易的款项留归省当局，以照顾地方库收，而把征自运往通商口岸所在省份中各处地方的外国货进口子口税留归帝国国库。省当局也可以从内运到无通商口岸省份的各处地方的匹头货和不论运往何处的一切其他种类的货物上获得补益。在出口贸易方面，帝国国库对于各省课征的超过协定出口货子口税率的部分所必须的贴补，也势必要比原来预期的为多。这种办法始终没有机会试行，但是当19世纪70年代修订条约又风传一时的时候，和在半世纪之后中国与列强秘密会晤，极力要求它久已丧失的关税权利为之而奋斗的时候，这种办法的讨论又行复活。对于香港所提出的两择其一的主张，条约中也用一种折中办法加以解决；一方面，由香港运至通商口岸转运内地的中国土货不再视为外国货，所以也不得再享有进口货子口税单的保护，而必须照其他各项土货之例，逢关纳税，遇卡抽厘；在另一方面，从一个通商口岸经过香港而运至另一通商口岸的中国土货，不因其在香港转口遂被认为丧失其中国土货的地位，而准照往例完纳对这类货物应征的出口税和沿岸贸易税。条约中也列有条款，规定温州和芜湖的开放，关栈的设立，各式商船船钞的完纳（但每四个月只征船钞一次），出口舱口单的呈验（《天津条约》中所未列进的一项规定），捏报舱口单应罚银数改为在五百两内按情定罚，以及在应处罚款的案件中监督或税务司与领事官的合作和在货物应罚入官的案件中领事官与监督或税务司的合作。据议定，凡外国货进口后三个月之内复出口时请领的存票，得换领现银,而外国货请领存票的时限,定为自进口日期起三年以内。附贴于条约的有(一)规定条约中若干主要条款必要程序的章程十款,和(二)拟议的应行变更税率的贸易品目简表一份。在进口货中有各种商品,白、黑胡椒,马口铁和鸦片;鸦片税银将从每担三十两提高到五十两,照当时现行价格提高百分之二点五。出口货中只包括丝和煤;对于丝,有百分之一的提高,生丝的税率从每担十两银子提高到二十两银子,四川黄丝从每担七两银子提高到十两银子。至于土煤的关税,在南洋各口锐减至每担铜钱五枚,在北洋各口减至每担银四分。

二十五

这便是那件做了许多调查准备工作的条约。英国公使把它依式照会北德意志联邦公使兼外交团领袖李福斯(M. de Rehfues),以期,如果可能的话,获致各有约国驻北京代表的一致同意[①]。李福斯对于这件条约的态度是不表示任何意见,他的这种态度得到了他的同僚们的支持。在谈判刚开始的时候,他们已经讲明,虽然最好是所有列强采取一致步调,虽然在1872年当皇帝应该和大多数国家修约的时候会是更为合适的时机,可是英国根据条约仍有权先行要求修约,而他们无须从中加以阻挠。他们自然希望能随时得知一切发展,并且一般都抱着同情期待的情绪。在中国和在

---

① 1869年10月20日阿利国致李福斯函,英国国会档:"中国第1号(1870年)",13—17页。

国内的英商对待这件条约的态度是非常明显的。他们不愿意要这样一件条约。他们痛斥它为一无是处,并且要求在必要的情形下按照他们对条约的解释以武力实行《天津条约》。这些"以力服人"的信奉者们用再明显不过的言辞声称,如果把事情交给他们而不借重他们的公使的外交术,他们敢预言,在极短的期间内,轮船就可以往来于中国所有可以通航的内港了[①]。他们对于英商得请照前往内地,并得暂赁客店或暂租民房堆放货物,而不得张挂行名招牌的规定大加讥笑。这种租赁办法将不会保障所租房舍免于各项应征的税捐,并且这项规定,据他们说,会给予地方官吏一个向他们所占用房屋征税的绝好机会[②]。他们扬言中国不能被认作一个和文明各国享有完全相同权力和权益的国家,并且基于这种说法,对于清政府得指派领事驻扎香港这项建议中的权力大加毁谤;按照具呈人的看法,旅港华民并不需要领事保护他们,而且这样一个官吏只会是一个奸细和一个向中国商人勒索税款的代理人[③]。他们直率地怀疑清政府是否能防止非法内地捐税的征课,即便是对于进口税和子口税一并完清的进口货;并且污蔑这项建议中的协定是一种未经充分考虑的办法,并听由英国货物担负漫无限制的地方征课[④]。封闭琼州口岸的建议激起他们的愤怒;他们不但坚

---

　　① 英国国会档:"中国第 6 号(1870 年)",11 页。1870 年 1 月 21 日香港商会致柯勒拉得恩函。

　　② 同上,15 页。

　　③ 1870 年 1 月 21 日香港租借地人民上柯勒拉得恩呈文,同上,7 页。1870 年 1 月 21 日香港商会致柯勒拉得恩函,同前,11 页。

　　④ 1870 年 3 月 14 日麦瑟森致柯勒拉得恩函,英国国会档:"中国第 6 号(1870 年)",7、14 页。

持该口岸应继续开放，而且坚持凡前往该口贸易的中国式船舶必须先在广州对所运商货请盖税已付讫"印"这项久已遵行的限制，也应该一并废除①。他们反对鸦片进口税和丝绸出口税的任何增加。较高的鸦片税，据他们辩称，"会使中国的鸦片生产急剧增加，其必然的结果，就是限制对印度药物的需求"，这显然是对印度财政收入有损的②。他们对于蒲安臣使节大加轻侮，把这个使节批评成为"在它的根本上是可疑的，在它的进展上是有危险的，而且在它的结局上会证明对所有为商业目的而与中国发生关系的国家都是极有损害的。……像人们料定的那样，我们从蒲安臣使节中看不出有任何事物可据以推断这是中国信实、进步和文明时代的开始；相反地，我们抱着一种悲观的认识，以为它如果成功，只会成为中国与外国间一种新的和更加复杂的争执的开端，而各外国会被诱致同意于拟议中的条约"③。阿利国对这些批评的回答叙明在一件致柯勒拉得恩伯爵的备忘录中。他在备忘录中指出，商人们对于《天津条约》中争议各款的合法和正当解释，既坚决不理会王室法官的意见，对于这些条款的真意和趣旨，也不理会原缔约人明白的证词。"但条约并不是依照那些据条约规定以进行通商的人们的利益或一时感情冲动的意见而擅作解释的事物。"④他把这项原则适用到《天津条约》中争议最多的子口税条款上，声称："根据条约，外国货进口商，在货物仍归他所有的时候，有权在口岸出

① 1870 年 1 月 21 日香港租借地人民上柯勒拉得恩呈文，同前，20 页。
② 1870 年 3 月 22 日沙逊洋行(Sassoon)致柯勒拉得恩函，同前，21—23 页。
③ 1870 年 1 月 21 日香港商会致柯勒拉得恩函，同前，15—16 页。
④ 1870 年 5 月 3 日阿利国的备忘录，英国国会档："中国第 10 号(1870 年)"，3 页。

售货物而不负担进口税以外的其他任何税项，并得运往他所选定的任何内地市场而免缴进口税饷和百分之二点五协定子口税以外的其他任何征课。但货物无论在口岸或在内地市场，一旦从他的手中卖出，就必须负担中国行政当局认为照中国产地的同类货物之例所应抽征的任何捐税。这是女王陛下政府对于问题中的各款所承认的权威性解释。"①在和《天津条约》中的规定相形之下，新约中所建议的纺织品进口税和子口税的合并确乎是一个显著的收获。根据前者的规定，子口税单只有在货物归外商所有时，只有在从进口口岸运往内地指定城镇或地点的途中时，方能予货物以保护；但新的规定是："占进口贸易大部分的一切外国纺织品在九个通商口岸省份中绝对豁免所有各类捐税的课征，不论货物的所有

---

① 1870 年 5 月 3 日阿利国的备忘录，英国国会档："中国第 10 号（1870 年）"，3 页。我们可以把这件备忘录和柯勒拉得恩伯爵在 1870 年 2 月 28 日对英商代表所作的下述声明作一比较："无论是在所引证的条款（《天津条约》第二十八款和《通商章程》第七款），或是在解释这些条款的章程中，关于外国产品一旦进入国内流通后，其应行豁免的一般性和地方性国内征课的规定范围方面，女王陛下政府找不出任何字句能给予旅华商业团体所持的见解以借口。据女王陛下政府的意见，无论是从它们的法律关系上看，或是参照国际惯例来看，对于这些规定所应作的公正解释是：就进口货而论，外国产品得于缴纳值百抽五关税后进口，得于口岸界内以及附近在和同类中国产品平等竞争下流通无阻，并得在进口税之外另缴纳百分之二又二分之一的子口税后，运至内地的指定地点以与中国的这类产品作平等的竞争；至于出口货，则凡指运外国市场的土货，其过境和出口的课征，应各不超过百分之二又二分之一和百分之五。女王陛下政府认为，在这两种情况的任何一种之下，他们都不能够依法主张限制中国方面不得以在口岸或内地加诸中国货的一般国内税，就进口货而论，平等地征之于已进入一般流通和消费过程的外国进口货，以及就出口货而论，征之于尚未为出口而买进的中国产品。但纵使女王陛下政府对于和这个问题有关的条约规定所应作的解释，和其呈人所表示的意见抱同样见解，可是据他们的看法，最适当的办法也只能是把这些规定加以修订和更正。"英国国会档，"中国第 6 号（1870 年）"，3 页。

权属谁,也不论它是在中国人或是在外国人手中,而且把具有破坏性的厘金和一切城镇或地方税捐也都置于豁免之列,而《天津条约》却断然声明,一旦货物不再归外国人所有,或转入中国人手中作消费之用时,即应负担这类税捐,而不论税捐的性质如何有害,和数额如何过多。"①关于土货外运,阿利国不难说明他所建议先以一切应征税捐缴付省当局,然后再将这些税捐总数与协定子口税间的差额发还商人的办法,是一个很大的进步。这一项办法不但为外商保证了他们的条约权利,而且"会祛除那种业已成为公众耻辱的情弊——即外商出售子口税单的行为,期用以掩护一些从来就没有打算装运外国的土货",同时他也纠正了"《天津条约》协定中一个明显的缺点,也就是同样从一省贩运中国产品和外国货物到另一省时,那种厚于外国人而薄于华商的令人嫉忌的差别待遇"。"中国人自己所提出的办法是发还这类产品在运往通商口岸时沿途经过省份所征的税款,而不干预施行这类征课的省行政,或是就中国产品的征税而论,也不试图对运往本国市场和运往外国市场的产品作任何差别待遇。为求达到这双重目的——即不干涉各省的捐税征课和给予外国人以不受高出关税率的超额征课的最后保障,这套办法却是最简便的一种。"②外商们把《天津条约》第十二款中所载"并各地方"字样解释成为给他们以在内地一切地方居住通商的无限制权利的那种离奇主张,经由亲身参加制定该条款的威妥玛先生以一项正式声明予以驳斥,据称额尔金伯爵和他本人都不曾怀有这样的意念,而且"并各地方"等字样只是指各口

---

① 1870 年 5 月 3 日阿利国的备忘录。英国国会档:"中国第 10 号(1870 年)",6 页。
② 同上,4 页。

岸界地以内及其准许外商为住宅和营业房屋取得居留场所的近邻以内的各地方而言[1]。商人们对于拟议的鸦片增税所提的反对意见是可以立刻予以解决的。前者的现行出口税率较百分之五的一般关税标准低得很多,同时根据征收出口货子口税的新办法,则按建议中每担增收十两银子的数字所合计出的税额也比现所缴纳的低了很多,因为内地税捐是数倍于这个数目。至于鸦片,反对加税建议的人们忽略了一件事实,即清政府是反对这种毒品贸易的,而且它有完全禁止其进口的不容推翻的权利:面对着这种物品的完全禁止,面对着我们自己在印度的加重课征,而反对现行税率上百分之三的适度的加税,至少也要说是不合理的。公使尖刻地指出,在和其他各国的现行关税率相形之下,基于百分之五平均数的中国关税率实际上等于是自由贸易了;在英国,茶叶税是百分之五十,在印度,鸦片税则自百分之二百到百分之三百[2]。拒绝中国领事驻扎香港,阿利国力称,从道德上和从国际惯例的观点上看,是无法辩解的。从实际观点着眼,设立这样一个领事馆比使香港陷于四面封锁之境要好得多,封锁是清政府为保护其税收利益而设立,却为香港商业社会所激烈反对的[3]。他们有选择,但实际上他们不要选择,两者之中他们一种也不要。总之,阿利国曾经毫不迟疑地声明说,不管当地外商怎么说,这件条约对于促进贸易是有所裨益的,除非有偏见的人才会予以否认。他扬言,不论我们对于这些特权的让与作个别的或集体的考虑时所给予它们的真正价值如

---

①　1858 年 12 月威妥玛的备忘录。英国国会档:"中国第 5 号(1871 年)",435 页。

②　1870 年 5 月 3 日阿利国的备忘录。英国国会档:"中国第 10 号(1870 年)",9—10 页。

③　同上,10—11 页。

何,我们却可以放胆地说,它们足能作为一种证据,证明没有一个国家或西方政府前此曾经对于对外贸易给过如此慷慨的特许。我们不妨试问一下,究竟在多少国家里,外国人自用的与家庭用的一切物品和贮备品,以及一切船舶和船厂的用料是准许免税的?究竟在多少西方国家里,外国船只是准许分享沿岸土货贸易而不受差别税待遇,或是准许分享一切内港航行权的?撇开那些可作例外情势和仅在对东方列国交往中所强求的领事裁判权的种种权利不论,我们也不妨试问一下,究竟在多少欧洲国家中,有完全的信仰自由和讲经传道的自由而不论其对现行宗教、组织和礼拜方式有如何的破坏性?最后再回到物质和商业利益方面,究竟在哪一个国家里,对于对外贸易有像中国这样轻微的海关税则?[①] 但是阿利国的辩驳和诘问都被人置若罔闻。在国内和旅居中国的商人和商会听到这些话之后,还是拒绝改变他们的态度或是修正他们的意见。以法莲(Ephraim)和他所崇拜的人联成一气了,英国政府虽不十分确信商人们的举动是聪明的,可是决定不理会阿利国。阿利国固然由于他所做的工作而受到相应的感谢,但同时具呈人等却接奉通知说,女王陛下政府对于他们所做的决定,究竟能否促进工商阶级的真实利益,虽不无疑问,然已决定听从那些向他们迫切陈辞的各商业团体所表示的愿望,因而他们已经建议女王陛下对上年 10 月 23 日的条约不予批准;并将立即向清政府和其他与中国缔有条约的列国政府声明:"条约将不被女王批准。"[②]

---

① 1870 年 5 月 3 日阿利国的备忘录。英国国会档:"中国第 10 号(1870 年)",9 页。

② 1870 年 7 月 25 日格兰威尔(Granville)致阿利国函,以及同日致伦敦和其他各地曾上呈文反对条约的对华贸易商函。英国国会档:"中国第 11 号(1870 年)",4 页。

第四章 从修订税则失败到 1902 年的修订税则

一

　　这就"是第一件没有用武装力量向中国勒逼的中、英贸易文件的命运。这是第一件其中至少有一种相互让步表示的文件"。[①]英国人因商业上的贪婪和偏执,撕毁了这项文件,而这项文件的撕毁使得中、英修订条约和修改税则的谈判告一结束。可是法、德两国公使曾经通知过总理衙门,不论中、英谈判的结果如何,他们都保留其根据各自条约所获得的要求修订条约和税则的权利,法国的修约应该在 1870 年,德国应该在 1872 年。不幸在 1869 年间全国各地都有过若干反对传教士的骚动,这些骚动日积月累地在1870 年 6 月的天津教案中发展到最高峰,当时法国领事馆和法国天主教堂被焚毁,法国领事和他的若干同胞,包括几名修女在内,

---

[①]　英国外交部档 17/520:1869 年 4 月 1 日阿利国致麦华陀函:"我们不再是强加人以和平条件,而是在平等基础上,磋商相互的利益。"1869 年 3 月 31 日阿利国致柯勒拉得恩第 28 号函,附件第 24 号。1877 年 7 月 14 日威妥玛致德贝(Derby)报告书,附于 1882 年 6 月 3 日威妥玛致格兰威尔函,英国国会档,"中国第 3 号(1882 年)",48 页。

丧失性命。这个事件的发生一时使得其他所有问题都成为次要的
了,但是在那年 11 月间,法国代办罗淑亚(Comte de Rochech-
ouart)体会到进一步施加压力,要求损害赔偿,是徒劳无益的,于
是他就把注意力转移到修订条约和修改税则问题上。因而他行文
总理衙门,要求修改 1858 年的税则,但是他只得到一封托辞搪塞
的复文。事情就在这个阶段上停滞了两年,但是到 1872 年 9 月
间,奉有修约全权的新公使热福理(M. de Geofroy)促请总理衙门
注意这件有待解决的问题,通知他们说,他是受权处理这件事情
的,并且要求总理衙门把清政府对这件事的意见通知给他[①]。同
治皇帝的大婚推迟了具体行动,但是在那年年底,法国使馆代表和
总理衙门章京开始了修约谈判。谈判并没有继续多久。根据《中
法北京条约》(1860 年)第二款的规定,凡接待法国和其他外国公
使时,应举行觐见礼,但中国委员拒绝讨论这项问题,拟俟同治皇
帝成年之后再谈。关于传教问题的讨论,双方的意见也不一致。
根据《中法天津条约》第八款和《中法续增条约》第六款,法国方面
凭由一个传教士的肆无忌惮的诡计,已经不但为传教士们取得前
往中国各地布道的权利,而且还为他们取得"在各省租买田地建造
自便"(录条约原用语,见于能模等,《中外条约汇编》88 页)的权
利。其结果,正如每一个人所知道的,并不曾收获到友爱、欢乐与
和平的果实,反而滋生了无数的误会,弄得民怨沸腾,发生了一些
对教士干涉民政和政治事务的攻击。法国实际上并没有什么商业

---

① 戈尔迭,《中国与西方列强关系史》(*Histoire des Relations de la Chine avec les Puissances Occidentales*),巴黎,1901—1902 年,卷 1,453、464 页。

的利害关系，而只是为了内政上的原因，要保持它那种以中国罗马天主教会保护者自居的地位，才把这个问题放在讨论的最先例，但是它却发觉中国方面已经具有决心：即使不能够把这种内地居住权取消，至少也要尽可能把所有居住内地的传教士置于中国法律的管辖下，借以对这种已经让与的权益加以限制。这种办法是列强之中没有一国所能接受的，尤其不能为法国所接受。法国方面则急切想扩大它的外交代表的特权和解决观念问题，这样，讨论也就成了一场徒劳。德国公使同样在 1872 年 7 月间促请恭亲王和总理衙门的大臣们注意德国政府根据 1861 年 9 月间在天津所缔条约第四十一款的规定，希望对该约中某些条款加以变更。总理衙门的复文很客气，但是不着边际。政府对进一步的谈判一时失去信心，事情也就停滞在那里了，直到 1875 年 2 月间奉特殊使命派往云南蛮允（又作满云——译者）的英国领事馆职员马嘉理（A. Margary）在该地被戕，这就又给英国一个可乘之机，重新使用那一套解决争议的老办法，不是通过妥协和相互让步，而是通过勒逼特权以作为对中国的惩罚①。

二

照英国人的看法，马嘉理和他的同伴既是持凭特别护照旅行内地，又经总理衙门以他的任务通知云南省高级当局，这种暴行自

---

① 英国外交部档 17/520：1869 年 3 月 18 日阿利国致柯勒拉得恩第 18 号和 1869 年 3 月 12 日第 6 号函。

是不可原谅的,中央政府不能规避它的责任。威妥玛的脾气是动
辄就"在争论中变脸的",他于是肆意威胁。可是他,就像其他许多
人一样,发觉肆意威胁并没有用处。中国方面很想慰藉外国人的
报复心,但是主要因为缺乏证据,无法查出真正的凶手而加以惩
处。不过在单纯的凶杀案背后,还有一个更广泛的问题,那就是清
政府对于它的条约义务的态度问题,在这方面所能强加于中国的
唯一满意的惩罚,既不是遣使道歉,也不是支付赔款,更不是杀几
个平民了事,而是要清政府改变它那种使马嘉理被戕杀成为不可
避免之后果的政策。威妥玛要求(甲)保护他的秘书和印度政府新
派来的使节一路平安到达边境或越界处所,以便进行现场调查;
(乙)中国立即派一位钦差大臣赴英国道歉;(丙)由朝廷降旨申斥
云南署理总督,斥责他迟迟没有将这个案件处结和一直没有详细
情形奏报;(丁)交《京报》发表遣使赴英和申斥署理总督的上谕;
(戊)将政府和各国驻京公使间的交往放在一个更良好的基础上;
(己)立即肃清对外贸易征课方面的弊端;(庚)考虑通过云南边境
赴中国通商的办法;以及(辛)给付一笔赔款①。总理衙门在面对
着这一大篇令人望而生畏的要求之下所采取的方针,是推说由于
各省政府的反对,所以这些办法一件都行不通,可是各省政府却声
称它们非经总理衙门核准,不能有所举动②。威妥玛在盛怒和不
耐烦之下,启程赴沪,威胁着:如果他的要求不被郑重其事地处理,

---

① 英国外交部档 17/699:1875 年 6 月 26 日威妥玛致德贝第 125 号函。英国外
交部档 17/701:1875 年 9 月 8 日威妥玛致德贝第 164 号函。

② 英国外交部档 17/699:1875 年 6 月 1 日威妥玛致德贝第 101 号函。

他就要撤退公使馆。当他在几个月之后回到北京的时候,他又在天津和总督李鸿章有过几次晤谈,他向李指明,"如果事情长此拖延,当然的报复行为必将是停止纳税。"李表示对于这种以破坏条约相威胁的说法,深为诧异,威妥玛反驳说,"问题不是谁应该缴税,而是清政府究竟有权向英国进口货抽收多少税";换句话说,就是中国方面已经违反了条约,甚至对持凭子口税单运往内地的英国货都征收内地税。"仅就英国货而论,一般内地征收制度上的改善是绝对必要的。英国在华贸易正受着这种制度的摧残。"[①]因为总理衙门未对于威妥玛的要求做及时的承允,他便再度以撤退公使馆相威胁[②]。于是总理衙门吩咐赫德将对外贸易的征税情形详细陈报[③],威妥玛也就把这种姿态承认为中国方面对改善商务关系的保证了[④]。1876 年 7 月 6 日,威妥玛的秘书葛维纳(Grosvenor)已经完成使命回来,但是他的报告只是火上加油[⑤]。威妥玛在他那个好勇斗狠的中文秘书梅辉立(Mayers)的支持下,直截了当地斥责中国的官方调查只是一幕"司法审讯的滑稽剧",并且通知总理衙门说,如果他所要求对于外交往来、内地征课和云南事件等未来的保证不能一一具备,他就要递送一件要求传讯署理云南总督的照会,倘使这件照会竟被拒绝并且(清政府)把它的调查

---

① 英国外交部档 17/701:1875 年 9 月 9 日威妥玛致德贝第 166 号函。

② 同上,1875 年 9 月 19 日威妥玛致德贝第 173 号函。

③ 同上,1875 年 10 月 18 日威妥玛致德贝第 192 号函。

④ 英国国会档:"中国第 3 号(1877 年)",2 页。

⑤ 英国外交部档 17/722:1876 年 7 月 9 日、15 日和 22 日威妥玛致德贝第 137 号、142 号和 149 号函。

报告公布,他就立即断绝国交,并建议女王陛下政府要求一笔赔款和占地为质①。赫德的居间效力现在是非常需要的了,由于他的机警、冷静的判断和对双方的了解,他竟能说服了这位盛怒之下的威妥玛爵士不再提到断绝国交②,又劝总督李鸿章请颁全权证书,来解决这一切争执的问题,并前往烟台去和再度离京赴沪的威妥玛氏晤谈③。赫德尾随着威妥玛,并奉总理衙门之命提出下述的条件:(一)准允中国人和外国人一样,得持凭子口税单将外国货运往内地 ;(二)准许购买外国货的中国人得在买进时缴纳百分之二点五的子口税或税则半税,然后或请领一个内地执照,凭以将货物运至指定的目的地,或请领一个口岸执照,凭以在货物出售时,豁免进口口岸的其他一切征课;(三)准许中国人可以和外国人一样地利用三联单(按:即购买土货报单);以及(四)如上述条件得被接受,则立刻开放温州、官员和北海④。威妥玛的勃然而怒和拂然而去,可能是心理学家注意的事,但是他决定把马嘉理事件作为要求进一步商业权益的机会这件事,却是史学家所关心的。在从 1875 年 3 月一直迁延到 1876 年 9 月的最后一幕这段谈判期间,他虽然时时变更他的要求,可是却始终保留着限制厘金负担的那项规定。最后一幕是在烟台举行的,为期达一个月之久(从 1876 年 8 月 18 日到 9 月 17 日),当时以利害相关的观察员资格出席的还有美、法、德、俄、奥匈和西班牙等国的代表,另有一支英国巡洋舰队驻泊

---

① 英国外交部档 17/725;1876 年 7 月 24 日威妥玛致德贝第 156 号函。
② 同上,1876 年 7 月 24 日威妥玛致德贝第 159 和 160 号函。
③ 英国外交部档 17/726;1876 年 8 月 3 日、4 日、7 日和 14 日的第 164 号、166 号、169 号、174 号和 176 号函。
④ 同上。

海面,以增加他们专使的论辩力量,在这种情况下,威妥玛和总督李鸿章终于达成协议,并于 9 月 13 日在现在所谓的《烟台条约》上签了字。四天之后,清政府批准了这件条约。条约计分为三部分,第一部分论及马嘉理事件的解决办法,第二部分论及官员的往来和司法问题,第三部分论及通商事务——这是我们在本书中所关切的唯一问题。根据这第三部分的规定,双方议准在通商各口已定有租界界址的地方,对已税的外国进口货,免征厘金;凡租界界址没有划定的各口,应由地方官与各关系国领事划定界址;准将宜昌、芜湖、温州和北海辟埠通商;准将重庆在轮船一旦可以驶到那个地方的时候,也辟为口岸;沿江的大通、安庆、湖口、武穴、陆溪口和沙市等处,准暂行停泊上下客商货物,但仍照内地定章办理;英商携带鸦片进口,应先封存于栈房或趸船,等候售卖时再由进口商照则定纳关税,由买主输纳厘金,至于应征多少厘金,则由各省决定;凡是已税外国进口货都可以持凭子口税单运入内地,而不问税单所载货物的所有主究竟是哪一国国籍,但凡不是英商自置的土货或该货并不是运往通商口岸输出国外,则一律不能享受子口税单的保护;"内地"这一个名词是指沿海、沿江和陆路各处的非通商口岸;已税进口货在复出口的时候得请领存票,时限订为三年;关于开放新通商口岸和沿江停泊所的规定,应于奉旨批准后六个月内实施,但关于各口租界免洋货厘金和鸦片在海关并纳厘金两节,则应等候英国政府与其他各国政府对于这个问题商有成议后,再行开办;最后鉴于香港方面对于粤海关巡船干扰殖民地沙船贸易的事情多有抱怨,应即指派一个委员会,核议定章,俾使清政府能够保护它的税收,而同时无损于租借地。

三

赫德遵拟整顿通商各口货物抽征事宜节略①是在马嘉理案激辩方殷的时候写成的,在那时候似乎争论已经势将导向公开的决裂。威妥玛对于这件文件中所表示的看法虽然大体同意②,但是批评它"所望过奢"。吩咐赫德拟具意见的公函日期是 1875 年 10 月 6 日,在那件公函中,总理衙门王大臣责成赫德对于往来通商口岸的货物征税问题各有关事项,妥拟改善办法具报。他们特别要求他对下述三个问题的答复:(一)如果中国添开通商口岸,是否能诱致所有各有约国默认厘金的继续征课? (二)如果中国开放新口岸,是否某些不同意继续举办厘金的国家往来于各该口岸就不要求援用最惠国条款,是否这样中国就又要被迫做特权让与而本身一无所获? 以及(三)是否能获得所有各有约国的一致同意,采行一项完纳进口税与子口税的单一章程,以资保证各口海关办事程序的划一? 总税务司的意见,他们补充说,应该是对中国有百利而无一弊的,应该是所有各有约国都能够接受的,而且应该是各口海关以及地方当局易于实施的。赫德的答复可并不只限于垂询的

---

① 《遵拟整顿通商各口货物抽征事宜节略》(*Proposals for the Better Regulation of Commercial Relations*),海关文件(总署编号)第 2 号,上海 1876 年:英国国会档,"中国第 3 号(1877 年)",2—27 页。

② 英国外交部档 17/725:1876 年 7 月 24 日威妥玛致德贝第 154 号函。恭亲王称它是一个包罗万象的文件,但其中含有许多不切合实际的建议。英国外交部档 17/725:1876 年 7 月 22 日威妥玛致德贝第 152 号函。

各项问题,却乘机对于享有特权保护的旅华外商的存在所造成的整个局势做了一番全盘检讨。他在他的序论中,叙列了现行制度的显著特征,并且撮述了它的缺点。他像是一个熟练的诊断专家一样:

"创痍与虚损,一一查清楚,举手按其上,尔病在斯处,尔病在斯处!"

他指出,在过去和现在一切根据条约规定的办法中,区别都是因人而不是因物划分的,这是一项必然会造成双方嫉忌和愤懑情绪的原则。外国人和中国人并不是站在同等的地位,外国人在和中国人比照之下,是享有不公平的优惠的。主要病征的治疗法就是互惠主义,这项原则,他本可以再补充说,是在基督教之前几世纪,孔夫子就已经认作涉身处世的金科玉律了。可是外国人不但没有互惠精神,而且还不满足于他们已经享有的特权,竟要求在整个中国领域内经营各种工商业的完全自由,并且在享用这种自由的同时,还要受着他的领事裁判权地位的保护。在另一方面中国人对于变动自然抱着怀疑态度,特别是当这种变动并不是土生土长而是由外国侵略者强加在中国身上的时候。他们年复一年地已经明白了这种领事裁判权原则的全部含义,谁也不能希望他们会欢迎他们的自主权利蒙受任何进一步的限制。赫德接着在商业、司法和行政这三个大标题之下分析了双方的怨言,并且在每个标题之下提出四项建议,这些建议如果能被采用,是会把事情放在一个较好的基础上。我们在本书中唯一关切的商业方面的怨言和建议,是围绕着厘金和内地贸易征课这两点的。外国人指控各口岸对于他们的货物抽收厘金,中国方面却答复说,口岸的界址并没有

划定。外国人认为如果取消这些苛重的口岸税捐,进口就会增加;
中国方面则反驳说,为维持安谧,筹措经费,这些口岸税捐是必要
的,地方不靖,贸易自然不能繁荣。外国人申诉他们的鸦片经营,
无须用厘金官吏的监管来横加困扰,中国则指出,它对于往往获有
外国人的同情和有时得到他们帮助的那些走私犯加以遏制,乃是
它的权利。外国人认为中国对于输出国外的土货,在内地税缴款
证据不齐全的时候,无权要求完纳出口子口税,中国方面则声称,
根据条约对于这一方面的规定,中国要求纳税的行为是名正言顺,
不容有丝毫怀疑余地的。外国人力称,外国货凭以为保护的进口
货子口税单沿途不被尊重,而且在运达目的地之后,已完子口税的
进口货还要担负地方的并且时常是寓禁于征性质的课征,至于三
联单,则由于对生产者的抽税,已经形同虚设。对于这一点,中国
方面回答说:进口货子口税单的效用原只是以货物到达目的地为
止,而不能展至货物既到达目的地以后;中国也和其他任何国家一
样,需要税收;沿途不平静的地方,防止错误是困难的;至于出口货
子口税的完纳,原没有给予土产品以领回前缴地方税的权利。为
了证明外商有意夸张其处境的困难,总税务司指出,子口税制度已
经实行了约十五年,而在这十五年中,据知子口税单实际上没有能
够发生预期效果的案件,总共不到二十起。在另一方面,中国人指
控:外国人充当中国货主的货物受托人,用洋船运货,俾使货物得
以规避用华船载运时所必需缴纳的地方税捐,因而逃漏了税收,并
将用中国人名义进行的中国贸易置于不利的地位;而且外国人还
代中国人转运鸦片,妨害了厘金的征收;更有一些外国人,专以向
中国人出卖他们的字号和子口税凭单为他们业务的一部分,以包

庇在内地购置的产品,或是把原本不想输出国外的产品用他们自己的名义运到口岸,这样就造成了地方税收的损失,并造成了非法的优惠待遇。中国方面对于外商所提出其他有关子口税制度的指责是:外商在内地购办产品,在设有完捐税而通过各地关卡之后,就在内地出售,并且他们在内地关卡抗拒官吏,拒不许可他们的货物接受检查。总税务司把情况总结如下:"夫通商云者,以彼所赢易此所绌,是中外通商即中外互相以彼所赢易彼所绌也。惟中外所订之条约,不但有中外互换出产事在内,亦有准彼国商人作此国生意之事在内;不但准彼国商人作此国生意,且有准彼国商人贸易于此国不照此国民人所遵守之章程贸易,而准照新式章程,另式税则贸易之意在内。若仅以中西互换出产事而论,固可谓章程妥善,然以彼国在此国贸易言之,既准彼国商照新式章在此国作此国生意,即有彼此之商同时按照新旧两样章程作一处生意。待有避重就轻之弊出,则凡所谓两地商人彼此互相妒嫉,关卡与商旅之互相有隙,两国之司事者互相责备,各事因之不一而起也。然其损处虽至此而犹未已也。仍有谓者,此等情事皆由于通商所致。如此言之,致于通商交易之正事大有妨碍。在言此者应知此等损处虽系随通而来,并非因通商而出,盖彼此通商,合言之不过一事,而彼处人在此处作生意,则系一事中之又有一事也。若章程不为之分别而妥议之,则以上各情弊自不能免。既其中有若是之分别,使于章程内剖析议之,自不致有若许之情事。"(以上录原文。——译者)[1]

---

[1]　赫德,前引,16 页。

四

既经诊断出病情,现在就有待开示药方了。于是总税务司就进而把这种药方开列在四组建议之中,第一组包括的建议据说对于双方都将是最有利的,第二组建议是以条约比较广义的解释为基础,第三组建议是以条约比较狭义的解释为基础,第四组建议——如果前三组都被拒绝的话——则是责成原来要求改订办法的那些商人们自行建议他们所愿意在现行条约范围内受其拘束的章程,以便另行寻求一个新的开端。处方医师显然视为上策的第一组商业建议包括有下述各点:(一)各有约国应同意棉织品、毛织品、五金和食糖等类货物,在运抵通商口岸时,一并缴纳进口税和子口税,而中国则应同意在全国各地豁免这类货物的一切地方的和内地的税捐;(二)各有约国应同意鸦片在运抵通商口岸时,每担缴纳 120 海关两的进口税,此后便在该口岸不再抽征其他税捐,但在离开海关 30 里的地方,则地方和内地征课一律照抽;(三)中国应同意凡其他一切进口货运抵通商口岸时,概行豁免进口税和子口税,而各有约国则应同意在这类货物业经起岸之后,一体按照地方章程处理;(四)已税进口货保税往来于通商口岸间的办法,在规定的月份内有效,凡进口三年以后复出口的货物不得享受退税权;(五)中国应同意豁免茶、丝、糖和棉花的一切形式的地方或内地征课,而各有约国则应同意当这类货物在通商口岸装船时,一并缴纳出口税和出口货子口税;(六)中国应同意,凡其他一切出口货于通商口岸装船时,概行豁免出口税和子口税,而各有约国则应同意,这类货物在全国各地一律按照地方章程处理；(七)上面(一)(三)(四)(五)各项下所定办法，准许中外人士一体享用，绝不因国籍不同而有丝毫差别；(八)子口税凭单既然废除，外国人旅行内地时必须携带护照；(九)中国应同意开放诸如重庆、宜昌、安庆、芜湖、温州等处为新口岸；(十)各有约国应同意每五年修订一次条约中所载的税则和商务规定。第二组差不多完全是涉及商界因子口税制度所注射的病菌而起的反应。其中包括有下述各点：(一)应由各口岸的混合委员会议定口岸区域，划定四界，在该区域内，凡是已完进口税的外国货，应豁免其他一切征课；(二)已税进口货在运出界址时，不论货主为外国人或中国人，如果没有持凭子口税单，应照章完缴一切地方税捐，但如果持有子口税单，则沿途应准免一切课征。当货物在目的地出售或运离该地时，必须将子口税单缴销，并且应该照章完缴地方课征，但不得抽收差别的或补偿性的课征；(三)中国人和外国人无论持有子口税单与否都可以同样地将土货从内地运出，但如果没有子口税单，则必须沿途逢关纳税遇卡抽厘。如果凭有子口税单，则这类货物应于通商口岸装船输往外国时，缴纳出口税和子口税，或于装船运往另一通商口岸时，缴纳出口税和一项与出口税相等的内地税。如果货物运到若干月之后竟不装船出口，则必须加倍缴纳出口税；(四)外国货不论是否凭有子口税单，均得在内地沿途出售，但凭有子口税的土货则不得在外运途中出售，违则处以罚金。凡有以未完子口税货物掺杂进已完子口税货物的事情，如商人不据实申报，其未税部分一概没收充公；(五)凡复出口货，除非在货物运到三年之内复运出口，不得请领存票；以及(六)每五年应有一次税则和税则章程的修订。第三组建议删去了通商口岸划界一节,至于持凭子口税单将土货从内地外运这项问题,则规定商人应将有关货物的价值,开具期票,提存海关,如果货物没有在指定的期限内输出外国,则此项期票当由海关强制执行。

五

　　总税务司在提出诊断书和拟议的治疗法两个星期之后,又在一件上总理衙门的补充公文中,对于实行第一组建议在财政方面与发展贸易方面所可获得的利益,举出确凿的证明。以 1874 年的海关贸易为例,指出在那一年,所举四类洋货完纳的进口税,以整数计,总额如下:

棉布 ……………………………………… 720,000 海关两

呢绒 ……………………………………… 160,000 海关两

五金 ……………………………………… 140,000 海关两

糖 …………………………………………… 60,000 海关两

其他一切进口税 ………………………… 650,000 海关两

同时所举四类出口货完纳的出口税总额如下:

茶 …………………………………………… 5,000,000 海关两

丝 …………………………………………… 870,000 海关两

糖 …………………………………………… 90,000 海关两

棉花 ………………………………………… 40,000 海关两

其他一切出口货 ………………………… 680,000 海关两

　　所以在 1874 年,靠这八项进出口大宗货物可得 7,080,000 海关两的一笔税款,而靠鸦片以外的所有其他货物,则共得

1,330,000海关两。在同一年,各通商口岸的海关也征得下述各税:

鸦片进口税 ……………………… 2,100,000 海关两

沿岸贸易税 ……………………… 570,000 海关两

子 口 税 ……………………… 230,000 海关两

船 钞 ……………………… 200,000 海关两

所以该年度根据现行章程所得的总征收额共达 11,510,000 海关两。可是,大宗货物在通商口岸征税而在其余各地免税以及其他货物在通商口岸免税而在其余各地征税的建议,如果已经付诸实行,那么 1874 年度海关所征税款应该是:

棉布,进口税加内地税 ……………… 1,080,000 海关两

呢绒,进口税加内地税 ……………… 240,000 海关两

五金,进口税加内地税 ……………… 210,000 海关两

糖,进口税加内地税 ……………… 90,000 海关两

茶,出口税加内地税 ……………… 7,500,000 海关两

丝,出口税加内地税 ……………… 1,305,000 海关两

糖,出口税加内地税 ……………… 135,000 海关两

棉花,出口税加内地税 ……………… 60,000 海关两

换言之,就是总计 10,620,000 海关两。如果我们把每担 120 海关两的 7 万担鸦片的进口税,也就是 840 万海关两加在这个数字上,以便与 1,151 万两的实际征收额做一比较,其合数当在 1,900 万两以上。此外,如果当 1874 年时 18 省所征的厘金总额姑作1,000 万两计——这项计算是可以凭信的,那么该年度关、厘两项的收入总额约共 2,900 万两,而这个数字,在总税务司的建议得被采纳的情形下,将是单单关税收入一项,在不几年之内就可以达到的一个数字。

裁撤厘金对全国各地贸易的裨益是显而易见的,这也可以证明它确乎是一件既可达成所期望的目的而又无损于帝国库收的计划了。

六

条约已经签过字,在条约签字后四天之内,皇帝就予以批准,但是英国政府的批准却拖延了九年之久。最初,威妥玛并不认为协议的正式批准是有必要的,不过因为他曾经"坚持要求公布一道钦准这项文件的上谕",然后他"才肯答应呈报云南事件的最后解决办法",那么清政府自然也就要求英国方面做一相应的核准表示①。但是其中却遭遇到重重困难。印度政府担心条约中的鸦片条款可能对于他们的鸦片收入有不利的影响②,旅居中国和居住国内的商人也都看不起这一件为上海重要英文报纸称作"一堆毫无意义的废话"的文件③,同时其他各有约国驻京代表也明白表示,在进口货免厘权得照该约所载办法加以限制之前,他们本国政府的同意是必要的。威妥玛自然充分了解他的同僚们的态度。他在 1875 年 10 月 9 日写给他们的一封信中曾经指出,关于贸易方面,他所建议的首先就是设法使双方约定,务求查明征收事宜中经

---

① 1879 年 2 月 16 日威妥玛致栗董(Lytton)函,附于 1882 年 6 月 3 日威妥玛致格兰威尔函,英国国会档:"中国第 3 号(1882 年)",70 页。

② 英国外交部档 17/809;1879 年 5 月 10 日威妥玛致萨里贝利第 2 号密函,内附 1879 年 2 月 16 日威妥玛致栗董函。英国国会档,"关于中英鸦片问题谈判和印度政府的通信",1882 年,散见各页。

③ 《北华捷报》,1878 年 7 月 6 日。

常为人所诟病的弊端,以便一一加以根除,并且补充说:"一般贸易章程不但事关我们的共同利益,而且在这一方面,要想使任何章程能发生效力,也非各国代表一致同意不可。"①因此在条约签字一年之后,当法、俄、美、德和西班牙等国公使各致总理衙门一份同样照会,说明没有照通常方式进行谈判,他们不能同意"现行条约规定的删减"时,威妥玛爵士给予他们的行动以主教式的祝福②。可是为了把事情弄得加倍确凿起见,法国公使又训令法国派驻各口岸的领事当局说,如果各口岸厘金征收区的划界问题被提出讨论,他们应该立刻答复,声明关于这件事还没有接奉任何训令③。在另一方面,清政府却在规定限期届满时,立即宣布约中所开列的四个口岸和六个停泊所一律依式开放对外通商,这样就在批准条约之外,对于他们信守条约的意愿又给了另一个无可置疑的明证④。

<h1 style="text-align:center">七</h1>

　　在1876年威妥玛仍然以他的活动占据着舞台中心的时候,德

---

①　戈尔迭,前引,卷2,59页。"我不能承允对于条约权利的限制——缩小我们准免税则外征课的区域——或是承允对于我们条约中通商条款的其他修正,除非是不但有了我本国政府的许可,而且还有了其他一切和中国订有条约国家的同意。我们条约中的相同之处是这样的多,以致非经所有各国一致同意采行而外,任何一件条约的修正都很少有付诸实施的可能,至于有关贸易方面的修正,那就更加是非如此而不会有丝毫可能的。"1879年2月16日威妥玛致栗董函。英国国会档,"中国第3号(1882年)",69页;另参看英国国会档,"中国第2号(1880年)",2、8页。

②　戈尔迭,前引,卷2,93页。

③　同上,94页。

④　海关档,总税务司通令,第27号,第2组。

国公使巴兰德(Herr Von Brandt)在他的公使团同僚的帮助下[①]，已经暗地推进着《中德条约》的修约谈判。他的政府特别希望的是增辟口岸，核减若干种税则税率，解决厘金及吨税等项问题。清政府提出了相反的要求，并且希望对于名誉领事的指派，教会的干涉地方法律事务，和关税案件的解决等类问题获得谅解。《烟台条约》的签字加强了巴兰德的声势，当 1876 年 12 月间，威妥玛在假离京的时候，德国公使就曾经行文总理衙门，要求规定外国进出口货在上海租界内免厘办法开始实施的日期。巴兰德在要求外国进口货免厘时，声明他并没有把鸦片包括在内，又说他的要求并不是根据最近签字的《烟台条约》，而是根据《天津条约》的规定提出的[②]。总理衙门于是奏明皇上，请以 1877 年 2 月 13 日定为实施这项办法的日期，因为恰好那一天是中国的大年初一[③]。可是英国公使因为总理衙门当时公布的章程和《烟台条约》的条款并不完全符合，所以他不肯以承认该项章程照复，以便使他可以保留一个自由行动的余地[④]。巴兰德在他这次成就的鼓励下，便把他的建议又向前推进一步，于是再度凭持着他的同僚们的协助，坚持要求开辟吴淞为口岸，设立关栈，给予修船用料以免税待遇。在 1877 年

[①]　英国外交部档 17/697：1875 年 2 月 23 日威妥玛致德贝第 42 号函，"如果德国邀请我们在修约方面合作，请答应照办。我在最近已经不得不对于内地税发出怨言。"

[②]　1880 年 1 月 31 日威妥玛致萨里贝利函，内附 1879 年 11 月 10 日威妥玛致恭亲王函和 1879 年 11 月 20 日恭亲王致威妥玛函，英国国会档，"中国第 2 号(1880 年)" 2、6 页；1882 年 6 月 3 日威妥玛致格兰威尔函，英国国会档，"中国第 3 号(1882 年)"，77 页。

[③]　海关档，总税务司通令，第 11 号，第 2 组。

[④]　英国外交部档 17/753：1877 年 1 月 5 日傅磊斯(Fraser)致德贝第 1 号密号。

春初的时候，总理衙门曾经要求：增加棉、铁的进口税和茶、丝的出口税；限定子口税单的有效期为一年；禁止在租界以外租用土地；明白规定内地旅行的条件。巴兰德和他的法国同僚一样[①]认为厘金是一种非法征课[②]（这是威妥玛所不同意的一种看法），不过为求裁汰这项征课，他建议外国货在进口时，不但应该完纳进口税，而且还应该完纳一笔增额的子口税；货物一旦缴清上述各项税款，加盖戳记之后，就可以免税通行全国。但是，商人如果愿意请领子口税单，仍然可以听便；只是既没有加盖戳记又没有持凭子口税单的货物，才可以抽征厘金[③]。由于北京政府的调查工作因中国各省当局未能提供有关这个问题的必要材料，而归于失败，所以巴兰德只能凭靠领事报告书，在他那本"中国洋货和土货的内地税"小册子里，把各个口岸的情形评论了一番[④]。总理衙门则提出对峙的建议，声称如果德国公使情愿同意提高协定税则中规定的关税，他们也许会同意给予若干所企求的让与[⑤]。谈判因公使的公假返德而告停顿，但在 1879 年 6 月间又重新恢复，一直谈判到 1880 年 3 月 31 日《中德续增条约》签字时为止。在这项文件被提到德帝国会议的时候，他们指出这并不是德国方面单独行动的结果，而是

---

① 英国外交部档 17/781：1878 年 6 月 27 日傅磊斯致萨里贝利第 110 号函。

② 英国外交部档 17/549：1870 年 5 月 7 日威妥玛致柯勒拉得恩第 72 号函：威妥玛认为厘金本身并不能被指斥为有违条约。赫德抱同样的看法。后者在 1878 年 8 月 7 日写给朋友的一封信中说："中国本身对厘金的看法，甚至比各缔约国的集体看法还要更有重要性"。厘金并不是一种税，而是政府菜单上的一种大量的食品。

③ 英国外交部档 17/779：1878 年 1 月 29 日傅磊斯致德贝第 9 号函。

④ 英国外交部档 17/781：1878 年 6 月 11 日傅磊斯致萨里贝利第 100 号函。

⑤ 英国外交部档 17/780：1878 年 5 月 15 日傅磊斯致萨里贝利第 83 号函。

所有各有约国襄助谈判的成就①。1881 年 9 月 16 日双方交换了批准书。条约②中确认了《烟台条约》所列举的四个口岸和沿扬子江六个停泊所的开放,并且开放吴淞以供往来上海商货装卸的需用③。作为交换条件的是,德国同意它的臣民应受最惠国条款下所享有的一切权益之附带条件的拘束。据规定:船钞专照的有效期限为四个月,而不问该持照船舶在限期内曾经驶往世界上的哪些口岸;中国得派领事驻扎德国;所有通商口岸应设立关栈;捏造舱口单应科以没收货物的处分,并对船主科以五百两以下的罚金;中国煤的出口税应核减到每吨三钱;凡无执照而充任引水的人,得科以一百两以下的罚金;修理中的船只在修理期间免征船钞;港内遇难船舶的用料免征进口税;凡无护照而旅行内地的德国臣民,不但应解送最近处的领事,而且得科以三百两的罚金;护照有效期为十三个月;船厂用料免征关税;至于外国货和外商自置土货在内地的征税问题,以及中外官员的交往问题,等等,都有待另议。附列于条约的还有一套扩大了条约本身规定并和它具有同等效力的特殊条款。在这些特殊条款里面,有两点是突出的:一点是,关栈应先行在上海试办;另一点是,如果德国船中有任何货物未列入舱口单,而该项货物的起岸又是必须凭有海关准单的,那么该舱口单即

---

① 英国国会档,"中国第 2 号(1881 年)",2 页。

② 关于条约原文,参看《中外条约汇编》,海关出版,第二版,西卷装,上海,1917 年,卷 2,194—207 页。

③ 虽则由于拦江沙的原故,很多往来外国的货物才在吴淞继续装卸了好多年,可是中国方面最初因为这一项条款会给予吴淞口一个通商口岸的地位,拒不同意。直到 1898 年——不幸的特权让与的一年——中国最后才同意承认吴淞具有通商口岸的地位。总税务司通令,第 822 号;英国国会档,"中国第 1 号(1889 年)",6、101 页。

视为捏造。这全部条约虽说是四年谈判的一点微不足道的成绩,
然而却标志出中、外商务关系解决办法上的一个进步,在这个办法
中它所根据的原则,不是一方强加对方以种种条件,而是双方的妥
协,是以一方的让与和另一方的让与相互补偿的。

八

但是在 19 世纪 70 年代末和 80 年代初的时候,为改善商务关
系而和中国进行谈判的,并不只是英国和德国。俄国代表凯阳德
(M. Koyander)和后来的布策(M. de Butzow)除帮助他们的同僚
效力外,也曾经有他们自己的重要任务待理。自从 1871 年以来,
俄国军队就一直占据着中国的领土伊犁,这是俄国为保护它的陆
路通商大道而采取的一个步骤,当时那个大道上的安全,正因阿古
柏叛变所造成的蔓延很广的动乱,而受着威胁。1878 年 1 月间,
左宗棠已经无情地、彻底地把这一叛变镇压下去,因而中国方面便
要求俄国实践它的诺言,撤出它所占据的土地。为了对于这个向
往的目的做一番部署,那位有过游历外国的经验并且曾经为天津
教案奉命出使法国道歉的崇厚,这时又奉派出使圣彼得堡,磋商条
件。他带回一件《里瓦几亚条约》(*Treaty of Livadia*),根据该
约,俄国保证以伊犁归还中国,交换条件是中国酬偿五百万卢布,
许以免税贸易,并割让叶尔羌河(Yarkand)和帖克斯河流域
(Tekkes)以及天山各隘口给俄国。为酬偿失物的归还原主,这实
在是太高的代价了,崇厚因而被斥为汉奸,发交审讯,并定为斩罪。
这项判决所以没有被执行,固然是部分由于维多利亚女王的亲自

出面干涉和驻京各国公使的抗议,但也部分由于有一些深谋远虑的人们,不顾朝廷中许多人的主战态度,认清俄国既已集中军队在它所要求的地带上,如果贸然与之作战,不啻孤注一掷,大有招致皇朝覆亡的可能。因此暂免崇厚的斩罪,并派曾侯(按:指曾纪泽)前往圣彼得堡重开谈判。结果便是 1881 年俄历 2 月 12 日,即公历 2 月 24 日签字的《圣彼得堡条约》(按:即光绪七年《中俄改订条约》),该约的批准书是在同年俄历 8 月 7 日,即公历 8 月 19 日互换的[①]。根据这项条约,中国收回了帖克斯河流域以及伊犁和喀什噶尔(Kashgaria)间的各隘口,并且确认除西面一片狭长地段之外,伊犁为中国所有。东土耳其斯坦其他部分的土地也归还中国。至于伊犁、塔尔巴哈台、喀什噶尔、乌鲁木齐和蒙古一带的免税贸易权,则改订为在贸易旺盛,能够承担税负的时候,就一并撤销。双方也制定了管理俄国和中国内地省份陆路贸易的详细章程,并附贴于条约。在这件章程中,从关税着眼,其最值得注意的规定就是凡俄国商人由俄国自陆路经张家口、天津或嘉峪关运入中国的货物,准予减收进口税三分之一的优惠。可是这类货物如从天津由海道出口,运往其他任何通商口岸,则应由海关在陆路边界处补征原免的三分之一关税。条约中也规定,凡在张家口购买的中国货,由陆路向俄国出口,只需按协定关税率的半额缴纳出口税。在谈判 1884—1885 年中、法战争和约讨论到越南与中国西南各省陆路边界通商问题时,法国人也猎取到这种陆路边界通商的减收关税权。根据 1885

---

① 关于条约原文,参看英国国会档,"中国第 1 号(1882 年)"或《中外条约汇编》,卷 1,168—207 页。

年6月9日签订的《天津条约》（按：即中、法会订越南条约）第六款的规定①，凡北圻（即东京）与中国南部各省的陆路进出口贸易，应纳各税，一律照各通商口岸对外贸易现行税则，降低征收，而根据1886年4月25日签订的《天津条约》（按：即中、法越南通商章程）第六款和第七款的规定②，凡由陆路运入中国境内的进口货，其税率准按协定税则减收五分之一，自中国出口的货物，其税率准减收三分之一。可是这两种减收办法还不能满足商人的欲壑，因而在1887年6月29日在北京签订的《中法续议商务专条》第三款中③，又议定进口货的税率减收十分之三，出口货的税率减收十分之四。后来，英国方面也要求把这后两项降低的税率适用于缅甸和云南边界间经由蛮允和盏西的陆路贸易④。照这样一个因外国强加以值百抽五协定税则而使其财政措施遭到严重妨害的国家的官员们看来，这种对于区区边界贸易还要勒逼更低税率的行为，简直是毫无政治家的豁达风度，而更加暴露出他们那种卑鄙贪婪的本来面目来了。

九

德国、俄国和法国最初阶段的修约谈判，都不过是威妥玛爵士

---

① 《中外条约汇编》，第二版，卷1，904页。

② 同上，916，917页。

③ 同上，926页。

④ 参阅1894年3月1日签订的《中英续议滇缅界务商务条款》，《中外条约汇编》，第二版，卷1，527页。

向他本国当局争取《烟台条约》批准的长期斗争中的一些插曲而
已。批准《烟台条约》的主要障碍就是外国鸦片的征税问题。威妥
玛希望这种货品的关税和厘金一并由各口海关征收,并且"已经得
出一项结论,即对鸦片实征的厘金,包括一切内地税在内,共约三
十二两银子有余,而这些内地税可能就是目前为抵补在进口地方
所规避的厘金数目而设置的"。① 在拟定烟台条约的时候,李鸿章
提议每担抽征厘金六十两银子,但是因为威妥玛不能替印度政府
做约定,所以他增列了一项条款,规定各省征收的金额得由各该省
政府决定。李鸿章所建议每担抽厘六十两的办法,是以他本省情
形为依据的,但是他却着重指出,其他省份,特别是福建,一定抽征
得更多。直到 1879 年 10 月间,威妥玛才可以通知萨里贝利勋爵
(Lord Salisbury)说,总理衙门已经愿意将厘金的应征数按照签约
时各口的征收数订定,据查厘金的征收数,计自天津和牛庄的每担
十八两银子至厦门和福州的八十四点六两银子各不等②,"并保证
这种办法在一定的年限内不会被打乱。"③赫德曾经建议由清政府
派遣海关税务司一人驻扎印度,对于从该地装运中国的鸦片,抽收
厘金,李鸿章认为如果能够在洋税务司之上,增设一清官员,以监
视该洋员不致有被贿买串通的情事发生,那么这项建议却是一个
好办法④。赫德在和威妥玛交谈的时候,也曾经"表示过一项看

---

① 英国外交部档 17/810;1879 年 8 月 9 日威妥玛致萨里贝利第 56 号函。
② 1879 年 2 月 16 日威妥玛致栗董函。英国国会档,"中国第 3 号(1882 年)",72 页。
③ 英国外交部档 17/811;1879 年 10 月 1 日威妥玛致萨里贝利第 87 号函。
④ 英国外交部档 17/810;1879 年 8 月 9 日威妥玛致萨里贝利第 56 号函。

法,认为如果清政府能对于目前从印度贩运到香港的全部鸦片每担获得四十两银子的厘金,……那么它对外国鸦片所征的厘金收入就确实要比目前所征收的多得多"。因此在另一方面,当总理衙门告诉威妥玛说,赫德赞成每担抽收一百二十两的时候,威妥玛总以为这是中国人试图对他漫天要价,而以赫德的名字作盾牌的[①]。那位只要有可能就急切要根除鸦片贸易的大学士左宗棠,在提议过印度政府应该和清政府均分鸦片厚利之后,建议一种每担一百五十两银子的划一税率,其中三十两作为进口关税,一百二十两作为内地厘金[②]。我们应该记得,中国人始终说厘金并不是一种非法的,而只是一种非常的税课。威妥玛对这项建议的答复是:虽然清政府对于业经转入中国人手中的鸦片可以随便征税,但是该政府却难以期待在实施这项他所认为不合理的办法上,得到他本国政府的帮助。后来左宗棠退出谈判,李鸿章便在嗣后的会议中将这项每担一百二十两的厘金数目逐渐减少,直减到八十两为止。威妥玛声称他可以证明"三十两正税之外另加五十两厘金,两者共八十两,恰好就是他们声明根据一般估计应缴国库的数目"。[③] 这已经比十九个月前(1879 年 11 月)他准备提请印度总督同意的厘金税率高出十两[④]。对帝国税收要比省税收关心得多的赫德认为

---

① 英国外交部档 17/810；1879 年 8 月 9 日威妥玛致萨里贝利第 56 号函。

② 1881 年 6 月 15 日威妥玛致格兰威尔函。英国国会档,"中国第 3 号(1882 年)",16 页。

③ 同上。

④ 1879 年 11 月 10 日威妥玛致恭亲王函,附于 1880 年 1 月 30 日威妥玛致萨里贝利函。英国国会档,"中国第 2 号(1880 年)",3 页。

比较聪明的办法是增加协定关税而相应地减低厘金税率①。加尔
各答和孟买鸦片商的呈文则一面着重斥责厘金，一面着重遵守《天
津条约》的条款，但是据他们解释，这些条款是不允许在进口口岸
界址内对鸦片征收厘金的。在这次谈判期中，美国政府和清政府
缔结了一件正式协定，根据该协定，美国公民绝对不准从事鸦片贸
易，作为交换条件的是美国根据同时议定的另一件个别条约②，获
得管理、限制或暂停中国向美国移民的权利。李鸿章坚持厘金八
十两和关税三十两共一百一十两银子合并税的那件提案，当时虽
为英国公使所不肯同意，但是，如下文所述，却正是最后采用的税
率。清政府促请英国公使提出一个税率，而他竟建议把关税率提
高到四十五两银子，至于内地厘金征收区，则照旧存在，并且听由
它们对鸦片任便征税，这种办法，他知道一定会使各省当局非常满
意。可是他的建议并不受欢迎，于是讨论便又回到清政府谈判代
表所认为最有利的那种解决办法上去，也就是由各口外国人管理
的海关实行税厘并征的那种办法。在这个时候（1881 年 5 月），双
方已经了然并且同意，不管把厘金作成为哪样的一种并征税的组
成部分，要想它最后能被接受，就必须不单是要免征洋药的口岸厘
金，而且要免征一切一切的内地厘金，而不论鸦片将贩运到内地的
什么地方③。正在这个当口，谈判因李鸿章的回任驻天津总督而

---

①　1879 年 2 月 16 日威妥玛致栗董函。英国国会档，"中国第 3 号（1882 年）"，74 页。

②　马丁斯（Martens），《新编条约大全》（*Nouveau Recueil Général de Traités*），两卷装，戈丁哥（Goettingue），1887 年版，730—731 页。赫茨雷特（Herslet），《中国条约》（*China Treaties*），第三版，伦敦，1908 年；卷 1,558—560 页。

③　1882 年 6 月 3 日威妥玛致格兰威尔函。英国国会档，"中国第 3 号（1882 年）"，79 页。

中断。又有一件值得注意的岔子发生了。有一位曾经在印度和中国研究过鸦片问题的约瑟·沙留先生携带了一项建议前来中国,主张英国应该树立鸦片的世界垄断权,并且作为中国和其他市场上的独一无二贸易商。就清政府来讲,双方应该商定一项固定的年度鸦片定额,凡是定额内的一切定货,都应该在政府的严格章程与监督下储存于香港。在这样的管制办法下,对于保护两国政府的税收,防止药物走私贸易,以及促进该项贸易的逐步减少和逐渐禁绝等方面,都可以获有把握。沙留建议的直接成果,便是津海关税务司德璀琳以下述建议说服了总督李鸿章,他的建议是请派专人前往印度研究鸦片问题并向印度政府表示逐渐禁绝鸦片贸易的切实可行。选定的专人就是道员马建忠,马建忠曾经在巴黎中国公使馆服务,这次出使虽然没有获得直接结果,可是却使他的上司十分满意。他的建议,或毋宁说是李鸿章和德璀琳的建议,就是以二十年到三十年作为一个试办期,在此期间内,应该由清政府作为英属印度所产全部鸦片的唯一承购人,英国政府则保证在限期内将所产鸦片逐渐减少,直至限期届满时,将印度的鸦片出口完全断绝。应付货价的付款期限,应该先行议定,或直接由一个政府代表或由一个特许公司在中国香港或印度给付①。赫德不赞成这个方案,总理衙门也不赞成;但假使英国和印度政府能把印度鸦片全部都放在沙留手里,并且帮助他掌握印度以外的一切鸦片,那么清政

---

① 1882年1月13日威妥玛致恭亲王函,附于1882年6月3日威妥玛致格兰威尔函。英国国会档,"中国第3号(1882年)",87页。

府也就准备承认他是英国的正式代表,并且筹办其他一切为使这
项计划成功的必要事项。可是广东的中国商人提陈了另一件方
案,并且由香港总督正式提出。这项方案建议由清政府建立一个
中国销售鸦片的垄断公司。这个垄断公司应该将它的总机构设立
在香港,并且为酬报在中国各地免税贩卖鸦片的专有权利起见,准
备为清政府保证一笔巨额的税收。这件方案是不受欢迎的,人们
不但对于拟议的这个公司的经济地位抱怀疑态度,而且对于把一
种已经发展成为像鸦片贸易这样大规模的企业交托给一个区区地
方性的组织也抱怀疑态度。这种方案也令人不愉快地回忆到公行
时代和公行方法。正在这左一件右一件的方案讨论不休的时候,
威妥玛已经“在两年继续不断的辩论后”有了结论:六十两银子的
厘金税率,“照任何一位负责官员看来,都是清政府所值得同意的
最低数额”。“这就必须要有待女王陛下政府来决定了,究竟哪种
税率是它所能同意的”①。他把他的建议撮要为三款:(一)一百一
十两银子的款数既经进口海关征讫之后,鸦片即从此免除一切税
捐,倘有任何官员擅向鸦片征厘,当予惩处。(二)凡是从印度运来
的鸦片一律贮存在香港,清政府得在香港设立机关,俾资监督,印度
政府得承奉女王陛下政府的训令将药物的装运和到货随时通知该
机关,凡是香港或各到货口岸的应征关税,一律按照香港和该机关
主管大员的协议办理。应该尽力防止走私。(三)上开各项办法先
行依据暂行章程试办。在英国政府和清政府给予批准之后,《烟台

---

①　1882 年 6 月 3 日威妥玛致格兰威尔函。英国国会档,“中国第 3 号(1882
年)”,95 页。

条约》的鸦片条款即行作废。[①] 在中国的谈判现在已经陷入僵局。威妥玛已经口干舌燥,就他这一方面而论,现在完全要看本国政府的决定,至于清政府代表方面,却也下定决心,认为这个问题的最好解决办法,就是关税和厘金由进口口岸的海关一并征收,而所能同意的最低厘金税率,是每担八十两银子。当在中国举行谈判时,印度政府和英国当局对于这个问题也不断地函信交驰。到 1883 年正月间,英、印间的磋商已经达到这样的地步,使当时任外交大臣的格兰威尔伯爵(Earl Granville)可以通知中国驻伦敦公使曾侯(按:出使英国大臣曾纪泽)说,英国政府愿意和他谈判这个问题,以期达成协议。结果是在外交部举行了一系列的会议,会议中代表英国当局的是威妥玛爵士和外交部助理大臣,代表印度政府的是印度事务部税收司秘书,而代表清政府的则是中国使馆英文秘书马格里博士(Dr. Macartney)。在 3 月 5 日举行的第一次会议中,英国和印度的代表们提出一项备忘录,建议"将《烟台条约》中的鸦片条款付诸实施,条件是海关征收厘金的数目应该从 1876 年征收数为基础计征,并且应该划定鸦片的免重征区域。在那个区域以外,中国方面得随意抽收任何厘金"。[②] 曾侯针对这项建议提出了一个对峙的提案,他在提案中指出,虽然清政府为期望条约得付诸实施,向来都不反对商讨其他的办法,可是他们始终表示他们宁愿采取把当时征收的那种厘金改为一种划一税捐的办法。所以

---

① 1882 年 1 月 13 日威妥玛致恭亲王函,附于 1882 年 6 月 3 日威妥玛致格兰威尔函,同上,88 页。

② 英国外交部 1883 年 3 月 5 日备忘录。英国国会档,"中国第 5 号(1885 年)",2 页。

曾侯表示他甚盼双方能够在那个基础上讨论问题,并力陈这样一种进行的方法或许会加速促成两国政府间的确切谅解,因为他所奉的训令就是以这样一种基础得被接受为假定而拟制的。在其他任何基础上进行讨论,他势必都要向北京重新请示,这样就又要多有耽搁,因为清政府势必又要和各省当局磋商。他之所以赞成划一税率的另一项论据,就是:这种税率既然是清政府所赞成的解决办法,那么一定被认作最适宜于中国的,因而也就会是阻碍最少的一种税率。最后,曾侯表示,划一鸦片税率和免除一切内地重征的办法"将会是走向自由流通的一个步骤,而这一步骤,正如一向所主张的,必对中国内地的一切华、洋贸易的发展都大有裨益"①。所以他谨提议:"《烟台条约》应由两缔约国政府批准,并为免除实施中的一切障碍,应附列一件备忘录,声明条约第三端第三款应解释为:英国政府准令英国商人在贩运鸦片进口时,报请海关封存栈房或趸船,取货时,进口商必须照税则每百斤箱向海关完税三十两,买客则每箱也必须向海关另交纳厘金八十两。在另一方面,清政府为酬答英国政府上述行动起见,负责在每百斤箱鸦片同时缴清关税三十两和厘金八十两之后,由海关发给中国臣民鸦片运照,凭照在鸦片从口岸贩运到内地任何处所时,豁免一切捐税重征。"②英国政府在照复的备忘录中,同意了划一的厘金税和关税同时征收的原则,但声明他们在某种条件下所能同意的最高厘金

---

① 1882 年 3 月 12 日曾侯的备忘录,英国国会档,"中国第 5 号(1885 年)",4 页。
② 同上。

税率只是每百斤箱七十两。至于所要求的条件，则是：（一）就鸦片进口货而论，握有或持有运照人的国籍是无关紧要的；（二）应准许将贩运内地市场的成箱鸦片改成散装；（三）所有这类的包装，只要没有破损，包上"税已付讫"的印记只要没有磨灭，就应准许自由流通全国，而免去一切捐税的重征；（四）不得因船艇、栈房、店铺或房屋存放有外国鸦片，便责令该船艇、栈房、店铺或房屋等请领执照或交纳税捐，如果这类执照和税捐是在存放土鸦片的情形下所没有的；以及（五）这种办法得由任何一方在五年届满时予以废止[①]。这些条件自然要寄呈北京请示，在曾侯得以将清政府的复照递交英国的时候，时间又过去了一年多。这件复文实际上是承允了英国政府备忘录中所提出的全部要点，而只有两项例外，一项是关系运入内地途中的鸦片的国别，另一项是应纳厘金的数目。关于第一点，清政府指出，英国政府以往的态度始终认为，凡购自英国臣民的鸦片，一经转入中国的手中，也就不再视为英国人的财产。既然如此，所以清政府料想这一点不应该成为达成协议的障碍。清政府对于英国备忘录所不能接受的第二点，是把厘金税率确定为每担七十两。清政府仍坚持每担八十两是他们所能同意的最低数字，同时提醒英国政府说，鉴于鸦片贸易的特殊性，这项税率实际上已经是轻微的，因为按照印度鸦片的现值，每担合征一百一十两，也只不过是百分之二十五的一种征课。清政府也指出，鉴于《天津条约》第四十六款的规定，其中已经承认中国有便宜行事，以

[①]　英国外交部档：备忘录，附于 1883 年 4 月 27 日格兰威尔致葛维纳（Grosvenar）函。英国国会档，"中国第 5 号（1885 年）"，5—6 页。

保护其税收的权利，又鉴于《中英通商章程善后条约》第五款第一项的规定，洋药一经转入中国人手中，其如何征税，听凭中国办理，那么实际上他们所提出的划一鸦片厘金税率的建议，无异是对于他们无限制的征税权加上了一种自愿的限制。最后他促请注意一项毫无疑问的事实，那就是当时外国鸦片在某些口岸所缴的厘金税率是高过他们所准备同意的那种抵代税率的，并且促请他们注意赫德爵士的意见，据他看即使把厘金税率定为九十两，也绝不致影响鸦片的消费①。可是因为英国方面要和印度政府往来函商，所以就必然推迟了最后决定，以致格兰威尔伯爵迟迟于 1885 年 2 月间的一封公函中才能够把这项最后决定送达曾侯②。英国政府不顾印度税收上相当大的损失，同意接受清政府所提议的外国鸦片每担八十两银子的厘金抵代税，并且在同意接受的时候，对清政府准备给予原提议的保证一事表示满意。然而他们却坚持将目前所接受的税率作为最高的税率，并且在最后的协议中，增列一条专款，给予英国政府这样一项权利，得凭以在鸦片内地厘金没有切实裁废的情形下，随时废止这项办法，同时这项权利并不依赖于嗣后参加这项办法的其他缔约国的同意。英国当局因而拟定了一条《烟台条约》续增专款③，在 6 月中旬，曾侯也已经接到了通知他奉

---

①　1884 年 9 月 27 日曾侯致格兰威尔备忘录；附于 1883 年 4 月 27 日格兰威尔致葛维纳（Grosvenar）函。英国国会档，"中国第 5 号（1885 年）"，6—9 页。

②　1885 年 2 月 9 日曾侯致格兰威尔函，同上，9—10 页。

③　1885 年 4 月 24 日格兰威尔致曾侯函，附于 1885 年 7 月 18 日萨里贝利致欧格纳函，同上，11、14—16 页。

旨授权签约的电报①。最后一幕是 1885 年 7 月 18 日在英国外交部举行的,当时双方在续增专款上签了字,萨里贝利侯爵和曾侯之间也交换了照会②。根据这条续增专款,双方议定:外国租界免收厘金区域问题,应留待进一步的考虑;外国鸦片在输入中国的时候,应由海关稽查,封存关栈或趸船;非等到按照每百斤箱完纳关税三十两并纳厘金不过八十两之后,不得搬运出栈;关厘两税照章完纳之后,该货主就可以按照海关和英国领事酌定的式样尺寸,将他的鸦片拆改成为小包;如果原货主愿意替这样拆改的每一个小包各请领一张运照,海关当予照发,凡凭有这种运照的鸦片,在运往内地时,只要货包没有拆封,包上的印记号码,没有擦损私改,就一律免征其他一切税捐;这类运照只准中国臣民持用;当货包在行销鸦片地方开拆时,如果有应行完纳的税捐,或由明收,或由暗收,一律不得较土烟所完纳的税捐等项格外加增,也不得别立税课;这项续增专条和列入原约条款无异,具有同等的效力;这项办法有效期是四年,四年以后,任何一方都可以在前一年预作通知,声明作废;如果有违反凭运照免税办法的任何情事发生,英国政府便有废弃专条的权利;关于香港已成为走私中心这一问题,应该尽速派员调查。根据同一天交换的照会,双方商定,如果清政府不能使其他各有约国遵行这项续增专条的规定,那么就仍然按照先前的鸦片征税章程办理,续增专条即行作废,除第三端第三款而外,《烟台条约》的其余部分一律继

---

① 1885 年 6 月 15 日曾致格兰威尔函,11 页。
② 1885 年 7 月 18 日萨里贝利致曾和曾致萨里贝利函,16—17 页。

续有效①。这样,经过八年多迁延不绝的谈判之后,清政府最后得
到了成功,获致了一个外国的同意,得在它的本国领土内对于一项
进口物品,按照那种已判明为公平征收率的数额征税,不过这种物
品的消费,已经公认是对于健康有损无益的,这种物品的输入和食
用是大多数无偏见的中国人民深以目睹其取缔禁绝为快,同时为
这项物品所作的支出已成为国家财富的一个有增无减的漏洞,而
这个国家却又是亟应以节约资源俾供生产之需为当务之急¹。但
是这件事对于清政府未尝不是塞翁失马。他们已经发觉束缚他们
财政措施自由的桎梏是如何的牢固,他们也已经开始体会到,要打
破这些桎梏,对他们将是一个迁缓而艰苦的过程。

十

1876 年 4 月 1 日,宜昌、芜湖、温州和北海四个新辟口岸都依
照条约开办了海关;次年 7 月 1 日,江轮(但非远洋轮)首次获准在
沙市、陆溪口、武穴、湖口、安庆和大通六个扬子江停泊所装卸货
物。既然原意并不想在这些停泊所成立设备齐全的海关,那么就
有必要订明条件,制定章程,以便遵照在这地方进行通商。为了亲
身研究一般的情况,总税务司在 1877 年花费七个月的功夫(4 月

① 关于《中英烟台条约》和另议专条的原文,参看英国国会档,"中国第 3 号(1886
年)",赫茨雷特,前引,卷 1,73—80,84—87 页;《中外条约汇编》,卷 1,491—505 页。
1 "纪泽……11 年 6 月奏曰:'……缘逐年递减之说,印度部尚书坚持不允,其侍
郎配德尔密告臣署参赞官马格里云,照专条办法,印度每年已减收英金七十万镑,中国
欲陆续禁减洋药入口,惟有将来陆续议加税金,以减吸食之人,而不能与英廷预定递减
之法,遂未坚持固争……'"《清史稿》,邦交志,英吉利。

到 10 月)去视察，主要是视察扬子江各口，当他周历那一带的时候，他为了统计上的目的决定把这个停泊所的贸易监督的事宜，交由一个驻在汉口的特别副手负责管理。他和扬子江的地方官和税务司商讨出一套暂行章程，并在宜昌把它制成定稿。根据这件《长江六处章程》的规定①，凡照章领有子口税单的货物，也就是从通商口岸内运到停泊所的外国货和自停泊所外运至通商口岸的土货，一律通行无阻，不过后一类的货物自然要在运抵指定通商口岸时缴纳子口税，和在装船出国时缴纳出口税。凡在通商口岸装船运往停泊所的货载，如在该通商口岸和指运停泊所之间没有其他通商口岸，就一律照章完纳正税，但其间如果有一个居中的通商口岸，那就必须在完纳正税之外，另完半税。已税商货应该在停泊所请领专用凭单，以备呈验，并须将开列货名和详细情形的中文总单（Cargo Certificate）一份，送交停泊所厘局委员，另将英译本一份送交驻江汉关巡查六处副税务司。凡在停泊所装船运往另一个停泊所或另一个通商口岸而沿途又经过一个通商口岸的货载，必须在途中所经过的通商口岸完纳关税——如在装船停泊所和指运停泊所之间没有其他通商口岸，就只完纳正税，否则，除完纳正税之外，还必须另完半税。停泊所厘局委员应以一件固封的中文总单交给载货轮船的船主，以便该船主递交沿途所经过的第一个通商口岸的海关，一面由货主持收厘单赴关呈验。沿途经过的通商口岸海关须发给货主一张收税单，并发给载货轮船一张总单，如果货物是指运一个停泊所的，总单用中文填发，如果是指运一个通商口岸的，则

---

①　海关档：总税务司通令，第 27 号，第 2 组。

用英文填发。总单的英文副本应送交驻扎江汉关巡查六处副税务
局。从停泊所运到通商口岸的任何货载,凡是没有厘单和收税单
的,一概没收充公。凡是从一个停泊所运到另一个停泊所而途中
不经过通商口岸的货载,免征海关税,但是必须在各该停泊所缴纳
一切厘税。因为湖口实际并不是在扬子江沿岸而是位置在鄱阳湖
进口以内的,并且因为根据地方情况,当时湖口的开放不但是不方
便而且是不适宜的,所以江轮在该处装卸货载一节,暂行缓办。总
税务司在把这些章程通知各关时,承认这些章程是过分的细密了。
这都是由于各省当局的态度的关系,因为他们希望各停泊所的征
课要确实能够抵补沿途所过关卡的厘金,并且协定关税的抽征,务
必不要在停泊所,而在路所经过的第一个通商口岸。各省当局还
不想听由这些停泊所发展成为通商口岸的雏形或成为通商口岸海
关的分支机构。随着时日的进展,我们也逐渐认清,从便利和发展
应纳关税货物的贸易立场来看,这种停泊所办法毋宁说是一个失
败,但却证明出它对于客运和零星地方性贸易是一种很大的便利。
自从 1931 年 1 月 1 日裁撤厘金之后[1],这个作为保护税收章程的长
江六处章程也就只限于在停泊所和通商口岸间班期江轮所载土货
应缴的埠际贸易税方面适用了。

十一

　　在 1881 年的《中德续修条约》中,有两项是和税则及关税行政

---

[1]　海关档:总税务司通令,第 4158 号。

问题有关的，一项是德国在中国设立的船厂为修理而非为建造船舶所用材料的豁免关税问题，另一项是规定关栈的设立问题。船厂用品免税单究竟可以包括和不应该包括哪一些品目的问题，确是一个惹起不少争议和公文往来的问题，但是经过各口税务司的努力，一个令双方满意的免税表终于获得协议。那件免税表确是非常宽大的，其中计有角、条、梁、栓、弓、箍、肘、管、片、杆、轴、箔、板、丝等各种类型的黄铜、铜、铁、镀锌铁、铅、钢、锡、锌等；铜锑锡合金；白蜡；焊药；铰链、钩、锁、钉、帽钉、螺钉、螺钉帽、钩链、转镮、长钉和各种尖短小钉；锅鑛架和锅管、机器活栓、活塞、气压计、铜锣、填料和汽笛；作船梁、船台、船舷、锅钩、肘材、帆柱、圆材、大木钉等用的硬木和软木；水泥；绳索；干燥剂；毛毡；火砖；火泥、玻璃、水龙软管；弹性橡皮；熟革；麻絮；油漆；磨光漆；沥青；唧筒；油灰；树脂；砂纸；油脂；黑油；机器匠和木匠的工具；假漆；洗濯器；洗器台；厕所设备；以及船厂为进行修理所必需的其他一切，唯船厂设备（工具不包括在内）除外[①]。因为这些物品只有为修理船舶之用的才免税，而为新船建造之用的则必须完税，所以海关对一切享有这类特权的船厂的监督制度就是必要的了。这种监督制度是用下述的办法实施的：凡有德国人或其他任何享有最惠国待遇的外国人想要开设船厂时，必须向海关税务司请领保单，将保单在领事面前填妥签字，并经领事签章后，提交海关存案。这项保单中规定，凡为修船用的免税物品，不得让与他人或作修船以外的用途，倘违犯上两项条件中的任何一项，当科以五百两的罚金。为稽核这些

[①]　海关档：总税务司通令，第158号，附件第7号。

免税用品的来踪去迹,每一个船厂都必须设立一本账册,将所有免税物品在领收时,一律按日期和类别登账,并在取用时注明日期和修理的船名,逐笔销账。凡贮在船厂中的免税物品,如需作修船以外的用途时,必须呈报海关,请领船厂验单,在缴清协定进口税之后,货物方准运离船厂。凡经过这样手续运出的货物,应该立即从船厂账册中销账。海关官员得随意监视一切船厂的活动,并随时调阅船厂账册。如果船厂不能提出账册,或海关官员发现账册没有逐笔登记到当时为止,海关当即注销该船厂的保单,把它退还关系国的领事,此后则拒绝该船厂的货物免税①。海关应为每一个船厂设立一本进口货专账,开列每一个项目的免税总额,并应将这种账册的英、中文摘要逐年送呈总税务司署。为确保船厂免税表中最后一项,即船厂为进行修理所必需的其他一切免滋流弊起见,总税务司曾令饬对于一切有待向他请示最后决定的项目中的货物,必须征收关税保证金。船厂需用品在规定条件下享受了这种免税特权二十多年,直到清政府不得不筹措更多的税收以应付庚子赔款的需索时,才被迫裁减这一张免税表。所以从 1902 年 10 月 31 日修正通商进口税则生效时起,船厂需用品就变成应税货物了②。

十二

《中德续修条约》所取得的第二种有关关税行政的特许权,就

---

① 海关档:总税务司通令,第 158 号,附近第 7 号。
② 同上,第 1050 号。

是用存货于关栈的方法缓纳关税这一项办法。如上文所述，这是商人们自从条约时代最初时起就力图争取到的一项权益[①]；这就是他们在1853年曾经呼吁过的那项权益，因为那时太平天国已经使他们的贸易陷于停顿，以致他们面对日积月累的存货，无法推销，也无法获得缴纳进口税的现款，同时这也就是阿利国在他那件终于流产的1868年条约中所以有加以规定的必要原因之一。因为清政府拒绝给予这样一种权利，另一种办法的采行就成为必要的了，根据该项办法，船舶代理人得凭一张书面保结，取得一定天数的宽限，准在限期内为任何指定的船只申报并请缴进口税，即或该船业经获准结关。可是从《中英通商章程善后条约》之将鸦片贸易合法化，以及鸦片贸易在过去所据以进行的那些旧有地方性措施之中，已经产生了一种非正式的鸦片保税办法，那就是将鸦片贮存在特设的栈房或现已获准碇泊在港口区域内的趸船。不过现在外国货一般都享有贮存关栈的权利了，并且凡是为对外贸易利益计有此需要并为地方情况许可作此措施的中国通商口岸，都设了关栈。因为这是中国关税措施的一个新转变，所以在《中德续修条约善后章程》第二款中议定："中国通商口岸，如可设立关栈，先由上海试办，即由该监督会同总税务司酌量情形，妥议章程，由该监督等自行设立。"（录自刘树屏，《中外新旧条约汇刻》，第5卷）总税务司因而在1882年5月间前往上海，着手筹备实行保税。赫德建议应该只允许外国货保税，并且建议清政府不须自行建造特设栈房，以免增加开支，并和现有的栈房相竞赛，而只须颁给招商局

---

① 　本书第三章第十五节。

(The China Merchants Co.)和金利源码头(The Associated
Wharves)的两个堆栈以特许执照,"以期把这种权益只给予其股
票能在公开市场上为公众购买的公众公司,并且把这种权益同样
地推及于本国人和外国人。"①经过长期考虑之后,清政府撇开了
外国栈房,而专门给予招商局一种垄断权,把它的几个堆栈作为政
府正式核准的关栈。根据这项办法拟具的章程已经制订,但是直
到 1887 年秋季以后才作了照案办理的最后决定。因此在 1887 年
12 月 20 日海关发出一项通告,公布自 1888 年 1 月 1 日起,凡外
国进口货的承销商得在上海听便缴税立即提货,或遵照清政府核
准的关栈章程(按:即《上海关栈试办章程》),将货物存于关栈而暂
缓付税②。正如意料所及,这项公告遭遇到上海大多数外国贸易
团体的激烈批评。他们虽然高兴清政府方面终于把他们久已渴望
的保税权益许给他们,但是他们严辞抗议把所有准许保税的仓库
作为一种垄断权,交托在一个公司的手里。有些人把这种办法看
成要降低一切不能实行保税的外国堆栈的财产价值的一种蛮横尝
试。商会开会抗议,但是全无结果③。可是后来的事实证明,他们
的忧虑不安都是毫无意义的。在六个月试办届满的时候,统计表
指出,在有资格对于它们的货载实行保税的 416 艘船中,只有 30
艘,也就是约百分之七的船舶利用过这种权益,并且在该 30 艘船
舶所卸下的 30 万包货中,只有 9,063 包,也就是约百分之三的货

① 海关档,总税务司通令,第 395 号。
② 海关通告,第 279 号。
③ 《北华捷报》,第 1063 号,1887 年 12 月 14 日,642、649、650 页。

实行保税。在该口外国进口贸易中,利用保税权益的,约只占千分之二[1]。失败的原因是不难找出的。进口税当时很轻,又因为货物很快就从原进口商转到买主的手里,所以在极大多数情形下,保税并占不到便宜。打算保税的货物和不打算保税的货物的整理分类,在大多数情形下都同样在中途货栈里进行,商人发现把货物从一个货栈移到另一个货栈的用费,包括运脚在内,其合计数比应缴税款的息金还要大。可是这种关栈制度失败的主要原因,却还是人们对于中国建立保税垄断权所持的反对态度。总税务司力图把这种权益扩充到其他建筑合用、位置适宜的货栈,但是没有成功,当时政府核准的唯一扩充就是允许招商局的浦东仓库得领照保税存贮箱装的煤油[2]。保税制度在上海试行十年之后,一般的结果还是这样。在外国进口货表所开列的约八百项货物之中,见于海关印行的季度和年度保税货物表中的,约只四十五项,并且在这四十五项中,其数量值得人注意的,还不到十二项[3]。照海关税务司的看法,十年来实施的情形已经表示出:(一)垄断对于垄断者并不曾有什么利益,(二)现行办法对税收提供了充分的保障,并且商人也没有对于那项办法挑剔出什么毛病,以及(三)只要进口税一般都是很低并且货物能迅速从受货人转手到销售商,那么这种权益就没有特殊的需要,因而用处也就很少。同时还指出,如果这种权益能推行到其他江边的货栈,这种便利或许会被比较广泛地利用。

---

①   海关档,总税务司通令,第 437 号,附件。

②   同上,第 450 号。

③   海关文件,第 59 号,"上海的保税制度",1899 年,10 页。

当时根据常年保结制度,允准轮船从结关之日起,六天以内结清进口税账目,但往往限期届满,仍然有相当数量的货物没有受货人承领。限期届满之后,轮船代理人就必须为那些实际与他们毫无关系的货物申报并缴纳关税,或是呈请展限,以便找到那些受货人。遇有展限的情形,海关就要增添不少麻烦,因为在一艘船的账目结算之前,不能把该船所载货物的关税记入关税表中,但是在船舶进口八天之后,他们必须把货物本身结算清楚,并且开列在进口总账中。所以,货物统计表和关税统计表的相互关系是不正确的。因此,税务司认为,如果能够把一切在规定限期内没有提取的货物,都保税存栈,直存到可以照正常方式进口时为止,这会是对各方面都有利的。在这个亟需作到的一点上的唯一障碍,就是保税存货垄断权的存在①。1895 年,清政府在保税制度的发展上采取了第二个步骤,当时由于各国使馆和清政府间一年来的许多磋商和谈判,清政府最后才决定允许在地方当局不反对建立油池以贮存散装火油的各口岸,装置这种设备。总理衙门制定了这类油池的特许办法和保税存栈章程(按:即《火油池栈专章》)②,第一张特许证是在 1895 年 7 月间颁发给俄国石油公司(Russian Oil Syndicate)的代理商上海瑞记洋行(Messrs Arnolds, Karberg & Co.)的,两年之后继瑞记洋行而接办这种业务的是英荷石油公司(Royal Dutch Petrollum Co.)的代理商美怡·林克公司(Messrs Meyer, Lemke & Co.)。根据当时公布的章程,散装贮存火油池的保税

---

① 海关文件,第 59 号,"上海的保税制度",1899 年,14 页。
② 海关档,总税务司通令,第 656、第 673 号。

货物，并不是强制性的，但凡是保税存储池栈的火油，则在交纳一道进口税之后，就可以装入容器向其他通商口岸复出口，并享有子口税单的权利，可是非存储池栈的火油，除缴纳全额进口税外，在改换包装时，还必须在第二个通商口岸缴纳沿岸贸易税，并在运入内地时也不能享有子口税单的权利。

十 三

《中德续修条约》规定中国煤的出口税从每担四分银子（即每吨六钱七分二厘）减到每吨三钱银子。在现行关税低于这个数目的口岸，关税依旧不变。早在 1875 年，为奖励土煤开采工业，已经把台湾煤的出口税减到每吨一钱银子，沿岸贸易税则减到上项税率的一半[①]。两年以后（1877 年），湖北和安徽各矿的产品也受到这种优惠待遇[②]，在批准这件条约几个月之前，广西各矿和直隶开平各产区的煤也增列进这个减税表中[③]。当时主要由于德国的建议而作关税税率调整的另一项物品，就是糖。直到 1877 年 6 月为止，海关的惯例一向把经过黏土滤清的糖视为白糖，没有经过黏土滤清的糖视为赤糖。这种惯例大为聚集于厦门和汕头两地的那些糖商所反对，结果，海关终于决定采取荷兰标准（Dutch Standard），把一切经过黏土滤清和没有经过黏土滤清的糖，凡是十号和

---

① 海关档，总税务司通令，1875 年第 8 和第 56 号。
② 同上，第 28 和第 29 号，第 2 组。
③ 同上，第 140 和 152 号，第 2 组。

十号以下的一律视为赤糖,按每担一钱二分银子抽征关税,凡是在十号以上的一切糖类,一律视为白糖,按每担二钱银子抽征关税①。在税则分类方面,从那时起直到 1932 年 4 月 1 日止,糖一直是按照荷兰标准分等的,此后因清政府将关税大加提高,所以又采行了一种更科学的旋光度食糖分类法(Polarization)②。在 19 世纪 70 年代后期所决定的另一项关税原则,就是关于在中国加工的外国货的关税待遇原则。问题最初是因为在中国染色的外国市布而引起的,海关对这个问题所作的决定是:这类本地染色的外国市布在沿岸贩运或输出国外时,应视同土布。凡已经不再是进口时的原包装或原样的货物,便丧失了它们的外国货的资格,因而在沿岸贩运时就不能再请领免重征执照,在运往国外时,也不能再请领存票。既作为土布,那就必须按照每担 1.5 两银子的税率缴纳出口税,和按照那项税率的半数缴纳沿岸贸易税。这类本地染色的外国市布,在运往内地时,不得享有进口货子口税单的权益③。凡在中国加工的各色已税外国进口货以及在中国用已税外国原料而不问是否掺有本地原料所制造或装配的物品,其关税待遇一律以这项决定为准。在 1881 年 10 月间,总税务司创立了一项惯例,这项惯例一直继续通行到今天,那就是在每季度终结,发布一项通报,刊载前一季度中为答复对于(甲)税则事项和(乙)海关惯例等的询问而颁给各口的训令摘要④。这

---

① 海关档,总税务司通令,第 26 号,第 2 组。
② 同上,第 4404 号。
③ 同上,第 92 号,第 2 组。
④ 同上,第 159 号,第 2 组。

种通报的目的就是要保证所有各通商口岸在关税待遇和海关措施方面的划一。

十四

我们在上文已经看到①，清政府在 1865 年 9 月间曾经允从法国的建议，同意：凡悬挂法国国旗的船舶，得按照往来内地通商各口与香港间的船舶那种缴纳船钞的同样条件，往来于清政府管辖下的通商各口与法国管辖下的越南各口以及日本各口之间。《中德续修条约》第二款更进一步把量船执照（tonnage dues centificate）的效力扩大，允准所有德国船舶和所有援用最惠国条款的有约国船舶在中国缴纳船钞之后，于规定的四个月限期内，不但可以驶往中国的一切通商口岸，并且可以驶往世界上其他任何口岸，而不须另缴船钞。这项权益也就这样变成条约权利，1870 年总税务司又呈请清政府把这项权益给予一切申请海关丈量并按照海关丈量缴纳船钞的外国船舶②。因为自从条约时代的最初起，船舶进口就是由关系国领事向海关申报，所以海关对于船舶的吨数也照例是以领事的申报为准。后来发生了北德意志联邦中某一国的一艘船的短报案件，在那个案件中，根据旧卷，才查明该船的吨数短报了很多。海关当即促请普鲁士公使对于这种捏报情形加以注意，该公使不独斥责领事的这种行为，并责令该船按照过去曾经申

---

① 本书第三章、第九章。
② 海关档，总税务司通令，1870 年第 16 号。

报过的最高吨数缴税。总理衙门根据总税务司的建议,决定为防止这类不正当行为计,在必要时,应该对船舶实行丈量,并在普鲁士公使的赞同下,公布了一项丈量规则:凡悬挂北德意志联邦旗帜的船舶,如果没有量船执照,或是它的确实吨数有可疑之点,就应当由两名测量人员予以丈量,测量人员中的一人应该是海关理船厅所派①。七个月后,清政府应德国政府之请,废止了这项规则,于是又采用了一种将"拉斯"(Last)等换算成为英国吨的所谓核算表(Galatz table)以为代替②。可是在 1870 年夏季,普鲁士公使代表北德意志联邦为他所指称的海关在征收船钞上所加给北德意志船只的不公平的差别待遇,向总理衙门提出严重抗议。他举出一些专断不公的差别待遇的实例,并且要求立刻对多征的船钞赔偿五百元。经过对于公使所举出的全部案件做了一番彻底调查之后,结果证明并不是清政府应付给申请人五百元,倒是因为他们在所举出的这些案件中有短纳船钞的事情,应该缴付清政府五百元之数。海关向来没有不按照领事或船主申报的吨数征税的,而且正在各申请人坚持主张只应该以各船向来所缴纳的最低额作为标准的时候,那进行于五个口岸并惊动了八位不同国籍的领事的调查结果,却证明了就是他们所付的最高额也还比应付之数少得多③。正是因为这桩事件的发生,清政府才采行了 1870 年的《各关征免洋商船钞章程》,据规定,"各国商船准赴各关请由该关派人

---

① 海关档,总税务司通令,1869 年第 1 号。
② 同上,1869 年第 20 号。
③ 同上,1870 年第 18 号。

度量其船，再照所算之吨数纳钞，由关发给量船执照为凭，此等船出口时，无论赴何处何地，均准自领红单之日起，以四个月为期，复在通商口岸往来，毋庸另纳船钞。"这是一种极宝贵的权益，因为它使得外国船舶得享有持凭四个月期的量船执照驶往曼谷、新加坡、槟榔屿、巴达维亚等地贸易的权利，而以往这种权益一直是根据条约只以驶往俄国各口为限的[①]。《各关征免洋商船钞章程》的实施是一个很大的成功，并且在处理为估定船钞而进行的船舶丈量事宜上，加强了海关的权限。两年半之后，德国、奥国和西班牙都决定承认以英国吨为船钞丈量的标准，同时西班牙命令所有驶入中国通商口岸的西班牙船只均应由海关理船厅丈量，并照章发给量船执照[②]。在德国船舶吨数的争执案中，各税务司奉令按照领事所申报的吨数收款，但船舶代理人应遵照《船货入官会讯章程》同时向海关出具日后情愿遵断缴纳全额的切结，问题则提呈北京商同德公使解决。在 1873 到 1882 年这十年中，为估定船钞而进行海关丈量的问题就采取了一直保留到近年为止的那种方式。凡悬挂有约国旗帜的船舶所有主或代理人都继续享有由他们的领事申报吨数以确定船钞的权益，因此这类船只，除非在遇有争议的案件中，是不受海关丈量的，可是一切中国的洋式船舶和一切无约国的船舶，在吨数丈量上都是完全在海关管辖权以内。为保证严格划一起见，凡海关测量员在丈量船舶吨数时，都奉命以 1854 年《英国商船条例》(*British Merchanl Shipping*

---

① 海关档，总税务司通令，1870 年第 16 号。

② 同上，1873 年第 8 号。

Act）第一条，以及美国政府关于"船舶自上甲板以上至船身，究竟哪些部分应该包括在丈量范围之内"的各项训令为准则。也正是在这十年中，某些有约国就直接同清政府谈判起这样一个问题，即每逢他们的船舶既想享有不受限制地驶往任何地点的权益，而又不想放弃专属的权益时，清政府就对它们的船舶强行海关丈量。这个斗争的最后一次回合是在《中德续修条约》的谈判中决定的胜负，如上文所述，清政府又一次被迫把它原来已经当作一种权益让与的事物，承认作为一项条约权利了。

十五

《烟台条约》又一次集中注意力于香港，特别是集中注意力于它已经取得的那种走私中心的丑恶名声。《虎门条约》中船舶专照的规定，如上文所述①，业经失败，《天津条约》也没有试求以任何其他方法来处理这个问题②。在这期间，香港已经发达起来，由于1855 年第四号条例和 1856 年第九号条例所给予航运的刺激作用，贸易正在非常蓬勃兴旺地发达着，据该两项条例的规定，凡在香港的中国居民均得申请船舶登记，并享受英国旗帜的保护③。

---

①　本书第一章第五节。

②　1868 年 12 月威妥玛的备忘录。英国国会档，"中国第 5 号（1871 年）"，462 页。

③　"凡在香港的中国居民，依法都可以申请和领取香港船舶登记证，不过以所有主身份申请的人，必须是香港土地的登记承租人。"《香港条例》，1855 年第四号，第六条。"凡 1855 年第四号条例所指的中国居民，依法都可以在用该居民名义，根据上述条例于香港登记的任何船舶上，使用英国旗。"《香港条例》，1856 年第九号，第一条。

不幸得很，这种形势的变更虽然促进着合法贸易的发展，却也有直接地鼓励鸦片贩运和走私的趋势。鸦片贸易（鸦片这时已经根据天津协定税则变成为按照当时一种很高税率计税的合法贸易的品目）给予走私交易以极强的诱惑力，香港是一个自由港，能够贮存无限数量的鸦片，而很少受到或完全不受监管，这种情形自然提供给该项商品贸易以极大的便利。我们应该记得，在 1866 年以前，鸦片向中国的运输向来是以外国船为限，但是本地船只从香港和澳门两地进行这项物品的走私，却已经很有些年份了。从事于这项非法贸易的沙船舰队，往往都聚集在这两个地方，因为没有力量去制止它们，所以它们可以毫不困难地装载它们值钱的货物潜行窜往内地①。它们都配备有适当的人员和武器，绝不怕任何想要试图截阻它们的缉私武力。不论香港究竟凭着什么借口把英国旗帜的保护扩展到那些中国人自置的中国沙船，无可争议的，他们这样做，无疑是给予这类沙船所有主一种手段，使他们得以违反《虎门条约》第四款（后来为《天津条约》第四十七款所代替）的规定，而不受香港方面的处分，可是《虎门条约》第四款的规定却明明禁止外国船舶前往任何非通商口岸的中国沿海地方进行贸易。据清政府看，这简直是公开纵容走私，不能不令人深以为憾。不过在从香港驶往沿海和广州三角洲内非通商口岸各处的船只中，悬挂英国

---

　　① "这两个地区（香港和澳门）在它们的沿海都保持着，或通过它们而保持着大量走私贸易，它们的官员全然不做任何努力来加以制止，致予清政府税收以极大损失，这件事实是确凿有据、世所共知、毫无问题的。"英国外交部档 17/497：1868 年 5 月 12 日阿利国致史丹雷第 112 号函。

旗的沙船,和悬挂中国旗的沙船的数目相比较,是微不足道的。虽然从技术上讲,英国政府至少在《天津条约》签订之后,对于这种贸易并不负责,可是他们却清楚知道这种走私贸易的存在,也了解它所带给香港的利益。他们明白,根据条约,英国已经同意在外国地方与未经条约明白开放的中国沿海各地之间不得有直接贸易;可是他们不愿做任何措施来帮助清政府管制中国南海岸一带这种猖獗的走私贸易,甚至不许可中国领事执行职务,而这种走私贸易之所以猖獗,完全是因为它能够据有一个坐落在该海岸两英里以内的自由港为基地①。沿西江和北江的各城镇从香港购进的鸦片大约不过十分之一,其余部分,当然都是从广州购进的,实际上也就是已经完清关税的。澳门通常每年从香港进货一万到一万五千箱,所有这些货嗣后差不多都是走私进入西海岸各口。自从《南京条约》签订后二十多年以来,这种非法贸易已经猖狂到了这样程度,以致为了保护中国的税收权,那位对于鸦片抽厘一事最为关切的驻广州总督瑞麟竟在 1866 年 11 月间允准沙船得载运鸦片到东莞、新会、顺德、香山和开平等地。可是走私并没有减少,因此总督在分别通知驻香港和广州的英国当局以及澳门的葡萄牙当局之后,在 1868 年 7 月 1 日发布一项公告,声明将在九龙边界的东面和西面以及澳门各进口处的中国领土内成立一些局卡,以便征收

---

① "口岸的自由,从各方面看来,都像是中国居民可用悬挂中国旗的船只,毫无障碍地往来运送货物的自由。"英国外交部档 17/519;1869 年 2 月 20 日阿利国致史丹雷第 56 号函。

中国沙船所运鸦片的厘金①。总督的主要兴趣就是在于这项厘金税收，因为这项税收是直接收进他的省库，而不是送进帝国国库的。在另一方面，鸦片的协定关税却是"河泊"或海关监督直接关心的事，该监督除去是海关外国税务司的同僚外，还负责原有的常关关卡，这些关卡都依据古老的税则，对本地船只和货载征收不同于现代厘金的那些税捐。凡经过总督所辖局卡的鸦片，只须按每箱十六两银子的税率完纳厘金；因为协定进口税率是每担三十两银子，所以这种有利于沙船所载鸦片的差别待遇立刻就开始使得广州海关的进款更进一步地降低了。总税务司呈请总理衙门注意这个问题，并建议海关应该紧贴着总督所辖的各厘金局卡分别设立一些征收处，以征收进口正税。这项建议经奉旨发交户部和广东高级当局筹议具报。最后在 1871 年，决定设立拟议的关卡，但是一律置于"河泊"的管辖下。因而在 1871 年 6 月 27 日依式公告之后，"河泊"就进而设立关卡，以便对鸦片征收协定关税，这些关卡不是设在总督业经设置的那些局卡的邻近，便是和它们同署办公②。在这些关卡中，一个设在汲水门，扼守粤江的进口；另一个

---

①　"我不能不得出这样的结论，即总督瑞麟建议为查缉走私贸易在中国沿海设立关卡一节，是与条约和国家权利完全符合的。我们用任何不违反现行条约的手段，都无法对抗他们这种制止不法行为的权利。显然，香港和澳门只能被他们看成大走私站；可是他们所提的建议，并不是针对它们的存在或成长，也不是针对任何合法贸易发展的。既没有在这两个大走私活动中心之一设立海关的便利，那他们所能有的其他办法也就只限于是在他们本国的领土和领海内，尽国际法所允许的最近便地方设立管制机构了。"英国外交部档 17/497；1868 年 5 月 12 日阿利国致史丹雷第 112 号函，附 1868 年 5 月 3 日阿利国致罗伯逊函。

②　英国国会档："向中国走私鸦片和其他货物调查委员会报告书"，1884 年，6 页。又"商界对中国缉私巡艇在香港附近活动的指控有关通讯汇编"，1875 年，16、36 页。

设在往澳门和西海岸中途处的长洲;第三个设在鲤鱼门附近的佛头洲,监视东面的往来贸易;第四个则设在九龙城里。至于澳门,则在马溜洲和前山都设有关卡。两年之后,当 1873 年文钰任"河泊"时,他又开始对一般货载征收关税,可是因为香港关卡所征的关税是协定税则的关税,所以香港贸易界方面立时怨声四起。在这件事情发生的前几年,在 1864 年 4 月 1 日,清政府就已经取消了一项迄当时为止一直还都许可香港享有的权益,那就是许可在香港装船的产品享有在一个正式通商口岸所能享有的同样利益①。香港当局和香港商人抗议这种转口权益的撤销,并激烈反对"河泊"的关卡和缉私艇的巡逻,他们说这两种措施是对香港的关税封锁,并认为是对贸易的一种无理干涉②。香港贸易商特别厌恶清政府武装缉私艇巡逻中国邻近海面,尤其是因为这些缉私艇经香港承认它们具有兵船的身份,能够在不从事于弹压走私的时候,自由使用香港港口的海面。在谈判修订《天津条约》的时候,总理衙门的主持人恭亲王曾在送致阿利国爵士的一件备忘录中,提议说:因为走私都是以香港自由贸易基地为依据,所以英国应该允许清

---

① 海关档,总税务司通令,1865 年第 2 号。"英国领事的中国报告",1865 年,93 页。英国国会档:"关于……修订天津条约……的呈请书",1868 年,27 页。

② 1874 年 12 月 1 日罗伯逊致德贝函。"不幸,香港的外国人,既不是也不肯从他们本身以外的观点看事物,而他们的观点则是:香港为一自由港,他们所称之为'封锁'的那种措施是港口自由的一种妨碍,损害香港的贸易。我们和走私毫无关系。我们卖货给中国人,如果他们走私,那不是我们的事。我们所知道的和关切的就是这种封锁影响我们的售货,这对于我们是够受的了:清政府并没有权利采取任何为它本身利益而损害我们利益的措施。"英国国会档:"香港商界对中国缉私巡艇在香港附近活动的指控有关通讯汇编",1875 年,37 页。

政府"指派官员驻扎香港，以便为海关税收计，照料关税征收事宜"。① 阿利国推翻了这项建议，但是在他把这项建议呈报他的主管官吏史丹雷爵士的时候，却建议说，允许清政府指派一个领事驻扎香港可能是适宜的。阿利国的举动引起当时香港总督麦多奈爵士(Sir R. Graves Mac Donnell)愤激的抗议，他之所以愤怒是因为"女王陛下的公使既不告知本政府，也不给我和我的参议会一个对这项问题发表意见的机会，而竟向恭亲王提出建议，并把它转呈外交部"②。然后他进而声称，他已经把这件事提交殖民地的行政会议，结果他们"毫不迟疑地，并且以极少数的意见上的分歧达到了一致的裁定，完全反对用修订《天津条约》或其他方法，允准中国指派领事驻扎香港"。尽管遭到这种意外的挫折，阿利国还是在他那件未批准的条约中列进了一款，给予清政府以派驻领事保护中国利益的权利，以及另一项作为交换的条款，重新准许香港商人得到在通商口岸间在运的已税内地产品在香港转口而不丧失其土货资格的权益。香港社会期望重新取得这种权益，但是却激烈反对派驻清政府领事这种意见。在一件表示反对这件条约的呈文中，他们力称：如果清政府派来这样一个官员，他"实际上定会是一个侦查侨居的中国商人的间谍"③，并且一定会利用他的地位作为抽征捐输的一种手段；在香港的中国居民与旅居中国的英国居民不同，

---

① 1868 年 12 月 5 日恭亲王的备忘录，附于 1868 年 12 月 14 日阿利国致史丹雷函。英国国会档，"中国第 5 号(1871 年)"，255 页。

② 1869 年 5 月 12 日麦棠尼(Macdonnell)致格兰威尔函。同上，391 页。

③ 1870 年 1 月 21 日香港商会致柯勒拉得恩函，英国国会档，"中国第 6 号(1870年)"，13 页。

无须领事保护;"在这里设置一个领事,他势必又要带同一批中国官员胥吏,这样就会把"经过香港的土货贸易"置于一种监督之下,其结果一定是在向地方官员交捐纳税之外,还要负担帝国国库的关税征课。……这会是对香港贸易和繁荣的一个致命打击"①。阿利国并不难答复这些强辞夺理的说法,他指出:我们不能希望清政府方面给予香港这种允许土货在那里转口而不丧失其土货资格的利益,而又不取得一些补偿利益以为交换;无论是根据条约或是国际法,清政府都有权在他们本国的领土上和他们本国的领海内采取他们所认为必要的任何措施,来防范他们的税收免遭五十万英镑的损失,这项损失,据他估计,是"因为有一个自由港这样贴近他们的一条大江的江口"致使他们每年都要遭受的②;可是当清政府努力借巡艇和陆路关卡的力量来厉行他们税法的时候,他们遭遇到香港商人的大声抗议;既然如此,他认为如果这后一种贸易管制方法是大可非议的和有害的,那么唯一的代替办法就是同清政府合作,使他们能有办法根据国际惯例,在完全合法合理的程度上,对香港的本地船只所进行的贸易实行监督③。但是阿利国这种处理香港问题的具有远见的意图,如上文所述④,是注定要失败的。英国政府决定顺从商人们的意愿,虽则它并不相信他们所采

---

① 1870 年 1 月 21 日香港居民呈柯勒拉得恩文。同上,19 页。

② 1870 年 5 月 3 日阿利国的备忘录。英国国会档:"中国第 10 号(1870 年)",10 页。

③ 1870 年 5 月 3 日阿利国的备忘录。英国国会档:"中国第 10 号(1870 年)",11 页。

④ 参看第三章第二十五节。

取的步骤"能有助于促进工商阶级的真正利益"，却还是决定呈请女王不批准那一项条约①。

十六

因此，"河泊"的封锁就依然继续下去，双方的情绪都空前激昂。这种严重性日趋加剧的情形表现在：（一）一批在港中国商人为恳请防范中国缉私艇对他们的行动，上英国女王陛下的呈文；（二）现任总督甘纳迪爵士（Sir Arthur Kennedy）为调查对这些缉私艇和香港邻近关卡的怨言在1873年12月指派的委员会所提呈的报告书；（三）香港商会为这项问题，上政府的请求书；以及（四）1874年9月14日在香港市政厅举行的群众大会中所通过的决议案②。总督在行文大臣时，把这件事简括陈述如下："因为既有一个自由港这样紧贴着内地，而在内地又要征收关税，那么像这类性质的怨言几乎是不可避免的；只要一方面订有关税法，而另一方面又有大量甘受不惜违法的强烈诱惑的人民，这种怨言就必会层出不穷"③；而且"毫无疑问，有不少中国沙船的所有主惯于盘算他们的个人利益，而不惜破坏中国关税法并以香港作为走私活动的根据地，对于这类活动，香港的地理位置提供着一切便利，料想利润

---

① 1870年7月25日格兰威尔致伦敦等地对货贸易商函。英国国会档："中国第11号（1870年）"，4页。

② 英国国会档："商界对中国缉私巡艇在香港附近活动的指控有关通讯汇编"，1875年，5—6页。

③ 1874年7月10日甘纳迪致加纳丰（Carnarvon）函，1页。

必定是超过损失和冒险的,否则这种营生自然也就不会继续不辍。清官员和税吏既然知道这些事,自然只要找到借口,就会不放过查拿和没收一切中国沙船的机会,可是从事于该项职务的低级人员中的一些无品的人们,很可能使得诚实无辜的商人往往受到蹂躏和掠夺而含冤不白"①。同时他拒绝了他指派的委员会所作的唯一善后办法的建议,也就是使用"武装汽艇在海港各出口处保护中国贸易沙船来往的那项建议",但声明他"相信对于多年来存在着的这个危及我们和广州政府友好关系的争端和事件的唯一最简便、最好的补救办法就是认可外国人管理的中国海关得在香港当地设立一个分关"②。当 19 世纪 70 年代初期,广州当局采行了总税务司在 1869 年所建议的措施,把巡逻汽艇置于中国海关司中一个英籍官员的监督下,并同意在巡艇上也任用外籍官员,负责防止不法情形发生的时候,那些素为商人们所抱怨的事情有了一些缓和。可是因为并不在外国人管理之下的那些"河泊"的和"盐道"的武装沙船仍继续它们的活动,局势的主要面貌还是依然没有变更。一些情形有增无减,特别是反对广州当局的那种办法,把来自于香港的沙船所载的货物按照进口货物对待,从而按照协定税则抽征进出口税。这一点是深以为憾的,并被看作对香港的一种不公平的歧视,因为往来于澳门的货物依然是被当作本土货物看待的,因而只照常关税则征收较轻的税课。澳门,我们必须注意,在 1887年的《中葡里斯本草约》签字以前,从来未被正式承认由葡萄牙管

---

① 　1874 年 8 月 25 日甘纳迪致加纳丰函,5 页。
② 　同上,1875 年,5—6 页。

理,那项草约的条款则是 1887 年 12 月 1 日签订的《中葡条约》予以确认的①。把事情弄得格外糟的是,据当时省常关章程的规定,凡运自该省下四府指定装船出国的一切沙船所载的土货,都必须先行运到广州这个通商口岸(从非通商口岸直接向外国输出是严格禁止的);由于这项规定,所以凡是这类货物都必须要缴纳(甲)向广州发货时装船口岸的常关出口税,(乙)广州常关的一种特别规费,以及(丙)按照协定税则的广州出口税②。关于这种协定税则的适用问题,英国方面的意见是有分歧的。驻广州领事罗伯逊爵士(Sir Brooke Robertson)认为"河泊""根据《天津条约》的任何解释都有权对往来的中国船舶所载运的货物,按照该条约附列税则征税,……因为条约的宗旨,纵然不是在字面上,至少在精神上也是:凡输出到或输入自外国市场的货物,都必须依照一种标准缴纳关税,而不问其为英国人或中国人所有,事实上,决定关税征课的是输出入的地点而不是所有权"③。当时在香港的加纳丰勋爵(Lord Carnarvon)却不赞成这种看法。按照他的意见,《天津条约》并没有提到本地商人用本地沙船所装运的货物④;依此而论,显然在这种情形下,协定税则并不能适用于以中国沙船装运的货物。勋爵阁下似乎并没有认清,清政府原可随便对于这种沙船载

---

　　①　《中外条约汇编》,第二版,两卷装,上海,1917 年,卷 2,273、275 页。

　　②　英国国会档:"商界对于中国缉私巡艇在香港附近活动的指控有关通讯续编",1876 年,17、18、23—25、33—35、38、39 页。

　　③　1876 年 1 月 18 日罗伯逊致威妥玛函,18 页。

　　④　1876 年 5 月 20 日殖民部致外交部函,24 页。

货贸易适用任何它所愿意用的税则,而清政府方面只以适用协定税则中所列的同样税率为满足,却是一种克己的措施。清政府对沙船进行的贸易,照他们过去的办法征税,无疑是他们权利以内的事,但坚持这种权利,却是商人最厌恶的。罗伯逊爵士竭力斡旋于两者之间,但由于商界拒不让步的态度和清政府力争其所应得的决心,以致他的一切建议都归于失败。他最后建议的补救办法是"指派一欧洲籍的中国领事,而以稽查沙船货载并将结果报告于广州海关当局为其职责。这至少会是一个合法的方案,也就像是美国领事对于往来美国的船舶所实行的办法一样,我个人认为这种办法会实行得很圆满,如果有任何招致怨言的事情发生,他将会同总督所派的官员进行调查"[1]。这项建议,如果照办的话,无异是说要在香港设置一外国税务司管理下的中国海关机构,但是未被人理睬。这是还没有准备接受的一项建议。为了使问题得到解决,那位赞成在香港港口内的一条船上或是在九龙岸上设置一个中国海关办事处[2]的威妥玛爵士,抓紧了签订《烟台条约》的机会,列进一项条款[第三项第六款(按:原书误为第七款——译者)],规定指派一个委员会,调查向内地私运的情形,议订"章程遵办,总期于清朝课饷有益,于香港地方事宜无损"。(录自前引,《中外条约汇编》,15 页)随后便是一长串拖延不绝的谈判,直到又增添了一项规定外国鸦片进口税和厘金同时并征办法的条款,英国

---

[1] 1876 年 1 月 18 日罗伯逊致威妥玛函,19 页。

[2] 英国外交部档 17/753;1876 年 11 月 29 日威妥玛致甘纳迪函,附于 1877 年 1 月 15 日傅磊斯致德贝第 10 号函。

政府才批准了这件条约。可是在条约批准前十八个月,当条约和条约中规定的调查委员会已经显然要变成为事实的时候,决定由它本身指派一个委员会,来调查为人指认的向内地走私的情形。指派的这个委员会,完全是由香港官员和居民组成的,在1884年年初组织成立。自动出面的见证人一个都没有,但是委员会凭着它大体上在香港文职人员中进行的那一番调查的结果,竟然得出一项结论,据说向内地的走私,完全是中国人进行的,并且除去少数例外而外,走私只限于鸦片、盐、硫磺、硝石和军火等几种。虽然在香港输入的鸦片总量和通过正常途径输出到内地的总量之间,每年有两万到两万五千担的差额,可是委员会认为,除去向加利福尼亚、澳洲和其他各地的输出外,实际运到内地的,每年平均只有四千担。委员会更进而声称,清政府已经设有委员,对于由沙船向中国沿海非通商口岸输出的鸦片,按照特别税率征收关税,同时对这种已税鸦片发给执照,而且这种执照是清政府税厘关卡和"河泊"的巡船所一致承认的。至于食盐,据委员会估计,每年由沙船运到大陆各处的约为七万二千担[①]。

十七

《烟台条约》规定的委员会是在1886年夏季组成的,其中代表清政府的是道台邵友濂和海关总税务司赫德,代表英国的是香港

---

① 英国国会档:"向内地运送鸦片和其他货物调查委员会报告书",1884年,657页。

陪审官鲁塞尔（James Russel）和英国驻天津领事白利南（Byron Brenan）。清政府方面的委员奉命建议封闭总督和"河泊"在香港附近的关卡，但作为交换条件的是英国必须接受一项方案，准许鸦片趸船碇泊在香港海面，以便对于一切自外洋输入的鸦片实行保税封存，对于一切运往清政府通商口岸的鸦片制发执照，对于自趸船运往香港和澳门的一切鸦片征收鸦片税款①。但是，因为"河泊"为了节省开支，在前一些时候就已经缩减了他的巡逻舰队，从而相当地放松了封锁，所以英国代表对于清政府方面所献出的礼物也颇为猜疑。"敌人虽然修好，仍然是难以相信的。"他婉辞拒绝了这项提议；但表示他本人愿意接受合作。由于委员会的努力，鸦片协定在 1886 年 9 月 11 日在香港签了字②。凭借这项协定，清政府海关员司第一次管理香港海面和内地海面间往来的中国船只——以前则是集中精力在通商口岸的外国船舶，并且也是第一次征收厘金，结果也就必然地连常关关税一并代征了。据该项协定的规定，不但鸦片关税和厘金的征收是在总税务司的管辖下，就是香港沙船和常关关卡或邻近巡船间一切争议的解决，也都是在他的管辖下。因此将"河泊"在香港周围的关卡移归海关新成立的九龙关管理，也就是必然的和不可避免的了，这种结果的势所必有，不独是因为它对于一切鸦片的移动要实行管制，而且因为它在解决沙船对"河泊"的关卡或巡艇所提出的一切控诉事宜上，也居于仲裁者的地

---

　　①　海关档，总税务司通令，第 418 号。
　　②　同上，第 887 号。赫茨雷特，《中国条约》，第三版，两卷装，伦敦 1908 年，卷 1，90—91 页。

位。"河泊"的巡逻工作以及九龙、汲水门、长洲和佛头洲四个关卡因而都移交总税务司管理，同时香港为了使商人们得到更大的方便起见，并没有依照协定的文字，坚持要求把外国税务司管理的海关机构设在九龙那一面的清朝领土上，而非正式地许可他在维多利亚城内设立一个中国海关机构，由总税务司指派一个英籍海关税务司，以中国官员的身份执行职务，主持九龙区和该区内一切中国保护税收的机关。这项协定也消除了香港商人对于关税差别待遇的不平，因为协定中订明，对于往来各口与香港间贸易的沙船和货载，不得抽征超过对往来各口和澳门间贸易的沙船和货载所征的捐税。在协定签字的同一年（1886 年），两广总督张之洞对于一切经过关卡的货物，创办了一种补抽厘金，这项课征的目的，是为了筹措款项，弥补该总督为抵御法国的可能进攻而布置广东防务时所负的债务。同时他对于一切经过关卡的华、洋货物，又征课一种海防捐。这种捐税虽然在 1889 年停征，但是在 1890 年又以炮台经费的名义重新开征。九龙税务司直到 1887 年 4 月 2 日方才能够开始对一般货载征课厘金和经费，到同月 14 日对鸦片征收协定关税和协定厘金，和到 7 月 1 日对一般货载按照现行税则征收常关税。可是这种移交工作办得并不彻底，因为在每一个关卡都还保留着一些包税团体的代理人，这些团体一向是承包诸如火油、火柴等类物品贸易的厘金和其他地方税捐征收的。要使省当局认清这些代理人的活动是对商人们的一种困扰，是一个制造摩擦的根源，并且认清这种征收方法不但是浪费的而且是不必要的，却还需要一些时间，但是在 1890年 6 月间，一旦当所有这些握有既得利益的各方得到满意的处理之后，这一切代理机关也就撤销了，海关司遂成为所有各关卡中唯一的税收当局。为说明包税制度的浪费性,我们不妨举出下述的例证:九龙各卡的火油征税,一向是以每年九万元的总额出包的,但是在海关接收了这项征收工作后的最初六个月中,虽然仍旧按照包税人所用的同样税率抽收,可是实证数额却是 156,512 元。不过有一个税源是"河泊"绝对不肯交出的,那就是征自香港和广州间直接往来的沙船的税款。"河泊"坚持这类税款必须全部由广州常关机构征收,而不能由九龙的任何关卡代征。这项办法一直保持到 1931年常关税课裁撤时为止。

十八

为履行 1886 年的鸦片协定,香港通过了 1887 年的第二十二号鸦片条例①,禁止非整箱鸦片的进出口;规定除去鸦片包税人以外,凡是持有不足一箱数量的生鸦片,都是非法的;并且规定非领有港务长的许可证和报明鸦片包税人以后,任何鸦片都不得输入,在香港内移动或复出口。一切鸦片商,无论是进口商,出口商,或鸦片堆栈的所有主,都必须设立账簿,逐笔记明他们所有存货的移动情形,并且条例中也定有鸦片包税人稽核账册和检查偷漏的办法以及向港务长提呈存货报告的制度。港口章程也必须修订,以便禁止沙船在夜间结关。如果这些规定曾经被忠实地和严格地执行,那么香港也就不会受任何指责了,但是这些规定却没有照章执行。相反地,不久后,就开始有了越来越多的证据,证明这些规定

---

① 原文见总税务司通令,第 418 号,附件第 2 号。

的解释完全是褊袒鸦片商的，是不奖励香港警务官员热心尽职的，并且是只要认为给予鸦片包税人逃避官方限制的行为以宽大处理，会对于香港有利，就不惜予以宽恕的。例如在 1889 年 11 月间，据最高法院的一道判决声称，条例中所规定的照进口时原装一整箱云云一节，不过是指通常一箱所装的鸦片数量而言，并且这个数量的鸦片也无须是原装或箱装的。这便给予走私者一种极大的便利，他们自然就迅速抓住不放了。直到两年之后，在 1891 年 11 月间，我们才见到有一件补充条例（1891 年第 8 号）来矫正 1887 年条例中存在的这种缺点，在这件补充条例中，"散装鸦片"一词被解释为不装在原箱中的鸦片，并且根据该条例的规定，凡是未经核准的人在香港持有或移动散装鸦片，一律视为非法行为。此外，香港的承包煎制鸦片专利的办法，也是声名狼藉的。早在 1845 年时，香港就已经创立了一种生鸦片和煎制鸦片的专利权，可是在 1847 年又以一种年度许可证的办法来代替这种专利。这一个变动对香港所造成的损失是这样的重大，以致包吟爵士在 1858 年不得不核准开办香港的鸦片包税。根据该年度第二号条例的规定，"在香港和它的领海内煎制鸦片和批发及零售煎制鸦片的独占权"应给予公开拍卖或投标中出价最高的人。这种专利的出卖乃是香港一项相当大的收入来源，下述的事实就可以证明：从 1895 到 1900 年每年实得 372,000 元；1901 年，678,000 元；1904 年，1,945,000 元；1905 年，2,040,000 元；1907 年，1,550,000 元；1910 年，1,228,000 元；1914 年的实收数则是 3,741,500 元。包税人根据和香港所定的合同，每两个月得提取鸦片 300 箱，但是其中任何一个月的提取数不得超过 175 箱。他应该将他的提取数呈报香港进出口货处,可是被禁止将任何没有煎制的鸦片分销。他可以把整箱的鸦片移送到他的各个煎制场所,这种煎制场所,据他自己声称共有四处,可是人们却清楚知道其中三处都是虚设的,都被利用作为变通的货栈,以便存贮和改装那些准备日后走私到内地的鸦片。其他一切在香港移动的鸦片就只能是为输出而被移动的了,并且必须呈报中国海关机关。只有鸦片包税人才能把制成的鸦片运入香港。不出人们的意料,鸦片包税人充分利用着他这种种的特权。他从新加坡输入煎制的鸦片,不但供应香港的消费,而且还供应轮船向广州和西江各口私运。他利用煎制为名从香港管制下的存货中所提出的生鸦片,差不多全部都偷偷运送到内地,据承认,甚至据香港的一位负责官员承认:鸦片包税人为使他的专利能有利可图,就非把分派给他提取的生鸦片总数的百分之七十五顺利运送到内地不可[①]。他雇用一个职员专门负责和香港警察方面接头,和在必要时加以收买。他的走私方法本身是很简便的。他将存货中取出的生鸦片以煎熬为名,运到香港东边的阿伯丁地方,他在那里把生鸦片改装成每件约四十斤的袋,然后由包税人自备的汽船运送到渔船队,再从渔船队上搬到等待接货的快航沙船上。为了补偿他的冒险,包税人往往征收每箱 87 元到 93 元的酬劳,作为交换条件的是他保证鸦片在离开香港附近海面以前的安全。迟至 1894 年 6 月间这里还发生了一桩事件,它不但可以证明鸦片条例毫无功效,并且也可以作为香港对那些条例惯常所持态度的一

---

① 海关文件,第 56 号;总署编号第 5 号,"香港地区的鸦片包税",上海,1898 年,2 页。

个生动的间接说明。1894 年 6 月 6 日,有四箱鸦片都是鸦片包税人的所有物在夜禁时间内被移动,当这四箱鸦片被香港水上警察查获的时候,正是在送往一艘未编号船只的途中。这个案件经违警法庭审理,裁判官判处 250 元的罚款,并下令将鸦片没收。在上诉时,最高法院拒不受理,责令缴纳诉讼费,并且维持裁判官的原判。在 8 月 13 日,《香港电讯报》(Hong Kong Telegraph)登出下述的评论:"我们欣闻最近在警探白帕尔(Pepper)对鸦片包税人一案中所没收的四箱鸦片,已经在今天早晨奉总督阁下之命发还包税人。"据那时的海关税务司和其他许多人的见解,这种宽大处理的办法极可能是为了下述的事实,即香港当时正广泛征求承购鸦片包税专利的新投标,在这种情形下总督认为违反 1887 和 1891年鸦片条例规定的人们虽然是有罪的,可是要把他们依法严惩,却不是合适的时候。鉴于香港这种包庇和纵容的情形,我们可以着重地说,香港是经不起鸦片包税那一笔收入的损失的。香港也知道清地方官纵容鸦片非法贸易,甚至于在光天化日之下,就听任武装帮团穿行他们的本国领土,进行违禁贩毒的大冒险,并且每一次冒险的成功,那些官吏们似乎都得了好处,此外假运照或假鸦片印花的使用,也是听其自然而不加稽查的[①]。

十九

清政府的这个所谓九龙办事处在默许之下,一直执行职务到

---

① 　海关文件,第 56 号:总署编号第 5 号,"香港的鸦片包税",上海,1898 年,5 页。

1898 年——也就是列强在中国领土上掠夺租借地那一年的夏季，在那一年中，因香港扩张地界问题发生，又立即引起了清朝海关办公地点的争论。赫德爵士以这个问题相咨询，于是就在鸦片管制的专门规定以外，建议：

（一）清政府在香港设立办事处的权利应该被正式承认，海关税务司的中国官员的身份也应该被正式承认，并且现有各关卡，虽然在新租界地的范围内，仍旧应该继续维持；

（二）清政府应该有权在香港对往来内地的一般货载和鸦片抽收捐税，并且为了管理沙船，清政府应该在沙船停泊所有一处或几处码头；

（三）缉私巡艇应该在租借地的海面上继续活动；

（四）没有清政府签署的准单，枪械、子弹或违禁品一律不得在香港装上任何开往内地口岸的船只；

（五）香港应制定为实施这些规定所必须的法律。[①] 这些建议是广州省当局所赞成的[②]，但是却遭到香港商会原本无权提出的反对，该商会"深信只有清政府撤回并且拒绝允许清政府官员在香港和它的海面内征抽关税，自由才能有适当的保障"[③]。这种反对意见得到伦敦商会和伦敦中国协会（China Association）的支持，其中后一团体认为，"如果我们准许对中国船舶运往或运自任何内

---

①　1898 年 6 月 27 日赫德致窦纳乐（Macdonald）函，附于 1898 年 7 月 4 日窦纳乐致萨里贝利函，英国国会档，"中国第 1 号（1899 年）"，201—202 页。

②　1898 年 9 月 10 日总理衙门致窦纳乐函，283—284 页。

③　1898 年 11 月 11 日伦敦商会致萨里贝利函，282 页。

地口岸的一切商货征收关税（包括厘金在内），……那就无异是把香港置于一个通商口岸的地位"①；然后又进而补充说，"如果清政府在邻近内地和港口进口处设置海关关卡并在香港周围的海面上驻扎巡船，尽管这些水陆地方还都是中国的地界，就已然成为一种妨害和烦恼的根源，那么他们一旦出现于管辖的地界内，则势必更加不能令人容忍了"②。协会在香港分会的同意下，对于棘手的鸦片问题，提出一个解决办法，认为不妨由香港商酌在索取实际征收费的条件下，代清政府对一切自香港输出到内地的鸦片征收关税和厘金③。商人的态度都毫无妥协余地，总而言之，他们是非眼见清政府官员收拾行囊离开香港和香港海面绝不甘心的④。

二十

　　总税务司的建议没有被接受。根据 1898 年 6 月 9 日在北京签字的《展拓香港界址专条》，新租地已经在 1899 年 4 月移交⑤。亏得萨里贝利侯爵（Lord Salisbury）的亲自出面干涉，当时设在新

---

　　①　1898 年 11 月 14 日中国协会致萨里贝利函。英国国会档："中国第 1 号（1899年）"，296 页。

　　②　同上。

　　③　1898 年 11 月 14 日中国协会致萨里贝利函。英国国会档："中国第 1 号（1899年）"，297 页。

　　④　海关文件，第 62 号，部署编号第 5 号："九龙关"，上海 1899 年。《香港日报》（*HongKong Daily Press*），1899 年 9 月 9、10、15 日。

　　⑤　赫茨雷特，前引，卷 1，120—121 页。《中外条约汇编》，卷 1，539 页。总税务司通令，第 917 号，附件第 1 号。

租地内的中国海关关卡才获准从那年 4 月 17 日起继续执行职务六个月,但终于在 10 月 4 日被封闭①。新关卡分别改设在粤江口的大铲和伶仃以代替汲水门,以及大鹏湾东面的沙鱼涌和三门以代替佛头洲。1900 年 3 月 1 日在深圳开办了一个关卡,次年 2 月 19 日又将沙头角的一个防哨提升到关卡的地位。此外,清政府也还必须沿陆路边界设立防哨,其中有一些也是间或作为关卡之用的。这些防哨的数目随时都有变动,但前后计有下列各处:赤湾、鬼庙、沙头、龙津墟、罗坊、罗湖、莲塘、沙头角、盐母、溪涌、叠福、下沙和南澳。陆路边界的延长,对走私者来说,是一个极大的方便。在 1899 年以前,陆路边界只有两英里半长,并且全线都有一条高约八英尺的粗竹篱笆围护着。在这道篱笆上开有六个门,并且有一支武装巡逻队日夜巡逻,以保证只准合法贸易通过这些竹门。在 1899 年之后,边界从西面的赤湾起经过崎岖的山村到东南的大鹏角止,蔓延约达六十英里。除去管理这一条大为延长了的边界线的困难外,深圳河全河又被租给英国,同时沿深圳湾和大鹏湾海岸的边界则划定在潮涨能到处。这一条简直要不得的海岸线边界实在给了走私贸易一种可遇而不可求的便利,使走私者得在海面上受到庇护,既然清政府显无可能配置缉私官员来看守每一条沙船,那么他们实际上也就可以随心所欲地随时随地把他们的货物私运上岸。中国缉私艇和巡船虽然还继续巡逻中国海面,并且和兵船一样地利用香港港口,但是现在它们的巡逻航线则必须各加

---

① 赫茨雷特,前引,卷 1,120—121 页。《中外条约汇编》,卷 1,539 页。总税务司通令,第 917 号,附件第 2 号。

长二十多英里至八十英里不等，这也是使得走私帮团很高兴的一件事。可是为了贸易商的方便，清政府海关办事处被容许继续存在下去，但是仍只处于原有被默许的地位。香港拓展界址所造成的局势，自然使得那些以保护税收利益为职责的人们惶惶不安。当时九龙区海关税务司义理尔（H. M. Hillier）在1898年9月写信给总税务司时，就表示出他的忧惧。"我已经（在前函中）陈明，我不相信香港会采取任何措施，致减少从鸦片包税中所得的收入，因为那项收入将会对于它越来越重要。虽然我不愿意把居心不良的罪名加给香港或香港商会，可是要说他们目前为使税收在走私方面少受一些损失，而有任何管制生熟鸦片移动的计划，那么在他们执行计划时，究竟有几分是本着良心行事，我却只有根据过去的经验来判断了。如果我们把《烟台条约》签订后的种种协定和条例等逐字逐句阅读一遍，我们可以说这样一种保证已经存在有十年之久了，可是……香港不但没有实行这项保证，而且相反的，竟自存心凭靠鸦片包税人那种行之有效的走私活动为他们最重要税收项目之一。一个堂堂的香港政府，事实上就是多半靠着掠劫为生的。我们过去的经验既是如此，难道我们还要抱着任何信心，期待将来会有比较公正无私的行动？在过去，诱惑力无疑是大的。一个自由贸易的香港的税源并不很多，香港最提防的就是违背自由贸易的最严格原则。香港所管辖的土地面积现在将增加许多倍，并且香港及其新增的土地随着时序的推移，毫无疑问会日益繁荣富足。然而这却是一个渐进的过程。首先要遭遇到当时军事和民政用途两方面开支的大量增加，可是新租地的税源似乎并不见得能产生一笔税收，足敷民事行政费用的需要，那么

在这种战争气氛的年月里,一支足能适当保护香港以抵御海陆进
犯之用的军事力量的经费,也就更无所出了。谁来支付这笔保护
费呢?香港居民吗?如果是香港居民,那他们的钱从哪里来呢?
诚然,如果鸦片包税人还继续存在,他的活动范围自会加大;但估
计新增的人口也不过十万人左右,而他现在所供应的人口大约是
二十五万,据说他的利润的百分之七十是得自走私的,如果香港制
止走私,他自然就要丧失这笔利润。因此包税人会丧失他目前所
得的百分之七十或七成,而在他目前制成鸦片的合法销售上多得
四成。所以他显然是得不偿失的,同时,政府也会在包税方面受到
同样多的损失,而且它还必须增加一笔对有效制止走私的缉私人
员的开支。我想我有充分的理由怀疑香港是否会尽它最大的力量
来扼杀这个税源。……保持英国威信的说法一时甚盛。难道以一
种豁达的态度来对待一个国家,比靠着以偷漏它的税收为业的走
私者的利润为生,不更能冠冕堂皇地保持它的威信吗?撇弃对一
个弱国的压迫,而代之以对一个弱国的帮助,难道英国的威信不是
要更提高一些吗?清政府声称,它的土地是租借而不是割让给英
国的,虽则土地的管理权已交付在英国人的手里,它对土地的主权
依然存在。英国是中国的租地人,如果地主收租,事情原无所损于
租地人的尊严。"①然后税务司进而提出一项可能有助于当前局势
的方案。根据展拓《香港界址专条》,经议定,"所有现在九龙城内
驻扎之清朝官员,仍可在城内各司其事,惟不得与香港之武备有所

---

① 九龙关致总税务司第 3776 号函,刊于海关文件,第 62 号,总署编号第 5 号,
"九龙关",上海,1899 年,11—13 页。

妨碍"；又议定"仍留附近九龙城原旧马头一区,以便中国兵商各船渡艇任便往来停泊"。税务司建议,应允许清政府在那里设立一个海关,检验货载,并在关税清缴之后,得将货载免税运往指定的任何内地通商口岸。凡是遵从这个机关的规定条件的船舶,得将舱口封固,在驶离英国海面时途中所经过的第一道关卡处,将封条拆启,然后该船可自由驶往它们的目的地。这项办法并不是强制性的;但是那些不利用这种便利的船只,就必定要在各关卡遭遇停船检查、验货、缴税等的不方便。可是香港商会不赞同这样一种意见。他们坚持反对在九龙驻扎清政府官员。据他们的见解,"这种信其必有的对于清政府的感应,必然会在所有本地人的心理上引起一种偏激作用,而这些本地人在这种情况下,也将会把清政府看成主要势力"①。在规定新租地悬挂英国旗的日期(1899 年 4 月 17 日)的前两天,新租地的居民为反抗他们的家宅田园以割让而展开了示威。这次暴动被军队和警察镇压了下去,但并不是没有伤亡。死硬派得势了,于是在 1899 年 5 月 16 日清政府的管辖权便被逐出九龙城②。

二十一

在 1886 年 9 月清政府和英国缔结《香港协定》时,英国代表所提出的第一个条件就是清政府必须和葡萄牙磋商同样办法在澳门

---

① 《香港日报》,1898 年 9 月 15 日。
② 《北华捷报》,第 1654 号,1899 年 4 月 17 日,673 页;第 1655 号,4 月 24 日,710 页,及第 1656 号,5 月 1 日,778 页。

的实施①。对于葡萄牙，这是一个天赐的机会。自从 1557 年以来，葡萄牙人就在澳门居住经商，虽然在这段过程中，他们已经在那里发展了一个武装团体，那里的事情都由葡萄牙人单独管理，那里的居民也都受葡萄牙的统治，可是他们所占土地的权利——尽管葡萄牙官吏和利害关系人等都提过权利主张——却始终保持在清政府手里②。在 1869 年蒲安臣出使的时候，他曾经为澄清这种局面提出一项建议，主张葡萄牙人将他们在澳门地区的所有财产都卖给美国，然后再由美国以适当的手续，按照议定的条件，将这个地方归还清政府③。尽管万恶的苦力贸易当时在澳门非常盛行，法国方面却反对这个建议，事实上这个建议是归于失败了。葡萄牙人于是就抓住这个送上门的机会，要求清政府承认葡萄牙对澳门的土地的完全主权，这个要求未免太苛刻了，因此许多中国的重要政治家都极力反对做任何这类的让步，斥责它是一种以一纸公文断送中国主权的不必要的行为。他们知道葡萄牙是弱国，他们也相信澳门可以被封锁到接受清政府所想要加给它的任何管制

---

①　海关档，总税务司通令第 887 号。赫茨雷特，前引，卷一，90—91 页。

②　英国外交部档 17/811：1879 年 10 月 6 日威妥玛致萨里贝利第 91 号函；"中国从来没有放弃过它对澳门领土的权利主张。"另参看张天铎，《自 1514 至 1644 年的中葡贸易》，1934 年，93 页。

③　英国外交部档 17/518：1869 年 1 月 12 日阿利国致史丹雷第 6 号密函。"蒲安臣是否与此事有关，我不敢说，赫德和马斯(Senor de Mas)却一直预闻其事。看来也非常明显，从税收的观点立论，赫德原会提出清除粤江口上这样一个走私中心的重要性，因为这个走私中心已经使得他的一切保护税收的努力都归于无效了。无论是赫德或是马斯也都会提出补贴所购建筑物一笔现款来作为实施这项建议而又无损于清政府威望的办法，即使这笔补贴是所提数目(一百万两银子)的两倍，却也不难在一年之内因赫德管理下的海关税收的增加，收回而绰绰有余的。"另参看英国外交部档 17/811：1879 年 10 月 6 日威妥玛致萨里贝利第 91 号函。

鸦片贸易的条件。但是《香港协定》规定以中国和葡萄牙间的类似谅解作为实施该协定的一个必要条件[①]，而且赫德也是坚决赞成履行这项协定的——赫德对清政府的影响力在当时已达到最高峰，尤其在他参与1884—1885年中、法危机的解决而取得成效之后。据他的见解，除此而外的其他任何办法都势必要危及他的鸦片关厘并征和保税计划。他的建议获得了成效，于是他奉总理衙门的授权，继续做必要的部署。他立刻训令负责中国海关驻伦敦办事处的秘书金登干前往里斯本(Lisbon)，谈判世所共知的那个《里斯本条约》(按：即《中葡会议草约》)，并且在1887年3月26日依式签字。这个条约共计四款：第一款，"定准在中国北京即让互换修好通商条约，此约内亦有一体均沾之一条"；第二款，"定准由中国坚允葡国管理澳门以及属澳之地，与葡国治理他处无异"；第三款，"定准由葡国坚允，若未经中国首肯，则葡国永不得将澳地让与他国"——这一款似乎指法国的可能进犯；以及第四款，"定准由葡国坚允洋药税征事宜，应如何会同各节，凡英国在香港施办之件，则葡国在澳类推办理"[②]。（录自前引《中外条约汇编》，410页）1887年12月1日在北京签字，次年4月28日在天

　　[①] "可是要实施这个协定(《香港协定》)，我们就必须负责使澳门也照样行事；现在这就是说要同葡萄牙人谈判，而这却蕴含着对葡萄牙在澳门的地位的承认；要谈判，我们就必须商定一件条约，可是没有一件在这样多词句中而不承认葡萄牙在澳门地区的地位的条约会是被接受的。"1886年7月11日赫德致一位同事函。"事实是，除非我们也能开始在澳门签订这样一项协议，我们就不能在香港开始工作(不求英方合作，则又当作别论)。"1887年3月9日赫德致同一同事函。

　　[②] 《中外条约汇编》，卷2，273页；赫茨雷特，前引，卷1，422页；总税务司通令，第887号，附件第2号。

津换约的《中葡友好通商条约》[①]确认了草约中的这些条款,并规定(第四款)关于协助清政府对于由澳门向内地运输的鸦片抽收税厘一节,应另订专约附列于本约,并与本约一体遵行。那件在 1887 年 12 月 1 日同一天签字的条约(按:即《中葡会议专约》)[②]规定由葡萄牙制定一项法律,按照对香港鸦片贸易所议定的限制,加澳门鸦片贸易以相同的限制。为补充这件条约[③],同时又由赫德代表清政府,由葡萄牙专使的秘书米洛(de Mello)代表葡萄牙政府签订一项协议。根据这项协议的规定,清政府得在澳门附近设立一个机构,以便出售鸦片税照,调查与解决商人对于海关关卡或缉私巡船所提出的指控。又议定,对于往来内地各口和澳门间的沙船及其货载,不得抽征多于对往来内地各口和香港间的沙船及其货载的税课;对于从内地各口驶往澳门或从澳门驶往内地各口的沙船,不得要求多于结关或目的地各口所已征或应征的税课;凡在输入澳门之前已完关税和厘金的内地产品,得由澳门向内地再出口,无须另缴关税或厘金,但是必须照缴所谓销号费这种税课。为履行这项协定,1887 年 4 月 2 日在拱北成立了一个总税务司管辖下的海关。它的职责是按每担一百一十海关两的税率征收鸦片的关厘统税,并按照领自两广总督的省税则例所开税率征收一般货载的省厘金和炮台经费。三个月之后(1887 年 7 月 1 日),粤海关监督又将依据常关税则税率对沙船所运一般货载的征税事宜,

---

　　①　《中外条约汇编》,卷 2,274—294 页;赫茨雷特,前引,卷 1,423—433 页。

　　②　海关档,总税务司通令,第 887 号,附件第 3 号。《中西条约汇编》,卷 2,295—297 页。

　　③　海关档,总税务司通令,第 887 号,附件第 4 号。

移交税务司办理。这种变动是葡萄牙商人所欢迎的。对于他们来说,这种办法带来了最希望的贸易增长。澳门总督为调查1884年以来澳门贸易衰落情形所指派的一个委员会,在1889年表示:《中葡条约》的缔结,已经把增进贸易所需要的资本吸引到澳门,并且税务司主持下的清政府海关的宽大政策也已经给予贸易一种强有力的刺激作用。可是协定中所载凡是在输入澳门之前已经完纳关厘两税的内地产品再由澳门向内地复出口时应免予重征一节的条款,却只是一种具文。在运入澳门的内地产品中,有很大一部分是在那里分类和改装的,但是因为租借地政府不允许清政府海关在关栈中监督这种工作的进行,那么当这批货物从澳门再输入内地时,也就不可能认证它确是原货。葡萄牙争辩说,因为澳门不出产任何东西,所以从那里装运的一切内地产品,一定都是在运入澳门之前已经缴过厘金的,因此在复出口时,不论能否予以认证,应该一律免税。对于这种说法的答辩是非常明显的。葡萄牙已经随随便便地忽略了一件事实,即输入澳门的大多数内地产品都是从香港用轮船和沙船运去的,因此也就不能认为都已经缴过关税和厘金。所以拱北各关卡,依据厘金章程中凡货物换船即须重新缴纳厘金的规定,照章抽厘,而置条约于不顾。在实际惯例上,拱北各关卡对于凡是运往澳门而没有缴纳过任何税捐的内地货,除非是运自广州府的而外,一律抽征关税——销号费,又除非是运自广州而已经在装船口岸缴纳过海关代征厘金的以外,一律抽征厘金。拱北各关卡对于从澳门运出的内地货,不论指运何处,一律抽征厘金和全额关税——销号费,即使那些货物在指运澳门时已经在各该关卡缴纳过销号费,也还是一律照征。在后一条章程下的唯一例外情形，就是原来从广州府运出，并且确实已经在那里缴过销号费而凭有适当证明文件的那些内地货①。

二十二

　　凡是转口贸易在 1931 年 1 月 1 日子口税废除以前所具有的那些特征，在这期间都已经逐渐形成了②。只有天津、芜湖、镇江、上海、宁波、福州、厦门、广州、琼州和北海九个（疑系"十个"之误）通商口岸，实行条约规定的出口货转口贸易的纳税办法，虽然那种办法为适应地方情况和省库的需要起见已经一般地有了修正。例如，在天津，凡是洋商请领买土货报单（出口货子口税单）或通常所谓的三联单时，照例是直接向他的本国领事申请，由该领事从监督处领到所请凭单之后，就直接发给申请人，可是申请人却在大多数情形下，都不是为他自己而是为中国人申请的。这种出口货子口税单的权益是由条约为英国商人取得，并经其他各国人根据最惠国条款一体均沾的，可是清政府认为这是一种被迫的特权让与，他们并不想给予他们本国人③；并且直到 1896 年 7 月为止，他们确实也没有把这种权益给予本国人④。他们更认为这项权益的让与是基于下述的条件，即在这种凭单保护下从内地运出的货物，应该

---

　　①　海关文件，第 37 号，总署编号第 5 号，"拱北关各卡稽征手续"，上海，1892 年，4、33 页。

　　②　海关档，总税务司通令，第 4158 号。

　　③　参看总税务司通令，第 512 号，内载总理衙门札谕中的第三和第五节。

　　④　总税务司通令，第 730 号，内载 1896 年 7 月 1 日上谕。

是真正向外国出口的。根据清政府在 1861 年制定的办法，三联单应该由申请人签署一式三份，凭以保证"无论是三联单先行回到，或是上开货物先行运到"第一道税卡时，签字人必须照章完纳该项货物的子口税[①]。在货物买进后运到第一道关卡时，货物负责人应该将产品数量和装船口岸填入三联单。该项货物负责人在缴还三联单的时候，就请税卡负责官员换发运照，以便在前往装船口岸途经各税卡时，提呈签验。内地税卡既经制发运照，收回三联单后，便将其中的一份寄交货物装船口岸的海关，第二份寄呈北京总理衙门，第三份留本机关存卷。一旦照章凭有运照的货物运抵距装船口岸最近的税卡时，那个税卡就应该通知该口海关，以便按照运照载明的货物，征收子口税后将货物放行。凡是没有经过核准而在沿途出售的货物，一律没收充公，凡是试图以超过运照所开数量通过关卡的货物，也受同样处分。在北至蒙古南至山东这个天津贸易区里，这些章程和限制受破坏的时候比受尊重的时候还要多。在收回三联单时，照章换发运照的，只有山东临清的那一个税卡。所有其他内地税卡都不发运照，听任持凭三联单的货物通行无阻，甚至不加查验。在货物运到距天津最近税卡时，三联单已经不知去向，货物也不缴纳子口税，却在缴纳卡口税后放行，卡口税的总数比子口税要少一些。货物负责人领到监督衙门发给的卡口税单，并将这种税单向海关呈验之后，便可按单上所开列的货物缴纳协定出口税，通关出口。所以这种三联单办法可供三种目的之用：第一，它保护运往口岸途中的土货不受非天津监督所辖内税卡

---

① 海关档：总税务司通令，1861 年第 9 号。

的厘金或其他税捐的征课;第二,它使得洋商能够公然违抗制定这项办法的目的,或为他们自己,或为他们的中国朋友,将土货运到口岸以供当地贩卖和消费;以及第三,这种办法的存在使天津附近的各税卡不得不把它们的地方税税率保持在协定子口税的水平以下,并以通融办理的精神应付那些和洋行多少有些瓜葛的中国籍的三联单持有人。在出口货转口贸易非常发达的镇江,办法严格得多。在那里,凡是请领三联单的外商,必须在他本国领事面前立保证书,保证他本人如果不遵照制发和缴销凭单暂行章程将所开货物运到口岸并输出外国,甘愿按照所购货物应完税款的六倍受罚。这份保证书应交海关存案。监督在制发三联单的同时,寄送一张运照给办货县份的地方官。三联单必须从制发的日期起,在六个月以内换领运照,逾期无效,运照的有效期限相同。当货物运抵镇江境外最后一个税卡时,便由该卡在运照上盖印加封,以便提呈海关,货物从税卡运抵海关的规定限期是四天。在货物经过查验之后,商人必须照章缴纳子口税,另外提存一笔相当所缴子口税五倍数额的款项,以作为必将货物输出外国的保证。如果货物是从镇江直接运往外国的,那么出口税(就是相当子口税两倍的一笔款项)就从保证金中扣缴,所余款项(就是相当子口税三倍的一笔款项)全部退还商人。如果货物是由远洋轮船运往沿海口岸,或是由华式帆船装运出口的,那么海关就在扣缴出口关税之后,从余额中,提出一笔和所缴子口税数目相等的现款退还商人(这笔款项的数额相当于汕头应缴的沿岸贸易税),至于保证金中相当于子口税两倍的余款,则必须等到商人拿出有关沿海口岸海关所发凭证,证明货物业已在限期内输出国外之后,方能发还商人。凡是不能依限输出国外的，保证金的余额一概没收。如果货物是由江轮输出的，那么出口税和沿岸贸易税都一并从保证金中扣缴，余款的半数以现钱给还商人，其余部分则必须等候商人拿出凭单，证明货物确实已经在规定期限内装运出国后，再以存票给还。如果转口货物在运到后六个月内并没有从镇江装出，那么相当子口税五倍的保证金便一律没收充公。在镇江可以凭三联单运往口岸的货物种类，限于下述三十一种品目：丝、棉花、水牛皮、水牛角、水牛骨、大麻、羊毛、猪鬃、土酒、百合花、胡桃、黑枣、红枣、干枣、花生、瓜子、筒面、油脂、花生油、豆油、麻油、柿饼、土肥皂、旃那子、假漆、烟叶、粗纸、细纸、药材、草帽缠和竹席[①]。镇江对于凭三联单运出的货物种类所加的这种限制，却被上海实行的那种对于所运货物的性质不加任何限制的制发三联单办法给抵消了。许多这类持上海三联单的货物，都必须经过镇江。可是凭上海三联单运到镇江的货物，凡是在镇江许可货物表中没有列名的，一律不得用轮船外运，而必须用帆船或沙船运往上海，并且对于货物的保准运到上海，作有适当的预防。上海的出口货子口税办法比镇江的办法要放宽得多，结果是流弊百出。在上海就像在天津一样，制发三联单并不须要具结，也不限定到货装运出口的期限，更不收取子口税六倍的保证金，以便在货物不装运出口的时候，对商人施行处罚。在上海，监督也不制发任何运照，同时南、北两卡的税吏都会不问三联单是否齐全，就允许应纳子口税的货物通过关卡。千百张三联单都根

---

① "镇江买土货报单，1890 年"，总署编号第 5 号，海关文件，第 38 号，上海，1892 年。

本没有缴销,它们在内地时就已经不知去向。这种现象只能有一个解释:失踪的凭证一定是被利用去护送货物,把货物从凭证中所开列的地点护送到该地点与上海之间的某一个地方,这样就可以既不缴纳厘金又不缴纳子口税。事实上只要有三联单三联中的一联,它就已经足可以办到这一点了。无怪贩卖这种凭证的生意就一天比一天兴隆起来。不成材的外国人会通过领事和海关方面的一切必要手续来为中国顾客取得这些凭单,借以对他们的服务抽取一笔佣金。有一个时期,这种佣金高达每张凭单五两银子的数目;但是因为大多数领事对于要求附有签字的所有权申报单一事都非常马虎,所以这种生意上的竞争越来越尖锐,以致佣金跌落到每张五钱银子。三联单竟"随便发给理发师和蛋糕师傅、玩具店主和药剂师、各国洋行所雇用的职员,以及经纪人和代办商等等这类的人,总之,都是发给一些绝不是申请大量货物的真正所有主的人们"[①]。这些代理人大半都是由镇江少数几个商人雇用的,因为他们发现上海三联单比镇江所制发的是既便宜而使用起来又方便的一种凭证,并且那些申请三联单的人甚至于都用不着冒称他们自己是货物的真正所有主。在厦门,海关既不实行具结办法,也不收取税款保证金,但是却依照章程,根据在第一道税卡呈缴三联单换领运照的办法,管理实际运往口岸的货物。在广州、琼州和北海,具结的办法是被严厉执行的,但是对于税款保证金则并不坚持;如同在厦门和镇江一样,运照和三联单都由监督制发。像这种不法

---

① 江海关致总税务司第 4177 号函附件;参看总署编号第 5 号;海关文件,第 57号,"江海新关制发土货子口税单规程",上海,1898 年,30 页。

外国人向中国人出售凭单,以及利用凭单将那些为本地消费而不是为输出国外的货物运往口岸,和利用凭单在内地把货物从一个市场免税护送到另一个市场等无可掩饰的弊端,都已成了出口货子口税办法的特征,为了尽可能制止这些弊端起见[1],1896 年 7 月 1 日,皇上应总理衙门的奏请,降了一道谕旨,准将三联单的权益也给予中国商人(这是早在 1872 年海关曾极力主张但被拒绝的一项办法),并将镇江的现行办法(即载在该口岸制发和缴销三联单暂行章程中的办法,这项章程虽然没有经过各使馆但是已经经过当地领事团体的承认)在所有各口一体推行[2]。就权益的推广来说,上谕是被奉行了,因此违法贩卖凭单的那种流弊也随着绝迹,但是因为各口岸并不能完全采纳镇江的章程,所以省库借以攫取其正当税课的那些流弊,还是继续存在。外国高级当局不肯完全承认这项章程,其中的障碍就是他们认为章程中有一些规定(特别是把凭单的使用限定于列举的若干种货物,和缴存出口税两倍半数目的保证金等项规定)侵害了条约的特权。这项章程在镇江和少数采用章程的其他扬子江各口都极有成效,但是普遍推行,则始终没有能够办到。

二十三

在谈判英国进口货的内运权益的时候,朴鼎查爵士并没有要

---

① 参看总税务司通令,1864 年第三号,1868 年第 1 号和第 512 号;第二组。
② 海关档,总税务司通令,第 730 号和第 735 号;第二组。

求把这种权益只限给英国或外国商人①。因为货物必定要由中国
人运送到内地的目的地,所以他的想法是权益应该附着于货物本
身,而不应该以货物所有权为转移。然而这却不是中国当局所持
的看法。他们的目的显然是要保护省内和省际贸易不要受到太多
的侵害。外国议和代表的要求既不能拒绝,那么唯一的办法就是
务使这种权益严格地限于外国人所有的货物。当局就是依据这种
解释办事,这也确是议定天津各约时的有效解释。可是因为额尔
金伯爵已经为英国臣民取得持凭护照前往内地游历通商的权利
(第九款),这就也使得有关洋货内运的条款(第二十八款)可能造
成下述的事实,即英国进口货这时可以由它们的所有主从进口口
岸伴送到指定的内地市场。清政府却把这项规定作为对于他们的
论点的确认,即洋货在完纳单一的固定子口税之后内运的权益,只
限于货物的外国所有主。真正的外国货,如果为中国人所有,便不
能享受这种抵代税的权益,而必须去受地方性省征课的苛扰。阿
利国在 1869 年为求制止这种差别待遇,做了第一次的官方努力,
当时他在他那件流产的《中英新定条约善后章程》第一款中列进了
一条,规定英国和中国商人应该同样享有请领运洋货入内地执照
的权益。英国人的偏见,如上文所述,粉碎了阿利国的建议,因此
洋货在完纳子口抵代税之后免税运入内地的权益,仍旧只限于外
国人。总理衙门在 1878 年 3 月致中国驻外使节阐明政府对内地
通商、厘金、领事裁判权和最惠国条款等看法的一件咨文,曾经给

---

① 《中英南京条约》第十款;1843 年 6 月 26 日关于子口税的声明。

予这一点以确认①。在赫德显然参与的这个重要文件中，总理衙门承认，根据条约，洋商"准将已完整税之洋货运入内地，其运入内地时，或准逢关纳税，遇卡抽厘，与华商一律办理，或准照则完纳子口税，请领税单运入内地，无论所往之地远近，即可将地名呈明，填入税单之内，中途逢关遇卡均免重征"。（以上录总理衙门咨出使大臣原文）然后这件咨文又进而驳斥洋商所称"已完子口税之洋货，日后无论在何处，遇何项税捐，不应向其抽收"的那种说法，指出：根据条约规定，货物的指运地点必须一一开列并填入单照；这项规定的理由就是因为照本来的宗旨，单照只应该将货物从通商口岸护送到原开列的地点为止，此后凭单就成为废纸，而货物也就变得和原来无照商货处于相同的地位，和其他一切无照货物同样输捐纳税。政府不顾那些心怀不满的外商们的叫嚣和抗议，拒绝改变他们对于子口税单免重征范围所作的解释，但是他们最后还是屈服于中、外各有关方面的压力，在 1880 年 11 月做出下述决定：就洋货内运的权益来说，中国商人应该和外国商人处于相同的地位，准许他们请领子口税单以保护洋货内运，嗣后各地制发凭单，完全视货物的性质而定，应不以申请人的国籍为转移②。这就去除了实际上理论成分多于现实成分的一个不平因素，我们所以这样说，乃是因为任何中国人只要想取得子口税单以便将他们承销的外国货护送到内地，都不难以他们的外国朋友或情愿出售劳务的外国人为桥梁，取得这种凭单。可是各省中有些厘金税吏，在

---

① 海关档，总税务司通令，第 119 号。
② 同上，第 512 号，第二组。

这种资格上的限制取消之后,还是拒不承认中国商人所请领的子口税单有效,但是政府颁给各有关省当局的训令,制止了这种横加阻碍的情形①。1896 年 9 月,政府又做了另一项在性质上比较次要的让与,当时为使办事迅速起见,决定上海子口税单的制发改归海关办理,以代替直到当时为止由监督衙门制发的办法。在前一些时候,各国驻北京公使一直都在为加速子口税单的制发,催促总理衙门,上海领事团也极力作同样的要求。根据海关税务司的建议,监督最后同意,作下述的规定,为了保护税收起见,新手续必须符合下述五项通则:

(一)为防止私自调换税单起见,必须在登进税单中的货物数量、重量和货名上,加盖红色的专用图记或印章,并应在日期上也加盖监督衙门登记室的红色印章;

(二)应将每册自第一号至第一千号分订成册的税单为北(苏州河)卡和南(吴淞江)卡查点清楚,并将所发税单列表,载明详情摘要,逐日分送各卡,以便切实稽查;

(三)业经领到税单的货物,必须在四十八小时内运到卡口,否则除非能举出正当理由,应将税单注销;

(四)为防止以上等货调换次等货或以土货调换洋货,分卡委员应该在外籍查验人员查验后,在每包货物上加盖他的印章,凡是没有加盖这种印章的货物和在查验后擅自拆包的货物,一律予以没收;

(五)如果发现有捏造申请书或任何蒙混过关的事情,货物当

---

① 海关档,总税务司通令,第 803 号。

即没收，货主如系外国人，当由其本国领事，如系中国人则由中国
当局，加以究处①。

1898 年 2 月，总理衙门因屈从压力，发布了几道命令，准将已
经完纳子口税的进口洋货在运往指定目的地的途中销售②。此后
一直到 1931 年 1 月 1 日整个子口税制度裁废时为止，无论在子口
税单或三联单的手续上，都再没有发生过任何变动③。

二十四

在整个 19 世纪，各国对华贸易政策的特征是，一旦用侵掠或
让与的方法取得一项利益，便尽速把这项利益载在条约规定中，以
期给予这项既得权益以合法权利的地位，借以防范它的万一被收
回。外国人最初是为了谋求利润，把他们的贸易强加给中国，继而
又恼恨中国人所愿意据以进行贸易的条件，便由当日工商业最发
达的那个国家亲自打了一次胜仗，强加中国以他们自己的贸易条
件。通商的权益虽然在战争以前就已经存在，但是结束那次战争
的和平条约却把权益变成条约权利了。味口越吃越大。既然已经
把他们的贸易地位合法化，又已经取得了对特定口岸直接进行进
出口贸易的权利，这些贪得无厌的侵略者便立刻着手作更进一步
的侵略。对他们来说，货物交换——哪怕是违禁品的交换，以及买

---

① 总署编号第 5 号：海关文件，第 51 号：“进口货子口税单；江海关手续，1896
年”，上海，1897 年。

② 海关档，总税务司通令，第 815 号。

③ 同上，第 4158 号。

进和卖出的行为,乃是比法律都更加必要的事物,因此据他们的看法,这也就使得他们那种硬把贸易推展到非通商口岸的行为成为名正言顺的了。于是他们便又希望能用新条约把这些非通商口岸的开放加以合法化。除去地位较高的极少数商人而外,这些人并不是神圣的开明进步的十字军战士,而只是一些精明自私的商人,他们绝不瞻前顾后,而且不惜冒险犯难追逐赚钱的生意以求取一笔利润。可是他们并不满足于仅仅把外国货直接输入那些已经和未经条约开放的沿海口岸,以及从那些口岸把中国货输出外洋,他们现在又急于乘机猎取中国货的沿岸运输业务,这种业务,如上文所述,在它的起源上显然是一种最不平常的权益,但是不久却又固结成为一种条约权利了。他们甚至于还不以此为满足,竟觊觎着中国船舶在中国内河所进行的广大国内贸易,不久就又叫嚣着要中国方面不但准许他们把帆船和轮船驶进扬子江,以便尽可能掠夺那条在当时公认为世界上最富饶的内河流域的一些贸易,而且准许把上海地区中的川流和运河开放给他们的小火轮运输业,借以取得通往该地区中无数内地村镇的便利。在 19 世纪 50 年代初期,轮船航行就已经在中国有了相当基础,特别是在上海方面,因此当太平军进攻的时候,无怪乎清政府就想到利用轮船来制止太平军的前进。上海道吴健彰曾经奉上谕购办轮船,以便派往扬子江,帮助帝国军队镇压太平军[①],他为这个目的购置了至少三艘外国轮船,虽则他似乎从来就没有很有效地利用过它们。可是应该注意的是,这些轮船是买来供当时内河之用的,并且也确实曾在这些

---

① 《东华续录》,咸丰朝,卷 20,6 页。

内河用过。后来不久，华尔（Ward）和戈登（Gordon）也都在上海附近的战役中使用过小火轮或汽艇。这些次轮船的侵入内河，都是为了军事目的，并且都是在清政府的监督和支配之下的；但是商人们却争辩道，凡是这些汽艇（或是照当时的称呼小火轮）能够以战争使者的资格驶往的地方，也就能够以和平商业先驱的资格前往。时代的动乱已经封锁了许多国内贸易的通常孔道，并且使得行动缓慢的民船的使用危险百出，这个事实却给他们的争辩增加了力量。因此在1856到1865年这十年中，在清政府的默许下，凡是上海附近的川流或运河所能通达的重要城镇和市场，汽艇运输业务，也就都蓬勃发展起来。在这些汽艇中，有许多分明是专为这种贸易之用而在英国建造的，它们都为外国公司所有，悬挂外国旗，并配备着中、外船员。因为它们是对未经条约开放的地方通商，所以它们既规避了有关领事馆的登记和申报手续，并且也和外国人管理的海关不发生任何接触。总之，它们是因时代需要而产生的一种反常的东西，但是无论就它们的起因或是就它们据以活动的条件来说，它们的所有人都不能找出任何借口，可以要求一种因一时需要而造成的事物，在这种需要已经成为过去之后，还要继续存在下去①。中国省当局并没有意思要在太平军已经被逐出，地方已经平定之后，还准允这种胚胎期中的内地轮航贸易继续进行。因此在1865年发布了一件正式

---

① 英国外交部档 17/520：1896 年 4 月 1 日阿利国致麦华陀函："要求在一切既不是国与国间的分界、也不流经别国的内港航行权，是在任何国际法体系中都完全没有根据的。没有一个西方国家曾经让与这种权利给别国，即使其中并不涉及治外法权权益问题。没有一件条约甚至承认过这样一项原则。"阿利国致柯勒拉得恩第 28 号函，附件第 24 号。

通告,汽船不得再行驶入内地,前往未经条约开放的地方。省当局发布这项命令,乃是为了保障那些在和平时期经不起汽艇竞争的本地航运事业;又因为外国汽船拖曳的民船很容易逃过地方关卡的查验,所以借此保护省的税收;同时也是为了防止武器和军火的走私。即使这种内地轮船运输是不可避免的,那么中国方面决定把这种事业放在他们自己手里而不交给享有领事裁判权的外国人,也完全是他们权利范围以内的事。可是外国汽艇所有主们抗议中国撤销他们现在已经认作一种权利的事物,硬说《中英天津条约》第九款就是这种内港行轮的充分根据,竟不顾该款所让与外国人的内地旅行权,只限于利用就地所能得到的代步工具作为旅行手段这一事实。他们的争论也直接违反同一条约第四十七和第四十八款的规定,据这两款的规定,悬挂外国旗帜的船舶只准在条约中开列的各口岸贸易[①]。自然,中国人并没有被禁止取得这种或别种汽艇,并按照当局核准的用途加以利用。在这期间,外国汽艇所有主接到通知,凡是做拖船生意的汽艇应该将注册簿交存各有关领事处,海关在接到证明该汽艇将只做拖船生意而不从事于任何运输贸易的领事报告书之后,便将那艘汽艇注册为拖轮,然后那艘汽艇就可以往来港口和附近海面,而不必向海关报告到埠或结关。假使一艘注册拖船要驶往另一通商口岸,那么它必须按照通常办法在海关结关和报告到埠,否则就课以五百两银子的罚款。如果查得拖船从事于任何走私贸易或私行载货,所载货物一律没

---

① 《北华捷报》,第 827 号,1866 年 6 月 2 日。美国,"1868 年外交文件",华盛顿,1867 年,第一编,510—514 页。

收,汽艇也不得再享受拖船的待遇,而以后每一次到埠和离埠,就都必须向海关报告到埠和结关。拖船每四个月完纳船钞一次[①]。清政府现在完全体会到轮航的重要性,也体会到慎防他们国内这种形式的航运发展,无论是在沿海或内河方面,都不要为外国人所攘夺是一件更加重要的事。最初,中国商人被禁不得自置或利用任何种类的汽船,但是自从 1861 年以后,当局为军事和官方的用途,购用和租用轮船的事就越来越多;诸如在 1862 年雇用轮船七艘把李鸿章的军队从安庆送到上海,两广总督在广州三角洲利用轮船舰队镇压走私犯,以及在太平天国时期用轮船往天津装运糟粮,等等,都是明证。中国轮船建造的创始人也是官员,第一艘可以使用的汽艇是 1863 年总督曾国藩开办的机器制造厂在安庆完工的。在 1864—1865 年间,我们已经看到那日后发展成为江南制造总局的一些端倪,也看到他们在美国购办机器,准备设备安装。每年由海关收入中指拨造船经费的办法已经确定,第一艘长 185 英尺、幅宽 27.5 英尺的中国自建轮船在 1868 年 9 月下水,并驶往南京,在那里由兴高采烈的总督命名为“恬吉号”。在这期间,赫德一直力请当局准许中国商人自置和使用洋式轮船,迄当时为止他们所获得的成就是在 1867 年得到了必要的授权和为中国人自置轮船的经营拟妥了必要的暂行章程[②]。在这件事情上,豆类、豆饼和豆油的沿海轮船载运问题,曾经占据一个重要地位。在 1865

---

① 海关档,总税务司通令,1867 年第 4 号。

② 海关档,总税务司通令,1873 年第 9 号;中文附件。英国外交部档 17/753;1877 年 2 月 17 日傅磊斯致德贝第 39 号。英国外交部档 17/477;1867 年 10 月 1 日阿利国致史丹雷第 167 号函。

年,江苏署理巡抚因为这种运输事关有势力的沙船行会的利益,曾经发布过一项布告,禁止外国轮船载运这类产品。威妥玛提出抗议,于是巡抚在总理衙门的压力下,撤销了这项布告,但是实际上,其中的规定一直继续实施到 1876 年,阿利国才使这项禁运取消。直到 1872 年年底,当 1876 年章程(按:即《华商置用火轮夹板等项船只章程》)付诸实施的时候,中国商人才得在李鸿章的领导下,开始利用因招商局的成立而给予的许可。在这二十四条章程中,前十二条涉及向外国人购买船只和建造洋式船只所应遵行的手续。随后四条则规定中国人自置洋式船只只能和悬挂外国旗的船只在相同的口岸贸易,遵从相同的港口和海关章程,并完纳同样的捐税。其次五条关系于中国人自置洋式船只的船员管理,特别是外籍船员的管理,最后三条则是罚则。各关税务司奉命协助将来的中国买主选购良好船只,以及在必要时,选用合格的外国人充任船员,并商同监督处理一切违反海关章程或偷漏税收的案件。直到当时为止洋关管理权的范围还只是以外国人自有的悬外国旗的船舶为限,可是根据这项章程,它的管理权的范围竟扩大到把中国人自有的洋式船也包括在内;至于沙船和其他华式船则像从前一样,仍归旧有常关管辖。为避免紊乱和保障平等待遇起见,凡对中国人自有洋式船所载货物,应一律课以对同样货物由外国人自有船舶载运时所征的关税,这也就是说课以协定税则税率。中国人私有轮船发展得很慢。直到 1877 年招商局购买美国旗昌洋行(Russell & Co.)的舰队时,这种轮船的发展才第一次受到了推动作用[①],但是在准许中国人经营轮船的章程公布十年之后,他们也不

---

① 英国外交部档 17/753:1877 年 2 月 17 日傅磊斯致德贝第 39 号函。

过只有 30 条悬挂中国旗的这种船,总吨数计 22,111 吨。1892 年数目增加到 123 艘,总吨数达 30,353 吨,到 1900 年数目虽是 517 艘,可是总吨数却只是 18,215 吨。换句话说,根据这些数字判断,中国人自有轮船的平均吨数,已经从 1882 年的 737 吨降到 1900 年的 35 吨。解释是很简单的。在 1890 和 1900 年之间,汽艇已经来到了,它来到的原因是清政府屈从于列强的压力,已经终于决定开放内河行轮。在 1885 年,政府注册的汽艇已获准载运政府的物资驶入内河,但是这项许可却附有一项不得载运商货和经营商业的禁令[①]。私有汽艇同拖船一样,必须在海关注册之后,方准许往来行驶于通商口岸的海面和通商口岸与通商口岸之间,但严禁载运客货进入内河或非约开口岸。后两项规定并不是自始至终到处都被严格遵守的。1884—1885 年的对法战争和 1894—1895 年的对日战争都没有帮助中央政府加强威信,因而各省当局也就认为他们得以为因应时势的急需,在某种情形下,准许汽船不独可以从通商口岸驶往内地各处,而且可以从内地一处驶往内地另一处了。况且结束中日战争的《马关条约》,因开放苏州和杭州为通商口岸,已经明白将通往该两处的内河开放轮船航行[②]。为苏—杭—沪这种运输制定一些特殊章程,以便管理那些无论是想要载运货物,或是想要作为拖船拖曳载货沙船或货船往来于这几条特定航线的华洋汽艇的移动,已经有了必要。应征关税自然是协定税则的税率。为整顿内

---

① 海关档,总税务司通令,第 306 号。
② 第六款,第二段。

地的无照轮船运输,赫德在 1896 年 8 月[①]提出一套管理中国人自有轮船移动的章程,其中计分六章:(一)通商口岸间的航海轮船;(二)往来通商口岸间的汽艇;(三)通商口岸与非通商口岸间的航海轮船;(四)非通商口岸间的航海轮船;(五)自通商口岸驶往内地各处的汽艇;(六)在非通商口岸间进行内地贸易的汽艇。拟议的章程(应注意这只是为悬中国国旗的船只而设的)虽然始终没有普遍实施,但是却在两三个口岸发生过效力,并且成为两年后(1898年 3 月)赫德据以拟定他的内港行轮章程的基础。那一年——1898 年,我们总会记得,对于清政府乃是一个国难年,备受各国逼勒,做种种特权的让与。在这些特权让与之中,有一项就是准许悬外国国旗的船舶对内地通商[2],这项让与是英国公使因中国拒绝接受英国所提供的一笔抵押借款而要求的一部分赔补[②]。其他列强也渴望这种内港行轮的权益,但是赫德对于国内贸易征课情况和省政府各种措施,比任何外国驻京代表都知道得更多,他劝请慎重行事。总理衙门把草拟章程的事委托给他,草案一经拟妥,立刻就分行各省当局核议。这种内港行轮权利的生效日期,定为 6 月 16日,而在这个日期的前两个月,草案就经由政府核准,海关遵办。英国公使对于他没有被咨商一节提出抗议,并且极力反对以章程将这种权益限制于通商口岸所在省份的内港[③];而坚持将中国内

---

①　海关档,总税务司通令,第 739 号。

2　"查泰西各国,轮船通商,只准径到一埠,其余沿海沿江各处,乃该国民船自有之利,外人不得侵寻。今各国轮船,无处不到,获利厚甚,喧宾夺主,害不胜言。"郑观应,《盛世危言》,税则条。

②　英国国会档:"中国第 1 号(1899 年)",14 页。

③　英国国会档:"中国第 1 号(1899 年)",115 页。

港全部开放行轮。为使"内港"一词的意义明确起见，他要求将"内"字解作《烟台条约》第三端第四款中所订明的意义。他也反对仅以这种权益行之于小火轮或汽艇为限的拟议办法，而认为最稳妥是将拟行使用的轮船体积大小，留待日后取决于航行上的必要。他也坚持一切有关悬挂灯盏、防范碰撞、检验机器、拖带船只，以及任何特殊地方性规定的章程，一律由海关公布，并且那些拟实施于外商的章程也必须和条约规定相符。此外，他还要求任何外商，如果对于他因违反内港章程而受到的处分不服，得听便申请将案件依照 1868 年《船货入官会讯章程》处理。因为对于这些反对意见和参酌这些反对意见而在原草案中所必须作的修正，要有所考虑，以致把修正草案的编订一直拖延到 7 月，更因为续补章程（按：指《内港行轮章程续补》)对于往来内地货载应课何税的问题，亟需明定方针，这就把修正草案的公布更进一步推迟到 1898 年 9 月续补章程拟妥之后①。这项续补章程明白规定，凡是往来内地的轮船虽然是在海关的外籍税务司管辖之下，但是这类轮船所载的货物，除领有子口税单的以外，应该一律由中国官员代各省征收税厘，至于征税的地点和所用的税率，则与民船货载完全相同。最初，本打算在各通商口岸派驻一个专设官员，监督这类税厘的征收，但是实际上，据发现各主要通商口岸执行职务的那些官职，已经足能应付未请领子口税单的货物一切应征税厘的征收事宜了。凡是行驶内地的轮船和由轮船拖带的船舶必须在沿途一切贸易税征收关卡停船，按照定章完纳这类船舶及其货载的一切应征税厘。英国公使

---

①　海关档，总税务司通令，第 846 号。

不愿给这项续补章程以祝福,而且训令英国各领事把因施行章程而侵犯条约权利的事例呈报给他。赫德为替章程辩护,特指出,总理衙门在奏请皇上核准开放内港行轮的时候,原只准许轮船切实遵照民船的同样条件,和遵纳同样的内地征课,方得从事内地贸易;但是因为有些外国公使坚持要求将这项权利也推及悬外国国旗的轮船,这就使得原来的章程不得不有所修正。这次修正的目的是要为有关外国人等设法把他们的条约利益和权益应用到内港章程上。换句话说,以英国为首的各国公使,竟不以按照清政府所愿允许其本国人民的相同条件,来享用这种在中国内港行轮的权益为满足。外国人向来是贪求无厌的。结果,据赫德指出,乃是替这项计划造成普遍的困难,因为,把内地地方性章程同样施行于轮船和沙船的计划,一定可以保障地方税收,因而也就必会得到省当局的支持,可是既有条约因素掺杂其间,据赫德指明,那就必须要另有一套破格的办法,而这种办法势必会打破悠久的成例,增加征税的困难,诱致中国所有主贿买外国保护,并使负责内地税收的内地当局和凭靠内地税收的内地行政机关都心怀戒惧而采取冷淡态度。这项修正章程连同续补各款虽然足够创立一种新办法,但是不出所料,官方解释和批示立刻就成为在所必需的了。其中有一些指示是具有根本重要性的,诸如:内港执照虽然是由海关制发,可是决定内港船只究应携带何种国家文件的,却是国家的有关当局而不是海关①;凡是从一个通商口岸经过一个内地

---

① 海关档,总税务司通令,第 854、856 号。

地方而运到另一个通商口岸的中国货,应一律缴纳沿岸贸易税[1];凡是注册经营内地贸易的船只,在任何一次内地贸易的航行进程中,都一律不准驶出中国领海;每一个通商口岸都被看成一个内港区域的中心,从任何这样一个中心驶往内地的轮船都必须驶回该中心[2]——后来经《马凯条约》(*Mackay Treaty*)(按:即《中英续议通商行船条约》)予以根本改变的一项规定;以及内港航行的轮船应该在哪些内地关卡报请签证验货和在省内哪些地方通商,一律由省当局决定,等等[3]。在这些一般章程和特设条款的配合下,内港行轮的范围一天比一天扩张,这不但造成了种种反常的现象,而且引起种种纠纷,以致对这整个问题不得不在 1901—1902 年的《马凯条约》谈判中重新予以考虑。

二十五

　　由于 1898 年 3 月德国租借胶州[4]和 1899 年 7 月 1 日青岛海关的创立[5],订定一些特殊章程已经成为必要的了,因为暂时作为德国租借地管理的这个地区将享受一种特殊地区的待遇,凡是输入这个地区的一切华洋货物,除鸦片、武器和火药外,一律免征关税,但是向中国其他地方复出口时,则又成为应税品。从内地运入

---

①　海关档,总税务司通令,第 872 号。

②　同上,第 906 号。

③　同上。

④　赫茨雷特,前引,卷 1,351 页;《中外条约汇编》,卷 2,209 页。

⑤　海关档,总税务司通令,第 894 号。

德国租借地的中国货物,在从青岛装出时,应该完纳出口税;而德国租借地内生产的产品和用该租借地内生产品作成的制造品,则在出口时免征关税。鸦片可以原箱输入,但必须存入关栈。只要存在关栈不动,鸦片就被认为是保税品,可是在向中国其他地方输出时,必须完纳协定进口税和厘金。为德国租借地内消费用的鸦片,则另归专章办理。武器和火药的输入德国租界地,也都另归专章办理。后来在 1905 年,德、中两国当局凭着过去六年经验的指引,磋商修订这项青岛设关的协议,德国政府保证给予海关以在德国租借地内活动的便利,并协助保护它的税收,清政府为酬答这种协助起见,同意以包括鸦片在内的货物进口税的一定成数,拨给德国政府①,这项变动以及德国租借地所产物品关税待遇的协议等,将在下文论述。

二十六

正是在强迫特权让与的这个存亡攸关的一年(1898 年)中,外商乘机通过他们的公使馆极力要求修改那项已经有效地实施了将近 36 年而没有任何变动的《长江通商统共章程》。他们反对这项章程强制他们必须按照章程对于装自沿江各口的土货同时完纳出口税和沿岸贸易税,而要求将这方面的纳税手续比照装自沿海各口的同样货载划一办理。他们也要求简化茶的征税手续,俾使承销人在茶叶从一艘领有长江专照的轮船起岸时,可以不必缴纳沿

---

① 《中外条约汇编》,卷 2,221—224 页。

岸贸易税，而按照应完款数，立具保结以为代替，这项保结准在茶叶于一年内重新装船出口时，予以注销。自 1862 年起，沿江又开放了南京、芜湖、沙市、宜昌和重庆五个新通商口岸，以及大通、安庆、湖口、陆溪口和武穴五处可以装卸货载的停泊所，和八处可以上下旅客和随身携带行李的搭客站。这个修改《长江通商统共章程》以应付形势变化的问题，曾经交由沿江各口税务司筹议①，各该税务司和总税务司签具意见的总结已经载在 1898 年《修改长江通商章程》里面了②。根据这次修正案，沿江贸易船只计分为三项：出海大洋船、江轮船和小船。凡是驶往镇江上游的大洋船应该在镇江、吴淞或上海请领长江专照；江轮船应该在上海请领江轮专照，每年在上海、汉口或宜昌换领一次，并且应在发给或换发专照的口岸缴纳船钞。小船计分为划艇、钓船和洋商雇用的华式船只；其中持有外国船牌和悬挂外国旗帜的划艇，必须请领长江专照，至于没有外国船牌的钓船，就必须在该管口岸请领关牌。洋商雇用的沙船只准将洋商自置的货物，从沿江的一个通商口岸装运到沿江的另一个通商口岸，并且必须出具切结，请领专牌。一切小船，无论是划艇、钓船或洋商雇用的民船，都必须按照持有长江专照的大洋船例报关、起货和完纳税钞。总单必须照旧随船携带，并且各有关船只必须对于总单中已经开列而不在卸货口岸起下的货物的应完税项负责。船舶若是在中途经过的口岸并不贸易，那就不必停泊候验牌照，但是在海关巡船索阅的时候，却必须呈验。海关得

---

① 海关档，总税务司通令，第 813 号。
② 同上，第 826、868 号。

任便封闭舱门和委派海关官员押送。《修改长江通商章程》的实施,减轻了纳税的烦难情形,但同时却也使得海关的管理严格了很多,因为卸货口岸的进口税和沿岸贸易税的征收事宜,已经使得迄当时为止多少被忽略过去的一些手续,都成为必不可少的了,例如对于一切进口货载的查验以及对于江轮所载货物和其他各式船只所载货物的卸货准单的查验,等等,并且还必须对一切进口货制发海关验单。一艘江轮在呈验必要的江照、舱单和总单之后,准否将它的货载不卸入趸船而卸入货船,完全听由各口海关决定;但是受托人不论将他们的货物从轮船卸入趸船或货船,在移动或卸下该批货物之前,却必须将他们的交托货物的单据呈海关查验。这项《修正长江通商章程》自 1899 年 4 月 1 日起开始生效,在它被认为有必要做另一次修正时,则又是 36 年以后的事了。

二十七

自从《中英天津条约》签订以来,40 年已经过去了,据该约第二十七款的规定,缔约国的任何一方都可以在十年届满时,要求重修条约中的通商各款和附列的税则。早在 1898 年 4 月,总理衙门就通知英国公使,清政府希望修改税则和条约中的通商各款,并且说明该衙门已经奏明皇上,皇上也已经颁下必要的谕旨①。这一步骤并不是出乎意料的。总督李鸿章在 1896 年访问英国时,就已

① 1898 年 4 月 7 日总理衙门致窦纳乐函,附于 1898 年 4 月 15 日窦纳乐致萨里贝利函。英国国会档,"中国第 1 号(1899 年)",101 号。

经明确表示过，中国方面将会要求提高进口税率，因为当时在名为值百抽五标准下所征收的实际关税，约只百分之三点五至百分之四不等。他还不止是表示而已。他也像在俄、德、法等国时曾经做过的一样，递交给当局一份由赫德用中、英、法、德等国文字写成的备忘录，内中指出，协定税则在 1843 年年初制定的时候和在 1858 年修改的时候，用以计算税率和据以缴纳关税的那种特殊银两——海关两，实际上对英镑是保持每三两一镑的确定价值。可是在过去二十年中，白银对英镑的兑价一直不断地贬低，以致目前在 1896 年，必须六至七两才能购得英币一镑。也正是在这二十年中，"中国已经建立了驻外使馆，一直在购买机器，建造船只，创办各种必须在国外作长期不断开支的事业，并且一直在向外国金融市场举债，而这种债款又必须以英镑或英镑等价物计算，可是中国按照仿佛仍然是三海关两一镑的比价作为关税收进的钱，却必须按照每镑六至七两的兑换率付给外国人！根据时势的需要，考虑事理的公平，我们应该重新宣布海关两的固有价值，并且遵从中国所同意据以收税的三两一镑的银价。"然后备忘录又进而辩称，采用一种金标准缴税，"并不是一种必须修改条约，或变动税则的办法"。所必须作的手续，只不过是在每六个月之前确定和公布一次海关两与英镑的比价。所以中国提议得任便以黄金、纹银或外国铸币完纳关税：如果以黄金完纳，一金镑应该仍然像最初时一样，等于三海关两，零数照算；如果以纹银缴纳，2,228 两上海纹银（按：即规元）应该暂作为等同 1,000 海关两，零数照算；如果以外国铸币缴纳，那么这种铸币的数目应该以足够买进应缴海关两的相应数量的上海纹银为准，零数照算。实际上这就势必把海关两作成为一种等同英币六先令八便士的金单位。这项提议并没有受到热烈的欢迎，至少在英国的情形是这样的。可是这并不能使中国修改税则的主张失去效力。不但是为了应付因白银贬值而陷于窘状的海关机构的行政经费，急需修改税则以增加收入，而且为了应付1895和1896年两次金借款的筹还，需要尤其殷切，这两次借款都是为了支付1894—1895年中、日战争以后日本强勒的赔款以关税为担保而措借的。可是中国的命运当时尽管是那样可怕，却注定还要变得更加不可想象地可怕。在勒索者眼里的其他种种更迫切的利益，都必须做优先的考虑；弱而无备的中国只好任人宰割，被迫做特权的让与；他们还有铁路和采矿的特权有待力争；土地的租借和租借地的扩充有待掠取；拟议的内河行轮章程的争议条件有待解决；拟议的上海公共租界和法租界的扩充有待商定；以及一些新口岸有待准予开放。当列强正要借相继不断的压迫和必要时借威胁来猎取这类丰富掠夺物的时候，中国方面希望它们对于它那个修改税则的公平适度的要求加以任何注意，也就是难乎其难的事了。此外，它又有它自己的一些特殊困难：扬子江流域各地的严重骚动；它的政治家之一恭亲王的逝世；广西的一次叛变；以及最重要的，皇上下诏维新的失败和随之而来的实即废置皇上与西太后重掌国政的大政变。在这一切混乱之中，无怪乎税则问题也就被抛到九霄云外去了，直到1899年12月间才又被重新提出，总理衙门要求英国公使指定一个开始谈判的日期，同时声明它已经派定上海道盛宣怀，前任上海道和赫德爵士代表中国出席修改税则委员会①。这个委员会的委员在 1899 年 12 月至 1900 年 5 月这几个月中开过很多次会,但是立刻发现他们的筹议,因户部不能供给和省当局不愿供给厘金税率的必要资料,而被阻不能有所进展。当这个委员会仍在努力克服困难的时候,却被义和团起事的洪流淹没了。

---

① 　1899 年 12 月 5 日致萨里贝利函;英国国会档:"中国第 1 号(1900 年)",383 页。

第五章 从 1902 年的修订税则
到 1925—1926 年的北京关税会议

一

甲午中日战争(1894—1895 年)是中国近代史上的一个转折
点的标志。从那次事件之后,中国便一蹶不振。战争的失败把它
拖得筋疲力尽,世界各国也就立即乘虚而入。外国政府和各该政
府支持之下的私人企业组合都乘势抓住这个机会,勒逼领土的租
借和铁路矿山的特权让与。势力范围已经是平常谈话的题目,政
论家和政客们公开讨论所谓的"瓜分"。德、法两国固然联合了俄
国,坚持要日本放弃辽东半岛的占有[①];但是台湾和澎湖列岛却被
战胜者霸占了[②]。接着便是俄、法、德、英之间为了承借中国支付
对日赔款所必需的偿债基金而展开的一场争夺战,终为俄国占得
优势[③]。作为酬答财政援助的条件之一,俄国凭借 1896 年 5 月 22

---

① 《欧洲各国政治》(*Die Grosse Politik der Europäischen Kabinette*),卷 9,269—
274 页;马克谟,前引,51—53 页。

② 《马关条约》第二款;马克谟,前引,卷 1,19 页。

③ 莱特(Wright),《关税纪实》(此书的英文版名,*China's Customs Revenue Since
the Revolution of* 1911),第三版,123—124 页。

日签订的《中俄密约》(*Li Loban off Treaty*)[①],取得一条横贯东北直伸海参崴省的铁路建筑权,所有铁路的建造经理事宜,都委托一家由华俄道胜银行(后来的俄亚银行)组织和出资的公司承办[②]。俄国向东北的伸张进行得很快,1898 年 3 月 27 日它和清政府缔结一项条约,其中应允将三年前正是它为怕扰乱远东和平而强迫日本退还中国的那块土地,租借给它,为期二十五年[③]!这同一件条约还许给俄国以下述的权利:得建造中东铁路的支线;得在旅顺口建筑一个设防的海陆军基地,把它最后建成为远东的一个难以攻陷的基地;并得把大连湾这个渔村变成现代都市和海港——这个港口,后来当日本人再度以战胜者身份把军队开进来的时候,又重新被命名为大连。俄国向东北的伸张,对其他各国是一个警报,也是一种刺激。德国、法国和英国于是都参加了侵略。在1894 年 11 月间,德皇实际上已经提议夺取台湾[④],六个月之后,德国外交部已经考虑着开拓中国沿海几处地方的可能性[⑤]。在 1896年,德国曾经向李鸿章要求一个海军基地作为它会同俄国为中国索还辽东半岛的报酬。终于在 1897 年 11 月,这久经期待的机会来到了。在那一个月,有两名德国传教士在山东被戕杀,德

---

① 赤木,《日本外交史》1842—1936 年(*Japan's Foreign Relation*,1842—1936),东京,1936 年,178 页。马克谟,前引,卷 1,81—82 页。

② 同上,卷 1,74—77 页。

③ 同上,卷 1,119—121 页。

④ 《欧洲各国政治》,卷 9,246—247 页。布兰登堡(Brandenburg,E),《从俾斯麦到世界大战》(*Vom Bismark Zum Welt Kriege*),柏林,1924 年,48 页。

⑤ 《欧洲各国政治》,卷 14,1895 年 4 月 17 日荷尔曼(Hallmann)致马沙利函。

国从这件事的解决中得到了丰富的收获,租得胶州湾和它的附近地带,为期九十九年,并获得山东省开发铁路矿山的优先权①。现在既然只要是力足挟势威逼的一个国家,就有海军基地可以要求,于是法国要求,并且取得了为期九十九年的广州湾的租借,以及从越南边界到云南府的铁路建造权②。为监视俄国的活动,英国要求威海卫的租借,并且在日本人撤出旅顺口之后,依照俄国租借该口的相同条件进入该口③。英国对于这项让与还不心满意足,竟又借口香港租借地缺乏适当的保护,进而要求,并且取得了九龙方面约二百平方英里土地为期九十九年的租借④。实际取得领土还不够,这些贪求土地、猎夺特许权的列强,更进而划分势力范围。法国率先在 1897 年 3 月间从清政府方面获得了一项诺言,保证绝不割让或出让海南岛,"不论是作为永久或暂时的让与,抑是作为海军站或贮煤所"⑤,接着这次的成功,它又在 1898 年 4 月间取得了中国方面的保证,应允不把邻接东京诸省地方的全部或局部,不论是永久的或暂时的,也不论是用租借或任何名义,让与其他任何国家。⑥ 在同年(1898 年)2 月间,英国也得到了清政府的一项诺

---

① 马克谟,前引,卷 1,112—118 页。

② 同上,124—125,152—153 页。

③ 英国国会档:"中国第 1 号(1899 年)",199 页。《美国外交关系》,1899 年,190 页。马克谟,前引,卷 1,152—153 页。

④ 英国国会档:"中国第 1 号(1899 年)",156—159,171 页。马克谟,前引,卷 1,130—131 页。

⑤ 同上,98 页。

⑥ 同上,123 页。

言,保证"以后决不将扬子江沿岸各省地方租借、出典及以何等之名目让与于他国"[1](录自《中西新旧条约汇刻》,卷9);同时它还要挟清政府同意,只要英国贸易占据优势,海关总税务司一席,就必须由英国人担任[2]。两个月之后,1898年4月26日,日本从清政府取得了一项保证,担保不以福建省内土地的任何部分,割让或租借给其他任何国家[3]。为防止这些势力范围被侵犯起见,列强之间订定了相互承认的条约。根据1898年4月30日英、德间签订的协定,前者承认德国在山东的利益,保证它自己不从威海卫建造任何铁路交通[4]。一年之后(1899年4月28日),英国同俄国缔结了一件类似的契约,这一次是限制它自己不为它本身或它的臣民在中国长城以北,寻求任何铁路特权的让与,俄国作为交换的是,保证不在扬子江流域为它本身或它的臣民寻求任何同类的特权让与[5]。这种产生于国际猜忌和贪婪的租借地与特权让与的迫不及待的争夺,是甲午中日战争的一个直接结果。那次战争暴露出大厦的主人不但不是想象中那样一个强有力的人,而且已经不能再保障它的产业的安全,更因为这些产业都是非常令人艳羡的,所以劫掠者也就毫不踌躇地破门而入,肆行剽窃了。

---

[1]　英国国会档:"中国第1号(1899年)",17页。马克谟,前引,卷1,104—105页。

[2]　同上,105—106页。

[3]　同上,126页。

[4]　赫茨雷特,前引,卷1,584页。

[5]　同上,586—587页。

二

这类的强取豪夺自然令人愤慨异常①。中国的爱国人士不禁
问道，像这类的外国侵略，真不知"将伊于胡底"？这些来自远方的
外国人，不问他们是法国人、俄国人、英国人、德国人或日本人，都
要求向四面八方建造铁路，并且要求把铁路的兴建委托给他们。
他们已经猎取到中国的沿海贸易，现在他们又坚请开放一切内港，
以供他们的轮船航行，继而对和平伸张方法还嫌不足，竟又进而割
取土地以遂他们政治商业上的野心，虽说只是租借，可是很容易会
就此断送。任何一个爱国的中国人对于胶州、辽东、广州湾、九龙
和威海卫的掠夺，除去疾首痛心而外，哪里还会有别的想法。但是
只凭靠痛恨为人宰割的情绪，却不能挽回大势和有补于国家的损
失。从政治家的观点看，局势是需要建设性改革办法的，在那灾祸
横生的五个年头中所涌现的这类办法，并不止于是一种改革的要
求，而且还是一种革命运动，并且从运动最初的时候起，就是反对
清朝的，但是它经过了许许多多的变迁。宪政改革运动的倡导人
是康有为，康氏可说是他那时代中国最著名的学者和政论家，他经
过上书房师傅翁同龢的推荐得以接近皇上，并且用他的赤诚和见
地说动了皇上，可是因为他不是一个训练有素的政治家，所以他的
见地并不是得自经验，而是得自他在历史和政治学方面的渊博学
识，于是皇上在 1898 年 6 月间就开始了那个举世瞩目，但为时很

---

①　参看《公车上书》,《北华捷报》,1898 年 4 月 18 日。

短的运动,当时这位年轻的皇上想要用一道接一道、一次比一次激烈的上谕来彻底改革他这庞大帝国的腐朽行政制度。举世皆知,反动的力量就跟着产生了。西太后在她的忠实奴才荣禄的帮助下,重新取得帝国的支配权,并且迅速恢复了旧有的制度。所有这一切自然都不是导向和平秩序的。全国各地都很不安宁,发生了许多攘外事件以及教士们被戕杀的事。在北京,各国代表一再提醒政府说,他们是派给皇上而不是派给西太后的,这激起了愤怒和攘外的情绪。因为怕外国侵略而调到京城的董福祥的野蛮甘军造成了几次攘外事件,所以英、美两国使馆都向它们各自舰队中请调一支海军守卫队。危险逼近的恐惧,有增无减。在1899年全年之中,骚动和混乱在各处蔓延的范围,越来越广。根据那年3月15日的一道上谕,给予教士们官员的待遇,这项惠赐却造成进一步的误解和苦痛。反教士的示威至少在九个省份中都发生过。泛滥和饥馑蹂躏了黄河流域,暴动和武装起事——有些是反清朝的,有些是攘外的——实际上是每省都有。德国侵略山东和意大利侵略浙江沿海的威胁,把攘外情绪的火焰煽动得更加高张,同时协办大学士刚毅为弥补匮乏的帝国国库,以钦差大臣身份在江苏、浙江、安徽、江西和广东各省的横征暴敛,自然更加剧对君主的愤恨,因为对身居高位的官员们的横施征敛,结果一定还是以增税的方法取偿于农民和商人。燎原之火终于在山东燃烧起来。在1899年3月间,那位朝代的忠实支持者和西方侵略的死敌毓贤已经奉派为山东巡抚,他在巡抚任内明白表示出,对于任何外国事物,特别是对于基督教会及基督徒的公开仇视,即使过激,也都不会被视为犯罪的事。人们对于这种态度的反应,正像火柴之于引火物一样。

被剥夺者,以及那些理应不欢喜或不信任外国人的一切人们——
他们并非不多——以"扶清灭洋"为口号,共同组织了一个名叫义
和拳的会社。对于教会的产业和对于中国基督徒的村落的袭击,
在山东和南直隶两省已经习以为常。继而有 1900 年 1 月 11 日意
思模棱的一道上谕,接着几天之后毓贤又在北京被召见并被封为
山西巡抚。在 5 月初,那些因端王几千名军队的附和而扩大了队
伍的义和拳,正在北京四十英里内袭击村落,杀烧教民;在同月 28
日,他们已经焚毁了保定府铁路线上的两个车站和两座桥梁,并且
正焚毁着天津铁路线上距北京仅十英里的丰台车站和机器房。对
于北京的各国使馆和一切外国人来说,局势显然是异常严重的;但
是差不多在最后片刻,各国使馆才得以从大沽外国战舰上调来一
支总共不过四百多人的小规模武力作为使馆守卫队。这时意外的
事情接连不断地发生。6 月 11 日,日本使馆的杉山彬先生被杀;
两天之后义和拳占领满城(Tartar city,按指北京内城);17 日大
沽炮台被联军攻占;20 日德国公使克林德男爵(Baron Von Kett-
ler)为了去抗议限各国使节和一切外国人等在二十四小时内离
京的上谕,在前往总理衙门的途中被戕。随后便是对各国使馆
名为围攻实为救助的形势,以及外国联军的占领华北。

三

　　但是人们会问道,这一段外国侵略和中国抵抗失败的叙述,和
税则有何关系? 正是因为如此,外国人遭遇抵抗而受到损失,便要
勒索一笔赔偿,这才修订税则,以便使各国的赔款要求得以满足。

修订税则本来是清政府根据条约权利，为因应行政和其他方面的义务而筹措殷切需要的收入所早应该可以做的事，但是列强不许，现在他们却坚持要把它作为一种必要的手段，以求外债业已不胜负担的清政府能够抽征较多的税收，来应付所谓的赔款。从1900年10月底起到1901年9月初止，十一个外强的代表就一直在北京争论现在称之为《辛丑条约》的种种条款①。争论问题中主要的一个，就是应索赔款的数额和支付赔款的财源。最后决定的数目是整额四亿五千万海关两，分三十九年清还，所有未清偿的整额每半年付息一次，息金四厘②。为支付这笔庞大的债款，各国代表决定要求中国以下述财源作为担保：

"（一）新关各进款，俟前已作为担保之借款各本利付给之后余剩者，又进口货税增至切实值百抽五，将所增之数加之，所有向例进口免税各货，除外国运来之米及各杂色粮粉并金银以及金银各钱外，均应列入切实值百抽五货内；

（二）所有常关各进款，在各通商口岸之常关均归新关管理；

（三）所有盐政各进项，除归还前泰西借款一宗外，余剩一并归入。"③（录自于能模等编，《中外条约汇编》，502页）

赫德曾经被咨询以中国财源问题和偿债的最好办法，他于是又乘机指出④，筹措为偿债所需要的大部款项的最迅速稳妥而同

---

① 关于详细议事纪录，参看法国《黄皮书》，"中国事务，1900—1902年的北京和议"；《美国外交关系》，1901年，附录，英国国会档："中国第1号（1902年）"。

② 《美国外交关系》，1901年，附录，284页。

③ "中国事务"，卷1，226—230页。《中外条约汇编》，卷1，307—309页。

④ 见前第四章。

时对中国又最为公平的办法,就是把海关两定为价值等于六先令八便士的一种金单位,因为这是海关两在协定税则最初实施时所具有的价值[1],而且一直保持到三十年后白银开始贬值时为止。这个建议是不会被接受的。两位中国全权大臣拟将现行关税税率提高三分之一的建议,也是不会被接受的[2]。俄国代表格尔思赞成将税率提高十分之一,法、德两国代表也都赞同这项提议[3],美国代表柔克义虽然予以支持,可是附带下述条件:废除外国进口货的厘金;在进口税表上,以从量税率代替一切从价税率;由中国拨款着手修缮黄浦江和海河;修订内港行轮章程;以及大量削减中国茶、丝和棉花等大宗出口货的厘金征课。萨道义爵士并不准备同意把进口税提高百分之十,因为这样一种增税,无异是单单为了使中国能支付对其他国家的债务而加英国贸易以损害[4];但申明如果中国能够另外许给商业特权,诸如裁撤厘金,保护商标,以及美国代表所提出的其他要求等以为交换,英国政府也可能考虑这样一种增税[5]。最后议定作下述的建议:把税率提高到切实值百抽五的标准,而这种税率应根据 1897、1898 和 1899 年的平均市价作成从量税率;指派一个国际委员会,依据这个标准修订税则;在这个委员会的工作未得有结果之前,应按照值百抽五的标准征收关

---

[1]　《美国外交关系》,1901 年,附录,116—119 页。

[2]　同上,116 页。"中国事务",卷 1,206 页;卷 11,138 页。

[3]　1901 年 5 月 7 日萨道义致兰斯棠函,英国国会档,"中国第 1 号(1902 年)",42 页。

[4]　"中国事务",卷 1,228 页。

[5]　同上,226—227 页。

税①;以及废除免税表。因为当时葡萄牙、朝鲜、瑞典、挪威、丹麦、秘鲁和巴西七个国家在北京没有派驻代表,所以必须把这项决议通知他们,以便他们可以筹备参加条约和税则的修订事宜②。可是我们必须注意,和约中涉及赔款和修订税则的条款(第六款),却并没有提到国际修订税则委员会这件事,因而美国国务卿海约翰(John Hay)声称:"和约所要求的是由中国尽快把一件根据几个指定年份内的价值,按照值百抽五标准核算和制成从量率的税则,付诸实行,……中国完全有权单独制定这项税则,无须征询任何国家的意见而立刻予以实施。列强对这件事所能过问的,只在他们认为有变动必要的时候,提出对某些项目的反对意见,由中国加以变更。"③然而《和约》中却订明(第十一条),"大清国允定将通商行船各条约内,诸国视为应行商改之处,及有关通商各项事宜,均行议商。"(录自前引)

四

　　虽然起草《和约》的各国公使并没有对这个问题做出详细规定,可是他们理解税则将是由一个国际委员会议定的。不过有一类商品,据这些驻京各国代表的决定,应交由一个专门委员会讨论,这类商品就是军械和火药以及制造军械火药的原料与机器。由《和约》签字国指定以俄、美、英三国代表组成的研究这个问题的

---

①　"中国事务",卷1,229页。

②　同上,卷11,189页。

③　海关档,1902年10月1日裴世楷(Bredon)致赫德函。

专门委员会,在 1901 年 3 月 20 日提出了报告书①。该专门委员会在报告书中罗列下述各项意见:单靠中国禁止武器进口是不够的,重要的是凡和中国有条约关系的列强,应该禁止武器和军火向中国出口;关系这一方面的违禁品清单,应该由各出口国主管当局制定;各该政府应该将这类清单通知它们的驻北京代表,然后再由各该代表负责采取必要措施,防止清单中所列货物的走私进口。委员会指出,为使这些措施能够发生效用,各负责执行的机关就非具有查拿没收的必要权力不可。这些机关是(一)海关,(二)领事团,和(三)在中国海面统率外国军舰的官员。委员会议定:(一)对于在中国海面从事军火贸易的一切华洋船货,不论是在通商口岸或沿海,海关都有权加以没收,但必须将这类船货移交该管领事,至于中国船舶,则必须移交领事团;(二)领事应有权没收任何这类货物,并对船舶和一切干系人等提起诉讼;以及(三)在中国海面统率外国军舰的官员应和海关一样,有查获权,并应同样分别案情,将货物和船舶移交该管领事或领事团处断。领事团应仿照上海现行法庭的成例,组织一个领事法庭,得下令销毁违禁的武器和军火,没收和出售船只,唯出售船只所得的价款,应该交还海关。委员会认为,凡是和中国毗邻的各国为防止通过陆路边界将武器走私运入中国而采取各种措施,也是非常重要的。最后,委员会极力主张,由清政府对这个问题,明降谕旨,将禁令的期限定为五年,如果列强认为相宜,再每五年展期一次。这就是希望用以防止武装起事在中国重新发生的方案。可是在起草《和约》有关条款的时候,

---

① “中国事务”,卷 1,154—158 页;卷 11,78—80 页。

各缔约国对于他们希望的这个目标所可能给予的帮助,只字未提,而把缉私的责任全部放在中国方面。所以根据《和约》第五款的规定,"大清国允定不准将军火暨专为制造军火各种器料运入中国境内,已⋯⋯降旨禁止二年,嗣后如诸国以为有仍应续禁之处,亦可降旨将二年之限续展"。(录自前引,501页)他们所要求的谕旨已经得到了[①],必要的公告也已经依式颁发[②],但是两个月之后(1902年1月),海关各口税务司却接到通知说:因为关于查获军火时所应采取的措施,各使馆正在和它们本国政府磋商,在这期间,凡查获这类物品,应一律由海关保管,而不须移交中国当局[③]。可是各该国政府认为还是改变一下这种作法比较好一些,同时他们已经毫无疑问地认识到,如果他们制定任何禁止以军火向中国出口这类自加限制的条例,那只是使得一切签约国与非签约国的不法商人大得其手了,因为照这些人看来,贩卖军火乃是一种发财的生意,若仅凭一些虚无缥缈的理由,说这些军火会被用来接济作对抗他们本国或别国的叛变或战争,就此洗手不干,未免太为可惜。所以,他们归结又把这个问题交由各该国驻上海代表在研究新税则时一并讨论,这也是不足怪的了。这些大人先生们联想到《中英》和《中法通商章程善后条约》第三款和第五款的规定,便拟定了一个条款,附列作为新税则的第三款,新税则协定是在1902年8月29日经由八国代表签字,随后又分别在不同的日期经由其他六国

---

① 《辛丑和约》,附件十一。
② 海关档,总税务司通令,第987号。
③ 同上,第1001号。

代表签字的。据该第三款的规定,海关应负责执行禁令,凡武器、弹药和军需品等,非奉有清政府的通知或由照章领有政府护照的中国人奉命采办,一律不准进口。事实上,中国在 1901 年 11 月 7 日所给予外国陆海军军用物品免税进口的许可,也应该将各该军队实际需用的武器和弹药等一并包括在内①;但是这类用品的申请进口,必须由关系国当局签证,担保其真实无讹。尽管有这种种预防办法,走私贸易还是照旧进行,而毫无风险,甚至外国军队所享受的这种特权也有滋生流弊的情形。直到 1906 和 1907 年,管理武器进口的详细章程才终于制定公布②。这些章程虽不时修正补充,但是其中的要点却一直没有变动③。

五

为了能使条约和税则委员会尽速产生作用起见,清政府奉旨委派工部尚书吕海寰,侍郎、铁路总办兼上海道盛宣怀为全权代表,并以贺璧理和戴乐尔两位海关税务司为随同,前者当时任江汉关税务司,后者任造册处税务司。不几个月之后,在这几个人之外又加派代理总税务司裴世楷为帮同④。当时任英国外交大臣的兰斯棠侯爵(Lord Lansdowne)指派马凯爵士(Sir James Lyle Mac-

---

① 海关档,总税务司通令,第 984 号。
② 同上,第 1397、1456、1520 和 1552 号。
③ 关于现在章程,参看《海关章则汇编》(*Code of Customs Regulation and Procedure*),第三版,1937 年,第二十一章,213—229 页。
④ 海关档,总税务司通令,第 981、1010 号。

kay)为首先到达中国的英国代表团的首席代表，他是印度事务委员会（Council of the Secretary of State for India）委员和大英轮船公司合伙人。已经在印度富有业务经验的詹姆爵士（按：即马凯），根本是一个实业家，并不擅长外交艺术和方法。他在1901年11月间偕同他的僚属到达。但是因为他想要先熟习一下扬子江以南和沿江各通商口岸的一般情况，一直到12月中旬他才准备好开始工作。在此期间，根据《和约》规定，所应办到的是设法使进口税暂行按照值百抽五的从价税率征收，为了尽可能遵照《和约》规定的标准做到这一点，各海关在1901年1月初就已经奉命制定各种从价税华洋货物品目表或种类表，并附开中、英文商业名称，制造地或原产地，以及每个商业单位量的平均价值[①]。根据《和约》第六款，经议定切实值百抽五的税率，应该在那件条约签字两个月后实行。签字仪式是在9月7日举行的，但是因为11月11日恰好是星期一，又是阴历十月初一，所以就决定不以7日而以11日为值百抽五税率开始实行的日期[②]。于是布告周知，凡以前实行的进口税则和免税货物表自1901年11月11日起，一律废止，一切进口货，除例外情形别有规定外，在另行布告之前，一律按照切实值百抽五从价税率完纳关税[③]。例外情形计分为下述六类：（一）洋米、谷类和谷粉以及金银和金银币，一律豁免进口税；（二）按每担关税八十两、厘金三十两同时并征的鸦片，仍照旧例完税；（三）一

---

① 海关档，总税务司通令，第15号。
② 同上，第977号。
③ 同上，第984、994号。

切指运中国的在途外国货以及《和约》签字后十日内已向中国发送的外国货,仍按照值百抽五税率未采用以前所行的办法办理;(四)凡已存关栈的货物,以及指运中国的在途货物或在《和约》签字后十日内已向中国发送而后来存栈的货物,一律按照旧税则和旧税则章程处理;(五)为北京使馆进口的专用品,一律豁免进口税;但免税申请书应由各有关国领事馆副署签章;以及(六)为外国陆海军运到或卸下的专用品,也一律豁免关税;但是免税申请书,和使馆专用品的情形一样,应由各有关国领事馆副署签章。在这六类例外情形之外,后来又加上由陆路边境运进中国的外国货,这类货物仍继续享有条约所给予的优惠税率[①]。布告中也叙明,在新税则拟制期间,关税率原应以 1897、1898 和 1899 年三年的平均价值为标准,但为便利业务,减少麻烦起见,关税将按照业经公布的 1897 年的价值表征收,如果表上的估价有疑问地方,那么就以当时市价减除捐税后的余额为准,或是在市价不能确实知道的情形下,按照发票价格加百分之十计算。此外,出口货仍继续按现行税则完税,沿岸贸易税也依旧不变,这都是不待言的。可是在两个月还不到的时候,各地已经发现:1897 年的价值,不论在最初编订时是如何准确,到 1901 年时是既不实用,也不令人满意了,特别是在上海方面。因而那件物品表也就被收回,同时海关奉命以发票和市场价值为准,并以此为依据来处理每一批

---

①　海关档,总税务司通令,第 1000、1003 号。

托销的货物①。可是，为便利业务和避免争执起见，江海关在美、英、德和日本各国协会（Associations）的同意下，拟定了一项纺织品和棉纱进口税暂行税则，并在该口岸予以实行，其他各口也随即采用了这些税率。

六

　　这种值百抽五的税率现在已经适用到许多种从前免税进口的货物上。这自然引起很多问题，也遭到那些直至当时为止一向享有货物免税待遇的人们的不少批评。先前税则中免税规定的本意，只是就一切直接运给外国人个人使用而非出售给中国人使用的那些物品，准免关税②。随着通商口岸和内地各处外侨人数的增加，店主们已经开设了一些店铺，专售外侨需用的物品。这种情形原是和旧有免税章程的本意不符合的，因为免税章程绝没有打算成为一种以税收为牺牲的利润源泉。当这些店铺开始把免税进口的外国货出售给中国人，并且采办了许多旧免税表上本来没有开列的物品供应销售的时候，事情就变得更糟了。为保护税收并为贯彻免税章程的目的起见，在 19 世纪 70 年代初期，海关方面就

---

　　①　海关档，总税务司通令，第 998 号。
　　②　"按照《中英通商章程善后条约》第二款规定，有一些现在根据习惯准许免税进口的货物，今后将根据条约免税进口了。勋爵下将……注意到，在中国各通商口岸的外国人，对于一切拟供他们消费的外国产品，曾经并且仍然在实际上享受着免税待遇。"1858 年 11 月 8 日额尔金致曼兹柏立函；"1857—1858 年额尔金伯爵奉专命出使中国及日本有关文件汇编"，425 页。

已经决定对一切货物征收关税,凡是为出售给中国人而进口的免税表上的物品以及为出售给外侨而进口的那些未经免税章程明文规定免税的各种物品,也都一律包括在应征关税之列。后来又进一步商定,如果对于任何货品有变更或开征关税的意思,必须在六个月前预先通告。税则虽然始终认真奉行,但是那些比照税则办理而实际上并没有列进税则的新货品,数目仍然一天比一天增加,尽管用过各种方法想把这类货品类总在一个简便的一般税目项下,可是往往令人觉得还是做一次变更,并将开征关税的意思在六个月前发出预告,才是最好的办法。在新条约和新税则的商谈开始以前,哪些应该和哪些不应该列进免税表的问题就已经常常发生,而且不得不一一向北京高级当局和外交团请示。根据请示的结果,决定办法如下,除洋米、杂色粮面、金银和金银币已经在《和约》正文中列为免税品①,又使馆用品由于礼貌关系,以及旅客随身行李因系依照海关惯例②,仍应继续免税通关外,以下各项品目也都享有免税输入中国的特权:(甲)外国政府直接运给各该国领事馆的公用文具③;(乙)中国中央和各省官厅领有免税专照的需用物品④;(丙)非贩卖用的少数货样⑤;(丁)有特别契约的铁路建筑材料及用品;(戊)为船舶煤舱和贮为船舶使用而应发给存票的

---

① 《辛丑和约》,第六款,第一项。海关档,总税务司通令,第 984 号。
② 同上,第 979 号。
③ 同上,第 1016 号。
④ 同上,第 1020 号。
⑤ 同上,第 1022 号。

煤斤[1]；以及（己）由侨民带入非贩卖的自用旧衣服、书籍、画图和家具等[2]。这就是 1902 年 10 月 31 日新进口税则施行时，免税表的情形。不久以后，日本公使提出了印刷用纸的关税问题，因为这种纸曾经有过一个时期在上海划归文具类，置于免税之列，但这既不是自用品，显然是应该完税的。美国公使主张领事馆人员的日用品、衣物和自用物品等，也应该享受免税待遇，但是因为这些都是上海税务司的应税物品表中的项目（这个表是曾经征询过外交团的意见，并且获有同意的），所以总税务司在没有接奉外务部的训令以前，谢绝做任何变更——这时外务部已经代替了总理衙门的地位。经过许多磋商之后，还是同意将它作为一种特权，准将新任领事的自用物品豁免关税，不过免税申请应该在公使馆致函外务部通知领事的任命时，一并提出，并附寄请予免税的物品清单一份。此后再有运给领事自用的物品，除他们本国政府发给的公用文具而外，应一律照章纳税[3]。

七

中、英两国代表的修约谈判开始于 1902 年 1 月，在那一个月里他们共开过五次会，经过种种间隔和延宕，一直到 1902 年 9 月 5 日才在全部竣事的条约上签字。使得詹姆·马凯爵士大伤脑筋的那些因循延宕，虽说是盛宣怀的一再患病所造成的，但更主要的

---

[1]　《辛丑和约》，第六款，第一项。海关档，总税务司通令，第 1025 号。
[2]　同上，第 1026 号。
[3]　同上，第 1151 号。

是中国代表遇事就要咨商，并且必须分别取得外务部以及两湖和两广总督张之洞和刘坤一的同意。但是詹姆爵士和他的助手们所提出的一些建议，就像时常提起的裁厘建议等，都是那样具有革命性，对于各省现行财政制度又是那样具有破坏作用，盛宣怀确也不得不极其慎重从事，和利用一切可能的借口来拖延，以便先弄清楚外务部和两位总督是否能同意他所提出的办法。同时，齐集上海的各有约国代表在 1902 年 5 月间就已经开始讨论税则税率的修订，他们所抱的目的是要尽量依照 1897、1898 和 1899 年三年内的平均价值，按百分之五的标准，把税则税率订成从量税率。各个代表团对于他们本国商人利害关系最大的进口货，都提出他们自己的价值；但是清政府方面已经备有一份根据各主要通商口岸，特别是上海口岸的海关纪录审慎编订的详尽估价表，并且这份表还是在目光敏锐的威妥玛监督下编订的，所以随便谁来，也都有依据。可是不论哪种品目应定哪种从量税率的问题如何重要，税则税率是否应按照一种黄金标准计算的问题，却更加重要。为求在这一点上得到协议，中国代表团在 5 月 30 日美、英、法、德、日各国代表全体出席的一次会议中，提出一件由赫德经手起草的备忘录，内中赫德指出，在 1895 年中日战争以后中国被迫承担赔款的时候，海关两计值英币39.8946便士，可是在 1901 年，《和约》已经把海关两定为 36 便士。自那时起，白银对英币的兑价就更趋跌落，因此在提出备忘录的时候，海关两仅值 30.078 便士。"根据这个比率，中国按照《和约》在 1910 年以前每年对庚子赔款应付的 2,822,425镑，其所取于中国的将不是《和约》上所载的 18,829,500 海关两，而是 22,516,804 海关两；它每年为这笔赔款和前欠债款（6,427，

370镑10先令）总共应付的总额，将不止是《和约》上所载的42,429,500海关两，而是总数大为提高的51,285,622海关两。帝国的收入总共不过8,500万两，那么除非能将白银对黄金的兑价大加提高，中国在付清外债之后，将只能剩余3,500万两不到的一笔收入，要靠这样一笔款项来开支这个庞大帝国的全部行政和国防经费，自然是一件办不到的事，可是无论凭着过去的经验，或是根据目前最可靠的专家的意见，却又都无法令人预期白银对黄金的兑价将会提高。在这种情况下，如果要避免因那些比较强大的国家所加诸它的负担而造成全国破产的话，中国方面看不出还有其他任何办法可行，除非是按黄金计，或不妨说按美国金元币计，来厘定海关税则，并根据《和约》中定明的一海关两等于0.742金元的汇率，将1897、1898和1899年期间的商品平均价值（即《和约》规定作为新税则标准的价值）折合成该种货币。政府认为，任何其他办法都会对中国造成严重的不公平。因为不但决定外国货售价的是按黄金计算的生产成本，而且列强也已经在《和约》中承认中国有权征收切实值百抽五的进口税。他们虽则承认中国有这种权利，可是又规定，在把从价税率换算成从量税率时，必须以1897、1898和1899年三年内的平均价值为标准。鉴于那几年中价格异常低落和肯定低于目前正要确定新税率时期的一般价格水平的情形，尽管中国切实值百抽五的权利已经被承认，可是由于又横加以这种限制，所以中国纵使依照上述各年份一般平均价值的百分之五按黄金征税，也还是被剥夺了切实值百抽五的关税。如果那项税率再不按黄金而按白银征收，据估计，中国在这时所征得的将不是切实值百抽五，而只是值百抽四或是值百抽四都不到的一种关税；如果银对金的兑价再行下跌，那么它今后所得的收入将会更少，同时它却迫于《和约》所强加的条件，不得以白银而必须以黄金对列强作支付。列强一方面坚持中国必须按黄金支付它对它们的债务，但另一方面却又坚持它们的商人必须按贬值的白银支付他们对中国的债务，这未免有失公平。"①这是赫德想要把海关两仅就进口税则税率方面定为一种金单位的第三次试探，可是这次试探和前两次一样，依然是讨了一场没趣。出席那次会议的外国代表们都不同意这种办法。他们认为这项建议与《和约》抵触，而他们除严守《和约》的文字而外，不愿作别的事。他们甚至不肯将这项建议呈报他们本国政府。据某些出席会议人们的看法，那位曾经被推选为国际税则修订委员会常任主席的詹姆·马凯爵士显然是把这个地位看成一个大可利用的良好机会，借此使他能够让他的外国同僚们见识一下他那套如何与中国外交家们周旋的知识，所以他甚至扬言，除非中国代表断然将建议撤销，否则，谈判就要宣告决裂，而且谈判失败的责任还要由中国方面负担。这项建议后来虽然曾经被个别外国代表称作公平合理的，至此竟告失败，于是中国代表提出一项由贺璧理殚心拟具的提案，内称为保证目前行将确定的从量税率能够切实为中国获致它所应得的十足百分之五的税收起见，应该商定"先按银两估定上述各年份（1897、1898、1899 年）内各项商品起岸时的平均价值，再将那项价值按照那些年份内的平均汇率换算成英镑，然后再将那项英镑价值按照目前汇率换算成银两，最后就按照那项银两价值的百分之五确定应纳

①　赫德备忘录，1902 年 5 月 30 日。

的关税"。贺璧理在他的补充备忘录中指出，如果采取《和约》所举三个年份（1897、1898 和 1899 年）内的平均价值，并从各该价值的平均数中直接计算从量税率，那就势必造成对中国的不公平，使它绝无可能获得切实值百抽五的关税。其所以如此，乃是因为 1897 年是商业特别萧条、物价异常跌落的一年，就是在随后的两年中，价格也都低于平均数。而且自从和约签订以来，银对金的兑价就暴跌不已，这已经使得用上述三年中按银两计算的货物价值完全不能为中国保证那种已公认它有权获得的切实值百抽五的进口税。海关两对金的兑价已经从二先令十一又二分之一便士（1897、1898 和 1899 三年内的平均价值）跌落到二先令六又六十四分之五便士（上海银两一两等于二先令三便士），根据可利用的最可靠的专家意见，人们一致认为银对金的兑价将来还要趋于下跌，而不会上涨。所以，如果我们采取和约中规定的税率和指定年份中外国进口货按银两计的平均价格，那么中国在这个基础上所得到的将不是议定的切实值百抽五的关税，而只是百分之四又四分之一还不到的一种关税。既然我们不能承认，列强竟会利用这种意外情势，想要把右手已经给出的事物又用左手取回，那么根据《和约》所能得出的唯一结论，就是中国应该得到切实值百抽五的进口税。这项建议，就像那件打算把适用于进口税则税率的海关两换算成一种确定金价值的公认单位的建议一样，也是同样不受欢迎的。事实上，詹姆·马凯爵士所采取的立场是除非盛宣怀用书面将这两项建议一并撤回外，决不再进行会议。结果双方总算得到了妥协，中国代表团同意将该两项方案从当时的讨论中撤回，但是为他们的政府保留遇有适当机会再行提出的权利。各外国代表团所持的立场是:中国只有权按照《和约》指定的三个年份内的平均价值切实值百抽五;如果中国方面发现这种办法对它不公平,它可以向各缔约国呼吁,请求修正《和约》的条款。外国代表们不能够,也不愿意越出他们所奉命照办和据以拟定他们的计划的文字范围以外。至于说考虑什么是对中国最公平和最好的办法,那却不是他们的事。于是委员会便开始工作,对表上所列每种品目的应征从量税率,一一加以推敲。为求有助于谈判起见,美、英、法三国代表已经拟妥,并且商定了一个税则,其中包括匹头货在内,共有269项,并附有拟议的税率。清政府代表所提出的税则暂时没有把纺织品和棉纱列进,因为这两种品目的税率实际上已经由前述上海暂行税则解决了,中国的税则中包括有622项拟议的关税率,内有62种,或十分之一,是列为从价值百抽五的。从量税率则是以中国各主要口岸市价的平均数减去税捐后的余额为基础,其中包括来自所有各国的一切品类的货物。所以这些税率,虽然不能说是丝毫没有可疵议的地方,可是却比任何个别代表团所提出的任何事物都要有代表性的多。然而这并没有能够使某一些外国代表因此就改变他们的作法,照他们的那种作法仿佛他们的责任并不是要在《和约》所加种种限制的许可情形下,尽量给予中国一件公平的税则,却是要把和他们国家利害相关的那些货物的关税尽可能削减到最低限度。凡在《和约》指定年份以后价格已有跌落的情形下,就总有一些人拒绝接受海关根据那三年的统计所提出的数字;但是每当中国代表促请他们注意某些品目的价格现时已经高涨的时候,他们却又立刻想到委员会无权超出那三个指定年份的平均价值以外。主席詹姆·马凯爵士急于要将工作结束,俾使他的离华行期可以不致延迟,所以一遇到中国代表团出面反对外国代表削减中国方面根据事实而厘定的那些关税时,他就往往不问事情的曲直,一味压迫中国方面让步。美国首席代表沙里兹(Sharretts)也不允许损害美国的利益。例如,他坚持要保留火腿和铁路卧车的关税仍作从价征收,而拒绝接受那三个指定年份内实际上据以征税的价值的海关数字,因为他如果接受了那些价值,势必就会对于美国的火腿和卧车贸易发生不利的影响。他也坚持主张把一件约共列有五十二个项目的非常琐碎的罐头物品表列进税则,并且还凭着一种错误的信念,以为加利福尼亚州酿制的各种酒类所含的酒精成分比法国红葡萄酒多,而主张依旧对它们作从价征课。法国首席代表拉达尔(Ratard)所持的态度简直是商业性的。他带来了一批法国物价表和越南提供的统计表,其中的数字都和中国的实际市价毫不相干。他自称并未奉有全权,因而不肯接受其他各国代表业经同意的某些税率。他提出了一张无足轻重的商业上的琐细品目的长表,诸如软帽和胸衣之类,都是无法一一确定从量税率的,并且他还力争要在他本人和中国代表团作过个别谈判之后,再将这些品目列进税则。可是中国代表团坚持他们那件编制妥当的估价表,并且每逢他们不能争取到以这类价值为标准的从量税率时,他们就主张改用值百抽五的从价税率。他们虽间或不能不对某一点作退让,但是他们总设法在另一点上取得对方的让步,这样他们才得以争取到所能希望的最有利的结果。在7月底,所有关于税率的争辩和讨价还价实际上已经结束,至少就美、英、德、日和西班牙而论是如此的,至于奥匈、比利时和荷兰等国虽然准备接受拟议的税率,但是尚待请示决定。现在舞台上是

专等最后一幕戏了,但是在税则协定的指定签字日期的前三天,
美、英两国代表警觉到一件事,即拟议的吗啡税率(每两三海关两)
已超出这项药物的市场价值百分之二百。他们提出抗议,坚持必
须把它降低到百分之五的水平。清政府代表拒绝这样做,指出他
们如果同意这样一种税率,那无异是使他们成为令毒品泛滥全国
的罪人。盛宣怀和总督张之洞鉴于国民因这种皮下注射嗜好愈染
愈深所受的毒害,极力主张查禁,否则就必须采取一种寓禁于征性
质的关税率。其他一些国家的代表也赞成查禁,因此詹姆·马凯
爵士提议把查禁吗啡订为条约条款,他认为这是比较好的办法。
事实上《中英续议通商行船章程》(按:即《马凯条约》)第十一款的
规定,已经做到了这一点,根据该约,"英国兹允禁止吗啡鸦(按:即
吗啡)任便贩运来华,中国亦须应允,凡英国领有执照之医生,如运
吗啡鸦进口,应在本国领事署内具立切结,实为自用,或为某医院
专用,且遇有英国药铺,如亦在本国领事署内出具切结,声明非有
西国医生药单,不得出售,并云即有此项药单,亦谨以些须小数出
售,至各该医生等,如运吗啡鸦进口,应照税则纳税后,请领海关专
单,方准起运放行。……惟须由有约各国应允照行,乃可举办。"
(录自前引《中外条约汇编》,29 页)这项税则税率,尽管遭到许多
抗议,却还是保留未动;但是清政府在各国的抗议下,同意对已订
有合同的吗啡暂缓适用新税率。因此凡将他们的合同照章登记过
的商人,在 1903 年年底以前,得按照从前百分之五的税率将毒品
进口[1]。这样,问题自然并没有解决。在 1905 年 5 月中,清政府

---

[1] 海关档,总税务司通令,第 1051 号。

决定依据《中英续议通商行船章程》第十一款和《中美续议通商行船条约》第十六款的规定,实行查禁,并发出命令①;但是五个月之后,在1905年10月英国公使坚持除非其他所有缔约国一致同意照办,第十一款的规定不得实施②。问题依旧未得解决,直到1908年年底才获得所有各国驻北京公使的同意,制定吗啡章程,准备自1909年1月1日起实行③。根据这项章程,凡供中国人和旅华外侨注射用的吗啡和吗啡针具的制造,一律厉行查禁。进口也一律禁止,唯外国医生和外国药剂师为医疗上的需用,在特定限制下进口的,不在禁止之列,同时将进口税则减到百分之五的水平。现在我们再来回顾修改税则委员会这个问题。新税则和善后章程三款终于在1902年8月29日准备妥齐,就在那一天,美、英、德、日、西班牙、奥匈、比利时和荷兰等国代表在关税协定上签了字(后三国尚待请示),根据该协定,各该国政府和人民必须负责信守即将在1902年10月31日起施行的附黏税则和善后章程,不过据谅解,凡目前所略去的任何品目的从量税率,如果今后需要补充,必须由签订税则的各国代表彼此同意,并且中文本和英文本之间的意义如有出入的地方,应该以英文本为准④。因为其余的七个条约国还没有签字同意,所以必须给予非签字国商人一种选择权,任便对于他们的任何进口货缴纳《和约》规定的值百抽五的关税,或是缴纳修订税则制定的从量税。如果有任何一个非签字国的任何商人对任

---

① 海关档,总税务司通令,第1248号。
② 同上,第1291号。
③ 同上,第1578、1590号。
④ 《中外条约汇编》,卷1,953—956页。

何商品行使这种选择权,那么任何一个签字国的任何商人也就可以根据最惠国条款,要求同样的选择权①。这种任便选用关税税率的办法一直实施了两年之后,那七个非签字国之中,才有六个国家先后通知它们同意修订税则,唯一尚待同意的国家就是当时(1904 年 9 月)正在同中国进行谈判的葡萄牙。意大利和俄国代表在 1903 年 3 月 28 日签字,从同年 4 月 27 日起生效②;丹麦代表在 1904 年 3 月 23 日签字,从同年 5 月 5 日起生效;法国、挪威和瑞士代表在 1904 年 3 月 30 日签字③,从签字之日起生效;葡萄牙代表在 1904 年 11 月 11 日签字,也是从签字之日起生效④。在这件全部竣事的税则中,共有 773 个项目,其中 640 项是从量税率,其余 133 项是百分之五的从价税率。通商税则善后章程三款(外务部对善后章程的同意,曾经多少推迟了税则签字的最后一幕)分别规定:(一)解决对货物估价或分类纷争的仲裁委员会,(二)免税表,和(三)武器与弹药的进口。最后两个问题都已经讨论过,因为在北京谈判《和约》的各外国代表最初就已经加以论列。可是第一个问题却需要一番注意。据规定,凡是没有列举的货物必须按货物的市场价值,用当地通货,照值百抽五的税率完纳关税;这个价值在换算成海关两时,应视为比据以计算应征关税的数目高出百分之十二。可是,如果货物在向海关递送进口申请书之前就已经售出,那么真正合同上的总价就可以作为市价的证明,如果货物已

---

①　海关档,总税务司通令,第 1053、1054 号。

②　同上,第 1075 号。

③　同上,第 1187 号。

④　同上。

经按照包括成本、保险费加运费的价格条件卖出，这种价格条件也可以当作为完税之用的价值。在事涉货物估价或分类的争议发生时，应该立刻成立仲裁委员会，由海关职员一人，进口商的该管领事指定的商人一人，和领袖领事所指定的与进口商国籍不同的商人一人共同组织之。委员会中多数所作的裁判，对双方都有拘束力。充任仲裁员的商人各送酬劳费十海关两，在委员会认为海关估价有效时，或在发觉进口商把货物低估到百分之七又二分之一以上时，这些费用应由进口商支付。如果委员会裁定的货物的正确价值高过进口商原来要求据以缴税的价值百分之二十以上，那么海关当局就可以在全部税款付清以前将货物扣留，并另课以相当于意图逃避的税款四倍数额的罚款。

<h1 style="text-align:center">八</h1>

在修订税则工作的同时，《中英》《中美》和《中日》新约也正在谈判之中；但是因为英国人向来打头阵，所以其他各国决计静以观变，看看中、英谈判的结果如何。马凯有一大篇令人望而生畏的问题要讨论，并且急于要对这些问题达成决议。那一篇问题中计有裁撤厘金，内河行输，保税存栈，退税存票，新口岸的开放，外国商标的保护，全国划一货币的采行，中国司法制度的改良，按照足以为采矿事业吸收外国资本的办法修订中国矿业章程，以及粤江和扬子江的宜昌、重庆段中障碍物的清除，等等。在这些问题里面，最重要的就是拟议的裁撤厘金。赫德称之为"其他大多数问题所资利赖的关键问题"，并且进而发问道，"厘金是否要继续实行呢？

如果厘金裁撤，究竟用什么东西来代替才能真正弥补中央和各省政府的损失呢？"[①]在这个问题上，他们曾经有过长时间的激烈争辩。盛宣怀既深知中国省财政的需要和调度的内幕情形，自然不会单单为了某种照例的办法合乎外国人的逻辑常识，便予以同意。他不愿意越出外务部和沿江各省总督所可能让步的限度。这就是说事情要慢慢进行。照詹姆·马凯爵士这样一个惯于迅速行动的人看来，这似乎并不是势所必需的那种慎重行事的缓慢，而却是阻挠进展的因循延宕。他们争论了八个月之久，主要就是为了这个问题。其他问题一经提出，都随着就依次解决了，但是裁撤厘金以及代之以增加进口税和推行产销税的那一套办法却是一个无尽无休争执的题目。最后，詹姆爵士收拾起他的衣箱，做出他已准备启程回国的模样。这样一来，加速了事情的解决：争论不休的厘金条款的条文终于决定了，全权代表们 1902 年 9 月 5 日在《中英续议通商行船条约》上签字盖章。根据那条引起无数纠纷的厘金条款的规定，厘金和子口税应一并裁废，为补偿计，洋货在进口时，于进口税之外，应另行完纳一笔相当于进口税一倍半数目的特别附加税，这项进口税和附加税一经完清，该项洋货不论在华商或外商之手，也不论是原装或散装，一律免征其他各项税捐，并免于查验或留难。至于出口税，也可以提高到切实值百抽五，并且所有土货在输往沿岸各口或外国的时候，得加征出口税半数的一笔特别附加税，以作为抵补，唯蚕丝和蚕茧不在此列。实际上，这无异是把进口税提高到从价百分之十二又二分之一，把出口税提高到从价百

---

① 　1901 年 10 月 18 日赫德致戴乐尔函；致造册处第 421、426 号函。

分之七又二分之一,中国方面则保证豁免对这类货物的各种性质的一切内地征课,作为交换条件。为抵补中国因实施这项改革在它的纯粹国内贸易上所受的税收损失,条约中特规定:(一)"中国可任便向不出洋之土货征抽一销场税……此项销场税之多寡,可任由中国自定,视货物种类斟酌";(二)"现在所有之常关,无论在通商口岸、沿海、沿江及内地水道、陆路与边界,凡载在户工部则例、《大清会典》者,均可仍旧存留"(录自前引);土货在内地从一处运到另一处时,应该在所经过的第一道常关,缴纳百分之二又二分之一的出口附加税——这项附加税一经缴纳之后,已税货物就应该免于沿途的一切重征和查验,倘若该项土货运到通商口岸租界以外的地方销售,则应该由目的地常关征收销场税,至于民帆各船出入通商口岸装载货物所纳的税项,一律不得少于输船装载同类货物所纳进口税和附加税的总和;换句话说,外国沿岸转运贸易不应受差别待遇。这同一条厘金条款更规定:(一)外国鸦片的税厘仍保留不动,但是厘金的名目应该改为附加税;(二)英国本来没有意思干预中国的土鸦片的征税权,但是这类鸦片应完的税款,应该汇成总数一次征足,一经完纳清楚,货物就不应该再受重征或留难;(三)盐厘应该裁废,现行课征的数额则并入正项盐税,或在产区抽收,或在运入销区后抽收;(四)凡洋商在中国通商口岸或华商在中国各地用机器纺成的棉纱和织成的棉布,以及其他一切洋式工厂的产品,应该完纳一种厂货税,数额等于进口税的两倍,也就是值百抽十;(五)"由每省督抚自行在海关人员中,选定一人或数人,商明总税务司"(录自前引),委以监察这个条款中所规定的有关常关、销场税、盐税和土鸦片税的征收事宜;(六)"此款办法应自西历一九零四年正月初一举行,届时将所有厘卡须尽行裁撤……人员亦须辞差"(录自前引);(七)凡在中国享有最惠国待遇的国家应该订立同样的条约,并且"各国不得明要求中国,或暗要求中国,给以政治权利,或给以独占之商务利权,以为允愿此条之基础"(录自前引);以及(八)应该明降谕旨,除去本条厘金条款所载明的以外,将所有厘金,内地征课和厘卡,一律撤除。这是处理中国国内贸易征课问题的一个大胆而愚蠢的试探。绝不因为《和约》中有了通商口岸的常关机构应划归总税务司管理,和所征税款应用来抵付赔款的规定,这个问题就会变得比较简单一些。在这整个方案中,外国对清政府财政和行政权非分干涉的气味太浓厚了,其中规定以这个方案的执行机构的监察事宜,委由选自海关中的外国人负责,作为必要条件的那一项条款,只是把这项建议弄得更加令人不愉快,特别是一些高级省当局,而以总督张之洞最为显著。他坦率地基于爱国主义的理由,反对把更多的权力交给外国人,即使这些外国人是清政府可靠的服务人员,并且他深怕这项建议会不仅使他们按照《和约》中已经答应的办法,监察通商口岸的常关机构,而且也会使他们监察其他各处的一切常关机构,以及消费税、盐税和土鸦片税的征收事宜。在张之洞和其他许多中国领袖人物看来,这无异是开门揖盗。张大人也决计一旦试办裁厘,就必须预设保障,以期保护中国的权利,因此坚持要将工部则例上载有的常关机构,连同马凯所主张的户部则例上载有的那些机构一并保留不动。这就是说,在必要的情形下,可以把许多名存实亡的常关都恢复起来,这样也就可以把前门已经送出去的事物,小心地变换一个名义,再从后门容纳进来。但是对于这项拟议的裁厘办法的能否实施抱怀疑态度的，并不只是中国人。日本人极力反对以进口货百分之十以上的课征换取厘金的裁撤，并且也反对向中国境内制造的洋式工厂的产品，课征任何税项。当最后轮到商谈《中日条约》的时候，日本代表删去了《中英续议通商行船条约》中这项苦心经营的厘金条款，而代之以一项简单的声明，略谓在裁撤厘金和抽收附加税以抵补厘税损失的情形下，日本政府同意按照中国和其他各国间商定的附加税一律照纳。美国代表沙里兹也同样抱着批评的态度。事实上，他有一次在和总督刘坤一的会见中，甚至于斥责这项厘金条款和当时正在谈判的《中英条约》中的其他要点，并声明美国政府绝不同意这些规定。沙里兹被召回后，美国驻沪总领事古纳（Goodnow）接替他的位置。结果，美国代表团在各主要点上还是接受了这项厘金条款。可是这个条款始终没有生效。直到经过一代之后，厘金才被裁撤；消费税始终没有开征；土鸦片征税以及内地征课的监察一般还保留在中国人手里。对中国境内制造的洋式工厂产品所拟议的百分之十厂货税，始终没有实施。早在1890年，当上海机器织布局初创办时，政府已经决定：这个机器织布局的产品在产地行销时，应免予征税；在运入内地时，只须按进口税则上为类似货物所设的税率完税，而免征子口税；在沿岸贩运时，就只须按出口税则上所设的税率完税，而免征沿岸贸易税和子口税①。当更多生产洋式产品的工厂建立起来的时候，同样的待遇也推行到这些工厂的产品②。当1896年日本人行将谈判《中日通商行船条约》的

---

① 海关档，总税务司通令，第528号。

② 同上，第539、575和597号。

时候,他们并不隐瞒他们要为在中国制造的洋式产品争取豁免一切征课的居心,清政府为抵制计,根据该年 7 月间颁布的一道上谕,对所有这类制造品,都抽收一种百分之十的厂货税①。可是不到一年光景,又有几道命令颁布,将这种厂货税的征课暂缓举办,而对于洋式工厂产品的征税,仍照 1890 年规定办法办理。《中英续议通商行船条约》的本意原是想借着重新采纳百分之十的厂货税,来改变一下这种情形,但是在条约签字还不到一年的时候,海关税务司竟不得不奉命在《中英续议通商行船条约》条款获得所有各有约国一致同意而能全部付诸实施之前,仍将 1890 年议定的单纯值百抽五的关税继续予以施行②。

九

在直接或间接与《和约》签订后的各项条约所拟税则有关的一切变动中,除长沙、万县、江门、安东和奉天的开放外,只有两件事曾经立刻实施。这两件事就是取消中国内河航行轮船一切体积上的限制③,和随时以现钱支付外国进口货的一切退税④。窦纳乐爵士凭借高压手段而猎取到的 1898 年 7 月的《华洋轮船驶赴中国内港章程》和同年 9 月的《内港行轮章程续补》,取消了 1896 年《中国轮船运输章程》(*Chinese Steam Traffic Rules of 1896*)所据为准

---

① 海关档,总税务司通令,第 730 号。
② 同上,第 113 号。
③ 《中日通商行船续约》(1903 年)第三款。
④ 《中英续议通商行船条约》第一款;《中美续议通商行船条约》第八款。

则的那种大船和小船的区别①②,但是其中规定,按照这项章程进行贸易的轮船应不是"出海式样之各项华洋贸易轮船"。这后一项限制现在已经取消,从事于这种内地贸易的利权已公诸"能行驶内港之……各项轮船"。上项章程和章程续补对于轮船从通商口岸运入内地的华洋货物的关税待遇,也订有条款。凡未凭有子口税单的外国货,在运往目的地途中,应逢关纳税,遇卡抽厘。土货应"照民船装货出口完税之例,完纳出口正税","若遇关卡,须按该处章程,完纳各项税厘等款,与民船办法丝毫无异。"(录自前引,494页)在这项章程公布后不到四个月的工夫,汕头税务司提出一项问题,即按照内港行轮章程注册的船舶,从一个通商口岸运往另一通商口岸的中国货的关税待遇问题——这是章程中没有加以规定的一种情形,批示是这类货物必须完纳沿岸贸易税③。这项批示是和当时的一般见解完全符合的,因为当时的一般见解,认为凡是注册为内港贸易的船舶,都不得从事于通商口岸间的贸易,而只能以制发内江专照的口岸为它们的活动中心,只能从那一个口岸驶赴内地,并须按期驶回,不得驶入另一个通商口岸的境界④。这种限制依照《内港行轮章程》注册船舶行驶范围的见解,从1898年起一直保持到《中英续议通商行船条约》签字的时候止,才根据该约附件丙第八款的规定,将这类船舶的行驶范围加以扩充,准许在注册

---

① 英国国会档:"中国第1号(1899年)",1898年6月11日窦纳乐致萨里贝利函,附件第2号,176页。
② 海关档,总税务司通令,第739号。
③ 同上,第872号;甲字第194号。
④ 同上,第906号。

航线上的一处或数处通商口岸靠岸。因此这项规定就给了内港航
行轮船得在同一次航程中兼对内地各处和通商各口贸易的便利。
换句话说,一艘轮船事实上已经可以同时成为沿岸贸易和内港航
行的船舶,而这件事实在和以前公布的任何船只均不得同时根据
两套章程进行贸易的原则合并观察之下,就这些通商口岸间的内
港船只所载货物的关税待遇而言,引起了一个紊乱因素。如果官
方曾经明白承认《中英续议通商行船条约》所规定的这类船舶的行
驶范围的扩充,已经使得《内港行轮章程》原有的那种自成一套严
密体系而和其他章程的实施范围互不凌犯的性质有了变更,而这
种紊乱情形本来是可以避免的。可是中国当局一旦已经允准内港
行驶的轮船不再限定以一个通商口岸为它的中心,而在驶回该中
心之前,于驶往内地的航程中得停靠一处或数处通商口岸,这样内
港行轮实施办法也就必不可免地要侵犯到那些规范通商口岸间贸
易船舶活动和待遇的一般航运章程的范围了。所以正确的看法应
是不把《内港行轮章程》当作一套完全与一般航运章程无关的自成
体系的规章,而应该把它当作后一类章程的从属性和补充性的规
定,因为在通商口岸间的一切贸易问题上,后者是有优先和更高权
威的。在 20 世纪的前二十五年中,内河轮船贸易的发展,除扬子
江中游而外,都是渐进的而不是急进的。在 1903 年,即《中英续议
通商行船条约》签字后一年,中国各口岸注册的内港航行船舶的总
数是 614 艘,其中在上海注册的有 180 艘,广州 220 艘,汉口 38
艘。在 1910 年,总数增加到 1030 艘,其中在上海注册的有 384
艘,广州 305 艘,汉口 82 艘。在 1925 年,即召开北京关税会议的
那一年,在中国各地注册的内港航行轮船和汽艇的总数是 2,554

艘,其中在上海注册的有 490 艘,在广州有 754 艘,在汉口有 382
艘,在长沙有 125 艘。从 1903 到 1925 年,上海方面的增长大约为
百分之一百七十,广州方面则在百分之二百以上。可是在扬子江
中游,以汉口和长沙合并计算,增长却在十二倍以上。在《中英续
议通商行船章程》批准后两年,关于开辟内港行轮新航线以前所应
履行的手续问题,已经得到确定的解决。凡是申请开辟这类新航
线的文件,一律先行送交最近处的海关税务司,然后再由该税务司
呈请南洋或北洋大臣转呈商部核示①。自从 1931 年以来,这类船
舶改归交通部管辖,但是新航线必须由省高级当局和中央当局核
准的原则,依旧没有变更。

十

以存票请领现银的利益,据上文所述②,是严格以向外国复出
口的已税进口货的存票为限。这项特许权很快就造成两种后果。
第一,它引起了对所发付现存票和普通存票在各口采取划一登记
和划一会计制度是否合宜的问题③;以及第二,它惹起了美国公使
在 1883 年所提出的要求,即主张持票人得听便以一切存票请兑付
现银,而不单单以发给进口税的存票为限④。关于存票的账目处
理(特别是有鉴于上项要求)以及存票所开金额应如何减除或扣减

---

① 海关档,总税务司通令,第 1095、117 和 1261 号。
② 见前第三章第十四节。
③ 海关档,总税务司通令,第 110 和 122 号。
④ 同上,第 216 号。

等两项问题的讨论,揭露出各口岸在这方面的惯例是绝对不一致的。可是总税务司竟能根据其中的共同点,做出下述的决定:因为各个口岸的这种惯例已经行之有年,已经为人所熟知,并没有造成过误会,而且只是在适应地方特殊性的必要程度上才与其他各处的惯例有所两歧,所以也就犯不着单单为求划一,而一一加以变更。由于美国公使要求的原故,清政府授权总税务司发出指示,着自 1884 年 1 月 1 日起,准所有存票毫无分别地收作抵付税务司机关所主管的一切税捐之用,如果持票人不愿意用存票抵付税款,也可同样毫无分别地由税务司批兑现银[1]。在传达这项指示的通令中,他也介绍了一套详尽的抵付税款用存票的记账制度,根据这个制度,任何抵税用存票的金额都应该记入收入账目,但必须同时从原开存票账户中将这笔金额减除[2]。可是这套新制度很快就被撤销,因为据发现,它在扬子江各口完全行不通,各该地方当局都拒不准许以土货存票兑付现银。因而在 1884 年 2 月间又颁布命令,重新回到过去的办法,只有对外国货制发的存票才准兑付现银,其他的一切存票则只能用以抵付各该类税款之用[3]。可是四年之后(1888 年),因各使馆抗议的结果,总理衙门终于同意,自 1888 年 7 月 1 日起,凡对扬子江沿岸贸易税的保证金所发的存票,得在扬子江各该海关收抵一切税款[4]。当 1901 年外务部决定自该年 7 月 1

---

① 海关档,总税务司通令,第 231 号。
② 同上,第 55 和 260 号。
③ 同上,第 270 号。
④ 同上,第 412 号。

日起准许土货存票得收抵船钞以外的一切税款的时候①,土货存票的纳税用途,除加有一项限制外,又有了更进一步的扩充。《中英续议通商行船条约》的订定提供了一个把这种种权益纳入条约规定的机会,这件条约的开宗明义第一款就规定:存票"可用以抵出入口货税,惟不得用以抵纳子口半税"(录自前引,27 页),并规定外国进口货的存票可兑付现银。在同一款中也规定,今后为避免延搁起见,存票应由海关直接发给,毋庸监督过问。类似条款(第八款)也载在 1903 年的《中美续议通商行船条约》中,但是有一个显著的不同点,那就是其中规定所不能用存票抵付的唯一形式的税款是船钞,而不是《中英条约》中所规定的子口半税。窜改存票、蒙混图利、损害税收的情形,自从这种办法最初采用时起,特别是在上海,就一直是一种屡见不鲜的弊端。从这时起,专门以存票诈财的经纪人,生意都日益旺盛,直到 1931 年,政府除去对于某些特殊情形而外,根本废除了存票制度,这才把他们的活动断然制止②。

十一

中国和美国及日本代表的修约谈判,是在 1902 年 9 月间《中英续议通商行船条约》商订竣事后,同时开始的;进行了将近一年,其中也经过一些照例的间隔和阻断。美国谈判代表公使康格

---

① 海关档,总税务司通令,第 974 号。
② 同上,第 4197 号。

(Conger)，以及代替沙里兹地位的驻沪总领事古纳和希孟（Seaman）等，虽然大体上遵循《中英续约》的方针，但是却订出了另一个条约。除去有关美国官员和公民权利的规定外，其中订有两条《中英续约》中所没有的条款：一款（第十款）规定专利特许机关的设立，另一款（第十一款）规定版权的保护。此外，其中还有整整一款（第十四款）讨论基督教教士和教民的权利，关于这项问题，詹姆·马凯爵士除去仅仅提过一句他的本国政府愿意参加一个考虑这项问题的委员会而外，是绝对拒绝触及的。论到裁撤厘金的那一款却比它的先驱者马凯所订定的要简略得多，但是其中的要点却相同。至于清政府在内地征抽鸦片和盐斤税捐的权利，在约中载明的一切通商口岸的新关的合理范围内设立常关的权利，以及在不违反条约规定下征收厂货税、销场税和出产税等项权利的问题，都是由附黏于条约的附件和照会处理的。所有条款中最重要的一节或许就是第十二款中开放奉天府和安东县为"通商场，订定外国人公共居住合宜地界"的那一节。在这时候，俄国正占据着东北，看起来很像那里敞开着的大门随时都会在众目睽睽之下毫不讲理地被砰然关闭。日本政府对于局势深感不安，但是很快就看出，如有其他国家要求东北的商业利益，那会是有好处的。日本因而就和美国携手，共同要求开放这两处地方，不过它是以鸭绿江口的大东沟来代替溯江而上还颇有一段路程的安东，因为在安东与烟台之间，就像东北其他沿海地方与烟台之间一样，贸易已经在《内港行轮章程》的规定下兴旺起来了。总督张之洞极力反对允准日本轮船在烟台与东北沿海各地间的这种贸易，力称"内地"一词并不是，也不能是指沿海各地而言。当他知道了盛宣怀自任总

办的招商局轮船已经在烟台和辽东沿海一些未开埠地方进行了好
多年的兴盛贸易之后，他不得不撤销他的反对意见。事实上，正是
因为有出海式轮船经营这项贸易，这才引起《中日续议通商行船条
约》附件第二和附件第三的增订，根据该两项附件和条约的第三款
规定，凡依照《内港行轮章程》往来行驶的轮船，一律不设体积上的
限制。日本代表公使馆头等参赞官小田切万寿之助和后来充任出
席1925年北京关税会议特命全权公使的驻沪总领事日置益等希
望中国方面允准大米出口，但是中国谈判代表除去他们对主要粮
食出口存有传统的偏见外，更怀疑日本方面的真意所在，乃是要把
它本国的日本米高价卖给外国（日本米在外国是很著名的），而以
比较便宜的中国米代为供应它本国人民的需用，企图从中获取一
笔相当大的利润。如上文所指明①，日本代表拒不容许以进口货
百分之十以上的征课换取厘金的裁撤。他们所肯让步的最高限度
就是加倍的关税，也就是百分之十。中国代表坚持认为这一点不
能接受，因为依照当时商品价值的那种加倍关税，只能合到货值的
百分之八有余。而且，这样一种征课所能为国库收进的现银，也只
不过具有1901年原有支付赔款能力的百分之七十五左右，列强既
然勒逼按黄金支付这笔债务，因此这就是一个具有异常重要性的
问题了。日本方面也反对工厂产品需用的原料比其他原料享受较
优待遇的办法，以及丝斤出口税比其他商品出口税订定较低税率
的情形。他们更进一步，要求进口附加税，如果开征的话，应该只
课征于运入内地的货物，而不课征于在进口口岸消费的货物；这项

---

① 见前第八节。

要求如被接受,那么关税和附加税的征收,势必两无可能,而且在每一个口岸周围,设置一条海关警备线,也就成为必不可少的了。当 1903 年伍廷芳前来协助吕海寰和盛宣怀的时候,谈判中便又出现了一个新的困难因素。伍氏自始至终抵制日本方面的一切要求。结果,《中日续议通商行船条约》便成为《辛丑和约》以后批准的三件条约中最短的一件,要求的虽然很多,可是给予的却是很少。这件条约是在 1903 年 10 月 8 日签字的,正是《中美条约》签字的同一天。

十二

其次一个进行修约谈判的国家是葡萄牙,它的首席代表上议院议员白朗谷(Senor Castello Branco)自从 1902 年秋季起就一直在北京,他希望在其他收获之外更能得到澳门地区的订界。根据 1887 年《中葡条约》(*Roza Treaty of Peking*)第二款的规定,葡萄牙方面可以要求订界,并且因为他们的代表在《辛丑和约》和 1902 年国际税则协定上都没有签字,那么根据《中葡条约》第十二款的规定,他们有权要求继续按照 1858 年的税则纳税。主要由于赫德的争辩,上议院议员白朗谷才不再迫促定界问题的解决,因而方能和庆亲王谈妥一件条约[①],条约在 1902 年 10 月 15 日签字,并于两天之后经清政府批准,根据该项条约,葡萄牙承认了新税则,并且同意清政府在澳门租借地内设立一个海关。在 1903 年 1 月间,由

---

① 《中外条约汇编》,卷 2,303—306 页。

赫德和葡萄牙代办上议院议员衫多士（Senor Santos）签订了一项补充条约（按：即《中葡会订分关章程》）[①]，议定澳门租借地外的"马溜洲、前山各征税税厂应即一律停办"（录自前引，416页），又澳门土产与本地人民日用食物应予免税。自澳门至三水或广州铺设铁路一事，虽然在任何一件条约中都没有提到，却经双方谅解，应优予考虑。可是，葡萄牙国会拒绝批准上议院议员白朗谷所议定的条约，这一半是因为根据那项条约，葡萄牙给出了一切而自己却一无所获——既没有得到定界，也没有得到铁路，另一半是反对中国在澳门设关。条约既没有批准，1903年1月的《中葡会订分关章程》也就当然变成具文。1907年春季，上议院议员白朗谷回到北京，向外务部口头解释说，他们很希望用一件以上海所议各约为准矩的新条约来代替原来已经签字的文件。其后，外务部声称，他并没有把葡萄牙会断然拒绝批准1902年10月的条约这件事解释清楚，而这却是一件引起不少疑惑和误会的事。当1903年5月最后一个星期商谈在上海开始的时候葡萄牙代表提出一件条约草案，其中有关于下述各点的照例条款：裁撤厘金、加速存票的制发、禁止吗啡、开采矿山、合办商业企业、保护商标、改良中国司法制度、布教问题委员会以及条约的十年有效期限等。此外，还有一些更直接关系中、葡两国共同利益的条款。在第二款中葡萄牙承认了新税则，并重申葡萄牙臣民享有最惠国待遇的地位；根据第三和第四款，它同意：（一）"遵照光绪十三年（1887年）十月十七日会定通商条约及办理洋药之专条所载各节，仍襄助中国征收……洋药

　　[①]　《中外条约汇编》，卷2，307—310页。

之税厘,并助防缉走私,且为此等襄助能有实效起见,兹声明所有入澳门之洋药,抵口时必须在澳官专设之洋药衙门报明入册,澳官亦应设法,俾凡入澳门之洋药,均囤于栈房一处,以便由澳官专管"(录自前引,417页);(二)鸦片非凭有进口商业经在中国海关完清税厘的充分证据,葡萄牙政府不准搬出转运;(三)鸦片应每年议明定数;(四)凡本地消费和从澳门运往外国的鸦片,其已纳税厘,应以存票给还;(五)凡业经缴清税厘的鸦片,从澳门运往内地各处,应免缴其他一切征课;以及(六)在不损害中、葡两国自主权利的情形下,澳门总督应会同清政府海关税务司,设法防缉澳门水陆地方和邻近澳门的水陆地方的走私行为。作为交换条件的是,葡萄牙要求清政府同意:(一)凡运自澳门的食料,一律免征出口税;(二)放宽大米运输的禁令,允准每年向澳门运输六十万担,以供该地中国居民的日常需用;(三)开放西江,准直接来自澳门的各式船只航行,唯须按照清政府定章纳税;(四)葡萄牙的各项酒类,凡经原产地证明书证明原来是从葡萄牙进口的,如所含酒精在百分之十四以上,应按照新税则规定缴税,但是凡以"葡萄酒"品名在中国海关报关进口的,非凭有原产地证明书不能享受上项利益。赫德收到上述各项建议之后,认为:(一)葡萄牙既然已经撤销它所提出的在澳门设立清政府海关的建议,那么对驶自澳门的轮船发给内港执照一节,便不应当允准;(二)因为葡萄牙确有要求划定界址的权利,所以对于它请求商定缉私范围以为代替的意愿应该加以利用;以及(三)葡萄牙既然有要求适用1858年税则的权利,因此对于它的承认新税则,应给以酬答,如同铁路的特许权,和(或)澳门日用必需的中国食料的出口免税等。他进一步指出,如果葡萄牙声明旧税则依然对它有效，那么其他各国就会要求最惠国待遇，因而对海关工作造成严重困难。我们究竟是甘冒这种困难比较聪明呢，他问道，还是消除这种困难的根源比较稳妥。经过1903年的夏季和秋季，讨论一直继续不断，最后到11月11日才得告结束，凡是这些谈判中修订过的条约，1902年的国际税则协定，为实施有关改善鸦片贸易和内港轮运管制等款所必须的各种章程，以及澳穗铁路合同等都全部依式签字。根据这些文件和一次互换照会，葡萄牙同意承认新税则；照上述办法加紧管制鸦片贸易；限定澳门的鸦片消费量为每年三百六十担；协助缉私；会同清政府海关商订缉私范围；为便利清政府海关查验内港行驶的船舶及其货载，在澳门港内海面设置一艘趸船，而事实上，这艘趸船已移归清政府海关所有；在拟议中的澳穗铁路的澳门终点站，为海关建造一查验用的房舍；并大体接受了英、美、日三国业经订定的有关裁撤厘金等项的协议；可是传教一款，却略有变动，以求和《中美条约》中的约文相一致。作为交换条件的是，清政府给予内港行轮的权利，不但可以从澳门直驶西江各处，而且可以直驶广州府境内迄未开放的各地方；给予地方消费用大米输入澳门的权利，数量以三十万担为限，准自中国免税出口；给予持凭葡萄牙产制证明书的各项酒类以特别待遇，唯对于葡萄酒另做规定；并给予从澳门到广州兴建一条铁路的权利，唯铁路如果建造成功，应于五十年后归属中国。同其他许多次外交上的努力一样，这一次也注定失败。葡萄牙议会反对铁路合同，并且也不愿意清政府海关得到一个立脚点，为日后在葡萄牙租借地内打下根基。因此他们不肯批准这件条约；但是根据一项指令，葡萄牙公使对新税则的承认，经同意继续有效。

十三

　　同德国代表克内普博士（Dr. Knappe）、罗斯勒博士（Dr. Rössler）和戴利俄博士（Dr. Delius）的第一次修约谈判是在 1905 年 4 月 11 日举行的，在会议中克内普博士提出一件计分十四款的德文本条约建议案。在那些条款中，德国政府声明它愿意参加一个国际会议，讨论裁厘，同时订明应由清政府保证一定认真裁厘；为德国臣民和德国保护下的人们要求在所有通商口岸的居住、贸易等权利；要求将保税权益扩大，以便使德国商人开设的货栈也享有关栈的权益；要求中国保证允准德国人参加中国矿业的开发；要求加速存票的制发，并且得以存票抵付除子口税以外的所有各种税款；按照在德国登记的中国商标一样，允给在中国的德国商标以同样保护；订明中国人有权按照由德国法庭解释的公司法和公司章程的规定，投资德国商业企业；保证允许采用便利宜昌、重庆急流间轮船通航的各种设备；应允划一全国的铸币；允准德国商人参加通商口岸间保税装运大米；重申德国臣民在中国享有最惠国待遇的权利；应许十年后修订条约；并且不但为德国商人要求《中英续约》附黏《内港行轮章程》中所特许的一切权利，而且为他们要求轮船依照上项章程停泊的一切内地地方的居住权，以及轮船对各式货客船等的拖曳权，甚至于包括扬子江在内。6 月初，这项拟议条约的中文本已经准备就绪，正待转呈清朝高级当局。主要由于盛宣怀的身体不适，谈判一直到 10 月初才重新恢复，当时中国代表要求将有关领事裁判权、吗啡和传教各款列入，言明他们反对在其他国家业经同意的内港行轮章程上做任何变动,并指出关于裁撤厘金一节,中国方面不能将英、美两国业经同意的办法,置之度外。为了答复究竟要求采取何种形式的保证这一个问题,克内普博士回答说,铁路的建筑或许会解决困难。他虽然同意以进出口附加税代替厘金的原则,可是没有他本国政府的授权,不肯接受英、美条约中那种详尽的裁厘办法。在整个10月中,谈判一直积极进行,实际上是每隔一天举行一次会议,一直到该月份31日为止。因病行将返德的克内普博士将当时尚未达成协议的各点表述如下:(一)德国人和德国保护下的人,应在业经开放或今后将予开放的各口岸或地方,有居住、通商和经营工业与制造业等的权利;(二)关栈章程应商同领事团体订定;(三)在德国人经营或出资的矿业中,除去按净利的百分比和按矿区比例课税外,不得征收其他税捐;(四)内港行轮章程应加修正,以便(甲)德国轮船所有主得在内地各处租借堆栈和码头,为期不超过九十九年,(乙)德国代理人得在各该内地堆栈享有居住权,(丙)凡领有内河执照的轮船得在扬子江拖曳各式货客船艇,(丁)外国人有在拖船上服务的权利;(五)埠际装运大米的禁令应该由中央政府而不应该由省政府颁布,并且必须刊登《京报》;以及(六)条约应以德文本为准。德国代表团坚称,如果清政府不能应允上述各点,则德国政府将不同意将有关领事裁判权、吗啡和传教等款列进条约。盛宣怀辩称,他所奉训令是以让给其他国家的让给德国,以拒绝其他国家的拒绝德国;对于这项答辩,克内普博士反驳说,这样德国就无须另订一个条约,因为根据最惠国原则,它已经可以享受凡所让与其他国家的一切了。在无限期休会以前,委员会同意,双方代表应以谈判现况分别呈报柏林和北京政府,应以草约第一读的结果为基础,拟具各方认为可以接受的条文以供互相参考,并增列各该政府所要提出的新要求。克内普博士在把他的草案送交清政府时,公然声称,那件草案不能视为对他的本国政府有拘束力,因为该政府的决定,他还不能预料。于是这一幕戏也就转移到柏林去了,克内普博士已经绕道开罗前往柏林,不几个月之后,海关员司中的希米林博士(Dr. Carl Hemeling)也追踪前往,希米林博士在谈判期中曾经任盛宣怀的秘书兼翻译官,目前则奉委以私人资格往访德国外交部当局,说明中国对于拟议条约所持的立场。他适当地执行了他的任务,可是发现德国外交部当局的那种坚定不移的情形同他们在华代表曾经采取过的态度如出一辙。他们曾经密切注意中国和业经议定条约的四强间的最近一切谈判,而他们对于中国所持的态度、印象殊为不佳,认为它不是豁达大度的作风,而是断断续续讨价还价。所以他们并不急于要使他们的条约商有成议;事实上,他们现在已经无意于此了。

十四

　　奥、比、荷兰和意大利都准备同中国开始修约谈判,但是它们愿意先看一看中国和各大国间的谈商究竟产生什么结果。在这四国之中,实际上先行动的是意大利,清政府代表和意大利驻上海总领事聂腊济尼上校(Major Nerazzini)所领导的意大利代表团第一次会议是在 1906 年 5 月 18 日举行的。意大利方面建议每一次开会各提出一条分别由意文和中文写成的条款来进行讨论,但是清政府代表反对这种议事程序,理由是这样会使事情大为拖延,因为他们必须事事送请外务部和总督核议。意大利方面最后同意提出一件完整的草案,不过在另奉新训令时,得随时增补,同时中国方面也必须照办。为便利商谈起见,意大利首席代表同意接受中国方面的中、英文本建议案。意大利代表团提出的拟议条约草案共分十一条:第一条要求开放绍兴和无锡为国际居住与通商地方;第二条[采用雷乐石(Rocher)税务司的建议①]规定设立养蚕学校和采纳巴士特氏杀菌法(Pasteur System);第三条坚持在上海—苏州和上海—汉口航线上民船装载的货物,所纳税厘不得少于各该航线上轮船或铁路装运的货物;第四条要求为运往上海作纺绩用的蚕茧所领运照,有效期应为两年,至于其余七条,则大体遵循先前各条约的方针,分别涉及内港行轮、领事裁判权、中国人参加外国公司、矿业、币制改革、最惠国待遇、条约的期限,以及条约应以意文本为准,等等。经过几次会议之后,经意大利方面于某一次会议中将要求民船所载货物和轮船或铁路所运货物平等征税的条款撤销之后,条约中文本的修正案已经被双方代表认为满意,于是便分别送请外务部和各总督核议。在 10 月 6 日的一次全体会议上,中国方面反对绍兴和无锡的开放,理由是这两处的对外贸易量并没有证明它们有开放的必要,意大利方面则辩称,要求开放的目的是要去除购买蚕茧方面的困难。因为他们并不能确实指出究竟有些什么困难,所以中国委员们得出这样一项结论,认为他们的真意所在,不过是要求随便开放一处口岸,以期这件条约不至成为先前

---

①　海关档,江海关税务司致总税务司第 5028 号函。

各约的翻版。关于养蚕,中国方面在原则上同意应该奖励和发展,但反对把这样一条列进条约。他们也不答应将发给蚕茧的子口单的有效期限延长。因此意大利首席代表就中止了谈判,声明既然中国方面已经拒绝了拟议条约中意大利的一切彰明较著的要求,而只肯允准与先前各约中所载明的那些相似的条款,那么就是再行谈判,也一定不会有什么收获。幸而贺璧理、戴乐尔(Taylor)和卢立基(De Luca)等三位出席委员会的海关代表居间调停,聂腊济尼上校才同意将谈判业经破裂一事,展缓三个星期呈报他的本国政府,唯以清政府同意在绍兴和无锡两地开办分关和将讨论养蚕学校的互换照会附于条约中为条件。外务部和总督张之洞反对做任何让步,但是袁世凯为求避免决裂,愿意照长沙开埠的相同条件,允许开放一个口岸,并交换关于养蚕学校的照会,可是照会不附于条约中。在这个基础上,聂腊济尼上校同意再展限十天,唯清政府必须同意:(一)在条约批准后六个月之内,开放南京为通商口岸;(二)互换关于养蚕学校的照会;(三)以互换照会(代替1901年庆亲王的硃笔信)保证中国将不在浙江的指定地区或北京附近的西山开矿或建造铁路,而不先给予意大利以提供必要资金和技术援助的机会,并保证在浙江绝不给予任何外国或任何外国人民以特殊优越地位。根据卢立基的劝告,上述最后一项条件,后来被撤销。中国高级当局的答复直至最后片刻才寄到。那是对中国代表们的一道绝对命令,严戒妥协,切嘱坚持立场。这不但结束了中国和意大利的谈判,而且也结束了中国和其他一切国家的谈判。其他国家,特别是已将草约准备就绪的法、比和荷兰三国,已经体会到举行修约谈判,只是徒费时日,因为清政府已经显然具有决心，绝不允准多于业经给予英、美、日三国的任何事物，更因为凡是享有最惠国待遇的国家，已经享受着这三个条约为外国人所取得的一切利权，而同时又不受任何约定的拘束，诸如以附加税抵补厘金的裁撤，以及那些条约中所论到的其他问题的约定，等等。中国代表用无所事事地延宕了几个月，终于在1907年年初解散。

十 五

在《辛丑条约》议和代表所做的那些势必要引起最深远变化的决定之一，就是为了使通商口岸五十里内常关所征税款，能专门用来帮同支付各国强加于中国的赔款，而将这些机构划归总务司管理的办法。这无异是干涉中国的财政自主权，虽然《辛丑条约》中并没有提到这些机构的税则（完全是因为议和代表对于这些机构的税则毫无所知），但是据谅解，总税务司必须保证把那些税则定得越能多收税款越好。接管常关机构和采行值百抽五税则是在同一天，也就是1901年11月11日那一天同时开始的。对于这种发展的困难和危险，赫德比那些《辛丑条约》的起草者了解得更为透彻，虽则这项计划和他久已怀抱的那种中国应该有一个兼管外部和内部关务的单一海关行政的理想正相契合，可是他并不因为看到这样一个能把他的理想向现实推进一步的机会，便忘却他平素的小心谨慎。凭着他四十年的阅历，他体会到在接管常关这件事情上，必须格外谨慎从事。他不像是在1863年的情形下一样，奉命建立一个全新的机构，有随意选择属员的全权，而是受托以这样一种工作,要接管一批散布很广、地方分权式的半独立性贸易税征收机构,它们各有其本身的一个或几个税则,各有其本身的一批超过需要的人员,而其中的每一个人又都各有其所要关心的既得利益。他势必要和这批人打交道,可是还不能激起他们的反感。根据他对厘金机构的经验(那批机构是为了 1898 年英、德借款的利益而置于他的管辖之下的),赫德已经懂得,为了避免那种左右为难的局面,一方面不要使得那笔为偿还外债之用的厘金摊付额不能按期解缴,而另一方面更不要激起官员的愤懑和万一的反抗,那么最聪明的办法就莫过于听任征收机关的人事、组织和征收手续一仍其旧,而只是从各区厘金委员处按月收取应缴的摊款。可是这种方法却不能行之于常关机构。命令上的条件要求他负起全部管理责任。赫德也知道,其中大多数机构都有几百年的历史,并且在它们的存在过程中,养成了种种现已根深蒂固的积习,同 19 世纪 40 年代和 50 年代曾经盛行一时的情形颇为相似,这些积习的改变,虽则就税收利益而论,是至关重要的,却一定会是一个漫长而艰苦的过程。事实上,现在要他来管理的这些常关机构,都是中国固有的关税机构,在外国税务司管理的海关成立之前,它们曾经处理沿海、沿江的一切对外贸易与国内贸易事宜,但是自从外国税务司管理的海关成立以来,它们就只限于管理内地和沿海的民船贸易了。为使这批人员安心起见,赫德曾指示有关各口的税务司,要他们记住"凡有任何应办的工作,务必尽先录用旧员,指导原则应该是留用旧机构的人员,而不是将他们排挤出去;应该使他们依次参加工作,而只有显然没有能力或没有必要的人员,方得遣散"①。在赫德接管常关的初期,政府额定的经常费是所征税款的十分之一,可是因为留用的人员过多,致使经费感到异常紧张;但是人事已经可以控制,给他们规定了固定的薪给(用以代替从前那种薪俸只是虚名,而专门依靠各种规费的制度),并且因为死亡、辞职和那些经查明工作不力或贪污有据人员的被清除,人事臃肿情形也已经逐渐减轻。监督的俸给和威望也受到了影响,所以各口税务司奉命通知监督们说,"拟议中的移交工作,目的并不是要排挤常关人员和安插进一批外国员工,而是诸公迫于情势的需要和财政的困难,不得不然;又说这个税收部门的两个支系,不论是叫作常关或洋关,原都属于一家,必须为了利益,和衷共济。"②各税务司奉命对于委托给他们的常关机构的工作情形,作一番彻底研究,并且要在特别注意税收利益和奖励贸易的条件下,筹议改组这些机构的计划;所以关税手续应力求简捷,务使商人们感觉到"恪遵章程勿违,不但是他们作为守法人民的责任,而且还是对于贸易最有裨益的"③。据调查所得,在 1901 年的三十五个开放对外通商的口岸中,只有十九处设有常关,根据外交团体,也就是《辛丑条约》缔结者的解释,所谓常关应该包括厘金和盐税以外的一切国内贸易征收机关在内。为使地方当局承认这项解释的效力,他在各个口岸都遭遇到很大的困难,例如在上海,道台就坚持把握着一切非出海沙船及其货载的管理权不放。为求取对

① 海关档,总税务司通令,第 993 号。
② 同上,第 985 号。
③ 同上,第 968 号。

于哪些机构应列进五十里半径之内这一点获致同意,他在某些口岸也遭遇到困难,例如在九江,道台起初就拒不承认鄱阳湖口的姑塘是在这个半径之内的,又如在厦门,海防厅若干年来都拒绝把石码列在这个半径之内,并且他一直是成功的。在牛庄和天津这两个有关口岸,因为道台在义和团运动时已不知去向,常关机构业经置于海关以外的外国监督之下。自从 1900 年 8 月起,俄国人已经把持了牛庄的常关机构[①],加以改组,并且把税收专供支付军事行政经费之用[②]。这种管制一直持续到日本人在日俄战争(1904—1905 年)时把俄国人逐出南满为止,但是日本人却又把牛庄的常关机构置于他们自己的行政之下,不过以赫德借调给他们的一个日籍税务官作为该机构的主持人罢了。日本人的行政仍是继承俄国办法,以常关收入拨付地方开支。这种办法一直继续到 1907 年春季,牛庄日本人才根据协定,把管理权交还道台,常关才终于移归税务司监督。在天津,当中国当局全部不存在的时候,联军各司令官曾经在 1900 年 7 月间组织了一个临时政府(按:即所谓都统衙门),负责民政管理和维持天津县城及城郊的秩序,至于各国租界、兵工厂、兵营、铁路等,已经在联军军队占领之下,自然并不包括在内。这个临时政府是由一个行政委员会组成的,其中最初有三个委员,后来因为国际间的嫉忌,人数增加到七个。警察、司法、卫生、公用事业以及财政等必要部门,都一一成立,有效的行政立刻就推动起来。财政部门的主持人是兰普(C. Rump),一个很有

---

①　英国国会档:"中国第 2 号(1904 年)",附件第 37 号。俄国会文摘录,19 页。

②　同上,附件第 43 号,陶威尔(Tower)的备忘录,31 页。

理财技能和熟悉中国财政情形的人。委员会收入的主要来源是先前属于常关的那项税收。兰普所领导的委员会接管了这个机构，并且以一批中、外混合官员加以改组。临时政府在 1902 年 8 月 15 日解散，于是把它的档案、账目、银行结余、契约和工程等一并移交给总督袁世凯。在把常关移归税务司管理的时候，经商定这批人员的接收期限应不超过 1903 年年底。因为外务部迟迟没有决定应如何安置这批人员，所以赫德训令德璀琳（Detring）派副税务司梅尔士（F. W. Mayers）主持其事，并要求后者将该机构的工作情形和那一批人员的资格及履历一一详细上报。事实上，在 1904 年秋季，这批人员中的大部分都已经编入海关司，天津常关连同它的数字很大的收入，也都一并按照《辛丑条约》规定条件来处理了。可是在这很久以前，所有其他各口常关收入的处置情形已经发生了根本变化。"因为这笔税收不再用于先前指定的用途，事实上已经造成了种种困难，作为一般督抚代言人的江西巡抚李兴锐，在 1902 年年初的一件奏折里指出，如果《辛丑条约》中有关常关税收的财政规定，执行得过于拘泥文字，那么一切对内务府以及政府各部和其他对象的解款，凡是照例出自这笔税收的，势必要一律停解。皇上把这件事下发户部核议，户部又以这件事咨商新成立的外务部，最后，他们对于一般常关作了下述的决定：应还赔款一律由各省额定摊款中支付，各常关征收机关的例常拨款应继续照拨，各该机关只须以征收的余额汇解上海。这项决定，据总税务司指称，是同《辛丑条约》规定不相符合的。同时他认为只要没有不履行债务的事情，这种办法或许不会遭到缔约国方面的反对①。自从

---

① 海关档，总税务司通令，第 1040 号；附中国通信。

那一天起一直到辛亥革命,从来没有发生过不履行债务的情事;但
是那次革命,却迅速在贸易和商业上造成了影响,因而各省对赔款
的额定摊款,也就自动停止。这自然使得总税务司要坚持要求对
通商口岸五十里内常关机构的完全管理权,这项管理权,迄当时为
止,一直还没有过坚持要求的必要。各省额定摊款的停止和普遍
政治混乱所造成的一般不稳定,使得北京当局深信,为他们本身利
益以及庚子赔款利益计,严格遵守有关常关管理的规定是有必要
的。"[1]《辛丑条约》缔结者原估计每年收入为五百万海关两,但是
这种希望并没有实现,虽则一部分是由估计过高,但大部分则是由
于政府在李巡抚建议下所采取的行动,使得彻底改革工作的实施不
能推进得非常迅速。在 1905 年时,五十里内常关征收机构的税收
是 3,628,937 海关两;在 1910 年是 2,976,571 海关两。在革命以
后的几年中,因为在这方面有了彻底的改革,它的效果也就立刻在
税收上反映出来,税款从那时起才真正改由总税务司署征解。在
1912 年,50 里内常关的税收是 2,545,016 海关两,在 1920 年是
4,385,535 海关两,在 1929 年是 4,567,403 海关两。1920 年税收
之所以增加到 1912 年数字的百分之一百七十二以上,乃是因为自
从 1912 年起,总税务司署就努力于加强对征收人员的控制,和
使常关的管理方法更加同化于海关的管理方法。在 1914 年年
初,因为管理权既然已经完全确立,而且又急需更多的税收,所以

---

[1]　《关税纪实》,181、182 页。

政府决计制定一套划一的常关税则，以便尽可能推行于全国各地①。据建议，这种税则税率应该像天津和牛庄的常关税则税率一样，相当于海关税率的半数，也就是说对中国货是1858年普通税则所列税率的半数，对外国货是1902年修订进口税则中税率的半数②。从当时所做的调查和所编制的各种表册中都反映出，这样一种划一的税则是很不切合实际的。无论是就平均重量来说，或是就不同地区同类货物来说，各地所征的税率，在关税惯例上，都存在很多根深蒂固的差别。的确，在某些地方，例如九江，税则是最简单的一种，内中主要是规定对沙船载货容量的分等征课，并不问所载的货物，唯有对茶、木材和盐才课以特殊的关税；同时在其他地方，许多现行关税税率，即使连同非正规征课和规费计算在内，也比政府所提出的税率低得多。在这一点上并没有什么值得惊奇的，因为常关贸易纯粹是一种和国家对外贸易毫无关系的地方性贸易。可是要想把这些久已存在的差别一扫而光，并代之以一项划一的税则，而这项税则对土货贸易，特别是对地方性土货贸易，在税负上却要比现行税则加重很多，这样就势必会引起混乱和不幸的结果了。所以政府决定不论得计与否，姑且还是听其自然。1929年6月16日芜湖、凤阳和扬由等三处五十里外常关的并入，使海关机关从常关税源中实征的税收总额，在1930年时达到6,605,540海关两。从1930年12月31日起，

---

① 海关档，总税务司通令，第2206号。
② 同上，第2240号。

所有五十里外常关机构和征课一并裁汰[①]，从 1931 年 6 月 1 日起，所有五十里内常关也是如此[②]。

十六

清政府发祥地的东北，在义和团运动中，已经逐渐引起世人的注目，因为俄国已不讳言它对那个地区的欲望，更因为那种欲望和日本的利益相冲突，显然不论清政府方面愿意与否[③]，那敌对双方迟早必会在领土上一战，以解决它们之间的矛盾。可是在那场战争爆发之前，1903 年的《中美通商行船续订条约》和《中日通商行船条约续约》已经借着要求安乐、大东沟和奉天的辟埠通商，明白表示出，那片广袤而富庶地带的贸易，在当时不应该成为任何一国的禁脔。在 1903 年整整一年和 1904 年日俄战争爆发前那段时期中，赫德一直在和俄国公使璞科第以及他的继任者普茨尼夫谈商仿照胶州所行的办法，在大连建立一海关。这番谈商之所以必要，乃是因为俄国方面已决心要试图使东北的海关俄罗斯化。为求阻截这种威胁中的大有关系的举动，赫德已经委派了一个俄国人葛诺发（N. A. Konovaloff）为牛庄税务司，并且也在一定的附带条件下委派了一个俄籍的大连税务司；但是那些以俄亚帝国缔造者自居的人们并不以此为满足。他们还要求专门为东北各海关设俄籍

---

① 海关档，总税务司通令，第 4158 号。
② 同上，第 4020 号。
③ 《美国外交关系》，1905 年，818 页。

总税务司一人，并在奉天和安东各设俄籍税务司一人[①]。他们还不止于此，在 1904 年 1 月初，那位期待担任大连税务司的旅顺口财务主任普洛塔谢夫指派他本人举荐的一个人主持牛庄的常关，因而把奉牛庄海关税务司之命监督该机构的海关帮办逐出。自从 1898 年对华承借担保债款的外交争夺战发生以来，自从英国提议将大连湾设为通商口岸以来[②]，俄国就一直怀疑这些提议是想要经由中国海关来控制辽东租借地内的贸易。在 1903 年 5 月间，俄国公使曾经递交赫德一件协议方案。对于这件方案，赫德表示反对，因为其中建议大连税务司的任命、调迁和解职须由中东铁路当局和总税务司协商办理。赫德指出，铁路公司的权利是和这件事毫不相干的，咨商机关应该是俄国公使馆，在委派新税务司时应该取得该使馆的谅解。至于调迁和解职，则纯粹是海关内部的事情。此外，他还希望列入一项条款，规定凡未领有税照的货物，在经过大连时，中国货一律征课正子两税，外国货一律征课进口正税。这个方案中也规定了对于一切往来于大连和非通商口岸间的船舶发给许可证的办法，赫德则指称，这项建议是和《内港行轮章程》不相符的，因为大连是一个被外国管理的口岸而不是一个普通口岸。赫德也不肯接受方案中所载的另一项提议，即海关应将一切与大连建关筹备工作有关的开支归还铁路公司。可是在赫德和璞科第的谈判还没有商有成议的时候，日俄战争已经爆发，并且在 1904

---

① 英国国会档："中国第 2 号（1904 年）"，1903 年 9 月 28 日萨道义爵士致兰斯棠侯爵函，95 页。

② 同上，"中国第 1 号（1898 年）"，11、16、21 页。

年5月30日,大连被日本人攻占。根据1905年9月5日签订的
《朴司茅斯和约》[①],议定(第三条)俄日两国一齐撤出东北,并将它
交还中国接收,以便施行政务。可是辽东半岛的租借地则转让给
日本,不在交还之列。赫德于是又可以恢复在大连创设中国海关
的谈判了,这一次的谈判却是先后以日本公使内田康哉和林权助
为对手方。谈判最后达成了协议,经于1907年5月30日签订文
约[②],双方约定得在大连设立中国海关,不过必须以日籍税务司
负责主持,所有官员也应尽量录用日本人,以管理租界地货物的
进出。根据这项协议,凡是为租界地内消费而输入的货物,一律
免征关税,凡是租借地内出产的和以租借地内出产品制造的出
口货,也同样免税。凡是在租借地内以运自中国内地的原料制
成的物品,应比照胶州租借地制造的同样物品,缴纳同样的关
税。中国货得从通商口岸免税运入租借地,但是在运出租借地
时,应照现行条约纳税。凡是已税日本货或其他外国货,在从通
商口岸向大连复出口时,应该以存票发还复出口货的原缴关税。
只要货物不再通过日本租借地进入内地,就一律免征关税;这类
货物如果从大连直接运往外国,也免征出口税。因为大连没有
海关道台,所以这个海关也被授权制发子口税单和三联单,并课
征公认的子口税。它对于在租借地以外的内地地方往来的轮
船,也有发放内港航行专照的权力。这项协定虽然始终没有被
正式废止,但是1932年2月17日长春"满洲国"政权的登场,已

①　关于条文,参看马克谟,前引,卷1,522—526页。
②　《中外条约汇编》,卷1,634—637页。

经威胁到这项协定的继续施行，在同年 6 月中，威胁就变成事实，大连租借地的中国海关也遭到东北其他各通商口岸中国海关的同样命运，沦于"满洲国"管理。安东和大东沟是在 1907 年 3 月 14 日开放通商的，后来在 1911 年，对于鸭绿江上铁路运输的海关管理权缔结了一项协定。在贴近朝鲜的地方，因为邻江地面太长，又有安东大片日本租界的存在，而且安东的中国海关，据称还是由于礼貌关系方得执行职务的，这便给予大规模的走私活动。这种走私活动，因为 1929 年第一次国定进口税则把税率提高得太多而变本加厉，并且猖獗和野蛮到无所不为的程度，以致海关终于不得不组织关警，来保护海关查验人员，以执行他们的职务。

十七

沈阳，或是照当时通常的称呼奉天，开辟作为国际居住和通商地方一事，在 1903 年的《中美》和《中日条约》中都有规定。由于俄国的占领和随后的日俄战争，这些规定当时完全无法实施。甚至在战争结束后，还不能实行正式开放，而一直到 1906 年日本侵占该地的军队撤出以后。各国领事一旦驻进了奉天，各有约国和中国政府对于开放奉天为国际居住和通商地方这项条约规定应做的正确解释，立刻发生了争议。中文本条约中载有"由中国自行开埠通商"一款，中国方面根据这一款，坚称奉天和其他东北各商埠并不是通常意义的约开口岸，而是单纯的内地城市，不过在其中的指定地区里，准许外国人按照中国自定章程通商居住。外国货得于按照税则缴纳进口税之后,运入这些地区,但如果再行运出,除非运往外国或通商口岸,则必须照例征收省内厘金。各有关外国政府拒不承认这种看法,主张"通商场"的涵义是指各该开放城市及其郊区的全境,外国货在缴税之后得卸到各该境内的任何部分。这种争议始终没有得到确定的解决,中国方面坚持拒绝承认奉天具有约开口岸的地位。可是,为使外国货能沿途免缴厘金或其他内地税而运到目的地起见,中国方面根据总税务司的建议,实行了《东三省各埠免重征专照办法》。这项免重征专照章程最初在1907年12月公布,后来又经过几次增订;它对于报运这些通商场的外国货关税缴纳办法,作了规定,凡是这类货物的关税,一律在天津、牛庄、安东、大连和秦皇岛等指定通商口岸征收。免重征专照对于同类货物在从哈尔滨、绥芬河、满洲里和瑷珲以铁路运送时,也一律适用。凡是持有这项专照的货物,得免除沿途直到目的地的一切重征,但是目的地这一个名词所包括的确切范围,却未明白厘定。这种免重征专照一直继续制发了二十年,但是到1926年10月间,奉天当局为求增加税收,便以专照的使用有损省库为理由,要求北京政府废止颁发专照办法。同年12月,政府决定同意这项要求,因而训令总税务司自1927年1月16日起,停止发放东北三省各埠免重征专照。总税务司指出执行这项命令的困难,但是政府固执己见。在1927年11月,安东和牛庄两地已经不再发放这种专照,但是大连却仍继续照发。1920年年初,奉天日本商会呈文日本总领事,略称:鉴于当时贸易的发达,如果能在奉天设立关栈,把那里的海关设备扩充到能使海关的一切规定事项都能就地履行,显然是一件有裨益的事。具呈人的理想是,奉天方面如果能采行保税制度，那他们就可以从封固的保税车辆中领取他们的进口货，而无须要在进口口岸听候查验和报缴进口税；并且可以把这些货物存放在关栈里；一有需要就随时完税提货。他同样希望能够在奉天检验和包装他们准备装运外洋的出口货，缴纳这类货物的出口税，并能以保税车辆把货物运送到装船口岸，从那里可以不必再经过检验而发往外国。美国公使听到这项举动之后，立刻要求准许在奉天设立关栈，以供各国商人的需用，并应允任何愿意这样做的美国人，依照条约规定，建立私营保税堆栈。税务处于是训令总税务司研究这个问题并制定必要章程，以作为对美国公使的答复。奉天税务司做了初步的研究，并且也拟定了一套保税章程呈阅；但是从他和省财政负责人的磋商中反映出，地方财政当局深怕拟议中的改革会给予省税收以不利的影响。此外，省财政负责人还力争要在保税制度建立和实施之前，先将奉天的地位明白规定。因为直到当时为止，它还不是一个通商口岸而只是一个通商场，而且还是一个界址没有划定的通商场。可是在税务司和南满铁路之间却仍继续进行着关于拟议中的保税货物运输章程的谈判，1921年11月间，大连铁路总局派了两个代表到奉天，他们在日本总领事面前，和税务司讨论对这项章程所提出的修正案。在次年（1922年）3月间，章程业经双方大体同意，于是总税务司便发交哈尔滨、安东、大连、牛庄和天津各口税务司核议。七月，在南满铁路和奉天税务司对于保税货物运输章程已达成完全协议之后，铁路方面便要求立刻予以实施，而不必等候京奉铁路和中东铁路间也取得相同的协议。在把这项章程送呈税务处的时候，总税务司首先陈明，拟具奉天保税章程是奉政府训令办理的，继而指出,如果要这样做,那就必须取得南满铁路对于运输章程的同意,以便对于在运货物获有适当的海关管理权,并且表示希望目前送呈的章程能够奉到核准。他也指出,在进一步拟定奉天关栈章程之前,明白规定奉天和通商场的地位是极其重要的;因为关栈一旦设立,商人当有权在那里缴纳进口税和请领子口税凭单及免重征执照。当政府正在考虑应如何采取进一步措施的时候,哈尔滨税务司扩大了讨论的范围,对于为从南满各通商口岸向北满和关内各通商口岸经由铁路而在长春和必要时也在奉天换车的外国货的保税运输,提出了一件章程草案。这项章程后来曾于1923年7月在长春举行的一次会议中讨论过,出席那次会议的有南满铁路、中东铁路和中国海关的代表。在1924年7月,两个铁路当局对于从北满到南满的保税铁路运输章程,已经达成协议,于是总税务司就将这项协议送呈税务处,请尽速予以批准。税务处的批准和奉天监督的批准是在1925年6月发出的,哈尔滨监督的批准也是在同月份。同年8月间,安东监督奉命设法给予章程的实施以便利,同月份大连税务司也奉命将拟议的章程一份送交关东政府,同时指出,章程已经由南满铁路径呈东京方面和南满铁路利益有关的日本当局,并且已经获得同意。把章程送请关东当局同意是有必要的,因为大连税务司曾经指出,拟议的保税运输办法必须与《中日会订大连设关征税办法》的规定相适合。该项《办法》第五条规定:

"凡有货物由海关运进大连口岸,均不征完进口税饷,若货物由旅、大租界内运赴中国内地,即由大连海关照约征收进口税。"(录自前引,281页)

对于这条规定所作的解释，应不只是这类货物必需完纳进口税，而且进口税必须在大连，而不得在大连以外的地方缴纳。如果将来对于通过关东租界的进口贸易要完全比照胶州方面的情形办理，而补贴租借地政府以一定的成数，这对于日本自然是一件极关重要的事。早在1925年9月间，关东总督儿玉伯爵就已经把这件事呈东京外相请示；但是直到今天，东京方面对那项请示的批复却始终也没有公布。现在我们所确实知道的，只是这件拟议的东北铁路货物保税运输章程从来就没有能够付诸实施，其所以不能实施的原因是：

（一）没有从关东当局和日本外务省获得正式同意；

（二）在1925年秋冬两季和1926年春季和夏初，在东北和中国北部发生了严重的政治混乱；

（三）从1925年10月到1926年7月在北京举行关税会议——这是希望能够对于一切悬而未解决的主要税则和关税问题加以讨论和决定的一次会议；

（四）在1925年8月召开中、苏会议，其中第三委员会即专门讨论中东铁路问题；

（五）在1926年2月间对中东铁路发生的严重争端，以及因而造成的管理权的变动。

1929年夏，国民党政府再度提出沈阳的地位问题，但是东北三省行政长官张学良元帅和日本当局间的紧张关系，杜绝了获致决议的可能性。1931年9月的沈阳事变和它的种种后果，也就把这个问题抛入难以控制的政治上的虚无缥缈之乡了。

十八

只要俄国在东北的势力不受到严重威胁,它就会坚决反对中国在哈尔滨创设一个海关,哈尔滨是俄国东北铁路网的主要神经中枢,哈尔滨这个城镇曾经在几年之内从一个小小的中国村落一跃成为一个繁荣的现代都市,广布着铁路工事和车场、一所华俄道胜银行分行、兵营、一个医院、一座教堂、一家旅馆,以及面粉厂、店铺和住宅等,并有三万五千名以上的外侨。由于决心和日本一战,俄国改变了它对中国在哈尔滨设关的态度。因而在1907年年初,葛诺发奉调前往哈尔滨,充任第一任海关税务司,同时指派了一个中、俄官员的混合委员会,制定《北满洲税关试办章程》(参阅刘树屏辑《中外新旧条约汇刻》,第9卷)。这个委员会在1907年3月10日开始办公,但是直到1908年1月间,才由于该委员会从中努力的结果,使中俄两国政府达成下述谅解:在暂行章程还没有达成定议以前,凡当时仍有争议的各款,如暂行按照俄方代表的解释予以实施,则满洲里和绥芬河各关站得立即开征关税。于是中国海关于1908年2月5日在满洲里开始办公,同月11日在绥芬河开始办公。当这些关站开始工作的时候,它们很快就看到,在没有货主、代理人或熟练包装人的情形下来处置在途货物,势必会常常引起纠纷,而且有时还会是很严重的纠纷。首先主张把海关工作迁移到哈尔滨的就是商人,在这一点上,他们得到商会的支持,但是却为俄国高级当局所反对。可是在1917年12月间,因为俄国革命造成的混乱情形,于是中国军队占领了哈尔滨,全区都回到中国的管辖之下。在这种情况下,税务司毫无困难地做好下述布置:凡经过满洲里或绥芬河进入中国领土的货物,如果是由各该边关照章加封的车辆运到哈尔滨的,一律在哈尔滨查验。当海关工作在满洲里和绥芬河开始后不久,关于松花江上的三姓和黑龙江上的瑷珲两处地方的建关问题,接着也就发生,这两处地方是中国已经在 1905 年《中日会议东三省事宜附约》中同意开放的。从哈尔滨到黑龙江这一段松花江上的贸易管理是非常重要的,因此中国当局决定尽快加以掌握。于是中国和俄国当局达成了一项谅解,并且自 1909 年 7 月 1 日起哈尔滨、三姓和拉哈苏苏等处的沿江各关先后开始办公。因为当时实施的章程为俄国当局所不同意,所以双方又在北京和哈尔滨两地分别举行磋商。事实上这项章程已经由俄国公使馆暂行予以同意了,不过附带一项条件,即凡是俄国业经提出异议的各点,以后必须加以修正。在 1909 年 12 月间,俄华委员会开始讨论松花江章程,六个月之后问题又送往北京请示,直到 1910 年 8 月 23 日才签订了《稽查松花江往来船只暨进出口货物暂行试办章程》(*Provisional Customs Regulations for the Control of Vessels' Movements Imports and Exports of Goods on the Sungari River*)。根据章程,出口货和进口货的关税应分别按照 1858 年普遍税则和 1902 年修正进口税则的税率足额征收。章程中也规定,应采行江捐办法以代替船钞,而这种江捐是按照货载的种类、数量和运程远近分别抽征的。哈尔滨海关所属的瑷珲分关自从 1909 年 8 月 1 日创设以来,一直以分关资格执行职务,直到 1921 年 10 月 1 日,才被提升到不属于哈尔滨的一个个别口岸的地位,改由本口税务司主

持关务①。朝鲜农民、猎户和设阱捕兽者的流入间岛,久已是一个
迫切的问题,中、日两国政府终于以 1909 年的《间岛协定》或《中日
图们江口韩界务条款》,同意承认图们江为朝、中两国国界,并开放
龙井村和其他三个地方(按:即局子街、头道沟和百草沟),准各国
人民居住贸易。因而在 1910 年 1 月 1 日在那里创设了一个中国
海关,但隶属于珲春关②。在 1924 年 7 月总关迁到龙井村以前,
它一直居于这种从属地位③,同时根据 1905 年《中日会议东三省事
宜附约》,在 1909 年 12 月 27 日创设在珲春的那个海关,则降到分关
地位。珲春之所以降等,是因为 1923 年天图轻便铁路的兴建,该路
沿龙井村到延吉府,连接这两个地方和新义州的边区,并从那里经
过会宁到朝鲜的清津港。由于这个原因,再加上中、俄间敌对态度
终于在 1923 年 3 月扼杀了珲春和普里茅斯克(Primorsk)间先前繁
盛的陆路贸易,这就必然使珲春失去它的重要地位了。

十九

我们已经注意过④原有的 1899 年 4 月 17 日的《会订青岛设关
征税办法》⑤并不完全成功。它的目的原是要制定一种海关手续,
借以把中国商人吸引到这个租界地,因为当时那里只住有一些渔

---

① 海关档:总税务司通令,第 3203 号。
② 同上,第 1857 号。
③ 同上,第 3514 号。
④ 见前第四章第二十五节。
⑤ 《中外条约汇编》,卷 2,215—218 页。

民,经营着微不足道的沙船贸易。可是鉴于中国商人宁愿住在靠近中国海关的中国领土上,受他们所习以为常的中国法律和章程的管辖,事情也就立刻可以看清,如果想要达到这个目的,那么海关只能在边界上执行职务的这种协议的办法,势非修正不可。德国当局固然不愿意看到在他们的租借地边上崛起一个中国城镇,致损害他们的口岸,德国商人对于不在这个边镇上设立分支店,每逢作买卖必须前往该地这种浪费时间、增加开支的情形,也不欢迎。对于中国当局来讲,这种在边界设关的办法,也很不合适,因为要防止大规模走私,特别是军火和鸦片走私,就必须建立花费很大的陆路和海上缉私机构,而且既然有香港的经验,他们也很知道这会意味着什么。在这种情形下,双方决计试行自由港区域的办法,以便中国海关得在这个区域内根据 1899 年协定中规定的条件执行职务,检验进出口货物,并对于一切进出该区域的应税货品抽收关税。中国政府则同意以所征进口税的百分之二十,拨给德国租借地政府,来作为这项让步的交换条件。为了使这项办法制成定案起见,他们有为 1899 年《设关征税办法》起草一件修改办法的必要,因而这件和原办法具有同等效力的修改办法(按:即《会订青岛设关征税修改办法》)便在 1905 年 12 月 1 日依式签字[1]。租借地政府为履行这项办法,隔天就通过了一件规定胶州境内关务手续的条例[2]。这次的试行办法是成功的。它给予海关(甲)租借地政府的诚意和帮助,(乙)青岛和胶州区内沙船停泊所一切中、外货

---

[1]　《中外条约汇编》,卷 2,221—224 页。

[2]　同上书,225—236 页。

运的完全管理权,(丙)所有应存关栈的武器、军火和鸦片的进口管理权,(丁)得免于设置花费很大的缉私机构的必要,(戊)因有在港口区域内而非仅在边界上执行职务的一个海关办事机构而造成的贸易和税收的增加。在另一方面,德国租借地政府从这种试行办法中得到了(甲)和中国省当局的敦睦关系,主要是由于因走私活动而侵越边界问题的不复存在,(乙)中国商人的大量迁入和从而造成青岛市镇、贸易和口岸的发达,(丙)租借地与内地间的免税贸易——除进出海关管理的港口区域而外,一切货物都不完纳关税,(丁)商人们在缴税之前对出口货整理、再检验和包装的便利,(戊)租借地生产和制造的货物的免税出口,(己)租借地政府和德国海陆军当局需用的贮备品和物品,以及制造业、工业和农业等方面所必需的机械器具,公共工事所必需的建筑材料和旅客行李等的免税待遇,(庚)按季拨给租借地政府以所征进口税百分之二十的补助费,在这笔补助费中,据解释,也要包括同样成数的沿岸贸易税和沙船贸易进口税在内,后来则又加进沙船装载的水果的关税百分之五十,唯内中扣除征收费百分之二又二分之一。这项试行办法的成功是毫无问题的。各方面都感到满意,这无疑助成了青岛从一个贸易微不足道的渔村发展成为具有光荣地位的中国沿海首要口岸之一。在 1921 年,就洋货进口贸易的价值来说,它在所有通商口岸之中,占第七位,就出洋土货的价值和在对外贸易方面所征的税收数额来讲,则都占第六位。在 1907 年春季,两国议定,关于德国租借地内的制成品的关税待遇,应该有一项比修改办法第四节中所撮述的办法更为详尽的协议。欧战的爆发,使这项办法和因此而制定的条例①未能得到充分利用。在这里,除去一个著名的啤酒厂而外,没有建立起一个值得一提的工厂。自从1914年10月31日战事的发展使日本得以占领胶州时起,到1922年6月1日日本把这个地方归还中国时止,上述进口税百分之二十的提成则改由作为德国官厅遗产受让人的日本官厅承领。在中国收回胶州的交涉时期中,凡是在1923年1月31日以前从这笔提成中所得到的款项,都划作山东善后委员会的经费,从那个日期起到1930年1月30日止,这笔款项则拨由胶州市政机关充作该地公务的需用。其后两年(从1930年3月1日到1932年1月31日),该市政机关又改向财政部按月请领五万元的定额拨款,而不再采取这种提成的办法了。

二十

虽则东北三省和胶州距离西江、广州和香港的路程很远,但是规定安东和奉天开放的同一些条约,也规定了江门的开放,西江十个搭客所的设立和内河行轮的普遍推行。这是使得海关对西江航运方面的管理愈加错综复杂的一个预兆——西江这一条水路,负有无法无天这种恶名声,已经不下几世代之久了。三角洲自古就是一个海盗出没之所,西江流域全境也是举世闻名的盗匪巢穴。在《中英通商行船续约》墨迹还没有干透的时候,两广总督岑春煊就不得不向广西进行征讨,以遏制他的一些属民的劫掠活动,并且

---

① 《中外条约汇编》,卷2,237—247页。

不到两年的工夫,他竟不得不再进行一次军事行动,而且这次进行得格外激烈。当地居民以藐视官府为珍贵传统的广州,已经是六十年以上的一个通商口岸,在这六十多年当中,它已经充分证明,不论海关章程本身如何冠冕堂皇,它们总是能够被哄骗过去的。自从 1897 年以来,三水和梧州就已经辟为通商口岸,准许外国人享有从香港经三水到梧州的直接贸易权,同时江门、甘竹、肇庆和德庆也根据扬子江停泊所的相同条件①,宣布为停泊所。次年(1898 年),中国开放内河,准许轮船航行②,这就使得原来按照通商章程和停泊所规则办事的那种简单而易于控制的局面,迅速发展成为一种复杂、混乱和不规则的状态,同时因为中国汽艇和拖船可以在那里缴纳常关关税,而申报进出口的沿江常关机构仍然是在省当局管辖下执行职务,这就使得复杂混乱的情形更加严重③。照商人和轮船所有主们的想法,他们这时应是毫无疑问地可以享有轮船的航行自由,在最初六个月之中,广州税务司的措施,似乎也证实了这种想法并不算错,他不但应许港、梧线上的轮船在通商口岸和停泊所进行贸易,而且还应许它们在内地各处进行贸易。实际上,这无异是说,西江上的轮船是可以同时按照通商章程和特制内河章程进行贸易的。这不但引起了混乱情形,而且也引起了关于从一个通商口岸经过另一个通商口岸和一个内地地方往来贩运的中国产品的关税待遇问题的许多议论。于是又有了增订补充

---

① 《中缅条约》附款十九条专条一条,《中外条约汇编》,卷 1,538 页。

② 见前第四章第二十四节。

③ 英国国会档:"中国第 1 号(1900 年)",领事吉梅生(G. Jamieson)1899 年 8 月 8 日的备忘录,233 页。

的内河章程，据规定，在这种情形下，这类产品应向海关完纳出口税和沿岸贸易税，正如同省税当局对于通商口岸和内地之间的在途货物抽征厘税一样。同时也订明，凡领有内江专照的轮船，都可以驶往指定的内地各处，但是必须驶回通商口岸注销专照，然后才能恢复它作为一艘按照通商章程规定的贸易船的资格。外国商人，特别是英国商人[①]，竭力反对这些限制办法，同时指称，西江上的中国轮船利用在广州和梧州间拖曳沙船和驳船的方法，规避这些限制，经常停留在沿途的停泊所和内地各处进行贸易。因为通商口岸的常关机构还没有划归总税务司管理，所以这种办法是既有可能又是合法的。商人们指出，从梧州上游内地大量采运的肉桂，如果托由中国沙船或驳船载运，即便是用轮船拖曳，在向省当局每担缴纳零点七八元的税款之后，就可以免缴其他一切征课而直驶广州，但是如果由外国轮船装运，却必须向海关另缴出口税和沿岸贸易税。此外还有香港和西江各口间的直接贸易问题，在这个问题上，商人们希望能够订明，凡外国船从香港运往西江各口的货载的应征关税，得在离开香港后第一道海关关卡缴纳。显然，西江章程的修订是有迫切需要的，江门定于 1904 年 3 月 7 日辟为通商口岸一节，不但为修订章程提供了一个机会，而且也多添了另一层理由。于是广州税务司卢立基在和他的同事江门税务司梅乐和会商之后，就拟定了一套《试行西江通商章程》(*Provisional Regulations for the Control of Trade on West River*)，并且在 3 月 1 日

---

① 1899 年 3 月 28 日和 1901 年 2 月 5 日怡和洋行、太古洋行和港穗澳轮船公司致公使萨道义爵士函。

刊登香港和澳门各报公布。海关当局在这件因江门开放而公布的暂行章程初稿中声明凡是 1897 年《西江章程》中与新试行章程不相抵触的规定,一律继续有效;列举了六个准许货物装卸和旅客上下的停泊所,以及十个旅客和行李可以上下轮船的搭客站;将西江轮船分为(甲)从广州或江门往来沿江各口而不驶离两广各航线的地方江轮,和(乙)由香港和澳门来往西江贸易的轮船;规定第一类船只必须在广州或江门将船牌等件交存主管官厅,领取有效期一年的江照,而后一类准备经由江门或广州驶入西江的船只,凡从江门上驶,经由磨刀门入西江的,必须在拱北关马骝洲分卡 * 请领江门准单,俟船到江门即将该准单连同船舶证件一并呈缴,如果再向上游行驶,则必须换领西江准照,凭西江准照方得在沿江各通商口岸和停泊所进行贸易并在各搭客站拢岸;在回程中,则一反这种程序。经过广州驶入的轮船必须在那里呈缴它们的证件,并请领西江准照。关于关税待遇,据试行章程初稿中的规定,在外国管理的口岸和通商口岸之间往来运输的货载,一律在装船口岸缴纳关税,但运自或运往停泊所的货载则必须在江门或广州报关纳税,同时在停泊所和通商口岸之间沿江往来装运的土货不经过另一个通商口岸时,必须在卸货或装船口岸完纳正税,但如途中经过另一个通商口岸时,则必须于卸货或装船时完纳正半两税。运自停泊所而沿途经过一个通商口岸的土货,必须在所经过的通商口岸缴纳正税。三水税务司对于这项章程提出异议,理由是这种办法对于三水在停泊所贸易方面的关税征收事宜,会产生不利的影响;因此广

---

* 《江西通商章程》第五条第三款作"拱北关之马骝洲分卡"云云,原书将 Malowo-now 误作 Mingchow,兹为改正。——译者

州、江门和三水三个税务司奉命共同研拟办法，以期能无碍于贸易而又最有俾于税收。于是经过多次公函来往之后，这三个税务司在 1904 年 7 月 9 日会商于广州，拟制了一套非常完备的章程。它和前项草案有下述的不同点：（一）完全废止从前的《西江章程》；（二）指定西江上四个通商口岸，准有约国商船通商；（三）凡往来西江贸易的船舶必须带有军火准照；（四）在商船种类中增列奉准行驶内地各处的内河轮船，以及小船、快艇、钓船、沙船等；（五）给予三水以船货出入口岸的地位；（六）增加横门为入西江的航线；（七）指明凡经由横门驶进的轮船，必须在该处请领江门—三水准单，并且必须直驶单上所开列的通商口岸，沿途不得停泊或上下客货，俟船到所开地点，再将船牌交呈，换领西江准照；（八）禁止领有准单或西江准照的轮船在非通商口岸地方装卸货物，违者惩处；（九）规定每四个月缴纳一次船钞；（十）对于不循由规定航线驶进，或驶出时不呈缴江门—三水准单，和违犯沿江口岸章程等项的船只，订定罚则；以及（十一）对于外国人所有的快艇、钓船和所租用的沙船等订定详尽的实施细则。经过各有关国领事同意之后，这项增订章程自 1905 年春季起开始实施[1]，并且除因情况变迁做了些枝节修正外，一直实施到现在。可是，值得注意的是，代替已废的沿岸贸易税而实施的现代转口税，并不课征于往来西江各通商口岸的轮船所载运的土货，西江四口就这类贸易而论，却一律视同内地地方了[2]。

---

[1]　海关档：总税务司通令，第 1235 号。
[2]　同上，第 5429 号。

二十一

詹姆斯·马凯爵士在前往上海谈判条约途经香港的时候,被在香港的英国商人拦住了去路,他们对于何种方法对英国贸易有利,特别是对华南方面的英国贸易有利,给他一些启发。他们知道为了把税率提高到切实值百抽五,将要有一次进口税则的修订,他们也曾经听说关于税则方面的其他变动,特别是关于厘金抽征事宜,也要有所磋商。他们深怕日益发达的贸易会受到这种变动的不利影响。在 1886 年《香港鸦片贸易协定》以前几年中,我们还可以记得,在香港的商人和官员对往来香港的沙船货载所征关税高于对往来澳门的这类货载所征关税,颇为愤懑。虽然照这样子抽税是它权利以内的事,可是清政府也曾经在 1886 年协定中给了他们这种素所向往的特许权,消除了这种不平的根源,因而使香港贸易受益不浅。既然已经受到了沙船税率降低的好处,在香港的商人现在却又生怕一旦提高中国的洋货进口税则和改变厘金办法,而给予香港和广东省内各通商口岸间往来的外国轮船运输贸易的发展以不利的影响了。因此《马凯条约》中列进了下述一款:"凡民船载货,由香港往来广东省内各通商口岸,所纳之税,连厘金合算,不得少于海关征收轮船所载相同货物之税数。"(录自前引,27 页)这项条款,虽则原意是适用于一个特定地区的,可是实际上却肯定了一个原则,即对货物所加的课征额不得因运输方法不同而有所差别,这个原则在海关税率大为提高的年代里,其意义的深远,或许是该条款的制定人始料不及的。但是任何想借划一税率以期把轮船和沙船放在同等税负基础上的企图，都一定会激起反抗。这类性质的变动——姑且不谈厘金的废除——无异是要铲除一切常关附加，诸如销号费、檐头费等，而后一种规费却是以五分之二归诸粤海关监督，五分之三归诸常关关员作为上文所述的报酬方式的。这种拟议的划一办法也无异是说，它一旦在两广全境付诸实施，两省内的所有常关机构（不仅仅是各通商口岸五十里半径内的常关机构）都势必要接受总税务司的监督。在广州方面，当时各常关现行进口税则税率比相应的海关税率要低得多，至于出口税率，虽则名义上和海关税则税率相同，可是由于对从价货物有那种行之已久的折扣办法，所以即使连同种种规费合计在内，也还是比较低的。为了把贸易吸引到沙船方面而定出的那种特别折扣，在两广其他各常关机构甚至于打得更大一些。陈村的情形就纯粹是这样的，广州的沙船贸易已经大部分被吸引到那里去。因为《马凯条约》中著名的厘金和常关条款始终没有实行，对于一切货物，不论是如何载运，一律实行平等划一的关税待遇一事，依然是一种可望而不可即的理想。当修约谈判在上海进行的时候，有一件注定要影响香港和内地海关关系的事情发生了。这就是 1906 年 9 月 20 日上谕的颁布，那道上谕下令于十年之内，将洋药和土药在中国的流毒完全肃清[①]。这自然使得清政府方面必须对于土鸦片生产和吸食的取缔采取强迫手段，并且必须对于印度鸦片进口的逐渐削减以至于禁绝一事，和英国政府达成协议[②]。这样一种协议对于租借地的税收会产生不

---

① 英国国会档："中国第 1 号（1908 年）"，1 页。
② 同上，14、17、21、29、45、47、48 页。马克谟，前引，卷 1，861—866 页。

利的影响。清政府海关和香港间的关系已经把过去官场上那种情形改变了不少,所以当租借地政府决定为了弥补因停止鸦片贸易而正在或行将丧失的税收计,开征火酒和酒精税①的时候,租借地方面也就觉得在这个问题上要求内地的协助是很自然的事了。在1909 年年底,通过九龙税务司夏礼士(A. H. Harrls),请求清政府海关帮同组织和实施一套稽查民船载运火酒和酒精剂向香港运送的方案,以及一套将火酒之类货品交存由香港管理的制度。总税务司同意了这项请求,并推荐了海关内班员司培斯波(D. Percebols)。培斯波的工作使他不但和进出口货局而且也和香港港务处的沙船局发生了密切接触,凭着这种接触,再加上税务司的知识和经验,他得以对租借地沙船航运管理的简化和加强工作,提出了切合实际的建议,同时内地海关则以它的沙船通行簿制度来协助这种管理。这种作法替沙船管理的合作政策打下了基础,内地海关同意在它们的各关卡稽查和签证租借地制发的沙船许可簿,香港则以同样稽查清政府海关制发的沙船通行簿作为交换条件。这就自然使得夏礼士要提出一项建议,主张以一项专门讨论关务的协定或条约,来求得对于香港和内地双方都有利的更圆满的合作办法。这项建议,对于租借地政府来说,是条件成熟了,因为夏礼士和租借地一些主要官员间对于这项问题多次交换了私人意见,以及夫勒拆先生(A. G. M. Fletcher,后来封为爵士)所递呈的一件备忘录,已经替这项建议铺平了道路。夫勒拆在 1909 年最初几个月中曾经担任代理租借地助理秘书的职务,他在调查因深水湾

---

① 香港法令,1909 年第 27 号和 1911 年第 9 号。

(Deep Bay)食盐走私事件而引起的侵犯殖民地领土权利案的过程中,已经体会到,从中国缉私机关的观点看来,租借地的陆路边界是令人无可奈何的。因而在1910年1月,夏礼士奉总税务司的核准,提交一件关税协定草案,建议指派一个由少数几个人组成的机密委员会,详细审查这个问题。这个委员会和夏礼士商谈的结果,就是1910年4月间对于一项试拟草案的协议,该项草案经过香港有关机构秘密通过后,就在同月30日寄往英伦,并得到了英国政府对于草案本身和它所涉及的原则的一般核准。在1911年2月间,条约已经大体拟定,因此税务司认为拟具一份中文本送呈驻广州总督张鸣岐,并同时将全案正式呈报北京当局,是及时的事了。条约中所列的条款,计涉及以下各项问题:租借地当局对租借地海面上的沙船管理;盐、硫磺和硝石的进口以及这些货物的交存特许堆栈;无照收藏炸药或其他爆炸物的查禁;海关在深圳设立分支机构的许可;准许汽艇遵照内港行轮章程在香港和两广省内非通商口岸间进行贸易的条件;许给这类汽艇的拖曳权益;拖入内地驳船的封舱;行驶内港汽艇及其拖船所载货物在海关分卡缴纳进口税和子口税事宜;通过陆路边界的货运以香港政府所选择的特定进口处所为限的规定;中国海关在防止酒、鸦片和吗啡非法输入租借地方面的合作,以及香港政府对进出口货统计数字的公布;在九龙终点站为供作海关查验和存贮广九铁路所运货物,以及对该项货物征收关税之用的办公处所和堆栈设备的配置;以及关于两国政府应该通过必要的法律,以便将条约条款付诸实行的协议,等等。这项条约当时之所以没有能够超出草案阶段,主要是由于广州总督对于该约的性质有不同的理解,因而迟迟没有加以研究,同时

1911年11月间革命的爆发也是一个原因。随着革命的爆发,自然有一些更加重要的问题需要优先考虑,这件条约也就变成不急之务了。可是其中的一款,即规定1911年10月4日通车的广九铁路货运管理的第十三款,订入1911年《广九铁路合同》的附表丁,根据该项规定,中国海关此后就一直在九龙终点站铁路所备置的建筑物中,查验进出口货物和征收关税。这是在实际合作上的一个长足迈进,第一次使清政府有了查验货物和征收关税的权力,清政府则以放弃它在边界上拦阻一切进出列车办理海关各项必要手续的权力作为交换。这种办法对于商人和一般旅客显然是一种很大的方便。在1916年年初,当时任香港总督的梅爵士(Sir Francis May)提议恢复批准条约的谈判,同时建议不妨改变条约的基础,而仿照胶州关税协定的办法,由内地海关以当地所征进口税的百分之二十拨给租借地政府,作为在租借地内自由执行职务的报酬。事实上,总督的建议乃是为求对于征起的税款抽收一笔手续费而愿意负责对于从租借地输入内地的货物征收关税的表示。这项建议没有能够获得同意,但是在同年4月夏礼士重新奉派到九龙的时候,立刻就同他讨论修订1911年条约草案和该约的实施问题。租借地政府因为正想要征收盐税,希望把"非通商口岸"一词的解释订进条约,并且提议赋予税务司以惩罚权,所以修订是必要的。包括有这几点变更和若干词句上变动的一项草案,于1916年秋初提呈总税务司,转呈中国政府。其中有几项款目遭到批评,特别是涉及食盐管理办法的那一款。在1917年年初,中国盐务稽核所丁恩爵士(Sir Richard Dane)访问香港,根据他的建议,他们在食盐条款中作了几点修正,以求和中国盐务稽核总所的既定办法相符合。香港同意了这些修正，并且在 1917 年 4 月以修正条约草案的印行本一份送交盐务稽核总所。同时，丁恩爵士以修正的食盐条款送呈中国政府，中国政府则于同年秋季以核准的条约中文本发交总税务司。这件中文本，连同未核准的英文本，都被漫不经心地在 1917 年 9 月 19 到 21 日的《京报》上陆续发表。英国公使馆于是出场了，接着便是公使馆和外交部间特别是为了拟增邮政条款一节，那番络绎不绝的公文来往，以及公使馆和香港政府间的函电交驰。在以英国政府提出的条约中文本和中国政府批准的条约中文本相比较之下，公使馆发觉其中有一些不同点，并且认为这些不同点是有损英国利益的。英国公使在以这件事请托总税务司安格联爵士（Sir Francis Aglen）的时候，进一步发觉中国政府已经训令该总税务司设法通过公使馆争取在英国政府的条文上作一些变动。总税务司已经决计对于这些训令置之不理，理由是不但其中有一些变动是海关所不能同意的，而且其中的全部变动都准定要为英国政府所拒绝。总税务司也没有听到过拟议邮政条款这件事，但是他承认中国政府的条文中的不同点和中国政府要求他争取的各项变动是完全一致的。为了打开僵局起见，英国公使声明，除新增邮政条款一节而外，他愿意以外交部 1917 年 12 月 12 日发表的中国政府准备接受条约的那项声明为依据，进行谈判，因而在 1918 年 9 月他就正式要求中国外交总长筹备签约事宜。谈判就在这个基础上进行下去，直到第二年，由于英国公使和总税务司的努力，中国政府才声明它愿意签订这项协定，不过必须增列邮政条款一款。英国公使也已经奉到训令，授权他签字；但是正在这最后片刻的时候，香港方面却阻止了任何进一步的发展，因为他们在这期间已经得到一项结论,认为对于租借地的食盐课征任何捐税或对于食盐的移动加以过分的限制,都是极端失策的。进一步的谈判暂时搁下来了,同时北京方面的瘫痪一天比一天加剧,特别是在 1919 和 1920 年期间尤其变本加厉,此外再加上广东政府的宣布独立以及它和北京方面关系的完全断绝,这就立刻造成了一种局面,使得拟议条约的批准,完全成为可望而不可即的事了。

二十二

　　1900 年大变动的余波之一,就是政府外交机构的完全改组。作为向这方面迈进的第一步,是从前的总理衙门取消了,代之以一个叫作外务部的对外事务机构,这个名称在 1912 年 4 月 1 日又经过革命而改为外交部[①]。这是和海关密切相关的一个变动。旧日的总理衙门,在它的性质、人选和职能方面,即使不更像一个内阁委员会,至少也和它像一个外交部的程度差不多。各国使馆都和总理衙门的王大臣们进行公文来往和谈判,总税务司所要相与磋商和公文往还的是总理衙门,他所接奉的训令也是出自总理衙门。这是当时唯一切合实际的一个办法,因为关务是那样密切地和条约纠结在一起,而贸易又是中外关系上那样突出的一种利益。总理衙门王大臣(其中往往有几位帝国第一流的政治家)和海关总税务司间的这种直接关系,使前者可以在那些严格讲来原是关税范

---

　　① 英国国会档:"中国第 2 号(1913 年)",1912 年 4 月 8 日朱尔典爵士(Sir J. Jordon)致爱德华·葛累爵士函,附件第 3 号。

围以外而与更广泛的帝国国际关系和全国经济发展问题相关联的
事务上，征询后者的意见。在这些问题上，赫德的意见曾经再三再
四地被征询，而他的意见又是往往那样的稳妥，以致赫德虽身为总
税务司，却逐渐取得了一种进言献策的力量，这种力量在海关以外
的事务上所发生的支配作用，也不少于他在海关内部和与海关直
接有关的事务上的那种威势[2]。这是一个非常微妙的地位，但是在
一个变化无常的世界中，这是一个不能够无限期保持下去的地位。
纵使身居其位的人年复一年地越来越谨慎周到，待人接物越来越
圆通，越来越充满了经验的智慧，越来越足智多谋，可是那种为人
力所不能控制的形势也一定会出现，会使那些必然趋于造成新事
态的种种势力运行不息。赫德的情形正是这样。如上文所述，在
1895 年，海关全部税收都已专作保付为支给对日战争赔款而举借
的那些外债之用，这样一来，实际上能够留供政府用于国家行政方
面的，也就所余无几了。从这个观点看，海关在许多中国官员的眼
里，已经变成了一个外国债主的讨债机关，同时总税务司和海关外
籍员司的地位，也不再像从前一样，操之于中国当局的手里，而又
是为了外国的利益，受着互换照会或借款协定中专门条款的保障。
照评论家们的看法，这已超越出了 1858 年《中英通商章程善后条

2　"乃非我族类，久假不归，盘踞要津，根深蒂固……渐而阴持朝议，显绾邦交，偶
或侵之，颠蹶立至，……阻挠税则，左祖西商。邓承修议增一人，则借他事以轧之；曾纪
泽欲代其位，则造蜚语以倾之。貌类忠诚，心怀鬼蜮，英拟授以出使之任，而乞假回国，
密请授他人，诡计阴谋，莫窥其际。英君主授以男爵，功在彼国，其事可知。"陈炽《庸
书》，税司条。

　　"薛福成以其阴鸷专利，常内西人，而外中国。"《清史稿》，列传，赫德。

约》第十款的文字和精神。他们认为这种发展是和国家的主权完整不相容的。这束缚了政府将来选择总税务司职位继任人选的自由,而势必要把外国人担任这个职位的期限永久延长下去。而且通过 19 世纪 80 年代和香港与澳门的鸦片协定,以及通过 1898 年的《英德借款合同》,海关已经被用来接管和干预一些从前一直被视为省当局禁脔的特定贸易征税机构。这种办法无疑是加强中央政府的一种变化,但这也意味着各有关省库的严重财政困难,既然人们知道在上两种情形下所解缴帝国国库的增收税款,都是为了转手输送出国,供作抵偿外债之用的,那么因此而造成的财政困难也就格外令人愤愤不平。组织和管理全国邮政局的工作已经付托给海关,这自然也是一件不得人心的事,无论如何,对于那些看见他们本身利益受到威胁的官吏和个人来说一定是如此的。此外,海关在 1900 年以后的和谈准备工作中所不得不扮演的那个令人注目的角色,也被很多人看成外国利益支配下的总税务司权势的危险性的扩张。通商口岸五十里内常关机构的划归总税务司管理,正是以牺牲省当局来增加它的新地盘;而《马凯条约》中所规划的方案则尤其变本加厉,其中竟拟议由海关监督裁厘时所要做的一切财政部署。最后还有赫德本身的条陈,他认为如果由中央政府接办、改组、征收和管理全国田赋,那就会有一笔丰富的税收来因应一切需用。这项田赋条陈曾经发交各省督抚筹议,虽则他们大体都立刻承认这种议论具有充分的理由,可是他们并不赞成政府采取任何行动,生怕海关又要被利用来参与征收这笔与该关毫不相干的税项。政府中许多重要官员对于海关这样主要因形势所迫而成立的机构,都深感惶惶不安,这在当时原是毫不足怪的。在这些官员中,有些人是曾经在外国,主要是在美国大学中受过教育的人,他们精通西方的理论和政府形式。在义和团运动以前,他们还没有多少机会用他们的知识来为他们的国家服务,因为他们都不是科举出身。当《辛丑条约》议定的时候,科举制度已经完全废除,因而对于受过西式教育的人的需要立即应运而生。新派进步的直隶总督袁世凯考虑给予这些留学生中的精干人物以政府职位,使他们得以尽量发挥他们的能力和所学。虽则这些人中曾经在海关行政上有过实际经验的极少,但是至少有一个人,即后来飞黄腾达的唐绍仪,曾经在穆麟德主持的朝鲜海关中担任过一个不甚重要的职位并且曾经在袁世凯部下担任过天津海关道。有他那样的经历和能力的人,都清楚看出,政府必须要想出一些办法,借以表示尽管有借债合同以及照会和草约的互换,海关根本还是一个中国机构,它必须接受政府的命令,并由一个握有委任权的政府官员加以监督。他们也看到,既然赫德爵士现在已经七十二岁,他的继任人选问题很快就会成为急需解决的事了,如果他们要采取任何步骤来保障中国在这方面的利益,那就不容再事蹉跎。他们行动得很快。像闪电一般,1906 年 5 月 9 日朝廷降了一道谕旨,委派户部尚书铁良、外务部侍郎唐绍仪管理税务和海关员司①。在 1900 年以前,直隶总督和两广总督原是分别兼任北洋大臣和南洋大臣,也就是督办北洋和南洋通商事务大臣的。可是,值得注意的是,这两位大员并不是驻节沿海省份

---

①　海关档:总税务司通令,第 1339 号。

的总督,而是寄居北京的堂官,并且他们兼有节制海关员司和督办税务的权力。1906年7月22日成立了一个新机构,名称是税务处,由那两位堂官担任主持人①。为办理新机构的日常事务,从海关调用了一批资深而有经验的办事人员,他们的知识和训练对于政府是非常宝贵的,帮助政府把这个新机构的工作布置得有条不紊。清政府方面的这种举动,在外国人当中造成了惶惑不安的情形,各种各样的可怕后果都被外交家、商人和债券持有者们一一加以揣测。各主要使馆都对这个问题提出抗议,询问这个机构的成立对于总税务司的地位有什么影响②。总税务司奉外务部和新成立的税务处之命,通知海关说③,各口税务司和他们关员的关系以及总税务司和各口税务司的关系,并没有变动:总税务司的职责虽然照旧,但是他不再直接向外务部行文,而改向一个和两部都有关系的处行文了。

二十三

到了1912年,1902年修正进口税则的十年有效期已经届满;因为新的政府还没有经列强正式承认,所以它们对于外务部递送给它们的声明十年届满、要求修订税则的通函,也就没有正式加以理会。在整个那一年中,中国政府的注意力大部分都在革命所引

---

① 海关档:总税务司通令,第1361号。
② 英国国会档,"中国第1和第2号(1906年)"。《美国外交关系》,1906年,280页。
③ 海关档,总税务司通令,第1369、1381号。

起的更重要的政治和其他问题方面，而没工夫致力于税则修订问题。在那些其他问题之中，最突出的一个，就是因革命而使之成为必要的有关关税的征收、保管和支配办法的商定[①]，但是一旦这项问题得到了圆满的处理[3]，一旦新的政府得到了列强的承认和新选

---

① 莱特，《关税纪实》，第三版，上海，1935 年，第一章各页。

3 "时各国利中国纷乱，为攫取权利机会，以各省摊派赔款均已停解，各国之关税收入亦得为南北军队占供军费，外债赔款无处取偿，向清廷抗议；一面借保护《辛丑条约》第六款所规定，新关常关为担保赔款财源为词，由外交团协议，以各国银行代表组织联合委员会，以监督海关税收，拨还洋赔各款，乘南北议和、清祀垂绝，百政无人负责之际，拟具管理税收联合委员会办法八条，要求外务部承认。兹将该项办法录下：

一、此项委员会须由关于庚子以前以关税作抵尚未付清之各洋债银行与关于条约赔款之各国银行之总董，组织成立。该委员会应决定各洋债何款应行尽先付还；并编列一先后次序，以便沪关税务司遵照办理。

二、关系尤重之各银行，即汇丰、德华、道胜三家，应作为上海存管海关税项之处。

三、应请总税务司承认先将海关所有净存税项开单交与所派之委员会，届中国政府复能偿还洋赔款之时止。

四、应请总税务司筹备由各收税处所收净存税项，每星期汇交上海一次之办法。

五、应请总税务司将上海所积净存税项，竭力筹维，于每星期均分收存汇丰、德华、道胜三行，以作归还该项洋债及赔款之用。上海税务司应由此项存款内按照第一条委员会决定之先后，准其届期提拨付还。

六、倘至 1912 年年底情形尚未平复，届期必须算清；下余若干，可作付还赔款之用。此项清单须交外交团酌核如何分拨。

七、该委员会应每三个月将所收关税如何拨付之处，由驻沪各国领事报告驻京各大臣。

八、此项办法，如有应行更改之时，得以斟酌损益，今各国大臣嘱本领事衔大臣请为按照以上办法，转知总税务司，饬行驻沪税务司遵照办理可也。

……乃外务部不顾利害，竟允各国之要求。……至是我国岁入数千万之关税，遂转归汇丰、道胜、德华三银行保管，斯不仅损及中国主权，破坏我国财政上之组织，其尤者国内金融顿少此巨额现金以资流通，经济上因之更加枯窘；外国银行拥此巨资，操纵我国市场，反宾为主，其害尤烈；且向章总税务司虽握有海关行政之权，然仅监督各关之征收事务，收支税款，初无权衡，此项办法颁行后，税款支配，完全入于总税务司之手，外人共管中国财政之势，更进一步矣。"陈向元，《中国关税史》，161—167 页。

总统袁世凯得以依式就职①,政府便觉得它可以得便再把注意力转移到修订关税问题方面来了。因而在总统就职那个时候,外务部就向列强分送一项建议,主张成立一个委员会,修订税则,并把税率提高到值百抽五的标准。总税务司奉命准备妥各种表册,凡是外国进口货,其重要程度值得在从量税则上列举的,以及其类同程度可得而枚举的,一律按 1909 至 1913 年五年内各该年度的平均价值,一一列明②。各表所列的价值应该是完税价值,而不是市场价值。据料后者的价值约高于前者的价值百分之十二。与编订统计表特别有关的口岸是广州、上海、天津、大连、安东和哈尔滨,但是任何口岸在它的进口贸易中有不是上述各口岸大宗进口的外国货,都应该另行编订专表。这种表册始终没有编订完成,虽则江海关在这方面做了很多有价值的工作。英国、美国和荷兰赞成修订税则,但是意大利、俄国和日本都各持异议;中国政府既不能克服三个意见不同国家的反对,又不能说服其他任何国家声明赞同这项建议,税则修订也就只有留待更适当的时机了。这次拒绝中国享受它所应得的事物的举动,乃是新组成的政府的最严重困难的一个肇因。筹措款项来建立一个稳固的政府和支应日积月累的债务,是绝对必要的;政府当然要求之于其他任何国家都必定会视为增加收入之天然财源的那个所在。在这方面遭到挫折,政府就不得不落到外国放债人的掌握中了。因而在 1913 年发起二千五

---

① 袁世凯当选为总统是在 1913 年 10 月 6 日,正式就职是在同月 10 日。英国国会档:"中国第 1 号(1914 年)",57、59 页。

② 海关档,总税务司通令,第 2109 号。

百万镑的所谓善后大借款①,为筹得这笔借款,中国不得不以盐、关两税为担保,并把它的全部盐政事宜置于外国监管之下。虽然列强都不肯同意让中国在对外贸易上享受它理应享受的切实征值百抽五税收的权利,可是其中有五个国家,包括两个曾经拒绝修订关税税率的国家在内,却都愿意支持他们本国的财阀对新政府承借巨额贷款,而以对中国内政的进一步国际共管为交换条件,这种共管不期而然地又给予各国驻北京代表以机会,为他们的国民在中国政府中取得了待遇优厚的职位。

二十四

曾经成为许多国家和制度在近代发展上一个转折点的1914—1918 年的大战,对于中国关税也不是没有影响。在战争的前两年半期间,中国一直保守中立;虽然为胶州前途的利害关系计,它几度试图投到协约国方面,但这几度试图都受阻于日本而告失败②。可是在 1917 年 2 月间,美国政府对德断绝国交的决定,以及请求中国政府和它采取联合行动的建议③,给了中国一个久所期待的机会。王正廷和王宠惠所领导并有梁启超支持的青年中

---

①　莱特,前引,159 以后各页。

②　密勒(T. E. Millard),《民主主义与东方问题》(*Democracy and the Eastern Questions*),纽约,1919 年,95,97—100 页。《中国为要求废除 1915 年 5 月 25 日中国和日本间所订条约和所换照会而提出的主张》(*The Claim of China Submitting for Abrogation the Treaties and Notes Made and Exchanged by and between China and Japan on May* 25,1915);巴黎,1919 年。

③　马克谟,前引,卷 2,1368 页。

国党(Young China Party)极力赞成立刻行动,认为和美国一致行动,意味着国际地位的提高,但是总统黎元洪迟疑不决,因为他生怕参战只会增加中国军阀的势力,同时国务总理段祺瑞,面对着空虚的国库,希望美国能够保证给予中国以财政援助,俾得采取适应形势的步骤[1]。美国驻北京公使给了这项保证[2]。由于这项保证的给予以及他们越来越相信参战会使中国在和会中取得一个席次,取得一个不致完全听凭发落的机会,所以中国也就越来越接近于同意参战。日本绝不愿意丢掉它在中国事务上所希望的领导地位,于是在先行取得英、法、俄支持它的山东政策的保证之后,现在也情愿中国参加协约国,并派西原携同秘密备忘录前来中国,其中建议:(一)协约国同意暂缓支付庚子赔款三年,(二)取销赔款中的德国部分,(三)中国对制造品的关税税率得提高到值百抽七点五,(四)唯上项让步应以中国同意在十年内裁汰厘金为条件,(五)棉花、羊毛、铁沙、铁等原料的出口准予豁免关税,以及(六)在中国和其他各国对这些问题进行交涉时,协约国应予中国以支持[3]。中国本身采取了进一步的步骤。2 月 26 日,国务总理的私人代表陆征祥,通知各协约国公使说,如果中国参加协约国方面,它势必需要财政帮助,而给予财政帮助最方便的办法就是(一)修订税则,将它提高到切实值百抽五的标准,和(二)延期支付对协约国的庚子

---

[1]　芮恩施(Reinsche),《一个美国外交家在中国》(*An American Diplomat in China*),1922 年,249 页。

[2]　同上,249—250 页。

[3]　张(C. Chang),《中国宣战的内幕》(*Inside History of China's Declaration of War*),《密勒氏评论报》,第五期,1918 年 8 月 17 日。

赔款。关系国代表通过法国公使孔蒂(M. Conty)通知外交部说，一旦中国对德国和奥匈断绝国交，他们的政府愿意对这两项提议作有利的考虑[1]。中国外交总长伍廷芳于是向各协约国公使递送一件备忘录，提议：(一)各协约国应同意停付庚子赔款十年，(二)将现行进口关税立即增加百分之二点五，(三)修订税则，以便将进口税率提高到切实值百抽七点五的标准，(四)在裁撤厘金之后，这个标准应提高到值百抽十二点五的水平，以及(五)废止《辛丑条约》中关于禁止天津二十一里半径内驻扎中国军队，和使馆界内及沿铁路各处驻扎外国军队的规定。对上述各点作为交换条件的，是中国准备参加协约国，供应原料，和供给劳工队[2]。这个问题经总统咨请国会同意，而这次咨请的最后结果则是国会的解散，南北的公开分裂，和北京督军团的成立。内阁在北方军阀控制之下，在8月初通过一项赞成立即行动的决议，并于当月 14 日由总统发表公告，声明中国对德国和奥匈已进入战争状态[3]。这项行动得到了它的酬报。9 月 8 日各协约国公使送致中国政府一件联合照会，内中声明他们愿意同意：(一)将应付各该国政府的庚子赔款展期五年，自 1917 年 12 月 1 日至 1922 年 11 月 30 日；(二)将应付德国和奥匈的赔款一律取消；(三)修订进口税则，以期将税率提高到切实值百抽五的水平；以及(四)暂准中国军队出入天津保留区，唯以对德、奥人民实施监督所必要的程度为限[4]。中国于是分头

与各中立国联系,结果出席上海会议,参加税则修订工作的,不下
十四国代表。中国的主要代表是委员会正主任曾述榮、副主任李
景铭及赖发洛(L. A. Lyall),而其他各国则分别由他们的驻沪总
领事、商务参赞和领事担任代表。委员会的第一次会议是在 1918
年 1 月 5 日举行,第十二次,也就是最后一次会议是在同年 12 月
20 日,其间 1 月份举行了三次会议,2 月和 3 月各举行两次,6 月、
7 月和 11 月各举行一次,12 月举行两次。第二次和第三次会议完
全是讨论议事规程,解决一些诸如指派秘书、保管和公布正式议事
录,问题取决于多数票(各代表团作为一个整体投票),以及指派讨
论特殊事项的委员会等细节问题。也正是在第二次会议中,中国
代表团提出一项办法,拟请在海关税率表修订期间,同意暂行予以
实施。这项提案是主张立刻以下述办法实行切实值百抽五的税
则:或是除去免税表上所列的货物外,凡税率表上所列的货物,一
律按照值百抽五的从价税率征税,或是照现行税则另收百分之八
十八的附加税——这就会把那些税率提高到保证中国收足应征值
百抽五之数。这项暂行税率建议案经过许多讨论,但是在第五次
会议上＊,指派了一个由比、中、法、英、日、俄、美等国代表团组成
的审查会,"讨论暂行办法并拟定标准及实行日期,提出大会。"①
这个审查会举行了四次正式会议,但是各委员在其间有过许多次
非正式的讨论。全体一致的协议并没有达成;但是在第六次全体
委员会中,审查会的主席、比利时总领事薛福德(M. Siffert)报告

＊　据《修改凭则会议录》所载,作第四次会议,见李景铭编,《修改税则始末记》,23
页。——译者

①　修改税则委员会会议记录,1918 年 2 月 15 日。

称,七个代表团中的六个已经同意下述的决议案:"所有 1916 年份海关贸易册上卷内,棉织、毛织、棉毛交织各品、杂项布匹,及五金各现纳从量税者,均照现行税则加抽四成;所有上述贸易册的杂货各项现纳从量税者,均照现行税则,加抽二成五。惟商家得以按照现今市价改纳值百抽五之从价税。此项暂行办法,自施行之日起,其有效期以六个月为限。实行期间须先一个月通知。在此一月内起运来华货物,仍按现行税则完纳进口税。"①(录自《修改税则会议录》,26 页)日本代表团团长有吉明对于该国政府不能接受以附加税为基础的暂行税则建议案,提出三项理由。理由是:"(一)加征税额之结果,使各物负担之税不能平均,而对于日本货物为尤甚。(二)如以 1916 年以前之任某年或某某年(连 1916 年计算在内)之海关贸易册为计算之标准,则以加征税额之结果,暂行税则于若干种日本货物之关系上实较此番提出之修正税则为高。如此,即显与日本委员主张之原理抵触,即谓暂行税则不得较将来之修正税则为高也。而于他国货物之关系上,日本以为其结果则与日本货物适相反。(三)暂行税则为税则之一种,应以货物之价值为根据,而加征税额办法与物货并无关系。"(录自前引会议录,30—31 页)因此有吉明提出一项修正案,主张在审查会决议中加进下述附带条件:"商家得以按照现今市价改纳值百抽五之从价税,或按照 1913、1915 两年份上海海关贸易册平均价格,改纳值百抽五之从价税。"②(录自前引,26 页)如果这项附带条件不被接受,

---

① 修改税则委员会会议记录,1918 年 3 月 20 日。

② 同上。

他说日本政府将会拒绝受这项以多数票通过的决议案的拘束。中国代表团团长曾述棨希望日本政府重新考虑它的态度,并对审查会的决议案提出一项修正案,主张将杂货的附加税率从百分之二十五提高到百分之三十——后一项乃是中国政府核准的税率。在八天后的下一次会议中,中国代表团对日本修正案所举的理由,提出长篇的反驳,认为日本修正案如果被接受,将使中国不能得到切实值百抽五的关税。傅夏礼声称,附加税方案原是英国代表团提出的,它最初曾经主张过一种百分之三十三又三分之一的划一附加税。照他的看法,附加税是所提出的一切建议中最切合实际的,可以立刻付诸实施,而基于若干年份平均价值的暂行税则,编订讨论,都需时费日,延迟审查会的主要业务,很不相宜。于是决议案连同将杂货加征百分之二十五变为百分之三十一,一并付诸表决,结果审查会的决议案以十四对一票,经日本以外的所有代表团一致同意。日本首席代表指出,任何暂行税则的适用于中国陆路贸易,都是利害关系国和中国之间应该另行商议的事项;俄国首席代表也作同样的保留。美国代表团的赛格(Sague)希望将下述一点作成记录:"至以海关估价为税则的根据,无论为暂时的,或永久的,美国委员绝对不能赞同。"[1](录自前引,40 页)于是委员会决定将有关暂行税则的决议案转呈北京各国公使,同时因该委员会现在已经准备进行它的主要业务,也就是修订税则工作,所以关于修订税则的编订货价标准究竟应该在北京决定,还是应该由委员会决定一节,特请从速核示。委员会中的大多数人都赞成后一种办

---

[1]　修改税则委员会会议记录,1918 年 3 月 28 日。

法。为加速事情的进行，并请将中国政府及所有和委员会工作有关的各国驻京公使所达成的一切决定，立即电告上海委员会主任，并由领袖公使予以证明。在委员会中维护中国利益的大部分工作都落到了赖发洛先生的头上，这时已经将各种表册准备齐全，都是以 1917 年上海总进口的统计为依据，将棉织品按国别分类，将按纳税单位计的进口数量，现行关税率，实征税额，拟议附加关税税率，按上项税率应行征起的税额，照日本代表团所提议的以 1913 和 1915 年两年价值为标准的关税税率，以及按该项税率应行征起的税额等分门别类，一一开列。在这些表册中，对于未列举国别的匹头货、五金和中国进口货中最突出的八十种杂货，也列有同样详尽的数字。所有这些审慎编订的数字摘要都明白表示出，如果日本方面接受审查会拟议作为暂行税则的附加税，它的贸易是绝不会受到损害的。日本方面之不能同意拟议的附加税，造成了暂行税则无法施行的后果，因而夺去了中国若干两的极其需要的税收。在 3 月 28 日的第七次会议之后，委员会不得不停顿三个月，因为北京高级当局对于下述两项问题还有待商定：（一）他们究竟愿意采取哪些年份的物价作为修订税则的依据；以及（二）是否必须商定，在停战两年之后再做另一次税则的修订。在这期间，中国代表团靠着江海关富有经验的帮助，进行编订前七年进口价值和这些年份中各类货物的平均价值为依据的税率表。关于修订税则的依据，日本代表团最初主张用海关贸易册所载 1911 至 1916 年的平均价值，美国代表团主张用 1912 至 1917 年的货物平均价值（不专以海关贸易册为准），英国方面则主张用 1911 至 1913 年战前三年的货物平均价值，另增约百分之十的附加。在这三种提案中,美国的提案最为慷慨,英国的最切合实际,而日本的则盘算得使中国方面只能得到最低的利益。当时因为海关没有适当的编订货价的部门,所以海关价值是出名的靠不住的。这种价值都是由进口申请书编订而成,就抽征从量税的货物来说,海关对于这种进口申请书上的价值很少加以过问,也很少与实际市场价值做一番比较。为税收目的计,海关对于抽征从量税的货物,并没有核对所开列价值的必要,而且海关既然没有必要的人手和机构来承办这件事,若是一定要这样试办,那就只会使商人有更多耽搁、不便和花费,而加诸贸易以障碍了。海关贸易册上的主要数字就是进出口货数量的数字。这种货物价值的记载只能供作各年度贸易总值的一般比较之用。以这种价值作为一个税则的依据,真正是奖励作伪了。如果这种价值可用作一个税则的依据,那也就不再需要有一个修改税则委员会,而所需要的税则可以用数学计算,在几小时之内制定出来。在5月间,日本方面竟然改变了态度,提议以1912至1916年的货价作为修订税则的标准,并提议以海关贸易册中所开列各该年份的货价作为正确的价值,除非能够证实它们是有错误的。甚至于这项建议,最后判明也是不能蛊惑人的。当委员会在6月26日复会时,新任主席蔡廷干海军中将通知各委员说,中国政府和各国驻北京代表已经同意:(一)"应以1912年至1916年平均货值为标准订定税则,切实值百抽五,本会得参照海关报册价格及其他适用之凭证以决定各该货价;"以及(二)"该税则应于战后两年修改其全部或一部分。"[1](录自前引,46页)他也

---

① 　修改税则委员会会议记录,1918年3月26日。

声明,希望修订工作能在三个月以内完成。经过这一次和下一次会议中的反复讨论之后,决定成立一个专门委员会研究货物的重新分类和估价。这个专门委员会将由那些以书面声明自愿参加该委员会的代表团组成;但任何代表团一经通知愿意参加,应立即有权出席该委员会的任何一次会议,和在各该次会议中发言及表决。除荷兰代表团而外,所有代表团都通知了他们愿意参加该委员会工作的意思。从 7 月 10 日专门委员会举行第一次会议起到 11 月 1 日修改税则委员复会时止,货物的重新分类和编订货价是由许多小组委员会进行的,每一个小组委员会讨论一个特殊的类别。在这些小组委员会中,有九个布匹组、两个五金组和十九个杂货组,各该小组委员会都有与所讨论类别中的货物有利害关系的各代表团的一位或几位代表参加。在 11 月 1 日,关于棉布、棉纱、丝绸、毛织品和棉毛交织品等的重新分类和编订货价工作已经竣事,于是各该小组委员会就将对这些货物议妥的税率提交修改税则委员会,并且获得了同意。最重要的变动就是对于各种本色棉纱和一百一十支以上本色市布分别订定税率。由于美国代表团的建议,中国进口税则才第一次采行了按纱的粗细和支数多少来区别棉布的原则。在 1918 年 12 月 11 日修改税则委员会举行的第十一次会议中(按:系第十次会议),各国代表团曾经将子口税单的施行、海关贸易册、禁品单、货物的验估和海关两的确定兑换率等问题,提请中国政府考虑。英国首席代表傅夏礼声称,领有内运子口税单的货物,并没有能够享受条约的保护,免于额外征课。他竟然不愿或是忘记了英国政府的声明,忘记了像 1870 年 2 月 28 日柯勒拉得恩伯爵所作过的那种声明,认为这类凭单,在货物一经到达目的地之后,就不再给予免于其他征课的保护[①]，而又提出那套发了霉的议论，说是货物一经完纳子口税，根据条约，就应该豁免其他一切税捐。他希望委员会将这个问题作成下述记录存案："现行税法亟须改弦更张，且关系重要……希冀中国政府于施行此次所修改之税则时，对于领有子口单之货设法扫除一切障碍，以免耽搁及非法之税也。"（录自前引会议录，74页）有吉明提出禁品单的问题，他指出这个清单中的很多品目，虽则是可用于军事用途，却也可用于工业用途的，而且用于工业用途的成分还比较多。经过讨论之后，决定促请中国政府：

"如得各国之允许，则将下开各物从禁品单内删除：

硫磺、硝、白铅。

从海关随时宣布之禁品内删除：

苏打硝酸、硝镪水、盐酸、磺镪水、钾盐、磷质、显微镜、测量及图画仪器、铁锅。

中国官吏特准运禁品办法，宜求简易。

先将禁品清单宣布，然后实行。"[②]（录自前引，79页）

有吉明随后又提议规定海关两的固定兑换率，但是赖发洛以下述理由对该项提案加以反驳：如果规定海关两和银元间的固定兑换率，中国政府就会固定不移地是一个损失者，"因所定兑换价格，如有不利于商人，则彼与别银行交易，若有便宜，则彼照确定之

---

① 英国国会档："中国第6号（1870年）"，3页；另参看1870年5月3日阿利国备忘录，英国国会档，"中国第10号（1870年）"，3页；并见前第三章。

② 修改税则委员会会议记录，1918年12月11日。

价格与中国银行交易也。"（录自前引，80—81页）日本和美国两代表团都提出了关于核定从价货物完税价格的手续改良问题。安立得（Arnold）代表美国代表团提议，应将"市价"一词解释作为公平的批发市价，应按照进口口岸的实际发行市价课征关税，并且应该在上海设立一个估价总局，局长应该全权处理一切有关向海关报税的商品的估价事宜，同时应该以分设在汉口、广州和天津各口岸的估价分局局长为辅助。修改税则委员会虽然也表示赞同，但是认为不应该作太深入到细节方面去的建议，所以通过了一项议决案，拟请中国政府："按价征税之办法，请改良将大口岸估价员之地位提升，以便改良该部分之一切事宜。"[1]（录自前引，84页）日本代表团也想建议海关贸易册方面的改良和税则表照分类制度的改进。关于海关贸易册方面，委员会议决如下：（一）在贸易年册中，关于进出口货物方面的记载，应请更加详细，又中国和各该国的进出口贸易，拟请按国别列一简明表；（二）发行贸易半年册；（三）停止发行贸易季度册；以及（四）各口所发行的贸易日报应仿照上海式样办理，并且应该更加准时发行。另一项建议是：凡印行的税则应该按照分类制度编排，并将每项品目编列号数，并编依英文字母顺序的索引；这一项建议，也经全体一致通过。在修改税则委员会的最后一次会议中，重新分类和编订货价专门委员会所提出的税则草案，经全体一致同意，不过附带有几点无关重要的修正。关于这项新税则应行开始生效的日期，经决定如下："本会献议改订税则，经由各关系国政府批准，自公布之日始，通告予以一个月为限，

---

[1]　修改税则委员会会议记录，1918年12月11日。

商人于期限未满之前起运货物,仍照旧税则缴税。"①(录自前引,101页)关于修订税则适用于陆路边界贸易问题,俄国代表递进一件公函,内称俄国公使奉自本国政府的唯一训令,是俄国政府不能允许修订税则施行于西伯利亚边境。这是一个不幸的挫折,因为日本已经表示愿意在中、朝边界适用新税则;但是它自然不许可单单把新税则实施在那一处的边界。《通商进口税则善后章程》第一条有一些改变,即在"市价"两字的前面,加进"批发"字样;同时在第四款中加进取自上海海关公告的下述语句:"鸦片烟和罂粟子均完全禁止入口。所有下开各物,除经考验之医生、药商及化学家具有保结外,不准贩运入口:吗啡、古柯碱及针射药,戒烟丸含有吗啡、鸦片或古柯碱者,新科卡因、海洛因、麻叶、大麻、印度麻、鸦片酒精、鸦片剂、鸦片精、狄奥仁及其他各物品为鸦片高根所制成者。"对于上海已经发生的那种以仿造德国染料的招牌纸粘贴在美国染料上,充作德国染料运出上海的情形,委员会经过了许多商谈之后,通过下述决议案:"本会献议,请饬令中国关员,告知商人凡报运进口或复出口货物应报明该货来自何国,如查出所报不实,则应该扣留。"②(录自前引,99页)就中国进口贸易而言,这是外商的官方代表所作的赞成原产地证明书的第一次正式声明。但这依旧还只是一种空洞的希望,一直到1932年6月,政府才公布了一项章程,规定颁发凭以将洋货输入中国的领事签证货单③,接着又在1933年1月间制定了一项章程,规定凡输入中国的洋货,必须清

---

① 修改税则委员会会议记录,1918年12月20日。

② 同上。

③ 海关档,总税务司通令,第4470号。

楚标明原产国的国名①。领事签证货单制度已经大体判明是原产
地证明书的一种可用的代替物；但是规定货物应标明原产国国名
的那项章程，因大受反对而不得不暂缓实施，并且因为这项章程如
果被认可，那就必定会使得对某国（按：指日本）产品的抵制办法易
于实施，并会使得那种将该国产品在香港起岸，就地加上英国制或
美国制字样的标记，再从那里向内地运输的一贯办法无所施其计，
所以该某国拒不承认这项章程。除去业经列强同意并于 1919 年
8 月 1 日付诸实施的修订税则之外②，从委员会的勤劳中，特别是
由于美国代表团的建议，所产生的另一个显著的利益，就是总税务
司的一项决定：即一切货物的价值，不论其为从量或从价征税的货
物，都不再容许以任意而为的方法，或轻信商人的申报，随便加以
确定。赖发洛力主成立一个验估科，以一个直接对总税务司负责
的验估税务司主持其事。这样一个机构，据他说，不但可以搜集对
将来修订税则大有贡献的货物价值的正确可靠材料，而且还可以
杜绝商会和商人对从价货物的差别待遇经常发出的怨言，这种差
别待遇并不必然发生在不同的口岸，即使在同一个口岸，也往往有
甲商按合同价值，乙商按发票价值，丙商却又按照他本人和海关商
定的价值缴税的情形。在 1920 年 6 月间，上海开始指派一个副税
务司负责主持新成立的验估科，这个试验非常成功，所以总税务司
在两年半之后，就可以利用它作为一个保证一切口岸划一华洋货
物关税待遇的机构了。为防止地方规章中产生混乱情形起见，他

---

① 海关档，总税务司通令，第 4558 号。
② 同上，第 2952 号。

分令各关,将各口税务司对任何货物的关税待遇所做的任何决定,在他本人没有核准以前,一律视为暂时性的,更为了使各口税务司能够将这类暂行决定连同它的一切详细情形尽量向他呈报起见,他责成他们必须按定式表格,逐项填明,一律寄由上海税务司转呈,以便上海税务司得将上海办法和实行该项办法的理由,一并填入①。

二十五

在这项修订税则实施之前几个月,各协约国代表为拟定重建和平的条件,已经齐集凡尔赛。对于中国,这是一个不容放过的良好机会。中国代表团对于重画欧洲地图,或强勒战败国以赔款等事,并没有直接兴趣,但是对于和山东命运密切相关的胶州前德国占领地的处置②,1915 年日本二十一条的作废③,势力范围的放弃,外国军队警察和外国邮政电报机关的撤出,租借地的交还,外

---

① 海关档,总税务司通令,第 3464 号。

② 《中国为要求直接收回胶州租借地、胶济铁路和德国在山东省的其他权利而提出的主张》(*The Claim of China for Direct Restitution to Herself of the Leased Territory of Kiaochow, the Tsingtao-China Railway and other German Rights in Respect of Shantung Province*),巴黎,1919 年 2 月。

③ 《中国为要求和会将 1915 年 5 月 25 日中日间所订条约和所换照会作为因欧战引起并与欧战有关的事项予以废除而提出的主张》(*The Claim of China submitting for Abrogation by the Peace Conference the Treaties and Notes made and exchanged by and between China and Japan on May, 1915, as a Transaction arising out of and Connected with the Wa betweenthe Allied and Associated States and the Central Powers*),巴黎,1919 年四月。

国租界的归还，以及关税自主权的收回等问题，都深感利害攸关①。这都是他们寄以厚望的事情，如果其中有一部分不能实现，也必然会使中国感到万分失望。虽然在关税自主权终于被收回之前，还需要再经过整整十年并经过一次革命，但是中国代表团为请给予中国在这个重大经济问题上的主张以考虑而提出的理由，却是任何人都无法反驳的。中国发言人指出这种划一的值百抽五协定关税率如何束缚了中国的自由；如何剥夺了中国的一切交换利益，每一个缔约国都有权要求援例享受中国所给予另一国的一切权利和特权，而中国则不能享受任何交换利益；以及这种硬性的划一税率如何梗阻奢侈品和日用品间的一切差别待遇，致使烟酒这类的奢侈品几乎可以免税输入中国，而像英、美、法、日等国家则任便抽收关税，酒高达百分之二百，烟达百分之三百五十五：这种制度鼓励了奢侈品的进口，阻挫了中国工业发展所必需的原料和机器的输入。这种硬性值百抽五协定税率所造成的另一种不公平，就是它夺取了中国需要的税收。而且连这个固定税率也还始终是有名无实的，因为条约中规定的按期改订一直没有准时实行过，而且每次改订时，所采用的编订货价标准也总是低于当时的实际数字；在 1902 年，采用的是 1897—1899 年的平均价格，在 1918 年，则是 1912—1916 年的平均价格。不正确的编订货价标准和进口货价值的步步上涨，不可避免地造成任何时期实征关税都低于按市价应征的数字。关税收入的枯涩，迫使中国政府不得不用其他的方法筹款，因而也就不能不把像厘金这种公认有害的征税方法

---

①　《中国向和会提出的应行调整的问题》(*Questions for Readjustment Submitted by China to the Peace Conference*)，巴黎，1919 年 4 月。

保留下来。中国的税则,既然在税率方面已经有五十多年没有作过改订,"中国应有改订税则之权利,甚望各友邦承认而乐从之。"它也希望和会在原则上同意"两年以后,废止现行税则,易以无约国货物之税则"。在这两年中,中国也愿意"与各国磋商,就各国所最注意之货品,按照下列条件另订新税则:

(一)凡优待之处,必须彼此交换;

(二)必须有区别,奢侈品课税须最重,日用品次之,原料又次之;

(三)日用品之税率不得轻于百分之十二点五,以补 1902 至1903 年商约所订废止厘金之短收;

(四)新条约中所指定期限,期限届满时,中国不特可自由改订货物之价目,并可改订税率。"①(以上各引号内文字系录自《中国代表团在巴黎和会中所提出之说帖》)

中国以废止厘金为交换条件,以期除去商务的障碍,为一劳永逸之计。在他们的财政自主要求上,中国代表团获有全国工商界的一致支持。郑重致电表示拥护的,不只是北京和上海的商会,而是全国各重要商业中心的所有商会②,同时中国最著名的实业家张謇组织了一个促进关税互惠的协会③。在和会上,中国的辩解并没有受到很热烈的同情。在协约国政治家之中,威尔逊(Wilson)总统是唯一表示自愿帮助中国争取改正进口税则的一个人。

---

① 《中国向和会提出的应行调整的问题》(*Questions for Readjustment Submitted by China to the Peace Conference*),巴黎,1919 年 4 月。

② 《北华捷报》,1918 年 12 月 14 日,1919 年 1 月 25 日。

③ 《密勒氏评论》(*Millard's Review*),1918 年 12 月 28 日。

他表示希望列强能够放弃它们在中国业经取得的特殊地位，而置中国于国际平等之中①。乔治·劳合(Lloyd George)和克里孟梭(Clemenceau)都不希望立刻行动。他们已经全力注意于他们所认为问题更重大的事情上而无暇分神了，也许他们是受了他们政府和日本所作约定的牵制。可是在 1919 年 5 月 14 日，克里孟梭代表最高委员会(Supreme Council)声明，列国并不是不知道中国代表团所提问题的重要性，但是因为和会的直接目的是制定和平条件，所以对于中国提案，这时不能采取任何正式行动。为减轻对中国的打击起见，最高委员会表示，一旦国际联盟行政院组织就绪之后，中国的要求可以提请那个机构加以注意②。

二十六

　　由于 1919 年 8 月 1 日修订税则的实施，以及有一些国家已经放弃了它们和中国的条约关系，而另有一些国家又和中国从来就没有过条约关系，因而对于这些国家的人所输入的货物究应给予何种关税待遇的问题也就发生了。在对德、奥宣战之后，中国政府已经预料到这个问题必会发生，所以在 1917 年 12 月间已经由一道临时执政的命令予以处理，据公布，无约国人民应完的进口税率如下：

　　奢侈品　课税值百分之三十至值百分之百；

<hr>

①　贝克尔(R. S. Baker)，《威尔逊和世界协定》(*Woodrow Wilson and World Settlement*)，花园城 1922 年版，卷 2，252 页。

②　同上，卷 3，315—316 页。

　　无益品　课税值百分之二十至值百分之三十；

　　资用品　课税值百分之十至值百分之二十；

　　必需品　课税值百分之五至值百分之十。[①]

　　一直到 1919 年 9 月,修订税则付诸实施之后一个月,当上海监督奉令对于无约国以及和中国断绝条约关系国的进口货的处理,不得适用这个修订税则的时候,中国对于实施国定税则于无约国一事,才算采取了实际步骤[②]。过了几个月之后,北京又发出命令:在国定进口税则公布之前,德、奥两国货物得按照新修订税则缴税,唯搪瓷器、花边、肥皂、文具、火炉和壁炉、糖品、汽车、啤酒和葡萄酒、素色和织花棉羽绸、普通棉布、金类纽扣和花纽扣、粗细磁器、衣服、帽、靴、鞋和手套等,一律按值百抽二十的从价税率;电气器材、配件、灯、灯器、针、纸、电报和电话器材、棉毯、毛棉货品、纯毛和毛丝纱线、钢铁制造品、驼毛线等一律按值百抽十的税率[③]。同时规定无约国人民不得享受凭三联单运送土货到口岸的特权[④]。但就是这一点点恢复关税自主极其有限的尝试,也注定了失败。各有约国驻北京代表反对对他们本国人自无约国或前有约国输入的货物,适用这项新国定税则。他们辩称,根据最惠国条款,对于他们的国人所进口的货物只能按照协定税则上的从量税率征税,而并不发生货物运自何处的问题,但是对于无约国或前有约国人民从各该国输入的无约国或前有约国制造的货物,中国得

---

　　① 《远东时报》,1918 年 2 月。

　　② 《北华捷报》,1919 年 9 月 20 日。

　　③ 海关档,总税务司通令,第 3007 号。

　　④ 同上,第 2998 号。

听便适用新国定税则税率①。中国政府对于这种他国猎取不当利
得,致使中国税则丧失效力,而夺去中国在道义上应得的税收的主
张,提出抗议,但却是一场徒劳。中国的关税自主,简直就像是一
个发育不全的半死婴儿一样,不受国际保育院的欢迎。中国方面
的这种尝试的唯一实际结果,就是刺激了某一些国家设法和中国
缔结商约,以求为他们的国人争取协定税则的权益。在 1919 年捷
克斯拉夫、希腊、玻利维亚等获得了这种协定,翌年智利、波兰和立
陶宛也援例照办。根据 1921 年 5 月 20 日的《中德条约》②,德国为
它的国民恢复了像其他有约国人民所享受的同样居住、经商和关
税待遇的特权。

二十七

到 1921 年 8 月,这项修订税则已经实施了两年,根据协定,已
届修订的期限。在当年 6 月 15 日外交部致各使馆一件内容相同
的牒文,请注意这件事实;于是在三个星期之后,外交团便集会讨
论这个问题。英国公使认为因欧战的影响而造成的物价不稳定和
不正常的情形仍然很普遍,所以修改税则很不是时候。其他各国
代表也都持同样的意见,唯独日本公使奉该国政府之命,建议如果
将修改税则再推延两年,则应使中国获得姑假定其为现行税则税

---

① 刁敏谦,《警醒了的中国》(*China Awakened*),伦敦,1922 年。海关档,总税务
司通令第 3016 号。

② 《1919—1929 年和中国缔结的以及与中国有关的条约和协定》,华盛顿,1929
年,47—53 页。海关档,总税务司通令,3183 号。

率百分之二十五的一种临时征课的合理附加税以为补偿。正当各使馆之间,各使馆与各口岸的各该国商会之间,以及各使馆与各该国政府之间,往返对这项建议交换意见的时候,美国总统在 1921年 8 月 11 日向英、法、意、日发出正式请帖,邀请参加在华盛顿举行的一次会议,为(一)考虑采取共同行动,以便裁减现行军备和限制将来的军备,以及(二)讨论太平洋和远东地区的现行政治情况,以便尽可能消除国际纠纷或战争的可能性与或然性。在同一天也有一张请帖送给中国,但是在这张请帖中,略去了关于限制军备的那一段,不久之后,也以类似的请帖分送比利时、荷兰和葡萄牙三国,因此当 1921 年 11 月 12 日召集会议的时候,就限制军备来说,它是一个五国会议,就太平洋和远东问题,实际上也就是中国问题来说,它是一个九国会议。其中有七次全体会议是由所有代表团的代表出席的,但是由于会议具有上述的两个目的,所以它分成两个委员会,一个是讨论限制军备的五国委员会,另一个是讨论远东问题的九国委员会。和中国有关系的,只是后一个全体委员会。中国代表团很受一种乐观希望的鼓舞,以为这次会议既然是由于中国的可靠朋友美国政府的发起而召开的,立意可能是解脱中国所受的那些束缚其主权充分运用的条约桎梏,而把那些侵犯它领土主权和行政完整的行为,一并廓清。可是这种希望却被恐惧心所抵消。他们对于中国的一般混乱情形,北京政府的贫弱,否认北京政府合法地位的广州力量,以及若干省督军和他们所管军队的称兵独立并不是看不见;他们生怕列强趁中国势弱和混乱的机会,强加他们政府的行政权以新的束缚,而为它们自身猎取额外的特权。在会议的最初阶段,列强一致同意了罗特参议员(Senator

Eihu Root)的决议案，向中国保证，他们愿意（一）"尊重中国之主权与独立暨领土与行政之完整"；（二）"给予中国完全无碍之机会，以发展并维持一有力巩固之政府、（克服因古老而长久的帝制政府形式的变更而附带产生的困难）"（按：条约文本中，并没有这后半句）；（三）"施用各国之权势，以期切实设立并维持各国在中国全境之商务实业机会均等之原则"；以及（四）"不得因中国状况，乘机营谋特别权利而减少友邦人民之权利，并不得奖许有害友邦安全之举动。"①（以上录自前引，《中外条约汇编》，611 页——译者）既然制定了这几项原则，中国代表这时就可以安心地讨论他们所想求得补救的那些干涉中国行政权的具体事例了。在这些事例当中最为显著的一个，就是协定税则及其僵硬而不合乎经济原则的划一税率。这个问题最初是在 11 月 22 日太平洋和远东问题全体委员会②第四次会议中提出的，当（美国）参议员恩特华特（Underwood）发起中国关税问题的讨论时，指出：会议既然同意了中国的主权和完整原则，因而就有义务对中国的关税达成一项谅解，因为关税是一个主要的税源，足能保证一个力足行使其主权和维持国家完整的政府的稳定4。第二天顾维钧对中国的立场作了一番说明，首先概

---

　　①　"限制军备会议"，美国参议院文件，第 126 号，第六十七届国会；华盛顿，1922 年，890、900 页。载于 1922 年 2 月 4 日第六次全体会议的草约中，不过略有一些口头上的修正。

　　②　以下简称委员会。

　　4　"我国关税自与英国订约受协定之束缚后，各国相率效尤，《华会九国公约》，更加一层拘束，欲改革关税制度，或增减税率，须俯首听命于他人；欲为国家增多税收，不能也；欲限制某种商品之输入，不能也；欲奖励某种商品之输入或输出，亦绝不可能。国内之市场，听外商之宰制，国内工业受外货之凭陵。国权行使之自由，被人剥夺以尽，实旷世绝无之奇耻，亦国家致命之疮伤。"《新闻报》，1925 年 8 月 19 日。

述值百抽五税率发生的简单历史,侧重于它对中国主权的侵犯,然后指出它如何不曾考虑到中国人民的经济、社会和财政需要,和如何大部分征收的税款只足偿付外债之用,并要求列国应该有鉴于这一切情形,而同意中国收回关税自主权。"中国自愿声明,对于海关行政之现行制度,并无根本之变更,亦无以业经抵押外债之关税收入,移作他用之意。"[①](录自外交部编纂委员会,《中国恢复关税主权之经过》,下编,8 页——译者)中国特别希望对于奢侈品和必需品能有采取差别税率的权利。顾维钧主张,关税自主权应由出席各国议定,在一定的时期以后,交还中国,但是在此期间,因为中国急需立刻救助,进口税率应该提高到值百抽十二点五的最高限度,在这个限度内,中国得任便按照它的经济和社会需要,制定差别税率。罗特参议员随即提请注意下述的事实,即 1902 和 1903 年条约中所规定的值百抽十二点五进口税率,是以裁撤厘金为条件的,于是询问中国将建议在这方面采取什么步骤。顾维钧对于这一点的答复是,如果获得关税自主,中国政府就准备裁厘:他认为,鉴于当时公务开支的大增,即使税率提高到值百抽十二点五,也未必就能敷用。恩特华特参议员不赞成规定这样一种武断式的值百抽十二点五的税率,而主张将税率变更到能保证有这样一笔税款,使中国得免于负债为度。于是指派了一个分股委员会来详细考虑这个问题。分股委员会的委员计有美国的恩特华特参议员、比利时的卡德(Baron de Cartie)、英帝国的鲍腾(Sir Robert Borden)、中国的顾

---

① "限制军备会议"中文句,引自威洛贝(W. W. Willougbby),《报告书:和会中的中国》,巴尔的摩,1922 年,58 页。

维钧、法国的沙罗（M. Sarraut）、意大利的阿尔白丁尼（Albertini）、日本的埴原、荷兰的贝拉斯（Jonkheer Beelaerts van Blockland）和葡萄牙的物司康赛雷斯大佐（Captain Vasoncellos）。在 11 月 29 日分股委员会举行的一次会议中，顾维钧建议：（一）"现行值百抽五之进口税，应即时增加至切实值百抽十二点五；（二）中国准于 1924 年 1 月 1 日裁厘，各国亦于同日允将 1902 年《中英条约》及 1903 年《中美》《中日条约》所载进出口附加税实行征收，并允对于奢侈品于切实值百抽十二点五进口税以外，另征附加税；……（三）自此次协定后，五年以内，再以条约商订新关税制度，对于进口各物以值百抽二十五之最高税率为度，在此最高限度之内，中国可自由自定税则……；（四）现在适用于陆路输入或输出各货物之减收关税制度，应即废除；（五）凡中国与各国规定征收关税、子口税及其他税项各订条约之条文，自此次协定签字后，届满十年应即废止；以及（六）中国自愿声明，对于海关行政之现行制度，并无根本之变更，亦无以业经抵押外债之关税收入，移作他用之意。"[①]（录自前引，7—8 页）为辩护这几点建议，顾维钧促请与会各国注意下述事实，因为中国的工业还在幼稚时期，全国仍然是以农业为主，所以政府凭靠作为财源的，主要是海关收入一项。不幸，这项税收的大部分都指拨作为偿付外债之用，因此政府急需为教育、卫生和公用事业等行政用途，筹措适当的款项。要想他们允许中国立刻在关税税率方面作相当的提高，是一件如何困难之事，都在嗣后的

[①] 太平洋远东问题全体委员会 1921 年 11 月 29 日分股委员会会议记录，引自威洛贝，前引，60—61 页。

讨论中清楚反映出来。关税率的任何提高都要以裁厘为条件,可是在中国当时的政治情况下,裁厘显然是中央政府力所不及的。而且其中还发生了一个问题,那就是允许把指拨给各省半独立性督军的税收大为增加,究竟对中国是否有利。因此会议中有了下述的提议:即各国如果允许中国增收税款,那么中国就必须保证把这笔增收的税款专用于指定用途。日本代表团坚持必须从增收的税款中提出一部分作为偿还欠付外国财团的债务之用,而英国方面却希望中国能保证专用于生产事业。第三种建议则是主张把增加的税收分成若干份,指定用于整理债务、教育、生产事业和政府行政开支。至于关税自主权一节,中国代表团立刻体会到,中国国内情况已经使各国无法在这方面作任何诺言。在第二次分股委员会上,鲍腾爵士提议将中国的进口税率立刻提高到切实值百抽五,并且提议在中国进口货的货价作过一般修正之后,再将税率提高到值百抽七点五。日本代表团反对这个值百抽七点五的标准,理由是这会对于日本贸易和工业发生不公平的影响:他们承认现行税率只不过是大约值百抽三点五,但是他们愿意应许作一次税则的修订,把税率提高到切实值百抽五,并且为使中国不致因修订税则的迁延而遭受损失起见,他们也愿意应许中国对进出口和沿岸贸易,照现行税率抽征百分之三十的附加税。顾维钧虽然对于值百抽七点五这样低微的税率提出异议,但是最后还是声明他愿意接受,不过立刻实施的那种附加税和现行税率合并计算,必须要得到与切实值百抽七点五相等的一笔税收。结果,除日本而外的所有代表团都同意这项建议,认为中国应该享有切实值百抽七点五的关税权利。在分股委员会的第三次和第四次会议上,讨论集中在鲍腾爵士所提出的中国关税税则条约草案上：附于这项草案的，还有各国一致议决作为条约一部分的一个中国代表团的声明。声明的内容如下："中国代表团兹向限制军备会议远东委员会声明，中国政府并无变更中国海关行政现行制度之意，致生纷扰。"（录自前引，25页）草约第六条规定中国陆路边界的减收关税办法，应即废止，但是法国代表团不允许接受这一节，声称中国对于越南输入的进口货所给予的特殊条件，已经由法国给予侨居越南的四十万中国居民的社会和商业特权抵消而有余。英国代表团已经准备接受第四条中所表示的平等待遇原则，但是如果这项原则付诸实施，印度政府将会要求对于输入缅甸的中国货征课进口税和对于由陆路向中国输出的缅甸货及英国货课征出口税的权利。因此委员会对第六条的条文加以修正，以顾全这些保留条件。分股委员会的工作就此结束，于是在1922年1月5日将报告提交全体委员会第十七次会议。当时恩特华特参议员指出，目前所提出的草约已经深入到不止是钱的问题。贸易条件常常是国际间摩擦和争议的源泉，因而也是可能促致战争的危险因素。草约既然是意在扫除歧视，并且为所有国家提供平等的贸易机会，所以它应该是受欢迎的。他提请与会各国注意这项协定所涉及税则调整的两个不同方面，一方面关系于现行税则的立刻修正，凭以将税率提高到切实值百抽五的标准，另一方面关系于一个特别会议中所要讨论的各项问题，该特别会议将负责采取措施，尽速裁废厘金，实施附加税，和实现一切陆海边界关税待遇的平等。第一，修正税则委员会应立即在上海集会，由该会制定的税则应该在公布两个月后发生效力，无须再行批准。第二，应立即采取步骤，召开特别会议，以便中国和列国代表得筹备裁废厘金，并将 1902 和 1903 年各条约中所规定的附加税付诸实施。特别会议也将要筹备对一般普通货物按值百抽二点五的税率和对奢侈品按值百抽五的税率课征附加税。一旦这些切实值百抽五关税以及值百抽二点五和值百抽五附加税的措施付诸实行，据估计，中国可以享有的增收税款总额将达四千六百万元以上。可是在裁废厘金和实施 1902 和 1903 年条约中规定的较高附加税的情形下，增收的税款应达一亿五千六百万元。条约中对于修约期限也作了规定：在这次立即修改完竣四年之后，应再行修正一次，随后则每七年修改一次。顾维钧在对于恩特华特参议员主持下的分股委员会的成就表示中国方面的谢意时，再一次为中国收回关税自主权作了一番动人的辩解。他又反复辩称：现行制度是对中国主权的侵犯，对行政权的束缚；这种制度的维持使政府遭受不断的最严重的税收损失，使中国不能发展和维持一个有效而稳固的政府；在这种制度下，奢侈品的进口受到鼓励，必需品的进口反而受到阻挠，因而构成中国经济发展的障碍；由于这种制度，中国被剥夺了别的国家在贸易关系上相互享有的交换利益；税则的修订要靠一打以上国家的一致同意，甚至一个国家的异议，就可以阻挠修订工作的实现，这对于中国造成了极大的不公平；这无异是为了各有约国的利益而牺牲中国的福利。他以下述一段意义深长的辞句结束他的演辞："鉴于现行制度固有的困难和不公平，并鉴于关税自主权的收回对于中国贸易和经济发展以及财政制度演进必然会有的健全而适宜的影响，中国代表团认为有责任声明，虽则本委员会并没有考虑中国收回关税自主权的要求，可是中国代表团同意目前提付各位表决的这项协议，绝不含有放弃他们的要求的意思，相反地，他们的目的是要在将来遇有适当机会时，再将问题提请考虑。"在把这项协议提交起草分股委员会之前，恩特华特参议员希望澄清一点，即分股委员会的委员不赞成中国完全收回关税自主权的理由，并不是因为他们自私自利，要以中国为牺牲，或损害中国的主权，来保障他们国家的利益，而是因为他们相信，在当前环境下恢复中国关税自主，或许会既有损于中国（？），又为害于世界（？）：一旦中国树立起一个不受军阀支配的政府，具有对全国各省的完全管辖权，自当立即给予中国以权利，以期实现它的代表方才在会议中所鼓吹的伟大理想。起草分股委员会在下一次全体委员会，即第八次全体委员会会议中提出了它的报告。这件报告计分两部分：一部分包括对于修订税则以期将税率提高到切实值百抽五标准一节所拟具的议决案；另一部分是拟议的新条约条款。议决案中规定：现行进口税则税率应行修改，以期将税率提高到切实值百抽五的标准；修改税则委员会应该赶早在上海集会；这个委员会应该由凡是和中国有条约关系国家的代表组织而成；税则的修改，应尽可能在限制军备、太平洋和远东问题会议通过本议决案日起，四个月以内办理完竣；修改税则应该及早发生效力，但至早也不得逾过修改税则委员会将该项修改税则公布两个月后的时期；以及应由美国政府将这项议决案的条款转达未列席此次会议而曾经参加 1918 年税则修订的各国。因为俄国政府还没有得到国际承认，所以各国同意不邀请俄国参加修改税则委员会；但是从前原本是俄罗斯帝国一部分的芬兰和波兰两国却已经获得承认。在顾维钧对于无约国和实施于无约国贸易的税则所采取的立场作过一番说明之后，议决案就被提付表决，并经一致通过。起草分股委员会所提报告的第二部分,是拟议的有关特别会议的条约条款,该特别会议应该从条约批准之日起三个月后在上海召集会议,筹备废除厘金和抽征 1902 和 1903 年各约中规定的附加税。在裁撤厘金和履行上述条约条款规定条件之前,该特别会议应该准许对一般货物征收值百抽二点五的临时附加税,对奢侈品分别征收不得超过值百抽五的差别税率的临时附加税。条约中也规定了税则的修改期限,缔约各方的待遇和机会平等,在中国所有海陆边界关税的划一征收,以及凡与中国缔有条约,订明税则不得超过值百抽五,而未参与本约的各国,应请其加入本约;至于"凡缔约各国,从前与中国所订各条约之条款,与本条约各规定相抵触者,除最惠国条款外,咸以本条约各条款为准"(录自前引,《中外条约汇编》,610 页——译者)。这项草约即被提付委员会表决,当经一致通过。在将草约提交太平洋远东会议全体会议以前,恩特华特参议员在委员会后来的一次会议中,乘机又对于中国在税则条约下所负的义务,发表了他的意见。"他认为世界上没有一个享受着值百抽五税则的国家,具有这样一种权利,得抗拒九国在会议席上所表示的情绪以及中国的愿望,而坚持中国政府必须遵守它的值百抽五的协定税则,所以他相信,在高尚的国民道德法庭中,中国是可以有充分的理由废弃这种条约或协定的。"在委员会于 1922 年 2 月 1 日举行的二十九次会议中,关税税款的保管问题曾经被提出讨论。恩特华特参议员在对于过去这项税款的保管情形作了一番不完全正确的叙述之后,声称各国对于除按值百抽五税则所得税款以外的增收税款的保管问题,曾经表示关切。关于这一点,他将小田切代表日本政府所提出的说帖宣读如下:"中国海关现行制度,不加变更之议,日本非特不加反对,且甚欢迎。惟以日本商务在中国对外贸易中所占重要地位,又以日人负担关税多数税款,希望与将来海关办事上定一公允办法,例如海关银行事件,与按照国籍雇用洋员。但此项提议,并非为承认本条约之条件,不过陈述日本之诚意,亦应声明之。并盼上项所拟之特别会议,当开会讨论保存税款监督用途各问题时,对于日本此种意愿,予以考虑。"(录自前引,《中国恢复关税主权之经过》,下编,20页——译者)法国、意大利、比利时和荷兰代表团也都附议这项日本声明。顾维钧也赞同这个观点,并且希望在考虑关于分配的时候,中国各银行的要求能够不被忽视。关于拟议条约的最后一幕,是在 1922 年 2 月 4 日第六次全体大会中举行的。在将条约提请太平洋远东问题会议核准的时候,恩特华特参议员再一次促请对其中所包括的两项结论加以注意,第一项是应该对于立刻修订税则一节达成协议,第二项是为授权准许征收附加税的特别会议制定条约条款。他以一段追溯协定税则的起源和它直到当时为止的发展的历史叙述,作为他所发议论的序言。在那段叙述里面,他提到中国海关,并且说,在分股委员会中,各代表团一致认为"由于中国当前情事混乱,政府动荡不宁,所以最所希望的是,能够得到中国的同意,对于海关现行制度不作任何变更"。顾维钧正是为了响应这种意见,已经作过前经引证的声明。于是全部条约被提付会议讨论,最后由全体一致通过[①]。施肇基代表中国对恩特华特所曾说过和作过的一切,表示感谢,并且要求将顾维钧在 1 月 5 日、1 月 16 日

[①]　《1919—1929 年和中国缔结以及与中国有关的条约和协定》,华盛顿,1929 年,93—97 页。

和 2 月 3 日所作的声明,在本次全体会议记录中存案。关于维持中国海关现状的 1 月 5 日声明,上文业经引证;1 月 16 日声明是和行将对无约国贸易实施的国定税则有关的;2 月 3 日的声明,则只是对于 1 月 5 日声明加以复述和引申。在上述的最后一次发言中,顾维钧着重指出 1 月 5 日声明的自愿性质说,中国代表团绝不愿意将这项声明作成一项条约义务;又说这项声明"绝不能解释作为因此便杜绝中国人民实现其合法愿望,而将中国海关作成一个更具有国家性质的机构。……现行海关机构的服务一向是有价值和有成效的,这一点常常由中国官员多方予以证实,但是在中国人民方面却仍然怀有一种极普遍的情绪,认为应该训练更多的中国人来担负起海关中比较重要职位的责任"。三天之后,即 1922 年 2 月 6 日,条约经由九国代表全体签字。可是,问题并没有就此宣告结束。在一个多月之后,当条约提交到美国参议院讨论的时候,据很多参议员的看法,这件条约简直是合力压迫中国接受一件极不适当的税则的另一个事例。恩特华特参议员以该项条约已经满足中国代表团的愿望,并且是他们在当时情况下所能为中国尽的最大的力量云云为理由,替条约辩护。可是事实俱在,中国曾经要求过关税自主,并且接受条约也是最后出之于不得已的办法。关税自主是要到来的,但并不是通过会议,而是通过革命的方法。

二十八

中国指派蔡廷干海军中将为正主任,周传经、赖发洛、施弼和周典为副主任,代表中国出席《华盛顿条约》所规定的修改税则委员会①。没有处理任何业务的第一次会议是在 1922 年 3 月 31 日召开的,代表十三个国家的委员全体出席的第二次会议举行于 4 月 20 日。在通过了议事规程之后,中国代表团建议:"采取 1921 年 10 月至 1922 年 3 月的上海市价作为新税则的标准。在计算这些价值时,凡是从修改税则委员会中无投票权国家输入的货物,一概不予计算。"②选择这段时期的理由,据赖发洛声称,是要尽量接近十足值百抽五的税率;中国并不想多要,他相信各国也不会希望少给。这项建议得到了美、法、意和荷兰等国代表的赞同,同时他们也欢迎英国委员傅夏礼的一项建议,傅氏认为六个月的期限太短,不可能对季节性贸易作公平的平均估价,主张采用匹头货方面的那种指数制度,以上次修改税则时所决定的价值为基础。日本首席代表船津辰一郎提出一个反建议,大意是说,"应以 1917、1918、1919 和 1920 年四年为新税则的标准,并应以海关贸易册所开上述各年中国进口洋货的价值为计算新税率最确实可靠的标准。可是,在海关贸易册价值被认为不合理时,得以其他公平正当的方法予以调整。"在 5 月 9 日举行的第三次会议上,日本代表团撤回了他们那个以 1917—1920 年四年的价值为新税则标准的建议,在原则上接受了中国那项以 1921 年 10 月至 1922 年 3 月这六个月的上海市价为标准的建议,但对于英国代表团所提出的指数附有保留条件。船津辰一郎在接受中国的建议时,指出指数制度如用于匹头货,可能会有不良的结果,诸如对若干货物和原产国作

---

① 海关档,总税务司通令,第 3274 号。
② 修改税则委员会 1922 年 4 月 20 日第二次会议记录。

税率上不公平的提高,或是忽视其他通商口岸与上海方面大相异趣的特殊市场情况。所以他对于指数的应用,提出一些修正。他建议标准货首先应按照货物性质或税率表的分类,分为若干组,然后在将各组中每项子目的指数确定之后,再根据各项子目进口总量的研究,计算分组的平均指数。他又建议将棉纱列入指数制度中,并建议对于大连、天津、汉口和广州等口岸的市价,也应该加以考虑,一如对于上海的情形一样。为澄清讨论起见,赖发洛建议:"就棉布和棉纱来说,应该按照现行税则,课征划一附加税。应该选定若干种棉布在 1922 年 3 月以前六个月内的平均纳税价值,用来和按照现行税则的纳税价值作一比较,再据以决定这项附加税的数额。应该指派一个分股委员会,以便决定哪种棉布应该选作这项价值比较之用,哪种货品应包括在棉布这一名词的范围内,以及其他可能因这项保留条件而引起的一切问题。"[①]经过反复讨论之后,英国的保留条件以及各方所提的种种修正问题一并交付一个由比、英、荷、日、美和中国代表团组成的分股委员会核议。于是主席蔡廷干对于委员会同意以上述六个月份为评定价值的标准表示感谢:1902 年修改税则时所采取的标准年份是三年,结果便是一件给予中国以百分之三点二平均数的税则;从那件以四个年份为标准的 1918 年修正税则所得出的税率,则只是百分之三点六。现在所选定的六个月份是比较接近实际情况的。或许可以对于中国比较公平。在 5 月 30 日举行的第四次会议上,根据分股委员会的建议,下述决议案被提付讨论:"以 1921 年 10 月至 1922 年 3 月

---

① 修改税则委员会 1922 年 5 月 9 日第三次会议记录。

这六个月的上海市价作为新税率的标准。在计算这些价值时,凡是修改税则委员会中无投票权国输入的货物,一概不计算在内。进口货数量应取材于 1920 年的海关贸易册。在决定新税率时,货物市价应视为比纳税价值多出货物的现行关税再加上百分之七。本议决案中的第一句话,应附带一项保留条件,即对于棉布和棉纱所征超过现行税率的数目,应该适用划一的百分比。这项应增数额的决定,应该以上述六个月内各项货品上海市价和各该货品现行关税率乘二十的积数所作的比较为依据,并且在计算这些货物价值的平均增加数时,对于各类货物的进口数量应一并予以考虑。如果在棉布和棉纱划一增税办法中,发现有不公平的地方,则负责考虑这个问题的委员会得斟酌作下述的修正:如果棉布和棉纱的价值平均增加的数目已经评定,并且各该品目同时期价值增加的数目也已经确定,那么得以该两项增加数目的平均数作为各该货物的关税增加额。"英国首席代表对于"在决定新税率时,货物市价应视为比纳税价值多出货物的现行关税再加上百分之七"这一段,表示异议①。鉴于近年来栈租等项费用都比以前增加,他认为就缴纳从量税的货物而言,在决定纳税价值时,所做的扣除未免太小。他赞成所有各货一律按百分之十二的划一率扣除。比利时代表欧特(Van Haute)提请注意 1902 年《通商进口税则善后章程》第一款的文字,那一款的文字已经由 1918 年修改税则委员会同意在"市价"一词的前面增加"批发"二字:该款清楚规定在确定纳税价值时所作的扣除,应该是百分之十二。赖发洛虽然承认这项争

---

① 修改税则委员会 1922 年 5 月 30 日第四次会议记录。

议是正确的,可是声称在实际办法上,1918 年修改税则委员会并没有遵照那项规定办事,而是按实际关税加百分之七的数目扣减的。这项议决案,在删去按关税加百分之七的数目扣除云云一段之后,提付委员会审查,当经一致通过。就像 1918 年修改税则委员会的情形一样,成立了三十个委员会,分别研讨货物的重分类和货价的编订。在 6 月 2 日举行的第五次会议中,英国代表请求撤回他对于中国在前次会议所提的议案中关于计算完税价格方法一款的异议,不过附带一项谅解,即委员会嗣后应该有对于通商进口《税则善后章程》第一款作充分自由讨论的机会,以期对于过去运用情形一向不圆满的一项条款,能够协议加以改变。美国和日本代表都附议英国这项声明。分股委员会现在必须工作了,在 9 月25 日,税率表草案已经编订竣事,并且已经准备提付委员会讨论。在那天举行了第七次会议,经过相当讨论之后,通过三项议决案。第一项是"税则委员会全体一致通过各分股委员会所提出的修正税率表,惟须送请各有关政府核准"[①]。虽然《华盛顿条约》中载有一项规定,准将这个委员会所制定的税则付诸实施,无须另行批准,可是各委员认为他们并没有授权采取这样一个步骤,特别是因为有几个国家还不曾批准《华盛顿条约》。第二项议决案是:"各代表团同意陈请各该国政府允准自 1922 年 10 月 1 日起公布修正税则。"第三项则是:"各代表团同意陈请各该国政府允准新税则于公布后两个月,即 1922 年 12 月 1 日开始生效,惟于上述日期以前装

_____

[①] 修改税则委员会 1922 年 9 月 25 日第七次会议记录。

运来华的货物,应照 1919 年税则完纳。"纳爱德(Knight)希望促请委员会注意德国汽酒(Sparkling Wine)的关税待遇。在 1918 年修改税则委员会中,他曾经和中国代表团商定,并且由委员会认可,在德国一旦重新享受协定税则的利益时,凡是运自该国的汽酒应一律按香槟酒同样税率完税,这项协议也曾经由法国公使和中国外交总长的换文加以确认。可是这项协议并没有被信守。德国汽酒一直是按照低于香槟百分之四十的税率进口的。主席解释说,在外交部和德国缔结条约时,他们忽略了德国汽酒应按香槟酒同样税率完税这一点,因而准许该项酒类继续按较低税率进口。可是政府一经被提起对这一点的注意,也就同样准许香槟按照这种较低税率进口。主席可以向委员会保证,外交部方面绝不是有意对于一项业经承认的税率任意变更,并且将来德国汽酒一定要按照香槟酒同样税率完税。税则既然必须公布,而又必须送请各有关政府批准,所以委员会在 9 月 26 日举行的第八次会议中,决定将它作为一件业经由修改税则委员会通过而尚待各有关政府批准的税则公布。于是美国首席代表安立得(Arnold)对《善后章程》第一款提出一项修正案,主张成立仲裁委员会,以解决商人和海关之间有关进口货价值和分类问题的争议。安立得也提出了有关进口货统计表,在海关监视下改装的货物的存票,以及进口货验估等问题的议案。傅夏礼提议将《善后章程》第一款的字句全部变更,改以出口总价即包括保险费运费的原价作为缴纳从价税货物的价值。美国代表团的勃拉克伍德(Blackwood)表示异议,因为该代表团认为必须有一个价值标准,以便和出口总价相比较。赖发洛指出,如果按照出口总价抽税,那等于是说出口国的货价将成为编订货价的标准,这在中国政府看来,是不能令人满意的,因为中国并不是在每一个国家都设有机构,得借以核对货物的价值。他赞成修改这一条的文字,订明以货物在中国的起岸价值作为编订货价的标准,不过为了关税方面的原因,如有争议发生时,就必须以批发市价为准据来核定该项起岸价值。为使委员会能有时间作充分考虑起见,《善后章程》第一条的进一步讨论遂暂行搁置。起初,委员会原打算把有关进口货统计表的议案,作为《善后章程》中的一款,但是经过讨论过程之后,还是决定把它作为委员会对中国政府的建议案。美、英两国代表主张,凡经过原产国以外国家之手而运到中国的进口货,在统计上应划归该经手国的进口贸易,自然这项规定并不适用于在运华途中仅仅作过转口的货物。在另一方面,法、日两国代表则认为进口货应按照它们的真正原产国作统计记录。结果,安立得所提出的议案经全体通过,不过法国代表附有一项保留条件,即他认为"商货的原出口国"一词,应该解释作为产制国的意思。"委员会建议由海关订定章程,规定为了统计上的目的,一切进口货都应该视为运自原出口国。因此,不论货物是直接或经过另一个国家而输入中国,都应尽可能将那个为转运来华而输出商货的原出口国,在发货单、缴税申请书或其他海关报单上注明。中国对于出口货也应该考虑照办,尽可能注明指运地的国名。"最后的一项决议案乃是根据美国代表的建议而通过的,该案建议中国政府应更进一步改良他的各进口口岸验估科的方法和加强其人事,并在上海设立一个海关进口货估价局,以调查国内外市场的批发价格,并帮同各进口口岸在这个问题方面采取划一措施……统计科科长后来在评论这项进口货统计办法的建议时声称,据他看,委员会在这个问题上的辩论,完全是多余的,因为安所建议的方案恰好就是现行办法①。在 9 月 28 日举行的第九次,即最后一次会议中,全部辩论都集中在英国代表的建议,也就是拟将《善后章程》第一条,修改为以出口总价作从价货物估价标准的那项建议。在辩论中,大多数国家都表示赞成这项建议,但是美国、日本和中国代表团投反对票。安立得建议将《善后章程》第一条作这样的增订,即允准商人遇到对货物分类和价值发生争议的时候,在税务司或仲裁委员会未作最后决定之前,先行交存押款提货,这项建议经全体一致通过。因为鉴于行将在北京举行的关税特别会议中,一定会讨论到禁运货品表、军需品、子口税单等问题,所以横竹撤回了他对这项问题所提的一些建议,安立得对

---

① 1904 年,造册处处长在行文各口税务司时曾经论道:"在将货物按照发送地和送达地分类时,一般应以运货船的出发地或目的地为准;但是在备有像发货单或提单等文件证明的情形下,我们便可以按真正发送地或送达地登记。原则上固然是应该尽量把货物划归适当的国度,但是我们却无法越出所提缴给我们的文件的范围以外。"海关档,(通启)第 306 号,1904 年 9 月 20 日。又在六个月之后通知说:"对于进口货,应该尽就我们官方所有的材料,开列货物所来自的国家,和货物所到达的海关管辖下的最后一个地点;对于出口货则应该开列货物所到达的海关管辖下的最初一个地点,和尽我们官方所知,货物装运到的国家。"海关档,(通启)第 319 号,1905 年 3 月 30 日。又在同年中通知说:"外国进口货的发送地——有些税务司似乎有这样一种认识,以为他们应该查明'原产国'。我们做不到这一点;商人不会帮助我们,事实上希望这种材料的并不是他们,而是外国领事和贸易局。我们所能作到的最大限度,就是开列'发送地国',也就是货物来到这里所从自的国家。……输往外国的出口货的情形也是一样;除非有确凿的证据,我们不能开列'真正送达地',而只能开列直接送达地而已。"海关档,(通启)第 321 号,1905 年 5 月 25 日。

于他曾经提出的有关存票问题的提案,也采取了同样的措施。委员会的工作就此结束。他们的主要劳绩(?)——1922 年《修正通商进口税则》,从当年 12 月 1 日起开始生效,唯不适用于那个日期以前装运来华的货物[5]。

5　1922 年 11 月 30 日《申报》载江海关公告:"查本年新修税则,奉令定于 12 月 1 日实行,前经本关公布在案。兹奉总税务司令,以此项税则,与有关系之各国政府,尚未一致承认,所有前定日期,未便实行,应俟改定后,再行令遵。"

第六章 1925—1926年的
北京关税会议

一

　　1925年5月30日的上海事件,和同年6月23日的广州沙面射击事件,激荡起爱国运动的洪流,它具体表现在香港、汕头、上海和天津的罢工风潮,全国各地学生组织可怕的示威运动,国民党中一些势力的加强,以及中国和列强间的关系的日趋紧张。正是在这种紧张气氛之中,总统表示他希望能够举行一次讨论中国领事裁判权和中国关税问题的会议,同时声明他的政府的目的就是要促进召开这样一次会议的有利条件[①]。英国和日本也已经逐渐体会到迅速行动的必要,以期使中国人相信他们真的抱有同情态度,因此在美国政府和其他六个《华盛顿条约》签字国商谈这样一个会议的政策和程序时,它们给该政府以支持。由于金佛郎案已经获得最后解决[②],由于法国议会已经在7月7日批准了《华盛顿条约》,所以那个条约的九个签字国的代表才能够在1925年8月5

---

① 《泰晤士报》(伦敦),1925年7月15日。
② 《1911年革命以来中国的海关收入》,前引,216—220、222—229页。

日齐集华盛顿,并在那里交换 1922 年 2 月 6 日所签各约的批准书[1]。两个星期之后,8 月 18 日,北京政府向列国发出邀请参加在北京举行的一个特别关税会议的请柬,会期原订为 10 月 2 日,后来又改为 10 月 26 日[2]。有鉴于当时的一般情况和随后的发展,我们必须记住,中国在请柬中明白表示,它不仅打算要求《华盛顿条约》所准的那种有限度的附加税,而且还打算要求实行完全关税自主权:"关于该项条约,中国政府有须再行声明者,1922 年 1 月 5 日太平洋与远东问题委员会开第十七次会议时,中国委员对于关税税则条约虽予承认,然曾宣言并无放弃关税自主之意,将来一遇适当时机,仍欲将此问题重新讨论。根据上项宣言,中国政府兹特提议将此问题提出于行将开幕之会议,并希望能有一种之决定,以祛除其税则上的束缚也。"[3](录自 1925 年 8 月 22 日《申报》所载照会原文)列国接受了中国的邀请,但是因为主张废除一切所谓"不平等"条约和他们所让给外国人的利权的呼声一直继续不绝,并且日益普遍,所以北京各使馆乘机在 9 月 4 日送致中国政府一件内容相同的照会,它们在这些照会中指出,就起源来说,这些条约所让予的关税和领事裁判权的利益,并不是列强蓄意损害中国主权而勒取的,却只是双方因其最适宜于祛除制造摩擦的根源,而加以同意的办法。这些照会无异是对于美国国务卿凯洛格的见

---

①　《泰晤士报》(伦敦),1925 年 8 月 6 日。

②　《中国社会政治学评论》,卷 9,第 4 号,840—841 页。

③　同上,1925 年 8 月 20 日;《中国关税特别会议》(1925 年 10 月—1926 年 4 月),北京,1928 年,1 页。

解的一种国际上的正式公认。凯洛格的见解是他在 9 月 2 日美国律师协会年会中的一篇演讲里表露的,那篇演讲全部都是讨论中国问题,阐明中国协定税则和领事裁判权存在的起源,以及美国政府准备祛除这种褫夺权利状态到怎样的程度。可是这项行将举行关税会议的声明,对于一切反对北京政府的军阀却是一个最不受欢迎的消息,他们看清,会议不但会直接加强那个政府,而且会议如果成功,必会因新税则或公认的附加税所造成的收入增加而延长它的寿命。为求在关税会议开会期间尽可能维持和平和平息内争起见,陆军总长亲自往访张家口的冯玉祥将军和其他军界领袖人物。可是不久事实就反映出张作霖将军和临时执政兼安福系首脑的段祺瑞是不会坐收会议的利益而不受挑衅的。直系的公认领袖吴佩孚率先反对,通电各使馆斥责北京政府,力主会议暂缓召开。他的同盟者浙江督军孙传芳开始把他的军队集结在上海周围,因而使得张作霖的队伍仓皇北撤。这样,上海和富庶的扬子江流域也就落到政府敌对势力的占领中,而列强却正要同这个政府举行重要商谈,或许还要缔结更加重要的协定。在南京或汉口建立一个对峙政府的可能性已经越来越大了,这个政府很可能主张“它即使不比北京政府更有权代表中国,至少也是和它一样”。果真有这样一个政府成立,它必定会否认关税会议所能达成的任何协议。事情还不止于此,中国共产党已经成立,由于在共产党庇护下的爱国主义因素的形成,它激烈反对和外强作任何妥协,而高唱无条件废除一切不平等条约的主张。正是在这种罢工、骚动、激烈排外运动、政治分裂和内争的气氛中,十二个国家的代表①齐集在北京,和中国代表讨论中国税则问题,以及能够和必须用什么办法使中国得摆脱现行诸条约的税则和贸易条款所加给它的褫夺权利状态的问题。

二

中国关税特别会议(或简称关税会议)第一次全体会议,在 1925 年 10 月 26 日举行于北京冬宫中海居仁堂[1]。中华民国执政段祺瑞向各代表致欢迎词时,表示他深望本会的讨论和议决,能够遵守华盛顿会议和该会所产生的《九国公约》的精神[2],根据那件条约,各签字国一致同意尊重中国的主权与独立,暨领土与行政的完整。他指

---

①　除去包括中国在内的出席华盛顿会议的九国之外,丹麦、瑞典、挪威和西班牙等国也已经表示它们要参加《九国关税条约》。

1　"……根本否认关税会议,纵其成也,则将为吾民更加一重锁链,殆无可疑。……若以贪二五附加而开议,则不啻对协定制定一重担保。……对外者,则二五附加税增加之结果,徒为无担保外债加一层保障。夫中国之外债,类皆由卖国贼因自身利益而签订,吾国民本无加以承认之理由。试问于吾民何益?……对内者,……则此次二五附加税所得之收入,其不入军阀之私囊,虽童骏亦不能信,且也,军阀之利欲无穷,些微之收入,尚不足以餍其欲,设借名发行公债,则其害民也尤甚。……二五既增加卖者必高其值而取偿于购者,于彼丝毫无损,而人民平均负担见增矣。"见 1925 年 9 月 21 日《时事新报》。

2　"北大教授等四十余人……要求王正廷……明白答复:(一)此次会议之召集,是否根据我国国民要求取消不平等条约主张?抑履行华府会议所订条约之束缚?(二)政府是否贪图二五附加税,作为整理分赃式的公债,及供给军阀捣乱的费用?(三)以裁撤厘金作为关税自主的交换条件,是何用意?(四)如不能达到实际的关税自主时,政府是否有决心停闭关会,且自动取消不平等条件,以贯彻国民全体的主张?……国民大众对于关税自主的见解,共分三项:(一)自定海关税率权,(二)中国自行保管税款及中国自定税款用途,(三)海关行政自主权。……但我等人,一不信没有出息的军阀,可以维持此会议而得到实际利益;二不信帝国主义的外交家,能随便答应真正的关税自主。"见 1925 年 10 月 19 日《新闻报》。

出，中国现行税则制度，不但不合经济原理，而且违背平等互惠精神，没有这种精神，就不能建立持久的国际善意和繁荣。他显然露出中国所希望的就是恢复关税自主这种意思：关税自主一旦恢复，中国就可以借财政状况的改善，发展它的幼稚工业，从而获得裨益，凡是和中国通商的国家，也可以因中国购买力的增长，共沾利益。会议主席，外交总长沈瑞麟在致开会词时，提到自从世界大战结束以来曾经举行过的许多次国际会议，特别指出 1921 年的华盛顿会议和 1925 年的罗加诺会议。他促请特别注意一项国际惯例中的公认原则，即条约的神圣义务，虽然必须信守，可是因为情势已经有了变迁和正在变迁之中，而必须对特殊条约加以修订，那也是理所当然的。他希望这项"情势变迁"（rebus Sic Stantibus）的原则不为到会各代表所忽视，并且希望他们能和他抱同样的看法，认清八十多年前在中国创行的那种协定税则制度，已经完全不合于当前的情况，不应该再容许它继续下去。所以他深信此次会议必能对中国关税问题作一番调整，俾中国得早日收回它的关税自主权。

于是主席请王正廷将中国政府的提案提出会议，王氏指出，在 1919 年巴黎和会时，中国代表团曾经提出关税自主问题，但是因为不在和会权限范围之内，未加讨论。直到 1921 年华盛顿会议时，在太平洋远东问题委员会第五次会议席上，中国代表以"现行之约定关税，妨碍中国主权，违背国际间均等及互惠主义"，又将问题提出讨论[1]。可惜委员会对于中国代表的提案未能充分容纳，

---

[1]　本章中所有的引证，除去另加注明的以外，都是引自会议正式记录的刊印本。这些记录后来经刁敏谦博士编辑，由外交部出版，名为《中国关税特别会议》（1925 年 10 月—1926 年 4 月），北京，1928 年出版。

所以中国代表在 1922 年 2 月(应作 1 月)5 日太平洋远东问题委员会第十七次会议席上,曾宣言"关税自主问题,于将来适当机会时,再行提出讨论。……故特根据《九国协约》,尊重中国主权完整之精神,并为增进各友邦之睦谊起见,拟有去除现行条约上税则上各种障碍,推行中国关税定率条例,与实行关税自主之办法如下:

(一)与议各国向中国政府正式声明,尊重关税自主,并承认解除现行条约中关于关税之一切束缚;

(二)中国政府允将裁废厘金与国定税则条例同时实行,但至迟不过民国十八年(1929 年)一月一日;

(三)在未实行国定税则条例以前,中国海关税则照现行之值百抽五外,普通品加征值百抽五之临时附加税,甲种奢侈品(即烟酒),加征值百抽三十之临时附加税,乙种奢侈品加征值百抽二十之临时附加税;

(四)前项临时附加税,应自条约签字之日起,三个月后,即行开始征收;

(五)关于前四项问题,应于条约签字之日起,立即发生效力"(录提案原文,见《中国恢复关税主权之经过》,下编,37—38 页)。

于是各代表相继发言,他们虽然抱同情态度,但是其中大多数却都对于所提方案不表示确切意见。不过英国总代表麻克类爵士(Sir Ronald Macleay)暗示,虽则这次会议的范围和目的曾经在华盛顿《九国公约》中清楚阐明并加以规定,可是英国政府"更准鄙人声明,敝国对于关税自主之问题,于此次会议可加讨论,或此时不便,推至他时,亦无不可也"(录自 1929 年 10 月 27 日晨报)。日本正代表日置益把中国和日本在废除财政司法行政事务的自由行动方面所受的一切片面限制的斗争，做了一番比较。因为他深信日本的经历对于目前的情况是有裨益的，所以他概述了日本自 1858 至 1911 年持续了五十三年的关税自主斗争史，在这个斗争中，日本从最初时起，就体会到，如果不消除它本国政府的积弱之势这个原因，而求铲除其后果，那是徒劳无功的。日置益声明中国可以信赖日本方面的彻底同情，为求进一步证明这一点，他说，日本代表团也准备考虑中国目前提出的关税自主问题。可是他指出，根据 1922 年的《华盛顿条约》的规定，本会议的主要业务是：（一）设法筹备从速废除厘金，以期征收中国和其他国家间现行各条约所规定的附加税；以及（二）考量在裁撤厘金之前的过渡办法，并允准按值百抽二点五的一般税率征收附加税，唯对于某种奢侈品，得将该项税率提高到不超过值百抽五。如果要对这些条件作任何更动，都势必先要修正《华盛顿条约》的条款不可。日本代表团认为，这些条件的履行，会提供给中国以它行政开支所必需的经费，但是同时声称，这项意见并不排斥对于征收高过百分之二点五的合理附加税的任何提案的考虑，因为这样一种提案可以认为是在《华盛顿条约》第二条规定范围之内的。谈到关税自主问题时，日置益在假设中国并不期待列强立即无条件放弃它们的现行条约权利的情形下，提出两个方案，以备任择其一，作为议定期间内的过渡办法。第一案是"除关于特种货物与各关系国另订特种税则外，应颁定一公平并适当的国定税则，以便普遍适用"。第二案是"依照《华盛顿条约》规定颁行各关系国可赞同之值百抽十二点五划分税"（录自

《中国恢复关税自主权之经过》,下编,38 页)。第一次全体会议在指定严鹤龄为本会议秘书长,并推定由王正廷和各代表团首席代表组织会务委员会之后,即行散会。

<h1 style="text-align:center">三</h1>

会务委员会第一次会议是在次一日举行的,到会的计有中、美、比、丹、法、英、意、日、荷、挪威、葡、西班牙和瑞典等全体与会国的代表。在这期间,会议的议事日程已经分发各代表团。内容如下:

甲、关税自主:

一、制定国税税则。(为事实上之便利起见,订定筹备时期,以便实行关税自主,适用国定税则)

二、裁厘。

乙、过渡期间之临时办法:

一、征收临时附加税。

二、征收奢侈品附加税。

三、海路各边界划一关税税率之办法。

四、估定货价。

丙、有关事项:

一、证明洋货出产地之办法。

二、关款存放办法。(录原案,见前引,下编,34—35 页)

委员会主席王正廷提议,为使会议工作简化起见,不妨成立三个委员会,分别讨论这三组问题,并且随着会务的进展,为进行起草计,还有成立第四个委员会的必要。这项提案大体获得同意,但是因为议事日程中没有任何项目涉及附加税收入的支配方面,以致引起一番讨论。麻克类爵士指出,《华盛顿条约》第三条规定本会"应准许对于应纳关税之进口货得征收附加税,其实行日期、用途及条件,均由该特别会议议决之"。王正廷否认中国方面有规避这项讨论的任何意图,在第二委员会的一、二两个项目下,尽管有作这种讨论的机会,但是同时指出,在议事日程中专列这样一个项目一节,是无须再议的,因为当(中国)外交总长把这件议事日程交给他的时候,已经征得所有各关系国代表团的同意。这引出了外交团领袖欧登科(Oudendijk)的一番解释,他说中国方面曾经把目前这样一件议事日程作为临时议程送交给他,他于是就提请他的同事们讨论,他们经过讨论之后,修改为:甲类项下只有关税自主一款,附带提到中国在华盛顿会议所作的声明;乙类项下为裁厘;丙类项下为有关事项,并且将华盛顿会议决议案中曾经提到的咨询局问题也附列在内。他的大多数同事都曾经将这件略经变更的议事日程致电本国请示,并接奉各该有关政府的核准。欧登科曾经将这项核准案照会(中国)外交总长,但是在几天之后接获通知说,中国关税会议筹备委员会认为时间过于迫促,已经来不及变更,因而才听其原封未动。主席对于意、法、英首席代表的抗议,答复说,变更议事日程并无必要,因为中国政府并不反对讨论所提出的各项问题。意大利首席代表所提组织专门委员会讨论附加税收入的支配问题一案,经主席以中国政府不能同意为理由,予以否决。可是他接受了比利时首席代表的建议,比利时代表的建议是:

拟将附加税收入的支配问题列入乙项讨论一节,作成会议记录。
同时他接受了葡萄牙首席代表的另一项建议,该建议是:拟将裁厘
委员会究竟成立分股委员会还是自行组成财政委员会来讨论这个
问题,听由该委员会决定一节,也做成会议记录。这项辩论是由麻
克类爵士所提出的下述议决案的一致同意而获得最后解决的:"兹
议定乙项(即过渡时期之临时办法)第一、第二两款所规定附加税
收入之支配问题,暨实行日期,与征收附加税之条件各问题,概归
第二委员会处理之。"(录原案,见前引,35 页)关于会议中和记录
上是否也应用法文的问题,主席以下述的裁定予以解决:如果没有
人反对,那么就中、英、法语并用,并且在会议记录付印时,除英文
本外,再另附法文本。美国首席代表马克谟(J. van A. Mac-Mur-
ry)提出议事日程中没有提到华盛顿会议议决案中规定的咨询局
(Board of Reference)这个问题,提议将这个问题列入,以便讨论。
对于这一层,主席答称,该代表所提到的问题并不在条约本身的范
围以内,而只是华盛顿会议所通过的一项议决案,况且咨询局是中
国人民极端反对的一件事,所以他希望马克谟能将他的提案撤回,
以期不致羁延,或妨碍会务的顺利成功。马克谟答称,虽然他并
不坚持立即予以讨论,可是他愿意澄清一点,即美国代表团既然
奉命履行它在华盛顿会议各项规定下的义务,它就必须"保留这
样一项权利,得在会议期中任何适当时机,讨论并处理这一切问
题,以尽他们在本次会议中对条约或该项议决案所负的责任"。
于是英国首席代表也以同样的条件,做了同样的保留。主席将这
项保留记录在案之后,便进而宣读议事规程,规程经过讨论修正,
最后通过。

四

关税自主委员会（第一委员会）在 10 月 30 日召开第一次会议。又当选为这个委员会主席的王正廷博士，重复宣读了一遍他在第一次全体会议中曾经提出过的那件关于解除中国关税自主权束缚的五项提案的声明，并且他现在还认为除去那五项提案之外，乘机再加进中国代表团在 1921 年巴黎和会中所提出的说帖的一部分是合适的，其中略称：

"中国所望于和平会议之同意者，为两年以后废止现行税则，易以无约国货物之税则，此两年中，中国亦愿与各国磋商，就各国所最注意之货品，按照下列条件，另订新税则：

一、凡优待之处，必须彼此交换。

二、必须有区别，奢侈品课税须重，日用品次之，原料又次之。

三、日用品之税率不得轻于百分之十二点五，以补 1903 年商约所订废止厘金之短收。

四、新条约中所指定期限届满时，中国不特可自由改订货物之价目，并可改订税率。

中国以废止厘金为交换条件，以冀除去商务之障碍，为一劳永逸之计。

中国并无施行保护税则或苛敛之意，不过以现行税则不得其平，不符学理，不合时宜，不敷需要，故要求修订之而已。中国对外商务输出不抵输入，积年既久，负债实多，财政经济，益见困难，非改订税则，鼓励输出，不能救济，且输出多，人民之购买力亦增，于他国亦未尝无益也。及此改良,已嫌其迟,中国政府对于和平会议提出此案,实为全国人民所属望。凡我友邦,其以独立国应享之经济权利还我中国,俾中国人民得以发展其富源,而增其购买世界货物之能力,与各国从事于文化的进步,此中国政府所深望者也。"(录原案,见前引,下编,4—5页)

王正廷力促各国现在必须对于中国在凡尔赛和华盛顿会议中所提出的提案,加以考虑,他指出,自从那两次会议以来,情势已经有了变迁,虽则中国曾经在华盛顿和各国缔订过一项条约,可是政府和人民都深感现在难以接受那件条约的条件。所以他极力主张中国具有作为一个主权国的完全关税自主权。一个强有力的中央政府确是必需的,但是这样一个政府,经费无着,自然也就不能适当地发挥作用,除非中国能够行使它增加关税收入的权利,而没有以条约为依据的税则束缚它的自由,它就无法筹措必要的经费。他提到有人害怕这样筹措的款项会被浪费,但是他愿意指出,"向来没有任何部分的关税款项被浪费过,而且人民确也不容许任何这类款项被浪费。"中国也愿意履行它对债权者的债务,但是没有收入,自然是办不到。各省因裁厘而受的税收损失,也需钱弥补;国家的发展,特别是铁路建造,没有一处不是需要钱的。

日本首席代表日置益又乘机提出他在第一次全体会议中已经提过的建议案,不过更加详尽一些罢了。他的第一案是提议由中国创制"适用于一般之国定税率,而同时关于特种有限物品,由中国与关系各国,分别以条约协定税率者"。这项国定税率虽然由中国自由制定，但是制定公平正当的国定税率，"足可使特定税率须分别妥议之国，减至最少之数也。"（录自前引，下编，39 页）王正廷在开会致词中，曾经表示中国政府有在三年以内，也就是在 1929 年 1 月 1 日以前，裁撤厘金，实行国定税率条例的决心，那么中国就可以在这段筹备期间中，与各国缔结条约，以便和中国的国定税率条例，同时施行。这些新约即可代替现行条约，并解除中国在关税税则方面目前所受的片面限制。如果这项提案被同意，日本代表团就准备提议在中国施行国定税率以前这段期间，按照《华盛顿条约》第三条的规定，课征临时附加税。如果这项方案不被接受，则日本代表团愿提议采用一种遵照 1902—1903 年中国和各国间的条约所规定的关税制度。这项提案的含义是说应行采纳等差税率，因为上述各条约中所规定的划一税率的税则，是不合理的，不科学的，而且是有损中国对外贸易的。在这两案之中，日本代表团无疑是宁取第一案，因为第一案的实施步骤可以由会议加以明确决定，"是为中国径趋关税自主问题之途径，尤简便而易于实行云。"（录自前引）第二案则是以二十多年前缔结的条约为根据，和今天的经济状况一定不相适合。例如，势所必有的出口税率的增加，就是一件很不得人心的事。况且有鉴于列国利益的复杂矛盾，要想在会议期间内制定一件所有关系方面一致同意的税率表，就算不是不可能，也必然是异常困难的。

麻克类爵士于是提议，请主席阐明中国代表团对裁厘问题的见解，所谓裁厘，他是指连同最近如在贸易上面的各种形式的省税，也一并裁汰的意思。他请注意那件从来没有发生过效力的《马

凯条约》第八款的规定,并且评论说,虽然我们可以承认关税自主
是一种主权权利,可是我们不能承认"现在就实行完全自主,也是
一种主权权利"。美国代表司注恩(S. H. Strawn)支持英国首席代
表的议论,他说,他"敢断言,第一个国家都承认其他任何一个国
家,包括中国在内,都有享受关税自主的主权权利,不过在享受关
税自主时,这种权利必须和它本国公民的权利以及同它有条约关
系的外国公民的权利相适合"。他进而声称:"中国代表团所以把
提案的第二项放在第一项的后面,也就表示中国方面已经体会到
关税自主应该和裁撤厘金同时并行,所以本代表团拟请主席说明
裁撤厘金的具体办法。"最后他声称,"所有出席国的代表都愿意根
据 1922 年 2 月 6 日的《华盛顿条约》,尽他们的力所能及,以符中
国的期望",又补充说,"凡是条约范围以内的事,本代表团很愿意
立刻进行,但是遵照美国宪法,他们非事先请示本国政府,不能超
越《华盛顿条约》中所授予的权力。"

　　王正廷暂时搁置下关于厘金问题的任何讨论,直等"与议各国
向中国政府正式声明,尊重关税自主为止。在列国对这一点同意
之后,中国方面才允准裁撤厘金"。司注恩重申他的反对意见,认
为关税自主和厘金问题是不可分割地联系着,并且认为,除非各代
表团得知,中国将在什么时候和用什么方法实行裁厘,单单由各代
表声明他们承认中国的关税自主权,是不会促进会务的。尽管有
反对意见,可是主席却进而要求各代表团负责人,对中国关税自主
权问题表示意见。比利时首席代表华洛思(M. Ie Maire de
Warzeeé d'Hermalle)声明比利时愿意在原则上承认中国的关税

自主权；但是在实行真正自主之前，必须有一个过渡时期。法国首席代表玛德（M. Ie Comte Damien de Martel）则泥守《华盛顿条约》第二条和第三条的立场，但是愿意对于中国方面所提出的任何合理的提案，加以讨论，并呈报本国政府请示。荷兰首席代表欧登科相信"关税自主权是一种固有的权利，是从属于主权权利的"。意大利首席代表翟录第（M. V. Cerr tti）对于中国关税自主的愿望，抱有充分的同情，但是认为"裁撤厘金和关税自主是互相关联的问题，而裁撤厘金必须在关税自主之前实行"。葡萄牙首席代表毕安祺（Senhor J. A. de Bianchi）认为议事日程上的第一、第二两项，实际上就是一项，并建议王正廷最好能将他的裁厘提案交付讨论，这样就会使会议的工作省力很多。王氏指明他很愿意采纳这项建议，但是在这样做之前，他希望能够代表中国政府取得所有各代表团对关税自主问题的一项声明。丹麦首席代表高福曼表示赞同司注恩的意见，同时声称，他相信关税自主是每一个国家的主权权利的一部分，但是这项权利并不含有一国和其他国家的条约可以被忽视的意思。挪威首席代表米赛勒则准备答应承认中国的关税自主权，但是他所要做的这样一项声明，将只提到原则的本身。西班牙首席代表嘎利德声明他本人愿意支持会议所能采纳的一切有利于中国的决议。瑞典首席代表艾维楼福则谨守《华盛顿条约》的规定，虽则他愿意讨论中国政府关于关税自主的提案，可是他特别指出，他并没有接受这类提案的必要权限，而必须向本国政府请示。当主席询问麻克类爵士是否还有其他意见时，他说他的立场和艾维楼福完全相同。主席在进行分发裁厘说帖之前,对于各代表声明"同意接受中国政府所提,承认中国实行关税自主主权权利原则的提案",表示感谢,并且请求那两位曾经表示他们愿意对关税自主问题向本国政府请示的代表,尽早提出他们的答复。

　　主席提出的裁厘说帖,计分为两段:第一段的标题是裁厘步骤及裁厘日期;第二段的标题是抵补厘金办法及筹备抵补金。另外还有一张附表,撮述在实行关税自主权之前的过渡时期中(即1925 年 12 月 1 日至 1928 年 2 月 29 日)所拟采取的准备步骤。第一段中指出,这次会议既然是本着华盛顿会议中尊重中国主权的精神,以关税自主为目的,因此对于裁撤有害中国经济生活的厘金,必须具有决心。可是因为厘金和其他含有厘金性质的损税向来是各省进款的大宗来源,所以中央政府该管各机关对于各省有关厘金的详细情形,必须先行仔细考查;为进行考查起见,兹拟责成各省,自 1925 年 12 月 1 日起至 1926 年 5 月 31 日止,六个月之内,编制抽厘办法报告表册,同时中央政府应派遣调查专员,前往各省调查。这项调查报告应该在 1926 年 6 月 1 日到 1926 年 11 月 30 日这六个月内,由财政部和财政整理委员会会同考核。此后,在 1927 年 1 月 1 日到 1928 年 2 月 29 日这一年零二个月期间内,所有内地贸易通过税应逐步裁汰。说帖的第二段讨论如何筹措一笔特别款项,以抵补裁厘后各省库收所蒙受的损失——估计每年损失的银数为七千万元。至于抵补办法,拟先从附加税增收款项内筹拨,其后在实行关税自主时期,则从关税正税项下筹拨。附黏于说帖的过渡时期所拟采取的准备步骤的附表,内容如下。

实行关税自主以前过渡时期应行筹备事宜表

自 1925 年 12 月 1 日至 1928 年 2 月 29 日

筹备事宜	筹备开始日期	筹备完成期限
(一)附加税之支配		
(甲)整理债务	1926 年 4 月 1 日	共计 4 个月(1926 年 7 月 31 日)
(乙)发行公债(为抵补裁厘及整理债务并建设事业之用)	1926 年 8 月 1 日	共计 4 个月(1926 年 11 月 30 日)
(丙)分配中央及各省抵补金	1926 年 12 月 1 日	共计 15 个月(1928 年 2 月 29 日)
(二)裁撤国内通过税		
(甲)调查时期	1925 年 12 月 1 日	共计 6 个月(1926 年 5 月 31 日)
(乙)讨论及决定时期	1926 年 6 月 1 日	共计 6 个月(1926 年 11 月 30 日)
(丙)实行裁撤时期		
第一期铁路货捐	1927 年 1 月 1 日	共计 2 个月(1927 年 2 月 28 日)
第二期常关税五十里外及内地	1927 年 3 月 1 日	共计 4 个月(1927 年 6 月 30 日)
第三期厘金(正杂税捐含有通过税性质者)	1927 年 7 月 1 日	共计 8 个月(1928 年 2 月 29 日)

主席对于说帖和附表上的各点,加以详细说明,指出就财政方面来说,裁厘并不是想象的那样简单。某些省份已经把这笔税收抵押或指拨作归还各该省库的垫款之用。在这种情况下,就必须发行公债,以便使这些省份能够应付它们财政上的负债。而且应行裁撤的各省贸易税征收机关的雇佣人员,人数极多,也必须预筹

款项,以资补偿。虽然把这项工作完全办妥或许需要比表上所开列的时间略长一些,但是政府决计无论如何要在 1929 年 1 月 1 日以前,将该项工作办理完竣。

五

在 11 月 3 日举行的关税自主委员会第二次会议上,王正廷询问英国和瑞典代表,关于关税自主问题,是否已经收到他们本国政府的训令。麻克类爵士指出,虽然英国政府愿意承认作为主权国的中国具有关税自主的固有权利这项原则,并准备在这次会议中讨论这个问题,可是他不能同意王正廷所作声明的措辞,因为其中含有承认中国有权立即去除现行条约中载明的一切关税限制的意思。他不能同意他们立即就摒弃当前的关税地位。所以他请提出下述的声明:"英国代表团承认一切独立主权国有关税自主的固有权利,并认为履行 1922 年 2 月 6 日《华盛顿条约》的条款,是中国走向这种自主的一个具体步骤,为此,特正式声明,本代表团在贯彻上项条约规定外,愿意将本会议中筹议和商定的其他这类办法,呈请本国政府批准,以期保证中国对于关税事宜完全自由行动的要求,得以在一合理时期内,充分实现。"

瑞典首席代表因为还没有收到他本国政府的消息,说他对于现在所作的声明,也还不能同意。

日置益于是宣读一件总结日本代表团在前几次会议中所发表的意见的声明。该代表团深信对于中国最好的办法就是(一)"中国于一定期间内,实行裁撤厘金后,实施国定关税条例",以及(二)

"在前项准备期间内,中国与关系国缔结新条约,此项条约,即关于关税代易现行条约者,与国定关税条例之实施,同时实施之是也"(录自 1925 年 11 月 9 日《申报》)。所以他对于本会议所拟缔新约的基础,提出下列七项条款,供委员会考量:

1. 中国以外之缔约国,兹郑重声明,承认中国基于主权国家固有之权利,应享有完全关税自主权之原则。

2. 中国依照以下各项所定之方法,回复前述关税自主权之实施。

3. 中国立即制定国定关税定率条例,及附有税率表,照其所声明,于三年内裁撤厘金时,实施之。

4. 中国在上条所提过渡期间内,对于进口货物,得征收《华府关税条约》第三条第二项所规定之附加税。

5. 在上项过渡时间内,中国为一方,其他缔约各国为一方,应分别缔结新条约,依双方意愿,载明对于特种货品所适用之互惠的协定税率。此项拟定新约应于一定期间继续有效。

6. 第三条所载之国定关税定率条例,对于各有约国,应与前项新条约同时实施之。

7. 拟定之条约中,应取消中国与他缔约国间关于关税事项之现行条约。(录原案,见《中国恢复关税主权之经过》,下编,43 页)

美国首席代表马克谟宣读一项声明,内称美国代表团:

（一）按照华盛顿条约之规定,预备即时承认征收值百抽二点五之附加税,至于奢侈品值百抽五之附加税,一俟需要单表备就后,亦立即允认征收。

（二）预备立即进行商定一种或多种之协定,为实行 1922 年 2 月 6 日《华盛顿条约》其他各项规定所必需者。

（三）重新声明尊重中国关税自主之原则,准备商订新约,以便该原则之实行,并订立裁撤厘金,解除现行各条约内所载税则上诸限制,以及施行中国国定税则法各规定。（录原案,见前引,44 页）

为实行《华盛顿条约》诸规定,并同时从事于所拟议之较大计划起见,美国代表团建议如下。

（一）各国除中国外承认自 1926 年 2 月 1 日起,对于各种货物实行课以值百抽二点五之附加税,并立即预备奢侈品表,对于此种奢侈品,至迟不过 1926 年 7 月 1 日,实行课以值百抽五之附加税。由此增收之款项,归海关存储,按照本会议所议定之用途办理。

（二）规定在陆地边境,如数征收此项附加税办法。

（三）缔结新约应规定如下。

（1）自此次缔结之约实行一月后,中国政府得自由施行一种一律实行的新税则,其税率即进口税自值百抽五（现行税率）至值百抽十二点五,出口税自值百抽五至值百抽七点五,作为过渡办法,至实施关税自主时为止。

（2）自同一日期起，在陆地边境征收之税率，应与沿海征收之税率相同。

（3）由实行此项规定所增之关税款项，应交由关税行政机关汇存，照下文指定各用途支配之。

（4）凡厘金及将来协定之相类内地税，应行废止。

（5）为裁撤厘金起见，应由海关税款项下提出款项，摊分各省，以替代厘金。

（6）如有违反裁厘之各项协定，于无论何处征收厘金时，完纳厘税之人，得有权向海关，求偿还其所纳厘金之全数。

（7）由加高税率所增收之款项，应充下列各用途：

甲、抵偿各省厘金；

乙、偿还所纳厘税；

丙、无担保借款之偿还；

丁、中央政府之行政经费。

（8）以履行以上第四、第五、第六、第七款之规定为条件，中国关税上现行条约之限制，应即作废，中国国定关税定率条例，应如中国代表团所提议，于1929年1月1日发生效力。

（9）应尽力设法，以期此项条约于签订后尽速实行。

（10）于1928年1月1日以前，如多数缔约国请求，中国应于1928年5月1日召集缔约各国代表开会，以便公布厘金是否业经裁撤，及磋商关于此项条约中之内容，或须另行设立之协定。（录原案，见前引，44—46页）

随后委员会因鉴于以上两案在许多方面都很相似，所以对于应否合并讨论,作了一番商讨。可是主席反对这种办法,理由是中国代表团还没有时间对美国提案作仔细研究,据他想,其中有一些是中国政府所不能接受的。因此他建议委员会应进行讨论日本提案,同时他愿意指出,中国政府认为从普通物品值百抽二点五的附加税和奢侈品值百抽五的附加税中所可获得的税收款项,将不足支应中国政府所考虑的用途。当日置益答称附加税问题是事关第二委员会(即过渡办法委员会)的问题时,司注恩指出,在这一点上发生了第一委员会和第二委员会人选是否相同的问题,他建议,既然日本代表团和美国代表的提案同中国提案互不相同,第一委员会应即休会,立刻召开第二委员会。可是在第一委员会休会之前,主席请向各代表提出中国的裁厘宣言:

中华民国政府关于裁厘之宣言

妨害中国经济之发展者,无甚于厘金制度者也,因为阻碍货物之畅销,商务之推广,其结果每致减少吾国之生产力,而益陷人民于贫困。凡一国之进款来源及购买力,全恃人民生产力之大小。中国今日之生产力,受此不良厘税之影响最巨,遂致财源缺乏,收入减少,购买力衰弱,国际贸易亦因而跌落矣。

然就经济历史观之,其发展程序,每由一家而推及社会,再推而之于一国,然后普及于全球。此项发展在今日已臻一国之程度,而此次渐及于国际之程度。今中国不幸,因此不良厘税之存在,致原料与制造品之出产,不足供国内外之要求,此诚一可痛憾之情状也。

中国人民，历年来呼号此税之裁撤，中央政府并设立财政
整理委员会，由全国军民政当局代表充任委员。吾人深认此
种情状，非枝枝节节所能救济，若不将此问题彻底讲求，则殊
无增进国利之可能也。

中国政府于熟加考虑之后，须定裁撤厘金制，俾国民之幸
福，与国外之贸易，同受其益，国家财政巩立基础，与各国之关
系亦愈加敦睦。

中国于是宣言，裁厘一事，将于民国十八年（1929 年）一
月一日以前，完全实行。（录自前引，下编，46—47 页）

六

过渡办法委员会（即第二委员会）第一次会议是在三天之后，
11 月 6 日举行的。业经一致公选的主席王正廷，在会议初一开
始，就首先述明会议已经获得的进展如下：

（甲）所有与会各国承认中国的关税自主权；

（乙）所有与会各国允准议订新约，解除现行各条约内所载税
则上各种限制；

（丙）中国政府声明决计裁撤厘金，至迟不过 1929 年 1 月 1 日。

因为普通物品值百抽二点五附加税和奢侈品值百抽五附加
税，即使在过渡时期内，也不敷中国政府实行裁厘计划之用，所
以本委员会对于为上述目的，提高各该附加税一事，现在必须加
以讨论。

颜惠庆对于委员会的既定目的作了一番初步的评述之后，便

进而宣读一项声明,其中叙明中国政府对于应税进口货拟征临时附加税税率的提案。这项声明一开始就逐字逐句引证了 1922 年在华盛顿签字的《九国公约》第三条的条文,内中各签约国一致允准对普通进口货课以值百抽二点五的附加税和对奢侈品课以值百抽五的附加税。可是中国的税则税率,因为限于条约规定,奠定在值百抽五这样低的基础上;而得之于这种低税率的税收,又是这样微乎其微;并且为实行裁厘和推行其他各项改革,中国政府所能依靠的唯一财源,也就是海关税收;鉴于以上种种事实,中国政府提议,"对于普通进口货征收值百抽五附加税,对于甲种奢侈品(即烟、酒)征收值百抽三十,乙种奢侈品征收值百抽二十的附加税。"蔡廷干于是说明中国提议增加附加税的理由,他列举其他各国对烟酒所征的税率,以期作为对于烟酒附加税定为百分之三十的辩护。在乙种奢侈品中,他列进丝织品、毛织品、麻织品、精制棉织品、皮革、糖品、鱼介海味、贵重饮食品、特种纸类、香木、橡皮、磁器、玻璃器、医药用品、珠玉宝石、车辆类、枪弹类、席类、毡毯、扇类、留声机器及音乐器、电气材料、玩物及其他游戏品、化妆品、钟表、漆品、天然靛及人造靛等——所有这一切,从中国的民情习尚看来,是完全可以列入奢侈品类的。

芳泽代表日本代表团提出一项六点声明。第一点重申根据《华盛顿条约》,中国只能征收值百抽二点五的附加税;如果课征较高的税率,那就必须另行协商;而且如果课征高税率,必致扰乱中国与其他各国的贸易关系。第二点建议将这项规定附加税所征得的税款,用于(甲)抵补厘金收入,(乙)恢复中国政府财政上的信用,以及(丙)中国政府的各项行政经费。第三点说明,按照日本代表团的看法，从二点五附加税所得的税款，将足敷上开各款的用途。第四点表示希望中国方面能够贯彻它 1929 年 1 月 1 日以前裁厘的决心。第五点建议中国整理债务，应先将迄未偿清的各种无担保或无确实担保的债款，汇成总数，然后发行以关税为担保的整理债务，以筹措为清偿内外债所需的款项；至于第六点则声明日本愿意在必要时，应许在过渡时期三年之内，延缓新整理公债的还息拨本。

　　司注恩于是乘着各方正在推敲美国在关税自主委员会的提案时，指出，在这次会议中，美国代表团虽然不能在执行《华盛顿条约》的规定以外，多有所作为，但是他们已经有充分准备，拟建议他们政府，磋商一件新条约，以便给予中国以他们认为它所应该享有的救助。谈到美国提案的第三条第一项建议时，司注恩解释说，美国代表团承认在华盛顿所议定的附加税税率不足以筹措中国现在所需要的款项；正是为了这个缘故，美国代表团才提议在实行关税自主之前，由中国施行一个进口税税率从值百抽五到值百抽十二点五和出口税税率从值百抽五到值百抽七点五的税率表。这项建议的本意是认为应该完全听由中国自行制定这类税率表，如果它愿意的话，它并不限定要对必需品按照值百抽七点五的划一税率课税，而可以对某些必需品，按照目前值百抽五的低税率课征。据估计，照这种办法制定的税率表，每年可使中国多抽收一亿元的税款。关于这项增收税款的保管问题，他指出，美国代表团认为最重要的是"由实行此项规定所增收之关税款项，应交由关税行政机关汇存，照下文指定各用途支配之"。他知道海关行政机关许多年来就一直是中国征收税款的一个令人满意的机构。它总是把税款放在一切地方势力或掠夺行为力所不及的地方,并且为各国和中国政府保证了随时有需要,随时就可以提取税款备用。他可以简略地这样说,根据他三十年来帮同订定凭以取得贷款的财政计划和财政协定的经验,他觉得如果中国想在这项新条约缔结以后,重新筹募无担保债款(照情形看来也势必出此),那么应募人必定会以海关行政机关的稳定性为重新应募无担保债款的先决条件,因此这种稳定性会是中国磋商再行举债时的一种非常宝贵的资产。在回答颜惠庆和蔡廷干的询问时,司注恩指出,海关在这件事情上,应该对于附加税收入兼有保管和支配的双层职权。普通关税收入,在这方面已经有了规定;但是如果中国政府按照原意实行裁厘之后,那么为此目的而征收的附加税收入,就有妥为保管的必要,以便支应上开各项用途。因此他也打算用这种办法来作为保障,在遇有任何省份违反它和中央政府的协议,继续抽收厘金的时候,海关就可以用附加税收入,补还所抽厘金的数目,然后再从该省的附加税分配额中,将这个数目扣还。司注恩认为在要求以附加税收入筹还无担保债款的权利主张方面,中外人士是一律平等的。而且他也明白美国提案第三条第十项的建议,已经引起了一些疑虑,所以他愿意加以解释,指明那一项建议的目的纯粹是财政性质的。美国完全相信中国现政府裁厘的决心,但只是从目前协商到开始裁厘这一段期间中,还有激遽变动的可能,因而会使裁厘一事不易实行。所以美国代表团很愿意将该项建议的字句修正如下:"于 1928 年 1 月 1 日以前,如多数缔约国要求,中国应于 1928 年 5 月 1 日召集缔约各国代表开会,以便公布厘金是否业经裁撤,及磋商关于此项条约中之内容,或须另行设立之协定。"

法国首席代表玛德询问美国提案中关于陆海边境一律按金额关税税率课征一点,究竟是单指附加税率,还是海关正税也一并概括在内。美国代表答称,依照《华盛顿条约》第四款的规定,这正是本会议所应商定的问题。玛德于是保留对这一点另作声明的权利。

英国代表皮乐上校(Colonel Peel)在盛赞美国提案的明晰完备之后,建议中国代表团把他们的提案也制成相同的格式,以便尽可能把这两件提案汇合成一件。他补充说,会议既然是以交相互惠原则为基础,那么彼此自然谅解,没有一个代表团是打算抱定它的提案一字不改的。任何代表团所提出的任何提案,都是准备在被接受或被否决之前,先经过讨论,并于必要时经过修正。就英国代表团而论,它不打算提出任何详细方案。会议中虽然已经有了三个这类的方案,可是其中只有美国方案可以认为是完备的。英国代表团希望把中国代表团的意见尽量合并进去,但是为了这样作,他们就势必要求中国代表团先把中国提案尽量作得明晰完备不可。

颜惠庆在指出美国和英国代表团已经一致承认值百抽五附加税的确不敷华盛顿会议中所拟用途的支配之后,建议在逐条考虑美国方案或重新制定中国提案之前,最好先明确一点,即其他代表团是否还有提案提出。经主席询问之后,丹麦、挪威、比利时、法国、葡萄牙、西班牙和瑞典等代表团都答称,他们并没有什么别的方案可以提出。意大利首席代表虽然不打算提出任何具体方案,可是宣读了一项声明,其中叙明该代表团的意见如下:他们同情中国要求解脱财政困难的愿望;认为应该订定办法,使中国能够整理它的无担保债款；希望中国政府能够提出一件关于行政方面所需经费的详细说明；承认中国政府所规划的裁厘是极为人所期待的一种改革，虽则实行裁厘的期间或许要比预计的长一些；以及最后，意大利代表团愿同意中国政府为足供上述财政开支之用，征收高于《华盛顿条约》所规定的值百抽二点五的附加税。

在颜惠庆和日置益对日本提案的某几点做过一番商讨之后，后者在司注恩的支持下，提出一项建议，请由中国代表团将会议中的三个方案加以融和，在下次会议之前分送各代表团。这项融和案最好能明晰而全面地说明中国代表团的要求，并附列日本和美国提案的相应要点，同时应在各该项下开列"中国方面所要提出的关于何以美国提案或日本提案和中国观点不同的诘询"。

七

过渡办法委员会第二次会议在 11 月 13 日举行。主席提出业经在两天前分发给各代表团的中国方面所拟具的五项文件。这五项文件是（一）中、日、美提案比较表；（二）中国代表团关于过渡时期附加税收入支配办法的声明；（三）拟征附加税收入预算表；（四）过渡时期海关附加税减债基金委员会组织章程；以及（五）中国代表团对美、日提案的总评。第二项文件中规定过渡时期附加税收入所支配的用途是（甲）裁厘抵补金，约需七千万元；（乙）整理无确实担保内外各债；（丙）建设费；和（丁）紧要政费，关于后三项，却没有开列详细数目。可是中国所拟的附加税，估计可得税收一亿零二百万元，表列如下：

货物种类	拟征附加税税率	估计税收银数
(一)甲种奢侈品		
(甲)酒类	30%	3,000,000 元
(乙)烟类	30%	19,000,000 元
(二)乙种奢侈品	20%	50,000,000 元
(三)普通货品	5%	30,000,000 元
总计		102,000,000 元

第四项文件是一件章程草案,其中共分二十三条,制定过渡时期关税附加税减债基金委员会的组织,并规定该委员会的职权和工作范围。这个委员会设委员七人,全部由中国政府任命,但是另设一个庞大的秘书处和专门委员十人,其中得聘用一些外国人。附加税的收入应由税务处按期解缴委员会转存国库保管。委员会有权在接获财政部附有适当证明的支付命令后,从这样构成的减债基金中,对指定用途作支付。由主席宣读全文的第五项文件,则是中国代表团对美国和日本提案的总评。其中计分为两部分,第一部分共有五点,据主席的看法,这五点是会议一致同意的,第二部分共有三点,则尚未达到完全的协议。协议的五点是:

(一)各国已经"在本会议中声明承认关税自主之原则",并且已经允许"解除现行各条约内所载税则上诸限制,并应与中国国定税率条例同时施行";

(二)中国政府业经宣言,裁厘一事,将于 1929 年 1 月 1 日以前完全实行,而 1925 年 10 月 24 日公布的国定税率条例[①]亦将与

---

① 参看附录(戊)。

裁厘同时实施；

（三）附加税收入应用于业经指定的四项用途；

（四）因为中国政府为支付上述用途，每年至少需要一亿元，所以附加税税率必须高于《华盛顿条约》规定税率；

（五）目前行将起草的新条约，应在指定的时间内生效。

尚未达成协议的三点则是关系于：

（一）厘金的裁废；

（二）应征附加税的实际税率；

（三）互惠条约。

关于这三点中的第一点，中国代表团认为，裁撤厘金根本是一个内部问题，所以美国在这个问题上的建议，很容易造成中国人民方面的误解。至于在公布裁厘之后，凡被迫完纳厘金的商民，应由海关照数补还税款云云这项建议，是不能接受的，因为这种办法无异是奖励地方当局蔑视中央当局。关于附加税税率问题，中国代表团引以为憾的是，日本那种拘泥于华盛顿协定税率的提案，和日本所表示的愿意赞助中国贯彻裁厘计划的宗旨，殊不吻合，而美国代表团所提议的税率虽然略有提高，可是也还不能凭以征得足敷上述需要的税款。最后关于互惠条约，中国代表团指出，据《国定关税定率条例》第五条的规定，"进口税遇有以其本国某种货品依互惠条件协定者，其税率从其规定。"主席在宣读过中国代表团的总评之后，建议为加速会务进行起见，现在就将他刚刚指出的获有协议的各点，交付起草委员会起草。麻克类爵士却评述说，加速会议工作的进行所真正需要的，乃是一件切当的程序方案。英国代表团已经拟妥了这样一件融和中、美、日三方主要原则成为一个大纲的方案,可供委员会作为议事日程之用,于是他请将这项方案交付讨论。他这样做,乃是希望解释清楚,这项文件只是拟议的一种程序上的方法,如果能被采纳作为议事日程,那么就可以使得业务的讨论顺序进行,而不至于使任何代表团陷于专门接受各别提案中的某些点的流弊。英国所提大纲的内容如下。

第一节　各国应立即准许百分之二点五海关附加税,课诸一九二六年……或以后自出口地运来之进口货,并准许增高此项附加税至百分之五,课诸一九二六年……或以后运来之奢侈品,奢侈品目俟商定后表列之。所增税款归海关行政机关保管,但须照本会议定之方法支配。

此项附加税应于各边境一律十足征收,陆路边境税率与沿边同等之原则,并应立即商定实行办法,以履行一九二三年二月六日在华盛顿所签《中国关税条约》之第六款。

(今提议中国与有关系各国代表,如能将该款所开秉公调剂办法,在会外直接商妥,只须本会加以认可,即行解决。)

照此将《华会条约》所拟各计划于最短之可能期内施行后,本会便可按下列各大原则,着手议订新约。

第二节　各国应宣言承认中国有权享有关税自主之原则,中国应宣言裁撤厘金及他种方式之内地税之意志。

新约所抱两种目的,即中国关税主权之恢复,及厘金与他种方式的内地税之裁撤,应照下开各节之步骤及方法办理。

第三节　商定办法俾《中国国定关税条例》(根据此项条例之税率表应立即公布)于厘金及他种方式之内地税在裁

撤后，得以实行。

第四节　新约实行三个月后，中国得自行制定一种划一的新税表征收之，对于普通进口货，其税率自值百抽五，高至值百抽□，对于酒、烟、烟草制品及本会议定之他种货物，高至值百抽□，对于出口货高至值百抽□，作为关税自主前之过渡办法。此项办法应明白了解为过渡办法，将以代替现行税则及第一节所开各附加税。

第五节　在厘金尚未完全裁撤以前，关税业经增加后过渡期内，应商定办法，使外洋进口货及出口货对于内地税，得有保护。此项办法应包含一种制度，使违背中央政府之信约而征抽之任何税项，得向海关行政机关请求偿还，并须规定将增征税款按比例分配于各省，以博得其好感及合作，并偿还其在此过渡期内所裁撤内地税之损失。

第六节　本会应考虑提案，预备于过渡期内中国与各国分别缔结载入互惠的协定税则之条约。

第七节　在关税自主后，或有违背中国政府之信约，而征抽不规则的内地税情事，此项问题应考虑如何保证之法。

第八节　自新条约实行之日起，海关税款应由海关行政机关收集，于应付在先的各项支出后，照下列用途支配：

（甲）各省裁撤厘金及他种方式的内地税后，照其所裁之限度分别偿还；又违背中国政府之信约而征抽之任何税项，亦应偿还之。

（乙）整理债务。

（丙）中央政府之费用。

第九节　关税自主后,除关税及国产税外,不得抽收任何之货物税,此项原则一经商定,即应规定国产税征收之方法。

第十节　本会应乘此机会,解决关于海关手续及贸易之若干未决问题,以期扫除中国之内外贸易上之障碍。

第十一节　新约内应规定除关于最惠国条款外,中国与各国所订之条约,如有与此约抵触者,即行废止。

第十二节　本会应设法使新约于签字后有从速实行之希望。

第十三节　预行规定在……前,如经缔约国多数之请求,中国应于……召集各国之代表会议,以便于必要时,另行商定关于此约主要事项之条约。(录自贾士毅,《关税与国权》,86—89页)

主席声言这项纲要可以用作参考,但是不能用作议事日程,因为会务委员会已经通过了一件议事日程。可是据欧登科的意见,认为把英国大纲装进业经采纳的一般议事日程中,就像画片装进镜框一样,并没有什么矛盾之处。他觉得英国大纲单纯是使讨论系统化的一种方法。"它并没有摒弃中国提案,相反地,在它的结构中,它给了中国代表所曾提过的建议以充分的注意。"他认为他敢保证有一些同事,对于那些业经宣布作为通过的事项,还愿意更彻底地予以讨论。因此他提议指派一个分股委员会,仔细研究一下这个会议当前的三项主要问题,即过渡时期税项、债务整理和新条约条款。华洛思表示同意欧登科的提议。玛德起立,对于中国代表团所提文件中的声明,做了几点保留。首先,他重申法国代表团非经本国政府明文核准，不能同意超出《华盛顿条约》规定范围的任何事项。所以现在若说与会各国已经允准"解除现行各条约内所载税则上诸限制，并应与《中国国定税率条例》同时施行"，还为期太早。其次，关于附加税税率和税款的用途，不能因中国代表团的片面声明，便视为问题已经解决。因此，其中所说"各代表团一致承认，为适应中国政府的需要，高过华盛顿协定的附加税确属必要"一节是不正确的。此外，他希望指出，行将在这个会议中议订的新条约的实施，"在大多数宪政国家中，特别是在法国，将以议会批准为条件。"他也希望指出，虽然裁撤厘金完全是由中国实行的事情，可是为抵补裁厘而作的附加税税款的分配，根据《华盛顿条约》，各国有全权加以讨论。最后，他列举理由，说明为什么在附加税税款的保存和管理两方面，有外国人合作，会是适宜的。瑞典首席代表艾维楼福也否认他曾经应允他的本国政府将解除现行各条约内所载税则上诸限制，接着高福曼也声明他完全同意玛德和艾维楼福所做的论断。马克谟在对他的同事们所做的保留表示赞同时，声称："他认为为了避免误解起见，最好是把话说清楚，他的一些同事们已经这样做过了，他觉得他也有必要代表美国代表团这样做，那就是他们对于《华盛顿条约》直接规定范围以外的任何事项，都不能做最后的同意，对于任何未呈请本国政府核准和批准的事，也不能签字，因此，所谓他们已经同意这一点或那一点等的话，就美国代表团而言，只是说他们为了会议的目的做过临时性和试探性的同意，并且他敢说，其他多数代表团也是如此的。"直到当时为止，他继续说，会议中只提出过一些他们准备承认作为行动原则的有关提案。这些提案还需要有充分的讨论，并且必须以一些审慎融汇现有的三个具体方案的计划，作为讨论的依据。所以他极力赞成遵循英国代表团所提计划的路线进行，据他的看法，那项计划和会议业经通过的议事日程是协调的。他也赞成欧登科的提案，认为考虑特殊的问题，应该成立分股委员会。葡萄牙代表团的毕安祺也做了他的同事们已经做过的同样保留，并且赞同以英国计划做的一个程序方法。除去会务委员会的一般议事日程以外，据他说，中国代表团一直还没有为这个委员会排出任何详细的议程。在这个问题的进一步讨论中，反映出颜惠庆不赞成分股委员会，也不支持英国的提案，他提议不妨由中国代表团再将这个委员会在前次会议中所建议的三项不同方案做成一个调和的总方案提出。在另一方面，司注恩则极力赞成英国方案。据他的看法，"那项方案并没有得出任何结论，也没有抱任何成见。换句话说，它单纯是打算把三个发言国在会议中已经提出的议案做一番有秩序的陈述。他认为他们已经在通则的讨论上浪费了太多精力，现在他们应该着手业务，讨论具体事实了。如果各委员会的职责有重叠的情形，他赞同荷兰代表的建议，不如设立几个分股委员会。"玛德则准备接受颜惠庆的建议，即认为马上成立分股委员会还为时过早，而主张先逐项对问题做一般的讨论，日本代表团也并不反对这项意见。当主席征询在这次委员会会议中应该讨论什么问题的时候，司注恩指出，据他看，讨论他们是否愿意尽早实行《华盛顿条约》，显然是他们的职责，而这也就是英国所提方案中的第一节。英国代表团的皮乐上校指出，如果在这第一节上达成协议，那么会议就无异是执行了《华盛顿条约》所加诸它的第一项责任，并且他认为这样也就可以使起草委员会拟订草约，订明对普通品课征值百抽二点五的附加税和对奢侈品课征值百抽五的附加税。起草必要的奢侈品表的分股委员会，也就可以成立了。马克谟完全同意皮乐上校的建议，并请将一件包括皮乐上校各点建议的草案，交付起草委员会考虑。因为这项草案中载有附加税应"于各边境"一律征收一项规定，这就立刻发生了陆路边境的税率问题，更因为中国代表团和法国代表团都不准备立即讨论这一点，所以把美国草案交付起草委员会一节，也就搁置不谈。于是主席请以中国代表资格而不以主席的资格发言，他说"他原不希望因坚持中国的立场而阻碍会议的进行。但是他要把问题说清楚，即中国所期待的最重要的一点，就是各国必须承认关税自主的原则，同时与会各国应该允准，以放弃它们以往所享有的片面特权为宗旨，来修改条约。照中国代表团看来，如果对于这个问题不能给中国政府和中国人民以满意的解决，那么就不可能得到一个圆满协议"。因此他询问，是否可以将这个问题立刻交付起草委员会。在答复这一点时，司注恩指出，各代表已经表示过，他们"并不完全同意中国代表团所持的看法，即中国代表团在那次会议里所提议案中表明的那种必须恢复关税自主的看法"。他主张第一步应该先实行《华盛顿条约》，并且指出，紧接着英国方案之后所要讨论的一个问题，就是中国最所期待的问题，也就是关税自主问题。据他的看法，英国议程的第一、第二、第三和第四等四节，都密切关联着，所以最好合并讨论。对于中国在裁厘方面所采取的立场，主席和司注恩做了进一步的讨论，前者坚称因为裁厘纯粹是内部措施，所以"由中国政府方面郑重宣言裁厘，就已经足够了"，可是后者坚称，根据《华盛顿条约》第二条的明文规定，商量办法，帮助中国裁厘，正是这次会议的责任之一。皮乐上校支持司注恩的意见，他说增加附加税既然是这个会议应该讨论的事项，而只有增加了附加税，裁厘才会有可能，所以裁厘问题显然是这个会议权限以内的事。主席辩称，"中国在全体会议上所提的议案中并没有说过，中国将以裁撤厘金作为享受关税自主的条件"，司注恩在答复这一点时，抗议说，如果在裁撤厘金之前，中国就实行完全关税自主，那只会是在新税则税率上面再加征一笔厘金。"他不明白中国代表团的意思，它怎能武断地采取这样一种立场，认为中国正要自动裁厘，于是各国就要完纳附加税，并且要照着中国认为可以使它能够实行裁厘的那个数目完纳，可是各国对于中国所要凭以实行裁厘的那套附加税办法，却又不能略置一词。"最后，各国议定，在委员会的下一次会议中，应将英国方案的第一、第二、第三和第四各节，一并提出讨论。

八

当过渡办法委员会讨论英国方案第一至第四各节的第三次会议在次一日，即 11 月 14 日举行的时候，主席代表中国代表团提出下述决议案草案，请付讨论实施：

> 除中国外各缔约国兹特声明，承认中国享有关税自主之权利。
>
> 中国兹特声明裁撤厘金，并声明，《中国国定税率条例》将与裁厘同时施行。（原件未见，照英文移译——译者）

皮乐上校虽然对于中国代表团处境的困难表示充分同情，但是指出，以这样一项宣言作为会议的决议案，是许多与会外国代表团，非有各该国政府的必要批准，没有权力同意的。他提请与会各国注意，英、美两国代表团都赞成将华盛顿会议核准的附加税立刻付诸实行，虽然中国和其他一些代表团不愿意立刻开征这种附加税，可是他希望指明，英、美两国代表团无论如何是要表示它们愿意完全遵照他们曾经在华盛顿承允过的事项的精神和文字而行事的。因为他现在已经认清了局势，所以认为有必要议定一项外交文件，以期允准这种附加税的征课，但同时为了试求调和各种矛盾意见，他请提议将下述宣言载在这项外交文件中作为绪言。

　　　　除中国外各缔约国代表团业经声明，决意呈请各该国政府，立即采纳一项条约，承认中国有享受关税自主权的原则，中国业经声明决意裁废厘金，兹特议定，该项条约中应订明，《中国国定税率条例》将与裁厘同时实行。（照英文移译——译者）

在皮乐上校的绪言草案稿本散发之后，毕安祺声称，根据他所奉到的训令，他只能按照英国代表团所提出的形式附议中国的声明。马克谟代表美国代表团发言，他指出，该代表团实无权接受像中国代表团所拟具的那样一种决议案。"接受这样一种决议案势必非擅用只有总统根据和凭有参议院的建议和同意才能行使的那种权力不可。"所以该代表团"完全赞同英国提案，那项提案虽包涵相同的意义，但所取的形式，则是出席本会作为谈判人员的代表们可以有权接受的"。他建议把这个问题交付起草委员会。主席认

为这后一项建议为时过早,拒不同意,但是认为最好是把这个问题
交付分股委员会,以便尽力调和各种不同的意见,俟达成结论,再
提交这个委员会公决,或是不定期休会,以便各代表有更多的时间
考虑。马克谟声明他同意分股委员会的建议。欧登科认为委员会
不定期休会不值得考虑,并请提出下述方案,据他看,这项方案既
可调和不同的意见,同时也不超出任何代表团有权承认的范围:

　　　　除中国外各缔约国代表团,声明中国的主权包含享有关
　　税自主的权利。本会有鉴于此,兹特声明,准备立即议定条
　　约,中国将据以裁废厘金,在厘金裁废之后,《中国国定税率条
　　例》即发生效力。(照英文移译——译者)

在麻克类、日置益、高福曼、司注恩先后声明同意将问题交付
分股委员会之后,主席宣布以欧登科、司注恩、日置益、皮乐上校和
他本人组成分股委员会。

九

分股委员会在三天之后,即 11 月 17 日开会,进行讨论草案的
措辞,这件草案是中国代表团希望作为条约条款,而不希望作为绪
言列进中国和各国签订的条约中的。这项草案的内容如下:

　　　　除中国外各缔约国,兹承认中国享受关税自主之权利,允
　　许解除各该国与中国现行条约中关税上之一切束缚,并赞同

《中国国定关税定率条例》于一九二九年一月一日发生效力。

中华民国政府声明裁撤厘金,应与《中国国定关税定率条例》同时实行,并声明于民国十八年一月一日(即一九二九年一月一日)将裁厘事宜切实施行。(录自《中国恢复关税自主之经过》,下编,47 页——译者)

司注恩指出这项草案和美国代表团所提出并经分发的那项草案间的不同点。主要的不同点是:在讲到裁厘时,中国草案用"切实"两字,而美国草案则用"完全"两字;后者在讲到中国时,曾经加进"主权国"字样;以及最后,美国草案是采取条约绪言的形式,而不是采取条约各别条款的形式,这样它就影响着全部条约,并且其中明白规定,《中国国定关税定率条例》的发生效力,将以"下述议定款项的实施为条件"。

美国草案的全文是:

拟作中国关税自主十三国条约绪言之用。

除中国外各缔约国承认作为一个主权国的中国的关税自主权利,为使充分享受这种权利,应该解除各该国与中国间现行条约中关税上的一切束缚,并赞同《中国国定关税定率条例》于一九二九年一月一日发生效力,惟以下述议定各款的实施为条件。

中华民国政府允准裁撤厘金应与《中国国定关税定率条例》同时实行,并声明于民国十八年一月一日,即一九二九年一月一日,将裁厘事宜完全施行。(照英文移译——译者)

　　日置益声称,在进行任何讨论以前,他希望再把日本的立场充分解释明白。日本准备帮助中国实现它享受关税自主的愿望,但同时日本必须保护它在中国的经济利益和对中国的贸易关系。正是为了这种特殊利益和关系,日本才希望缔结一项协定税则,因此他现在要试问中国代表团,能否确切声明,中国准备在协定税则问题上,与日本缔结一项条约。主席答称,这项问题业经在《中国国定关税定率条例》第五条和中国在过渡办法委员会第三次会议时所提出的总评中予以解答。他又重新声明,"中国准备和日本或其他任何愿意订定一件互惠协定税则的国家,缔结互惠关税协定",并且补充说,凡是愿意缔结这样一项协定的国家,无论在《国定关税定率条例》实施以前或以后,都可以签订。在回答欧登科时,他指出,这样一种互惠条约是可以在最惠国条款的基础上缔结的,"不过必须有互惠利益作为交换"。于是主席举出中国草案和美国草案中的不同点,询问分股委员会愿否同意将美国草案中"为使充分享受这种权利,应该解除……关税上的一切束缚"这句话,改为"允许解除……关税上的一切束缚",并认为"惟以下述议定各款的实施为条件"一语毫无必要,提议予以删除。司注恩坚持要保留后一句话,他说,除非他们对于拟议中的条约所含各种因素的全部条款都已进行协议,他才会不反对把这一句话删去。日置益认为问题在于这项草案究竟是要作为一件条约的绪言,还是要作为一项条约条款,所以他想他们所应该做的是直截了当地树立一个原则,究竟准备把它放在绪言里,还是放在条文里。因此他提议,为解除分股委员会当前的困难,不妨在中国代表团所提条文草案的前面,加进一项声明:

列席会议之各国代表议决通过下列有关关税自主条款，以便连同以后协定之其他条款或有关事项，加入本会议所签订之约。（照英文移译——译者）

司注恩表示愿意接受以这项文字作为绪言，并从美国提案中撤回"惟以下述议定各款的实施为条件"这一款。于是会议开始讨论日置益所拟绪言的措辞，最后议定修正如下：

列席会议之各国代表议决通过下列所拟关税自主一条，以便连同以后协定之其他事项，加入本会议所签订之约。（录自外交部编《中国恢复关税自主权之经过》，下编，47 页——译者）

分股委员会于是议定，应将这项绪言，连同中国代表团所拟的条文草案，一并作为该委员会全体通过的建议案，提付过渡办法全体委员会公决。在分股委员会解散之前，皮乐上校再度提出厘金一词的真正涵义问题。主席答复说这个名词包括一切具有通过税性质的捐税，但是皮乐上校和司注恩似乎都不十分满意；当后者征询台克满（Teichman，按系英国公使馆参赞）是否能下一个定义时，他答称英国代表团赞同《马凯条约》第八款开首一句中所含定义，即指"在出产处、于转运时及在运到处……货厘及别项货捐"而言。主席在答复欧登科时，力称落地税或运到地税并不是通过税性质的，皮乐上校、司注恩和欧登科则一致认为对厘金这个名词，必须做准确的解释，在意义上不容有丝毫含混的地方，并且认为在货物起运时的捐税既视为通过税，那么按照逻辑，在货物运到时的捐税，自然也应该视为通过税。他们一致希望对于这一点做一个保留。

十

在 11 月 19 日举行的过渡办法委员会第四次会议中，主席一开始就宣读第三次会议所指派的分股委员会全体通过的所拟决议案全文。司注恩正式提议采纳这项决议案，于是非分股委员会委员的比、法、意、葡、西班牙、瑞典、挪威和丹麦等各国代表都先后表示赞同；不过比、法、意和瑞典等各国提出保留，表示这项赞同，尚有待各该国政府批准。主席于是宣布议案通过，并且补充说，因为这个委员会的出席人员和关税自主委员会的人员相同，所以这项议案可以视为也已经由后一委员会通过。

主席宣布接下去所要讨论的问题是：（一）附加税收入的用途；（二）附加税税率之后，便请颜惠庆对于其中第一项问题的讨论开始发言。颜惠庆提醒委员会说，中国代表团已经散发说帖，说明了为足敷中国的用途，附加税税率势必非高于《华盛顿条约》规定税率不可。为祛除可能的误会起见，他愿意指出，在华盛顿会议中，中国代表团已经表示过，中国政府需要增加收入，"以应建设事业之急需，如教育、公益、造路及其他增进人民幸福之改革"。（录自前引，下编，8 页）中国代表团虽然提到这项需要，但是并不打算把中国政府是否对于这些需要比其他各国了解得更清楚这一个问题，公诸讨论；自然他们并不希望各国像干涉中国内政那样干涉建设事业。诚然，各代表团曾经做过种种建议，"关系到附加税收入应如何使用方最为有利的问题,但是据谅解,这都是出之于友助精神的,而绝对不是说中国在用途问题上不应该采取主动,或是说各国对于中国的需要,格外认识的清楚。"(原件未见,照英文移译——译者)颜氏于是进而依次说明中国宣言中所开列的四项用途。关于裁废厘金(即附加税收入的第一项用途),他希望指出,由于疏忽,在抵补裁厘所需款额的七千万元原预算数中,漏列了各常关机构所征的一千六百万元一款,和在津浦铁路上所征的四百万元另一款。如果附加税按值百抽二点五征课,那么仅仅这九千万元的一笔总数,就需要三年的征收额才能抵补。第二项用途是清理无担保债款,关于这一点,他愿意指明,在华盛顿会议时,中国的无担保外债只有二千六百万元,内债约为一亿元。后一项债务后来已经做过清理,并且由1922年的所谓九六公债予以收回。所以在华盛顿会议时,债务问题并不严重,但是自从那时起,由于汇率跌落,欠息累增,以及展期债款利率的提高等种种原故,现在实际应付数字已经达到八亿元,其中三分之一是内债,三分之二是外债。关税会议延期三年举行,对于这种不幸的负债情形是要负一部分责任的。附加税收入的第三项用途,是公用事业费。因为支付所增税款的人最终还是中国消费者,所以中国人民分享所增税收的一部分,自是理所当然的。中国政府对于若干年来无力从事建设事业,深以为憾,但是现在却是一个着手建设计划的好机会。"从明智而爱国的中国人的观点看来,只有在对中国人民的社会和经济福利做了一些事情的时候,会议才可以算成功。"细节不妨留交分股委员会讨论,但是他愿意概括地说,中国政府心目中的建设用途,是指诸如建筑铁路、修筑国道、疏浚河道、发展实业,以及奖励茶、棉、丝等中国出口贸易的大宗品目等事项而言的。关于第四项问题，即行政费，颜氏认为无须再多说什么话，因为这一款的列入已经在华盛顿会议中受到极热诚的赞同。可是他愿意再一次着重指出，避免"任何未经中国主动采取的那些似是而非的用途"是非常重要的，结尾，他提请讨论税率问题。日置益于是起立发言，他认为他们已经达到了由分股委员会进行工作更为有效的阶段，因此请提议指派两个分股委员会，一个研究厘金问题，另一个处理中国宣言中的其余三个问题。日本代表团也认为在讨论附加税税率以前，明确决定所需要的新税收的数目是重要的；税率应该根据需要调整。所以据他看，他们应该首先讨论用途问题。可是主席觉得，在这个阶段上，对附加税税率做一番说明会是有帮助的，于是就请蔡廷干将这个问题提出。蔡氏于是宣读下述税收预算表：

　　　　根据1924年海关贸易总册和1922年修正进口税则所拟外国进口货附加税收入预算表。（详见本章第七节第一段的表。——译者）

　　蔡氏指出上开各项税率只是建议案，其中因适用各该项税率而得出的税收数字，也只是估计数。所有细节的研究，将是分股委员会的事，但是所希望的新税收的最低额是一亿元。玛德指责蔡氏的税收表中有一些税收估计数是不正确的，特别是酒和烟的税收数字，根据法国专家依照中国说帖中所开示的标准计算，酒的税收数字约为 2,230,000 元，烟的税收数字约为 23,760,000 元。为预防误会起见，他提议由中国代表团提出一件乙种奢侈品的详细

品名表。翟录第赞成这项要求,米赛勒也表示赞成,但同时指出,
编制一件所有各关系方面都会一致明白承认其为奢侈品的项目
表,的确是困难的事。蔡氏担保凡所希望要的这一切资料,都将在
分股委员会,而不是在全体委员会中由中国专家予以供给。麻克
类爵士赞同指派分股委员会,并拥护日置益的意见,认为在他们可
以解决附加税税率和奢侈品项目表问题之前,必须先要知道究竟
需要多少钱。关于究竟应该指派几个分股委员会和各委员会应有
委员几人,会中做了一番讨论。中国代表团赞成成立两个分股委
员会,一个用途委员会和一个附加税税率委员会,前者可以附设一
个厘金专门分股委员会,后者可以附设一个奢侈品专门分股委员
会。这些分股委员会人事问题的解决办法,应是由各代表团自行
表示究竟愿意参加哪一个分股委员会,或是两者一齐参加。最后,
有鉴于所涉及的各项问题的重要以及每一个代表团都愿意参加所
有各分股委员会工作的情形,过渡办法全体委员会根据皮乐上校
的建议,决定自行组成为用途分股委员会,并在它的下面设置两个
专门委员会。

十一

根据协议,用途分股委员会分成两个专门委员会,一个讨论厘
金,另一个考虑拟征附加税的收入所应支配的其他用途。前一个
专门委员会在 11 月 21 日上午举行第一次会议,同天下午举行第
二次会议。两个专门委员会都由曾宗鉴担任主席。厘金专门委员
会中的议程是以魏听涛君(Tyndall Wei)宣读的一篇叙述各式厘

金和类似征课的说帖开始的。厘金计有三种形式：（一）真正厘金，即创办于太平天国时期的旧有厘金，或值千抽一通过税的直接承续。这种名义的税捐仍然通行于山东、河南、云南、贵州、陕西、湖南、安徽和福建各省，以及察哈尔、热河和绥远各特区。这些省份都各有它本省的独立组织，各按它本省的税率征税，而现在的税率一般都超过原有值千抽一的征课，有时高达百分之五。（二）统捐或统税，意思是说一省内旧有的各种厘金征课已经归并成为一种单一税，一经完纳这种税，货物便可以在省区内自由通行。这种形式的厘金实行于东三省（奉天、吉林和黑龙江）、直隶、山西、浙江、甘肃、四川、广西和新疆。（三）在江苏省，厘金征课也归并成为统税之类的征课，但一般人称它为货物通过税。除去这些厘金征课之外，还有对铁路运输的货物所抽征的捐税和内地及通商口岸界址 50 里外常关机构抽收的关税。抵补所有种种捐税的裁废，约共需要 9,000 万元的款项，兹分别如下：

（一）各省和特区所征厘金　　　　　　　72,800,000 元

（二）常关税收（18,000,000）中应行裁汰部分约 6,000,000 元

（三）铁路货捐　　　　　　　　　　　　 1,420,000 元

（四）被裁厘金征收人员的补偿费　　　　10,000,000 元

　共　　　　计　　　　　　　　　　　 90,220,000 元

为回答那位只是想要对中国方案获得一个明晰概念的史图德（Steward）所提出的询问，主席解释说：（一）中央政府的意思是每年拨付各省一笔补助费以抵补厘金；（二）每年供作这项经费之用的估计数约为 7,000 万元，另加被裁厘金征收人员的补偿费1,000 万元；和（三）这种补助费的拨付应优先于其他任何用途的拨款，诸

如整理债务和行政费的拨款,等等。于是史图德指出,在海关税收上,这第一笔新增的税款就是 8,000 万元,这无异是说,在把当时每年收入约达 5,000 万元的进口税提高到 1.3 亿元的数目之后,其他一切用途所需的款项也还是一无所出。他说,进口税的弹性不是无限度的,过分加税,会对贸易和税收两面都发生有害的影响。主席回答说,中国政府并没有意思要过分地推行关税自主以期增加税收,又说在目前这些不利于贸易的捐税裁汰之后,贸易自然会繁荣,税收也自然会增加。史图德承认这一段议论是有力量的,但指出,中国提出的各省所征厘金等项税款的数字,既是取自旧档,所以实际上还有待做一番调查,不过因为有些省份和中央政府的关系不算顶好,调查势必很难完成。马克谟询问,如果三年届满,而事实上不能实行裁厘,那时将会采取什么其他办法。这个问题引起了主席的郑重声明,说政府既有充分决心在那个日期之前实行裁厘,所以并没有考虑其他方案。司注恩提出关于厘金一词的解释问题,主席答称中国代表团始终把厘金视为在运货物的一种捐税。司注恩指出这样的定义过嫌空泛,他提到 1903 年 10 月 8 日的《中美条约》,并且说,据他的意见,无疑"1903 年条约中措辞的本意是不但要裁撤厘金,而且要裁撤外国货的其他一切税捐,据称,条约条款如果付诸实行,将会使外国货在完纳规定进口税之后,完全免除其他一切征课"。他提请委员会注意,美国代表团在它所提出的议案中,曾经建议:"如果有违背裁厘协定非法抽厘的情形,遭受非法抽征厘金的纳税人得向海关获得如数的补偿。换句话说,如果各省非法抽收厘金,则他们的海关税款分配额将在分配时照数扣还。"所以,据他的看法,厘金应该解释作包括运到地税、消场税、消费或营业许可税、查验或保护费以及其他一切直接或间接征于已完关税外国货的转运或经营上的任何性质的捐税。史图德支持司注恩的意见,并提到1902年中英《马凯条约》第八款的绪言,他把那段绪言的含意解释为当时中国政府承认厘金制度不仅包括通过税,而且还包括产地或运到地的其他一切课征。为说明他的本意,他举出许多省份普遍征收百分之二十的纸烟捐这一个例子。既然纸烟可以征税,那么他们有什么保证,地方当局会不任便对其他各种物品照样征税。对于这个问题,主席答复说,各省对于裁撤一切通过税性质的捐税,可以得到抵补,但是运到地税却不是通过税或关卡税。麻克类爵士反对这种说法,坚称落地税或运到地税根本是在货物进城时征课的一种通过税。魏听涛于是声明,在中国代表团编制他们业经提出的那件税收表的时候,他们对厘金一词所采取的标准是仅指通过税,而并不包括运到时或运到后所征的捐税在内。中国政府究竟会不会在货物运到时或运到后征税,他虽然不能进行说明,但是他敢非正式地说,征收这类税捐,并不是政府的本意。司注恩承认,如果坚持一切外国货在运到目的地之后永远免征一切捐税,那会是不合理的,但是他极力主张,无论如何,这类捐税不能和货物的移动相关联,如果货物销场税能够获得允准的话,外国货应不得受歧视待遇。史图德赞同这种态度,并询问中国政府是否有意要在城门口抽收落地税,是否在销场税一旦起征的时候,将不予外国货以歧视待遇。主席做了肯定的答复,但是北京的城门税(按:即崇文门关税)除外。史图德同意这个行之已久的北京城门税可以作为例外,不过税率自然必须明确厘定,此外他认为,裁厘应该解释为自完纳进口税的进口地点起,或自必须完纳国产税的生产地点起,直到商店中消费时止,所有货物税,一律裁撤。在答复这一点时,魏君指出,各省当局所筹办和抽收的落地税,有两种特殊性质。第一,它是一种补偿税,以期把外国进口货的征课提高到国内货品税负的同等水平;第二,它是一种运到地税而不是通过税,因为征税的货物是已经运到子口税单上所开目的地的外国进口货,子口货单既经缴销,货物自不能再受那项凭单的保护。可是,政府希望在裁厘的时候,这种仅只通行于三四个省份的落地税也会归于消灭。"如果有任何新税开征,它必定是根据一种完全不同原则的销场税。"司注恩凭着这项说明,便要求将落地税包括在厘金一词的意义里面。他否认其中含有任何侵犯地方征税权益和中国权利的意思,但是"进口税的目的,据他了解,就是要把外国货置于和土货同等的地位,因此他希望知道,究竟中国代表团是要在进口地点一次征足,还是要听由各省另行征课"。麻克类爵士提议将他们至当时为止所做的讨论,简要扼述如下:

(甲)裁厘是指裁撤自进口或生产地点起至商店中消费时止的一切货物税捐;

(乙)在城门口将不设关卡;

(丙)在商店中加征货物的任何税捐都必须从轻;

(丁)在土货和洋货之间不应有歧视。

他完全承认中国当时在海关税率方面是处于片面义务的地位。可是现在中国正要求以完全关税自主作为一种主权权利,各国也已经承认了这一点,但这并不是说他们承认各个省份也具有关税自主和任便加征任何新税的主权权利。马克谟认为,如果厘金的含义仅只包括通过税，那就未免把厘金的含义定得太窄了。"照他看，这个定义应该依据下述原则，即不论货物仍在转运之中，或是在已经缴销凭以受到保护的子口税单之后，或是在不拘什么原因停止受到保护之后，一律不得抽征与货物移动有关的任何税捐。"主席答称，所有这些议论都将受到中国代表团的审慎考虑。

　　讨论于是集中到芳泽谦吉所提出的一点，即所举七千二百万元全国厘金总收入的数字，是否也包括行政费在内。如果包括在内的话，那么照他看，一千万元被裁人员补偿费的新增款目，就需要做一些解释了。主席承认年度行政费（约六百万元）是包括在七千二百万元总数之内的。麻克类爵士声称，既然各省当局也要领取行政费，那么由它们筹措一笔被裁人员退休金的款项，应该是一件轻而易举的事。魏君解释说，中国代表团曾经对这个问题做过极慎重的考虑，鉴于被裁人员人数太多，总共不下十五万人之数，他们深信中央政府至少需要另外一千万元的一笔款项，用来帮助各省支给这些人员年金。

十二

　　由过渡办法委员会委员所组成的第二专门委员会，是为考虑除抵补裁厘以外，拟征附加税收入应行拨充的其他用途而设的。这个专门委员会在 11 月 21 日举行第一次会议，进行讨论中国债务的清理问题并考虑财政整理委员会编制的无确实担保的外债表。主席曾宗鉴在提出这些外债表时指出，这些表是仅指财政部经管的债务而言，至于交通部结缔的借款，则会在稍晚的时候提出。外债表共有八个。第一表开列 1925 年 12 月 31 日财政部经管的无确实担保外债的总额,债款是按下述的兑换率以中国银元计算的:1 日元等于 0.76 元,1 美元等于 1.8 元,1 英镑等于 8.8元,以及 1 佛朗等于 0.1 元。第二表是性质相同的,不过是按照下述的汇率:1 日元等于 1 元,1 美元等于 2 元,1 英镑等于 10 元,以及 1 佛朗等于 1 元的七分之一。第三表开列前两表所举日元借款的详细款目,第四表开列英镑借款的详细款目,第五表开列佛朗借款,第六表开列美元借款,第七和第八表则分别开列中国银两和中国银元的借款。兹将各表所列的总数扼述如下。

叶君宣读了一些关于这些表的说明,并且指出财政整理委员会对于各表开列的无确实担保外债总额所举的按中国货币计算的数字,是三亿五千万元,这是一、二两表所列银元总数的平均数。法国代表祁毕业(Tripier)询问是否中国政府打算只就表上所提到的债款,筹划整理办法。他认为中国代表团最好能提出包括交通部借款在内的一切内外债的负债表,这样才可以将中国的真正财政情况,给人一个比较清楚的概念。叶君回答说,这类债款的总额已经在全体会议中提出过,共为八亿元,他和他的同事在这个委员会中只有权讨论财政部经管的未清偿的无确实担保的债务,至于交通部的同类债务则应该由别位专家处理。主席更补充说,中国代表团的意思原是要获取交通部借款和内债各表,并于编制妥齐之后,提交这个分股委员会各委员讨论。他请求各代表团,如果知道有任何未清偿的债务没有包括进现在所提出的各表,可以立即通知财政部。皮乐上校声称,这个委员会的目的就是要试行计算出中国政府需要整理和保证的债款总数。各代表团不能对缔结债

	债　额	利　息	复　利	一至三项总计	折合中国银元	
					按第一表表汇率	按第二表表汇率
日元借款	238,311,031.60	14,246,015.43	899,959.09	253,457,042.12①	192,627,352.01	253,457,042.12
英镑借款	5,474,264.7.2	2,482,157.16.7	669,146,17.2	9,235,277.2.5①	81,270,438.65	92,352,771.20
佛郎借款	4,483,180.00	3,081,627.44	1,060,407.61	8,625,215.05	862,521.51	1,232,173.58
美元借款	12,288,697.92	4,017,362.60	347,084.83	16,675,375.89②	30,015,676.60	33,350,751.78
中国银两借款						
天津两	1,928,558.57	490,290.93	——	2,418,849.50	按 0.686＝	3,526,019.68
北京两	213,000.00	76,680.00		289,680.00	按 0.712＝	406,853.93
上海两	2,164.45	1,539.90	651.12	4,355.47	按 0.726＝	5,999.27
汉口两	130,243.38			130,243.38	按 0.709＝	183,700.11
中国银元借款	1,812,866.12	1,402,685.56	458,537.84	3,683,298.47③		3,683,298.47

①其中包括手续费和所得税共计 609,708.1.6镑。
②其中包括手续费手续费共计 22,230.54美元。
③其中包括保险费共计 9,208.95元。

约的中国各政府部门之间,分别彼此。他们是把中国政府作为一
个整体来交涉。所以他建议各代表应分别和中国代表团进行磋
商,并提交一份拖欠他们本国人的无担保债款的完备清单。用这
种办法,他们可能计算出所欠各国债款可靠的最高数字和最低数
字,前者是指各代表团提出的数字,后者则是指中国政府所认可的
数字。周贻春答复说,这个委员会和清理问题无关,因为中国政府
打算把这项工作委托给一个专设委员会。皮乐上校抗议说,中国
无担保债款的清理,正是这个委员会必须考虑的问题之一,否则关
税特别会议势必无法算出中国究竟将要求各国保证在海关收入上
增加多少款项的估计数字。日置益指出,"他希望得到一份这个会
议拟行清理的一切债务的全部清单。……他认为只有提出这样一
份完备的清单,然后才能够使他们进行会议。"主席保证中国代表
团至迟将在下次会议的两天之前,以财政部经管的无确实担保债
款和交通部经管的无确实担保债款两份完备清单,分发这个分股
委员会的各委员。周贻春再度着重声明,中国无担保债款的清理,
并不是关税特别会议的目的,更加不是这个专门委员会的目的。
"以后将会有一个专设机构清理对各国债权人所欠的债务。"日置
益于是询问为这个目的而组织的机构将是什么样性质的,是否这
件工作将只是由中国政府机关处理。周贻春回答说,这个专设机
构将是"政府的一个部门",并且"这同一个机构也将是处理财政整
理问题的一个委员会,方案业经由财政部提出,并经内阁批准"。
日置益声称,因为这是他第一次听说将要有一个专设机构整理中
国的无担保债款,同时因为他还不知道这个机构和关税会议是怎
样的关系,所以他愿意保留对这个问题发表意见。周贻春于是补

充说，他所谈的关于这个机构的一切，只是非正式的陈述，因为他并没有奉命将有关这个机构的消息，做任何正式通知。

十三

附加税税率分股委员会（过渡办法委员会的一个分股委员会）在 11 月 23 日举行第一次会议。当选为主席的蔡廷干声称，这次会议的目的就是要将乙种奢侈品表的修正本，提请各代表审议，而中国代表团在估计这项税源的可能收入时，即以该表为依据。这个表共分 17 类，计 152 项，但是因为它后来又经过修正才被提出，所以它的最后形式将在下文中讨论。

蔡氏在提出这件奢侈品表时说，中国代表团所估计的乙种奢侈品税收数字，是根据下述方法得出的：凡从价税货物，一律按照 1924 年中国对外贸易的数字，计算出总价的百分之二十；至于从量税货物，则按照 1922 年修订进口税则的从量税率，乘以 1924 年的净进口货数量。因为海关贸易册中有一些项目将乙种奢侈品和普通货品一并包括在内，所以在进行估计之前，必须先要做合理的划分。司注恩指出，在他们可以对附加税税率达成任何谅解之前，他们不但必须先要清楚了解，实施这种税率所得的税款将分配给哪些用途，而且也必须要清楚了解这些用途所需要的经费数目。因为用途委员会还没有提出报告，所以他认为他们无法讨论税率。"他们不确知究竟需要多少钱，特别是供作整理债款之用的。虽然代表们并不是到中国来做讨债委员，可是他们中间很多人却都有责任要知道，他们对于他们本国人的那些久已过期的债款的收回，可以做些什么事。"颜惠庆同意司注恩的意见,觉得委员会所应做的重要工作,是决定一些原则。《华盛顿条约》的规定固然并没有完全被撇开,但是他们已经越出那些规定的范围,并且正在议定新约。所以他认为委员会所应决定的第一项原则,就是正式表示,他们一致同意为应付中国迫切的财政需要,在过渡期间,值百抽二点五的附加税必须提高。美国代表团在它所提出的议案中,实际上已经同意了这一点,希望其他代表团也能正式表示他们接受这项意见。司注恩代表美国代表团说,他们希望尽早给予中国以值百抽二点五和值百抽五的华盛顿协定附加税。他们也希望商定一项新条约;但是不论在按照华盛顿协定附加税所征得的款项以外,中国另外还需要多少款项,那都是一件有待磋商的事。所以,据他看,"他们应该知道中国究竟需要多少钱,和打算供作什么用。关于中国认为它需要多少钱一节,他们虽已得到概括的说明,但是还没有得到确凿数目的具体陈述。"他热心于会议工作虽不亚于任何人,但是他认为把事情在委员会之间一分再分,正浪费着许多时间。所需要的新税收的总数、所拟支配的用途和所能据以征起这个总数的附加税税率等,都是密切相关的问题,应该合并讨论的。日置益竭力支持这种看法,他说,除非他们知道了用途和需要的钱数这些做适当考虑的先决条件,他们将无法再进行工作。至于税率,日本代表团没有权力超越《华盛顿条约》规定的值百抽二点五的限度,但是他们愿意考虑中国的需要,并且为了这样做,"他们很愿意知道中国真正最低的需要是多少。"比利时、法国和丹麦代表也都赞同司注恩的说法。欧登科询问是否中国代表团目前提出的货物表,"是不管他们当前三个全然不同的提案,最后究竟采取哪一件，而纯粹是为了根据《华盛顿条约》第三条的规定来决定什么是奢侈品的。"主席答称，这个表是经过对其他国家的奢侈品表做过一番研究之后而审慎编制的。颜惠庆认为细节应该交由专家去斟酌，这样代表们就可以多有时间讨论一般原则。这个委员会的主要目的是决定筹款的方法。拟筹的款数，虽然是至关重要的，事实上却是第二步，第一步则应该是获致拟筹款数的办法。会议中已经提出来三种办法，中国办法、日本办法和美国办法。他认为应该对于这些办法加以比较和讨论。司注恩于是指出，美国方案的唯一目的就是"提出一个最低额和一个最高额，以便据以征收税款。在美国代表团能够使它的方案或任何其他方案适应中国的要求之前，他们必须先知道那些要求究竟是什么。……日本方案和美国代表团的方案虽然略有不同，但是就日本方案而论，为求发生实际效力，也必须要知道拟征钱数究竟是多少。……美国代表团对于究竟需要多少税收，有它自己的想法，但是却完全不知道中国的真正需要是什么"。史图德代表英国代表团发言，他甚至对于讨论像颜惠庆所提出来的那种原则也持异议。根据他的意见，这个委员会还没有得到其他委员会的工作和讨论事项的充分材料，可供他们对这些原则做有利的考虑。中国代表团提出的这件奢侈品表是有价值的，因为这可以使他们对于表的编制人认为什么是奢侈品得到一个概念，并给予委员会一个研讨的基础。他建议委员会休会，直到代表们"表示他们已准备进一步讨论以中国、美国和日本提案为依据的原则时，再行召开"。日置益发言说，他已经察觉，不论中国代表团或是其他代表团，都没有充分了解日本的方案。以后他要对他们的方案做一个详尽的说明。主席建议不要无限期休会，他认为各代表团不妨提出它对于乙种奢侈品的观念,这样,即使不能达到最后的同意,也可以获得一些进展。欧登科赞成主席的建议,并提议由各代表团"将文件带回,以便在海关贸易册许可的情形下,详加规划,并在下一次开会时请给予更多的消息,……那时中国代表团对于美国和日本的诘询,当可提出答复,并将所需款项的准确数字提付讨论"。这项提案经全体一致通过,于是休会。

十 四

附加税税率分股委员会第二次会议是在 11 月 30 日,即第一次会议后一个星期举行的。在那一个星期中,各代表团对于中国拟征的税率和所提出的奢侈品表进行了许多非正式讨论。即使不是所有代表团,至少也是大多数代表团,都已经认清,果真要适当照顾中国最迫切的需要,那么依照《华盛顿条约》允准的附加税税率所能征得之税收,实在不敷分配。他们虽然承认这是事实,但是一方面他们本身既没有权力允准比在华盛顿议定的更高的税率,另一方面他们对于中国的需要,却又缺乏充分准确的资料,供他们制成详细建议,呈请各该国政府核准。可是各代表团通过各该使馆而掌握到的材料,已经勉强使它能够对于中国提案的旨趣和其他代表团进行非正式磋商。在中国建议中,最不足取的一项就是对于除烟、酒以外的一切所谓奢侈品,一律按值百抽二十征税,而不分品等。他们认为奢侈品的品等是各不相同的,因此拟征的附加税,不但应该顾到品等的不同,而且应该顾到各种奢侈品的贸易量和各该项贸易所能担负而不致受到损害的增税数额。所以他们越来越相信，如果附加税税率要提高到《华盛顿条约》的水平以上，那么这些税率就必须按照货物的品质分等，因此，所有进口品目必须分成类别，每一类各有它的从量附加税率，从值百抽二点五到值百抽十七点五各不等。美国代表团拟制了根据这种办法的税率表，但是在这期间，中国代表团对于它的提案又做了一番努力，并且已经准备得极其详尽，拟在税率分股委员会第二次会议中提出。所以在那次会议中，蔡主席提出：

（一）乙种奢侈品表详细说明书；

（二）拟征外国进口货附加税收入预算详细说明书；

（三）根据 1924 年海关贸易册和 1922 年修正进口税则拟征外国进口货附加税收入预算表（在以前的其他会议中已经提出过）；此外，作为这个表补充的，还有

（四）酒、啤酒、酒精等和纸烟按值百抽三十附加税所得收入根据海关贸易册税号逐项开列的预算表；

（五）乙种奢侈品按百分之二十附加税所得收入预算表，并为易于核对起见，逐项附列贸易册和税则号数，以及价值和数量的数字；和

（六）普通货物按值百抽五附加税所得收入根据乙种奢侈品表相同方式逐项开列的预算表。

在最后所举的一个表中，为免税货物预做了保留额。严格地说，在乙种奢侈品表中也应该预做保留额，但是为简便计，只是在普通货品的收入预算中扣除了六百五十万海关两的一笔整数，把普通品和乙种奢侈品的保留额一并包括在内。这项数字中计为中国政府凭护照从外国免税进口的公物，保留一百五十万海关两；铁路

器材，一百万海关两；在大连输入和消费的货物，一百万海关两；以及各国驻华使领馆用品和其他特别免税货物等，共三百万海关两。

十 五

在此后十天之中，各委员会都没有再举行过任何会议，但是在这期间，各代表团的专家们却忙于讨论与两个分股委员会有关的纪录和提案。研究税率问题的专家们立刻察觉在这种计算税率的编订货价标准没有决定之前，从量税率方面的协议是不可能获致的。这个问题对中国是极关重要的一个问题，这不但是因为它本身具有重要性，而且因为它与将来应有权决定这个编订货价问题的修改税则委员会的组织和人事问题是密切相关的。因此中国代表团准备妥对这个问题的说帖，特意在 12 月 10 日召开过渡办法委员会第五次会议，将它提付讨论。蔡廷干在这次会议中指出，"从前中国因条约上之关系，税则出于协定，因之每遇双方派员协议修改税则之时，其编定货价，亦出于协定。"（录自前引，48 页）在华盛顿会议时，中国曾经要求收回自行编订货价以确定税率和按期自动修改税率的权利。所以《九国公约》曾规定应由这次特别会议订定章程，以便据以实行进一步的税则修订。这次会议既已承认中国自 1929 年 1 月 1 日起恢复关税自主，那么从那个日期起，编订货价以决定税则税率事宜，当然应依照中国政府行将颁布的法令办理。不过中国政府已经为过渡期间拟具了一件关于编订货价手续方面的章程，现在特提请各代表团予以慎重考虑。中国代表团为了避免历次修改税则的种种延搁，并且有鉴于中国政府对于货价已经特别加以注意，和税则虽然经过三次修改而中国从来没有享受到切实值百抽五税率的事实，特根据华盛顿会议所订《中国关税条约》第四条，提出议案。为供作关税自主以前过渡时期适用的临时办法，中国代表团提出下述章程：

（甲）在关税自主以前过渡时期，拟于前次修改（即1922年）完竣满四年（即1926年），修改一次，其修改时应以中国所调查最近一年内之平均销售市价为标准。此项市价扣除该货税率之数及百分之七之杂费，即为进口货完税价格。如遇有必要时，中国政府得以进口货价之指数表为参考。

（乙）现行进口税则期满前七个月，中国政府应将新税则草案通知本会议列席各国公使馆。各国对于此项草案有异议时，应于四个月内提出意见，请求订正，由中国政府所组织之税则审查会尽一个月内决定公布，后二个月发生效力。

（丙）新税则公布以后，如在实行期限以内，有大宗货物因特别情形超过修改当时市价百分之二十以上者，应由中国政府征一补价税，俾此项货物所纳之税，确保过渡时期条约上所协定之按值税率。如商人不愿纳补价税时，可改按从价税缴纳。

（丁）如有大宗货物之市价比较修改当时跌落至百分之二十以上，致确实税率超过过渡时期条约上所协定之数者，商人提出确实证据时，亦可改按从价税缴纳。

（戊）以上章程为关税自主前过渡时期适用之临时办法。其实行期间为二年。自第三年起即中国实行国定税率之时，

应将以上章程及条约内部规定之手续,随时由中国政府自行
办理。(以上录提案原文,见前引,下编,49—50 页)

　　皮乐上校指出,这项提案引起了两个明显的问题,一个是为求
将税率提高到切实值百抽五,而根据《华盛顿条约》组织国际性质
的修订税则税率委员会的问题,另一个是"不管这个委员会究竟是
国际委员会还是中国政府所指派的委员会",它所应遵行的章程问
题。他代表英国代表团表示,他们同情中国政府愿意采取一个完
全由他们自己指派的修改税则委员会而不愿意要一个国际委员会
的那种意向。可是英国代表——据他想其他代表团的情形也是一
样——没有权力不请示本国政府,而同意《华盛顿条约》所规定的
修改税则委员会,也就是国际委员会以外的任何形式,"但是他们
非常愿将中国提案呈请他们本国政府考虑,并将中国政府所以
得出这项结论的理由,一并陈报给他们的政府。"至于修改税则委
员会所应遵行的章程草案,他们很愿意加以讨论,而不论最后成立
的委员会究竟是什么性质。这整个问题原是次要的,但是"如果英
国代表团能够确知中国代表所建议组织的委员会究竟是哪一种,
那就会使该代表团在和他们本国政府交换意见的工作上方便许
多"。蔡廷干回答说,中国政府的意思是要指派一个由中国专家和
选自中国海关外籍员司中的专家组成的委员会。他们已经有了上
海、汉口、广州、天津和大连等中国各主要口岸的最近价格记录,可
供作该委员会指导之用。他追述以往的情形说,1918 年上海修改
税则委员会以五年(1912—1916 年)的货价为标准,其中两年半在
大战以前,两年半在大战期间;而 1922 年修改税则委员会则采用

1922年1月前三个月和1922年1月1日以后三个月这段期间的货价。"中国代表的宗旨就是要尽量求其公平，所以提案中订明，在章程拟定和税率或货价表编竣之后，中国政府当即通知各代表做进一步的考虑，这项规定足可作为中国代表团抱有上项宗旨的证明。"因为各代表希望再多一些时间考虑这个章程，于是他进而在委员会中提出两项宣言，一件关系于旅华外侨课税问题[①]（这个问题本身和关税会议并无直接关系）；另一件则关于不出洋之土货出口税和沿岸贸易税问题，兹录原文如下：

中华民国政府关于不出洋之土货抛弃出口税及复进口税（按即沿岸贸易税）之宣言。

查中国税关复进口半税，即系对于中国土货由此一口岸运往彼一口岸者，课以百分之二点五之税额。土货在原口岸出口，既与出口运往外洋之货同样纳出口税百分之五，复在入口口岸内纳复进口半税，不问其系从量或从价，均照出口税之一半计算。

查此项税款以最近三年平均计之，每年达二百四十余万关平银两。从前中英、中美议订条约之时，中国政府必再三留办复进口半税，而英、美亦允许定入条约内者，盖为各省之固有财源计也[②]。

今关税统辖于中央，中国政府为体恤商艰、发达商业起

---

① 参看附录（庚）。
② 在中美和中英《天津条约》中都没有列进沿岸贸易税条款。

见,用特宣言,自本会议闭会三个月后,将现在所征收及从前条约上所允许存留不出洋之土货出口税及复进口半税之权利,先行抛弃,以为裁撤厘金之初步。嗣后对于本国土货由本国此一口岸运往彼一口岸,并不征收出口税。但为防阻土货私运出洋起见,运货出口者,于出口口岸仍须缴纳出口正税,领取存票。于货物复进他口岸时,得呈验存票,取回原缴银数。但此项办法不通用于出洋免税之土货。(以上录原案,见前引,下编,50 页)

麻克类爵士乘机说明英国代表团,对于第二项宣言如何深表赞佩,因为这是"中国政府及早推行裁厘计划的意愿的具体表现"。

十六

在 11 月 23 日附加税税率分股委员会举行第三次会议时,蔡廷干提出中国代表团最后核准形式的乙种奢侈品表。蔡氏指出在编制这个表的时候,他们已经将前次提付这个委员会的表中所列的 152 项品目,用新的分类法重新分为 15 类。这 15 类的名称如下:

　　丝织品;毛织品;棉织品;杂项(匹头);衣服;皮(皮毛)和皮革;饮食品;纸张;木料和木器;瓷器、玻璃器和搪瓷器;医药品;羽毛、牙;珠玉宝石;车辆;杂货。

　　傅夏礼（H. H. Fox）代表英国代表团发言，主张要多留一些时间以便对新表和从前提出的表册加以比较，并询问新分类法是否会使收入预算数有所不同。日置益在提到表上末端的第四条时，询问关于那一条中所说的税收委员会的情形。主席解释说，这个委员会还没有成立，"它将会包括税务处、财政部和农商部的代表以及若干专门委员，类似英国的贸易委员会。"

　　这是关税会议一切分股委员会和委员会 1925 年的最后一次会议。会议的委员们依旧留驻北京，会议本身则开始八个星期的休会。在这期间，会议虽然没有正式的活动，可是在各代表团的代表之间，以及在中外专家之间，却纷纷进行着非正式的讨论和磋商。

十七

　　在 12 月初，日本专家曾经拟制出一件中国无担保和无确实担保的内外债整理计划大纲。在这项计划中，他们不但列进了财政和交通两部所负的债款，而且也列进了中央政府担保偿还的一切债款以及仅只是由政府批准过的债款。把仅仅由官方批准的债款也一并列进，无异是说中央政府的库收对于纯粹的省债也要负责（这是闻所未闻的一种办法），这样，无担保债款的总数自会提高到不可思议的程度，必致使得通盘清理成为不可能，政府的财政稳定全然无望为止。日本方面估计负债总额为十亿元，并主张在值百抽二点五和值百抽五的附加税实施之后，应从关余项下拨出一笔足敷清理按七厘计息的十亿元债款的基金。因为这种附加税税收显然不敷这项整理债务和抵补裁厘以及政府行政费之用,因此日本代表团建议,将整理公债本息的偿还,在 1926 至 1928 年过渡时期,暂行停止。为使本息的停付,不致在停付期限届满时,加给债务以过重的负担起见,它建议用公债将这笔积累的息金付给债权人。所有债务,不论原有的名称是外债或是内债,一经整理,则应予以同等待遇,并应按照旧债票的十足票面价值,以整理公债发给债权人。公债可以按旧债务契约订明的货币计算,也可以按适当的汇率折成银元计算。利率自 1929 至 1934 年定为百分之五,自 1935 至 1952 年还清时止,定为百分之七。本金的拨还从第七年开始。在以关税收入摊还债务的先后次序上,这项整理公债应仅次于 1921 年整理方案中所包括的各项内债。日本代表团的方案也同意由各关系国的专家组成一个委员会,负责审查和确定应行列入整理公债中的债款总数,制定发行新公债的确定期限和条件,并拟订具体方案。中国方面体会到为这个目的而成立一个国际委员会也有一定的好处,可借以防止任何一国为追逐它本国利益而损害其他国家的利益。日本代表团以详尽的研究,连同各项有关附表,来支持他们的整理债务计划草案,其中说明在 1926 至 1928 年过渡时期中国政府由值百抽二点五和值百抽五附加税中所可得到的估计收入数字,以及在同时期由关余、盐余、烟酒税、印花税和北京入市税中约可得到的收入,并说明这些税源的合并收入,如何足敷抵补裁厘,清还拟议中的整理债款和政府行政开支的需用。日本方案的优点在于它是会议中所提出的第一件考虑周密的财政整理计划。

十八

接着要讨论的便是英国方案，这项方案也是在 12 月中布露的。其中计有下述各项建议：

（一）如果关于普遍裁厘计划，能够得到圆满协议，那么就可以对一切外国进口货课征值百抽二点五的厘金抵补税（对某些奢侈品，税率可能较高），不过据谅解，厘金抵补税一经完纳，货物即应免除一切重征，税款的收入则应由海关分配给各省，以抵补厘金；

（二）从条约批准之日起，经过预告期间之后开征的海关进口附加税税率，应该是：普通货品值百抽二点五，乙种奢侈品值百抽七点五，甲种奢侈品值百抽十七点五；

（三）当 1927 和 1928 年间方可筹办竣事的中国无担保债款整理计划还没有拟妥以前，应该由征收附加税而增收的关税项下，为各该年份每年提出四千万元，专供摊还新整理公债之用；以及

（四）在其余的关余收入中，每年应至多提出一千万元，以供摊还非指定由关税担保的中国政府铁路债款的过期债务之用。

根据上项计划，外国进口货应行完纳的税率如下：

	进口税	进口附加税	厘金抵补税	总计
普通货品	5％	2.5％	2.5％	10％
乙种奢侈品	5％	7.5％	2.5％	15％
甲种奢侈品	5％	17.5％	2.5％	25％

根据这个标准，并根据进口税每年二百万元的自然增加，和运

往外洋货物出口税在施行切实值百抽五税率时每年八十万元的自然增加这种假定,英国专家编制了一件税收表,其中指出,在 1927年,海关总收入可望达到 157,900,000 元,在 1940 年这项收入将会增长到 218,600,000 元。英国专家指明,依据裴杜氏(M. George Padoux)[①]所用的计算方法来计算海关收入上的内外负担并扣除每年 18,500,000 元的海关行政经费,中国政府可以期待关余从 1927 年的 58,550,000 元逐渐增加到 1940 年的141,800,000元。在为抵补裁厘而拟议开征厘金抵补税这件事情上,英国专家们曾经颇费过一些思索。他们的提案主张为抵补裁厘,各国应同意对一切外国进口货和当地华洋各厂制造品以及缴纳国产税的各种产品,一律征收一种特设的厘金抵补税,税款收入应分配给各省,以代替厘金,同时中国应同意:

(一)对于所列举货物的各种类别,公平征税;

(二)将税款收入分配给各省,以抵补厘金;

(三)凡完缴这种税的货物,应免征厘金和其他一切内地征课。

这样一项议案的实施,自然需要有关省当局的合作,并且需要下述的谅解,即外国人在中国制造的货品必须和中国工厂的产品处于完全相同的纳税地位。最初拟议的厘金抵补税税率是进口税和统一捐税总数的四分之一,而且提案中也建议在确定作为关税会议和实行关税自主过渡时期弥补办法的附加税税率时,厘金抵

---

① 裴杜:《中国无担保外债的整理和中国统一预算的建立》(*The Consolidation of China's Unsecured Indebtedness and the Creation of a Chinese Consolidated Budget*),天津,1925 年。

补税也应该包括进这项税率之中，因此过渡时期的附加税税率如果是百分之十，那么它的四分之一，也就是百分之二点五，应为厘金抵补税，其余百分之七点五则为进口税。税的征收应委由海关办理，在征收进口税或国产税时一并征收，并存储于上海中国政府指定的银行。税款的支配应该由一个厘金抵补委员会掌管，委员会则由中央政府主管税收机关的人员、各省财政厅以及省议会和全国总商会代表等组成。已完进口税或国产税以及厘金抵补税的进口货和本地制造品，得在进口或生产地点免税行销，所谓进口地点和生产地点，应该包括口岸或通商场的县城以及距口岸一百里半径以内的四乡。此外，这种货物在运入内地时，不论是经由水路或陆路，均得请领免税子口凭单，凭以免除一切通过税、运到地税和其他形式的内地征课，包括对运输工具课征而直接转嫁到货物本身的一切税捐在内。中国货，也可以听由货主选择，在完纳厘金抵补税之后，同样享受子口税单的保护。凭内运子口税单运入内地的货物所完税款，应按指运各省消费量的比例，分配给货物经过的各有关省当局。同样，土货在按出口税半率完纳厘金抵补税之后，也可以请领外运子口税单，得凭以免除自内地至制发凭单的口岸或通商场沿途一切征课。持凭外运子口税单的货物所完的税款，应分配给货物运出地的各省当局。至于从进口口岸或产制地点的进口货或本地制造品征得的税款，据提案中的建议，应由厘金抵补委员会，按照各省完成裁厘的程度，将这笔税收分配给各该省份，但是应该保留一大部分，以供地方当局抵补所裁口岸一百里半径内的一切内地征课之用。

十九

中国的专家自然对于这项计划草案提出异议。第一，他们认为土货应该完全从计划中剔除，土货的待遇应听由政府规定，中国政府拟对这种货开征一种出产税，以代替厘金。第二，如果在通商口岸周围设立免税区，他们怀疑是否有足够的款项，可供抵补各省当局所裁捐税的款项，所以他们建议仍旧保留这些区域内原有的各常关。第三，他们主张，拟作为会议的决议而制定的条约，只应提到厘金一项，而另由中国政府发布命令，宣布他们不但决计裁撤厘金，而且决计裁撤其他对货物的直接征课，并声明自厘金抵补税实施的日期起，凡已完纳该项税课的一切华洋货物，嗣后应即免除一切税捐。第四，中国政府希望对一切子口税单抽收一种固定税率的印花税。第五，专家们声称，中国政府拟发展一种对本国制造品的出厂税制度，税率将相当，但低于进口税；因为这件事是关系中国内部行政的事，所以不能在条约中做任何协议。可是出厂税税率对于中国人和外国人将会是相同的，并且各口岸的出厂税将由海关征收。第六，如果各国同意在外国租界中实行印花税和对中国及外国人一体实行烟酒贩卖税，政府愿意裁废沿岸贸易税。这个问题，经最后商定，应放在条约以外，而由互换照会来商办。第七，中国专家们着重指出，关于设法证明持凭子口税单运入内地的货物究竟在什么地方消费，以便据以将厘金抵补税分别拨付各该有关省当局一节，将会大有困难。可是他们同意，就土货报单而论，在货主的国籍方面，以及在货物是否输出外国等最后的处理方面,不应设有限制。最后,中国专家们竭力主张,这次会议不应该将这种相应的子口税单办法的细节载在条约里面,而中国政府可以训令海关当局拟具这样一种办法,由中国政府自行公布实施。

二十

在 12 月后期,美国代表团的专家们提出一件计分十四个项目的精心拟制的税收表,其中逐年开列自 1924 至 1946 年从下述各个项目中所得的总收入:

(甲)海关基本净收入另加每年百分之四的自然增加额;

(乙)按平均值百抽五计算的过渡时期进口税的增加,另加每年百分之四的自然增加额;以及

(丙)按 1929 年中国进口税则,平均另增百分之二点五,计构成百分之十二点五的总平均关税,再加每年百分之四的自然增加额。

在这个表中指出,单单从关税方面可望征得的税收,就可以从 1926 年的 122,360,000 元增加到 1935 年的 272,835,000 元。

表中按照这项估计收入,逐年开列如下:

(甲)海关收入现行负担的总额;

(乙)可以作为减除这些负担之用的盈余,从 1926 年的 32,835,000元逐渐提高到 1935 年的 213,484,000 元;以及

(丙)作为整理无担保或无确实担保外债、抵补厘金和行政开支等这类负担的费用总额。

这个表虽然是根据保守方针制定的,但是因为没有准确的统计数字,所以在若干方面都是以一些假定为根据,诸如对于税则税率,

税率发生效力的日期,出口税和沿岸贸易税的裁撤,贸易的增长,无担保债款的限度,应行支给这宗债款的利率,等等,除去这些缺点之外,编制像这样一件单单以海关收入一项来提供中国政府在行政和建设事业方面所需要的全部开支的表册,其实也是毫无必要的。

二十一

荷兰代表团提出了一件备忘录,其中在简单地评论了以前作为中国债务抵押品的关税、盐税和铁路收入的三个主要收入来源之后,他们表示相信,只有把附加税放在海关税收上,才能提供一个足够巩固的基础,凭以奠定一件可靠的债务整理计划。他指出,在写这篇备忘录的时候,中国的总债务或许不超过二亿五千万镑,这个数目大约和荷兰的国债相同,约为日本国债的半数。鉴于中国的面积和人口,他们认为这笔债务实在不算过多,既然半数以上已经有了关税和盐税为担保,为中国的债信计,有必要把其余部分也放在一个健全的基础上。代表团认为:延未偿还的铁路借款,应作为新增海关税收的第一项负担;无适当担保的公债应该比已经发行的无担保公债具有要求偿还的优先权;为供应器材而缔结的债务应该比无担保的短期借款和垫款更受重视。至于整理的方法,他们认为重点应该放在给予一切向私人投资者发行的公债以充分保障这一方面,如有延期偿还的情形,应该准时地、按期地支给利息。清理自然是一件应该由中国和债权人商量的事;关税会议所能做的,只是准备一个方案,以便使中国政府,能够对那些宁愿利息适中而有妥善担保,却不情愿债权无担保的债权人们,提出具有吸引力的条件。在一种新公债不能够流通的时候，无担保债权人，除铁路债券的持有人而外，得听便将他们的债权换成整理公债，整理公债可以有两种票面，一种是以中国银元计算，另一种是以金货币计算。代表团建议，这种公债应按百分之六计息，并附有二十年分期偿还表。为保证不使这种公债的担保受到任何怀疑，应按照英国代表团提出的裁厘个别基金的办法，从新增附加税中拨出一笔税收，为清还债款设立一个个别基金。就 1927 和 1928 年来说，这项特别基金各需要四千五百万元。其中五百万元将专供偿付湖广和津浦铁路续补借款之用，一千万元主要供政府其他铁路借款可能延付的款项之用，另外三千万元专供五亿元新六厘整理公债付息之用。这项债务的偿还可能从 1929 年开始，先分还债款的百分之一。此后每年增加百分之零点五，债务当可在 1947 年偿清。英国代表团提议的附加税一定可以为上述三项指定用途提供充分基金，同时还可以留有余款供政府建设事业和一般开支之用。在 1929 年实行关税自主之后，中国当可抽征它所认为适当的海关税收，但是为了使新整理公债债票可以视为一种可靠的公债起见，重要的是，中国政府必须发表一项声明，宣布这项特别基金一定继续保持，直到它所担保的一切债务消灭时为止，每月应以海关税收的百分之四十拨付该项基金，从每年需要额十二分之一的最高限度，直到 1946 年四百万元的最低限度。

二十二

意大利专家们认为中国虽然已经债台高筑，可是并不能认成它是一个破产者。不过他们相信财政担保只能得之于海关收入，因此为了实现这项目的，收入显然有增加的必要。已经有四个代表团提出了计划，差不多基于相同的附加税率，并在某种程度上和中国代表团的计划也很接近。假使各代表团在附加税税率方面能够获得协议，假使需要增加海关收入的净额是每年墨西哥洋九千万元，而应行清理的债务总额可以大约定为墨西哥洋一百一十亿元，那么意大利的专家们就认为，中国政府应该和债权人缔结整理这种债务的新契约，并且应该从新增海关收入项下拨出五千万元，专做偿付新整理公债本息之用，其余额中的三千万元应专用于抵补裁厘，下剩一千万元则供政府的行政需要。意大利的专家们根据日本代表团备忘录第十表中无担保债款98,800,000元的总数，提出了两个表，一个规定分十九年偿还的办法，前十一年按百分之五计息，随后五年按百分之六，最后三年按百分之七；另一个规定分二十年偿还的办法，前十一年按百分之四计息，随后六年按百分之六，最后三年按百分之八计息。

二十三

比利时专家所提出的议案与英国代表团所提的大同小异。他们建议不要变更一般进口税税收现行支配办法；为抵补裁厘，应该在所有进口货上另外抽收百分之二点五的征课，因此基本进口税应该视为百分之七点五；为筹措其他用途的款项，应该对所有普通货品另加征百分之二点五，乙种奢侈品另加百分之五，甲种奢侈品另加百分之十五。

为抵补裁厘,至少需要 28,500,000 元。

为整理债务,需要 40,000,000 元。

作为铁路借款的临时担保,需要 10,000,000 元。

为行政开支,需要 8,717,000 元。

所以根据这项方案,普通货品应完税百分之十,乙种奢侈品百分之十五,甲种奢侈品百分之二十五。

二十四

法国代表团把他们的意见载在"中国政府无确实担保内外债清理问题备忘录"中。这项清理办法拟将中国政府各部门所缔结的债务,一齐包括在内。可是为使中国政府能够依靠经常收入而不致被迫缔结新债以应付日常开支起见,这项工作便和中国政府的财政整顿密切相关了。为了拟定这样一种计划,由中国代表团方面供给下述各项材料,是非常重要的:

(一)债款和借款表。

(甲)有担保债款。

(乙)无确实担保债款:

　　　　财政部和其他部门的内债;

　　　　财政部和其他部门的外债;

　　　　交通部的内债;

　　　　交通部的外债。

(丙)借款:

　　　　财政部和其他部门无确实担保的长期借款;

交通部无确实担保的长期借款。

(二)中央政府行政费预算。

(三)中央政府的一般税源：

(甲)关税；

(乙)盐厘；

(丙)烟酒税；

(丁)印花税；

(戊)北京入市税。

(四)中央政府的整理计划。

在将中国的估计数字和代表各外国债权人的公使馆所编制的估计数字做过一番比较之后，他们主张应该组织一个中、法仲裁委员会，委员会的业务是核定有争议的债务的数额。凡是不愿意提付仲裁的索债人，将不能享受整理计划的利益。债款一经合并之后，其整理计划应如下述：

(一)为以中国货币计的债款，发行银元公债，为以外国货币计的债款，发行金元公债，各该种公债都按百分之若干计息，并分若干年拨还。这两种公债都应该遵照会议制定的办法，得到切实的保证。

(二)根据行将议定的标准(即1925年12月31日的价值)，将现行债务换成新公债。

备忘录中接着便研究财政善后和财政整理所需要的款项，在善后整理的过程中，他们建议可以用除华盛顿附加税以外另行加征百分之二点五的最大限度附加税的方法，来实施借子口税单制度以推行裁厘的办法。据法国专家们看来，中国可以期待在 1926 年有 146,340,000 元的收入，供行政开支和债务整理之用，这笔收入是由下述各款构成的：

在摊还有担保债务之后

可资利用的盈余 ··················· 45,000,000 元
华盛顿附加税，在价值 1,300,000,000 元的进口货上其总值百分之四十所担负的值百抽二点五的附加税
··················· 13,000,000 元
其余百分之六十所担负的值百抽五的
附加税 ··················· 39,000,000 元
盐厘 ··················· 45,000,000 元
烟酒税 ··················· 1,300,000 元
印花税 ··················· 340,000 元
北京入市税 ··················· 2,700,000 元
总计 ··················· 146,340,000 元

只有在中国政府说出它的行政经费总数和应行整理的债务总数之后，人们才能确知上述的总计金额是否足敷指定各项用途的支配。法国专家们提议组织一个中国财政中央管理处（Central Administration of Chinese Finance）以实施这项计划，管理处的职责应是：

（一）实行整理并维持整理债款利息的支付；

（二）收受中国政府从各机关获得的税款，并分存于中外各银行；

（三）保证以列入预算的行政经费款项，按期拨付各部门；以及

（四）将可以利用的盈余交由中国政府自由支配。

这个管理处，据建议，应聘用外国专门顾问，并且为执行它的职能起见，应该利用中国的现有各部门和中外银行集团。关于建设事业，法国专家特别注意到 1922 年 2 月 1 日华盛顿会议所通过的一项议案，该议案关系于中国铁路的发展和拟在中国的管理下，利用为铁路本身利益计所必需的外国财政和技术援助，将这些铁路合并成一个系统的办法。鉴于中国方面已经接受了这项议决案，法国专家们认为，为实现这项所企求的目的起见，中外企业应该结合成一个中外集团，承办陆续商订借款事宜，每次借款都应该包括一种为在中国市场发行的以银计的债票，和一种为在外国市场发行的以金计的债票。这种以铁路资产和收入为担保的借款应该每年发行一次，以便使铁路咨询委员会能够掌握现有路线修整和新线建筑的年度计划的执行。这类计划应首先提交中西集团代表组成的最高铁路委员会。各路的进款应一并置于中央铁路司的管理下，由该司将这项进款分存于代表中西集团的各银行，并由该司在外国专门顾问的协助下，负责支付各路的经费并偿付中国政府铁路借款的本息。法国备忘录在结尾中指出，没有一件不考虑到上述改革的整理计划，是可以作为中国目前局势的补救办法的。

二十五

经过八个星期的休会之后,关税会议以 1926 年 2 月 18 日过渡办法委员会第六次会议的举行,又重新开始了正式会议。颜惠庆在会议初开始时就指出,关税会议各委员在休会期间并不是闲散无事的,他们经常不断地非正式交换意见,并且对于中国政府的需要做了一番仔细彻底的研究。即使他们在所需要的款项究应如何利用这个问题上还没有得到一致的同意,可是据他想,至少他们已经同意了,为完成他们所认为应该做的事,势必需要中国货币九千万到一亿元之间的款项。于是颜惠庆提出了通称为第七十号和第七十一号文件的那项议案,因为他宣读了前一件而把后一件漏未宣读,以致在后来的讨论中引起一些混乱。第七十号文件的内容如下。

"关于临时附加税预计征收数目问题之议案。

兹因中华民国政府决将临时附加收入,用于下列各项用途,业经中国代表团声明在案,参与本会议之其他各国,亦经知悉,各该用途如下:

（一）抵补裁厘;

（二）整理无确实担保内外各债;

（三）建设事业经费;

（四）紧要政费。

又因与会各国代表,大致主张过渡时期内进口洋货所纳

之关税附加税,其每年税收,须足敷上开各项用途之需用;

为此与会各国代表议定,每年从进口洋货所征临时附加税之税收,其数应在华币九千万与一亿元之间,其进口货如何分类,及各类税率如何分等,均按过渡期内施行之进口税则办理。"(以上录原案,见前引,下编,62—63 页)

以前曾经散发给各代表团,但并没有在会议中宣读过的第七十一号文件的内容如下。

"按照一九二二年二月六日《中国关税条约》规定征收各项附加税之议案:

兹因一九二二年二月六日华盛顿所订《中国关税条约》第三条规定,此次会议,应准许对于进口洋货征收各项附加税,因此本特别会议,依据该条规定,有权准许征收各项附加税,毋庸各关系国另加手续。

又因本年　月　日本会议通过之议案内,议定每年从进口洋货所征临时附加税之税收,其数应在华币九千万与一万万元之间,而欲征收较高于《华会条约》所规定税率之附加税,应另订新约。

为此与会各国代表议定,自一九二六年四月一日起所有应纳关税之进口货,均缴纳值百抽二点五之附加税;其奢侈品附加税暂缓征收,以便编制奢侈品表,但无论如何,此项奢侈品开征之日期,不得过所有应纳关税货物之二点五附加税实行后二个月,即不得过一九二六年六月一日是也;

至各该附加税,应以划一税率,于海陆各边界征收之。"(录自前引,下编,65页)

皮乐上校认为这项议案(第七十号文件)还为时过早,因为各国代表还不能议定从某种税征得的税款必能达到一定的总数。他认为对各省裁厘的抵补,是一件极关重要的事,因此希望能制定一项原则,务必在临时附加税所征税款项下,拨出一相当部分,分给各省,以抵补它们的裁厘损失,"除非各省获有适当的份额,他们必会继续劫取应行归入中央政府的税收,所以'紧要行政费'问题,在很大的程度上要凭靠对各省所拟规定的份额。"他也希望更清楚地知道,在无确实担保债款的整理方面可以有些什么做法,当他们对于这些点以及对于建设经费中将要确实包括哪些项目,得有比较明晰的了解之后,那时再通过议案,才会有些效用。马克谟完全同意皮乐上校的意见。他想到,根据《华盛顿条约》的规定,这次会议的业务是(一)准许从议定的日期起,对应税进口货征收附加税,和(二)决定附加税收入所应支配的用途及条件。"为了便于讨论起见,自然有必要采取一些假定,其中一个就是关于他们希望把附加税提高到《华盛顿条约》所规定的限度以上才能够征得的钱数。大家在谈话之中,相当确定而普遍地接受了一项假定,即认为大约在九千万到一亿元之间的一笔款项是需要的,而且是可以征得的。但是这种说法毕竟是一种假定,是他们试行采纳作为凭以拟制允征附加税的范围和条件的基础之一,据他看,通过第七十号文件中所载的议案的结果,势必会使这项假定被承认作为事实,这样就会弄得问题大为复杂,增加磋商和讨论方面的困难,而迄当时为止,磋商和讨论一直是在极令人满意的方式下进行的。"他完全同意通过任何这类的议案都还为时过早的看法。蔡廷干认为,他们既然已经假定同意从九千万到一亿元这个数目是必要的,他们就可以讨论值百抽二点五附加税的征收事宜,这项附加税曾经由《华盛顿条约》向他们保证过,是无须其他国家另行批准的。华盛顿附加税如果开征的话,"除去这次会议所能筹划的其他一切款项之外",计可收入三千万元,中国当可立刻加以应用。中国代表团希望得到某种明确的谅解,以便值百抽二点五的附加税可以开始征收。司注恩指出,蔡氏的意见显然是第七十一号文件范围以内的事,但是此时会议却正在讨论第七十号文件。他提醒蔡氏说,在会议初开始的时候,美国代表团曾经建议中国立即实行值百抽二点五的附加税,将所征款项交由总税务司保管,等候决议,再行处理,对于那项提案,除中国而外,列席各国都没有异议。美国虽仍然信守它的提案,可是如果中国因此遭受到损失,那却不是会议的过错。蔡氏回答说,在会议开始的时候,中国舆论方面反对接受在华盛顿所议定的单纯二点五附加税,但是目前因为公众已经体会到,各外国代表团已经有了豁达的精神,并且准备考虑进一层的要求,所以中国代表团才准备开始征收值百抽二点五的附加税。华洛思同意皮乐上校和马克谟所做的议论,但是非常愿意值百抽二点五的附加税能够早日开征。玛德做了和英、美两国代表相同的保留,但是为了使中国能够尽速得到现款,他提出下述议案:"为此参与本会议之各国代表议定,自 1926 年 7 月 1 日起,所有应纳关税之进口货,应缴纳值百抽二点五之附加税;又一切奢侈品另行加征值百抽二点五附加税;以上两种附加税之税收,应存贮于'保管银行',由中国海关总税务司负责管理，而照本会议议决之用途与条件使用之。"
（录自前引，下编，66页）高福曼同意由会议通过第七十号文件中
所载的议案，还嫌为期过早；但是他不反对法国代表方才所提的建
议。欧登科认为把第七十号文件作成决议案是没有用的，因为实
际需要的款数还要在进一步商谈中才能够得出；可是他愿意最郑
重地重申荷兰代表团赞成尽速课征值百抽二点五附加税的意见。
指定一个准定的开征日期是没有必要的；但是如果说在协议后两
个月之内，或一定期间之内实施，那却比较聪明。毕安祺建议说，
虽然第七十号文件已经被拒绝作为一件正式议案，可是他认为那
项文件在精神上已经获得同意。葡萄牙代表团对于把值百抽二点
五附加税立刻付诸实施一节，完全具有同情。嘎利德和欧登科持
相同的意见，翟录第则同意英、美两国代表的看法。日置益在原则
上并不反对第七十一号文件，但是因为会议中目前已经有了中国
方面关于这一点的提案，原有的美国提案和法国代表团适才提出
的提案，所以他认为应该把问题交付一个分股委员会考虑。颜惠
庆对于他没有宣读第七十一号文件所造成的错误印象，表示歉意，
并说明他把该项文件也是作为议案提出的。他认为各代表在适才
的讨论中，已经同意了这两项议案的一般内容，而只是不同意它们
所取的形式。他同意最好把这两件议案合并成为一件，并且赞同
日置益的建议，主张把有关华盛顿值百抽二点五附加税临时实施
办法的三件提案，即原有的美国提案以及中国提案和法国提案一
并交付一个分股委员会，制成定式，提交下次会议讨论。司注恩认
为把第七十号和第七十一号两个文件合并成一项议案，并不适宜；
他们非常愿意将值百抽二点五的附加税付诸实施，但是对于这项

附加税所能或是所必须征得的款数，他们不愿意做任何担保。主席王正廷在总结时，力驳皮乐上校以"为期过早"等字样加诸第七十号文件中所载的议案。他们讨论这些问题已经有几个星期之久，他认为一般公认的意见是，在过渡时期行将抽征的附加税必定要高于《华盛顿条约》规定的限度，并且为实行中国政府所提出的方案，每年必须要有九千万到一亿元的新增税款，这都是各代表团曾经加以讨论，并经普遍接受的。抵补裁厘和整理无担保债款势必占用这笔款项的极大部分，其余几百万元则是备供像完成粤汉铁路等项建设用途以及改良司法、充实使领馆经费和补助教育等行政开支的迫切需要之用的。他同意蔡廷干氏关于中国舆论反对接受在会议初开时曾经提出过的值百抽二点五附加税的那一段陈述。他已经收到了唐绍仪方面的信，唐氏最初对会议持敌视态度，但是现在对于会议的进展已经认为满意。同时他得知他广东方面的朋友也已经认为满意了。作为一个中国代表，他认为第七十号和第七十一号文件中所载的议案可以合并起来，但是他同意他们应该把这个问题交付分股委员会，拟成适当的议案。接着便是麻克类爵士和主席间的一场舌战，麻克类爵士说，这次会议所遵循的程序是如此的特别，以致没有一人能确切说出现在会议中究竟是在讨论什么问题。所以他认为第七十号和第七十一号文件中所载的议案，应该一并撤回，而另行指派分股委员会草拟他们可以全体接受的议案。主席于是指定英、美、法、日、荷兰和中国等代表团担任这个分股委员会的委员，并决定该分股委员会应在 2 月 20 日举行会议。

二十六

过渡办法委员会指派起草关于临时附加税征收事宜决议的分股委员会，在 2 月 20 日，星期六举行第一次会议，以颜惠庆博士为主席。颜博士交议两项议案，第一件是中国代表团所提出的议案原文，第二件是美国代表团所提出的议案原文。这两件草案的内容如下。

"关于过渡时期初期华盛顿附加税征收事宜议决案（中国）草案：

兹因一九二二年二月六日华盛顿所订《中国关税条约》第三条规定此次特别会议，应准许对于进口洋货征收各项附加税，毋庸各关系国另加手续；

又因与会各国代表普遍同意，为支应本会议中曾经提出并经考虑的各项用途，必须按照高于上述条约规定的税率征课附加税，以期每年所征税款不少于中国货币九千万元；

又因按照高于《华盛顿条约》规定税率征课附加税，需要在本会议中磋商和缔结一项新条约，因而须要有几个月的耽搁；

为此与会各国代表议定，自一九二六年某月一日起，所有应纳关税货物，均缴纳值百抽二点五之附加税，其奢侈品附加税暂缓征收，以便编制奢侈品表，但无论如何，此项奢侈品附加税开征之日期，不得过所有应纳关税货物之二点五附加税实行后二个月，即不得过一九二六年某月一日是也，至各该附加税,应以划一税率,于海陆各边界征收之,以上两种附加税之税收,应照本会议议决之用途与条件使用之。"(原件未见,照英文移译)

"按照一九二二年二月六日《中国关税条约》第三条征收附加税之议案(美国)草案。

兹因一九二二年二月六日华盛顿签订关于《中国关税税则条约》第三条规定,本会议应准许对于应纳关税之进口税,得征收附加税,其实行日期、用途及条件,均由本会议决之;

又因该约第六条规定,各该附加税征收时,在中国海陆边界,应按值课以划一税率;

又因按照高于《华盛顿条约》规定税率征收附加税,需要在本会议中商定一项新约;

又因参与本会议之各国代表已允商订一条约,规定按较高税率征收附加税,该条约于商订后,应候各关系国政府之批准;

又因公认使中国政府得尽早开始享受《华会条约》内上述规定之增加收税之利益为极宜;

为此参与本会议之各国代表议决,自一九二六年某月某日起(参阅注甲),中国政府对于应纳关税之货物得征收附加税,其办法如下:凡本案附列表内之一切货物,缴纳值百抽五之附加税(参阅注乙),其余一切应纳关税货物,缴纳值百抽二点五之附加税,惟在上开日期,即一九二六年某月某日(参阅注甲)以前装运来华之货物,只纳当前实行之税项(参阅注丙),各该附加税在海陆边界划一征收之。

又议决,由征收各该附加税所增收之税款,由海关保管,以备日后按照本会议议决,或本会议商定条约或诸条约内规定之计划支配之,但在该项计划未商定之前,上述收入或收入之任何部分,不得以任何直接或间接方式用作抵押,担保以前或今后中国政府或该政府任何部、局或机关等所负之任何债务。

附注:

(甲)兹建议,上项日期应在议决案通过后两个月。

(乙)兹建议,该项表内应包括中国代表团所拟奢侈品表甲、乙、丙三类中开列之一切货物。

(丙)此点与先例相符,并视为公平合理。"(原件未见,以上系参照最后修正案原件移译)

为加速进行讨论起见,主席于是将中国代表团的议案逐段宣读。日置益询问"毋庸各关系国另加手续"这一节的真正意思是什么。他愿意说清楚,日本代表不通过日本宪法规定的方式,将问题送请枢密院核准,就不能允准这类附加税的征收。司注恩指出,美国草案的开头一段是遵照《华盛顿条约》的字句,他认为这是可取的,特别是美国议案中说得明明白白,在他们目前正为征收较高税率商订的这件条约未缔结以前,他们愿意允准,照会议议定的"实行日期、用途及条件",征收《华盛顿条约》规定的值百抽二点五和值百抽五的附加税。皮乐上校赞同司注恩的意见,并请求和日置益做相同的保留。主席于是宣读中国草案的第二段,同时指出,其中提到所急需的九千万元的数字,不再是用一种议决案的形式,而只是作为"绪言中的一种事实陈述或假定"。他以为这样一种变动,应该可以消除以前各国代表对提出这项数字所持的异议。可是玛德认为依然不能同意,并且在这一点上,他得到皮乐上校的支持,皮乐向会议提出忠告说,鉴于1922年修改税则的经验,对于实际征收数字可能低于估计数字很多这一点,必须保留一很大的伸缩余地。主席于是建议这句话的另一种措辞,但是依然提到九千万元这个数字,他解释说,"如果新条约中能够多少表示出,他们已经承认,为正确而彻底实现他们现在已经十分明了的那些目的,九千万元这个总数是必不可少的,那么他们将会得到更大的勇气,来继续进行工作。"司注恩竭力反对这种意见,他提醒会议说,在1925年11月间,美国代表团曾经声明他们愿意让中国立刻征收值百抽二点五的附加税,但是中国政府却不愿意接受,因为中国政府认为,如果在那时接受了值百抽二点五的附加税,各国"就会不再继续坐在关税会议席上,磋商一件给与中国较高附加税率的条约"。可是现在各国已经清楚证明,他们"正在协力制定一项较高的附加税,以便使中国能够推行那些拟议的措施"。但是,因为实际上他们对于讨论中的各项用途所必需的款数,还没有同意,所以他认为,他们在记录上指明九千万元或任何确定款数能否敷用云云,是不合宜或不必要的。欧登科建议一种既可避免提到任何确定款数,而同时又可予中国以它所希望的保证的措辞,即将"以期应付本会议现正考虑的各项用途所必需的款项"一语,加在美国议案中"规定按较高税率征收附加税"等字样的后面。司注恩承认这是一个好建议,于是主席又继续宣读中国提案的议决案本文。他认为1926年5月1日是开始征收值百抽二点五附加税的一个适当日期，并且在做这项建议时他声称中国代表团非常乐观，相信在实际征收值百抽二点五的附加税开始以前，会议必定已结束了它的辛苦工作，因而附加税税收所应支配的用途，也一定已经有了决定。司注恩指出，美国代表团的看法和中国代表团不同。翻阅一下美国代表团所起草的议案，各代表就可以了解美国代表团所赞成的办法是，在会议通过议决案两个月以后，中国才能对中国代表团所提奢侈品表中甲、乙、丙三类中开列的一切货物，征收值百抽五附加税，和对于其余一切应纳关税货物，征收值百抽二点五附加税。这就是说，在指定的日期以前，一切货物都按照现行税率进口。皮乐上校表示同意这种程序办法，但是坚持征收值百抽五附加税的奢侈品表，应该是一个单一的表册。接着便是日置益和司注恩之间对于哪一个日期才是对所有各国都最为公平的一个实施附加税的日期，所做的一番讨论，结果是日置益同意将问题交由他的专家们研究。于是司注恩继续宣读美国草案的最后一段，其中规定，在没有依照尚待会议议定的条约或诸条约对款项的支配做出决定以前，凡由征收各该附加税所增收的税款，一律交由海关保管。他解释说，这种办法绝不是要伤中国代表团的体面，而只是要替他们防范"督军或军阀们的强取豪夺，以免使任何人都无法从预期的税收中筹得款项"。主席反对这种办法，因为它越出了《华盛顿条约》的规定。即使就当时而论，海关当局现所掌握的巨额款项，虽然任由中国政府支配，可是并没有发生过用作抵押的事情。中国代表团不能考虑司注恩所提议的这种屈辱条件的承担。司注恩答辩说，他的条件并不是屈辱的，而是保护性的，因为"他已经在报纸上看见关于正要免去安格联爵士（Sir Francis Aglen）海关职务的消息。他是想使中国政府能够不受军阀的要索,这些军阀都是贪于攫取金钱,浪费金钱,并用其他各种方法陷政府于困难的。这些军阀很可能强迫中国政府预将征收的税款和中国对这笔款项的平衡法上的请求权先行抵用,……而以这些在本会议没有议定支配办法以前还不归中国支配的款项,抵押借钱"。主席建议对美国议案逐段进行讨论,以便征求会议的一般意见。会议中对于头两段并无异议,但是皮乐上校建议将"《华盛顿条约》规定"字样改为"《华盛顿条约》第三条规定",这项修正经司注恩予以接受。主席于是将这段经过欧登科的补充修正并经删去特定款数的第四段加以宣读,但是在宣读的时候,主席做了一项保留,因为他知道代表中国人民的中国代表团,认为列进数字是一件最关重要的事。第六段的宣读揭露出一点,即中国代表团和英、美两国代表团不同,认为应征值百抽二点五附加税的品名表会是比应征值百抽五附加税的品名表短得多。在宣读最后一段时,主席再度指出,这一段,特别是其中的最后一部分,是中国代表团所不能接受的,而该代表团所能接受的唯一字句,就是《华盛顿条约》中的字句,即"其实行日期、用途及条件,均由该特别会议议决之"。皮乐上校询问中国代表团拟如何保障这些款项不遭到司注恩所指出的危险,主席答称这类危险并不存在。皮乐上校指出,"从议决的日期起到条约批准时止,可能会有一段很长的间隔,在这期间附加税税款会照数征收并日益增累的",会议想要知道中国代表团打算怎么样使税款在此期间得到保护。主席回答说,关于税款保管问题,会议稍晚一些可以予以决定。司注恩评论说,美国代表团愿意"预防税款受到军阀们的可能威胁"，这些军阀是"但能有东西换取现钱，什么都要抵押的"。美国代表团是想要把款项"供中国人使用"。玛德请注意法国提案，即"以上两种附加税之税收，应存贮于'保管银行'，由中国海关总税务司负责保管"，对于这一点，主席答称，关于保管银行一节，是中国代表团所不能同意的，据中国代表团看来，对于这样重要的一个问题有所决定，未免为期过早。日置益表示同意美国草案，玛德也接着表示同样的意见。欧登科认为如果把美国草案最后一段中的末尾一节删略，那么这一段当可为所有代表一致接受。司注恩接受这项建议，不过这一段应该读如下述："又议决，由征收各该附加税所增收之税款，由海关保管，不受一切干涉，以备日后按照本会议议决，或本会议商订条约或诸条约内规定之计划支配之。"主席说，"他们不愿意在这项议决案中设法蒙蔽他们自己。他们并没有说他们不想要海关负责保管这笔款项，但同时他们也不愿意说，事实上他们也没有资格说，他们确想要海关保管这笔款项。这是要在将来讨论的事，因此时间因素却很重要。"主席也认为他们不能改正原来华盛顿协定的字句。司注恩指出，该项协定的困难在于它没有把目前的情况估计在内。"华盛顿协定并没有考虑把这笔款项预先给予中国政府。它所考虑的是，会议将在中国政府征收税款的时候，同时决定用途。可是会议却先行予以讨论，并且正要超越华盛顿条约的范围，允许中国政府将附加税立刻付诸实施。所以华盛顿协定并没有估计到在附加税税款的用途决定以前，会有设置税款保管人必要的可能性。"玛德再度建议必须加进"保管银行"字样，但是主席抗议说，这类字句的加进，将只会引起争论。

二十七

过渡办法委员会所指派的起草临时附加税征收事宜议决案的分股委员会,在 2 月 24 日,星期三举行第二次会议,以颜惠庆为主席。主席声称,中国代表团已经根据美国代表团在上次会议中提出的草案,拟具了一件修正草案。玛德询问这项草案曾否在前次会议中获得协议,主席答称前次会议中并没有什么协议,只是交换意见而已。对于这项说明,皮乐上校和司注恩一致提出异议,因为他们认为草案中还只有两点是留待中国提出交替提案的,一项是用以代替提到九千万元特定数字的那一款,另一项是用以代替美国提案中的最后一段。修正草案的前两段没有经过评论便被通过,因为这两段和美国草案中的相同,但是,因为第三段中载有不少于九千万元的总数是必要的云云一段明显的文字,旧有的争论便又重新发生,司注恩坚持认为不提数字,需要的情形也同样可以表示出来。日置益于是建议把争论中的一款修正如下:"又因参与本会议之各国代表已允商订一条约,由该条约规定征收附加税所获税收,应多于该约第三条规定附加税所可得之收入,以应现在考量中之各项用途,又此新条约缔结后,应俟各关系国政府之批准。"①

---

　　①　关于按照《华盛顿条约》规定征收附加税事宜的日本议案草案如下。
　　"兹因 1922 年 2 月 6 日在华盛顿签订关于《中国关税税则条约》第三条中规定,本会议应准许于应纳关税之进口货,得征收附加税,其实行日期、用途与条件,均由本会议之决之;又
　　因该条约第六条规定,各该附加税征收时,在中国海陆各边界,应按值课以划一税率;又

主席询问是否他们可以姑置列进九千万元的数字问题不论，先进行考虑日本代表团所提修正案的措辞。司注恩表示愿意接受这项修正案，玛德也做了同样的表示，后者又表示他也可以接受中国的原文，不过其中所提到的九千万元一节，必须删除。欧登科在提到中国的原文时，提议说，如果把"显然"一词换成"估计"两字，那么其中所提到九千万元为势所必需一节，便不妨保留了。这引起了司注恩方面愤怒的抗议，他愿意明白说出，美国代表团绝不同意在他们试行起草的议决案中提到任何特定的数字。他们对于九千万元的用途还没有达成协议，对于征起这个数目的税率，也没有获致协议。美国代表团相信在这个时候列进一项数字，将会导致不必要的困难。况且，他们也无权允准这个数字；如果他们不订明用途

（接上页）因参与本会议之各国代表已允商订一条约，由该约规定征收附加税所获税收，应多于该约第三条规定附加税所可得之收入，以应现在考量中之各项用途；又此新条约缔结后，应候各关系国政府之批准；又

　　因公认在新条约发生效力以前，使中国政府能尽早开始享受《华会条约》内上述规定之增加税收之利益为极宜；

　　为此参与本会议之代表议定，自 1926 年某月某日（参看附注一）起，所有应纳关税之进口货，均缴值百抽二点五之附加税，即现行进口税之一半，此外应再加值百抽二点五之奢侈品附加税，暂缓征收（参看附注二），以便编制奢侈品表，但无论如何，此奢侈品附加税之实行日期，不得过所有应征关税货物之二点五附加税实行后二个月，即不得过 1926 年某月某日，惟在通过本案或公布奢侈品表后……日以内，由各出产国起运来华之货物，则只纳起运时实行之税项。

　　又议定由征收各该附加税所增收之税款，应加保管，不受任何方面干涉，以备日后按照本会议议决或本会议商订条约内规定之用途与条件支配之；又此项增收税款，应由海关负责，照本会议议定办法存放于今所指定之各保管银行。

　　（附注一）兹提议第一种二点五附加税，应于通过本案之日两个月后实行。

　　（附注二）兹提议此外再加二点五之奢侈品附加税，应于奢侈品表制定并公布之日二个月后实行。"

而先行允准的话,那就必会在美国造成误会。同时这种作法也会
给予中国公众一种印象,以为政府将有九千万元可用于它所认为
适当的用途,而使中国政府反受其害。主席回答说,他虽然不愿意
显出失礼,但是他一定要坚持他的保留案。列进的数字只不过是
事实的陈述,而并不是中国代表团的一种虚构之辞,他们能越早面
向事实越好。玛德贸然提出下述的论调,说:"中国代表团想要列
进九千万元的数字,或许是要凭以获得信贷。"为避免在所有外国
代表都反对列进九千万元的特定数字而只有中国代表赞成的情况
下,势必要有提出一件多数报告和一件少数报告的情事发生,皮乐
上校建议最好由分股委员会协议提出一件草案,如有必要,中国代
表团不妨在那件草案上,提出他们的保留。他认为外国代表团和
中国代表团之间,在这一点上有了真正不同的意见,"他不相信他
们会达成一项协议,尽管有欧登科先生充当协调人。"主席于是宣
读日置益拟以代替中国草案第三段的修正案,司注恩赞成予以采
纳。玛德和欧登科也赞成修正案。主席认为中国草案的原文较比
日本草案更合逻辑,而且这后一草案,虽则是用非常好的外交式英
文写成的,可是过于复杂,难以译成中文。司注恩于是提到他曾经
提出过的修正案建议,即"又因为应业经在本会议提出现正考量之
各项用途起见,对于关税收入,将来务须能使其增加,较该约第三
条规定附加税所可得者为多,其事显然"。(录自前引,下编,68
页)于是主席指出,司注恩的提案是日置益的修正案,并指出,如果
九千万元的数字能设法加进其中,则他会认为这是十分令人满意
的。为减轻玛德的忧虑,他想他们可以在议决案末尾做一个规定,
用以保障税收不用于不适当的用途,甚至在税收可以动用之后,也

照样适用。没有人赞同司注恩的修正案，于是欧登科根据中、日两国的草案提出下述的议案："又因本会议现正考虑中之各项用途，需要比该约第三条规定附加税所可获得之收入为多，因此在行将缔结之新约中，规定一般关税收入之进一步增加，实有必要。"主席建议他们进行考虑中国草案的第四段，其内容如下："又因按照高于华盛顿条约规定税率征收附加税，需要在本会议中商订一项新约。"皮乐上校提出一点技术上的问题，即严格地说，条约是否能够在会议中订定，因而提议将"在本会议中"等字样删去。主席指出，从中国观点来看，将这几个字加进是非常重要的，因为他们希望确知在本会议中将会商订一项条约，虽则不必在技术方面一一议定。司注恩提议，不妨把讨论中的意见包括进欧登科适才提出的修正案中。主席于是将中国议决案修正草案的第四段提付讨论，其内容如下："因为公认使中国政府得尽早开始享受《华会条约》内上述规定之增加收税之利益，为公平合理。"玛德反对用"公平合理"字样，因为其中含有批评以前各国对中国的行动的意味。日置益请注意日本草案中相应段落中的特点，即在"中国政府尽早开始享受"等字样之前，加进"在新条约未发生效力以前"这一句话。司注恩赞成加进这项限制。主席于是宣读中国议决案修正草案的最后各段，其中措辞如下："为此参与本会议之各国代表议定，自 1926 年某月某日起，所有应纳关税货物均缴纳值百抽二点五之附加税，其奢侈品附加税暂缓征收，以便编制奢侈品表，但无论如何此项奢侈品附加税开征之日期，不得超过所有应纳关税货物之二点五附加税实行后二个月，即不得过 1926 年某月某日是也。惟据谅解，在上开各该日期以前，由各出产国装运来华之货品，则只须纳起运

日实行之税项。又议定各该附加税,在海陆边界划一征收之,至各
该项附加税之收入,应照本会议议定之条件与用途支配之。"主席
提醒会议说,美国办法主张值百抽二点五和值百抽五的附加税同
时征收,但是中国代表团认为奢侈品表的编制还需要一些时间。
司注恩和日置益对于中国办法都没有什么异议,但是后者指出,日
本草案中载有"即现行进口税之一半"等字样以作为"值百抽二点
五"的解释。他说这一点的补充是必要的,因为提高从量税到切实
值百抽五标准的税则修订,还必须准备一个时期,在税则修订之
前,附加税应按照关税的征收标准征收。司注恩说美国代表团持
相反的意见,他们把《华盛顿条约》解释作:他们应该实施一种值百
抽二点五的附加税,而不管实际进口关税是多少。玛德指出,如果
美国的解释被采纳,那就势必要发生按两种不同标准征税的困难,
因为很多项现行从量税率都不到值百抽五。欧登科赞成日置益的
建议,因为它简单明了,并且他提醒代表们说,根据条约,税则税率
的修改要在下一年实行。皮乐上校同意,当许多现行税则税率都
不是在切实值百抽五基础上的时候,他们决定附加税必须切实值
百抽五,那会是不很好的。主席赞成严格遵守《华盛顿条约》的文
字,但是认为在这一点上应该征询海关总税务司的意见。皮乐上
校提出奢侈品表问题。他认为如果该表是一件比较简短的表,那
么把两种附加税同时付诸实行,对贸易会比较方便些。否则在很
短期间内,将会有太多次关税的变更,首先是一般的值百抽二点五
附加税的开征,随即在两个月之后又有奢侈品附加税的开征,接着
不久之后又有这次会议议定的过渡时期税率,然后在关税自主
发生效力时又将在第四个日期上实行一种新税则。这样频繁的

变动会使贸易大为紊乱。他认为在决定这项修正议决案的这一段的最后措辞之前，应该有一次专家会议，试求在奢侈品表问题上达成协议。司注恩赞同皮乐上校的建议。于是主席询问他们究竟是采纳中国的两表提案，还是采纳美国仅只一表的提案。皮乐上校赞成两种附加税同时付诸实施，而日置益表示这两种方案都是日本代表团可以接受的，并且他们也不反对把问题交由专家决定。玛德重申他的意见，即附加税和关税应该按照同一标准征收，"因此对于按从价标准征税的货物，附加税也应该按那个标准征收。"主席再度提醒他们说，条约中有从价附加税的规定，并且希望"他们不要在税款征收以前，减少数量，否则将来他们会陷入越来越大的困难"。他认为各代表已经一致同意中国的方案，即先将一切货品的值百抽二点五的附加税付诸实施，然后再对奢侈品征收另一种值百抽二点五的附加税。他也希望纠正实施日期方面的一个错误。实施日期不应该在两个月之后，而只应该在一个月之后。就1919 年修改税则的情形而论，预告是一个月，就1923 年修改税则的情形来说，却只是两个星期。欧登科解释说，在1923 年修改税则时，政府和上海税则委员会之间曾经有过误解；据原来的打算，新税则确是应该在公布后两个月，即1922 年12 月1 日施行，但在那个日期以前装运来中国的货物一律按1919 年税则完税。玛德认为预做通知的期限太短，会给予人们以反对的理由。皮乐上校和司注恩都赞成两个月，欧登科则提醒会议不要忘记契约已经缔结这件事实。日置益注意到这个问题和他在上次会议中所提出的一点是有连带关系的，他所提出的那一点就是"关税的开征是否应该从货物达到进口口岸时开始"，这是日本、美国、法国和英国的惯例,中国的这种例外是对于日本非常不公平的一种变革。如果日期定在两个月之后,"那么从日本运来的货物比从路远国家运来的货物要早很多的时候就开始完税,这就是说在这两个月期间中,日本货势必要在中国市场上和完税比较低的货物相竞争。"此外,这对于海关也很不方便,使它要一一查明货物是在什么时候装运的和从什么地方装运来的。司注恩为答复这一点,指出说,如果一反这种办法,那就会使"日本凭借它邻近中国的这种方便,得在两个月期间中,或举例来说,在货物从英国装运到中国这一段期间中,将货物倾入中国,这就会使日本比距离中国较远的国家要显然占便宜得多"。日置益声称,他所建议的办法,仅"就同时开始竞争这一点而论"是公平的,但指出"地理位置则是他们所不能变更的一种条件"。他补充说,在日本、英国和美国,税都是从公布的日期起实施。在答复皮乐上校时他指出,"如果装船日期被采纳,那么两个月以前离开英国的货物,将按照较低的税则税率输入中国,而日本货在这两个月或一个半月期间中,将会已经缴纳着较高的税率,因此日本贸易势必要处于一个不利的地位。"日本提案的力量,在于它所建议的是遵照除中国而外普遍奉行的一种惯例,而中国的这种变格正是日本想要加以改变的。主席询问日置益对于预告的时限有何建议,日置益答称:"十天或一个星期,或不到一个星期的时间都可以,只须留出足够发布通知的时间。"司注恩论称,十天是最短的预告期,皮乐上校补充说,契约不妨依照旧有协定的标准缔结。对于这一点,日置益回答说,"事实上,没有一个政府曾经这样慷慨大方,竟给予这个问题以这样的考虑。"欧登科反对"从原产国起运"这个用语,他认为为避免复杂的调查和原产国证明书的呈验起见，这几个字应该删去。司注恩和皮乐上校支持这项反对意见。主席又重新提起预告期限问题，他指出，美国提案实际上等于是说四个月的预告期，因为势必还要为航程预留两个月的期间。这是和中国应尽早获得附加税的利益这项已经达成的协议不相符的。中国准备遵循其他各国的通行章程，他希望所采取的每一个步骤都能朝向那一个方向。司注恩认为这个问题应该交付专家们讨论。主席于是请当时在座的秘书长召集一次专门委员会议，讨论这个问题，并尽可能对编造奢侈品表问题有所决定。随后主席又把中国的修正议决案草案的最后一段重读一遍，可是日置益动议以下述一节作为最后一段的修正案："又议定由征收各该附加税所增收之税款，应加保管，不受任何方面干涉，以备日后按照本会议议决之用途与条件支配之；又此项增收税款，应由海关负责，照本会议议定办法存放于（今所指定之各保管银行）。"司注恩于是宣读上次会议中曾经试行同意过的美国提案的字句，并且指出说，日本提案和美国提案的唯一不同点，就是前者叙明增收税款应按照关税会议议定的办法，存放在指定的保管银行。主席提醒他们说，这个问题将会由迄今尚未成立的一个第三委员会讨论，"如果他们要把一个应该由尚未成立的委员会讨论的问题提出，那就势必会使这项议案的通过大为拖延。"欧登科提议在日本草案的字句上做下述的变动："增收税款应存放于以后所指定之各保管银行，并应按照本会议议定办法，由海关负责保管。"日置益同意这种变更。主席仍坚持认为中国原文中实际上已经包含有这个问题，并且补充说，如果各代表采纳中国方面所主张的列入九千万元数字的意见，那么"中国代表团将准备尽量使他们在税款保证方面如愿以偿"。他认为这样可以解除玛德生怕附加税税收会被用作举债的担保品的那种疑虑。玛德答称他的反对是根据事实的,因为在上海九星船坞(Kiusin Chantiers)案件中,值百抽二点五的附加税税收已经被财政部向法国邮船公司(Compagnie des Messageries Maritimos)提出作为担保。皮乐上校指出附加税税收也曾经抵押给某些英国债权人。对于这一点,主席回答说,"曾经有过几件事,因为外国债权人坚持要在合同中订明,当值百抽二点五附加税开征的时候,他们的债务应由该项税款项下偿付"。欧登科建议他们应该重新考虑他在这次会议初期曾经提出过的那项修正案,因为他相信,除去没有提到数字而外,它满足了中、日双方的要求。日置益表示接受欧登科的修正案,但是主席反对其中所载"新条约在本会议中商有成议时,必须等待各关系国政府之批准"云云那一句话。司注恩指出,欧登科的修正案是代替中国草案第三、第四两段的,而新条约之所以必须由派有代表的各国政府批准,是因为各代表只是为实行《华盛顿条约》的规定而来,并未受权批准一项新条约。至于附加税施行的日期,以至于究竟应该采取起运日期还是到货日期,据他了解,这是要留待专家们决定的。

二十八

遵照第二委员会指派的分股委员会的意思,各代表团专门委员会议在2月25日星期二开会,以蔡廷干为主席,以便编制奢侈品表,实行《华盛顿条约》第三条规定的附加税。主席请大家注意以前散发过的第六十七号文件,在那项文件中,中国代表团已经把进口税则上开列的物品分为甲、乙、丙、丁、戊、己、庚七类,这七类都是按照中国代表团所认为应该征课的附加税,把这些物品加以类别的。甲类附加税是 27.5%,乙类 22.5%,丙类 17.5%,丁类12.5%,戊类 7.5%,己类 5%,庚类 2.5%。中国代表团也曾经筹制了两个表,一个是根据 1924 年海关贸易册的标准,在六十七号文件中所列附加税实施时,按银元计的税收预算表。这个表的编造不单是要表示所有品类一并征得的税款总数,而且是要表示依连续顺序所做的各种品类组合各征得的税款总数。第二个也是根据 1924 年贸易册,在所拟 5% 和 2.5% 附加税依照第六十七号文件中所列品类实施时的税收预算表。因为按当时通行的税则税率,实征额只不过 4.3%,因此就以这个百分率作为计算的标准。表如下述:

货物品类	1924 年的价值	附加税率	税收预算额	税收预算总额
甲、乙、丙、丁、戊、己、庚	1,301,779,000 元	2.5%	27,988,000 元	27,988,000 元
甲、乙、丙、丁、戊、己、庚		5%	55,976,000 元	55,976,000 元
甲、乙、丙、丁、戊、己	1,116,856,000 元	5%	48,024,000 元	
庚	184,923,000 元	2.5%	3,975,000 元	51,999,000 元
甲、乙、丙、丁、戊	646,975,000 元	5%	27,819,000 元	
己、庚	654,804,000 元	2.5%	14,078,000 元	41,897,000 元
甲、乙、丙、丁	368,930,000 元	5%	15,863,000 元	
戊、己、庚	932,849,000 元	2.5%	20,056,000 元	35,919,000 元
甲、乙、丙	210,776,000 元	5%	9,063,000 元	

（续表）

货物品类	1924 年的价值	附加税率	税收预算额	税收预算总额
丁、戊、己、庚	1,091,003,000 元	2.5%	23,456,000 元	32,519,000 元
甲、乙	91,103,000 元	5%	3,917,000 元	
丙、丁、戊、己、庚	1,210,676,000 元	2.5%	26,029,000 元	29,946,000 元
甲	45,686,000 元	5%	1,964,000 元	
乙、丙、丁、戊、己、庚	1,256,093,000 元	2.5%	27,005,000 元	28,969,000 元

主席声称,中国代表团的意见是甲、乙、丙、丁、戊各类中所列举的物品,应该视为奢侈品。史图德代表英国代表团发言说,据他的印象,华盛顿会议中所预期得自奢侈品的税收数额,大约是 320 万元或两。如果事情确是这样,那么他们的任务应是求出价值128,000,000元或两的进口货,以便按 2.5% 计,得出 320 万元或两的必需数字。根据这个标准,奢侈品表应该包括甲、乙两类和丙类的一部分。博金式(Perkins)代表美国代表团提请大家注意《华盛顿条约》的措辞原文,其中明显规定,关于哪些项目应该是奢侈品一节,是留待会议斟酌决定的。他又提醒会议说,美国代表团在第二委员会分股委员会开会时,曾经提议:"中国政府对于应纳关税之货物得征收附加税,其办法如下:凡本案附列表内之一切货物,缴纳值百抽五之附加税(参阅注乙),其余一切应纳关税货物,缴纳值百抽二点五之附加税。"依照上述注乙中的建议,美国代表编制了一件品目表,其中包括中国表中的甲、乙、丙三类,但是没有提到类别,也丝毫没有接受中国分类的意思,美国代表团现在愿意提请以他们的这件表作为试行讨论的依据。他并且希望说明,这件表和拟在新条约中订定的临时附加税是毫无关系或关联的。

主席指出,根据中国代表团所提出的表,甲、乙、丙三类按百分之五计,可得 9,063,000 元;丁、戊、己、庚四类按 2.5% 计,可得 23,456,000元;两共 32,519,000 元。汪侯特(Van Haute)在代表比利时代表团发言时指出,1924 年所征进口税总数的数字约达 5,800万元。如果按照这个标准计算,那么对一切进口货加征 2.5% 的附加税,新增税收应该是 2,900 万元,如果再在甲、乙、丙三类货品上另外征课 2.5% 的附加税(以便将这些物品的附加税提高到百分之五),那就又可以得到五六百万元,因而税收总数约达 3,400 万元。韩倍克(Hornbeck)建议,为求简化手续,不如将中国代表团提出的各表搁置不论,而以美国代表团编制的奢侈品表作为讨论的基础,剔除他们所认为不应该列入值百抽五附加税项下的品目,并将他们认为应该列入的加进。傅夏礼、韩倍克和史图德一致同意主席下述的声明,即认为他们那天下午的目标,就是专为编制一件根据《华盛顿条约》规定应该征收值百抽五附加税的奢侈品表。主席于是进行宣读中国表甲、乙、丙三类中所包括的品名单,在进行宣读期间,他一再被那些要提出保留案的各代表所阻断。法国代表对于酒、酒精、含酒精的液体和一切含火酒或酒精的饮料、红葡萄酒、照相器材、乐器、汽车、药品和糖等项,提出保留。荷兰代表对于工业用火酒提出保留。日本代表也对于工业用火酒以及一切纯棉制品、非金制的普通钟表、玩具、复制药品、鲍鱼、海参、江瑶柱、墨鱼、鱼肚、干果和蜜饯果品、鱼胶、香菌、淡菜、虾和虾米、盐豉、兽筋、糖、蔬菜和汽水、泉水等项,提出保留。英国代表对于未分类的邮包、各种仿制的皮货、乌司特郡酱油(Worcester Shire Sauce)和糖类等项提出保留,并指出他不愿意对大量品目提出保留,因为他认为他们应该"完全从贸易是否会因值百抽十的关税而受到损害这个观点"来看问题。比利时代表建议在"各色丝斤"的前面加上"天然的"一词,以别于其他品类项下的人造丝;又"皮制品"一词过于广泛,应该做比较详细的规定。他也希望知道,在昂贵和低廉糊墙纸之间,是否可以分别订定税率。关于纸的问题,傅夏礼请主席注意,是否可以想一些办法不把平常的文具纸列于昂贵糊墙纸的同一类别。对于挪威代表询问油类是否将被视为奢侈品一节,主席答称,司考特麦精鱼肝油(Scott's Emulsion)将列入奢侈品项下,但普通鱼肝油则不列入油类。挪威、法国和日本代表都力称药品是一种必需品,可是主席坚持认为有专权利的药品必须列为奢侈品,因为这种药品的贸易很可以负担百分之五的附加税。美国代表对咸肉、火腿和牛肉提出保留,这并不是因为他反对这些货品缴纳百分之十的关税,而是因为他认为这些货品不应该列入奢侈品表,但是他说他愿意放弃这项保留,如果其他一些纯粹以某种物品是否为奢侈品作为标准而提出的保留也被放弃的话;当挪威代表对于罐头沙丁鱼提出保留时,便又使局势为之一变,他论称,他相信次等沙丁鱼是所有各国工人的一种必需品,他确信中国的情形也是如此,因为内地的鱼类并不多。

二十九

为编制应征值百抽五华盛顿附加税奢侈品表的第二次专门委员会在3月2日星期二举行会议,以蔡廷干为主席。主席请大家注意自上次会议以后中国专家所编制的各表,其中一件罗列前次会议中各委员曾经做过保留的一切物品，另一件则开列其他国家对这些保留物品课征进口税的税率。佐分利代表日本代表团发言说，他愿意通知会议，在他参阅华盛顿会议的正式纪录时，发现恩特华特参议员曾经估计值百抽二点五附加税应得税款 2,700 万元，奢侈品值百抽五附加税应得 2,167,000 元。他认为他们已经离开华盛顿会议各国代表的原意太远了。主席在答复时指出，此时的情况和华盛顿会议时的情况大不相同，而且所引证的数字也只是恩特华特的私人估计，并不是会议正式有拘束力的声明。史图德表示，希望大家都能以宽大精神讨论他们面对的问题，以期在那次会议上对于奢侈品可以达成一般协议。"然后他们才能够专心从事于筹措九千万元款项的工作，这笔款项是他们希望中国能够得到，并愿意彼此达成协议的。"米赛勒表示愿意听一听主席对于前次会议中所做的保留，有什么评论或说明，对于这一点，主席回答说，他的评论可以在各国对各该项保留物品所征进口税税率表中看到。佐分利提到那件表时谈称，在日本税则上，火酒和含有酒精的酒都不列为奢侈品，而且火酒的关税是每公升一日元。主席对于这一点回答说，照这个税率计算，关税是从价百分之四百，正好可以和中国所要求的百分之十做一对照。荷兰代表仍然愿意维持他对于工业用酒精的保留，并指出在荷兰这种关税只是百分之六。根据韩倍克的建议，大家同意将这个问题暂行搁置，以便中国可以检查一下技术方面的事实。横竹坚持他对于棉制花边的保留案。傅夏礼代表瑞士驻上海总领事说明，输入中国的钟表只有百分之十是带有黄白金壳的，价值则从五元到五百元各不等，其余百分之九十则都是价值一元到二十元的银制或普通金属制的。主席说,在海关惯例上,钟表没有从量税率;各种钟表都列为一类,从价计税;并且他认为,这种物品的贸易是可以担负百分之五附加税的。横竹仍维持他的保留案。主席询问美国的惯例是怎样的,韩倍克答称美国关税是保护性质的,但是因为中国没有钟表制造工业,所以他认为中国没有采取保护关税的必要。在进一步讨论之后,主席建议将项目的名称改为:"完全或部分由黄白金或银制成表壳并镶有宝石的表。"傅夏礼表示同意,但横竹坚持只有带黄白金壳的表才应列为奢侈品。最后横竹同意了下述的措辞:"完全由白金或黄金或银制成表壳并镶有宝石的表。"克乃德(Knight)仍要维持他对于照相和电影器材的保留案,但是最后他鉴于法国向中国出口的这类物品,数量比较少,加以百分之五的附加税不会给予法国以比其他国家更大的损害,他答应呈请法国当局重新考虑这个问题。可是他指出在输入法国的中国进口货中,有百分之七十是免税进口,百分之十五是缴纳最低税率的。克乃德同意对乐器做相同的建议。可是至于汽车,他说他必须坚持他的主张,不应视为奢侈品,他也不能同意中国代表团现在所提议的差别待遇,将十二座以上的汽车、卡车、运货汽车等免除奢侈品附加税,而其余各种车辆一律照缴。克乃德说,他只肯把非为工商业用途和有四个以上汽缸、十五匹以上马力的车辆列为奢侈品。傅夏礼反对加进马力这个因素,因为在马力方面并没有国际标准。韩倍克声称,美国代表团现在不但愿意撤销他们对于咸肉和火腿的保留,接受甲、乙、丙三表作为讨论的基础,而且愿意全盘予以接受。他希望其他代表团也撤销他们的保留,以加速他们当前的工作。史图德和米赛勒都请大家不要认为他们对于有专利权的药品曾经有任何保

留。可是克乃德力称他不能认为这种物品是奢侈品。汪侯特撤销
他对于糊墙纸的保留。傅夏礼表明，因为"各种纸货"字样已经删
除，他对于信封所课关税的反对意见，已不复成立，至于海产品，日
本代表除去对于鱼翅一项而外，一概不肯撤销保留，他们也情愿维
持他们对于鱼胶的保留案。米赛勒和毕安祺都声明，虽然他们不
认为沙丁鱼是奢侈品，可是他们并不反对照奢侈品征税，并且也声
明他们情愿全盘接受甲、乙、丙三表。艾维楼福和狄西业（Tillit-
soe）接着也表示全盘接受。日本代表仍愿维持干醃豆菜和泉水、
汽水的保留；但愿放弃对茶叶的保留。英国代表放弃他对于乌司
特郡酱油的保留，但仍坚持对糖的保留条件——其所以有坚持的
必要是因为香港地区已经遭受损失。荷兰代表又重新提起火酒和
含有酒精的酒，他表示愿意放弃他的反对意见，不过附带一项谅
解，即在较高税率问题发生时，这应不妨害对问题的磋商权。史图
德提议，丁、戊两类中的若干货品很可以列入值百抽五附加税类而
不会对于那些货品的贸易有所损害。这些货品是：檀香、枪支子
弹、香料、牙和兽牙、眼镜，铃和锣、打字机、计算机、办公室用机械、
气压计、寒暑表和非布制及纸制的雨伞、日伞等物。主席建议将透
明和半透明玻璃器也一并列入。对于这些增列的项目，各代表最
后获得一致的同意。他们也同意这整份的表应由中国专家重新编
造一次，并应在每项品目的前面分别列明税号和贸易册号数，同时
这件增修的奢侈品表应在提交第二委员会所属分股委员会之前，
交付专门委员审阅。主席评论说，他们已经达到很大程度的协议。
在丙类物品上只有十四项保留条件，可是却已经有十一项品目从
丁类和戊类中移列进来作为补偿。

三十

在专门委员会举行第三次会议来完成他们的工作之前,第二委员会所指派的起草华盛顿附加税征收事宜议决案的分股委员会,在3月8日召开了第三次会议。颜惠庆以主席资格报告说,虽则有一些外国专家对丙类所列的某些品目曾经做了保留,可是中国代表团已经决定,他们绝不在比较次要的问题上羁延会议的工作。所以他提议宣读以司注恩所提出的复制草案为基础的一项议决案草案,这项草案曾经被中国代表团采纳,并经略加修正后,散发给委员会各委员。于是他宣读该项议决案如下:"兹因1922年二月六日华盛顿签订关于《中国关税税则条约》第三条规定,本会议应准许对于应纳关税之进口货,得征收附加税,其实行日期、用途及条件,均由本会议议决之";

"又因该约第六条规定,各该附加税征收时,在中国海陆边界,应按值课以划一税率";

"又因为应业在本会议提出现正考量之各项用途起见,对于关税收入,将来务须能使其增加,较该约第三条规定附加税所可得者为多,其事显然";(录自前引,下编,68页。)

"又因参与本会议之各国代表已允商订一条约,规定征收各项附加税,俾得增加关税收入,足敷上述各项用途,该约于商订后,应由各关系国政府之批准。"前三段都毫无异议通过,但是第四段中的"应由各关系国政府之批准"等字样遭到司注恩的反对,他指出,他们除去将条约呈请批准而外,其他任何措施都是超越他们的权限的。根据欧登科的建议，这项措辞改成为"应候各关系国政府之批准"。司注恩反对"上述"一词，他认为过嫌空泛，建议改为"足敷业经议定之各项用途"，皮乐上校则认为"足敷"一辞未免空洞。主席建议说，最简单的解决办法，应是重新采取中国原来的意见，加进一项详细数字；但是这项建议因皮乐上校和玛德的抗议而被取消。对于应如何措辞以为代替做过一番讨论之后，最后决定采取下述字句："又因参与本会议之各国代表已允商订一条约，规定征收各项附加税，俾得增加关税收入，足敷业经议定之各项用途，该条约于商订后，应候各关系国政府之批准。"（录自前引，下编，68页。唯照英文本原案，在"附加税"一词之前，尚有"等差"两字）主席于是进行宣读第五段："又因公认在新约发生效力以前，使中国政府得尽早开始享受《华会条约》内上述规定增加收税之利益为极宜。"（录自前引）对于这一段大家没有意见，他便接下去宣读议决案的第一段："为此参与本会议之各国代表，即……议决，自1926年2月6日起，中国政府对于应纳关税之进口货得征收附加税，其办法如下：凡本案附列表内之一切货物，缴纳征收时现行正税半数之附加税，其余一切应纳关税货物，缴纳征收时现行正税半数之附加税：各该附加税，在海陆边界划一征收之，惟在本议案通过后十日内，由各出产国装运来华之货物，则只纳起运日实行之关税。"主席声称，中国代表团的专家们已经得出结论，即中国必须向世界其他各国看齐，采取货物到达中国的日期以代替从外国起运的日期为新进口税率应行开征的日期。接着委员会中对于究竟应否将这项原则纳入他们所面对的议决案一节，发生迁延不绝和虽非激烈但也颇热烈的辩论。皮乐上校着重反对将这项原则采纳进去，因为"这样会在那些忽然面对一种不同税率的商人们的业务安排上，造成很多混乱"。日置益指出，拟议的办法将会给予商人两个月另十天的期限，即附加税发生效力后日本议案所建议的两个月和目前讨论的议案中所提出的十天。皮乐上校认为即使是七十天，也还嫌不够，但是他却改变了理由，表示这项按起岸日期征收关税或附加税的原则应与条约本身一并讨论。因为他们现在的工作是从属性质的，所以他们应该拘守现有的成例。主席解释说，会议既然已经承认中国恢复关税自主的原则，他希望他们在究竟以起岸时间还是以起运时间为准这个次要问题上，能获致协议。对于这一点皮乐上校答复说，关税自主要在 1929 年以后才开始生效，但是他们现在所讨论的是在它生效以前应该实行的办法。司注恩提议应以六十天的预告期代替十天的预告期，并以 5 月 15 日为施行的日期。主席说："他们所想要达成协议的一点，是在多少时间以后中国才应该开始征税，究竟是议决案通过后一个月，还是一个半月。另一点是他们所应该酌留的天数，以便在那段时间中装运货物，可以不问起岸的日期而一律不缴纳附加税。"司注恩评称，如果他们规定附加税在某一个确定的日期生效，而不以议案通过的日期为依据，那么他们便会省去许多麻烦了。他虽不愿意吹毛求疵，可是他仍然认为美国代表团所提的议决案草案比目前所讨论的还是高明些。这引出了枝节，主席为"征收时现行正税额相等之附加税"这项措辞做辩护，而司注恩则力称"按照中国修正进口税则，缴纳与暂行正税额相等之附加税"这种措辞比较妥当。主席因为这一点在和日期方面的协议比较之下，只是不大重要的，所以予以放弃，司注恩则答称，如果主席能接受六十天的期限，那么每个代表就都可以同意了；美国草案中之所以订定这样一个期限，一则因为这是以迄当时为止的惯例为依据，一则因为中国距离世界其余部分过远。主席评论说，如果要求中国实际上给予一百天的预告，而世界其他各国却只给予一天的预告，这未免出乎常情。为了尽量调和这两种看来恰恰相反的主张，欧登科指出中国代表团在起草议决案的时候，实际上已经在日期方面掺用起岸原则和起运原则。如果5月15日这个日期被加进议决案中，那么这个日期很明显的是指起岸日期，至于议决案末尾所说的十天限期却也同样明显的是指起运日期。所以他认为如果他们采取起岸原则，按照建议把日期确定为5月15日，并删去末尾的十天预告期，那么他们也就可以达成协议了。对于这种说法，皮乐上校的回答是：他颇以美国草案为满意。日置益征得了主席对下述一点的承认，即中国代表团的提案实际上是七十天的预告，也就是两个月另加十天，这样长的时限，照日置益看来应该是足够了。司注恩却持异议，因为这样一种限期"将不会给予货物的组织以七十天的时间，而只会给予装货上船以十天的时间"；所以他坚守旧有章程，即"给予两个月的预告期，另加在途的时间"。日置益再度提出，为货物的运输留出时间，是不符合国际惯例的，国际间的惯例却是法律自通过之日起施行。皮乐上校评说，这项原则如果在适当时机提出，他并不是不准备予以讨论，但是为了避免争论，并使附加税得尽快付诸实施起见，他深深认为最好是"遵守所有商人据以奠定他们的契约的中国现行惯例"。玛德和司注恩同意皮乐上校的意见。司注恩述称，"美国代表团在他们所面对的议决案草案上，是可以不待向他们本国政府请示而签字的。可是，如果他们改变了惯例，以期将这项税则的实施日期提早,从而妨害美国人民完成他们和中国人所缔结的交货合同,那么就会发生一种惹起国内抗议的新情况,既然预料到这一点,所以他们就势必要向本国政府请示他们的权限。"他询问欧登科,在前几次修改协定税则的时候,他们曾否讨论这个时限问题,对于这个问题,后者答称,在 1902、1919 和 1922 年等最后三次修改税则时,他都曾经在北京。"宽限订定为二个月"。他认为他们可以用下述的方法解决当前的争议,即"同意起岸原则,以便为中国在将来树立一个先例,同时为距离中国路远国家的出口商,宽留时限"。日置益认为中国代表团已经做了公平合理的建议,而且中国既然在这次会议中获有机会提出实行关税自主的议案,他实在看不出有任何理由不应该同时给予这个问题以考虑。他重申单单在中国保存特殊惯例,而世界其他各国却都坚持起岸日期原则这种办法的不公平。皮乐上校对这种意见评述说,日置益的意思,大约是因为日本坐落在世界上比较远的地方,在这方面是处于不利地位的,因此他自然希望在世界上的这一带地方得占一相应的有利地位。主席于是加进辩论说,既然各国都是以好意对待中国,既然各代表都是抱着赞助中国逐渐立于国际平等之列的明显目的而来的,照他看来,对于像发布预告和确定征收附加税日期这类的小事,应该是可以达成协议的。他于是请欧登科重复一遍他所建议的折中案。欧登科回答说,他的提案是请他们确定一个实行新税的日期,并删去本段的最后三行,至于适当的日期,他建议为 6 月 15 日。司注恩还是坚持说,根据起岸日期课税乃是一种新设施,他的困难在于不知他的本国政府对于这种变动有何想法。像所建议的这样一种原则性的变更,势必要取决于赋有缔约权的

总统，或许还要取决于参议院。所以他愿意建议由他们决定 5 月
15 日为附加税开始生效的日期，并准以在那天装船的货物的运输
期间作为宽限的日数。日置益评论说，现在所讨论的问题纯粹是
中国海关的手续而不是条约的一部分了；司注恩答称，这项建议既
然是一件新的设施，那么在他们谈判新约之前，最好是讨论一下。
坦率地说，他生怕"他们如果单纯讨论为在运期间所应保留的时
间，会引起许多辩论，因而推迟草约内签字。他并不是只图为美国
人民多争一点时间而辩论的"。他承认，"多少年来日本曾经因为
同其他各国相距遥远而遭受损失，因此当它占有地理上的便利的
时候，它应该身受其惠。他之所以不愿意做这种变动，并不是因为
他不同意日本代表团的建议，而只是因为他考虑到这将会不可避
免地造成耽搁。"皮乐上校和玛德也都认为他们最好不要做任何变
更。主席不禁表示出他的沮丧的情绪。按起岸日期课征新税的原
则，并不是一个新原则，因为在每一次修改税则的时候，都曾经一
再讨论过。"如果经过两三次会议之后，一件新事物依然还是一件
新事物，那他就无法看出他们还怎样能有所进展。"司注恩说他对
于这个问题再没有什么新的意见，只是中国代表团如果坚持采用
起岸原则，那么他势必要把这个问题请示本国政府。日置益重申
这纯粹是海关手续问题的意见。在 1923 年，海关曾经在 1 月 3 日
发布通告，而修订税率便在 1 月 17 日付诸实行——只是两个星期
的预告。欧登科解释说，在列举的事例中，预告期实在是七十四
天。修订税率表业经 1922 年 10 月由中国公布，定于两个月之后
实施，但是因为法国和意大利当时还没有批准《华盛顿条约》，所以
该两国立刻反对新税率表的实施。外交部和这两个关系国公使，

曾经因此发生过争议。可是最后他们同意采用新税则,于是该项税则才在 1 月 17 日付诸实行。欧登科补充说,因为他们似乎已经陷入僵局,所以他愿意再行提出他所建议的折中案,也就是删去本段的最后三行;并尽量把实施日期确定得靠后一些,以便把货运的在途期间包括在内;同时他建议 6 月 15 日是一个合适的日期。皮乐上校说,如果起运原则卒被放弃,他在未咨商英国代表团以前,不能表示同意;但是司注恩却表示他愿意代表美国代表团接受欧登科的建议作为折中案。主席主张把日期改为 6 月 1 日的提议未能获致同意,于是他们最后商定,为使事情易于推进起见,他们承允将实施日期确定为 6 月 15 日,唯附有一项谅解,即皮乐上校既然仍坚持保留起运日期原则,他应该以这个问题咨商他的代表团,并以结果通知主席。于是主席进而宣读最后一段:"又议决,由征收各该附加税所增收之税款,暂由海关保管,不受一切干涉,以备按照特定会议议决之用途与条件支配之。"主席在把这一段交付讨论时,解释说,这段的措辞虽不太详尽,但实际上却包括了其他各代表团的一切意见。日置益声称,日本代表团认为这最后一段非常重要,因为据他们的看法,"《华盛顿条约》中所规定的条件之一,就是存放附加税税款的方式"。他认为这一段的措辞业经在前次会议中同意如下:"又议定,由征收各该附加税所增收之税款,应加保管,不受任何方面干涉,以备日后按照本会议议决或本会议商订条约内规定之用途与条件支配之。又此项增收税款,应由海关负责,照本会议议定办法,存放于今所指定之各保管银行。"(录自前引,下编,67 页——译者)他解释说,这项议决案中的保管银行,并不是指当时现行保管银行,"至于存放款项的方法,他们打算建议一种与现在所实行的不同的标准。"主席评述说，中国代表团不愿意以任何方法使人们预生偏见，所以他们一直避免提到保管银行。他相信大会必会在极短期内研究到这项问题。日置益述称，附加税税款的保管确是《华盛顿条约》所注重的条件之一。皮乐上校很愿意听由中国政府和海关决定存放款项的银行。司注恩认为款项应分存于几个国家的不同银行。这便是美国代表团在他们议案的最后一段中所考虑到的问题，他想这也正是日置益先生的用意所生。"自然，正像主席适才所指出的一样，在本议决案所规划的税收实际开征之前，他们必会对于条件和用途已经获致协议，这是可以预料的。"主席仍然力称这个问题是应该由大会决定的一个问题。分股委员会的任务并不是要各代表团专心致力于某一种方案。此外，据他知道，"保管银行"一词并没有在关税会议中提到过。玛德指称他们曾经在非正式讨论中提到过，这项说明立刻得到司汪恩的证实。司注恩补充说，他们在荷兰使馆举行的一切非正式会议中，曾经讨论过把筹还外债的款项存放在外国银行，和把筹还内债的款项存放在中国银行这种办法的是否可行。这便是美国代表团为什么在他们的修正草案中也用过"保管银行"一词的理由。对于这一点，主席答复说，在这种情形之下，他们也只能讨论一部分款项的存放问题，因为并不是全部款项都用作清还债务的。日置益指出，如果他们能够在这个分股委员会中对这项问题获有决定，自然可以省去委员会的许多工作，但是如果办不到的话，他们只能把这个问题暂时保留。可是有一种意外情形，他认为是他们应该加以讨论的，那就是如果在 6 月 15 日以前，即在附加税开始征收的日期以前，会议在用途和条件方面没有达成协议，那么附加税税款应如何处置。他说,大家都感觉到在条件和用途方面没有达成协议以前,请允准征收附加税,是不合逻辑的。司注恩认为这种意外情形是很少可能的。他不愿意考虑到不能达成协议的可能性。他们都是本着获致协议这个显明目的而出席会议的,同时他并不认为现实中有任何事实可以证明日置益的顾虑是有根据的。"他不愿意使他们得到这样一种印象,以为他们预料到在他们本身之间,或在他们和中国之间已经有了严重的意见分歧。如果他们听任这种印象流布的话,那将不会促致本会议的目的的实现。"玛德指出,在下一次会议中,他们应该可以讨论起运和起岸日期问题以及附加税保管问题了。

三十一

第二委员会所指派的华盛顿附加税征收事宜议决案起草分股委员会在 3 月 12 日星期五举行第四次会议,以颜惠庆担任主席职务。主席在提到司注恩建议将"依照中国修正进口税则"等字样加进议决案的倒数第二段时,说中国代表团准备接受这项补充。他于是建议将这句话措辞如下:"按照中国修正进口税则,缴纳与现行正税额相等之附加税。"在将"现行"改为"暂行"之后,这项变更经分股委员会接受。其次需要决定的一点就是删除本段有关装运货物宽限日数的最后三行和确定附加税的征收日期,"而不对起运日期做任何考虑的问题"。皮乐上校声称,在前次会议中,他曾经反对过采取起岸日期原则,因为这对于英国商人,特别是对于工程公司是有困难的。他现在虽然仍抱着同样的意见,但是"他已经奉到本国政府训令,为和衷共济起见,在他们获允自议决案通过的日期起得有三个月的预告期的情形下,便可以放弃起运日期的原则。如果议决案在 3 月底以前通过,那么 7 月 1 日前后当是合宜的时期"。玛德附议皮乐上校。主席指出,每耽搁一天,中国就要损失一天的税收,而他们已经公认税收是中国所急需的。他认为中国代表团允给两个月另十天,也就是七十天的宽限,已经是非常慷慨了。在前次会议中,他曾经由个人负责,同意接受以 6 月 1 日为附加税实施日期,但是改为 7 月 1 日则又是一个月的税收损失。皮乐上校和玛德一同指出,他们却正在放弃起运日期原则,并且前者更补充说,如果他再做任何进一步的让步,他将会和英国商会发生最严重的纠纷。司注恩同意皮乐上校的建议,认为必须有九十天的预告期,日置益在主席呼吁之下答称,原则问题既然解决,他对于时限长短,没有异议。司注恩说,假定皮乐上校的建议已被接受,那么这倒数第二段的开头一节应该读如下述:"为此参与本会议之各国代表,即……议决,自本协定签字后三个月,即自 1926 年某月某日起,中国政府对于应纳关税之进口货得征收附加税,其办法如下。"主席对于他不能自行负责同意三个月的预告期,表示遗憾,并且不得不对于这一点提出保留。他于是宣读这项议决案倒数第二段的后一部分,其中删略了关于十天装船宽限的最后三行。然后主席转到附加税税收的保管问题,并且认为中国代表团在前次会议中所提出的草案,已经适当地照顾到这一点。那项草案读如下述:"又议决,由征收各该附加税所增收之税款,暂由海关保管,不受一切干涉,以备按照本会议议决之用途与条件支配之。"日置益提醒代表们说,在这个分股委员会前次开会的时候,他曾经提出关于会议在用途和条件不能达成协议的情形下,对于附加税税款的处置应采取何种行动的问题。因此他愿意提出下述一节作为拟议议决案的最后一段:

"兹议决由征收各该附加税所增收之税款,由海关保管,不受一切干涉,以备按照本会议议决或本会议商订条约内规定之用途与条件支配之:惟在1926年5月31日以前,如本会议对于增收税款支配之用途与条件未能达成协议,则此项附加税之征收将自该项有关协议通过后十五日起,开始实施。又议决,此项增收税款,应按照本会议议定之办法与成数,存放于各保管银行。"他述称,5月31日这个日期,乃是基于以6月15日为实施日期的这个假定而确定的,但是后一日期如果改为7月1日,那么但书中的日期自然要变成6月15日。主席说这项但书纳进了一项全新的观念,但是他认为:第一,它恰好破坏了分股委员会当时开会的目的;第二,它表示对会议的工作缺乏信心;第三,明明这样一种但书是自认失败,因而很可能造成一种不好的印象;以及第四,如果他们接受这项但书,他们会要铸成一件可用作将会议全盘推翻的武器。照他看来,"这整个但书给会议投置一片很难消散的阴霾。"日置益解释说,他提出这项意见的理由,是因为《华盛顿条约》明白规定,附加税实施的日期、征收条件和税款所应支配的用途,应该一律由这个会议议定。现在如果他们允准征收《华盛顿条约》附加税而不确定条件和用途,他们将会在实际上违反了《华盛顿条约》。他并非料定他们在条件和用途方面,必有意见不合的情形,但是可能性是存在的,因而必须防备万一。但书不单不会耽误事情,像主席所想象的那样,而且如果通过的话,会发生兴奋剂的作用,并使他们"有决心达成协议，以图避免环境所迫使他们面临的困难"。主席说他愿意听一听其他代表团的意见，但是他个人不喜欢这项但书的消极方面，并且他认为没有这项但书，议决案中就已经包括了一切必要的或主要的事物。据司注恩的了解，日置益只是要根据《华盛顿条约》，保留他在附加税实施以前对于它的条件和用途的同意权。果真日置益对于这问题打算自行其是，他很可以在他与中国政府对用途和条件获致协议以前，拒绝允许将附加税付诸实行，或是拒绝在议决案上签字；但是据他了解，日置益是愿意超越严格的条约文字范围准备允许中国政府以发布必要的预告为条件而提早实行征税的权利，可是却保留在用途和条件方面没有达成协议的情况下，预告必须展期到达成协议以后的权利。司注恩个人认为，"将但书加进议决案，并不会表现各国的缺乏信心，因为这确不是他们的想法。果真要是有缺乏信心的情形，像主席所感觉到的那样，那么他们在用途和条件方面没有获致协议以前，绝不会再为条约做任何努力。"他在任何方面都看不出有任何国家有存心推翻会议的丝毫行迹，即使有这种存心，"他也不认为但书就会增加那几个打算推翻会议的政府所已经具有的力量"。他认为他们不久就可以对于这件比较广泛的条约达成协议，所以他不能和主席抱同样的顾虑，以为加进但书就会使局面发生危险。他补充说，日置益想要加速事情发展的意愿，已经从他加进一个实施日期这一点上获得证明。其中如果没有一个确定日期，那就无异是说在条件和用途方面未获致同意以前，条约是不能实施的。主席认为日置益对于《华盛顿条约》的法律上的解释是容易让人误会的。他们可以将《华盛顿条约》所要求议定的用途和条件用甲字来表示，将该条约所允准的值百抽二点五和值百抽五附加税用乙字来表示；但是他们在这次会议中正讨论新用途和新条件，对于这种新用途和新条件，他们可以用丙字来表示，至于现所讨论的议决案中提到的新附加税，则可以用丁字来表示。在甲和乙之间以及丙和丁之间是有确定关系的，但是他却不认为在乙和丙之间也存有关系。对于这种说法，日置益答称，在会议开始的时候，美国代表团曾经提议予《华盛顿条约》的值百抽二点五和值百抽五附加税以各别处理，但是中国代表团曾经拒绝考虑这项提议，并提出一个广泛得多的问题以为代替。可是在他们对于这个比较广泛的问题做了很多进展之后，中国代表团又返回头，要求对《华盛顿条约》做各别处理了。一切麻烦和混乱都是由此而生的。司注恩询问主席，是否中国代表团想要把《华盛顿条约》规定附加税的税款拨出，而和他们现正商议中的临时附加税税款分别保管。主席对这个问题的答复是否定的；他的意思只是说这种法律解释似乎并不正确。司注恩指出，因为新条约必定要送请参议院批准，那个机构对于什么是正确的和不正确的法律解释，自会有它本身的看法。日置益补充说，在日本，这项议决案势必要送请枢密院审核。主席回答说，他认为"这项但书正在导致对用途和条件等问题的冗长讨论。可是将来对于新用途和新条件所达成的协议，只会导致旧税的课征。所以他们是正在用一种会造成将来极大混乱的方法，将两种事物混而为一。如果中国政府所要求于各代表的，是开征新附加税，他自然准备接受司注恩和日置益所说过的每一句话，因为在新的目的和条件未曾商定以前，新附加税当然是不能开征的。把新用途和新条件与旧附加税税率联系考虑，照他看是一种思想上的混乱"。司注恩声称他虽然没有参加华盛顿会议,但是他了解该会议中所允准的附加税是为抵补裁厘之用的。所以严格地说,华盛顿附加税税款应专用于该项用途,但是他敢保证主席是不会同意这一点的。据他了解,"关于附加税税款所应支配的用途,《华盛顿条约》中并没有任何限制……加之于本会议,因此该项条约也没有禁阻本会议把得自该约的款项和得自目前商谈中的条约的款项合并起来。两笔款项应一并依照他们行将议定的条件,用于他们行将议定的用途。"欧登科指出,值百抽二点五和值百抽五附加税的税款不应该和临时附加税税款分别处理,会议所议定的用途,应该对于得自这两种税源的税款一律适用。由于这个理由,他认为日本提案的采纳会加速会议工作的进行。主席评论说,"如果他们要加进这项但书,他们将是把新用途加之于旧税率了,这应是不公平的。如果日置益所建议的但书要还是公平合理的话,适当的措施应该是指派另一个分股委员会讨论有关值百抽二点五和值百抽五附加税的用途和征收条件,或是如果各代表不想要这样做,那么分股委员会就必须指明,关于新增税款一节并不是指得自值百抽二点五和值百抽五附加税的税款,即不是指得自华盛顿附加税的税款来说的,而是专指估计不少于九千万元的新附加税而言。他们必须提到这个数字,以求严格地合乎逻辑和法理。"他认为如果他们要是严格地合乎法理,他们就必须以"《华盛顿条约》规定的"这一个词语来限制"用途和条件"这几个字。司注恩询问是否主席可以指明该条约所开示的用途和条件。他认为"本会议中所考虑的用途和条件是可以对华盛顿附加税和对行将议定的附加税同样适用的,因为《华盛顿条约》订明,税款收入应按照会议议定的条件,用于会议议定的用途。

换句话说,他们已经把华盛顿会议的原则纳入他们的新条约谈判中。中国代表团曾经要求他们把中国拟征的税率提高到《华盛顿条约》所允准的限度以上"。他敢说,有待会议议定的税率的增加所据以实施的用途和条件,同值百抽二点五和值百抽五附加税所据以实施的用途和条件是相同的。其间不应该有原则上的差别。玛德同意这只是一个数量的问题。他们是正在修改附加税的税率,但他们并不是正在修改所以征收附加税的原则。主席仍然坚认但书是不必要的。皮乐上校声称,他对于这一段讨论,一直是作壁上观,因为他完全相信,他们在指定的日期以前一定会达成协议。可是他愿询问主席一句,"如果机缘凑巧,却并不是出于列国的过失,会议对于用途一节始终不能达到决议,而附加税则继续征收并存放在银行,"那么会发生怎样的情形。若是新约中没有这项但书,究竟会有什么危险或不方便的后果,他固然看不十分清楚;但是在另一方面,他却也看不出有什么害处,因为他不认为它会有任何影响。主席重申但书至少是不必要的,并且询问日置益,他所顾虑的是什么;对于这个询问,日置益回答说,他的主要顾虑是除非加进这项但书,日本代表团会在请求他们枢密院的批准方面,遭遇困难。这一点已经表示在他们和他们本国外交部的往来公函中。主席希望日置益不致于想象他所要预防的意外竟会发生。日置益回答说,他对于会议的成功具有信心,并且说,"如果主席因此而有什么顾虑的话,他认为主席是大错而特错了——并没有人表示过任何不想把会议进行到一个圆满结局的意思。"他愿意,并且尽力使中国代表团如愿以偿。玛德补充说如果他们曾经认为会议会无结果而散,他们也就不会在这里白坐五个多月了。主席建议暂置这一点不谈，先进行宣续议决案的结尾一句，其措辞如下："又议决，此新增收税款，应按照本会议议定之办法与成数，存放于各保管银行。"主席在提出这一点进行讨论时，他又重复说，他不认为把应该由第三委员会审议的问题列入本议决案中，对他们是公平的，"他们不应该在目前对税款的保管做任何建议，致使将来的讨论预存偏见"。会议中对于是否删去"保管"两字就能符合主席的目的一节，展开了讨论，因为"保管银行"一词在当时是有特殊意义的。可是主席表明，"他所反对的并不是哪几个特殊的字，而是他们要越俎代庖，替别一个委员会决定它所应该决定的事。"皮乐上校同意主席的看法，于是欧登科建议说，研究这个问题的第三委员会既然就要成立，那么删除这结尾一句就不会有什么危险了，他希望日置益不要予以坚持。日置益在这个问题将由另一个委员会讨论的谅解下，同意撤回原案。主席说，除去但书和三个月的期限而外，实际上他们已经对于所有各点一致达成协议。他希望日置益会愿意重新考虑他的但书。日置益回答说，他并不是无中生有地对这个问题做争辩。这项但书的理由"就是为预防将来他们所会遭遇的技术上的困难"，并且这个问题已经成为他们和他们本国政府间往来公函中的一个题目。司注恩补充说，他并不认为但书对中国会有多大关系，因为他不相信但书是会生效的。等不到但书能够发生效力，他们早已就会获致协议了。

三十二

第二委员会所指派的临时附加税征收事宜议决案起草分股委

员会,在 3 月 18 日(星期三)举行第五次会,也就是最后一次会议,以颜惠庆担任主席。主席在会议一开始时就声称,除去他对于预告期限的保留案而外,他们唯一没有达成协议的问题就是日置益提出的但书。他曾经给予日置益的论据以充分考虑,为求克服日本代表团的技术上的困难起见,他愿意对日本但书提出下述的修正案:"又议决,由征收各该附加税所增收之税款暂由海关保管,不受一切干涉,以备按照本特别会议议定用途与条件支配之,惟在 1926 年某月某日以前,如本会议对于由各该附加税增收之新税款之支配问题,未能达成协议,则上述税款的三分之一应用以抵补裁厘,三分之一用以整理无确实担保内外债,其余三分之一用于紧要行政费。"主席在解释这件草案的新特征时,提醒会议说:裁撤厘金是包括中国在内所有各代表团心目中的事;整理中国债务也是全体的愿望;至于紧要行政费一节,正如在第二委员会曾经解释过的那样,他们列有中国使领馆的维持费,这项费用甚至在以海关税收担保外债以前,也就历来是由它开支的。他们也在紧要行政费项下列入司法改良和司法行政以及教育工作的发展和维持所需要的基金。既然他们一致认为但书所预防的意外情形是不大会有的,所以他希望他们能够得出一个结论。日置益认为这项修正案是毫无理由的,因为原来的但书已经由中国以外的所有各代表团予以接受。他认为最好是赶快对于条件和用途达成协议,因为第一,他预料在确定这笔附加税税款的分配百分比方面,会有相当的困难;第二,如果这个问题就这样决定,保管银行问题势必还要提出讨论。他认为修正案用不着讨论,应该照原来的但书通过。主席回答说,修正案中所拟的百分比,如果日本代表团不能接受的话,可予以变更。日置益说，鉴于当时所发生的某些事件，"他们预做准备，绝不是过虑的"。玛德赞同这种说法，并且在主席请其他代表团发表意见的时候，皮乐上校解释说，他的同事心目中的问题就是谣传有一笔贷款，将以增加对德赔款方面所可利用的基金作为担保。如果报纸是可信的话，这笔贷款的条件是非常苛刻的，对方的要求是要在债务整理商有任何成议之前，予以发行。这使得代表们很难同意以附加税税款的任何指定部分作为清理债务之用。另外还存在着一个问题，虽则他对于这个问题是抱怀疑态度的。就他推断所知，主要税源现在都掌握在同中央政府意见不合的人们手里。他们渴望商得一项能为整个中国所接受的办法，但是"他现在还说不出他的本国政府对于所能达成的任何这类办法采取什么态度，因为没有人能够确知本会议中所商定的办法究竟能被整个中国接受到什么程度"。这项考虑也同样适用于他所提到的第一点。他对于筹款以应付中国政府的行政开支，是具有同情的，"但是鉴于当前的局势，他却很难获得任何保证，担保款项必会用于整个的中国。"他个人是赞同美国草案的。司注恩宣读美国草案如下："又议决，由征收各该附加税所增收之税款，由海关保管，不受一切干涉，以备按照本会议议决或本会议商订条约内规定之用途与条件支配之。"日置益指出，这并没有免除他曾经指出过的技术上的困难，并且在主席向他呼吁的时候，声称他不能接受美国草案。司注恩说，日本但书仍然可以为美国代表团所接受，但是"除非一直都有新因素需要加以考虑"，他却看不出有任何理由，他们会不能够在 6 月 15 日以前，对用途问题获致协议，不过他认为接受日本但书不会损害任何人的权利。主席提到中国代表团所做的让步;他们曾经"同意所拟各种担保的保证,税款由海关保管,并且只用于本会议所议决的用途"。他说日本但书是消极的,而且实际上抵消着原议决案中所含有的一切意见。他已有充分的准备来考虑美国草案,只要掉换一两个字,就可予以同意,"可是至于日本但书,他只能说其中确实困难重重。"日置益说,"看来中国代表团已经误会了他们加进这项但书的意思,而这项但书实际上是使附加税,尽管在当前环境之下,也还可以开始征收的。他们本国政府希望这项议决案只能在条件获致协议以后,才可以发生效力。那就势必在某种程度上破坏了议决案的目的;因此他们才发明了一种方式,使他们可以允许中国政府尽管在其他事物还没有确定的情况下,开始征收附加税。所以他的着眼点是要有助于议决案的目的,而不是要加以破坏。"他并不希望这项但书对会议有任何后果。玛德承认接受但书将不会损害会议的工作,而且相反的,会有助于加速临时附加税的征收。主席问道,是否他们应该报告委员会说他们不能达成一项协议,并将三份草案一并提请委员会决定。皮乐上校认为,就程序而论,他们应该提出一个包括多数意见的报告,同时主席可以代表中国代表团提出一个代替方案。玛德同意这种看法。司注恩不赞成任何这类举动。他认为如果不采纳日本但书,不论在分股委员会或委员会,一致同意都是不可能的。主席只能在提出一件报告或听任分股委员会拖延下去而不提报告这两者之间,加以选择。如果他们不能提出报告,那么依照时间上的顺序,"他们现在就应该共同讨论一般计划和税款的用途,在那种情形下,对中国的直接后果,将是把这类税率的实施推迟到会议对于目前讨论的新条约的宗旨获致协议以后。"主席声称,中国代表团已准备接受美国草案。司注恩回答说，为了礼貌，他们已经在上次会议中接受了日本修正案。如果他们被迫投票，他们会赞成日本草案。可是单单一个多数报告，是不会有多少成就的。如果他们不愿意采取这个多数报告，就不妨把问题暂行搁置，"等到一致同意的用途订为条约的一部分后再说。"欧登科指称，若是从实际观点看问题，他们就应该讨论如何达成他们所以成立分股委员会的那个目的。日本代表团曾经解释过，但书只是弥补日本政府所指出的技术上的手续。如果他们先讨论其他问题，可是他们最后势必还要回到这项但书问题上来，并加以处理。他认为比较聪明的办法是在一个小的分股委员会上克服这个困难，而不要试求在最后片刻来说服日本政府，因而甘冒使整个会议工作前功尽弃的危险。迟迟不予接受，并不会祛除日本政府所感觉到的困难。况且，但书中并没有包括任何有损中国政府的事物。相反地，其中却含有一种对会议的刺激作用，使工作的完成可以比否则更快一些。正是为了这些理由，他愿意敦请中国代表团重新考虑他们的立场。主席认为在那天早晨没有再多的话可说了。他将要和他的同事们商量一下，如果获有谅解，他将会召集分股委员会的另一次会议。否则他们一定采纳司注恩的建议，等待他们对于税款的用途获致同意。司注恩促请中国代表团为中国利益计，接受日本的建议，以便"获有附加税可以随即生效而不致虚耗时日的利益"。如果中国代表团不能这样做，那么分股委员会为了不要使特别会议停顿起见，应该向第二委员会提出一件多数报告，如果中国代表团仍然想要对但书提出抗议，他们可以另提一件少数报告。主席回答说，他仍然认为但书完全抵消了议决案的效力。"一旦他们在一两个月之后对于税款的用途获致同意，他们还可以照样这样做，使附加税七月一日起生效。"司注恩提醒会议说，因为他们已经同意采取起岸日期原则以代替起运日期原则，所以留出九十天的预告期，为中国利益计是合适的。他也指出，除去但书而外，他们已经对于议决案达成协议。主席声称，关于预告期限，也还存在着意见上的分歧。中国代表团仅只同意过两个月另十天，他们认为这样一个期限，在和其他各国所给的预告期限相比之下，已经很长了。玛德指称中国人已经在原则方面获得了胜利，主席则反驳说，中国在原则方面获得胜利的次数太多了，"以致他迟疑是否要再多胜利几次。"皮乐上校建议说，他们应该照分股委员会大多数同意的议决案做成记录，这项建议得到玛德和司注恩的支持。后者更提议，为防止误解起见，最好把议决案重读一遍，记录下一切意见上的分歧，这样会省去再作一番讨论。主席于是进行宣读如下："兹因1922年2月6日华盛顿签订《中国关税条约》第三条规定，本会议应准许对于应纳关税之进口货，得征收附加税，其实行日期用途及条件，均由本会议决之；又因该约第六条规定，各该附加税征收时，在中国海陆边界，应按值课以划一税率；又因为应业在本会议提出现正考量之各项用途起见，对于关税收入，将来务须能使其增加，较该税第三条规定附加税所可得者为多，其事显然；又因参与本会议之各国代表已允商订一条约，规定征收各项附加税，俾得增加关税收入，足敷业经议定之各项用途，该条约于商订后，应候各关系国政府之批准。"读到这里，主席停读，将中国代表团的保留记录存案，其中的大意是：中国所急需的大约九千万元的款数，应该列进条

文。于是他继续宣读:

"因公认在新约发生效力以前,使中国政府得尽早开始享受《华会条约》内上述规定之增加收税之利益为极宜:

为此参与本会议之各国代表,即……议决……"

皮乐上校、欧登科和日置益一齐插言道,最好用"议定"以代替"议决"字样。主席回答说,他是遵循华盛顿会议的先例。于是他继续宣读:"自本议决案通过后……个月。"皮乐上校、司注恩和欧登科声称,他们已经同意三个月的期限;但是主席指出,中国代表团仍然赞成七十天。他继续宣读:

"即自1926年某月某日起,中国政府对于应纳关税之进口货得征收附加税,其办法如下:凡本案附列表内之一切货物,按照《中国修正进口税则》(即按照该表所规定分类税或值百抽五之税),缴纳与现行正税额相等之附加税,其余一切货品,按照中国修正进口税则,缴纳现行正税半数之附加税,各该附加税,在海陆边界划一征收之。"他说,他们所达成协议的要旨,止于这一些。司注恩补充说,他们不应该忽略日本的但书,中国对于该项但书的修正案,以及在由另项议决案予以处理的谅解下,从日本草案中删除的有关附加税税款保管问题的结尾一句话。他也理会到,关于究竟向分股委员会提出一件报告,还是将问题搁置不论一节,主席曾经允许加以考虑,并将以他的决定通知分股委员会各委员。主席回答说,是这样的。司注恩又补充说,据他体会,中国代表团已经有了三项保留,一项是关于九千万元的,另一项是关于三个月预告期的,第三项是关于日本但书的。主席表示同意。

三十三

关税会议的一切委员会或分股委员会的最后一次正式会议就是为征收《华盛顿条约》第三条规定的附加税而编制奢侈品表所举行的第三次专门委员会。这次会议是在 4 月 9 日星期五召开的，由蔡廷干担任主席。专门委员会的前一次（第二次）会议是在 3 月 2 日举行的，在这段期间中，中国代表团已经编制了一件应征百分之五总附加税的修正物品表，表经过了重新编排，把一切同类货物都类集在一起。这个通称为第八十四号文件的表，已经在事前散发给各委员。其中包括有七十个附加税税号，在每一个附加税税号的下面都列有 1922 年进口税则上的税号和品名，并在另一栏中开列第七十七号文件上的号数。在提出这个表的时候，主席指称：日本对鲍鱼的保留是指制干和罐头装等各色鲍鱼而言；又称在装饰品项下，"化妆品"和"各种"等字样应予删除。傅夏礼询问是否有第七十七号文件中没有包括的任何物品列进第八十四号文件。他问这个问题的理由是因为当他比较这两个表的时候，发现第八十四号文件中有炼乳的税号，而第七十七号文件中则没有。主席答复说，在 1922 年《中国修正通商进口税则》中，罐头物品项下包括有六个税号，其中之一就是炼乳。因为罐头物品整类都已经放进值百抽五奢侈品表中，所以炼乳也就一并列入。傅夏礼反对把这项物品列进去，理由是在前次会议中，他们并没有同意把它作为一种列进奢侈品表的物品。主席则为列入这项物品做辩护，他所根据的理由是，他们在编制第八十四号文件中的奢侈品表时，是以货物分类，而不是以参考号数为准。相应的税则号数乃是根据日本代表团的建议，加列进去的。横竹同意傅夏礼的意见。在前次会议中，他们曾经同意以中国代表团的甲、乙、丙三表作为讨论的基础，至于丁、戊、己、庚各类中的物品，则"除非经专门委员会提到和同意过"，一律不得列进值百抽五附加税表。炼乳原是在丁表中的。它并没有在前次会议中经过讨论，也没有经任何人同意过。鲍鱼的情形也是一样。尽管有日本代表团的保留，尽管中国代表曾经提议删除，可是它却没有从修正表中取消。他认为在值百抽五附加税奢侈品表公布的时候，税则号数应该列进。否则势必会引起误解。傅夏礼声称，他并不是对于炼乳特别注意，而他所注意的却是第七十七号文件中所没有提到的物品被列进第八十四号文件。法国代表团同意横竹的意见，认为在公布值百抽五附加税奢侈品表的时候，最重要的事是有关税则号数必须明白列举，因为否则在海关和公众之间就会有经常不断的纠纷。主席询问他们究竟是应该以旧税号还是以修改税则时变更过的税号为准；对于这一点，傅夏礼回答说，当真正修改税则的时候，他们自然可以把奢侈品表做相应的重分类和编排。在这期间，他们却应该遵守现行（1922年）税则。主席建议由会议决定是否应该把炼乳加进值百抽五奢侈品表，并请美国代表团首先表决。韩倍克博士在答复时建议说，"切合实际的作法是应该由中国代表团将前次会议中已经讨论和同意过的那件表上没有见到的税号，从目前正在讨论中的表上取消。"他也指出，各国代表团关于值百抽五附加税问题所写给中国代表团的一切函件，都是仅指第七十七号文件中所开列的奢侈品表而言的。主席于是提议将第八十四号文件逐项宣读一遍。傅夏礼抗议说，这是无补于事的。他们所要知道的是，有没有第七十七号文件中未开列的物品列进第八十四号文件，如果有的话，究竟是哪一些。华特逊（Watson）代表中国代表团答复说，并没有新增品目，而且已经根据日本方面的要求将税号填入，以作为检查类别的一种帮助。"他们是受货名而不是受号数拘束的。"韩倍克博士问道，号数既然毫无意义，是否主席不反对将第八十四号文件中第五十七项上面冠列的号数剔除，而改回第七十七号文件中所开列的号数。可是主席认为解决困难的最简便办法，应是将问题直接提交会议，决定他们是否同意将炼乳列在值百抽五附加税奢侈品表上，傅夏礼答称，他们所需要的是明晰确凿，因为外国代表团势必要答复关于特定物品的关税待遇问题，或许还要用电报答复。当他们讨论第七十七号文件时，他们清楚知道他们已经同意了一些什么，"但是这件新表已经使他对于他所要同意的是一些什么，发生疑惑不定之感，所以他必须再复核一遍，将物品一一核对，以便使他可以知道他所要同意的是什么，所不同意的是什么。"他对于主席建议由会议表决是否炼乳应列入值百抽五附加税奢侈品表一节，表示不满意。他甚至并不反对把那项物品划归奢侈品类。他重新申明，他们所认为真正重要的事，是要知道究竟有哪一些在第七十七号文件上未开列的物品，列进了第八十四号文件。主席认为对于各代表团来说，最简明的办法就是逐项将全表通篇审阅一遍，看看其中是否有不应该包括进去的物品。他完全同意横竹的意见，"凡中国方案中的甲、乙、丙三表所列物品中，业经做有保留的，一概不予列入，至于其他各表所列物品，则只有那些业经商定的，才开列进去。"他否认他们有任何偷天换日的意思。

那天早晨所发生的一切龃龉,都是因为列进索引号数而起的。佐分利声称,他认为号数比货名还要更重要一些,因为这类号数对于海关是一种可靠得多的指南。所以他希望以税号为准的原则保留不动,并且在奢侈品表作成定案的时候,应该按照税号的顺序编排。主席建议由中国代表团编制一件按照税号顺序的表,并在每个税号项下注明应纳附加税 5% 或 2.5%。佐分利声称日本代表团已经在编制这样一件表,而傅夏礼却认为只须有一件值百抽五附加税表就够了,因为其余一切不在这个表上的物品,自然是应完 2.5% 的附加税。汪侯特建议,凡目前划归"未列名"类的物品应该明确列举,克乃德则补充说,就这类物品而论,因为它们没有专门税号,所以应该以定义作为指导原则。主席认为在编制新表的时候,比较妥当的办法是对税号和定义一并加以考虑。他一定会编制这样一种表,并分送各代表团,如有任何代表团在发送之日起十天内未做答复,他将认为该代表团已经予以同意。

三十四

在 2 月间,中国代表团曾经提出一件详细的外国进口货拟征附加税表。这个表既照顾到其他各代表团,特别是美、英、日代表团的建议,而实质上却没有改变中国政府所必需的这类附加税的总收入。其中建议将一切应税进口货分为七类,以代替《华盛顿条约》的两类,每类各有审慎拟定的等差税率,俾使没有一种货物的课税超过它所能负担的限度。这七类的附加税率是:甲类

27.5％;乙类 22.5％;丙类 17.5％;丁类 12.5％;戊类 7.5％;已类
5％;和庚类 2.5％^①。

依照这种分类并按 1924 年应税进口货报告价值计算,中国专
家们算出他们拟议附加税应得的税款如下:

	总值	附加税率	附加税所得
甲类:	45,686,000 元	27.5％	12,563,650 元
乙类:	45,417,000 元	22.5％	10,218,825 元
丙类:	119,673,000 元	17.5％	20,942,775 元
丁类:	158,154,000 元	12.5％	19,769,250 元
戊类:	278,045,000 元	7.5％	20,853,375 元
已类:	469,881,000 元	5％	23,494,050 元
庚类:	184,923,000 元	2.5％	4,623,075 元
	1,301,779,000 元		112,465,000 元

不过这项附加税税收的数字是基于一种假定,即当时施行的
进口税则税率是以切实值百抽五为基础的。可是就事实而论,切
实值百抽五的税率简直就是从来不曾有过。在那时候的实际平均
税率是 4.3％;根据那个标准,按 1926 年的价值计算,附加税的收
入只能有 96,717,000 元。这项建议经过各外国代表团的顾问和
专家们予以审慎研究;研究结果,美、英、日方面在 1926 年 3 月 25
日提出一件拟议修正表^②,同时表示他们相信,如果这些修正得被

---

① 关于七类货物表,参看附录(辛)。

② 参看附录(子)。

采纳，各外国代表团的大多数顾问很可能会建议他们的代表团予这样修正过的奢侈品表以有利的考虑。外国专家也和中国代表团一样，将进口物品分为七类，但是对于前三类的拟议附加税税率，各减5%，第四类减2.5%。其余三类的税率则保留不动。根据这些税率并根据和中国代表团所建议的分类大不相同的进口物品的通盘重新分类，外国专家们可以得出9,000万元的附加税收入，内容如下：

	总值	附加税率	附加税所得
甲类：	52,895,000 元	22.5%	11,901,375 元
乙类：	78,154,000 元	17.5%	13,676,950 元
丙类：	62,402,000 元	12.5%	7,800,250 元
丁类：	68,647,000 元	10%	6,864,700 元
戊类：	335,286,000 元	7.5%	25,146,450 元
己类：	280,569,000 元	5%	14,028,450 元
庚类：	423,826,000 元	2.5%	10,596,650 元
	1,301,779,000 元		90,014,825 元

这件修正表提出三个星期之后，法国公使通知中国代表团说，他本国政府训令他注意一件事实，即拟议分为自2.5%至27.5%各不等的七类的附加税表，与只允准2.5%及5%两类的《华盛顿条约》第三条的规定完全不符。虽然如此，法国政府还是愿意在中国政府的裁撤厘金、恢复国家财政信用和为国家行政费建立可靠财源的工作方面，予以协助。为了这个目的，法国政府建议应以两类的附加税代替七类的附加税，其中一类为15%，另一类为7.5%。前一类可以包括中国代表团所拟表中的甲、乙两类，而后一类则应

该包括其余丙至庚等五类。按照这种办法,中国所得的收入至少
会是 1.07 亿元。因为这个总数会超过会议预计的用途所需要的
款项很多,所以不妨将某些不大能负担较高税课的特殊物品,例如
某些棉匹头货、棉纱、原棉、海产品、煤、洋灰和生牛皮等的附加税,
降低到 2.5％。此外,更应谅解的是,这两种拟议的附加税必须供
作裁厘所必需的一切补偿之用,货物一经照章完纳关税和附加税,
此后就应该在中国境内免除其他一切征课。

三十五

　　我们现在再看一看造成关税会议失败的种种政治事件。在
11 月初,孙传芳在徐州府把张作霖的军队打得大败,这件事有双
重后果。第一,这使得张作霖从热河调动他的另一支军队直往北
京;第二,这使得实际上待机进攻张作霖的冯玉祥开始撤出北京,
并将他的军队由北向南口撤退。政府在惊惶之中,运用它的一切
说服力来维持这两个军阀间的和平。可是当时所缔结的协议,却
在 11 月 24 日冯玉祥的被保获者河南督军向直隶和山东进军的时
候,被破坏了。冯玉祥已经参加反张作霖的联合,这一点是很清楚
了。同时,北京发生了激烈的学生示威运动,反对关税会议。在
12 月初,张作霖的部下,统率驻滦州的奉军的郭松龄突然对他的
长官倒戈,向奉天进军。日本人也增强他们在奉天的兵力。随后
便是圣诞节那个星期中郭松龄在新民府被张作霖击败和被俘,以
及冯玉祥经过对张作霖的同盟者李景林的激战之后,攻占天津。在
这次骚乱之中,北京与外界隔绝了好几个星期,虽则外交团对于这

种违反《辛丑和约》的行为一再提出强硬抗议,可是政府实在无力予以补救。在 12 月 30 日又发生了一件虽是次要但也令人不安的事,那就是在北京政府任要职的安福系著名角色徐树铮将军——"小徐",在乘火车去天津的途中,被冯玉祥军队中的一个参谋官刺死。

所以在 1926 年年初,局势自然也就是这样的。在东北,张作霖依然是惟我独尊,而他的支持者,前直隶督军李景林和山东督军张宗昌则据有山东省。冯玉祥占据京畿省,直隶,但是他的军队极其有限,又缺乏军需品和给养。而且他是处在北面有张的军队和南面在山东有张的同盟者的军队这种岌岌可危的局势中。吴佩孚仍然控制着扬子江流域,总部设在汉口,而前福建督军孙传芳则统辖福建、浙江、江苏、安徽和江西。阎锡山仍然是凭着山西的天险,静以观变。在政治上陷于一种相持的局势,北京政府已经处于空前的绝望境遇中。名义上,政府是在冯玉祥的保护之下,但是因为他已经宣布了他准备下野出洋的意思,所以政府也不能期待他的无条件支持。事实上,他根本拒绝来北京。人人都明白,临时执政只是一个毫无实权的傀儡,甚至没有他的政府所在地的军阀的支持。这种情况的出现使得人们对于接受官职都存有戒心,因而时常弄得国务总理实际上没有内阁可以开会。在财政上,政府已经到了山穷水尽的地步,为求一笔足用的款项度过年关,它不得不以关余在所担保的一切先期存在的债务偿付后的余款为抵押,向中国银行团筹借八百万元的垫款。在 1 月 8 日,临时执政体体会到局势的完全绝望,递出了辞职书,在同一天政府也接受了冯玉祥的辞呈,并派他为出洋考察实业专使。可是这件辞职书都没有生效,因为不久大家就都知道吴佩孚已经开始向北京进军,并且他是在和张作霖及孙传芳联合行动之下这样做的。接着便是冯玉祥和张作霖及其同盟者间进行的四个月的北京争夺战。在此次战斗中，据守着大沽炮台的冯玉祥军队，国民军炮击外国商船和日本炮艇，这使得外交团向北京政府和中国负责指挥官同时发出最后通牒。最后通牒中所提出的在天津—大沽一带终止敌对行动和停止对外国航运的干涉等项要求，被北京政府接受，但是这两项要求的接受却在北京造成激烈的学生示威运动，在示威运动过程中，他们要求对《辛丑和约》各缔约国断绝国交。3 月 22 日国民军的队伍从天津撤退，随后的三个星期，北京则是处于被围状态中，其间它不但和外界隔绝，而且还遭到一次飞机轰炸。4 月 10 日，国民军罢黜了临时执政段祺瑞，吴佩孚被邀请负责管辖北京，但是吴氏辞谢了这项邀请。十天之后，段祺瑞被迫出京，到天津避难。冯玉祥现在确实是被排挤出京城了，政府也随之倒台。随后一个治安维持会执行了几个星期的职务，直到 5 月 13 日，因为张作霖和吴佩孚对于应行组织的政府形式不能获致同意，于是成立了一个所谓摄阁，以颜惠庆为国务总理。在这种情况下，作为谈判对象的负责政府实际上已经不存在，关税会议也就无形瓦解了。主席王正廷已经在 4 月间就前往上海，不久之后一些专为关税会议而来北京的外国代表也纷纷离去，同时，那些经常职务不在北京的代表们，也公开表示，除非新政府的受权代表奉派继续谈商，否则他们就也都要离京了。

三十六

在这期间，留京各外国代表间的非正式讨论仍然继续进行，其中有一些商谈牵涉到对中国有非常重要关系的问题。例如,从 5 月 18 日到 6 月初,各外国代表团的专家委员会每天开会,讨论存放附加税税款的保管银行问题。为使讨论有所依据,日本代表团提出一项备忘录,其中包括他们对于下述各点的建议:(甲)涉及 1912 年协定的现行海关税收的保管;(乙)得自华盛顿附加税的税收;以及(丙)将来因修改海关税则而获得的收入。讨论往往进行得非常激烈,结果是委员会同意:(一)应由中国政府就中国各银行和实质上与借款及赔款有利害关系的各国所推荐的各外国银行中选择保管银行;(二)应要求各保管银行对它所分得的存款份额,提供担保品;(三)现行关税收入的存放比率,应以海关所担保的现行借款和赔款的年度摊还额的百分比为标准,而新增海关收入的存放比率,则应以各该债权国所握有的拟议中的整理公债债票的年度摊还额的百分比为标准;(四)存款利率应由中国政府和各该保管银行商定,但是如果有任何银行不愿意按照一般商定的利率接受它那一份存款,那么这份存款可以转存于其他准备接受的银行;以及(五)如能允许总税务司听便利用保管银行在各征收口岸的地方分支机构,这样就可在动乱时期给总税务司以帮助。从这种讨论中,明显地反映出 1912 年 1 月协定有彻底修正的必要。在这方面,他们得到总税务司安格联爵士的帮助,安格联是和中国当局保持着密切联系的。英国代表团在拟定他们的草案时所遵守的原则是:(一)应该尽可能严格遵守 1912 年协定的一般方针,以免因采用新办法而使中国方面惊惶,并避免使这个一直仍然在工作而且令各有关方面都很满意的机构,在一件复杂工作上,受到不适当的扰乱;(二)应该答应中国方面对于中国各银行参加保管办法的主张,以及外国方面对于其他外国银行根据各该国在现行借款和债款中的利益标准而参加保管办法的同样主张;以及(三)应该将保管办法限于海关税收中为偿还现有借款和赔款本息之用的约百分之七十的那一部分,至于其余百分之三十,也就是中国政府已经委由总税务司作为国内整理公债还本付息之用的那一部分所谓关余,则任由中国方面制定他们所选用的办法。后一项原则所持的观点是,列国所应参加保管的只是供作偿付现有外债和赔款本息之用的那一部分海关收入,但是和关余的处置应毫无关系。根据这项规划,中国政府应可按照偿还那些已经取消了的赔款所必需的数目,参加保管供作偿付债款和赔款本息之用的款项的百分之七。美国代表团同样提出了一件修改1912年协定的方案。因为在美国方案和英国所提方案之间有着实质上的不同,所以在试求加以调和的过程中,发生了很多的争议。结果,为求取一致同意起见,英国方面应允做下述的变更:规定全部税款的保管办法;删去为供备偿付债款和赔款本息之用所必需的税收总净额的百分比的一切说明;并略去保管银行名单以及分派给各银行的百分比。这件最后修正案的第一条规定是,海关净收入应存放在上海的一些保管银行,保管银行应由中国政府从外债和赔款的关系国所编制的名单中派定,其中中国银行和每个推荐国国籍的银行至少应各有一个。第二条赋予总税务司以汇集税款于上海的责任,并给予他以为此目的而利用各保管银行地方分支机构的自由。第三条允准每星期在上海将汇解的税款分配于各保管银行,而每个银行收存的份额应和它在外债及赔款方面所代表的各该国利益成比例,但是并没有说明百分比。第四条规定华盛顿附加税的税款应依照尚待通过的特殊议决案存放。第五条规定各保管银行对于它们受托的存款应提供担保品。第六条给予总税务司以在各保管银行开立债款基金账户和为债款及赔款的支付,委由上海海关税务司经手从这些账户提取存款的权力。第七条限令各保管银行对它们所存的税款,按公平利率付息;同时第八条,也就是最后一条规定,凡1912年协定中的条款和本协定的条款相抵触时,应以本协定的条款为准,又本协定中的各条款,必要时得随时修正。

三十七

各外国代表力求向世人表明会议毫无结果的责任并不在于他们,于7月3日假荷兰公使馆举行了一次特别会议,起草一件有关这一点的正式宣言。在会议之后,领袖公使发表了下述的声明:

"列席中国关税会议之各国全权代表,本日在荷兰公使馆举行会议,全体一致,决定表明真挚希望,至中国政府全权代表得列席会议,与各国全权代表共同讨论各项问题时,当即迅速进行会务。"[①](录自《新闻报》,1926年七月九日)

在同一次会议上,麻克类爵士做了一项阐明英国政策的正式声明,内容如下:

"英王陛下政府训令本人声明,英政府的真挚希望和宗旨是尽速履行《华盛顿条约》,和在符合中国政府愿望的情形下,允准该约

---

① 《泰昭士报》(伦敦),1926年7月6日。

中所规定的附加税,并且准备讨论中国代表团为求符合《华盛顿条约》的精神和文字而提出的任何合理提议。英王陛下政府也愿意清楚表明,如果中国代表团重新召开这个将华盛顿附加税立付实施的提案延未置议的关税会议,他们并没有意思在这项提案业经达成协议之后,便中止会务的进行,或是使这次因中国最近政治发展而阻断的订定关税条约的谈判半途而废。"①

　　十天之后,北京的新政权已经稳定到可以指派三个出席关税会议的代表,来继任前政府所派人员因离职而造成的空缺。这三个新代表是马素、潘复和王荫泰,此外奉派为当然代表的还有梁士诒、颜惠庆和王宠惠,以及交通总长、农商总长、烟酒公卖局督办和税务处督办。吴佩孚声明,政府的意愿是尽早实行华盛顿附加税,以便征收新增税款。他又声称,如果各国拒绝继续谈判,他只能认为他们的态度是有利于苏联的,因为中国方面已经开始和苏联的代表谈判,在那种情形下,他将会采取步骤,废除对各关系国的一切现行条约。部分由于国民军从广东的胜利北进,从而威胁到吴氏在汉口的地位,部分由于张作霖和冯玉祥当时都在组织反对他的联盟,以致吴氏在北京的势力过于短促了,不能使会议做任何圆满的继续,因此各外国代表在 7 月 23 日举行的一次非正式会议中,决定无限期休会。新内阁中发生了内讧,所以各外国代表认为中国代表已经不能重开谈判,并且就是在他们愿意这样做的时候,他们也不能给予任何保证。同时,国民党和国民军都发出反对恢

―――――――――――

　　①　《泰昭士报》(伦敦),1926 年 7 月 6 日。

复关税会议的强硬抗议。可是各国并没有这样通知中国说:既然各军阀一个接一个地反对关税会议,既然又没有一个代表整个国家的政府,他们只有把关税会议推延到中国有了全国各地一致公认的政府时,再行开会。

三十八

关税会议没有举行第二次全体会议,甚至没有起草一件新条约,也没有对《华盛顿条约》所规定的参考条件范围内的任何点达成一项正式协议,便就此解散了。但它并不因此就是一个失败,相反地,它曾经从某些观点上看是一个胜利的成功。第一,它对于中国是一个有说服力的表示,表明各国都在关注它。第二,它对于各国也是一个有说服力的证明,表示出各党各派的中国人都一致认为《华盛顿条约》所允准的条件已经不再是适当的了。尽管中国因内讧而四分五裂,可是它有坚实团结一致的信念,相信以片务协定税则和通商协定来束缚它的自由的时代,是一去不复返了;它也有团结一致的决心,要把这种性质的一切现有的束缚,从此一扫而光。第三,虽然关税会议并没有获致立即废除这些外力强加的限制的结果,可是它却得到一点成功,即从列会各代表方面取得一项极其重要的声明,承认中国应享有关税自主,并确定 1929 年 1 月 1 日为实行关税自主的日期。虽然照许多外国代表的看法,这项决议的实施应以裁厘为条件,可是照中国方面的看法,其中并不存在这样一项限制,实行关税自主和裁废厘金这两项声明是根本不

同的,一项具有关税会议议决案的性质,另一项则是中国政府的自
动声明。事实却是按照中国看法的途径而发展的,因为当它在
1928 年年底和列席关税会议的各国代表谈判关税关系和关税自
主条约时,任何一件条约中都没有列进限定中国同时裁厘的条款。
第四,大多数国家的代表一再声明,他们愿意看到《华盛顿条约》规
定附加税的立刻实施,这使得广州和北京有了道义上的,即使不是
严格法律上的理由,来从关税会议解散到关税自主条约订定这段
过渡期间中,征收这项附加税。最后,在会议中,主要是在专家们
的非正式会议中做了大量有价值的工作,准备和编排了制定新税
则所必需的材料。他们依据那些对于相关利益具有专门知识和握
有一切必要材料的人们的工作结果,拟制了各种表册,并建议了附
加税税率,自然,在这方面所做的工作并不是暂时性的,而是对于
中国国定税则的发展的一种研究①。美、英、日三国代表在 1926
年 3 月 25 日提出的所谓临时附加税表,事实上,却成为 1929 年中
国第一次国定税则的基础。

---

① 根据华盛顿会议的协议,税则修订应在 1926 年届期,也就是在前次 1922 年修
订的四年之后。税务处于是在 1926 年 9 月委派陈銮前往上海,担任后来称之为编订货
价委员会那个机关的主席,并派赖发洛为副主席。起初,税务处原打算由中国代表团
自行编制新税率表,随时通知各外国代表团,而无须和它们咨商。可是那理想没有
能够实现。派定代表团的计有下述各国:美国、荷兰、丹麦、挪威、瑞典、英国、法国、日
本、葡萄牙和意大利。日本最初赞成以 1926 年前半年的价值为标准,但是最后同意了
其他所有各代表团的意见,接受中国提案,以 1925 年十二个月的市场价值作为标准。
1927 年 3 月间,国民党当局占领了税务司的办公处所,于是陈銮返回北京,不过事前已
经商妥,税率表应在北京编竣,然后再分送上海各外国代表团评议。照原来的建议,各
外国代表团应赴北京做最后一次的商讨。货价编订工作虽然在北京办理竣事,但是由
于政治局势的关系,最后会议却没有开成。

附　录

附录(甲)

钦差大臣耆英布告的英文译本

［载《中国丛报》,卷十二,1843 年 8 月,443—444 页；另见马丁斯(Martens),《新编条约大全》(*Nouveaux Recueil Général de Traités, ete*),卷五,1847 年 7 月,421—423 页。]

钦差大臣(余衔从略)耆英、总督祁填、巡抚程矞采,为明白晓谕,特颁此项布告。

因为在去年英国人停止敌对行动的时候,我们的圣上赐准他们在广州和其他四个口岸通商,并且加恩批准了业经议定的条约；所以现在条约批准书已经互换,通商章程也已经商定,裁废了一切规费规礼,厘清了关税税则。所有这些措施,等到本大臣和督抚等接准户部复文之后,就要立刻公布,作为各口奉行的章程。关税税则将对于英国和所有各国的对华贸易一体实施。战争的武器将永被抛弃,从此共享乐利,中外商民将同样受惠不浅。今后,大家应该捐弃成见和猜疑,各务正业,应该经常留意,不要因为缅怀过去的衅端,而心存敌意。因为这种情绪和回忆,除去妨碍两国人民善意谅解的增进外,不会有别的结果。

　　至于奉皇上恩准，新近辟埠通商的福州、厦门、宁波和上海等四处口岸，必须等到接准户部复文之后，才能真正开放贸易。但是广州作为英国贸易的通商市场，已经有二百多年，所以新章程既然议定，就应该立刻施行，以免远商长此逗留外洋，致令失望气沮。所以本大臣、督抚等，会同海关监督，仰体圣上怀柔远人的至意，决定从七月初一起，按照新章程，开放广州口岸。希望这样可以符合商民的愿望。

　　香港一岛，既然蒙皇上加恩赏给英国作为居住地方，从该岛前往各口的英商，人数势必很多，所以护送他们来往的船只，只应秉公承担义务，不需加以限制。可是如有往来旅客在船上夹带货物，意图逃漏政府税课，则一定依法科处罚金。倘有中国商民愿意前往上述香港岛贸易，只须报明海关，按照新税则，将货物完清关税，等到领得通行证后，再离口起运。倘有未曾请领通行证而胆敢前往贸易的人，一经察觉，当按偷运货物、擅往外洋律治罪。

　　至于因过去曾经以给养接济英国军队或其他人等而畏罪的华民，本大臣已钦奉皇上浩荡的天恩，准将过去的行为，一律赦免，所以凡是还没有归案的人，此后不再追问；已经缉拿到案的人，准免治罪。所有这类人等，今后应该安守本业，勉力做善良正当的事情；既不必忧虑今后再被查拿，也不必因此而滋生疑惧。

　　至于本大臣等在关税方面所做的部署，处处都着眼于公正持平，故此一切中外商民，应该体量本大臣等的种种苦心，务必各自安守本业，享乐升平。从此永敦和好，远近共同欢乐。这是本大臣等的殷切期望；现在特本着这个希望，布告周知，命令一切人等遵照实行。

（签字）汉文秘书兼通译小马礼逊

附录（乙）

朴鼎查爵士关于鸦片贸易的布告

据悉：近来有人想出这样一种办法，打算将装载鸦片的船只，派往那些行将由条约开放通商的中国各口岸；并且鉴于新税则的最后一款，载有凡该税则实际上未列举的品目准按值百抽五缴纳关税通关的规定，便打算据为理由，要求将上述的鸦片输入；我认为用这项布告向一切关系人等，指明下述一点是合宜的，即鸦片这项物品的贸易，早经中国上谕和法令宣布为非法违禁，这是人尽皆知的事，所以任何人打算这样做，都要自行负责，倘使是英国臣民的话，他将不会得到女王陛下的领事或其他官员的支持和保护。

这项布告将译成中文公布，以期没有一个人能够以不知情为借口。

上帝保佑女王

1843 年 8 月 1 日于维多利亚城政府大厦

亨利·朴鼎查

（录自《中国丛报》，卷十二，1843 年，446 页）

附录（丙）

政府布告。为布告用英国船运货的中国臣民。

兹奉女王陛下全权公使的命令，特将下开中国大学士允准该政府的臣民得用英国船只载运货物的往来公文，公布周知。

（签字）参逊（A. R. Johnston）

1847 年 9 月 17 日于香港，维多利亚城

钦差大臣耆英致德庇时爵士函（英译文）

钦差大臣（余衔从略）耆英接据公使 7 月 20 日（即阳历 8 月 30 日）为厦门商民雇用英船装货事的来文一件，兹照复如下。

来文已经阅悉，我不妨这样说，外商一般应该用外国船运货，华商则应该利用他们的沙船。这样，海关检验进出口货，就比较方便，税收也不致因走私而遭受损失。

可是，你在这件来文中说，如果限令华商不准用英国船装运货物，那就势必会妨害贸易，又说来自新加坡的人和我们中国商人颇为相像，这些话都很有道理。因此我们应该采取措施，商订一些办法，俾使中国商人不致不能用英国载货。英国船在替中国商人运货时，必须缴纳吨税，而中国人托运货物的关税，则应该由中国商人自行缴纳；英籍船长在这类事情上，不得替他们一体包办。这样我们或许可以给商业方面一种公平待遇，而也不致于妨害关税的征收。

深信贵公使对于这个问题，一定也持相同的看法，请裁量惠复。

此复，顺祝快乐。

道光二十七年七月二十七日（1847 年 9 月 6 日）

德庇时爵士致钦差大臣耆英函（摘录），1847 年 9 月 6 日

奉到阁下为英船载货事的来文一件

你建议由我们采取措施，商订一些办法，俾使中国人不致不能用英船载货，这是非常公正的。照这样办，彼此的贸易和友谊一定会增进，走私也一定可以防止。

按照条约，凡是英国船都必须缴纳全额吨税，而不问货物的所有主是谁。除非它们已经照办，领事是不会允许它们进行贸易的。

不论货主是欧洲人还是中国人，在全部货载的关税没有照章完清以前，领事也同样不会允许任何英国船只离口。这样，逃避关

税将是不可能的。如果税项照章完清，那么对于货物的所有主，就不能再分彼此。各领事等彻底了解这些事，并且船只一经进入口岸，它就无法逃避领事的管辖。

附录（丁）

土产进出口章程

一、洋商由上海贩运土货出口，按照条约规定，应交内地税或半税以及出口正税。

二、洋商由长江贩运商货，在进口时只须交内地税或半税，如系贩运出口，应交出口正税。

三、洋商由上海贩运土货进长江，应交内地税或半税。

四、洋商由长江运土货到上海，如不起岸即转船出口，应交内地税或半税以及出口正税。

五、洋货运抵上海，如不起岸即转船进长江，应纳进口正税及内地税或半税。

六、洋商由宁波、福州、广州、天津或任何通商口岸贩运货物在上海进口，应交进口正税；但如转船出口，则暂不课征出口正税。

1861 年 7 月 22 日，上海，海关

附录（戊）

关税定率条例

（1925 年 10 月 24 日公布）

第一条　外国货品运进本国通商各口岸时，按照本条例所定

课税办法征收进口税。

第二条 进口税,除烟、酒及与国家专卖品同类者另行规定外,其税率最高为值百抽四十,最低为值百抽七点五。税率表另定之。

第三条 从量税品价格之订定、换算或改正,以最近一年内之平均市价为标准。

第四条 从价税品之价格,依进口时当地之趸批市价定之。

第五条 进口税遇有以其本国某种货品依互惠条件协定者,其税率从其协定。

第六条 本国货品在外国受有较他国货品不利之待遇时,该外国之货品,得以政府命令指定于税率表所列应收税额外,加征与其货品价格同额以下之进口税。

第七条 外国货品在外国受输出奖励金之待遇时,该项货品,得以政府命令于税率表所列应收税额外,加征与其奖励金同额之进口税。

第八条 遇有外国货品,故意贬价经政府认为有扰动市场之虞时,得以命令于税率表所列应收税额外,加征与其正当价格相当之税金。

第九条 税率表中未经列明之货品,其税率应比照税率表中相类或相近似之货品定之。

第十条 下列各项物品,免征进口税:

(一)游历本国之外国元首及其随带人员之物品。

(二)驻在本国各国大使或公使之自用品及大使馆或公使馆之公用品。

（三）政府输入之枪炮、子弹、火药、爆发物及其他一切军械。

（四）为救灾而购入或寄赠之物品。

（五）商品样本，但以合于作样本用者为限。

（六）已输出之本国物品，在三年以内复输入而未变其性质及形状者。

（七）由本国出港船舶所载之物品，因该船舶遇险而载回者。

第十一条　下列各项物品在一年以内复出口者，免征进口税，但须于进口时提缴与进口税相当之保证金：

（一）为加工而输入之物品经准有案者。

（二）为修理而输入之物品。

（三）为研究学术而输入之物品。

（四）为作试验品而输入之物品。

第十二条　下列各项物品不准进口：

（一）食盐。

（二）鸦片烟及吸鸦片烟用之器具、罂粟子、吗啡、金丹、红丸、白丸及含有吗啡、鸦片或高根之丸药等。

（三）伪造、变造或伪造之货币、纸币及其他有价证券。

（四）有害公安或败坏风俗之书籍、图画、雕刻品及其他物品。

第十三条　下列各项物品，除由政府自行输入外，不准进口：枪炮、子弹、火药、爆发物及其他一切军械。

第十四条　下列各项物品，非经政府特许，不得进口：硝、氯酸钾、硫磺、粉白铅、盐酸、硫酸、黄磷、工用炸药。

第十五条　下列各项物品，以相当数量为限，经政府核准注册之医士、药商及化学家，依其用途，考验联名具结后，报关查验相符，方准进口：

　　吗啡剂、高根及射药针、斯托魏、安洛因、司替尼、狄边、哈夕什、邦戈、堪尼比司、印狄卡、鸦片酒精、鸦片剂、鸦片精、狄奥仁及其他各物品为鸦片高根所制成者。

　　第十六条　本条例施行日期另以命令公布之。

　　第十七条　民国六年(1917 年)12 月 25 日公布之国定税率条例，自本条例施行之日即行废止。

附录(己)

烟酒进口税条例

(1925 年 10 月 24 日公布)

　　第一条　外国烟酒运进中国通商各口岸时，按照本条例所定课税率，征收进口税。

　　第二条　烟酒进口税率为值百抽五十至八十。

　　第三条　课税价格之订定、换算或改正，以最近一年内之平均趸批市价为标准。

　　第四条　本条例施行日期以命令定之。

附录(庚)

中华民国政府向旅华外侨推行各项税捐之宣言①

　　查租税权之发动，根于国家之行政权。在完全独立之国家，其

———————

①　这件宣言是在 1925 年 12 月 10 日过渡办法委员会第五次会议中提出的。

行政权完整无缺者,租税权亦完整无缺。

中国自与各国通商以来,无论何项条约,并无允许外侨在中国租界内或租界外者,可以免纳捐税之规定。乃近年来,中国推行税务,而外侨均以租界为借口,或托辞未奉本国政府训令,抗不缴纳。匪特租界已也,即租界以外,或铁道附属地等,亦以条约上解释不同,概不纳税。又匪特外侨已也,即华人之住在租界以内,或铁道附属地以内者,亦不令纳税。虽经种种之接洽,始终未臻完善,中国政府不得已,乃暂在租界及附属地之周围,设卡征税,不但于中国之税权有碍,其实于中外之商务亦有妨也。

夫同一领土,因国籍之不同,即可免除其担负,同一国民,因居所之或别,即可借口以逍遥,揆诸国际法内外国民同等待遇之原则,及华府会议尊重中国领土及行政完整之精神,均有未符。故中国政府拟将此等阻碍撤除,使中国政府之租税权得以完全行使也。

且就租界之历史言之,1863 年 4 月 8 日英国外相洛塞尔(Earl Russell)训令英国驻北京公使布鲁斯云:

"英国租界内之地,自系中国领土,毫无疑义,中国人民不能因居住租界之故,遂免其履行天然之义务。"

是年驻京各国公使会议决定上海公共租界改组之原则:

"第一条,关于领土之权限,必须由各国公使直接得之于中国政府。

第二条,此项权限以纯粹地方事务暨道路、巡警及地方所需之捐税为限。"

细绎两条之意,是承受该租界之国,仅得在其地有施行市政之权,所收捐税,亦仅以充市政经费者为限。至租界内之中外人民,仍当照纳国家税,不待言矣。观于外人之执有地产者,须纳地税于中国政府,尤可为外人必须纳税之证,外人且然,华人更无论矣。

然比年以来,中国政府新办之国税,如印花税、所得税、烟酒公卖等,租界境内及境外之外国人,均以未得本国政府训令为辞,拒而不纳,而华人亦以中外人民不能同等纳税为言,故中国政府推行各项捐税,甚感困难。

现在中国政府之困难,实因旧税之收入,不足以应现今国家之需要。且将来裁撤厘金以后,势不能不以合宜之良税替代之。如仍受以上所云之束缚(原作"缚求",兹照贾士毅,《关税与国权》,650 页所载,改如上文——译者),是中国之税务问题,终无解决之一日。

是以中国政府宣言,凡外侨在中国领土居住者,无论其为租界内或租界外或铁道附属地及其他区域内,均与中国人民,同一服从中国政府公布之税法,负担其一切捐税。此乃中国合理之声明,各国代表当必能予以谅解也。

（录自《中国恢复关税自主之经过》,下编 50—52 页

所载原件——译者）

附录（辛）

拟议外国进口货附加税

甲类　　百分之二十七点五

雪茄烟、纸烟、烟丝、酒、烧酒、甜酒和首饰。

乙类　百分之二十二点五

烟叶、强麦酒、啤酒、黑苦酒、红葡萄酒、酒精、烟纸、白金、金器、银器、古董及古物、未镶宝石及玉。

丙类　百分之十七点五

纯丝及各种纯丝制品、装饰家具布料、镂空花带、绣货、花边、衣着物、靴、鞋、皮毛、羽毛、革制品、化妆品、未琢光半宝石、假宝石、美术品、钟、表、照相机、电影产品用具、乐器、体育用品、电镀器、保险箱、军械军火、各种摩托车辆、糊墙纸,药材、药剂、丸散膏丹、人参,鲍鱼、海参、燕窝、鱿鱼、墨鱼等海味,奶酥、鱼子酱、奶油、饼干、咸肉、火腿、糖食、蜂蜜、果酱、通心粉、香菌、橄榄油、糖、冰糖、糖浆、茶、酱菜和泉水等食品。

丁类　百分之十二点五

丝兼杂质品、呢绒、麻布、人造丝织品、席及地席、地毯、漆布、伞、御日伞、纸、橡皮制品、象牙及各种长牙、假象牙、镜子、玻璃板、玻璃器、瓷器和陶瓷器、眼镜片、眼镜、铃、搪瓷器、床架、火炉、壁炉、电灯、煤气装置、大理石及花岗石、木器、各种染料、蜡烛、肥皂、淡牛奶及淡奶皮、白糖、鲜果及菜蔬。

戊类　百分之七点五

毛棉交织品、人造丝、棉交织品,麻布、线袜、手套、手帕及布衣服,帆布及防水布、棉质丝罗缎、棉剪绒、蚊帐纱、纽扣、擦鞋粉、擦铜粉、染料、颜料及染革料、化学产品及复合品、树胶、树脂、煤油、润滑油、液体燃料、汽油、火柴、家用肥皂、瓷瓦、金属线、电冰箱、刺绣、针织、缝纫机器,脚踏车、人力车、玩具、打字机、钢笔、铅笔、文具、气压计、温度计、牙科用具、灯、电器用具、电话、电报材料,秤及天平、馨木、香料、甘蔗及赤糖。

己类　　百分之五

各种未列名货。

庚类　　百分之二点五

棉花、废棉及填物棉料、棉纱、苘麻、原色棉布、粗麻布、粗麻袋、火麻袋、肥料及肥田材料。

附录(壬)

北京关税会议 1925 年 10 月至 1926 年 4 月

会议时间表

1925 年

10 月 26 日	第一次全体会议
10 月 27 日	会务委员会第一次会议
10 月 30 日	关税自主委员会(第一委员会)第一次会议
11 月 3 日	关税自主委员会第二次会议
11 月 6 日	过渡办法委员会(第二委员会)第一次会议
11 月 13 日	过渡办法委员会第二次会议

11 月 14 日	过渡办法委员会第三次会议
11 月 17 日	第二委员会新约绪言起草分股委员会会议
11 月 19 日	过渡办法委员会第四次会议
11 月 19 日	第二委员会附加税用途分股委员会会议
11 月 21 日	第二委员会其他用途分股委员会会议
11 月 23 日	第二委员会附加税税率分股委员会第一次会议
11 月 30 日	第二委员会附加税税率分股委员会第二次会议
12 月 10 日	过渡办法委员会第五次会议
12 月 23 日	第二委员会附加税税率分股委员会第三次会议

1926 年

2 月 18 日	过渡办法委员会第六次会议
2 月 20 日	第二委员会征收临时附加税议决案起草分股委员会第一次会议
2 月 24 日	第二委员会征收临时附加税议决案起草分股委员会第二次会议
2 月 25 日	编订附加奢侈品表专门分股委员会第一次会议
3 月 2 日	编订附加奢侈品表专门分股委员会第二次会议
3 月 8 日	第二委员会征收临时附加税议决案起草分股委员会第三次会议

3 月 12 日	第二委员会征收临时附加税议决案起草分股委员会第四次会议
3 月 18 日	第二委员会征收临时附加税议决案起草分股委员会第五次会议
4 月 9 日	编订附加奢侈品表专门分股委员会第三次会议

附录（癸）

外国进口货奢侈品表

（凡本表所列进口货一律加征百分之五附加税）

表号列数	进口税则号数	货名	备注
1	308，309	雪茄烟、纸烟	
2	310，311，312	烟叶，烟丝，鼻烟	
3	313，407，417 的一部分，582 的一部分	烟纸和其他各种专作雪茄烟、纸烟、烟草制造、包装或备销等用的材料和用具	313（烟梗）是制烟材料，417（未列名纸）包括有未列名烟纸，582（未列名货）包括有未列名烟材料和用具
4	283 至 306 582 的一部分	酒，烧酒，甜酒，强麦酒，啤酒，黑苦酒，葡萄酒，苹果酒，梨酒，他类果汁酒以及其他各种含有火酒或酒精成分的酒类或饮料	582（未列名货）包括有未列名酒、酒精等
5	341	火酒或酒精	
6	528 的一部分，537，553，558，559，582 的一部分	琥珀，珍珠，玳瑁，玛瑙，珊瑚，肉红玉髓，水晶，金刚钻，绿宝石，碧玉石，猫眼石，红石英，红宝石，青玉，他类真假宝石	这项定义包括有 528（花纽扣）的一部分，537（全部或半部，贵重金类，象牙，云母毂，玳瑁、

表号列数	进口税则号数	货名	备注
		及半宝石以及一切完全或部分由上项物品制成或饰以上项物品的货物	玛瑙等或饰以宝石、所制各种柄之伞）和582（未列名货）的一部分
7	582的一部分	各种真假宝石	本项包括在582（未列名货）之内
8	582的一部分	白金以及全部或部分由白银制成的货物	本项包括在582（未列名货）之内
9	582的一部分	金器（实金、夹金、包金、镀金和涂金）	本项包括在582（未列名货）之内
10	582的一部分	银器、镀银器	本项包括在582（未列名货）之内
11	528的一部分，582的一部分	饰物、大马士革钢铁器、象牙器、萨摩陶器、漆器、画，以及个人、家庭等装饰或陈设品	这项定义包括有528［花钮扣（玻璃或珠宝等）］的一部分和582（未列名货）的一部分
12	582的一部分	古董、古物	本项包括在582（未列名货）之内
13	582的一部分	蚀刻和镂刻之类的艺术品，油画，水彩画，雕像、雕刻品及各种摹本，复制品或翻刻等	本项包括在582（未列名货）之内
14	582的一部分	香水、脂粉、刮面皂、面油、牙膏、牙粉或他类香粉、生发油，以及各种为头发、口腔、牙齿或皮肤用梳妆用品、配制品或必需品；海绵、梳妆用刷、发梳；成套或零件修整指甲用具，粉扑、粉盒，梳妆盒，以及其他一切化妆梳洗用具	本项包括在582（未列名货）之内
15	570，582的一部分	小皮包、名片夹、袖珍记事簿、钱袋、首饰盒、锦盒、公文夹、衣箱、手提包、各种旅行袋、箱；手杖；烟包、烟斗及零件；	（甲）570（皮钱袋）包含在"钱袋"一词之中。（乙）582（未列名货）的一部分包括在本项之内

表号列数	进口税则号数	货名	备注
		雪茄烟、纸烟夹及盒，火柴盒及各种吸烟用品、烟铺杂物	
16	582 的一部分	冷、热水瓶和各种保温器及零附件	本项包括在 582（未列名货）之内
17	582 的一部分	游戏品体育用品	本项包括在 582（未列名货）之内
18	501 的一部分	琢光或磨光的"水晶"和"半水晶"玻璃器（即除去塑成或压成的普通、粗糙、未磨光玻璃器外，各种全部或主要由玻璃制成的货物）	本项包括在 501（玻璃器，水晶器）之内
19	582 的一部分	眼镜、眼镜片、护目镜、望远镜、双眼望远镜和其他各种光学物品及零附件	本项包括在 582（未列名货）之内
20	582 的一部分	气压计、温度计、制图、测量和其他各种科学（医学、航海学、光学、外科医学等用）仪器及零附件	本项包括在 582（未列名货）之内
21	582 的一部分	照相、电影产品、用具和各种材料（化学品在外），以及其他各种照片摄拍、显影或演示等用器具及零附件	本项包括在 582（未列名货）之内
22	582 的一部分	乐器及零附件	本项包括在 582（未列名货）之内
23	582 的一部分	铃、锣	本项包括在 582（未列名货）之内
24	582 的一部分	表壳全部或部分由白金或黄金制成，或由银制成，饰以宝石的表	本项包括在 582（未列名货）之内
25	582 的一部分	打字机、计算机、金钱收支器、复印机、复写机和其他各种办公室用机器	本项包括在 582（未列名货）之内

表号 列数	进口税则号数	货名	备注
26	582 的一部分	电镀器,剪发器,刀、剃刀、剪和其他各种利器及零附件(不包括机械在内)	本项包括在 582(未列名货)之内
27	582 的一部分	保险箱、钱箱及铁门	本项包括在 582(未列名货)之内
28	582 的一部分	猎用军械、军火	本项包括在 582(未列名货)之内
29	582 的一部分	各种摩托车辆(装成部及未装成部者),包括自动脚踏车、汽车、汽车车台、各种未列名摩托车辆及零件,车胎和其他附件,但不包括十二座以上成部载客汽车(即长型汽车等)或载重一吨以上成部卡车或运货汽车在内	本项包括在 582(未列名货)之内
30	479,480,486,489,582 的一部分	馨木、香木、沉香、檀香及各种有香气木料	582(未列名货)包括一切未列名的馨木在内
31	448,460,582 的一部分	兽齿、长牙及各种象牙	582(未列名货)包括有未列名的兽牙在内
32	67,68,74 的一部分,582 的一部分	包括丝绸及其他各种纯真丝织品在内的各式真丝货	这项定义包括 74(丝带)和 582(未列名货)的一部分
33	69,582 的一部分	除纯棉制品以外的假皮	(甲)69 为海虎皮的仿制,视为一种假皮货。(乙)这项也包括在 582(未列名货)之内
34	70 的一部分,582 的一部分。	装饰家具用织物(即任何原料制成的硬丝绒、剪绒和花毡;未列名非纯棉制装饰家具用织物;各种原料制缠、绳和他类织物等装饰家具用花边)	70(丝兼杂质织丝绒、剪绒)的一部分,582(未列名货)的一部分,此外其他任何税号,凡为装饰家具之用的,一并包括在这项定义之内

（续表）

表号列数	进口税则号数	货名	备注
		是否列举于进口税则,凡是具有本项目所含定义范围内的那种性质或供作那种目的之用的,一律包括在内	
35	554 的一部分,582 的一部分	帷幔、窗帘和各种悬挂物	本项包括在 554(竹篮、竹帘、他种竹器)和 582(未列名货)之内
36	84,550—552,582 的一部分	棉、丝或其他质地的真假金、银或其他五金线品;金箔,金银交织物,金银交织线绳,以及金属和非纯棉制品的他类质地的花边和镶边或装饰用材料;镂空边带边饰,镶嵌物,面纱和类似网织物,女用冠帽首饰等类货物,缠带、绣货及除纯棉制品以外的其他各种装饰用材料或产品;全部或部分以本项目内所举任何商品制成或镶饰的各种货品	本项也包括在 582(未列名货)之内
37	74,577,582 的一部分	靴、鞋、帽、便帽、袜、装饰用织物,女红用品,衣服和衣着品及零附件(以丝线缝和以丝或人造丝镶边的棉质内衣,以丝缝缀或绣花的棉质长、短袜以及任何纯棉制品都不在内)	(甲)74(纯丝织或丝兼杂质织带)包括在"女红用品"一词之内。(乙)582(未列名货)的一部分也包括这项目在内
38	539,540,582 的一部分	伞、御日伞和小伞,布制或纸制的不在内	582(未列名货)包括有未列名的伞、御日伞和小伞
39	425 的一部分至 430,431,433 的一部分至 437,439 的一部分至 441,443 的一部分至 444,582 的一部分	已拣、已硝皮货	(甲)自 425 至 430,自 433 至 437,自 439 至 441,以及自 443 至 444 各号都包括有本项目在内。(乙)582(未列名货)包括有已拣皮货或已硝皮货

（续表）

表号列数	进口税则号数	货名	备注
40	449，450，451，582 的一部分	羽毛和一切全部或部分由羽毛制成的货品	582(未列名货)的一部分包括在这项定义之内
41	570，582 的一部分	各种皮制品(机器用皮带不在内)	本项也包括在 582(未列名货)之内
42	417 的一部分	糊墙纸	本项包括在 417(未列名纸)之内
43	582 的一部分	各种金属薄片、叶	本项包括在 582(未列名货)之内
44	231—233，248,249,446,456—459,582 的一部分	人参、牛黄或他类动物肠中结石、老、嫩鹿茸(医药用)，犀角、麝香，各种樟脑并包括真假冰片在内	本项也包括在 582(未列名货)之内
45	202，582 的一部分	芦笋	582(未列名货)包括任何种包装的芦笋在内
46	196，207 的一部分，582 的一部分	咸猪肉、火腿	207(未列名罐头食物)包括罐头咸肉、火腿在内，582(未列名货)包括其他各种包装的咸肉、火腿在内
47	198，207 的一部分，582 的一部分	咸、醃牛肉	207(未列名罐头食物)包括罐头咸、醃牛肉在内，582(未列名货)包括其他各种包装的咸、醃牛肉在内
48	199,200,582 的一部分	燕窝	582(未列名货)包括 199 和 200 所未列举的各种燕窝在内
49	582 的一部分	饼干	本项包括在 582(未列名货)之内
50	207 的一部分，582 的一部分	鱼子酱	(甲)207(未列名罐头食物)包括罐头鱼子酱在内。(乙)582(未列名货)包括其他各种包装的鱼子酱在内

（续表）

表号列数	进口税则号数	货名	备注
51	201,215,217,582 的一部分	奶酥、奶油、猪油,假奶油及植物油质制成的同类货品	（甲)215 是"装桶猪油"。（乙)本项也包括在 582（未列名货)之内
52	208—210	可可和咖啡(各种装)	
53	582 的一部分	糖食	本项包括在 582（未列名货)之内
54	183,184	鱼肚	
55	205, 211, 212, 255, 257, 258, 263 的一部分,582 的一部分	干果品,蜜饯果品	205(果及制饼果料),263（橄榄)的一部分和582(未列名货)的一部分都包括在这项定义之内
56	213	蜂蜜	
57	202,205,207,212, 214, 582 的一部分。至于其他税号,据谅解,任何产品,凡在这个项目所含定义范围以内的,一律包括在内	果酱,果汁冻,以及除鲍鱼、淡奶皮和淡牛奶以外的各种装罐、瓶食品	（甲)202、212 和 582 的一部分之所以加进本项目,因为 202 是罐头芦笋,212（装瓶等糖果)包括在本项定义中"装瓶食物"一词之内,582（未列名货)则包括有未列名的瓶装食物。（乙)这项定义包括一切未明文除外的装罐或装瓶的食物,不论税号是否列举在内
58	216, 582 的一部分	通心粉、粉丝、线面,以及其他同类品	这项定义包括有 582(未列名货)的一部分在内
59	207 的一部分,582 的一部分	肉汁	（甲)207（未列名罐头食物)包括罐头肉汁在内。（乙)582（未列名货)的一部分包括其他各种包装的肉汁在内
60	395, 582 的一部分	橄榄油	582(未列名货)包括其他各种包装的橄榄油在内

(续表)

表号 列数	进口税则号数	货名	备注
61	582 的一部分	洋酱油和其他各种作料,汁,调味品(中国酱油除外)	本项包括在 582(未列名货)之内
62	194,195	鱼翅	
63	461,582 的一部分	动物筋	本项也包括在 582(未列名货)之内
64	281	白方块糖	
65	282	冰糖	
66	582 的一部分	糖浆	本项包括在 582(未列名货)之内
67	582 的一部分	果汁	本项包括在 582(未列名货)之内
68	222	茶	
69	307	汽水、泉水等	
70	223,236,237,243—245,262,267—268,582 的一部分	八角茴香、砂仁、丁香、豆蔻、胡椒和其他各种香料及调味品。	582(未列名货)的一部分包括进口税则中未列举的一切香料和调味品在内

附录(子)

临时附加税表

北京关税会议美、英、日代表团于 1926 年 3 月 25 日提出。

注释

参考临时附加税表时,应注意下列各点:

一、第一栏罗列货品在各该本类中所列的号数。

二、第二栏罗列货品在 1922 年修正进口税则中的号数。

三、有时表中所举的货品并不包括进口税则相应号数项下分列的全部货品。这种情形即以下述引证税号的方式来表示："……的一部分。"（参看乙类第 37 号货品，它的相应税则号数是 286 的一部分。换句话说，税则的第 286 号货品还包括有红葡萄酒以外的甲类第 16 号项下所举的他类酒品）

四、凡是没有引证税号的地方，各该有关货品都是税则上所没有列举的，这一点自不待言。它们的税号在那种情形下应该一律是，"582 的一部分：未列名货"。

五、第四栏罗列参对项目，用以表明某类中的一些货品与另一类中的一些货品的关系。为简便计，凡参对项目，只举出类别的字符和货品的号数。例如甲类第一号货品的参对项目是"见乙 4"，这就是说"见乙类的第 4 号"。

临时附加税表
加征附加税二十二点五的"甲"类货品

号数	进口税则上的相应号数	货名	参对项目
1	——	军用军械和军火……	见乙 4
2	199,200	燕窝	
3		鱼子酱	
4	308	纸烟	
5	309	雪茄烟	
6	456 至 458	老嫩鹿茸（医药用）	
7	——	犀角	
8	448,460	象牙……	见丙 25
9	——	玉器（即全部由玉石制成的货品）	见乙 18

(续表)

号数	进口税则上的相应号数	货名	参对项目
10	——	珠宝和其他一切饰以珍珠、钻石、绿宝石、猫眼石、青玉、红宝石、碧玉石或其他(真)宝石等的货品	见乙9
11	——	各种已琢或待装镶的珍珠、钻石、绿宝石、猫眼石、青玉、红宝石等(真)宝石	见乙22
12	——	白金以及全部或主要由白金制成的货品	见乙9
13	——	金器……	见乙9,乙22
14	——	银器……	见乙9,乙22
15	310,312	烟丝、鼻烟	
16	283至295,299至306	酒、烧酒、甜酒、日本清酒以及其他含有酒精的未列名酒和饮料	见乙36,关于红葡萄酒见乙37

加征附加税十七点五的"乙"类货品

号数	进口税则上的相应号数	货名	参对项目
1	67,68,74的一部分	绸缎和其他一切纯丝织品等各色真丝货	见乙11,丙13,戊3
2	69	假皮货(纯棉制品不在内)	见丙1,戊3
3	——	未列名装饰家具用织物,即硬丝绒、剪绒和任何种原料制成的花毡;未列名非纯棉制装饰家具用织物;带、绳等装饰家具用花边;以及	

（续表）

号数	进口税则上的相应号数	货名	参对项目
		其他各种材料制成的零星杂物等	
4	——	猎用军械军火	见甲 1
5	84,550 至 552	镂空花带、花边、边饰、嵌饰；面网和同类网状物；女用冠帽首饰等物；绣货；丝质、棉质或其他质地的真假金、银、五金线品；金箔、金银交织物、金银交织线绳和其他各种五金等项的装饰用花边或花边材料；带；修饰或装饰用的一切材料或产品；以及除纯棉制品以外，凡全部或主要以本项中所列举任何商品制成和饰成的一切货品	见丁 1，戊 3，戊 4，戊 10
6	407	纸烟纸……	见乙 7
7	——	专为雪茄烟、纸烟、烟草的制造或其他事项使用的材料或器具	见乙 6
8	243	肉桂	
9	——	表壳全部或主要由实白金、实金、实洋金制成或由银制成而饰以珠宝的钟表	见甲 10，甲 12，甲 13，甲 14，己 89
10	——	纯真丝制衣服、袜、披衫，女红用品，一切衣着品及零附件	见乙 1，丙 13，丁 10，戊 13，戊 14，戊 26，庚 45
11	——	纯丝绒帽、便帽和皮帽	见乙 1，丙 14，戊 14
12	244,245	丁香	
13	183,184	鱼肚	见乙 14，丙 19，己 98，己 99，庚 4
14	194,195（丙）	鱼翅	见乙 14，丙 19，己 98，己 99，庚 4
15	248,249	人参	
16	449 至 451	装饰用羽毛和除另有列举以外的一	见己 106

（续表）

号数	进口税则上的相应号数	货名	参对项目
17	——	切全部或部分由羽毛制成的货品 乐器和零、附件	
18	553,559	琥珀、玳瑁、珊瑚、玉石、肉红玉髓、玛瑙、水晶、红石英以及其他各种未琢(即未竣工)宝石或半宝石	见甲9,甲11
19	570	各种未列名羽毛制造品	
20	446,459,231 至233	牛黄和其他动物肠中结石,麝香,各种樟脑和真假水片	见丁11,戊12
21	417的一部分	糊墙纸	见戊39至43,己118,庚53
22	558,582 的一部分	假珍珠、钻石、红宝石或其他宝石、半宝石,以及各种用以饰成的物件;假首饰;装饰品;以及无论为个人衣着或室内装修等用的各种零星装饰品;夹金、包金、镀金或涂金器;镀银器;钢精器;陶器;漆器;画片	见甲11,乙9
23	——	古董、古物	
24	——	蚀刻、镌刻、油画、水彩画、雕像、雕刻品等艺术品及翻刻和复制品	
25	——	香水、化妆品、刮面皂、雪花膏、牙粉、爽身粉或他类香粉,发蜡,以及各种为头发、口腔、牙齿或皮膏用的配制品	见己125
26	577的一部分	皮鞋、靴	
27	425至431,433至437,439至441,442,443	已拣、已硝皮货	见丁13
28	461	动物筋	
29	——	各种金属箔、叶	
30	311	烟叶	

（续表）

号数	进口税则上的相应号数	货名	参对项目
31	——	烟铺杂物	
32	——	梳妆用刷、花梳、成套或零件的修指甲用具；粉扑,粉盒；锦盒；其他各种化妆用具	见戊 55
33	——	衣箱、手提箱、小皮包,名片类,袖珍日记簿,皮袋,首饰盒,公文夹和各种旅行袋、箱	
34	——	冷、热水瓶及零附件	
35	——	已装成和未装成的各种摩托车辆,其中包括机器脚踏车、汽车、汽车车台,其他各种未列名摩托车辆以及为各种摩托车辆用的零件,车胎和其他附件；但不包括十二座以上的整部载客汽车（即长型汽车等）和载重一吨以上的装货汽车	见戊 56
36	296 至 298	强麦酒、啤酒、黑苦酒、黑啤酒、苹果汁和其他果汁酒	见甲 16
37	286 的一部分	红葡萄酒	见甲 16,乙 36

加征附加税十二点五的"丙"类货品

号数	进口税则上的相应号数	货名	参对项目
1	——	纯棉制假皮货	见乙 2
2	——	床架、吊床、行军床及零附件	
3	——	饼干	
4	201,215,217,207 的一部分	奶酥、奶油、猪油,假奶油,以及植物油质制成的同类物品	
5	——	糖浆	

(续表)

号数	进口税则上的相应号数	货名	参对项目
6	——	果汁	
7	202	芦笋	
8	207 的一部分	肉汁	
9	395	橄榄油	
10	377	蜡烛	
11	381 至 386,388 至 391,393,394（乙）398,399（乙）401,207 的一部分	未列名树胶和树脂,石蜡,三脂蜡,酸甘油,桩油,脂油,香油或挥发油等	
12	——	地毡、毡料,包括漆布等一切铺地用品	见乙 116,庚 46
13	——	衣服和除纯丝、纯棉制品以外的一切衣着物及零附件等	见乙 1,乙 10,丙 14,戊 13,戊 26
14		纯羊毛或皮毛制,或镶有水獭或皮毛的毡制帽和便帽(包括低顶毡帽在内)	见乙 11,丙 13,戊 14
15	208 至 210,207 的一部分	各种巧克力,可可,咖啡	
16	——	糖食(不包括巧克力和可可在内)	
17	342,363	各种染料	见戊 19
18	499 的一部分,500 的一部分	瓷器(每件价值在五海关两以上者)	见庚 39
19	195(甲),(乙)	未列名鱼翅	见乙 13,乙 14,己 98,己 99,庚 40
20	501 的一部分	琢光或磨光"水晶"和"半水晶"玻璃器(即全部或主要由玻璃制成的一切货品,普通粗糙塑制、压制或未磨光玻璃器不在内)	见戊 25,己 103,庚 41
21	213	蜂蜜	
22	252	霍希花	

(续表)

号数	进口税则上的相应号数	货名	参对项目
23	——	眼镜、眼镜片,护目镜、望远镜、双眼望远镜,各种光学用品及零附件	见戊 29
24	——	铃、锣	
25	——	未列名长牙和动物齿	见甲 8
26	423, 422 的一部分	磨光、漆光、金漆熟皮	见戊 32
27	——	漆布或充皮制成品	
28	216, 207 的一部分	通心粉,粉丝,线面和同类品	
29	259	大麦芽	
30	196, 198, 207 的一部分,218 的一部分	咸肉、火腿,腌咸牛肉	
31	——	照相、电影产品,用具和化学品以外的材料	
32	479, 480, 486, 489, 582 的一部分	檀香、馨木、沉香、香木和其他各种有香气的木料	见戊 137
33	341	酒精(包括变性酒精在内)	
34	207 的一部分	洋酱油和其他各种未列名作料,调味汁品等	见丁 4,戊 50,乙 126
35	——	火炉、壁炉、暖气炉、灶以及零附件	
36	281	方块糖	见戊 52
37	282	水糖	
38	539, 540, 537 的一部分,582 的一部分	除棉、纸制品以外的伞、御日伞、小伞	见庚 60

加征附加税百分之十的"丁"类货品

号数	进口税则上的相应号数	货名	参对项目
1	79 至 83,85 至 87	呢绒和其他各种未列名纯羊毛或兽毛制品	见乙 5,己 23
2	60	麻布和除线、纱以外的其他各种未列名纯亚麻制品	见戊 2,己 21,己 24
3	——	人造丝织绸缎、其他纯人造丝制品（人造细丝、粗丝在外）	见戊 4,己 25
4	223,225,236,237,247,262,267,268,207 的一部分,582 的一部分	八角茴香,砂仁,豆蔻,胡椒,其他各种未列名香料及调味品	见丙 34,戊 50,己 126
5	——	未列名利器和电镀器	
6	360	人造靛	
7	361,362	天然靛	
8	555,561 的一部分	家具	见丁 16
9	327	甘油	
10	——	非纯丝制、纯棉制袜	见乙 10,戊 26,庚 45
11	568 的一部分,581 的一部分,582 的一部分	凡未列入正式药剂书和在标签或容器上未刊印药方(即酒制品的确定性质和分量)的各种内服外用药品式药剂、丸、散、膏、丹	见乙 20,戊 12,庚 32
12	——	秤具、天平以及零附件	
13	432,438,442	未列名皮货	见乙 27
14	222,207 的一部分,582 的一部分	茶	
15	307	汽水、泉水	

（续表）

号数	进口税则上的相应号数	货名	参对项目
16	573,561 的一部分,582 的一部分	木器即完全或主要由木料制成的各种未列名货,包括边框(素色边框或为实用或装潢目的饰以或嵌以任何种材料的边框)在内	见丁 8,己 138

加征附加税百分之七点五的"戊"类货品

号数	进口税则上的相应号数	货名	参对项目
1	75 至 77	未列名毛棉货品(即呢绒和其他各种毛棉混制品)	
2	——	匹头和其他各种未列名棉麻混制品	见丁 2,己 21,己 24
3	70 至 73,74 的一部分	丝兼杂质货品(即各种非全丝的绸缎和织物)及丝纺纱	见乙 2,乙 5
4	74 的一部分	人造丝兼杂质货品(即各种非全人造丝的绸缎和其他织物)	见乙 5,丁 3,己 25
5	59	未列名杂色布	
6	95,99,104,109,115,124,129,130,133,134,138,145,147,497,117 的一部分,582 的一部分	五金品(即钉、螺旋钉,阳螺旋,阴螺旋,锅钉,垫圈,钩,铰链,钥匙,锁,门闩,护栏,火炉用具,熨铁,链,以及除针、工具、机器和机器零件以外的其他各种全部或主要由五金制的未列名完全制成品)	见己 27,己 28,己 31,己 32,己 49,己 53
7	229	槟榔	
8	170 至 172	海参	
9	——	锦盒	
10	48,582 的一部分	棉质镂空花带,花边、嵌边	见乙 5
11	528,529 的一部分	未列名纽扣	见庚 30

（续表）

号数	进口税则上的相应号数	货名	参对项目
12	246,260,264,314 至 322,324,326,330,331,334 至 339,568 的一部分,581 的一部分,582 的一部分	未列名化学品、化学复制品、毒物、鱼肝油、药物、药品和各种柏油产品	见乙 20,丁 11,庚 32
13	——	衣服和各种未列名纯棉制衣着品及零附件	见乙 10,丙 13,戊 14,戊 26,庚 45
14	——	未列名帽、便帽	见乙 11,丙 14,戊 13
15	51	蚊帐纱	
16	——	瓶塞	
17	47,582 的一部分	桌单,被单	
18	——	坩埚	
19	343 至 359,364 至 376,166 的一部分,582 的一部分	未列名染料,颜色,硝和硝料,铅粉,颜料,漆,生漆和漆料	见丙 17
20	——	擦鞋粉、擦金属粉	
21	——	电灯和灯器,灯罩,垂饰,挂物,壁灯横架,电扇,电灶,烤面包器,电炉,电熨斗和同类用具	见己 92
22	205, 211, 212, 255,207 的一部分,263 的一部分,582 的一部分	干果、蜜饯果品	
23	——	煤气灯横架,垂饰,挂物,龙头,燃罩,灯泡,灯罩,煤气灶,煤气炉,烧水器,以及同类用具	
24	379	矿质汽发油,石脑汽油,扁陈汽油或火油	
25	502,503	镀水银厚玻璃片,未镀水银厚玻璃片	见丙 20,庚 41

（续表）

号数	进口税则上的相应号数	货名	参对项目
26	——	未列名女红用品	见乙10,丙13,丁
27	——	未列名橡皮树胶制造品(即全部或主要由真假橡皮树胶制成的货品)	10,戊13
			见己107
28	——	全部或主要由假象牙制成的未列名货	见己87
29	——	未列名气压计,温度计,绘图、测量和其他各种科学(医学、航海学、光学、外科学和其他科学)仪器及零附件	见丙23
30	——	各种烧器和零附件	
31	——	未列名灯、灯器	
32	421,424,422 的一部分,582 的一部分	未列名皮(即染色皮、鞋底皮)	见丙26
33	387	各种液体燃料	
34	571	刺绣机器、针织机器、缝纫机器及零附件	
35	204,206	各种包装的淡牛奶和淡奶皮	
36	261,207 的一部分,582 的一部分	香菌	
37	392(甲),(乙)	煤油	
38	394(甲)	滑物油	
39	409	上蜡印图纸	见乙21,戊40至43,己118,庚53
40	410	蜡光簿面花纹纸	见乙21,戊39,戊41至43,己118,庚53
41	416 的一部分,417 的一部分	铜版纸,钞票纸,写字纸,羊皮纸,防油纸,玻璃纸	见乙21,戊39,戊40,戊42,戊43,己118,庚53
42	417 的一部分	浮雕、撒金或其他藻饰纸	见乙21,乙118,戊39,戊40至43,庚53

（续表）

号数	进口税则上的相应号数	货名	参对项目
43	408 的一部分至 410,412 的一部分,413 的一部分,415 的一部分至 417	含有烂布的纸	见乙 21,戊 39 至 42,戊 118,庚 53
44	——	纸器和各种未列名纸制品	
45	——	鲜花卉	
46	——	铅印、石印材料	
47	——	保险箱、钱柜、铁门	
48	——	打字机,计算机,金钱收支器,复写机、复印机和其他各种办公室用机器	见己 127
49	——	大理石、花岗石和全部或主要由大理石、花岗石制成的未列名货	
50	197,214,220,226,266,207 的一部分,240 的一部分,582 的一部分	未列名听装、罐装、瓶装日用品	见丙 34,丁 4,己 101
51	279	赤糖不及和蓝标本色第十一号及青糖。	
52	280	白糖过和蓝标本色第十号	见丙 36
53	——	牙科材料和各种仪器	
54	——	电报、电话及材料	
55	——	未列名海绵、梳妆刷、牙刷和梳	见乙 32
56	——	未列名摩托车辆	见乙 35
57	——	车辆:未列名双轮脚踏车等	
58	——	其他各种车辆	
59	228,234,235,238,239,270,313,380,392,	名种未分类货品	

（续表）

号数	进口税则上的相应号数	货名	参对项目
（丙），（丁），399,（甲),400,402,445,447,454,455,472,487,488,490,491,494,510,554,567,569,580,582 的一部分			

加征附加税百分之五的"己"类货品

号数	进口税则上的相应号数	货名	参对项目
1	19 的一部分	漂白织花布	见庚 3
2	16 的一部分至19,38 的一部分	漂白、染色、印花细洋纱、软洋纱、稀洋纱	
3	20,21,41	漂白、染色、印花洋罗、洋罗布	
4	16 的一部分至19,582 的一部分	花稀洋纱	
5	38 的一部分 44 的一部分 582 的一部分	未列名花稀洋纱,印花布	
6	40,43,35 的一部分,38 的一部分,42 的一部分,44 的一部分,582 的一部分	印花布	

(续表)

号数	进口税则上的相应号数	货名	参对项目
7	38 的一部分, 42 的一部分, 44 的一部分, 582 的一部分	印花粗细斜纹布斜羽绸	
8	27,39 的一部分, 582 的一部分	印花绉布	
9	38 的一部分, 42 的一部分, 44 的一部分, 582 的一部分	印花羽缎席法布	
10	30 的一部分	玄素泰西缎	
11	30 的一部分	玄素丝罗缎	
12	30 的一部分	色素泰西缎	
13	30 的一部分	色素丝罗缎	
14	28 的一部分	织花羽绸	
15	31 的一部分	织花泰西缎	
16	31 的一部分	织花丝罗缎	
17	28 的一部分	织花羽绫	
18	25,582 的一部分	丝光绉地洋纱、绉绒布	
19	34,35 的一部分	棉蕈绒	
20	49	棉质手帕	
21	15,28,57 的一部 分,35 的一部分, 44 的一部分,56 的一部分,582 的 一部分	未列名棉货	见丁 2,戊 2
22	56 的一部分	成球和卷轴棉线	
23	88	纯毛粗细绒线,松绒线(绒绳在内)	见丁 1
24	——	粗细麻线	见丁 2,戊 2

（续表）

号数	进口税则上的相应号数	货名	参对项目
25	——	人造细丝、粗丝	见丁3,戊4
26	89,90	铝	
27	94,97,100,102	黄铜条,片、板、钉、丝	见戊6
28	96,98,101,582的一部分	未列名货	见戊6
29	103,106,108,111	紫铜条、竿、片、板,钉、丝	
30	105	锭、块	
31	107,110,112,113	未列名货	见戊6
	582的一部分	新铁	
32	114的一部分,116的一部分,117的一部分,582的一部分	铁锚、砧、翻砂铁器胚,练条,锻成铁器胚	见戊6
33	123的一部分,582的一部分	三角铁、丁字铁	
34	123的一部分,582的一部分	铁条	
35	119的一部分,582的一部分	圈铁,丝段	
36	121	铁箍	
37	123的一部分,582的一部分	工字铁	
38	123的一部分	钉条铁	
39	125的一部分	生铁及铁砖	
40	126的一部分,146的一部分,582的一部分	铁管	
41	127	剪口铁	
42	128的一部分	轨	

（续表）

号数	进口税则上的相应号数	货名	参对项目
43	131,132	铁片、铁板	见己 47
44	139 的一部分	铁丝	见己 48,己 56
45	114 的一部分，119 的一部分，123 的一部分，127 的一部分，140 的一部分，582 的一部分	未列名货	
46	118,122,141,582 的一部分	旧铁	
47	148 的一部分	镀锌铁片	见己 43
48	149 的一部分	镀锌铁丝	见己 44,己 56
49	114 的一部分，117 的一部分，119 的一部分，123 的一部分，126 的一部分，127 的一部分，146 的一部分，582 的一部分	未列名钢铁制料	见戊 6
50	152	铅块、铅条	
51	154	茶铅、铅片	
52	153,155,582 的一部分	他类铅制料	
53	158	熟镍、生镍	见戊 6
54	159	水银	
55	142 至 144,121 的一部分,123 的一部分,131 的一部分,132 的一部分,148	钢竹节,钢条,箍、片、板	

（续表）

号数	进口税则上的相应号数	货名	参对项目
	的一部分,582 的一部分		
56	116 的一部分,139 的一部分,140 的一部分,149 的一部分,582 的一部分	钢料,丝、绳	见己 44,己 48
57	161	锡块	
58	162,582 的一部分	锡制品(不包括锡箔)	
59	135 至 137	马口铁	
60	164,165	白铜	
61	166 的一部分	锌(即白铅)	
62	167	锌片,锌板	
63	——	他种锌制料	
64	91, 92, 150,151,156,157,160, 163, 582 的一部分	他类五金及矿石,矿砂类	
65	——	铜	
66	——	铁	
67	——	铅	
68	——	锰	
69	——	锌	
70	93	未列名货牲畜类	
71	——	牛	
72	——	山羊	
73	——	马	
74	——	猪	
75	——	家禽	

(续表)

号数	进口税则上的相应号数	货名	参对项目
76	——	绵羊	
77	——	他类牲畜	
78	512 至 516	石棉品	
79	227	豆类、大豆	
80	——	机器皮带	
81	230	糠、麸	
82	508,511	砖、瓦	
83	495,496,509,582 的一部分	未列名建筑材料,制蜡材料	
84	378	蜡烛心	
85	——	未列名货	
86	——	空桶等	
87	——	假象牙	见戊 28
88	492	炭	
89	——	未列名钟表及零附件	见乙 9
90	——	轧棉花机器	见己 113
91	——	野鸟蛋、家禽蛋	
92	——	未列名电动机器、材料及装置品	见戊 21
93	507,560,576,545 的一部分,582 的一部分	宝砂、金刚砂粉,玻璃粉,金刚砂布,宝砂纸	
94	——	工业用炸药	
95	532 至 534	葵扇	
96	535,536	他类扇	
97	——	毡和毡片	
98	169,203	鲍鱼	见乙 13,乙 14,丙 19,庚 40
99	175	江瑶柱	见乙 13,乙 14,丙 19,庚 40

（续表）

号数	进口税则上的相应号数	货名	参对项目
100	——	马料	见乙 13，乙 14，丙
101	219，242，218 的一部分，582 的一部分	未列名食品	19，庚 40。见戊 50
102	224，241，254，265，263 的一部分，582 的一部分	鲜果品	
103	504，505	各种未列名白玻璃片、银光玻璃片	见丙 20，戊 25，庚
104	250，251	花生	41
105	——	石膏	
106	78，452，453，582 的一部分	未列名兽毛、羽毛及羊毛	见乙 16
107	565，566	橡皮、树胶	见戊 27
108	253，564	洋菜、鱼胶	见庚 42
109	257，258	桂圆	
110	——	机器工具	见庚 59
111	——	农业机器	
112	——	运动机器（锅炉、轮机、引擎等）	
113	——	织造机器	见己 90
114	——	酿酒、蒸馏、制糖机器	
115	——	他类机器及零件	
116	519 至 527	各种席及地席	见丙 12
117	——	油桶及装置品	
118	406，413 的一部分至 417	未列名纸（非机制木造纸质者）	
119	412 的一部分	坚固包皮纸	
120	470，128 的一部分	枕木（铁路材料）	

（续表）

号数	进口税则上的相应号数	货名	参对项目
121	120,128 的一部分,582 的一部分	未列名铁路材料	
122	473 至 475	藤条、藤片、藤皮	
123	271 至 276	各种子仁	
124	574,582 的一部分	船艇用材料（五金、木料类列名者不在内）	
125	397	香皂	见乙 25,庚 57
126	221	酱油	见丙 34,丁 4
127	——	未列名钢笔、铅笔,文具及各种办公室需用品	见戊 48
128	277	甘蔗	
129	579	硫磺	
130	462 至 469,471	重木材	
131		轻木材	
132	——	未列名玩物、游戏品及体育用品	
133	256,269,278,207 的一部分,582 的一部分	鲜、干、咸菜蔬及酱菜	
134	——	铁路机车及煤水车	
135		铁路车货车（包括电车在内）	
136		马车拖重机器车	
137	476 至 478,481 至 485,582 的一部分	未列名各种木材	见丙 32
138	——	木器,即桶、装货箱、其他装（整、散）货物用容器,以及（整、散）机器容器	见丁 16,庚 56

加征附加税二点五的"庚"类货品

号数	进口税则上的相应号数	货名	参对项目
1	} 1 至 3 {	本色市布	
2		本色粗布、细布	
3	10	漂市布、粗布、细布	见己 1
4	11	漂竹布	
5	4,5,12,13,23,29,28 的一部分,582 的一部分	本色、漂白或染色粗细斜纹布,斜羽网,羽茧及羽缎(不过五线组经面羽缎在内)	
6	6,7	本色洋标布	
7	14	漂洋标布	
8	24	洋红布、染色洋标布,拷花宁绸、素宁绸	
9	28 的一部分	玄素羽绸	
10	28 的一部分	玄素羽绫	
11	28 的一部分	色素羽绸	
12	28 的一部分	色素羽绫	
13	22	染色素市布,粗布,细布,洋素绸	
14	——	香港染色素市布	
15	33	冲毛呢(六十四英寸)	
16	9,32 的一部分	本色、漂白、染色或印花平织、斜纹绒布、棉法绒	
17	32 的一部分	染纱织绒布,棉法绒	
18	见税则第 10 页	染纱织布	
19	26,27 的一部分	本色、漂白、染色及染纱棉绉呢	
20	8	土布(日本布,包括机制者在内)	
21	46	棉毯(用绸丝或他料滚边锁边在内)及毯布	
22	55	棉质面巾、浴巾、床巾	
23	45	未装饰或装饰腿带	

（续表）

号数	进口税则上的相应号数	货名	参对项目
24	58(一)	本色棉纱	
25	58(二)	染色、漂白、光、丝光棉纱	
26	36	船用等帆布	
27	65	洋线袋布	
28	61 至 64,517,518	各种袋	
29	——	空瓶	
30	530，531，529 的一部分，582 的一部分	角、骨、蹄、壳、象牙、磁、铜制纽扣	见戊 11
31	506	水泥	
32	314 至 326，328，330，331，333 至 340,582 的一部分	矿酸、硫化碱、漂白粉，以及其他重化学产品	见丁 11，戊 12
33	498	瓷器	
34	493	煤	
35	——	焦炭、焦煤	
36	556,557,575	各种未列名线、绳、索缆	
37	52	棉花	
38	——	填物棉料	
39	499 的一部分，500 的一部分	未列名搪瓷器	见丙 18
40	173，174，176 至 182,185 至 189	鲜、干咸鱼类海味(鲍鱼、江瑶柱、鱼翅、鱼肚不在内)	见乙 13，乙 14，丙 19，己 98，己 99
41	501 的一部分，582 的一部分	未列名玻璃及玻璃器	见丙 20，戊 25，己 103
42	562,563	皮胶	见己 108
43	66,582 的一部分	火麻、苘麻、亚麻和其他植物纤维	
44	420	生牛皮	

（续表）

号数	进口税则上的相应号数	货名	参对项目
45	37,50,53,54	线袜和针织品（以丝线缝及以丝或他种材料装饰之者在内）	见乙 10,丁 10,戊 13
46	——	充皮及漆布（铺地漆布不在内）	见丙 13
47	572	未列名着衣镜及镜子	
48	329	各种肥料	
49	543	火柴	
50	544，546 至 549,545 的一部分,582 的一部分	未列名制造火柴材料品	
51	——	糖蜜	
52	542	手工缝针	
53	411,408 的一部分,412 的一部分,417 的一部分	各种未列名纸	见乙 21,戊 39 至 43,己 118
54	332	硝	
55	168,190 至 193	海菜、石花菜	
56	——	制桶板	见己 138
57	396	未列名肥皂及制肥皂材料	见己 128
58	578	浆粉	
59	541,582 的一部分	手工器具	见己 110
60	538,537 的一部分,582 的一部分	布制或纸制伞、御日伞，小伞及附属品	见丙 38
61	418,419	木造纸质	

图书在版编目(CIP)数据

中国关税沿革史:1843—1938/(英)莱特著;姚曾廙
译.—北京:商务印书馆,2023
(财政学名著丛书)
ISBN 978-7-100-21648-7

Ⅰ.①中…　Ⅱ.①莱…　②姚…　Ⅲ.①关税—经济
史—中国—1843-1938　Ⅳ.①F752.59

中国版本图书馆 CIP 数据核字(2022)第 165574 号

权利保留,侵权必究。

财政学名著丛书
中国关税沿革史:1843—1938
〔英〕莱特　著
姚曾廙　译

商　务　印　书　馆　出　版
(北京王府井大街36号　邮政编码100710)
商　务　印　书　馆　发　行
北京市十月印刷有限公司印刷
ISBN　978-7-100-21648-7

2023 年 5 月第 1 版　　　　开本 850×1168　1/32
2023 年 5 月北京第 1 次印刷　　印张 22⅜
定价:118.00 元